Heinrich M. Schmidinger

Nachidealistische Philosophie und christliches Denken

Symposion

PHILOSOPHISCHE SCHRIFTENREIHE

BEGRÜNDET VON
MAX MÜLLER, BERNHARD WELTE, ERIK WOLF

HERAUSGEGEBEN VON
ROBERT SPAEMANN,
KLAUS HEMMERLE, ALEXANDER HOLLERBACH

Heinrich M. Schmidinger

Nachidealistische Philosophie und christliches Denken

Zur Frage nach der Denkbarkeit des Unvordenklichen

VERLAG KARL ALBER FREIBURG / MÜNCHEN

Gedruckt mit Unterstützung durch das Katholische Hochschulwerk Salzburg
und den Thomas-Michels-Studienfonds in Salzburg.

CIP-Kurztitelaufnahme der Deutschen Bibliothek

Schmidinger, Heinrich:
Nichtidealistische Philosophie und christliches Denken: zur Frage nach d. Denkbarkeit d. Unvordenkl./ Heinrich M. Schmidinger. – Freiburg (Breisgau); München: Alber, 1985.
(Symposion; 74)
ISBN 3-495-47579-6

NE: GT

Symposion 74

Gesamtherstellung: Freiburger Graphische Betriebe
ISBN 3-495-47579-6

Vorwort

Dieses Buch wurde im Sommer 1983 vom Institut für Christliche Philosophie an der Theologischen Fakultät der Universität Innsbruck als Habilitationsschrift angenommen. Gegenüber der damaligen Fassung ist der Umfang erheblich gekürzt worden. Neben einem längeren Kapitel über Hegel sind auch zwei Exkurse über einige Richtungen der modernen christlichen Philosophie sowie über zwei Strömungen der Gegenwartsphilosophie weggelassen worden. Die Grundaussage meines Buches ist dadurch aber nicht beeinträchtigt worden.

Meine Habilitationsschrift wäre nicht zustande gekommen, wenn ich nicht die jahrelange Hilfe und Beratung durch Univ.-Prof. DDr. Emerich Coreth SJ in Innsbruck erfahren hätte. Ihm möchte ich an dieser Stelle erneut meine aufrichtigste Dankbarkeit aussprechen.

Ebenso danke ich Herrn Univ.-Prof. Dr. Walter M. Neidl in Salzburg für sein Interesse am Entstehen meiner Arbeit und für die zahlreichen anregenden Gespräche, die wir miteinander geführt haben.

Ganz besonders richtet sich mein Dank an die Görresgesellschaft und hier in erster Linie an deren Präsidenten Minister a. D. Univ.-Prof. Dr. Paul Mikat. Über drei Jahre erhielt ich ein Habilitationsstipendium, das mir die Görresgesellschaft vor allem aufgrund des persönlichen Einsatzes von Präsident Mikat gewährte. Dafür möchte ich mich bei ihm herzlich bedanken.

Geschrieben habe ich meine Habilitationsarbeit am Internationalen Forschungszentrum für Grundfragen der Wissenschaften in Salzburg. Dieser Institution und hier besonders seinem Leiter, Präsident Univ.-Prof. Dr. Georg Pfligersdorffer, danke ich für die freundliche Aufnahme und für vielseitige Unterstüzung, die mir im Laufe der vergangenen Jahre zugedacht wurde.

Über das Internationale Forschungszentrum wurde mir seitens des Katholischen Hochschulwerkes und des Thomas-Michels-Studienfonds eine großzügige finanzielle Hilfe zuteil, durch die die Drucklegung meiner Arbeit ermöglicht wurde. Dafür fühle ich mich diesen beiden Institutionen von Herzen verbunden.

Nicht zuletzt gilt mein Dank Herrn Univ.-Prof. Dr. Robert Spaemann und dem Verlag Karl Alber, besonders Herrn Dr. Meinolf Wewel, für ihre Bereitschaft, neuerlich eine Publikation von mir in die Reihe Symposion aufzunehmen.

Schließlich möchte ich Herrn Gerhard Beuchert in Wien nicht vergessen. Seiner freundschaftlichen Unterstützung verdankt mein Buch sehr viel.

Dieses Buch ist meiner Frau gewidmet.

Inhalt

Einleitung

Wie vermag das Denken etwas zu denken, was absolut vor ihm kommt? Das ist die Frage, um die es in der folgenden Untersuchung gehen wird.

Die Antwort, die einige jener modernen Philosophien, denen es primär um die Freiheit des Menschen zu tun ist, seit gut hundertfünfzig Jahren *suchen,* charakterisiert sie als nachidealistisches Denken und unterscheidet sie dadurch vom deutschen Idealismus. Zugleich ist diese Frage ein konstituierendes Grundproblem der christlichen Fundamentaltheologie und der sogenannten christlichen Philosophie. Der Vergleich zwischen dem nachidealistischen Denken und den eben angesprochenen christlichen Fundamentalwissenschaften legt sich daher nahe.

Aufgabe der nun anschließenden Einleitung ist es, die Frage nach der Denk- oder Erfahrbarkeit dessen, was absolut vor dem Denken kommt, in ihrer sachlichen Bedeutung und in ihrer geschichtlichen Relevanz für die moderne Philosophie darzustellen.

I.

Das vordergründigste Problem, das sich hinter der genannten Frage verbirgt, läßt sich leicht einsehen. Es lautet auf die einfachste Formel gebracht so: Wenn etwas schlechterdings vor dem Denken kommt, dann kann es überhaupt nicht gedacht werden und jedes Wort darüber ist überflüssig. Könnte es nämlich gedacht werden, so käme es nicht mehr unbedingt vor dem Denken, sondern wäre irgendwie eine Bestimmung an diesem selbst. Andererseits muß dieses „Unvordenkliche“, um mit Schelling zu sprechen, aber in einer gewissen Hinsicht gedacht werden können, wie wäre das Denken sonst dazu imstande, überhaupt darum zu wissen oder darüber zu sprechen?

Dasselbe Problem läßt sich auch folgendermaßen darstellen: Einerseits muß das Denken gegenüber dem, was absolut vor ihm kommt, eine Grenze haben. Andererseits kann es diese Grenze aber nirgends sonst finden als *an* diesem Unvordenklichen. Es muß somit trotz seines Unvermögens, es denken zu können, schon irgendwie bei ihm sein, beziehungsweise von ihm angegangen sein, denn sonst wäre nicht einsehbar, wie es *an* ihm eine Grenze finden könnte.

Aus diesem Paradox folgt somit notwendig, daß von einer Grenze des Denkens nur dann sinnvoll gesprochen werden kann, wenn sie bereits in irgendeiner Hinsicht überschritten ist. Nur unter dieser Voraussetzung vermag das Denken eine Grenze seiner selbst anzuerkennen. Denn auch prinzipiell gesehen existiert eine Grenze nie für sich allein und sozusagen unabhängig von dem, was sie trennt.[1] Es ist daher unmöglich, sich ein Denken vorzustellen, das an eine Grenze seiner selbst gerät und sich dann nur noch innerhalb dieser Grenzen meint aufhalten zu können. Sobald eine Grenze *als solche* erkannt und durchschaut ist, muß bereits das erblickt sein, was sich gegenüber dem Denken zurückzieht. Möglicherweise mag dieses Erblicken nicht mehr durch jenes Denken erfolgen, das an seinem Unvordenklichen gescheitert ist. Dann muß es jedoch eine andere Form des Denkens sein, der dies immer schon gelingt. Denn das Unvordenkliche ist als solches erkannt worden. Folglich muß es im Denken eine Zugänglichkeit besitzen.

Hinter diesen abstrakten Überlegungen steht ein konkretes geschichtliches Beispiel. Es ist der Übergang von der kritischen Philosophie Kants zu dem durch sie ausgelösten deutschen Idealismus.[2] Hier stand zu Beginn die rigorose Unterscheidung zwischen einer erscheinenden Wirklichkeit, die das Denken erkennen kann, da es sie bewußtseinsmäßig konstituiert, und einer Wirklichkeit an sich, die das Denken nicht zu erkennen vermag, da sie seine Konstituierungsmöglichkeiten prinzipiell überschreitet. Diese Unterscheidung machte sich selbst fragwürdig, da Kant, der sie eingeführt hatte, ausgerechnet jenen Bereich, den er als völlig transzendent bezeichnen wollte, für die

[1] Vgl. dazu G. W. F. Hegel: GW XI, 60–85. Siehe außerdem den Kommentar von M. Theunissen: *Sein,* 236–297.

[2] Vgl. Joh. Ed. Erdmann: *Idealismus,* 41 ff.; E. Cassirer: *Erkenntnisproblem,* 126–130; N. Hartmann: *Idealismus,* 1–39; W. Kabitz: *Studien,* 38–40; R. Kroner: *Von Kant,* 303–363; F. Medicus: *Denker,* 169–198.

Bestimmung der Erscheinungswelt benötigte. Hatten die Erscheinungen ihr Wovon nicht in den Dingen an sich? Löste der intelligible Bereich nicht das Problem der Verbindung von Natur- und Freiheitskausalität? Wurde die transzendente Welt der Wirklichkeit an sich nicht herangezogen, um die Freiheit zu erklären? Und setzte schließlich die Bestimmung des Dings an sich als „X" beziehungsweise als „Nichts" nicht ebenfalls eine Erkenntnis desselben voraus? Der deutsche Idealismus hat aus diesen Aporien die Konsequenzen gezogen und das Denken über die ihm vorgesetzte Grenze hinausgehen lassen. Zwar unterschied er im Anschluß an Kant das Denken als Verstand oder als Reflexion, sofern es innerhalb der Grenze verbleibt, und das Denken als Vernunft oder als Spekulation, sofern es über die Grenze hinausgeht, doch handelte es sich dabei um ein und dasselbe Denken.

Mit diesem Hinausgehen über die von Kant postulierte Grenze durch das Denken selbst war aber erst ein Anfang gesetzt. Denn nun erhoben sich folgende Fragen: Wodurch oder als was vermag das Denken vom Verstand zur Vernunft überzugehen? Geschieht dies aus eigener Kraft oder durch ein anderes? Wie bestimmt sich das Woraufhin des Überstiegs? Zuerst als ‚Sichabgrenzendes', dann aber vielleicht als ‚Vermitteltes'? Welches sind die Wesensmerkmale eines Denkens, das immer schon über die Grenze hinaus ist?

Die Antwort, die der deutsche Idealismus auf diese Fragen gegeben hat, ist nun einerseits das, was ihn hervorgebracht und gegenüber jeder anderen Philosophie ausgezeichnet hat. Andererseits ist sie auch genau das, was über ihn wieder hinweggeführt hat. Und unter eben dieser Rücksicht ist sie das, was den deutschen Idealismus zum Schicksal der Philosophie bis in die unmittelbare Gegenwart herauf gemacht hat. Mit ihr hat der deutsche Idealismus daher den Fortgang der modernen europäischen Geistesgeschichte vorgezeichnet. Weil er aber mit seiner Antwort nur neue Wege bahnte, diese jedoch nicht zu Ende gehen konnte, sondern selbst an ihnen ein Ende fand, hat er der modernen Philosophie die Aufgabe hinterlassen, neue Wege in *derselben* Problemlandschaft zu finden. Diese Aufgabe macht jede moderne Philosophie, die sich ihr ausdrücklich stellt, an ihr ihre Selbstidentität und damit auch ihre Legitimität und letztlich sogar ihre Existenz entscheidet, zu einer *nachidealistischen* Philosophie.[3] Es bedarf daher kei-

[3] Zum Begriff der „nachidealistischen Philosophie" vgl. vor allem W. Schulz: *Vollen-*

ner langen Ausführungen mehr, um darzulegen, warum die Frage der vorliegenden Untersuchung nach der Denkbarkeit eines ‚Etwas', das vor dem Denken kommt, bei dem das Denken aber dennoch immer schon sein muß, keine rein logische Spielerei um ein beliebiges Paradox ist, die sich zudem noch ein geschichtliches Beispiel als Veranschaulichungsmaterial holt, sondern eines der zentralsten Probleme der Gegenwartsphilosophie betrifft.

Die Antwort, die der deutsche Idealismus auf die gestellten Fragen bezüglich des Überschreitungsvermögens des Denkens gegeben hat, ist im wesentlichen eine sehr einfache. Das heißt natürlich nicht, daß sie simpel wäre, im Gegenteil, aber es heißt, daß es bei all der Vielfalt von Problemen, Theorien und Modellen immer nur um *einen* Gedanken ging. Dieser Gedanke war die Idee der *Freiheit.* Sie ist für die deutschen Idealisten der tiefste Grund dafür, daß das Denken prinzipiell jede Grenze übersteigen kann und sogar übersteigen muß.[4] Sie ist weiters das Woraufhin eines jeden Hinausgehens über eine beliebige Grenze. Schließlich ist sie auch jenes Denken, das über jede Grenze hinausgeht, *selbst.* Dieses Denken ist *ihr* Ausdruck. Sie ist *als* das denkmäßige Hinausgehen über jede Art von Grenze.

Für diese Absolutsetzung der Freiheit konnten sich die Idealisten abermals an Kant orientieren. Genauer gesagt war es erneut ein Widerspruch, in den sein System hineingeführt hatte. Diesmal allerdings ging es nicht so sehr um den Widerspruch zwischen einer Eingrenzung der menschlichen Erscheinungswelt einerseits und einem gleichzeitigen Hinausgehen der philosophischen Theorie über die Erscheinungswelt andererseits, obwohl dieser davon ebenfalls betroffen war,

---

dung, bes. 8 f., 10, 291, 297 f. Siehe außerdem W. Anz: *Nachidealismus* und H. Schnädelbach: *Philosophie.* Schnädelbach verwendet den Begriff „nachidealistische Philosophie" zwar nur selten (11, 17), doch er begreift die moderne deutsche Philosophie aus der „Identitätskrise" (ebd. vgl. 22) des Idealismus. Was dem Idealismus noch gelang, nämlich die Einheit von Denken und Sein zu bewahren, Wahres, Gutes und Schönheit in einer Einheit zu begreifen und das absolute System zu konstituieren (18–21), ist dem nachidealistischen Denken trotz aller Versuche nicht mehr möglich gewesen (22–25). Verpflichtung und Abkehr sind also die Weisen, in denen sich das nachidealistische Denken gegenüber dem idealistischen konstituiert. – Mehr ordnungshalber als sachlich begründet überschreibt auch W. Brugger die Philosophie von „1850 bis zur Gegenwart" als „nachidealistische Philosophie" (*Philosophisches Wörterbuch* [[1]1947], Fr/Bas/W [15]1978, 532).

[4] Zu den folgenden Überlegungen bezüglich des deutschen Idealismus vgl. W. Schulz: *Problem.*

sondern um den Widerspruch zwischen dem Freiheitsbegriff, den Kant einführte, und der Setzung eines Dings an sich. Auf der einen Seite stand nämlich die Theorie, daß die Freiheit völlig autonom sei und sich nur sich selbst ihr Gesetz gebe, auf der andern Seite war die Rede von einem Ding an sich, in dessen intelligiblen Umfeld die Freiheit ihren Ursprung nehmen sollte. Beides vertrug sich offenbar nicht miteinander. Denn wenn die Freiheit absolute ‚Auto-nomie' sein sollte, dann durfte sie auch nicht auf ein Ding an sich angewiesen sein. Egal ob im phänomenalen oder im noumenalen Bereich, nirgends konnte die Freiheit durch ein anderes bestimmt sein. In jedem Fall bedeutete dies Heteronomie und damit Widerspruch zur Autonomie der Freiheit.

Der Kantsche Freiheitsbegriff durfte also nicht anders als absolut gesetzt werden. Deshalb war es zuinnerst notwendig, daß die Freiheit sowohl jenes Denken war, das als Verstand oder Reflexion an eine Grenze stieß, als auch jenes Denken, das als Vernunft oder Spekulation immer schon über dieselbe Grenze hinaus war. Mehr noch: Von diesem Begriff her war es auch notwendig, daß die Freiheit zudem das Woraufhin des Überstiegs war. Ein Ding an sich konnte es, wie eben angedeutet, nicht sein. Aber nicht nur es, sogar ein ‚anderes Absolutes' konnte nicht mehr anders sein denn als Freiheit selbst.

Es ist im gegenwärtigen Zusammenhang jetzt nicht vonnöten, die idealistischen Freiheitstheorien im einzelnen darzustellen und die verschiedenen Konsequenzen zu verfolgen, die sich aus diesen Ansätzen ergeben haben. Im Rahmen der gegenwärtigen Einleitung ist es viel wichtiger, sofort auf das Ende des deutschen Idealismus einzugehen. Dies ist für die vorliegende Untersuchung insofern von vorrangiger Bedeutung, als dadurch deutlich wird, daß und warum die idealistischen Freiheitstheorien nicht haltbar waren, und als damit darüber hinaus angezeigt wird, weshalb die Philosophie *nach* dem Idealismus einerseits zu einer nach*idealistischen* Philosophie wurde und warum sie andererseits andere Wege gehen mußte, um die vom Idealismus übernommenen Grundprobleme bezüglich der Grenzen des Denkens und der absolut verstandenen Freiheit lösen zu können.

Das Ende des deutschen Idealismus ereignet sich im Augenblick seiner höchsten Vollendung: in der Spätphilosophie Schellings.[5] Auch

---

[5] Die Spätphilosophie Schellings wird im Ersten Teil, A eingehend behandelt werden.

Schelling geht zunächst den oben beschriebenen Weg des Grenzüberschreitens. Auch er versteht die Freiheit als das grenzaufhebende Unterwegssein zu sich selbst. Zwar nennt er es „negative Philosophie", doch darunter begreift er sachlich gesehen nichts anderes als das soeben Beschriebene. Das Negative bezieht sich ja auf nichts anderes als auf das Zurücklassen dessen, was nicht die Freiheit in ihrer Absolutheit ist, das heißt dessen, was nicht identisch mit dem Woraufhin des gesamten Überschreitungsprozesses ist, nämlich mit der Freiheit als jenem *notwendigen* Sein, das *jeder* Möglichkeit mächtig ist. Auch bleibt für Schelling die Freiheit trotz aller Modifizierungen, die er an den einzelnen idealistischen Systemen anbringt, das Absolute schlechthin. Sie ist das, was das besagte Negative ausführt und als dieses erscheint, sowie das, was das Negieren überhaupt auf seinen Weg bringt. In dieser Eigenschaft, daß sie das Negieren auf den Weg bringt, wird sie immer schon gewußt. Schelling nennt sie ausdrücklich den „ursprünglichen Inhalt" der Vernunft. Doch wie wird sie in dieser ihrer Absolutheit gewußt? Offensichtlich kann sie nicht so gewußt werden, wie dasjenige, worüber hinausgeschritten wird und das durch sein Aufgehoben-werden erst in seiner eigentlichen Wahrheit erscheint. Es kann aber kein Zweifel darüber bestehen, *daß* sie das Überschreiten von Grenzen einleitet *und normiert.* Wie also wird sie gewußt?

Will man Schellings Antwort verstehen und vor allem auch seine Theorie von der „positiven Philosophie" sowie von der Erfahrung des Apriorischen richtig würdigen, so ist es notwendig, eine Vorfrage zu stellen. Diese Vorfrage betrifft vorerst nicht unmittelbar das spezifische Wissen der Freiheit um sich selbst in ihrer Absolutheit, zieht im Bezug auf dieses aber wichtige Folgen nach sich. Sie lautet: Wie vermag die Freiheit die letztmögliche Grenze überschreiten und zu sich selbst in ihrer Absolutheit hingelangen? Kann sie das durch sich selbst? Zunächst könnte man meinen, daß sie dazu in der Lage sei. Denn schließlich ist sie als „ursprünglicher Inhalt" der Vernunft immer schon bei sich. Doch besagt das ursprüngliche Beisichselbstsein,

---

Dort wird auch die Sekundärliteratur zu Wort kommen. An dieser Stelle sei lediglich gesagt, daß die folgenden Ausführungen sich den Thesen von W. Schulz *(Vollendung; Idealismus; Verhältnis);* M. Theunissen *(Aufhebung; Idealismuskritik)* und Ch. Wild *(Aporetik)* anschließen.

daß dies das Werk der Freiheit selbst ist? Könnte es nicht einfach ein Faktum sein? Oder deutet es am Ende auf die Gegenwart eines ‚anderen Absoluten' hin, das nicht mit der Freiheit identisch ist, sondern das sich in und an ihr äußert, sofern es ihr ihr letztes beziehungsweise allem vorgängiges Wissen um sich selbst eröffnet? Für diese letzte Alternative hat sich Schelling entschieden. Denn für ihn kann die Freiheit den letzten Schritt zu sich selbst in ihrer Absolutheit, das heißt zu sich selbst als absolutem Selbstbewußtsein, nicht aus eigener Kraft vollziehen. Ausgerechnet sich selbst gegenüber, das heißt ausgerechnet ihrer innersten Mitte gegenüber, bleibt sie ohnmächtig. *Sie,* die jedem Überschreiten von Grenzen die Bedingung der Möglichkeit war, stößt nun ihrerseits in sich selbst an eine Grenze, der sie aus eigener Macht nicht Herr wird. *Sie,* die der konstituierende Grund der gesamten Wirklichkeit war, enthüllt sich plötzlich als nicht mehr in sich selbst gründend. Und *sie,* die eben noch das Absolute schlechthin war, verweist auf ein ‚anderes Absolutes', das ihre Ohnmacht vermitteln und aufheben kann.

Diese Einsicht Schellings, daß die Freiheit gegenüber sich selbst in ihrer Absolutheit *ohnmächtig* ist, bedeutet das Ende des deutschen Idealismus. Nicht die Tatsache also, daß das Wissen der Freiheit um sich selbst anderer Natur sein muß als das grenzüberschreitende Denken ist entscheidend, sondern dies, daß der Übergang vom letzteren zum ersteren nicht mehr die Tat der Freiheit ist. Das lehrt ein Vergleich mit Hegel. Bei diesem besteht genauso der Unterschied zwischen jenem Bewußtsein, daß die bloße Reflexion überwindet und zum absoluten (Freiheits-)Begriff hinführt, der dann als spekulative Wissenschaft sich selbst denkt. Doch der Übergang von jenem Bewußtsein, das noch in irgendeiner Weise mit einer unvermittelten Unmittelbarkeit zu tun hat, zum reinen, sich selbst denkenden Begriff geschieht trotz aller Schwierigkeiten, die Hegel bei seiner Darstellung auch gehabt haben mag, durch das Denken und durch die Freiheit *selbst.*[6] Darin liegt der wichtigste Unterschied gegenüber der Freiheitskonzeption des späteren Schelling. Hegel bleibt daher mit seiner Theorie innerhalb des deutschen Idealismus. Er führt sogar dessen konsequenteste

[6] Vgl. aus R. Bubner: *Dialektik: Strukturprobleme dialektischer Logik* ([1]1976), 7–39, bes. 25 ff., und *Die ‚Sache selbst' in Hegels System* ([1]1978), 40–69, bes. 48 ff.

Form herbei. Schelling hingegen weist sachlich gesehen – ob er dies nun selbst wollte oder nicht – über den Idealismus hinaus.

Aber die Schellingsche Einsicht führt ‚de facto' auch zur Vollendung des deutschen Idealismus. Schelling verfolgt nämlich die Konsequenzen, die sich aus seiner Einsicht notwendig ergeben würden, nicht mit der gebotenen Radikalität. Zwar sieht er, daß das letzte Woraufhin, das heißt das, was bisher die Freiheit in ihrer Absolutheit war, nur mehr *von sich selbst her* seinen Sinn offenbaren kann, daß mit anderen Worten die Freiheit als übersteigendes Denken diesen Sinn nicht mehr apriori in sich selbst entdecken kann, sondern *erhält.* Er erkennt weiters auch, daß die neue, nicht mehr übersteigende Art des Wissens, kraft dessen das Denken eine Grenze gefunden hat und aufgrund dessen es schon irgendwie bei dem ist, woran es versagt, nur mehr *von jenem besagten Woraufhin* aus eingeleitet, *konstituiert* und getragen wird. Für ihn ist damit die Freiheit von ihrer innersten Mitte zu sich selbst hin *eröffnet.* Schließlich beruft er sich bezüglich der Aufhebung der beschriebenen Ohnmacht folgerichtig auf eine Faktizität, genauer gesagt auf eine Geschichte. Daß nämlich das Denken trotz seiner Grenze immer schon über sich selbst hinaus ist, vermag es nicht mehr mit Notwendigkeit aus sich heraus zu deduzieren, sondern nur noch als Faktum festzustellen.

Schelling wird aber dadurch zum Vollender des deutschen Idealismus, daß er alle diese Einsichten wieder rückgängig macht, sofern er die Forderung, die seitens der negativen Philosophie auf die positive besteht, so weit treibt, daß er dieser Begriffe unterschieben muß, die er eben erst für inkompetent erklärt hat. Nicht die Tatsache also, daß im Bereich der negativen Philosophie eine Forderung nach einer neuen Art des Denkens entsteht, ist das Bedenkliche, denn die Forderung ist ja nur das zur negativen Philosophie hingewandte Gesicht der Grenzerfahrung, sondern der Umstand, daß Schelling diese Forderung falsch interpretiert, in ihr sozusagen eine Machtreserve der ansonsten ohnmächtig gewordenen negativen Philosophie erblickt und mit deren Hilfe in einem Bereich *bestimmend* eindringt, zu dem sie überhaupt keinen Zugang haben soll.[7] Die plötzliche Umwandlung des „reinen

[7] Erst *dadurch* fällt er hinter das Reflexionsniveau der Hegelschen Wissenschaft der Logik zurück und erst *dadurch* erweckt er den Eindruck, eine Philosophie zu betreiben, die er weder logisch noch kritisch rechtfertigen kann. Vgl. dazu M. Theunissen: *Aufhebung,*

Seyns“ beziehungsweise des „bloß Existirenden“ als Anfang der positiven Philosophie in einen klar umrissenen Begriff von Freiheit, ist das sichtbarste Beispiel dafür. Diese Umwandlung ist nur möglich, weil sie zuvor schon notwendig ist aufgrund einer Forderung, die seitens des Freiheitsvollzugs im überschreitenden Denken erhoben wird. Aus dem reinen *Faktum,* daß diese Ohnmacht immer schon überwunden ist, nämlich in der christlichen Offenbarung, wird so ein *notwendiges* Postulat jener Vernunft, die sich selbst als Freiheit konstituieren wollte, es aber nicht konnte. Durch seine Forderungen präjudiziert das übersteigend-negative Denken den Geschehensablauf der Offenbarung jenes letzten Woraufhin, zu dem es in gar keiner Weise mächtig ist. Deshalb bringt auch der Inhalt der Offenbarungsgeschichte nicht viel anderes als das, was bereits aus dem Übersteigungsprozeß des Denkens innerhalb der negativen Philosophie bekannt ist. Er steht erneut unter den transzendentalen Konstitutionsbedingungen jenes Denkens, dem jegliche Kompetenz für ihn abgesprochen wurde. Kein Wunder, daß auch die neue Art des Wissens, die Schelling „Erfahrung“ nennt, in ihrer Andersartigkeit verkannt und zu einem reinen Ausläufer des übersteigenden Denkens dezimiert wird. Mit einem Wort: Die Freiheit ist es wiederum selbst, die sich aus ihrer Ohnmacht befreit und mit *Notwendigkeit* das denkt (worin sie sich denkend befreit), was sie eben erst nicht mehr hat denken können. Mit dieser Theorie wird Schelling zum Vollender des deutschen Idealismus, sofern er über Hegel hinaus eine letzte unvermittelte Unmittelbarkeit in die Absolutheit der Freiheit hineinnimmt und auch diese noch in einem Selbstvermittlungsprozeß als Freiheit selbst aufhebt.

Aus diesem Scheitern der Spätphilosophie Schellings ergeben sich jetzt die konkreten Fragen der vorliegenden Untersuchung. Wie zu Beginn schon gesagt, ist die Grundfrage die, wie das Denken etwas zu denken vermöge, das absolut vor ihm kommt. Diese Frage hat sich verwandelt in die Frage nach der spezifischen Eigenart jenes Wissens, kraft dessen das Denken immer schon bei jenem absolut vor ihm Kommenden ist beziehungsweise mittels dessen es in der Lage ist, an

---

13–23; ders.: *Idealismuskritik,* 186–191; Kl. Düsing: *Logik.* Hätte Schelling seinen Selbstwiderspruch vermieden, so wäre er nicht nur zu einer vollkommen neuen *nachidealistischen* Philosophie vorgestoßen, sondern er hätte sich auch von vornherein jenem Vergleich mit Hegel entzogen, den er zwar selbst veranlaßt hat, der jedoch in jedem Fall zu seinen Ungunsten ausgehen mußte.

eine Grenze seiner selbst zu stoßen und diese anzuerkennen. Jetzt, nach den philosophiegeschichtlichen Betrachtungen zum deutschen Idealismus, hat sich weiters herausgestellt, daß dieses Wissen nicht das absolute Selbstbewußtsein der Freiheit sein kann, da das überschreitende Denken, *als* welches die Freiheit *ist,* dazu nicht fähig ist. Die Freiheit *erhält* dieses Wissen vielmehr vermittelt und *wird* in diesem Sinne dazu *eröffnet.* Sie setzt es zwar voraus, denn das Grenzüberschreiten bedarf eines Ziels und einer Norm, sie vermag es jedoch nicht aus eigenen Stücken zu konstituieren. Folglich muß gesagt werden: Das Wissen, mittels dessen das Denken immer schon bei dem ist, was absolut vor ihm kommt, ist ein *Geschehen an ihm selbst.* Das Denken ist demnach nicht deshalb über sich hinaus, weil es von sich aus immer schon in der Lage wäre, Grenzen zu übersteigen und bei sich selbst zu sein, sondern weil es immer schon über sich *hinausgerufen* ist durch ein Anderes, das nicht es selbst ist. Man könnte auch sagen: Das Denken ist deshalb immer schon über sich selbst hinaus, weil sich ein Anderes, das sein eigener Grund ist, in ihm eine Zugänglichkeit verschafft hat.

Da nun der späte Schelling diese Gedankengänge nur angedeutet und nahegelegt, aber selbst nicht durchgeführt hat, ist es die Aufgabe jeder nachidealistischen Philosophie, der es um die Freiheit und ihren Grund genauso zu tun ist wie dem deutschen Idealismus selbst,[8] das besagte Wissen *freizulegen,* mit dem das Denken und damit die Freiheit selbst *immer schon* bei ihrem *Grund,* der nicht mit ihnen identisch ist, sind. Anders gesagt: Es ist die Aufgabe jeder Philosophie, die sich im strengen Sinn des Wortes als nach-idealistische Philosophie versteht, das heißt sich sowohl zu ihrer Verbundenheit als auch zu ihrer Unterschiedenheit gegenüber dem Idealismus bekennt, eine *Theorie jenes Geschehens* zu erstellen, das sich *am* Denken und *an* der Freiheit abspielt und ihnen beiden eine jeweilige Möglichkeit einräumt, um dem zu entsprechen, was vor ihnen kommt. Sofern dieses Geschehen

[8] Daß es einer modernen Philosophie genauso um die Freiheit und ihren Grund gehen muß wie dem deutschen Idealismus, ist die Voraussetzung dafür, daß überhaupt von einer nachidealistischen Philosophie gesprochen werden kann. Die Freiheit war für den Idealismus das Absolute schlechthin. Folglich gibt es gar keinen Vergleich mit ihm, der nicht ebenfalls von der Idee der Freiheit seinen Ausgang nimmt. Gleichzeitig ist damit gesagt, daß es bezüglich verschiedener Richtungen der Gegenwartsphilosophie, wie z. B. bezüglich des Positivismus des Wiener Kreises oder der rein analytischen Wissenschaftstheorie, zumindest unmittelbar gesehen sinnlos ist, von Nachidealismus zu sprechen.

einer *Erfahrung* zugänglich sein muß, zu der es die ‚transzendentalen' Voraussetzungen selbst mitbringt, ja sofern es in einem noch zu präzisierenden Sinn *als* Erfahrung des Denkens und der Freiheit an ihnen selbst *ist*, kann die Aufgabe einer nachidealistischen Philosophie auch definiert werden als *Aufdeckung der Strukturen jener Erfahrung, die das Denken und damit die Freiheit an sich selbst bezüglich ihres eigenen, vor ihnen kommenden, absoluten Grundes immer schon machen.*

Die vorliegende Untersuchung setzt sich kein anderes Ziel, als zur Bewältigung dieser Aufgabe einen Beitrag zu leisten.

Man könnte nun aber einwenden und fragen: Wozu oder wem dient ein derartiger Beitrag wirklich? Ist es für die nachidealistische Philosophie, vorausgesetzt, daß es so etwas überhaupt gibt, tatsächlich so wichtig, die Erfahrung freizulegen, die das Denken an ihm selbst mit seinem Grund immer schon macht? Die Untersuchung einer solchen Erfahrung, so darf geantwortet werden, ist für die gegenwärtige Philosophie deshalb wesentlich, weil diese den *Anspruch* des idealistischen Freiheitsbegriffs festgehalten hat. Genau dies macht sie auch zur nach*idealistischen* Philosophie. Doch mit dem Festhalten an einem Anspruch ist noch nicht apriori das Entsprechen zu demselben mitgegeben. Im konkreten Fall bedeutet dies, daß dem postulierten Freiheitsbegriff keineswegs das Denken beigestellt sein muß, das ihn legitimieren kann. So verhält es sich in der Tat bei vielen Richtungen der nachidealistischen Philosophien, zu denen übrigens nicht nur die sogenannten dialektischen Philosophien gehören, wie etwa die Frankfurter Sozialphilsophie, sondern auch Richtungen, die sich als prinzipiell antidialektisch und antitranszendental verstehen, wie etwa der Kritische Rationalismus. Keine dieser Philosophien denkt mehr in dem Sinne idealistisch, daß sie sich im Besitz eines absoluten Wissens um die Freiheit in ihrer Absolutheit wähnte – von da her gesehen haben sie alle die Schellingsche Kritik am Idealismus ‚nolens-volens' mitvollzogen –, doch in jeder von ihnen wird die Freiheit mit einer derartigen Selbstverständlichkeit postuliert, daß man annehmen muß, daß sie in Wirklichkeit dennoch so ein Wissen besitzt. Da sie es aber nicht besitzt und gemäß ihrer eigenen Voraussetzungen auch gar nicht besitzen kann, muß man den Schluß ziehen, daß sich bezüglich dieses entscheidenden Punktes ein Dogmatismus eingeschlichen hat. Nach dem bisher Erörterten ist es allerdings nicht schwer einzusehen, warum dem so sein muß. Der Grund dafür liegt darin, daß viele der angesprochenen Philosophien den engen Zusammenhang übersehen, der zwischen dem idealistischen Freiheitsbegriff einerseits und dem idealistischen Denken andererseits besteht. Sie meinen, daß sie einen absoluten Freiheitsbegriff problemlos beibehalten können, wenn sie gleichzeitig das absolute Wissen als Unmöglichkeit ablehnen. Das ist aber ganz einfach deshalb unmöglich, weil das absolute Wissen die unbedingte Voraussetzung für die absolute Freiheit ist. Deshalb existiert für ein Denken, das nicht mehr unter idealistischen Prämissen denken kann, nur folgende Alternative: *Entweder* es beruft sich auf das *Faktum* eines Wissens der Freiheit um sich in ihrer Absolutheit – auf so etwas wie eine intellektuelle Anschauung oder ein apriorisches Vermögen zur Selbstreflexion etwa – und läßt sich dafür den Verdacht des Dogmatismus gefallen; *oder* es vollzieht den Schritt des späten Schelling mit und erkennt, daß die Freiheit in sich selbst eine Vermittelt*heit* besitzt, die sie sich nicht selbst gegeben hat, sondern die sie an eine Erfahrung verweist, die sie immer schon an ihr selbst im Bezug auf ein Absolutes macht, das vor ihr kommt und ihr eigener Grund ist. Geht es nun einer Philosophie ebenso ernsthaft um die Freiheit wie dem deutschen Idealismus, was jeder modernen Philosophie konzidiert werden muß, dann ist nur die zweite Alternative möglich, weil sich ein Dogmatismus mit einer Freiheitsphilosophie grundsätzlich nicht verträgt. Wenn aber dies der Fall ist, dann ergibt sich die Berechtigung einer Untersuchung über die Erfahrung des Denkens an ihm selbst im Bezug auf seinen absoluten Grund von selbst.

Soll es somit das Ziel der vorliegenden Untersuchung sein, zur Erstellung einer Theorie einer derartigen Erfahrung einen Beitrag zu leisten, so kann sie sich an bereits Geleistetem orientieren. Sie kann sich an einem Kapitel aus der Geschichte der Philosophie explizieren, obwohl ihr eigentliches Ziel durchaus theoretischer und sachlicher Natur ist. Dieses Kapitel Philosophiegeschichte – das wird zugleich eine der Thesen dieser Arbeit sein – betrifft die Phänomenologie Edmund Husserls und die daraus entspringende Theorie des „Seinsverständnisses" beziehungsweise des „wesentlichen Denkens" bei Martin Heidegger. An diesen beiden Philosophien, so soll ausführlich dargestellt werden, läßt sich eine Theorie der Erfahrung des Denkens an ihm selbst gewinnen. Husserl wird dazu wichtige Voraussetzungen schaffen, die Heidegger aufgreift und durchführt. In diesem Sinne wird man sagen können, daß vor allem in der Philosophie Heideggers eine Antwort auf die Frage zu finden ist, die der späte Schelling deutlich und bewußt gemacht hat. Die *konsequente* positive Philosophie wird sich daher nirgends sonst suchen lassen als in der Seinsphilosophie Heideggers, die (wie gesagt) ihrerseits ihre Wurzeln in der Phänomenologie Husserls hat. Sie zu heben und in einen sachlichen Zusammenhang zu bringen, ist die Aufgabe, die sich die folgenden Husserl- und Heideggerinterpretationen stellen wollen. Daraus ergibt sich von selbst, daß das sachliche Problem im Vordergrund steht. Es geht nicht um eine neue Husserl- oder Heideggerdarstellung, sondern um eine *Befragung* bezüglich des Problems der Erfahrbarkeit eines Absoluten, das vor dem Denken kommt.

Unter dieser Perspektive erscheinen die Philosophien Husserls und Heideggers als nachidealistische Philosophien. Was dies besagt, ist bereits angedeutet worden. Für die nun folgenden Ausführungen muß dies aber noch viel genauer geschehen. Bis jetzt ist ja alles erst thesenhaft behauptet worden. Das Gesagte muß sich an ausführlichen Überlegungen bewähren. Zu diesem Zweck muß an erster Stelle die Einsicht des späten Schelling anhand eines wichtigen Textes, nämlich den *Vorlesungen über die Philosophie der Offenbarung* von 1841/1842,[9] dargelegt und erläutert werden.

II.

Ist das eben beschriebene Ziel erreicht, so soll das Erarbeitete seinerseits mit einer Frage konfrontiert werden. Diese Frage lautet: Kommt die durch die Einsicht des späten Schelling eingeleitete Entwicklung, die zu einem neuen Begriff von Denken und Freiheit führt, dem christlichen Denken entgegen oder nicht?

Auf den ersten Anblick bricht diese Frage jetzt etwas plötzlich und unvermittelt herein. Doch sie verliert sofort ihren Anschein von Willkürlichkeit, wenn man bedenkt, daß der deutsche Idealismus seine Freiheitsphilosophie nicht nur als Ausführung der in der christlichen

[9] Der Grund, warum ausgerechnet diese Vorlesung und kein anderes Werk von Schelling als Ausgangspunkt für die vorliegende Untersuchung gewählt wurde, liegt darin, daß Schellings Spätphilosophie bei den Zeitgenossen und damit wirkungsgeschichtlich gesehen bei der unmittelbar nachfolgenden Philosophie zunächst fast ausschließlich durch diese Vorlesungen Echo fand.

Offenbarung grundgelegten Theologie und Anthropologie verstanden hat, sondern sogar wichtige Teile seiner Systeme direkt am Evangelium gebildet und bewährt hat. Sie verliert noch mehr diesen Anschein von Willkürlichkeit, wenn man sich daran erinnert, daß die nachidealistische Kritik am deutschen Idealismus, die Schelling in Anschluß an den romantischen Münchner Kreis ausformuliert und die er parallel zu spätidealistischen Philosophen wie J. H. Fichte oder Ch. H. Weisse durchgeführt hat, im Namen des Christentums erfolgte. Schon 1827/1828 bekannte er: „Der eigentliche Name für meine Philosophie ist christliche Philosophie ... Das Christentum ist also die Grundlage der Philosophie.“ [10] Man könnte sogar noch weitergehen und auf die geistesgeschichtliche Tatsache verweisen, daß die neuzeitliche Subjektivitätsphilosophie und daher auch deren Vollendung, nämlich der deutsche Idealismus, nicht etwas dem Christentum gegenüber Fremdes gewesen, sondern im Gegenteil aufgrund des Christentums überhaupt erst möglich geworden ist. [11] Aber das ist für die vorliegende Untersuchung gar nicht notwendig. Es genügt zum Beispiel Kants Religionsschrift, [12] Fichtes Reden über die *Anweisung zum seligen Leben,* [13] Hegels Jugendschriften von 1795/1796 und 1798–1800 [14] sowie seine Ausführungen über das Christentum in den *Vorlesungen zur Philosophie der Geschichte* [15] oder eben Schellings *Philosophie der Offenbarung* als Beweis heranzuziehen.

Neben dieser Argumentation aufgrund der Geistesgeschichte läßt sich aber noch ein weiterer Gesichtspunkt einbringen. Er ergibt sich von der Seite des christlichen Denkens her. Von ihm aus stand die Begegnung mit der Philosophie seit jeher unter der Bedingung, daß die Philosophie und das heißt das Denken des Menschen sich selbst nicht genügen könne, sondern des Glaubens bedürfe. Ein Denken, das sich selbst genügte oder mit anderen Worten absolut wäre, hätte den Glauben nicht nötig, ja dürfte ihn nicht einmal akzeptieren. Daher wäre es

---

[10] Zitiert bei H. Fuhrmans: *Dokumente* II, 280.

[11] Vgl. dazu u. a. F. Gogarten: *Entmythologisierung,* 11–47; ders.: *Neuzeit;* Joh. B. Metz: *Anthropozentrik,* 117–134; ders.: *Theologie* (zu Metz vgl. R. Schaeffler: *Was dürfen wir hoffen?*); W. Pannenberg: *Gottesgedanke,* bes. 9–78, 114–128; Ch. Gestrich: *Spaltung.*

[12] *Religion innerhalb der Grenzen der bloßen Vernunft* (¹1793), in: *Werke* VII, 649–879, hier 712ff., 751ff., 826ff.

[13] *Werke* V, 399–580, hier 475ff.

[14] WA I, 104–229, 274–418.

[15] WA XII, 31ff., 77f., 81f., 140f., 185ff. u.ö.

in letzter Konsequenz unchristlich. Nun trieb die neuzeitliche Subjektivitätsphilosophie in ihrer höchsten Vollendung, im deutschen Idealismus, auf dieses Ziel eines absoluten Denkens im Namen einer absoluten Freiheit hin. Deshalb konnte das Christentum dieser Philosophie, obwohl sie paradoxerweise auf christlichem Fundament aufbaute und die christliche Theologie um wertvolle Perspektiven bereicherte, konsequenterweise nicht entgegenkommen.[16] Es konnte in ihr nur die Negation dessen sehen, was für es selbst Wesenseigentümlichkeit ist, nämlich des Glaubens und der Gnade. Trotz der unaufgebbaren Bereicherungen, die es durch die idealistische Philosophie gewonnen hat,[17] durfte es nicht übersehen, daß es hier primär nicht um Gott, sondern um die absolute Freiheit ging, und daß dieser absoluten Freiheit alles *mit Notwendigkeit* untergeordnet werden mußte, auch wenn es gar nicht untergeordnet werden konnte: so die unvorhersehbare Freiheit Gottes, so das Geheimnis seiner Personalität und seines Schöpfungsplans, so die unerwartbare Faktizität in der Heilsgeschichte, so die Erlösungsbedürftigkeit des Menschen, so die nicht präjudizierbaren Dimensionen der Eschatologie, so der Glaube und so weiter.[18] Umso mehr muß es jetzt für das Christentum von

---

[16] Ich darf hier auf einige Darstellungen der neuzeitlichen Philosophie aus theologischer Sicht verweisen: R. Jolivet: *Philosophie,* 1–18, 109–196; J. Souilhé: *Philosophie;* H. U. v. Balthasar: *Apokalypse* I; ders.: *Herrlichkeit* III/1, 788–921; A. D. Sertillanges: *Christianisme* II, 5–268; R. Schneider: *Heimkehr;* Ch. Werner: *Philosophie;* E. Jüngel: *Gott,* 63–203, 239ff., 261–267; H. Küng: *Gott?,* bes. 21–118, 143–198, 211–220, 590ff. (zu Küng vgl. E. Coreth: *Gott*). Interessant in diesem Zusammenhang sind auch die offiziellen Stellungnahmen der Kirche zur neuzeitlich-idealistischen Philosophie. Vgl. u. a. H. Lennerz: *Gotteserkenntnis;* G. de Bertier de Sauvigny: *Denken;* H. J. Pottmeyer: *Glaube,* 59–81; L. Scheffczyk: *Vaticanum I;* R. Aubert: *Rückstand;* O. Köhler: *Lehramt;* R. Schaeffler: *Wechselbeziehungen,* 60–141, 321–324.

[17] Am unmittelbarsten wurde der positive Einfluß des deutschen Idealismus in der Theologie der katholischen Tübinger Schule sichtbar. Siehe dazu J. R. Geiselmann: *Tübinger Schule.* Vgl. außerdem W. Mattes: *Scholastik;* A. Schmid: *Richtungen;* L. Scheffczyk: *Weg.* – Über die für das Christentum besonders fruchtbaren Ansätze Schellings wird noch im Ersten Teil, A zu sprechen sein. Bezüglich Hegel siehe u. a. J. Splett: *Trinitätslehre;* H. Küng: *Menschwerdung;* M. Theunissen: *Lehre,* bes. 27–52, 77–100, 216–322, 347–386, 397–419, 439–447; P. Henrici: *Hegel;* ders.: *Theologie;* W. Pannenberg: *Die Bedeutung des Christentums in der Philosophie Hegels* ([1]1971), in: W. Pannenberg: *Gottesgedanke,* 78–113.

[18] Beispielhaft sei abermals auf die Philosophie Hegels verwiesen. Hier hat vor allem W. Kern zur Vorsicht aufgerufen. Vgl. dazu seine Aufsätze *Trinität* und *Schöpfung.* Lange Zeit hindurch verdichtete sich die katholische Auseinandersetzung mit dem Idealismus am Problem der ‚Analogia entis‘, die nach H. U. v. Balthasar keineswegs ein Sy-

größtem Interesse sein, wenn diese Philosophie, die sich, wie nicht oft genug wiederholt werden kann, auf das Christentum beruft und sich sogar als *christliche* Philosophie versteht, *von sich selbst her* jenes Grundhindernis überwindet, das den eigentlichen *Dialog* mit dem christlichen Glauben unmöglich gemacht hat, nämlich ihr Festhalten an der Absolutheit des Denkens und der als *Denken* sich manifestierenden Freiheit. Von besonderer Anziehungskraft bei diesem Wandel muß dabei die sich durchringende Einsicht haben, daß das Denken eine Grenze hat, über die es zwar erfahrend hinaus ist, da es sie ja als Grenze durchschaut, die es aber nicht von sich selbst her durchbricht, sondern die immer schon durchbrochen ist durch ein ‚anderes Absolutes', das nicht mit ihm identisch ist, das sich aber in dieser Erfahrung, die über die Grenze des Denkens hinaus ist, eine Zugänglichkeit verschafft. Zumindest der Gedanke einer „potentia oboedientialis",[19] dessen also, was man in der modernen Theologie das „übernatürliche Existenzial"[20] genannt hat, ist dieser Einsicht verwandt.

Im Speziellen trifft das eben Gesagte die Fundamenthaltheologie und die christliche Philosophie. Beide Wissenschaften leben sozusagen davon, daß es am Denken eine erfahrbare Grenze gibt. Die Aufgabe der Fundamentaltheologie ist es, die Vernunftgemäßheit dessen darzutun, was *über* der Vernunft ist, die Aufgabe der christlichen Philosophie dagegen die, aufgrund der Begrenztheit der menschlichen

---

stem andeuten möchte, sondern die Freiheit Gottes und des Menschen als unumstößlich verteidigen will (*Barth*, 93–181, 263–278). Siehe dazu auch E. Przywara: *Analogia entis;* ders.: *Schriften;* E. Coreth: *Dialektik;* ders.: *Identität;* Joh. B. Lotz: *Hegel und Thomas von Aquin*, in: Joh. B. Lotz: *Mensch*, 141–173. Diesen Autoren gegenüber vertritt E. Jüngel: *Gott*, 357–408, die entgegengesetzte Ansicht. – Zum begrüßenswerten Versuch M. Theunissens, Hegel seinen theologischen Kritikern zum Trotz Recht zu geben, sei nur angemerkt, daß sich ein solcher Versuch nur dann mit Erfolg durchführen läßt, wenn entweder Hegel oder das Christentum nicht so genommen werden, wie sie genommen sein wollen, oder wenn beide Seiten um so entscheidende Dimensionen verkürzt werden, daß man sich fragt, wer am Schluß eigentlich noch miteinander verglichen wird. Ein Beispiel dafür ist Theunissens Darstellung und Hegelschen Eschatologie (in: *Lehre*, 366–386), die er reichlich undifferenziert mit der christlichen Eschatologie gleichsetzt. Man denke dem gegenüber lediglich an die Eschatologien von J. Moltmann (in: *Hoffnung*) oder W. Pannenberg (in: *Christologie*, 103–105, 379–413, und W. Pannenberg [Hg.]: *Offenbarung*), um zu sehen, wie wenig eine Hegelsche Eschatologie in den Reichtum der christlichen Lehre ‚von den letzten Dingen' eindringt.

[19] K. Rahner: *Hörer.*

[20] Zum Ursprung dieses Begriffs vgl. K. Rahner: *Heidegger*, bes. 170f.; ders.: *Zum Verhältnis von Natur und Gnade* ([1]1950), in: K. Rahner: *Schriften* I, 323–345.

Vernunft jenes als „norma negativa" beziehungsweise als Ausgangspunkt (als „Quelle") des Philosophierens um seiner selbst willen zu nehmen, was *höher* als die Vernunft ist. Allerdings, das muß gleich gesagt werden, wird in beiden Wissenschaften die Grenze des Denkens anders erläutert, als es oben im Zusammenhang mit Schelling geschehen ist. Vorderhand wird zwar ebenfalls gesagt, daß die Vernunft in Anschluß an die Bibelstellen Röm 1, 19 f.; Weish 13, 1–9, und Sir 17, 8 prinzipiell zu dem gelangen kann (das heißt immer schon dort ist), woran sie eine Grenze findet, nämlich an Gott.[21] Dann aber laufen zwei Argumentationsmöglichkeiten nebeneinander: Die *eine* setzt die Grenze in der Offenbarkeit Gottes selbst an und unterscheidet grundsätzlich zwischen der Personalität Gottes, die die Vernunft auf natürlichem Wege erreichen und beweisen kann, und der Personalität Gottes, die nur in Folge einer freien, absolut von ihm selbst ausgehenden Offenbarung zugänglich ist. Es handelt sich hier somit um eine Grenze, die Gott in sich selbst setzt und die den Unterschied zwischen natürlicher und übernatürlicher Gotteserkenntnis konstituiert.[22] Die *andere* Argumentation gliedert sich in mehrere Varianten. Grundsätzlich aber setzt sie die Grenze des Denkens in der Endlichkeit des Menschen an. Explizierte man dies früher vorwiegend an der Irrtumsbehaftetheit, an der individuellen Begabung und an der lebenszeitlichen Beschränktheit des menschlichen Verstandes,[23] so beruft man sich in moderner Zeit mehr auf die existenzielle Grenzsituation des Menschen, die nur überwindbar ist durch einen Beistand Gottes.[24] Das natürliche Streben nach personaler Erfüllung überhöht man in die übernatürliche Erwartung eines „Heilbringers" (Karl Rahner).[25] Diese beiden Argumentationsmöglichkeiten widersprechen einander

[21] Vgl. z. B. H. Fries: *Die Offenbarung,* in: MySal I, 159–238.

[22] Vgl. z. B. M. Löhrer: *Dogmatische Bemerkungen zur Frage der Eigenschaften und Verhaltensweisen Gottes,* in: MySal II, 291–315.

[23] Vgl. Thomas von Aquin: *Summa theologica,* I q 1 a 1 resp., und *Summa contra Gentiles,* I q 4–7; siehe außerdem die Bestimmungen des 1. Vatikanischen Konzils, in: Denzinger-Schönmetz: *Enchiridion Symbolorum definitionum et declarationum,* Fr [32]1962, Nr. 3005, 3008; als Kommentar dazu siehe H. J. Pottmeyer: *Glaube,* 218–230.

[24] Vgl. u. a. Joh. B. Metz: *Ordnung,* 3–10; ders.: *Christliche Philosophie,* in: Lexikon für Theologie und Kirche II, Fr/Bas/W 1958, 1141–1147, hier 1142 f.; P. Henrici: *Aufbrüche,* 22–25, 27–35, 37–46.

[25] K. Rahner: *Grundlinien einer systematischen Christologie,* in: K. Rahner/W. Thüsing: *Christologie,* 15–78.

nicht. Im Gegenteil, wie sich an den folgenden Ausführungen über die Erfahrung des Denkens an ihm selbst noch genauer zeigen wird, hängen sie engstens miteinander zusammen und nennen in gewisser Hinsicht jeweils dasselbe unter einem verschiedenen Aspekt. Denn die Grenze im Menschen *ist* der Raum, in dem sich Gott die Möglichkeit seiner freien Offenbarung immer schon vorbehalten hat. Aufgrund ihres Zusammenhangs kommen die beiden Argumentationsmöglichkeiten auch der oben behandelten Theorie bezüglich der Grenze des Denkens entgegen. Aber das kann hier nur als These behauptet werden. Der Beweis wird im folgenden zu führen sein. Für den vorläufigen Stand der Untersuchung mag es genügen, die innere Verwandtschaft der nachidealistischen Fragestellung einerseits und der Begründungsproblematik von Fundamentaltheologie und christlicher Philosophie andererseits hervorgehoben zu haben. Zugleich mag das eben Gesagte als ein erstes Indiz dafür zu dienen, daß zumindest sachlich gesehen christliches und nachidealistisches Denken einander bezüglich ihrer jeweiligen Fundamentalfrage befruchtend entgegenkommen können.

Es gibt in der christlichen Tradition nun aber noch eine Theorie der Gotteserfahrung, die der Frage nach der Denk- oder Erfahrbarkeit dessen, was vor dem Denken kommt, noch viel unmittelbarer nahesteht als die bisher angedeuteten Denkrichtungen der christlichen Philosophie. Diese Theorie findet sich vor allem bei Augustinus und in der ihm nachfolgenden Tradition.[26] Zwei Zitate aus Augustinus mögen dies veranschaulichen. Das erste findet sich in den *Confessiones* (VII, 10, 16), das zweite hingegen in *De vera religione* (39, 72). Augustinus sagt dort: „Ich trat ein und erschaute mit einem irgendwie gearteten Auge meiner Seele, hoch über diesem selben Auge meiner Seele, hoch über meinem Geist ein unwandelbares Licht, nicht dieses gewöhnliche und allem Fleisch bekannte, auch nicht nur sozusagen von derselben Art und nur größer, so als wenn es viel, viel heller leuchtete und alles mit seiner Größe erfaßt hätte. Das war es nicht, sondern etwas anderes, ganz anderes als alles dieses. Auch war es nicht so über meinem Geist wie das Öl auf dem Wasser oder der Himmel über der Erde, sondern insofern höher, als es mich selbst geschaffen hat, und ich niedriger, als ich von ihm geschaffen worden bin."[27] „Und wenn

[26] Zum folgenden vgl. vor allem F. Körner: *Sein,* 134–140, 162–248.
[27] Übersetzung von H. M. Schmidinger.

du deine Natur in ihrer (unzuverlässigen) Wandelbarkeit durchschaut hast, dann überschreite auch dich selber. Aber bedenke, wenn du dich überschreitest, daß du die vernunfttätige Seele übersteigst. Dorthin also strebe, von woher das Licht der Vernunft selbst angezündet wird."[28] Augustinus beschreibt hier somit eine Erfahrung, die das Denken mit Gott macht, indem es sich auf sich selbst richtet (das heißt an ihm selbst die Erfahrung macht) und dabei auf jene Instanz stößt, die noch über dem Denken steht (das heißt noch absolut vor ihm kommt). Die Nähe zur oben angeschnittenen Fragestellung des späten Schelling ist damit offenkundig. Dabei sei gar nicht verschwiegen, daß diese augustinische Theorie in gewissen Illuminationsphilosophien und im sogenannten Ontologismus Verzerrungen erdulden mußte, die sie selbst schwer belastet haben, ja daß sogar Augustinus selbst die spezifische Eigenart jener Erfahrung, die mit dem über dem Denken Seienden zu tun hat, streckenweise im unklaren läßt. Aber von ihrem Ansatz her verstanden stellt sie auf jeden Fall einen Weg dar, der vom Weg der oben beschriebenen nachidealistischen Philosophie nicht allzu weit entfernt sein kann. Die Vermutung, daß sich hier eine verwandte Problemstellung *gemeinsam* behandeln ließe, läßt sich nicht mehr von der Hand weisen.

Ist somit gezeigt, warum nachidealistisches und christliches Denken nicht nur miteinander verglichen, sondern in einen sinnvollen Dialog zueinander gebracht werden können, weil sie um dasselbe Problem ringen, dann kann der weitere Verlauf der vorliegenden Untersuchung in nähere Umrisse gebracht werden. Sobald, wie oben angekündigt, das Wesen der Erfahrung, die das Denken an ihm selbst im Bezug auf seinen absoluten Grund immer schon macht, hinreichend geklärt ist, soll die spezifisch christliche Ansicht zum selben Thema behandelt werden. Dabei wird vor allem das zur Sprache kommen, was die Bibel unter der Erkenntnis Gottes versteht. Denn in dieser Frage verbirgt sich jene nach der Denkerfahrung des Unvordenklichen. Gott ist nach der Überzeugung der Bibel diejenige Instanz, die immer schon vor dem menschlichen Denken kommt und dieses jeweils

[28] Vgl. F. Körner: *Sein*, 148 f., 178, 184, 194. – Die deutsche Übersetzung bietet Körner in: *Augustinus: Das Grund-Problem der Existenz*, in: J. Speck (Hg.): *Grundprobleme der großen Philosophen – Philosophie des Altertums und des Mittelalters* ([1]1972), Gö [2]1978, 129–176, hier 138.

neu zu dem eröffnet, wozu sie es ermächtigt. Das, wozu sie es ermächtigt, ist jedoch die geschichtliche Erkenntnis ihrer selbst als Gott selbst. Folglich wird alles daran liegen, die Eigenart dieses Ermächtigungsgeschehens und die Wesenseigentümlichkeiten der daraus erwachsenen Erfahrung zu bestimmen. Sobald dies getan ist, kann ein Vergleich mit der nachidealistischen Theorie von der Denkerfahrung des Unvordenklichen sinnvoll versucht werden.

Man könnte sich nun fragen, ob es ratsam sei, sich in einer *philosophischen* Arbeit geradewegs an die Theologie zu wenden. Wäre es nicht viel naheliegender, zunächst einmal den Weg in der Philosophie selbst zu suchen und erst danach die Theologie zu Rate zu ziehen? Gibt es nicht so etwas wie ‚philosophische Christologien'? Gibt es vor allem nicht das, was man die ‚christliche Philosophie' nennt? Hat in diesen die christliche Botschaft nicht gewissermaßen philosophischen Boden unter sich gewonnen? Warum soll dann nicht die Philosophie bei sich zu Hause bleiben? Dazu ist dreierlei zu sagen:

Erstens würde die Berücksichtigung der diversen christlichen Philosophien im Hinblick auf unsere Fragestellung den Rahmen der vorliegenden Untersuchung ins Endlose hinaus ausdehnen. Selbst wenn sie sich auf die christlichen Philosophien der nachidealistischen Zeit beschränkte, käme sie an kein Ziel. Sie müßte dazu nämlich nicht nur deren Geschichte innerhalb der besagten Epoche allererst erarbeiten, da dazu bislang kaum eigene Untersuchungen existieren, sie müßte auch versuchen, der großen Zahl der in Frage kommenden Antworten gerecht zu werden, die an Schwierigkeit denjenigen Schellings, Husserls oder Heideggers oft nicht nachstehen. (Deshalb müssen die folgenden Ausführungen notwendig auf jegliches historisches Anschauungsmaterial verzichten. Dies bringt freilich eine gewisse Abstraktheit in unseren Gedankengang. Doch diese muß in Kauf genommen werden, damit nicht vor lauter Bäumen der Wald unsichtbar wird.)

Zweitens: Es kann nicht übersehen werden, daß eine christliche Philosophie ihrerseits das Kriterium ihrer Christlichkeit nicht aus sich selbst, sondern aus der Theologie erhält. Deshalb kann von vornherein die Theologie nicht aus dem Spiel bleiben. Sie ist vielmehr dasjenige, was in jedem Fall *entscheidend* zu Wort kommen muß. Dies gilt in dem Moment in ganz besonderer Weise, in dem eine philosophische Richtung mit dem christlichen Denken in Auseinandersetzung tritt, die bisher noch von keiner der bestehenden christlichen Philosophien wahrhaft rezipiert worden ist. Bezüglich der nachidealistischen Philosophie im oben definierten Sinn verhält es sich nun aber genau so. Zwar haben verschiedene christliche Philosophen das Schellingsche Problem gesehen und anerkannt, ja sogar sich streckenweise zu eigen gemacht, aber die *Radikalität* des von ihm heraufbeschworenen *Denkwandels* ist ihnen nicht spürbar bewußt geworden. Deshalb bleibt im folgenden gar nichts anderes übrig, als die biblischen Schriften selbst zu dem von uns beabsichtigten Vergleich mit dem nachidealistischen Denken heranzuziehen.

Drittens: Dort, wo ein Dialog mit den nachidealistischen Philosophen seitens christlicher Denker versucht worden ist, geschah er nicht selten sowohl zuungunsten des nachidealistischen als auch des christlichen Denkens. Der Grund dafür lag darin, daß der Dialog häufig im Namen einer *bestimmten* christlichen Philosophie geführt wurde. Man hatte demnach die christliche Botschaft bereits mit Hilfe spezifischer philosophischer ‚Systeme' – etwa des thomistischen, des augustinischen, des suarezianischen oder sonst eines – interpretiert. Dadurch verstellte man dem nachidealistischen Denken sehr rasch die Möglichkeit, für das christliche Selbstverständnis relevant zu werden. Man fragte sich nicht, ob das nachidealistische Denken vielleicht Seiten der biblischen Botschaft neu zu ihrem Recht kommen lasse, die in den besagten ‚Systemen' selbst nicht genügend berücksichtigt wurden. Vom Widerspruch zu einer bestimmten christlichen Philosophie schloß man allzu voreilig auf einen Widerspruch zum Christentum selbst. Die Rezeption, welche die Philosophie Martin Heideggers durch die Theologie und die diversen christlichen Philosophien erfahren hat, liefert dazu ein eindrückliches Beispiel. Sie wird daher als symptomatisch für die Rezeption des gesamten nachidealistischen Denkens ausführlicher zur Sprache kommen. Gerade dabei soll sich bestätigen, was im folgenden methodische Grundmaxime sein soll, daß nämlich die immer wieder neu zu versuchende Konfrontation eines Denkens mit der biblischen Theologie selbst niemals auf *einen* Reim gebracht werden kann. Natürlich ist auch die jeweils in Anspruch genommene Auslegung der Heiligen Schrift, eine bestimmte Theologie also, nicht identisch mit dem Wort Gottes.[29] Aber deshalb bleibt eben alles in Bewegung auf das Wort Gottes hin, und aus demselben Grund besitzt

[29] Vgl. B. Welte: *Philosophie.*

eine bestimmte Philosophie die bleibende Chance, mit dem christlichen Denken in einen echten Dialog zu finden. Dies kann ihr keine spezifische Form von christlicher Philosophie oder von Theologie streitig machen. Nur das Bewußtsein um das prinzipielle Unterwegssein jeder Art von christlichem Denken – sei es Theologie oder Philosophie – garantiert sowohl ein immer tieferes Erkennen des Wortes Gottes als auch eine immer weitere Offenheit für die Möglichkeiten des menschlichen Denkens. Und genau deshalb ist es für die folgenden Überlegungen von entscheidender Wichtigkeit, *einen* Vorstoß zum biblischen Denken selbst zu versuchen und von diesem aus den Dialog mit dem nachidealistischen Denken zu führen.

Nachdem somit dargelegt ist, warum im zweiten Teil der vorliegenden Untersuchung die christliche Botschaft und ihre ‚Lehre' von der Erkenntnis Gottes behandelt werden soll und nicht irgendeine christliche Philosophie, kann der Aufbau der anschließenden Überlegungen zum Thema *Nachidealistische Philosophie und christliches Denken* folgendermaßen umrissen werden:

Erster Teil: Darstellung der nachidealistischen Theorie einer Erfahrung, die das Denken an ihm selbst mit einem Absoluten immer schon macht, das vor ihm kommt und sein Grund ist.

A: Herausarbeitung des Problems einer nachidealistischen Philosophie anhand einer Interpretation des späten Schelling.

B: Durchführung einer Theorie der Erfahrung des Denkens mit dem Unvordenklichen unter dem Leitfaden der Geschichte der Phänomenologie von Husserl bis Heidegger.

Zweiter Teil: Vergleich der nachidealistischen Theorie von der Denkerfahrung des Unvordenklichen mit der biblischen Lehre von der Erkenntnis Gottes.

III.

Die Einleitung ist mit der Klarlegung des Aufbaus unserer Arbeit noch nicht am Ende. Es steht nämlich noch ein Wort zur ‚christlichen Philosophie' aus, als welche sich die anschließenden Überlegungen verstehen. Diese wird zwar – wie schon erwähnt – nicht eigens und ‚in extenso' behandelt werden können. Trotzdem wird sie eine wichtige Rolle spielen. Denn ihr wird es zukommen, die *methodische Grundposition* der vorliegenden Untersuchung anzuzeigen. Auch dazu kann innerhalb einer Einleitung leider nichts Ausführlicheres gesagt werden. Es wird vielmehr die Aufgabe einiger grundsätzlicher Überlegungen, die *vor* dem eigentlichen Anfang des Untersuchungsgangs stehen sollen, sein müssen, den Begriff der ‚christlichen Philosophie' so zu klären, wie er für unsere Untersuchung gelten soll. Aber so viel darf doch schon vorweggenommen werden:

Eine der wesentlichsten Bestimmungen der christlichen Philosophie wird die sein, daß sie prinzipiell zum Dialog mit *jeder* Richtung der Philosophie, sei sie deklariert christlich oder nicht, bereit ist. Diese Bestimmung läßt sich am Begriff der ‚christlichen Philosophie' selbst unschwer ablesen. Sofern nämlich die christliche Philosophie ernsthaft *Philosophie* sein will, muß sie sich trotz ihres Bewußtseins um die Gültigkeit der Offenbarung als bleibendes Unterwegs-sein zur Wahrheit verstehen. Sie darf sich darin von keiner andern Philosophie unterscheiden. Unterwegs-sein bedeutet aber, daß man in der Suche nach der Wahrheit nicht stehen bleibt und auf einem Standort des Weges das Weitergehen verweigert, sondern andauernd offen bleibt für neue Möglichkeiten des Sichzeigens von Wahrheit. Dies wiederum schließt ein, daß man die Perspektiven und Aussagen einer jeden Philosophie, die ebenfalls zur *einen* Wahrheit unterwegs sein will, mit in Rechnung setzt. Außerdem ist die menschliche Erkenntnis von Wahrheit prinzipiell an die sprachlich-kommunikative Vermittlung von Sinn gebunden,[30] das heißt notwendig durch den *Dialog* konstitutiert. Folglich lebt auch die christliche Philosophie als *Philosophie* davon, daß sie an diesem Dialog teilnimmt. Was nun ihre *Christlichkeit* anbelangt, so muß sie im Hinblick auf ihre Selbstidentität ihren Stand-

[30] J. Habermas: *Vorbereitende Bemerkungen zu einer Theorie der kommunikativen Kompetenz,* in: J. Habermas/N. Luhmann: *Theorie,* 101–141; K.-O. Apel: *Transformation* II, 311–357.

punkt einbringen. Das kann sie aber ohne weiteres tun, wenn der genannte Dialog echt ist und nicht darin besteht, Meinungen einzuebnen und Wahrheit als Kompromiß zu begreifen. Dazu kommt, daß die Christlichkeit der ‚christlichen Philosophie' genau daran ihre *Existenz* hat, daß sie in den Dialog mit dem Denken als solchem eintritt. Denn die Offenbarung, auf die sich jedes christliche Denken beruft, gelangt erst dann als Offenbarung für den Menschen an ihr Ziel, wenn sich der Mensch in Freiheit zu ihr entscheidet. Sie bedarf daher *notwendig* und kraft ihres *Wesens* der Vermittlung durch das, was den Menschen zur Freiheit befähigt. Dies aber ist das Denken. Deshalb ist es schließlich für den christlichen Glauben unabdingbar, die Geschichte des Denkens, die an der Basis jeder menschlichen Freiheitsäußerung steht, mitzugehen.[31]

Christliche Philosophie konstituiert sich somit wesensgemäß *als* der Dialog, der zwischen dem jeweiligen geschichtlichen Denken und dem christlichen Glauben stattfindet. (Sie ist freilich nicht die einzig mögliche Art dieses Dialogs, aber sie gehört in jeder Beziehung zu den grundlegensten Arten desselben, sofern sie sich so weit ihres Glaubens entäußert, daß sie die menschliche *Suche* nach der Wahrheit *um ihrer selbst willen* mitmacht, obwohl sie immer schon auf die Gültigkeit der Offenbarung vertraut.) Wird jetzt danach gefragt, ob ein sinnvoller und erfolgversprechender Dialog zwischen nachidealistischem und christlichem Denken möglich ist oder nicht, so folgt aus dem eben Gesagten notwendig, daß diese Frage auch eine Frage an die christliche Philosophie sein kann. Natürlich ist es möglich, daß man von außen an das Problem herantritt und sozusagen neutral eine mögliche Vereinbarkeit oder Nichtvereinbarkeit dieser beiden Denkformen konstatiert. Dazu muß man nicht unbedingt christliche Philosophie betreiben. Sie entsteht erst in dem Moment, in dem man den in Frage stehenden Dialog mit dem Ziel versucht, aus ihm heraus *ein* Denken entstehen zu lassen, das zwei verschiedene Wege angesichts der *einen* Wahrheit zu einem einzigen macht. Das *Vertrauen* darauf, daß ein solches Ziel erreichbar ist, macht allein schon die Grundlegung eines solchen Dialogs zu einem Werk christlicher Philosophie. Denn sofern sie sich selbst als Dialog versteht, den sie zuwege zu bringen hofft und

[31] Vgl. z. B. B. Welte: *Die Philosophie in der Theologie* ([1]1957), in: B. Welte: *Spur,* 366–379; ders.: *Philosophie.*

aus dem sie ihre Aussage zu gewinnen trachtet, ist sie nicht nur (unausgesprochener) Gegenstand desselben, sondern vorher schon dessen *Subjekt.* Genau aus diesem Grund kann man die christliche Philosophie aber als eine methodische Position bezeichnen, der sich eine Untersuchung (wie die vorliegende) verpflichten kann. Mit ihr ist demnach nicht das Bekenntnis zu einem bestimmten System verbunden, sondern die prinzipielle Disponiertheit zu einem philosophischen Dialog aus christlicher Warte mit jeder Richtung der Philosophie *und* das dieser Disponiertheit vorausgehende Vertrauen darauf, daß angesichts der Einheit der Wahrheit ein ernsthafter Dialog immer sinnvoll möglich ist und zu einem gemeinsamen Ziel führen kann.

Wenn die vorliegende Untersuchung nun ein derartiger Dialog christlicher Philosophie sein will, so hat sie sich danach zu richten, ein *Dialog* zu sein. Das bedeutet nicht nur, daß sie beide Dialogspartner – nachidealistisches und christliches Denken – in ihrem jeweiligen Selbstverständnis zu Wort kommen lassen muß, es bedeutet vor allem auch, daß sie sich der Gefahr erwehren muß, einen der beiden durch den andern um sein Eigenes zu bringen. Ihr Vorbild darf somit nicht das dialektische Dreischrittsystem sein, in dem zwei miteinander vermittelte Widerspruchpartner derart synthetisiert werden, daß ihre Nichtidentität zwar behauptet, letztlich aber niemals wirklich anerkannt worden ist. In diesem System ist zumindest die Gefahr einer gegenseitigen Einvernahmung viel zu groß. Daher soll unbedingt am Ideal des Dialogs festgehalten werden. Dieser strebt zwar auch nach Einigkeit. Zugleich schließt er aber nicht aus, daß es so und so vieles gibt, was sich niemals synthetisieren oder als Widersprüchliches aufheben lassen wird. Er rechnet vielmehr damit, daß es bei allen versöhnenden Ergebnissen, die erzielt werden, immer noch einen großen Schatz an Unbewältigtem gibt, der vorerst zurückgelassen werden muß. Aus diesem Grund nennt er auch das, was er an Identischem herausstellt, nicht Identität oder „Identität der Identität und der Nichtidentität", sondern eine *Analogie.* In dieser wird nämlich bei aller Entsprechung die Nichtentsprechung gebührend bewahrt.

Soll ein echter Dialog stattfinden, so ist es schließlich aber dennoch notwendig, daß jeder der beiden Dialogpartner in eine Sprache eintritt, die das Gemeinsame in den Blick treten läßt. Das heißt, daß er oft anders sprechen muß, als er es tut, wenn er für sich selbst spricht. Es kommt daher notwendig vor, daß seine Gedanken ein ungewohntes Gesicht erhalten, und verschiedene Aspekte derselben plötzlich deutlicher hervorgehoben beziehungsweise in ihren Konsequenzen weiter verfolgt werden müssen, als dies außerhalb des Dialogs geboten ist. Deshalb kann gelegentlich vielleicht sogar der Fall eintreten, daß das neu Gesagte mit dem ursprünglich Gesagten scheinbar nichts mehr zu tun hat. Gerade anläßlich unserer Beschäftigung mit der Philosophie Heideggers wird dieser Eindruck häufig entstehen. Nicht ohne Berechtigung wird man dort anmerken dürfen, daß dies nicht mehr das Denken Heideggers sei. Aber deshalb braucht dasjenige, was *nicht mehr* Denken Heideggers ist, nicht notwendigerweise *gegen* dieses Denken sein. Freilich muß dies belegt werden. Vor allem dort, wo das ursprünglich Gesagte am weitesten verlassen wird, darf daher an Ausführlichkeit nicht gespart werden. Solange all dies jedoch gewährleistet ist, daß nämlich einerseits keine Einebnung der Dialogpositionen stattfindet und andererseits dennoch eine gemeinsame Sprache im Hinblick auf die gemeinsame Wahrheit angestrebt wird, so lange hat die christliche Philosophie in dem von uns postulierten Sinn eine reale Chance.

Die anschließenden Überlegungen werden lediglich festzustellen versuchen, ob der Dialog zwischen nachidealistischem und christlichem Denken möglich ist. Sie werden also, vorausgesetzt, daß er sich als möglich erweist, den eigentlichen Schritt zur Ausführung einer christlichen Philosophie schuldig bleiben, die von dem Gemeinsamen, das der Dialog erbringt, ausgehen könnte. Aber nicht nur das: Sie werden sich, um eine allzu große Weitläufigkeit zu vermeiden, auch innerhalb des Grundsätzlichen auf einige fundamentale Fragen beschränken müssen. Viele Themen, die für unsere Aufgabenstellung von größtem Interesse wären, müssen unbehandelt bleiben. So wird es zum Beispiel mit Heideggers Philosophie der Sprache und des Todes der Fall sein, obwohl sie wichtige Entsprechungen im christlichen Denken besäße. Aber beide Themen lassen sich nun einmal – von wenigen Randbemerkungen dazu abgesehen – entweder nur ganz oder gar nicht behandeln. Deshalb ist es im Hinblick darauf, daß unsere Überlegungen nicht allzu weitläufig werden sollen, besser, das Zweite zu tun. Doch dies braucht den Wert derselben nicht von vornherein herabzusetzen. Verstehen sie sich als *ein* Schritt *innerhalb* eines Dialoggeschehens, das vollkommen im Fluß ist, so kann ihre Beschränkung niemals anders als positiv empfunden werden. Vielleicht bewirken sie dadurch sogar, daß ihre Aussage, daß nämlich dem christlichen Denken in der nachidealistischen Philosophie ein wichtiger Partner erwachsen ist, bei ihren Adressaten, der modernen christlichen Philosophie und der Fundamentaltheologie, mehr Gehör findet, als wenn wieder einmal alles, dafür aber auch nichts zur Sprache kommt.

Vorüberlegungen zum Begriff der christlichen Philosophie

I.

Der Begriff der christlichen Philosophie ist heute sozusagen aus der Mode gekommen. Wer nur wenige Jahrzehnte zurückblickt und an die Diskussionen um die christliche Philosophie denkt, die damals ganze Kongresse beschäftigt und ganze Bücher, Zeitschriften und Tagungsakten gefüllt haben, der kann nicht umhin, dies festzustellen.[1] War es auch damals schon prekär, im außerkirchlichen Raum so einfach von christlicher Philosophie zu sprechen, da bereits seit etlichen Jahrzehnten der Streit um die Ideologiefreiheit der Wissenschaften geführt wurde,[2] und die christliche Philosophie nahezu als Paradebeispiel für eine nicht-ideologiefreie Wissenschaft galt,[3] so war es doch im innerkirchlichen Bereich eine Selbstverständlichkeit, diesen Begriff zu verwenden. Zwar gab es immer schon Wissenschaftler innerhalb der Kirche, die mit diesem Begriff unglücklich waren und ihre Bedenken gegen ihn anmeldeten,[4] doch von einem Versuch, ihn ausdrücklich zu vermeiden und sozusagen bewußt zu vergessen, konnte überhaupt keine Rede sein. Heute hingegen ist das anders: Heute redet man einfach nicht mehr davon, besser gesagt: heute stellt die

---

[1] Der Kongreß *Il senso della filosofia cristiana, oggi,* der 1977 in Gallarate stattfand (vgl. A.A.V.V.: *Atti*), hat kein internationales Echo gefunden. Doch die dort gehaltenen Referate illustrieren die im folgenden zu beschreibende Situation der christlichen Philosophie heute.

[2] Vgl. dazu u. a. J. Frohschammer: *Freiheit;* Joh. v. Kuhn: *Verhältnis;* C. v. Schäzler: *Universität;* G. v. Hertling: *Reden,* 5–49, 70–102, 114–130; W. Spael: *Deutschland,* 137–147, 224–234; K. J. Mattes: *Kontroverse,* 5–68.

[3] Vgl. dazu die Auseinandersetzung zwischen Theodor Mommsen und G. v. Hertling in den November-Nummern der *Münchner Neuesten Nachrichten* von 1901. Näheres dazu findet sich bei W. Spael: *Deutschland,* 139 f.

[4] Dazu einige Beispiele aus dem 20. Jahrhundert: M. de Wulf: *Introduction,* 254; P. Mandonnet: *L'augustinisme;* F. van Steenberghen: *La IIe Journée;* H. de Lubac: *Philosophie,* 237 ff.

christliche Philosophie insofern keine Frage mehr dar, als das Problem, das mit ihr verbunden ist, kein Interesse mehr weckt. Wer heute daher allzu lautstark und nachdrücklich von christlicher Philosophie spricht, der gerät in den Verdacht, anachronistisch zu philosophieren. Und dies gilt nicht mehr bloß für den außerkirchlichen Raum, sondern auffälligerweise auch für die sogenannte Philosophie an den theologischen Fakultäten.

Diesem Wandel geht natürlich eine ganze Kette von Ursachen voraus. Er ist nicht bloß die Folge einer plötzlich auftretenden Apathie, die gleichsam aus dem Unterbewußtsein die kirchlichen Wissenschaftler eines Tages befallen hätte. Schon allein die Tatsache, daß man plötzlich anfing, den Begriff der christlichen Philosophie bewußt zu umgehen und lieber vom „Philosophieren aus dem Glauben", von der „Philosophie innerhalb der Theologie", vom „Christen als Philosophen" und dergleichen zu reden, zeigt an, daß der derzeitigen Gleichgültigkeit ein ordentliches Maß an Unbehagen vorhergeht. Dieses Unbehagen ist wiederum nicht allein darauf zurückzuführen, daß vorher das Problem der christlichen Philosophie einfach zu Tode geredet worden ist und demnach keine Aussicht auf irgendeine neuartige Belebung mehr hatte. Die Ursachen liegen tiefer, und es ist wichtig festzustellen, daß sie nicht nur innerhalb der sogenannten christlichen Philosophie allein zu suchen sind. *Vier* von ihnen seien genannt:

Die *erste* Ursache liegt darin, daß man sich der geschichtlichen Belastetheit des Begriffs der christlichen Philosophie immer mehr bewußt wurde.[5] Das ist nicht schwer (historisch gesehen) festzustellen. Man betrachte nur, welche Philosophien sich den Beinamen ‚christlich' zugelegt haben. Das reicht von Philosophien, die das Christentum total auf die menschliche Vernunft reduziert haben,[6] bis hin zu Philosophien, die das philosophische Forschen dem Urteil des kirchlichen Lehramtes in Rom unterstellen wollten.[7] Oder man denke an so rein

---

[5] Vgl. dazu É. Gilson: *L'esprit,* 413–440; J. Souilhé: *Philosophie;* J. Leclercq: *Pierre,* 255–279; ders.: *Pour l'histoire;* ders.: *Maria;* G. Bardy: *„Philosophie";* P. Mesnard: *Erasme;* H. Rochais: *Christus;* M. Nédoncelle: *Philosophie,* 11–88; L. Bogliolo: *Problema,* 12–215; H. U. v. Balthasar: *Philosophie, Christentum, Mönchtum* (^{1}1961), in: H. U. v. Balthasar: *Sponsa Verbi,* 349–387; Cl. Tresmontant: *Origines;* H. Duméry: *Raison,* 517–595.

[6] Klassische Beispiele dafür sind die Philosophien des deutschen Idealismus. Dazu siehe unten Erster Teil, A.

[7] Vgl. z. B. Fr. J. Clemens: *Sententia;* ders.: *Standpunkt.*

äußerliche Bestimmungen wie die, daß das Prädikat ‚christlich' nur für jene Philosophien gelte, die im Mittelalter innerhalb einer christlichen Gesellschaftsordnung entstanden sind,[8] beziehungsweise auf Philosophen angewendet werden dürfe, die persönlich und privat Christen waren oder sind.[9] Schließlich werfe man einen Blick auf die kontroverstheologische Literatur: Welche Mißverständnisse bezüglich eines von vornherein verzerrten Begriffs der christlichen Philosophie begegnen einem hier![10] Aber dies zu verfolgen ist an dieser Stelle nicht von großem Nutzen. Es genügt festzuhalten, daß die vielfältige Verwendung des Begriffs der christlichen Philosophie zu einem zunehmenden Abbau seiner Eindeutigkeit geführt hat, und daß es dadurch immer schwieriger wurde, ohne längere Präzisierungen den Begriff in Anspruch zu nehmen.

Die *zweite* Ursache beruht auf einem Mißverständnis, für das die sogenannte christliche Philosophie an den kirchlichen Institutionen nicht wenig Verantwortung trägt. Lange Zeit hindurch war es nämlich üblich, den Begriff von christlicher Philosophie sofort und problemlos mit bestimmten philosophischen Systemen oder historisch anerkann-

---

[8] Vgl. É. Bréhier: *Philosophie chrétienne?*, ders.: *Histoire*, 487–495; auch M. Heidegger hat sich einmal in dieser Richtung geäußert (GbM 68 f.). – Bemerkenswert in diesem Zusammenhang ist der Versuch mancher Forscher, die christliche Philosophie zwar als widersinnigen Begriff abzulehnen, gleichzeitig aber einzelne Philosophen als christliche Philosophen zu akzeptieren. So entscheidet sich z. B. M. Souriau für Augustinus (*Philosophie*, 362 ff.), Léon Brunschvicg für Malebranche (vgl. A. Renard: *Querelle*, 19–28) oder P. Mandonnet für Thomas von Aquin (vgl. oben Anm. 4).

[9] Dieser Standpunkt wurde in diesem Jahrhundert vor allem in der neuscholastischen Löwener Schule vertreten. Siehe dazu die Aufsätze von F. van Steenberghen und P. Mandonnet, a. a. O. (Anm. 4); vgl. außerdem L. Noel: *La notion*.

[10] Dabei ist gar nicht primär an die klassische Luthersche These zu denken, dergemäß die Vernunft von der Sünde völlig zerstört ist und daher keinen genuinen Zugang zu Gott mehr besitzt, wodurch die christliche Philosophie notwendig zu einer ‚contradictio in adiecto' wird (vgl. u. a. K. Barth: *Nein!*, 52 ff., 57 ff.; Ch. Gestrich: *Spaltung*, 158–165, 181 ff., 211–229 u. ö.). Man denke schon auf rein philosophischer Ebene an die Polarisierung zwischen Philosophie als Reich der abstrakten Wissenschaft auf der einen und Theologie als Bereich der konkreten Lebenswahrheit auf der andern Seite (vgl. z. B. R. Mehl: *Condition*, 29–53; ders.: *Philosophie;* P. Arbousse-Bastide; *Les voies;* kritisch dazu Ed. Rochedieu: *Théologiens*). Doch es wäre völlig verfehlt, im modernen Protestantismus nur Ablehnung der christlichen Philosophie sehen zu wollen. Vgl. dazu u. a. E. Brunner: *Offenbarung*, 369–391; A. Reymond: *Philosophie;* J. Boisset (Hg.): *Problème* (hier vor allem die Beiträge von J. Boisset [5–14], Ed. Rochedieu [15–41], P. Ricoeur [43–67], J. Bois [117–150], und M. Neesser [151–185]); Société Romande de Philosophie: *Rapport;* W. Pannenberg: *Christliche Theologie und philosophische Kritik* ([1]1968), in: W. Pannenberg: *Gottesgedanke*, 48–77.

ten Philosophenschulen zu verbinden. Philosophien wie der Thomismus, der Suarezianismus, der Scotismus oder der Augustinismus, kurz Philosophien, die an kirchlichen Hochschulen Jahrhunderte lang betrieben wurden und durch das päpstliche Lehramt eine Bestätigung erfahren hatten, galten ‚per se' als die *alleinigen* Philosophien, die sich mit Recht das Prädikat ‚christlich' zulegen durften.[11] Deshalb betrieb man Philosophie, indem man diese genannten Philosophien erneuerte. So kam es zur Neuscholastik, zum Neuthomismus, zum Neoaugstinismus usw.[12] Mit dieser Verengung des ursprünglichen Sinns vom Begriff der christlichen Philosophie ging die irrige Ansicht einher, daß christliche Philosophie immer auch Verpflichtung zu bestimmten inhaltlichen Aussagen bedeute. Dies wiederum führte dazu, daß man in ihr mehr die Philosophie als das Philosophieren, das heißt mehr das geschlossene System als die unbegrenzte Suche nach Wahrheit sah.[13] Als nun die sogenannten christlichen Philosophien das neuzeitlich-idealistische Denken und das moderne Denken überhaupt mehr und mehr rezipierten beziehungsweise der Kritik seitens dieser Denkrichtungen immer weniger standhielten, glaubte man, daß mit ihrem ‚Ende' auch das Ende der christlichen Philosophie überhaupt gekommen sei. Heute, wo nicht einmal mehr das kirchliche Lehramt eindeutige Entscheidungen zugunsten einzelner Philosophien mehr abgibt,[14] die dann als ‚christlich' deklariert anerkannt werden könnten, scheint es daher immer zweckloser, sich noch lange beim Begriff der christlichen Philosophie aufzuhalten.

---

[11] Vgl. z. B. Fr. Ehrle: *Scholastik,* 1: „Ja die Scholastik ist als Wissenschaft für jeden gläubigen Denker *die* Philosophie und *die* Theologie." Ebd. 4: „Jede gesunde und vernunftgemäße Philosophie wird und muß daher in gewissem Sinne *aristotelisch* und *christlich,* also *scholastisch* sein." Auch J. Maritains Buch *Antimodern* ist unter der Voraussetzung geschrieben, daß die gesamte neuzeitliche Philosophie gegenüber der patristisch-scholastischen als unchristlich zu gelten hat (bes. 8, 10).

[12] Mit diesen Bemerkungen sei keinesfalls das positive Verdienst dieser Erneuerungsbewegung herabgesetzt. Vgl. A. Masnovo: *Neo-Tomismo;* G. F. Rossi: *Movimento;* ders.: *Neotomismo.*

[13] Diese Einstellung widersprach vor allem dem Geist jener Philosophien, die man erneuern wollte. Vgl. R. Jolivet: *Philosophie,* 90–92, 197–224; R. Grosche: *Nachwort,* 845 f.; M. D. Chenu: *Scholastik,* in: Handbuch der theologischen Grundbegriffe II, Mü 1963, 488 f.; J. Maritain: *Stufen,* 7 f.

[14] Siehe dazu das Dekret des Vaticanum II zur Priesterausbildung („Optatam totius"), in: K. Rahner/H. Vorgrimler: *Kleines Konzilskompendium* ([1]1966), Fr/Bas/W [11]1976, 303–305.

Die dritte Ursache ist in der Theologie zu suchen. Ihr Interesse an der Philosophie hat in den letzten Jahrzehnten deutlich abgenommen. Verantwortlich dafür ist ihre immer mehr zunehmende Konzentration auf die Exegese und die damit verbundene Rückbesinnung auf ihre eigenen heilsgeschichtlich-fundierten Methoden. Selbst die Dogmatik, die früher ein hohes Maß an Philosophie voraussetzte, wird heute vor allem ‚bibel-theologisch' betrieben. So wird also auch von jener Wissenschaft her, die bislang am nachdrücklichsten die Forderung nach einer christlichen Philosophie erhoben hat, die Nachfrage nach einer klaren Vorstellung bezüglich derselben immer kleiner.[15] Allerdings gibt es noch die Fundamentaltheologie, die aufgrund ihrer Aufgabe, nämlich die Vernünftigkeit des Glaubens zu erweisen, die eigentliche Anwaltschaft für die Philosophie innerhalb der Theologie übernommen hat. Doch sie steht vor einem weiteren und grundsätzlichen Problem, das nicht so sehr die Theologie als die Philosophie betrifft. Darin liegt die vierte Ursache dafür, daß es immer schwieriger wird, noch sinnvoll von christlicher Philosophie zu sprechen.

Diese *vierte* Ursache könnte man die Identitätskrise der Philosophie bezeichnen. Sie hat schon seit gut hundert Jahren eingesetzt und läuft vor allem darauf hinaus, daß die Philosophie mehr und mehr Kompetenzen an einzelne Wissenschaften abgeben mußte.[16] Man denke nur an die Rolle, die heute die Soziologie, die Politologie, die Psychologie, die Evolutionsforschung, die Sprachwissenschaft, die mathematische Logik und so weiter spielen. Diese Wissenschaften haben sich nicht nur innerhalb ihres eigenen Spezialgebiets so weit entwickelt, daß sie sich der Leitung durch die Philosophie mit der Zeit völlig entziehen konnten und vielleicht sogar mußten, sie haben vielmehr auch die Philosophie in ihren eigenen Ansprüchen erschüttert. War es früher so, daß die Wissenschaften aus der Philosophie ihre Legitimation bezogen, so richteten jetzt plötzlich die Wissenschaften ihrerseits an die Philosophie die Frage nach ihrer Legitimität. Doch wer hätte ihr diese Legitimation verschaffen können, wenn nicht sie sich selbst? Hätte nicht jede Legitimation seitens einer andern Instanz, sei-

---

[15] Die Verexegetisierung der Theologie hat auch innerhalb derselben zu Beziehungsschwierigkeiten geführt. Siehe dazu den immer noch aktuellen Artikel von K. Rahner: *Exegese und Dogmatik* ([1]1961), in: K. Rahner: *Schriften* V, 82–111.

[16] Vgl. W. Hochkeppel: *Mythos;* H. Lübbe (Hg.): *Philosophie?;* H. M. Baumgartner/O. Höffe/Ch. Wild: *Philosophie,* bes. 82–88, 114–125.

tens einer Wissenschaft oder gar seitens der Theologie, eine Zerstörung ihres Wesens bedeutet? Nun hatten aber die Wissenschaften bereits dafür gesorgt, daß die Philosophie sogar an dem ihr ursprünglichen Gegenstand, dem ὄν ᾗ ὄν, zweifeln mußte und sich ihrem Vorhaben, die letzten Prinzipien der Wahrheit und ihrer Gültigkeit offenzulegen, nicht mehr nachzukommen getraute. Wie hätte also die Philosophie auf ihrem alten Recht bestehen können, ‚über' allen Wissenschaften zu stehen? Doch als was verstand sie sich dann noch? Mußte sie sich konsequenterweise nicht selbst aufgeben? In der Tat ist von vielen Philosophen diese Folgerung bewußt oder unbewußt gezogen worden. Sie identifizierten ihre Philosophie immer mehr mit einzelnen Wissenschaften beziehungsweise erhoben einzelne philosophische Disziplinen, die sich noch vor dem Forum der Wissenschaften hatten behaupten können, zum einzig erstrebenswerten philosophischen Geschäft. – Es braucht nicht lange ausgeführt zu werden, daß die Theologie in dieser Situation die Philosophie immer weniger als Partnerin betrachten konnte.[17] Genauso wie die Philosophie selbst wandte auch sie sich mehr und mehr den Wissenschaften zu. Es kann somit niemanden verwundern, daß ihr Bedürfnis nach christlicher Philosophie deutlich abnahm. Wo hätte ein solches Bedürfnis auch entstehen können? In der Theologie war es keine primäre Notwendigkeit mehr, und in der Philosophie fehlte ebenso der unmittelbare Anlaß dazu.

Wenn nun in der vorliegenden Untersuchung dennoch von christlicher Philosophie gesprochen werden soll, so kann dies nach dem eben Gesagten nur unter zwei Voraussetzungen geschehen: *Erstens* muß so genau wie (innerhalb des vorgegebenen Rahmens) möglich angegeben werden, was man unter christlicher Philosophie versteht, und was in den folgenden Überlegungen als christliche Philosophie zu gelten hat. Das verlangt die historisch bedingte Vielseitigkeit diese Begriffs. Zweitens ist über die verengten Vorstellungen von christlicher Philosophie hinauszugehen auf den ursprünglichen Sinn derselben. Beabsichtigt sein darf also keinesfalls die Restauration dessen, was bis vor

---

[17] Vgl. aus K. Rahner: *Schriften* VI: *Philosophie und Theologie* ([1]1962), 91–103, bes. 100ff.; aus *Schriften* VIII: *Philosophie und Philosophieren in der Theologie,* 66–87; aus *Schriften* X: *Zum heutigen Verhältnis von Philosophie und Theologie* ([1]1972), 70–88, bes. 79–85; *Die Theologie im interdisziplinären Gespräch der Wissenschaften* ([1]1971), 89–103; *Zum Verhältnis zwischen Theologie und den heutigen Wissenschaften* ([1]1971), 104–112.

wenigen Jahrzehnten noch fast undiskutiert als christliche Philosophie gegolten hat. Es muß vielmehr gezeigt werden, daß der Einfluß-Verlust bestimmter christlicher Philosophien nicht das Ende der christlichen Philosophie überhaupt bedeutet, sondern daß es in einem ursprünglichen Sinn gedacht, immer noch möglich und für philosophierende Christen sogar notwendig ist, ausdrücklich christliche Philosophie zu betreiben.

Nach dem oben Gesagten würde man auch erwarten, daß die Notwendigkeit der Philosophie für die Theologie erwiesen und eine Art Verteidigung der Philosophie gegenüber den Ansprüchen der Wissenschaften unternommen werden müßte. Beides kann aber im Rahmen der vorliegenden Untersuchung nicht geschehen. Was den Erweis der Notwendigkeit der Philosophie für die Theologie betrifft, so ist er hier nicht einmal am Platz. Denn diese Frage richtet sich unmittelbar an die Theologie und nicht an das, was hier betrieben werden soll, nämlich Philosophie. Was jedoch die Verteidigung der Philosophie anbelangt, so kann an dieser Stelle nur thesenhaft behauptet werden, was in den folgenden Überlegungen unausgeführt ‚conditio sine qua non' ist:

Die Wissenschaften haben der Philosophie die sie konstituierende Frage nach dem ὄν ᾗ ὄν nicht abgenommen. Nach wie vor ist sie mit der Frage, warum es überhaupt etwas und nicht nichts gibt, auf sich allein gestellt. In dieser Frage denkt sie nämlich unvergleichlich ursprünglicher und universeller, als es die Wissenschaft je vermag. Von da her gesehen wird sie sich auch niemals auf eine Wissenschaft reduzieren lassen. Mag sein, daß es ihr heute nicht mehr gelingen kann, die ‚Königin der Wissenschaften' zu sein. Deshalb hat sie aber trotzdem gegenüber den Wissenschaften ihr Sonderrecht nicht eingebüßt. Bei aller Verbindung, die sie zu diesen haben mag, ist sie etwas qualitativ Anderes geblieben, das sich auf diese keinesfalls reduzieren läßt. Der Grund für diese Unabhängigkeit liegt wie gesagt in ihrem ‚Gegenstand': dem ὄν ᾗ ὄν. Dieser ‚Gegenstand' ist kein Gegenstand unter andern, sondern er ist das, was die Gegenständlichkeit jedes Gegenstandes konstituiert. Insofern fragt die Philosophie nach der Bedingung der Möglichkeit, daß es überhaupt ein Objekt für die Wissenschaft und für das alltägliche Verstehen gibt. Fragt sie aber danach, so fragt sie auch nach dem Grund von Wahrheit und Geltung. Und mehr noch: Richtet sie sich auf den Grund von Wahrheit und

Geltung, so geht sie an den Ursprung des Denkens zurück. Egal wie nun jene Instanz genannt wird, die Wahrheit und Geltung verbürgt, und um deretwillen das Denken ist, ob sie Freiheit heißt oder Sein oder Gott, entscheidend ist, daß die Philosophie im Hinblick auf sie von den Wissenschaften nicht abgelöst wurde. Diesen gegenüber verwaltete sie vielmehr das entscheidende Kriterium der Legalität jeglicher Art von geistigem Tun angesichts des letzten Ziels des Denkens. Natürlich wäre es jetzt notwendig, diese These in Auseinandersetzung mit der Geschichte der Philosophie und der Wissenschaften zu bewähren und dabei zu zeigen, daß die Philosophie ihre Identität nicht verloren hat. Aber das ist nicht die Aufgabe der vorliegenden Untersuchung. Was an dieser Stelle gesagt werden sollte, ist lediglich dies: Wenn es noch die Philosophie gibt, die gegenüber den Wissenschaften ihre Eigenständigkeit bewahrt hat, dann kann auch die Frage nach der Möglichkeit einer christlichen Philosophie nicht ohne jede Aussicht auf Erfolg sein. Und mehr noch: Wenn die Frage nach dem ὄν ᾗ ὄν nach wie vor auf etwas abzielen sollte, wozu auch die christliche Religion etwas zu sagen hätte, dann bliebe die Frage nach der christlichen Philosophie sogar eine Notwendigkeit.

II.

Wenn jetzt in einigen wesentlichen Zügen dargelegt werden soll, was christliche Philosophie für die vorliegende Untersuchung besagt, so darf es genügen nach jenen Bedingungen zu fragen, die es *sinnvoll* machen, von christlicher Philosophie überhaupt zu sprechen.[18] Sind sie

[18] Für die folgenden Überlegungen sind die Diskussionen, die sich in den Dreißiger Jahren vor allem in Frankreich abgespielt haben, von großer Wichtigkeit. Vgl. dazu Société Thomiste: *Journées;* Société Française de Philosophie: *La notion;* F. van Steenberghen: *La IIe Journée;* J.-J. Maydieu: *Reflexions;* A. Renard: *Querelle;* A. Henry: *Querelle;* M. Nédoncelle: *Philosophie,* 65–76; L. Bogliolo: *Problema,* 174–215. – Im deutschen Sprachraum hat diese Diskussion einen Niederschlag gefunden in den Auseinandersetzungen zwischen der Görres-Gesellschaft einerseits und dem Katholischen Akademiker-Verband andererseits. Siehe dazu die Artikel von Oskar Bauhofer, Franz Xaver Münch, Heinrich Finke, Alois Mager, Hans Eibl, Wilhelm Schmidt u. a. in den Zeitschriften *Der katholische Gedanke* 6 (1933) und *Schönere Zukunft* 8/1 (1932/1933), 8/2 (1933) u. 9/1 (1933/1934). – In Italien wiederholte sich die Diskussion auf dem Thomisten-Kongreß vom 23. – 28. November 1936 in Rom. Siehe dazu: A.A.V.V.: *Acta,* bes. die Beiträge von R. Garrigou-Lagrange (379–394), T.-L. Penido (409–414), C. Colombo (432–440), J. de Blic (450–453). Vgl. zudem B. Baudoux: *Quaestio;* U. Degl'Innocenti: *Osservazioni;* C. Giacon (Hg.): *Filosofia;* A.A.V.V.: *Atti.*

geklärt, kann auch im Rahmen des Möglichen umrissen werden, was christliche Philosophie ist.

Zu diesem Zweck ist es wiederum am einfachsten, bei der Wortverbindung ‚christliche Philosophie' anzusetzen und von den beiden Begriffen her, durch die sie konstitutiert wird, die wichtigsten Bestimmungen zu gewinnen. Da wäre an *erster* Stelle beim Beiwort ‚christlich' anzusetzen: Ohne diesbezüglich in inhaltliche Details zu geraten, kann prinzipiell gesagt werden, daß die Bestimmung der Christlichkeit für eine Philosophie keinesfalls äußerlich und zufällig sein darf. Ansonsten wird diese Bestimmung schlechterdings überflüssig und damit sinnlos. Wenn also zum Beispiel die Christlichkeit einer Philosophie nur darin gesehen wird, daß es seit dem Entstehen des Christentums streng genommen kein nicht-christliches Denken mehr gibt, oder darin, daß der christliche Glaube als psychologisch wirksames Moment im Bewußtsein eines Philosophen mitspielt, so kann das Adjektiv ‚christlich' für eine Philosophie genauso gut wegfallen.[19] Denn dann bezeichnet es nichts Außerordentliches mehr. Schelling weist daraufhin, daß man dann jede abendländische Philosophie ebenso sehr griechisch oder römisch nennen müßte.[20] Diesen Einwand weiterführend könnte man letzten Endes von jeder Philosophie sagen, sie sei neurotisch, komplexbeladen, nationalistisch und dergleichen mehr. Aber es ist offenkundig, daß so etwas sinnlos ist. Deshalb

---

[19] Diese Überlegungen haben eine große Rolle in der Auseinandersetzung zwischen É. Gilson und J. Maritain einerseits und M. Blondel andererseits gespielt. Vgl. É. Gilson: *Geist,* 1–45, 437–461; J. Maritain: *Philosophie,* 35–115; M. Blondel: *Philosophie chrétienne?;* ders.: *Office.* (Von Blondel siehe bereits aus *Écrits,* 3–95: *Lettre sur les exigences de la pensée contemporaine en matière d'apologétique et sur la méthode de la Philosophie dans l'étude du problème religieux* [¹1896].) In der Nähe von Gilson und Maritain steht R. Jolivet: *Essai.* Vgl. außerdem J. Maréchal: *Lettres sur le problème du temps chez Saint Augustin et sur le problème de la philosophie catholique* (¹1933), in: J. Maréchal: *Mélanges,* 261–269, bes. 264ff. Kritik an Gilson und Maritain erfolgte auch von G. M. Manser (in: *Philosophie?*). Es muß dieser Kritik gegenüber aber darauf hingewiesen werden, daß Gilson, Maritain und Jolivet trotz ihrer geschichtlichen Betrachtungsweise den Einfluß des Christentums auf die Philosophie keineswegs für äußerlich hielten. Nur schienen sie in den Augen Blondels und Mansers dieser Gefahr zu verfallen. – Andere Versuche, die christliche Philosophie als ein wirkgeschichtliches Phänomen zu verstehen, finden sich bei E. Hoffmann *(Begriffsbestimmung)* und bei W. M. Neidl *(Philosophie; Chance).* Vom deutschen Idealismus herkommend nimmt schließlich M. Theunissen die Geschichte zum Anlaß, um das Verhältnis von Philosophie und Theologie zu bestimmen (in: *Gebetsglaube,* 13–18; *Denken*).

[20] Vgl. S 135–140, 180.

hat es nur dann einen Wert, von christlicher Philosophie zu sprechen, wenn das Beiwort ‚christlich' eine Philosophie in einer ganz spezifischen Hinsicht von innen her auszeichnet.[21] Diese Hinsicht besteht nun darin, daß sich ein philosophisches Denken die christliche Botschaft, von der es sich sowohl inhaltlich-aussagemäßig als auch existenziell betroffen fühlt, zur Norm macht. (Basis für diese Glaubensentscheidung sei – was hier nicht näher erörtert werden kann – die Überzeugung, daß die Wahrheit letztlich *eine* ist.) Das braucht nicht so weit zu gehen, daß sich dieses Denken die Offenbarung von vornherein zur Quelle von Vernunft macht,[22] es genügt, wenn es die Offenbarung als eine negative Norm ansieht,[23] der es nicht widersprechen will. Freilich handelt es sich dann um den sozusagen minimalsten Fall von christlicher Philosophie. Aber die Denkhaltung, die dabei zum Ausdruck kommt, reicht aus, um die Christlichkeit zu einer inneren Bestimmung von Philosophie werden zu lassen.

Wie oben angedeutet, besagt das *innerliche* Bestimmtsein der Philosophie durch das Christentum nicht die Fixierung auf spezifische Aussagen oder Inhalte. Die Christlichkeit einer Philosophie erschöpft sich weder darin, daß diese sich zu gewissen kirchlich autorisierten Systemen bekennt, noch darin, daß diese zur Koloratur biblischer oder dogmatischer Lehrmeinungen dient. Beides wäre eine völlige Verken-

---

[21] Dieser Einfluß von innen heraus kann sehr verschieden begriffen werden. P. Henrici sieht ihn aus dem Wandel des menschlichen Sinn- und Intentionalitäthorizonts erwachsen (*Von der Möglichkeit christlichen Philosophierens* [[1]1971], in: P. Henrici: *Aufbrüche,* 11–25, hier 24 f.), R. Schwarz führt ihn auf die prinzipielle Versöhntheit von Glaube und Vernunft in den seelischen Tiefenschichten des Menschen zurück, in denen er in Anschluß an Tertullian die „anima naturaliter christiana" zu finden meint (*Problem,* 228 ff., 235, 238), J. Pieper schließlich verankert ihn im Phänomen einer Tradition, die bereits nach frühgriechischer Überzeugung auf einen göttlichen Spruch zurückgeht und das Denken grundsätzlich unter den Anspruch des Glaubens stellt *(Philosophie?).*

[22] Dies ist die große These von É. Gilson, der sich auch die vorliegende Untersuchung anschließt. Vgl. É. Gilson: *Geist,* 1–45, 437–461; *Christianisme; Possibilité; Le philosophe; Introduction;* É. Gilson/Ph. Böhner: *Philosophie,* 1–20. Zur Entwicklung der Thesen von Gilson, die m. E. allerdings nicht so drastisch gesehen werden muß, vgl. A. Renard: *Querelle,* 37–44; außerdem: H. Bars: *Gilson et Maritain.* – Dem Standpunkt Gilsons nahe verwandt ist derjenige von A. D. Sertillanges, in: *Christianisme* I, 5–106, und von J. de Vries, in: *Philosophie.*

[23] Vgl. u. a. B. Jansen: *Philosophie;* H. Meyer: *Philosophie?,* bes. 411 ff.; Joh. B. Metz: *Christliche Philosophie,* a. a. O. (Einl./Anm. 24) 1144 f. Einen ähnlichen Standpunkt vertrat M. D. Chenu in seiner *Rezension* zu *Le Thomisme* von É. Gilson, in: BThom 5 (1928) 242–245, sofern er bereits eine Philosophie als christlich bezeichnete, die auf die Theologie lediglich offen bleibt und dem Christentum nicht widerspricht.

nung dessen, was Christentum überhaupt ist. Die christliche Religion ist niemals eine Summe von geoffenbarten Sätzen, die bewahrt und befolgt werden müssen, um das Erlangen des ewigen Heils zu garantieren. Das Christentum versteht sich vielmehr als das *Geschehen* der Ankunft des Reiches Gottes.[24] Seine frohe Botschaft bringt die Kunde von einer durch Gott selbst eröffneten und verbürgten neuen *Welt,* die zur bleibenden Chance und zum garantierten Ziel der gesamten Geschichte geworden ist. An erster Stelle steht also nicht ein fixer Gottesbegriff, ein fixes Menschenbild, ein fixes Geschichtsverständnis und dergleichen mehr, sondern eine *Heilsgeschichte,* in deren Horizont und in deren Dynamik deutlich wird, wer Gott ist, was der Mensch ist, worin das Ziel der Geschichte besteht und so weiter. Das heißt natürlich nicht, daß es für das Christentum nicht ein bereits durch die Heilsgeschichte vermitteltes und damit bestimmtes Gottesbild, Menschenbild, Geschichtsverständnis und so weiter gibt. Es soll lediglich gesagt werden, daß der Inhalt dieser Begriffe auf das heilsgeschichtliche Geschehen bezogen bleiben muß.[25] Ist nun dies einmal begriffen, so wird klar, daß die Christlichkeit der christlichen Philosophie sich auf jenen *Horizont* bezieht, der durch die Heilsgeschichte eröffnet wurde. Das Entscheidende an der christlichen Philosophie ist demnach primär nicht das, *was* sie denkt, sondern das, *woraus* sie denkt. Der Akzent liegt also nicht so sehr auf dem Inhalt, als vielmehr auf der Intentionalität.[26] Deshalb ist freilich der Inhalt keine Nebensache. Er darf nicht gegen die Intentionalität ausgespielt werden.[27] Christliche Philosophie kann nicht einfach alles zu seinem Inhalt erheben. Es gibt vielmehr auch Philosophien, die ihr schlechthin entgegenstehen. Aber das widerspricht dem eben Gesagten insofern nicht, als die Intentionalität bereits die Entscheidung über die fundamentalsten Inhalte übernimmt. Folglich darf festgehalten werden, daß das Proprium der

---

[24] Vgl. u. a. A. Darlap: *Fundamentale Theologie der Heilsgeschichte,* in: MySal I, 3–156.

[25] W. Pannenberg hat dies zu Recht für das gesamte Verständnis der menschlichen Personalität nachgewiesen. Vgl. *Die Frage nach Gott* (^{1}1965), in: W. Pannenberg: *Grundfragen,* 361–386, bes. 380ff.

[26] Was hier für die christliche Philosophie gesagt wird, hat eine interessante Parallele in der theologischen Moral. Vgl. J. Fuchs: *Moral;* ders.: *Una morale;* B. Stoeckle: *Moral;* B. Schüller: *Diskussion.*

[27] Das ist gegenüber den in Anm. 26 genannten Autoren zu Recht betont worden. Vgl. J. Ratzinger/H. Schürmann/H. U. v. Balthasar: *Prinzipien,* bes. 45–66, aber auch 20, 28, 33, 38f., 86ff.

christlichen Philosophie primär in jenem Intentionalitätshorizont gesucht werden muß, aus dem heraus sie denkt.[28]

Bis jetzt war vom ersten Teil des Begriffs ‚christliche Philosophie' die Rede. Es ist jetzt an *zweiter* Stelle notwendig, auf das Zugrundeliegende der Eigenschaft der Christlichkeit, auf die Philosophie einzugehen. Auch über sie wird es sinnlos zu reden, wenn die Christlichkeit als Bestimmung angesehen wird, die ihr schlechterdings widersprechen würde. Das ist zum Beispiel dort gegeben, wo die christliche Botschaft als ein bloß autoritatives Wort verstanden wird, dem sich jedes menschliche Denken blind zu unterwerfen hat, und als sonst nichts.[29] In diesem Fall dürfte nicht mehr von Philosophie gesprochen werden. Denn Philosophie ist der höchste Ausdruck der Freiheit des Denkens. Es ist aber auch dort gegeben, wo philosophiert wird mit der Absicht,

---

[28] „Hier eröffnet sich ... ein Zugang zu einer *neuen Art von Begreifbarkeit* und Sinn, die von der Vernunft selbst nicht mehr verstanden werden kann, die vielmehr Gegenstand liebender Einsicht *(intellectus amoris)* sein muß. In ihrem Licht erhält der Widersinn des un-denkbaren Ausgangspunkts philosophischen Denkens einen tieferen Sinn. Die Selbstbegrenzung des Denkens ... gibt sich so an seinem Ende als begründet, weil sinn-voll zu erkennen. Auf diesem Weg ‚religiösen Philosophierens' vermittelt der Glaube dem Denken nicht so sehr neue Inhalte als vielmehr einen neuen Denkstil." (P. Henrici: *Aufbrüche,* 24 f.)

[29] Siehe oben Anm. 10. – Lange Zeit hindurch hätten an dieser Stelle auch die evangelischen Theologen genannt werden müssen. Aber das wäre ein verfehltes Pauschalurteil. Bereits Calvin hat diesen Standpunkt relativiert. (Vgl. E. Brunner: *Natur,* 22–36; K. Barth: *Nein!,* 41 ff.; É. Gilson: *Christianisme,* 43–74.) In der neueren Zeit eröffneten sich für die evangelischen Theologen neue Möglichkeiten durch die eschatologische Bewertung des menschlichen Denkens. In ihrem Licht konnte nämlich der klassische Widerspruch zwischen der Überzeugung von der prinzipiellen Verderbtheit der Vernunft einerseits und der Einsicht in den berechtigten Anspruch derselben andererseits überwunden werden. Die christliche Philosophie blieb dadurch sehr wohl etwas, was erst im Eschaton wirklich gegeben sein kann, zugleich wurde sie aber als ‚Philo-sophie', d. h. als ewiges Streben nach Wahrheit, d. h. als bleibendes Unterwegssein und als andauernde Erwartung zu einer möglichen christlichen Existenzweise, die die eschatologische Spannung des Wahrheitsgeschehens austrägt. Vgl. R. Mehl: *Condition;* ders.: *Philosophie;* J. Moltmann: *Gotteserfahrung;* W. Pannenberg: *Mensch,* 91–103; ders.: *Gottesgedanke;* ders.: *Wissenschaftstheorie,* 299–348. – Auch im katholischen Raum hat diese eschatologische Perspektive Fuß gefaßt. So spricht etwa A. Dempf vom „adventischen Charakter" der christlichen Philosophie (*Philosophie,* 64, 74, 91, 98 u. ö.), A. D. Sertillanges von der „prophetischen Dimension" derselben (*Christianisme* I, 17–19) und P. Henrici von der Notwendigkeit, daß christliche Philosophie immer wieder neu aufbrechen muß, obwohl sie letztlich nichts anderes tun kann als warten (*Aufbrüche,* 9). Nicht zu vergessen ist in diesem Zusammenhang H. de Lubac und dessen Gnadentheologie, die von dem *einen* übernatürlichen Ziel spricht, das für Glaube und Vernunft dasselbe ist (vgl. *Gnade* II, 166–191, 295–315). Vor de Lubac hat schon K. Eschweiler diesen Standpunkt vertreten (vgl. *Wege,* bes. 184–260).

das Christentum vernunftgemäß zu legitimieren, wie etwa in der Fundamentaltheologie. Dabei nämlich wird die Philosophie ihrer Eigenschaft beraubt, Denken um seiner selbst willen zu sein. Folglich kann sinnvoll von christlicher Philosophie nur gesprochen werden, wenn die christliche Botschaft, die die Christlichkeit einer Philosophie begründet, die Philosophie, das heißt das Denken, nicht nur bestätigt, sondern darüber hinaus sogar unbedingt fordert. Dies wiederum setzt voraus, daß der eigentliche Inhalt des Christentums, nämlich die Menschwerdung Gottes, so begriffen wird, daß sie kein Geschehen ist, das über den Menschen hinweggeschieht, sondern ihn selbst *als Menschen* zum Mitträger des Offenbarungsereignisses macht. Das Denken wird dann eine Bedingung der Möglichkeit dafür, daß die Offenbarung an ihr Ziel kommt. [30]

Schon allein das eben Gesagte macht es unmöglich, die christliche Philosophie auf eine Richtung der Philosophie zu beschränken, wie dies lange Zeit hindurch geschah, als das traditionell christliche Denken der Kirchenväter und der Scholastiker zum nahezu einzigen christlichen Denken erhoben wurde. [31] Ist die christliche Philosophie wirklich Philosophie im vollsten Sinn dieses Begriffs, so bleibt sie auch notwendig immer Philo-sophie, das heißt Suche nach der Wahrheit. [32] In dieser Eigenschaft aber wiederum bleibt sie genauso unterwegs und unabgeschlossen wie die Philosophie selbst, und das bedeutet: genauso offen für jeden begehbaren Weg zur Wahrheit hin und genauso fehlbar in jeder Entscheidung innerhalb des Denkens. Wo von christlicher Philosophie gesprochen wird und nicht gleichzeitig eine Vielfalt an Philosophien zugelassen, ja gefordert ist, wo nicht immer auch ein

---

[30] K. Rahner: *Philosophie und Theologie,* a. a. O. (Anm. 17) bes. 91–100; ders.: *Zum heutigen Verhältnis von Philosophie und Theologie,* a. a. O. (Anm. 17); Joh. B. Metz: *Ordnung,* 12; ders.: *Theologie,* 21 ff., 44; ders.: *Christliche Philosophie,* a. a. O. (Einl./Anm. 24); W. Weymann-Weye: *Revolution,* 213–259; Kl. Hemmerle: *Verhältnis;* B. Welte: *Philosophie;* ders.: *Die Philosophie in der Theologie,* a. a. O. (Einl./Anm. 31). – Nach wie vor gilt somit das Prinzip des Hl. Bernhard von Clairveaux: „Non libera philosophia, nisi adiutrix fidei; non adiutrix fidei, nisi libera philosophia." (Zit. bei M. Blondel: *Esprit chrétien* I, 207)

[31] K. Rahner: *Philosophie und Philosophieren in der Theologie,* a. a. O. (Anm. 17); ders.: *Zum heutigen Verhältnis von Philosophie und Theologie,* a. a. O. (Anm. 17) 77–84.

[32] Es ist mir bewußt, daß dies nicht der ursprüngliche Sinn des Wortes ‚Philosophie' ist (vgl. W. Schadewald: *Anfänge,* 12–15). Aber dieser Sinn hat sich nun einmal (wie ich meine – nicht zu unrecht) seit Platon eingebürgert und deshalb hat er auch hier seine Berechtigung.

Methodenpluralismus Platz hat und wo nicht andauernd Dialogbereitschaft mit jedem System vorherrscht, dort ist es besser, diesen Begriff überhaupt fallen zu lassen. Und gesetzt den Fall, ein christlich geprägtes Denken kann inhaltlich den Aussagen einer erklärt nichtchristlichen Philosophie keine Folge mehr leisten, ohne sich selbst aufzugeben, dann muß sich die Christlichkeit wenigstens in der Dialogbereitschaft zur philosophischen Kommunikation niederschlagen. Auch diese ist für das Philosophieren selbst keine Äußerlichkeit. Wie vor allem Karl-Otto Apel und Jürgen Habermas in Anschluß an Charles Sanders Peirce, Chr. Morris, Ludwig Wittgenstein und andere gezeigt haben,[33] bildet sie sogar eine transzendentale Voraussetzung für das Verstehen von Sinn und damit für das Auffinden von Wahrheit. Zugleich vermeidet jede echte Kommunikation das reine Kompromissemachen, durch das die Wahrheit, von der jeder Kommunikationsteilnehmer überzeugt ist, zu kurz käme.

Dieser Punkt, daß die Christlichkeit der christlichen Philosophie nicht zuletzt in ihrer Dialogbereitschaft mit jeder Philosophie liegt, der es ernsthaft um die Wahrheit geht, kann nicht genug hervorgehoben werden. Er verlegt nämlich den Akzent von der christlichen *Philosophie* auf das christliche *Philosophieren* zurück und macht es dadurch unmöglich, die christliche Philosophie mit einem bestimmten System zu identifizieren, das es in der Geschichte gegeben hat oder immer noch gibt. Zugleich eröffnet er für das Verständnis von christlicher Philosophie eine Reihe von Perspektiven, die bisher zwar nicht vergessen, sicherlich aber nicht gebührend gewürdigt worden sind. Diese Perspektiven ergeben sich daraus, daß aufgrund der Anerkennung der Dialogbereitschaft als *transzendentaler* Voraussetzung von Sinn und Wahrheit Philosophieren und ethisches Verhalten identisch werden. Sind aber Philosophieren und ethisches Verhalten untrennbar miteinander verbunden, so besteht der Beitrag, den das Christentum der Philosophie auf dem Weg der Selbstfindung leistet, nicht mehr so sehr im Zukommenlassen von inhaltlichen Wahrheiten, sondern in der Beförderung ihrer transzendentalen Voraussetzungen zum Auffinden von Wahrheit. Überspitzt formuliert könnte man sogar sagen: Die Christlichkeit der christlichen Philosophie zeigt sich nicht primär darin, daß sie übervernünftige Wahrheiten einbringt, sondern zunächst vielmehr

---

[33] Siehe a. a. O. (Einl./Anm. 30).

darin, daß sie die Notwendigkeit des Dialogs für die Philosophie im Sinne des christlichen Liebesgebots radikal ernstnimmt und dadurch Philosophie in unbedingter Form wird.

Im Lichte des eben Gesagten ist eine *dritte* Beobachtung zum Begriff der christlichen Philosophie zu sehen. Sie lautet: Sinnvoll kann von christlicher Philosophie nur dort gesprochen werden, wo es um eine für den christlichen Glauben und die Philosophie *unmittelbar gemeinsame* Sache geht. Den Ton gibt in diesem Fall der christliche Glaube an. Denn die für ihn relevante Wahrheit ist in *der* Hinsicht enger als die für die Philosophie relevante Wahrheit, als letztere sich mit sehr vielen Fragen befaßt, die für den christlichen Glauben als solchen keine unmittelbare Bedeutung haben. Die christliche Wahrheit ist als Heilswahrheit eine Wahrheit, die sich an die Existenz des Menschen richtet und daher nicht in wissenschaftlichen Diskussionen aufgeht. Doch mit wie viel Wissenschaftlichem muß sich dem gegenüber die Philosophie beschäftigen! Dabei sei gar nicht gesagt, daß nicht vieles von jenem Wissenschaftlichen eines Tages oder in ferner Konsequenz, das heißt mittelbar, für den Glauben von Relevanz werden kann. Aber es fragt sich, ob es notwendig ist, schon von Anfang an das Beiwort ‚christlich' zu verwenden. Dazu ein Beispiel: Niemand wird leugnen, daß die vielen wissenschaftstheoretischen Diskussionen im heutigen Neopositivismus und den daraus entsprungenen Philosophien oder die Sprachanalysen, wie sie der späte Wittgenstein vorgeschlagen hat, für die Philosophie der Gegenwart von größter Wichtigkeit sind. Aber brächte es etwas, wenn man diese beiden Richtungen der Philosophie in irgendeiner Hinsicht ‚christlich' nennen würde? Wahrscheinlich würden allen voran ihre Vertreter, so gute Christen sie immer sein mögen, darüber den Kopf schütteln. Gewiß, die wissenschaftstheoretischen Diskussionen und die Sprachspielanalysen haben sogar für die Theologie Bedeutung.[34] Aber soll man deshalb sie selbst ‚christlich' nennen? Keinesfalls. Von einer christlichen Philosophie zu sprechen, hat eben nur dort einen Sinn, wo sich Philosophie und Glaube *unmittelbar* auf *dieselbe* Sache richten, und die Philosophie sich dabei von der Offenbarungswahrheit anleiten läßt, ohne dabei jedoch einen andern Zweck zu verfolgen als den, den das Philosophieren in sich selbst

[34] Vgl. dazu u.a. H. Scholz: *Theologie;* W. Pannenberg: *Wissenschaftstheorie,* 31–73, 179–183, 299–348; H. Peuckert: *Wissenschaftstheorie,* 65–205; W. Beinert: *Verifikation.*

hat. Um dies noch einmal an den eben genannten Beispielen der Wissenschaftstheorie und der Sprachphilosophien zu veranschaulichen, sei darauf hingewiesen, daß die erste mittelbar über den Kritischen Rationalismus und seine moralisch relevanten Aussagen über die „offene Gesellschaft" [35] und die zweite mittelbar etwas über die Frankfurter Sozialphilosophie und ihre Ethik der idealen Kommunikationsgemeinschaft [36] natürlich sehr wohl für das Christentum von großem Interesse sein müssen. In beiden Fällen handelt es sich ja um eine Sache, nämlich um die persönliche und öffentliche Existenz des Menschen, die das Christentum in gleicher Weise unmittelbar angeht wie die Philosophie. Deshalb kann hier das Christentum der Philosophie einen Beitrag leisten, auf den die Philosophie hören darf, und den der einzelne christliche Philosoph, sofern er von der christlichen Wahrheit wirklich überzeugt ist, hören muß.

Doch diese Überlegungen mögen jetzt genügen, um klar zu machen, was für die vorliegende Untersuchung ‚christliche Philosophie' bedeutet. Christliche Philosophie bedeutet für sie das niemals endende und immer wieder neu zu erringende Dialoggeschehen zwischen Philosophie und christlicher Glaubenslehre. Beide bringen in diesen Dialog, sofern er ernsthaft und sinnvoll geführt werden soll, ihre Wahrheit ein, um die eine Wahrheit zu erblicken, der sie gemeinsam verpflichtet sind. Entscheidend ist auch, daß es sich dabei um Philosophie und nicht um Theologie handelt. Es wird nicht primär philosophiert mit dem unmittelbaren Ziel, das menschgewordene Wort Gottes zu verkündigen, auszulegen oder zu verteidigen, [37] sondern

[35] Ausdrücklich wird dieser Ansatz bei W. Pannenberg aufgegriffen, in: *Wissenschaftstheorie,* 299–348.

[36] Vgl. K.-O. Apel: *Transformation* II, 359–435.

[37] Dies ist die Aufgabe einer Fundamentaltheologie. Christliche Philosophie und Fundamentaltheologie sind engstens miteinander verwandt und werden dementsprechend oft verwechselt. Unterschieden sind sie jedoch in ihrem Ziel (vgl. K. Rahner: *Hörer,* 35–37, 187 f.). Ihre Differenz liegt demnach im Formalobjekt (vgl. dazu auch P. Rousselot: *Augen,* bes. 33–39, 45–59 u. ö.). Wichtig ist dieser Gesichtspunkt für das Verständnis der Philosophie M. Bondels. Sein Denken steht nämlich in besonderer Weise an der Grenze zwischen Fundamentaltheologie und christlicher Philosophie. H. Bouillard hat daher zu einer Kompromißformel gegriffen und gesagt, Blondel sei für den Gläubigen ein Fundamentaltheologe, für den Nichtgläubigen dagegen ein Philosoph (*Blondel,* 233–248, 302–309). H. Duméry hingegen wollte Blondel zu einem reinen Philosophen machen (*Raison,* 31–123, 261–419, 597–638). Die Kontroverse, die hier entstand, hat die Blondel-Forschung einige Zeit lang beschäftigt. Vgl. dazu die *Rezensionen* von P. Henrici

dern es wird Philosophie um ihrer selbst willen betrieben. Bei dieser Gelegenheit dient das durch die Theologie Verkündete und Ausgelegte als eine Quelle von Vernunft, die das Finden der einen Wahrheit mitermöglicht.

In diesem Sinne wird auch die Frage der vorliegenden Untersuchung folgendermaßen lauten: Betrifft das Schellingsche Problem der Denkbarkeit des Unvordenklichen, das heißt des Grundes von Freiheit und Vernunft, eine mit dem Christentum gemeinsame Sache? Wenn ja, inwieweit kommt dann das durch dieses Problem heraufbeschworene neue nachidealistische Denken einem spezifisch christlichen Wirklichkeitsverständnis entgegen oder nicht? Wenn ja, welche Chancen enthält es dann für eine christliche Wirklichkeitsinterpretation? Worin kann dann der Beitrag bestehen, den das Christentum als Quelle von Vernunft für dieses neue Denken leistet?

Auf diese Fragen ist bereits geantwortet worden: Ja, es handelt sich bei dem Problem der Denkbarkeit des Unvordenklichen um eine gemeinsame Sache von nachidealistischer Philosophie und Christentum. Schon Schelling selbst hat es so gesehen. Wie hätte er sonst seine Spätphilosophie eine „Philosophie der Offenbarung“ nennen können? Außerdem war es gerade sein Bemühen um eine christliche Philosophie, das ihn seit seinem Münchner-Aufenthalt (ab 1806) zu dieser Fragestellung geführt hat.[38] Aber auch von seiten des christlichen Denkens selbst her ist es nicht schwer zu begründen, daß das Problem der Grenze der Vernunft und der damit verbundenen Denkbarkeit des Grundes von Vernunft einen entscheidenden Platz in seinem Vorgehen einnimmt.[39] Liegt in dieser Frage nicht das wesentliche Problem

---

zum jeweiligen Buch von Bouillard und Duméry, in: PhJ 71 (1962) 183–187; 72 (1964) 408–413. – Grundsätzliches zur Geschichte der Fundamentaltheologie und ihres Begriffs findet sich bei J. Flury: *Redlichkeit,* und W. Pannenberg: *Wissenschaftstheorie,* 326f., 419ff.

[38] H. Fuhrmans sah diese Bemühungen vor allem unter dem Einfluß der deutschen Romantiker und hier besonders unter dem Eindruck der romantischen Rezeption von Jakob Böhme entstehen (*Weltalter,* 75–150). H. Holz (in: *Spekulation*) hat diese Ansicht heftig kritisiert und die Bedeutung der Neuplatoniker und Kirchenväter für den späten Schelling hervorgehoben. Holz ist mit dieser Kritik m. E. zu weit gegangen. Zu vorschnell verurteilt er die Fuhrmans'sche Theorie als ein unbegründetes Märchen, was doch in der Tat nicht möglich ist, und zu apriorisch schließt er eine Verbindung seiner These mit derjenigen Fuhrmans aus.

[39] Vgl. dazu u.a. R. Jolivet: *Philosophie,* 19–43 (bes. 25ff.); J. Maritain: *Philosophie,* 70–89; G. M. Manser: *Philosophie?;* B. Jansen: *Philosophie,* 323ff.; A. D. Sertillanges:

seiner eigenen Legitimation? Gäbe es überhaupt eine christliche Philosophie, wenn die Vernunft nicht auch mit einem Außerhalb ihrer selbst rechnen müßte? Bezieht sie nicht gerade deshalb eine Sonderstellung innerhalb der Vielfalt der Philosophien, daß sie als einen Ausgangspunkt ihres *Philosophierens* eine Wahrheitsquelle miteinbezieht, die auf bloß vernünftigem Wege nicht erschlossen werden kann? Wenn dem aber so ist, dann darf die These aufgestellt werden, daß das Problem des nachidealistischen Denkens für die christliche Philosophie von fundamentaler Wichtigkeit ist. Sie muß sich in diesem Problem unmittelbar selbst angesprochen fühlen.

Christianisme I, 21–33; L. Bogliolo: *Problema,* 232–235, 256ff.; R. Garrigou-Lagrange: *De relationibus inter philosophiam et religionem,* a. a. O. (Anm. 18) 389ff. – Neuere Versuche setzen bei der Faktizität und dem prinzipiellen Sich-vorweg-Sein des Menschen an und legitimieren von da her die Notwendigkeit einer Heilsantwort, die gerade das leisten kann, wozu eine philosophische Antwort nicht in der Lage ist, nämlich die Faktizität zu überholen und mit Sinn zu durchdringen. Vgl. P. Henrici: *Aufbrüche,* 22–25, 27–35, 37–46; Joh. B. Metz: *Ordnung,* 3–10; ders.: *Christliche Philosophie,* a. a. O. (Einl./ Anm. 24) 1142f.

Erster Teil:
Die Frage nach der Erfahrung des Denkens an ihm selbst mit seinem Grund in der nachidealistischen Philosophie

Es beginnt hiermit der eigentliche Gang der vorliegenden Untersuchung. Gefragt wird nach der *Möglichkeit* und nach der *Bestimmtheit* einer Erfahrung, die das Denken an ihm selbst mit einem Absoluten macht, das unbedingt vor ihm kommt, mit ihm folglich nicht identisch, sondern vielmehr sein Grund ist.

Diese Frage ist der Philosophie geschichtlich zugewachsen. Zumindest in ihrer soeben angesprochenen Form bezieht sie sich auf ein konkretes Kapitel der Denkgeschichte. Dieses Kapitel ist die Spätphilosophie Schellings. Durch das Aufkommen dieser Frage wird das Denken des deutschen Idealismus verlassen und das Denken der nachidealistischen Philosophie heraufbeschworen. An ihr findet das nachidealistische Denken daher sein eigentliches und innerstes Wesen.

Soll demnach die Frage nach der Möglichkeit und Bestimmtheit der gesagten Erfahrung zu einer Antwort kommen, so ist es notwendig, ihr Aufkommen in der Spätphilosophie Schellings darzustellen (Großabschnitt A, I). Über diese Darstellung hinaus muß es jedoch auch zu einer kritischen Würdigung des Schellingschen Lösungsmodells kommen (Großabschnitt A, II). Denn erst die Absetzung von Schelling macht die Bedeutung seiner Frage für die Gegenwartsphilosophie sichtbar.

Ist sodann geklärt, inwiefern diese Frage geschichtlich gesehen notwendig wurde und inwiefern sie zu dieser historisch bestimmten Gestalt finden mußte, kann zur eigentlichen *These* dieses Ersten Teils übergegangen werden (Großabschnitt B). Sie läßt sich vorgreifend folgendermaßen formulieren: Das von Schelling heraufbeschworene Problem und der damit verbundene Denkwandel ist im 20. Jahrhundert in der Philosophie Martin Heideggers aufgegriffen und durchgeführt worden (II–III). In seiner Theorie des „Seinsverständnisses“ und später in der des „wesentlichen Denkens“ hat er sowohl die Frage nach der Bedingung der Möglichkeit als auch die Frage nach der Bestimmtheit einer Denkerfahrung mit dem Grund des Denkens einer Antwort näher gebracht. Dazu wäre er aber nicht imstande gewesen, wenn er nicht durch das Phänomenologie-Verständnis Edmund Husserls die Voraussetzungen erhalten hätte (I). Insofern läßt sich der Weg von der Phänomenologie Husserls zur Seinsphilosophie Heideggers als ein Weg des nachidealistischen Denkens darstellen und konsequenterweise auch als eine Antwort auf die Frage des späten Schelling interpretieren.

Es ist für das Verständnis des Untersuchungsgangs jedoch wichtig, die folgenden Ausführungen nicht bloß als Beobachtungen zur Philosophiegeschichte anzusehen. Durch die geschichtlichen Erörterungen hindurch soll vielmehr ein theoretisches Anliegen zu Wort kommen. Gesucht ist in jedem Fall nicht eine neue Schelling-, Husserl- oder Heidegger-Deutung, sondern eine *Theorie* einer Erfahrung, die das Denken an ihm selbst im Hinblick auf seinen Grund macht.

A. Das nachidealistische Denken als Erbe des deutschen Idealismus

I. Die Frage nach der Grenze des Denkens in Schellings Berliner Vorlesungen von 1841/1842

Im Wintersemester des Studienjahres 1841/1842 hielt Schelling in Berlin vor einem illustren Publikum, zu dem gelegentlich Hörer wie Friedrich Engels, Sören Kierkegaard, Michael Bakunin, Jakob Burckhardt, Alexander v. Humboldt, Leopold v. Ranke, Johann Gustav Droysen, Adolf Trendelenburg und viele andere Berühmtheiten gehörten, seine Vorlesungen über die „Philosophie der Offenbarung".[1] Diese Vorlesungen, die bei Schelling selbst bereits eine langjährige Vorgeschichte hatten und im wesentlichen das Ergebnis seiner Bestrebungen um eine christlich-theistische Philosophie waren,[2] fanden schon zu ihrer Zeit keine einhellige Aufnahme. Zunächst wurden sie wohl gespannt erwartet und nahezu stürmisch begrüßt, schon während ihres Verlaufs jedoch stießen sie auf eine zunehmende Ablehnung, die ihrerseits der Enttäuschung einer falsch angesetzten Hoffnung entsprang und aus eben diesem Grund eine sachliche Aus-

---

[1] M. Frank: *Einleitung,* 9 ff.; W. Schulz: *Vollendung,* 272 f. – Ich bin mir dessen bewußt, daß die Beschränkung der Untersuchung auf diese Vorlesungen wichtige Entwicklungsstufen des späten Schelling, hier vor allem die Münchner-Zeit, beiseite läßt. Vgl. dazu H. Fuhrmans: *Ausgangspunkt,* 302–304; ders.: *Rezension,* 95 f.; X. Tilliette: *Schelling* II, 17 f., 32 f., 55, 74–76, 79 ff., 91–95 u. ö. – Aber wie schon in Einl./Anm. 9 gesagt, ist es dennoch sinnvoll, sich auf die Vorlesungen von 1841/1842 zu beschränken, die außer in den diversen Nachschriften von Hörern vor allem in der sogenannten „Berliner Einleitung" (siehe unten Anm. 9) ihren Niederschlag gefunden haben, da gerade sie auf die nachidealistische Philosophie gewirkt haben. Bezüglich der Philosophie des Marxismus belegt dies M. Frank, in: *Mangel,* 169–272. Zum Verhältnis Kierkegaard-Schelling siehe unten Anm. 6.

[2] Vgl. bes. H. Fuhrmans: *Schelling,* 58–95, 170 ff.; ders.: *Weltalter,* 75–177; ders.: *Philosophie;* ders.: *Dokumente;* ders.: *Ausgangspunkt;* ders.: *Gottesbegriff;* K. Leese: *Spätidealismus;* H. Heimsoeth: *Neuzeit,* 171–188; kritisch zu Fuhrmans, Leese und Heimsoeth ist H. Holz, in: *Spekulation.*

einandersetzung mit Schellings Anliegen mehr und mehr unmöglich machte. Ironie, Zynismus und einfache Zurückweisung gaben bald den Ton an.[3] Zu einer ernsthaften und sachbezogenen Kritik kam es nicht. Deshalb verwundert es auch nicht, daß es fast ein Jahrhundert brauchte, bis die Bedeutung dieser Spätphilosophie Schellings ans Licht kam. Bis in die Zeit um den Zweiten Weltkrieg herrschte weitgehend (von wenigen Ausnahmen abgesehen) die Meinung, daß es sich bei den Vorlesungen über die Philosophie der Offenbarung um das Endprodukt einer verstiegenen, skurrilen und esoterischen romantischen Weltanschauung handle.[4] Erst in den vierziger und fünfziger Jahren wurde deutlich, daß Schelling mit diesen Vorlesungen nicht nur einen eigenen Weg *innerhalb* des deutschen Idealismus eingeschlagen und diesen darüber hinaus sogar zu seiner höchsten Vollendung geführt hat, sondern daß darin auch ein neues Kapitel in der Geschichte des Denkens aufgeschlagen wurde.[5] Insofern muß man sagen, daß die Philosophie der Offenbarung zu den wichtigsten Ereignissen der Denkgeschichte überhaupt gehört.

Diese Bedeutung sieht man den Vorlesungen allerdings nicht auf den ersten Blick an. Geht man zum Beispiel von jenem Problem aus, das die Schüler Schellings in den Mittelpunkt des Interesses gerückt haben, nämlich von der Frage nach dem Verhältnis von Theorie und Praxis, so wird man zunächst einmal enttäuscht, weil dazu kaum etwas Wesentliches gesagt wird, sodann aber stößt man auf eine ganze Reihe von Ungereimtheiten, die sich vor allem um den Begriff der ‚Wirklichkeit' scharen.[6] Kein Wunder, daß aufgrund dieses Ergebnis-

---

[3] Vgl. X. Tilliette (Hg.): *Zeitgenossen,* 435–478, 629–632.

[4] H. Fuhrmans: *Schelling,* 9–13; ders.: *Weltalter,* 224 ff.; L. Müller: *Rußland;* H. Czuma: *Schelling,* 7–20; A. Pieper: *Schellings Wirkung im Überblick,* in: H. M. Baumgartner (Hg.): *Schelling,* 139–150; H. Holz: *Spekulation,* 17–35.

[5] Daß Schellings Weg *innerhalb* des deutschen Idealismus verlaufen ist und daß dieser gleichzeitig in die Epoche der *nach*idealistischen Philosophie hineingeführt hat, ist die gemeinsame Überzeugung der sonst so divergierenden Interpretationen von H. Fuhrmans (*Schelling,* 97–199; *Weltalter,* 150–177) und W. Schulz (*Vollendung; Idealismus*). – Prinzipiell zur Auseinandersetzung zwischen Fuhrmans und Schulz siehe E. Coreth: *Ernte;* X. Tilliette: *Interprétation;* W. Kasper: *Das Absolute,* 7–17; H. Holz: *Spekulation,* 17–35; H. Czuma: *Schelling,* 7–20; H. Zeltner: *Forschung,* 68–101; M. Theunissen: *Aufhebung,* 5 f.; ders.: *Idealismuskritik,* 174 f.; D. Korsch: *Grund,* 275–280.

[6] Für diese Position ist die Schelling-Interpretation Sören Kierkegaards symptomatisch. Vgl. dazu E. Hirsch: *Kierkegaardstudien,* 683 ff.; B. Majoli: *Critica;* W. Struve: *Kierkegaard;* W. Schulz: *Vollendung,* 274–279; M. Theunissen: *Dialektik;* N. Thulstrup: *Verhältnis,* 218–228; S. Spera: *Kierkegaard,* 49–94.

ses der Schluß naheliegt, Schellings Spätphilosophie sei überhaupt ein Abfall von der großen und ernstzunehmenden Philosophie der europäischen Tradition, da sie sich an der Grenze zur Selbstwidersprüchlichkeit und Irrationalität bewege.[7] Setzt man hingegen bei der von Schelling neu beschworenen Unterscheidung von „essentia" und „existentia" beziehungsweise von „potentia" und „actus" oder von „motus a potentia ad actum" und „actus purus" an und sieht darin eine Wiedererweckung der klassisch abendländischen Metaphysik, so verschließt man die Augen vor den von Schelling unbedingt festgehaltenen idealistischen Prämissen seines Denkens.[8] In beiden Fällen wird man somit seinem eigenen Anliegen nicht gerecht. Zugleich verstellt man sich beide Male die Möglichkeit, die Schellingschen Gedankengänge in ihrer Bedeutung würdigen zu können.

Will man sich nun aber dieser Möglichkeit nicht verschließen, so empfiehlt es sich, von dem auszugehen, was die Philosophie der Offenbarung primär thematisiert und zum Problem macht. Dieses primär Thematisierte und Problematisierte wiederum ist nicht die Frage nach einer Philosophie, „die mit dem Leben sich messen kann" und „ihr Kraft aus der Wirklichkeit selbst nimmt" (S 11, vgl. 155, 178–180)[9] beziehungsweise „nach einer wirklich an die Sache gehen-

---

[7] G. Lukács: *Zerstörung*, 114–172; aus H. M. Baumgartner (Hg.): *Schelling*, siehe J. Jantzen: *Schelling in der Perspektive der materialistischen Theorie*, 151–160, und O. Marquard: *Schelling – Zeitgenosse inkognito*, 9–26 (bes. 15f., 20f.); von O. Marquard siehe auch *Einspruch*. Indirekt vom Irrationalismus sprechen schließlich H. Marcuse (*Vernunft*, 283–288) und C. Frantz (vgl. M. Theunissen: *Aufhebung*, 23), sofern sie in Schelling einen Begründer des Positivismus sehen, und Positivismus für sie gleichbedeutend mit partiellem Irrationalismus ist.

[8] A. Dempf: *Kierkegaard;* A. M. Koktanek: *Seinslehre*, 11–64. – Daß in Schelling zwar keine Rückkehr in die klassische Metaphysik, dafür aber eine Neugeburt der „christlichen Philosophie" stattgefunden hat, ist vor allem die These H. Fuhrmans' (*Schelling*, 53, 68, 73, 244, 291–294; *Weltalter*, 139f., 174, 177–179, 181, 184, 196, 219, 224, 263f., 285, 306, 353f., 413, 415f., 427f., 458). Ihm folgen mit einiger Differnzierung W. Kasper *(Das Absolute)*, Kl. Hemmerle *(Gott)*, D. Korsch *(Grund)* und H. Barth *(Philosophie)*. H. Holz sieht im Denken des späten Schelling ebenfalls die Wiederbelebung christlich-patristischer Gedankengüter. Für noch wichtiger hält er jedoch Schellings Rückgriff auf den Neuplatonismus (*Spekulation*, 35–40, 368–437 u. ö.). Zur ganzen Problematik vgl. schließlich M. Durner: *Problem;* W. Becker: *Konstruktion*.

[9] Die Vorlesungen von 1841/1842 liegen nicht in einer von Schelling selbst gezeichneten Edition, sondern nur in einer von seinem Sohn Karl Friedrich August Schelling besorgten Ausgabe ([1]1858) vor, die in keiner Weise den Anspruch auf eine saubere und textkritische Arbeit erheben darf (vgl. M. Frank: *Einleitung*, 42–48; X. Tilliette: *Schelling* II, 27ff.; H. Fuhrmans: *Ausgangspunkt*, 302–304). Deshalb werden zu dieser Ausgabe von K. F. A.

den Philosophie“ (P 97 [dort kursiv]), woraus man schließen könnte, daß Schelling der Vater des Existenzialismus [10] sei, sondern die Frage nach der Erkenn- und Verstehbarkeit jenes Gegenstandes, der dem Wesen der Vernunft letztlich und einzig entspricht und würdig ist. [11] Die Suche nach einer lebensrelevanten Philosophie hängt mit dieser Frage freilich engstens zusammen und kann gerade im Hinblick auf die idealistischen Prämissen des Schellingschen Denkens auch gar nicht ausbleiben, sie ist jedoch nicht das zuerst Gefragte. Dieses ist vielmehr das von der Vernunft immer schon Erstrebte und in ihr je schon Anwesende. Worin besteht es also?

Um auf diese Frage antworten zu können, muß vorerst das Wesen der Vernunft in den Blick kommen. [12] Dazu bedarf es wiederum der

---

Schelling (S) die Vorlesungsmitschriften von H. E. G. Paulus (P) und von S. Kierkegaard (K) mitherangezogen. Was den Wert dieser Ausgaben anbelangt, so ist zweifellos die Ausgabe S trotz aller Mängel die aufschlußreichste und umfassendste. Am knappesten und auch am wenigsten zuverlässig ist die Ausgabe K. In ihr treten sogar eine ganze Reihe von Mißverständnissen und zu Widersprüchen führenden Ungenauigkeiten auf (vgl. u. a. 103, 121, 127, 136, 138). Allerdings ist nicht immer leicht auszumachen, ob es sich dabei um Fehler des Autors selbst handelt, ob es Übersetzungsfehler sind oder ob bloße Druckfehler vorliegen (wie etwa im Fall der griechischen Worte). Die Ausgabe P verläuft mit der Ausgabe K streckenweise parallel und hat zum Teil wörtliche Übereinstimmungen. Aufs Ganze gesehen ist sie jedoch umfangreicher und instruktiver. Sie beinhaltet auch noch die Ausführungen der Offenbarungsphilosophie, die in K nicht mehr aufscheinen (vgl. X. Tilliette: *Schelling* II, 19 f.). Das mag vielleicht darauf zurückzuführen sein, daß Paulus im idealistischen Denken noch mehr zu Hause war als Kierkegaard. Die Vorlesungsnachschrift von J. Frauenstädt (siehe Fr. W. J. Schelling: *Philosophie der Offenbarung 1841/1842,* hg. von M. Frank, 353–390) wurde berücksichtigt, aber nicht eigens in den Text einbezogen. Die von M. Frank und X. Tilliette genannten Nachschriften von Joh. H. Koos, A. Peter, Fr. L. Steinmeyer und M. Deutinger waren mir nicht zugänglich.

[10] P. Tillich: *Schelling* (kritisch dazu H. Holz: *Spekulation,* 83, 128 Anm. 2); E. L. Fakkenheim: *Schelling.* Auch bei Fuhrmans und seiner Redeweise vom „Real-Idealismus“ hat man oft den Eindruck, daß er Schelling bereits für einen Existenzialisten hielt (vgl. u. a. *Schelling,* 241, 243 f.). Zum Thema ‚wirklichkeitsrelevante‘ und ‚lebensnahe‘ Philosophie siehe W. Schulz: *Vollendung,* 18–20, 69 f., und W. Kasper: *Das Absolute,* 120–124. (Zu Kaspers Schelling-Deutung möchte ich jedoch grundsätzlich anmerken, daß sie zu rasch theologische Kategorien an Schelling heranträgt [z. B. 148–152]. H. Holz hat dies in *Spekulation,* 268 Anm. 39, 289 Anm. 11, beanstandet.)

[11] Auch in diesem Punkt sind sich H. Fuhrmans (*Schelling,* 170–176, 194–304) und W. Schulz (*Idealismus,* 243–245) einig.

[12] Zu den ganzen nun folgenden Ausführungen vgl. H. Fuhrmans: *Schelling,* 97–204; W. Schulz: *Vollendung,* 21–94, 187–270; W. Kasper: *Das Absolute,* 111–178; Kl. Hemmerle: *Gott;* Ch. Wild: *Reflexion,* 59–114; X. Tilliette: *Schelling* II; H. Holz: *Spekulation,* 325–491; B. Loer: *Das Absolute,* bes. 253–276 (vgl. aber schon 189–253); M. Frank: *Einleitung,* 52–71; ders.: *Mangel,* 103–168; D. Korsch: *Grund,* 167–304.

Vernunft selbst. Kant mit seiner transzendental-kritischen Methode und Fichte mit seiner subjektiv-idealistischen Deduktion haben diesen Zirkel in seiner Fruchtbarkeit sichtbar gemacht. Schelling bekennt sich daher auch bewußt zu ihnen (S 43–57, 62; P 109–111, 115ff.; K 104ff. u. ö.). Die *Vernunft* erkennt sich somit auch nach seiner Ansicht *vernünftig* in ihrer *Vernünftigkeit.* Das besagt *einmal,* daß sie sich in dem erkennt, was sie notwendig und apriorisch, das heißt wesensgemäß ist, also nicht in dem, was sie zufälliger- und akzidentellerweise auch sein kann; es besagt *sodann,* daß sie sich in diesem ihrem Wesen wissenschaftlich und methodisch gesichert, also nicht erfahrungs- oder gefühlsmäßig erratend, nähert. Erkennt sich die Vernunft in ihrer Vernünftigkeit, so kann aus dieser Erkenntnis erschlossen werden, worin ihr „eingeborener, apriorischer" (K 99; vgl. P 100; S 63f.) und „ursprünglicher Inhalt" (S 62f.) besteht.

Die fundamentalste Bestimmung von Vernunft ist nun aber nach Schelling diejenige, „Erkenntnißvermögen überhaupt" (S 62) zu sein. Genauer besehen stellt diese Bestimmung die Vernunft als *„unendliche Potenz des Erkennens"* (S 62; P 100; K 99) heraus.[13] „Potenz" wiederum versteht Schelling nicht bloß als „Möglichkeit", sondern im Sinne der lateinischen „potentia" als „Macht" (S 63; P 102; K 100). Worin aber äußert sich diese Macht? Wozu wird sie ausgeübt? Woraufhin setzt sie sich durch? Auch hierfür muß zweierlei unterschieden werden: *Zuerst* nämlich deutet die „unendliche Potentialität" der Vernunft darauf hin, daß sie von nichts anderem abhängig oder voreingenommen ist (S 63, 74f.), so daß sie in gewisser Weise als Können, vor allem aber als *Freiheit* definiert werden kann. Sie enthält sowohl die Möglichkeit, in die Aktualität der Wirklichkeit überzugehen als auch nicht überzugehen und in sich selbst zu bleiben. *Sodann* aber bezieht sich die „Potentialität" der Vernunft darauf, daß sie die erste und letzte ‚conditio sine qua non' für die Erkennbarkeit und damit auch für die Wirklichkeit jedes Seienden ist. „Die Vernunft, sowie sie sich auf sich selbst richtet, sich selbst Gegenstand wird, findet in sich das Prius oder, was dasselbe ist, das Subjekt *alles* Seyns, und an diesem hat sie auch das Mittel oder vielmehr das Princip einer apirorischen Erkenntniß alles Seyenden." (S 57) Sie „[bringt] zur Erkennbarkeit"

---

[13] Zu diesem Punkt vgl. vor allem M. Theunissen: *Aufhebung,* 8–12; ders.: *Idealismuskritik,* 176–181; zum „Potenz"-Begriff siehe H. Holz: *Spekulation,* 98–106, 209f.

(K 131), was sie „a priori begreift und construirt" (S 62) und dadurch erst in die Möglichkeit des Seins erhebt. Diese absolute Mächtigkeit der Vernunft, das Sein und die Wahrheit des Seienden zu ‚sein', führt nach Ansicht Schellings und nach der des ganzen deutschen Idealismus sogar so weit, daß sie die Wirklichkeit aus sich selbst heraus deduzieren und apriori einsehen kann, ohne daß sie dazu den Kontakt mit der empirischen Welt braucht (S 60f., 66; P 101; K 105). Freilich ist diese von der Vernunft konstituierte Wirklichkeit dann ‚nur' eine *Vernunft*wirklichkeit, genauer gesagt: eine *was*hafte und *wesen*hafte Wirklichkeit, die nichts über die tatsächliche *Existenz*wirklichkeit des vernunftgemäß Konstituierten aussagt (S 58–66, 71f.; P 98f.; K 99, 105ff.). Um diese Letztere zu erkennen, bedarf es vielmehr der „Erfahrung" (bes. S 62).[14] Als eine von der Vernunft unabhängige Quelle liefert die Erfahrung der Vernunft, was dieser aus sich selbst heraus unmöglich ist, nämlich eine „Controle" bezüglich der Tatsächlichkeit des von ihr Erkannten.

Doch man darf sich hier nicht täuschen lassen. Diese Gegenüberstellung von Vernunft und Erfahrung beziehungsweise von Wesen und Existenz, läuft bei Schelling keineswegs auf die Supposition einer vernunft-unabhängigen Wirklichkeit hinaus, die sozusagen von außen an das Denken herantreten würde (S 60). Dieser Meinung widersprechen zwei Dinge: *Erstens* ist die Erfahrung, um die es in diesem Zusammenhang geht, die Erfahrung einer „absoluten Vernunft" (S 56f.). Schon allein dieses Faktum macht es unmöglich, die Erfahrung und damit auch die durch sie erblickte Wirklichkeit als etwas anzusehen, was im Grunde nicht selbst Vernunft ist. *Zweitens* vermag die Erfahrung nur dort zu erfahren, wo bereits durch die Vernunft das zu Erfahrende in seiner Was- und Wesenswirklichkeit begriffen ist.[15] Die Vernunft geht somit als bedingender Grund der Möglichkeit von Existenzbestätigung voraus. Sie ist demnach immer schon bei der Wirk-

---

[14] Ch. Wild: *Reflexion,* 88–144. – H. Zeltner hat die Dissertation von Wild negativ beurteilt (vgl. *Forschung,* 52–57). Deshalb darf man aber den Wert dieser Arbeit nicht unterschätzen. Sie hat vielmehr zwei Dinge deutlich gemacht: erstens die Kontinuität bestimmter Fragestellungen innerhalb des gesamten Schellingschen Denkens und zweitens die Erarbeitung eines Gesichtspunktes, der die Beurteilung der Spätphilosophie sehr gut zuläßt. – Zum Erfahrungsbegriff bei Schelling vgl. auch W. Schulz: *Vollendung,* 23–27, 30–32, 77f.

[15] Ch. Wild: *Reflexion,* 45–52, 56f., 145f.; ders.: *Die Selbstkritik des Apriorismus in der Philosophie Schellings,* in: H. M. Baumgartner (Hg.): *Schelling,* 128–137.

lichkeit. Die Erfahrung liefert daher auch nichts Neues. Als ständige „Begleiterin" und als andauernde „Controle" hat sie nichts anderes zu tun, als das zu verifizieren und zu beweisen, was die Vernunft je schon erkannt und zugänglich gemacht hat.[16] So zeigt sich auch hier, daß Schelling jenen idealistischen Vernunft- und Subjektivitätsbegriff festhält, demgemäß die Wirklichkeit und die Wahrheit Funktionen der Vernunft selbst sind. Die Vernunft ist für ihn die absolute Freiheit, die sich in radikaler Autonomie selbst ihren Grund und ihr Ziel gibt.

Von dieser Voraussetzung muß man ausgehen, wenn man die Bestimmung des angeborenen und ursprünglichen Vernunftinhalts richtig interpretieren will. Schelling sagt dazu: „Da allem Erkennen ein Seyn entspricht, dem wirklichen Erkennen ein wirkliches Seyn, so kann der unendlichen Potenz des Erkennens nichts anderes als die *unendliche Potenz des Seyns* entsprechen, und dieß ist also der der Vernunft an- und eingeborene Inhalt." (S 64; vgl. P 100; K 99 f.) Abermals könnte man meinen, der unendlichen Potenz des Erkennens stünde hier die Potenz des Seins ‚gegenüber'. Doch dem kann keinesfalls so sein. Nach dem bisher Gesagten muß vielmehr gefolgert werden, daß die Potenz des Erkennens und die Potenz des Seins gemeinsam in den Machtbereich der Vernunft gehören und in diesem Sinne ein und dieselbe Potenz darstellen. Wenn Schelling an die eben gegebene Bestimmung nun noch unmittelbar anschließt, daß die Potenz des Seins beziehungsweise das *„unendliche Seynkönnen"* aktiv und dynamisch zu sehen ist als „nothwendiger Uebergang" ins Sein (S 64–66; P 100 f.; K 100), so gilt diesbezüglich die gleiche Folgerung: Das unmittelbare und notwendige Übergehen der Potenz des Seins in die Wirklichkeit des Seins ist nichts anderes als der Prozeß der Selbstkonstitution der Vernunft von *ihrem* Möglichsein in *ihr* Wirklichsein. Hier kann sinnvoll deshalb gar nicht unterschieden werden, weil es eine Wirklichkeit, die nicht von der Vernunft konstituiert wird und damit letztlich sie selbst *ist,* gar nicht gibt. Auch die Erfahrung, die unabhängig von der Vernunft die Existenz des von dieser als Wesen Erkannten beibringen soll, hat es mit keiner außervernünftigen Wirklichkeit zu tun, sondern lediglich mit der von der Vernunft bereits freigegebenen und eingeräumten.[17] Daher kann man sogar

[16] Vgl. M. Theunissen: *Aufhebung,* 8; ders.: *Idealismuskritik,* 177 f.
[17] Siehe dazu S 127: „... auch dieß haben wir schon aufgeschlossen, ... daß das empiri-

schließen, daß die Erfahrung, die ja letztlich niemand anders als die Vernunft selbst machen muß, eine Erfahrung ist, die die Vernunft *mit sich selbst* macht.

Mit der Definition desjenigen Inhalts oder Gegenstandes, der von der Vernunft primär angestrebt wird, und daher einzig ihrer würdig ist, als „Potenz des Seyns", die notwendig ins Sein übergeht, ist nun aber noch nicht alles gesagt. Denn wenn „Potenz des Seyns" gleichursprünglich ‚Übergehen ins Sein' besagt, so gehören zum Inhalt der Vernunft auch die Bewegung, die „a potentia ad actum" führt, und außerdem noch das Ziel, in diesem diese Bewegung gipfeln soll. Das Ziel jedoch liegt auf der Hand. Es muß dasjenige sein, was die „*unendliche* Potenz" des Erkennens befriedigen und ‚aufheben' kann. Dies aber kann wiederum nichts anderes als „*alles* Seyn (die ganze Fülle des Seyns)" (S 63, 66, vgl. 57, 165) sein. Nur dieses vermag der „*unendlichen* Potenz" zu entsprechen. Folglich ist in der Potenz der Vernunft die Totalität des Seins anwesend. Kraft ihrer besitzt die Vernunft das Vermögen, der Wirklichkeit zuvorzukommen und als ihr „Prius" die Konstitution derselben zu leisten, das heißt Freiheit zu sein.

Doch wenn das Ziel der Verwirklichung von Vernunft im strengen Sinne Ziel ist, dann steht es noch aus, und die Vernunft hat somit noch nicht den ihr denkwürdigen Gegenstand erreicht. Die „Fülle des Seyns", die immer schon in der Vernunft gegenwärtig ist und deren Bewegung zu sich selbst hin auslöst, ist demnach in ihrer Anwesenheit abwesend. Trotzdem bleibt sie das eigentlich Erstrebte, weil sie erstens der Vernunft „ein-" und „angeboren" ist und weil sie zweitens der einzige Inhalt ist, der die Kriterien eines *Vernunft*inhalts erfüllt, nämlich die Notwendigkeit und die Apriorität. Alles, was nicht „alles Seyn" beziehungsweise „Fülle des Seyns" ist, kommt diesen Bedingungen nicht nach. Im Gegenteil, überall da, wo die Potenz mit dem Actus noch nicht zur Deckung gekommen ist, sei es deshalb, weil die Bewegung unmittelbar „a potentia ad actum" verläuft, oder deshalb, weil dieselbe Bewegung mittelbar und aufgrund von Negation innerhalb von gegenseitig sich Ausschließendem rückläufig „ex actu in potentiam" führt, herrschen Zufälligkeit, Begrenztheit und Beweglichkeit

---

sche Seyn doch nur sehr relativ außer dem Denken ist, insoferne, als *jedes* in der Erfahrung vorkommende Seyn logische Verstandesbestimmungen an sich hat, ohne die es gar nicht vorstellbar wäre."

oder, wie man auch sagen kann, Unvernünftigkeit (S 66–79, 204–232; P 100–108; K 100–104, 130 f.). Aus diesem Grund bedarf die Vernunft in diesem Bereich der Erfahrung. Diese stellt der Notwendigkeit des Was- und Wesenhaften die Zufälligkeit der Existenz zu. Folglich muß die Vernunft, vorausgesetzt daß sie dem ihr ursprünglichen und damit alleinig ihrer würdigen Gegenstand entsprechen will, alles ausscheiden und *übersteigen*, was den Kriterien der absoluten Vernünftigkeit nicht Genüge tut. Das bedeutet, daß ihr erstes Geschäft rein *negativ* ist (S 70, 75, 79; P 108 ff., 152; K 103 f., 130 f.; u. ö.). Das Hauptereignis ihres Fortgangs ist daher vor allem der „Umsturz" (S 152 f., 161 f.; P 138 f., 152; K 132) alles dessen, was sie als nur vorläufigen Inhalt durchschaut und in diesem Sinne noch nicht als den objektiven Ausdruck ihrer eigenen Selbstkonstitution anerkennen kann. Wird schließlich die Philosophie als der Selbstvollzug der Vernunft verstanden (u. a. S 76 ff., 200 ff.; P 99; K 99), so kann sie in dieser ‚Phase' des Ausscheidens, Umstürzens und Übersteigens nur den Namen *„negative Philosophie"* tragen.[18]

Es ist nicht schwer zu sagen, welchen Bedingungen jener Gegenstand unterliegen muß, der von der Vernunft ursprünglich angestrebt wird und der jener Inhalt ist, *als welcher sie sich selbst letztlich manifestiert.*[19] Beruht die Zufälligkeit und Unvernünftigkeit aller vorläufigen

---

[18] Das, was Schelling über die negative Philosophie gesagt hat, geht nicht allein in dem auf, was er 1841/1842 vertreten hat. X. Tilliette (*Schelling* II, 31–35, 67–77, 91–95) hat darauf hingewiesen und deshalb W. Schulz (*Vollendung*, 42–61) kritisiert, da dieser den Begriff der negativen Philosophie seines Erachtens nach zu undifferenziert verwendet hat (*Schelling* II, 55, 74–76, 92 ff.). Gleiches haben H. Fuhrmans (*Schelling*, 305–334), H. Czuma (*Schelling*, 10 ff.) und D. Korsch (*Grund*, 256–280) deutlich gemacht. Alle diese Detailfragen können aber nicht berücksichtigt werden. Dadurch entsteht zwar eine gewisse inhaltliche Verdünnung. Diese darf jedoch in Kauf genommen werden, damit die eigentliche Frage, die es herauszustellen gilt, zureichend in den Blick kommt.

[19] Daß die Vernunft sich als ihr eigener Inhalt letztlich selbst manifestiert, ist eine Aussage, die in der Schelling-Forschung keinesfalls einhellig akzeptiert wird. Vor allem jene Richtung, die in Schelling eine Erneuerung der christlichen Philosophie sehen möchte, wird dagegen größte Bedenken anmelden. Dennoch soll deutlich gesagt sein, daß sich die vorliegende Untersuchung zu dieser These, die auf W. Schulz (*Vollendung*, 43 f., 61 f., 65 f., 81, 90, 92, 135, 161, 222, 271 f. u. ö.) zurückgeht, bekennt. Sie findet sich auch bei M. Theunissen (*Aufhebung*, 9 f., 19–23; *Idealismuskritik*, 174 f., 186 ff.). Mit einigem Abstand folgt ihr E. Coreth (in: *Ernte*, 340 f., 343, 350 f.; *Weltalter; Spätphilosophie*). Differenziert ist das Urteil von X. Tilliette (in: *Schelling* II, 63 ff., 75 f., 96, 100). Er weist sowohl Fuhrmans als auch Schulz Einseitigkeiten und inhaltliche Lücken nach. Zum Ganzen vgl. schließlich H. Czuma: *Schelling*, 7–20, 89–98, 102 f., 105 f., 162; W. Kasper: *Das Absolute*, 7–17, 122 f., 136–141, 223 u. ö.; H. Holz: *Spekulation*, 336, 338–340,

Inhalte darauf, daß in ihnen potentia und actus nicht zur Deckung kommen beziehungsweise in ihrem Verhältnis zueinander Negativität setzen, so daß eine dauernde Aus-ein-ander-setzung innerhalb der Wirklichkeit entsteht, die alles „Bleibende" (P 106, S 69 f.) verhindert und hinter aller „Fülle" zurückbleibt, dann kann die vernunftgemäße Notwendigkeit des letzten und eigentlichen Inhalts nur daraus resultieren, daß in ihm potentia und actus einander nicht ausschließen beziehungsweise sich gegenseitig mit Negativität behaften, sondern miteinander identisch sind (S 70 f., 232–235; P 106 f.; K 103 f.). Das heißt konkret: In diesem höchsten Inhalt bedeutet Sein nicht Verlust der Potentialität oder umgekehrt Potentialität nicht Ausschluß von Sein, sondern Sein bedeutet Potenz und Potenz bedeutet Sein. Wo jedoch etwas seine Möglichkeit umsetzen kann in Wirklichkeit, ohne dadurch die Möglichkeit zu verlieren, und wo zugleich etwas mit seiner Möglichkeit an sich zu halten vermag, ohne daß dabei die Wirklichkeit geleugnet wird, dort herrschen *Freiheit* und *Geist.*

Man würde Schelling jetzt aber völlig mißverstehen, wenn man den Weg der Vernunft zu ihrem ursprünglichen Ziel hin gegenüber diesem Ziel selbst ausspielen würde. Die Vernunft hat sich wohl in ihrer absoluten Vernünftigkeit, das heißt als absolute Freiheit, erst dann ergriffen, wenn sie das Absolute als sich selbst gesetzt hat, doch deshalb ist ihr Unterweggsein zu diesem Ziel hin nicht unvernünftig oder unfrei. Im Gegenteil, das Negieren und Überschreiten zu ihrem ursprünglichen Ziel hin *ist* in zweifacher Hinsicht bereits sie selbst als absolute Freiheit: einmal nämlich dadurch, daß sich im Negieren und im Überschreiten die Freiheit *äußert,* das andere Mal hingegen dadurch, daß weder das Negieren noch das Überschreiten möglich wären, wenn nicht schon eine Art *Vorwissen* der Vernunft um sich selbst als Freiheit in ihrer absoluten Realität das Negieren und Überschreiten antreiben und *leiten* würde. Folglich handelt es sich bei der Unterscheidung zwischen der Freiheit als Negieren und als Überschreiten und der Freiheit als absoluter Selbstsetzung um eine Unterscheidung an der einen Freiheit selbst. Was sie im Negieren und Überschreiten als ihre Äußerung und als ihr endliches Dasein ist, das ist sie nur aufgrund ihres apriorischen Wissens um sich selbst in ihrer Absolutheit.

342–344, 475, 484 f.; B. Loer: *Das Absolute,* 4–15; H. Zeltner: *Forschung,* 68–101; D. Korsch: *Grund,* 189, 197, 256 f., 275–280 u. ö.

Wenn von absoluter Freiheit die Rede ist, so ist man sehr bald geneigt, von ‚Gott' zu sprechen. Gerade die idealistische Philosophie legt diesen Schritt besonders nahe. Aber Schelling gebietet hier Vorsicht. Er leugnet nicht, daß der höchste Gegenstand *letztlich* Gott ist. Er leugnet jedoch, daß er *auf der Stelle* Gott ist.[20] Zunächst ist der ursprüngliche und letzte Gegenstand lediglich die „seyende Potenz" (S 155, 158; P 154, 156; K 133). In ihm geht das Sein der Potenz vorher, ohne sie deshalb zu vernichten. Deshalb kann er nicht mehr zufällig sein, da Zufälligkeit immer auf einen Überschuß an Potentialität zurückgeht. Insofern ist er „das nothwendig [beziehungsweise unzweifelhaft] Seyende" oder „nothwendig Existirende" (S 158–160, 166–169; P 154–160; K 134–137). Außerdem schließt er als „alles Seyn" und als „Fülle des Seyns", das heißt als „unendlich Existierender" (S 161 f., 165, 170), die Unterscheidung und Negativität aus, die zwischen den vorläufigen Seinsinhalten herrscht. Auch in diesem Sinne ist er notwendig. Weiters besagt die Vorrangigkeit des Seins gegenüber der Potentialität, daß der höchste Gegenstand „das rein Seyende [beziehungsweise Existirende]" (S 160 f.; P 155 ff., 161 f.) ist, „das geradezu Seiende" (P 156; K 135 f.), „das bloß Seyende" (S 160–162, 164, 167; K 136 f.), „das Blindseiende" (P 154 f., 157, 159, 166; K 135 f., 142), „das αὐτὸ τὸ ὄν" (S 70, 148 f., 162; P 108, 157; K 136[?]), der „actus purus" (S 155, 214, 219; P 156, 162; K 111, 135, 138, 145) usw. Und schließlich bildet er jenen Punkt, an dem die Vernunft bei sich selbst ankommt (S 102, 165 u. ö.) und sich dadurch als absoluter Bezugspunkt der Wahrheit und Wirklichkeit, das heißt als „Prius" und als Freiheit, setzt.

Doch an diesem Punkt ihrer vollkommenen Selbstverwirklichung und Selbstmanifestation strandet die Vernunft. Ihre höchste Macht enthüllt sich plötzlich als reine Ohnmacht. Ihr wesenhaftes Vermögen, nämlich die Wirklichkeit als solche zu konstituieren und als das Absolute selbst zu erscheinen, wird ihr mit einem Mal zum eigenen Abgrund. War sie bisher Grund in sich selbst, sofern sie als konstituierende Kraft allem Seienden seinen Grund zustellte, so erscheint sie nun als ihrerseits grundbedürftig.[21] Weshalb?

---

[20] Vgl. W. Schulz: *Vollendung,* 61–94; W. Kasper: *Das Absolute,* 125–178; D. Henrich: *Gottesbeweis,* Teil III/B; W. Weischedel: *Gott* I, 245–283; II, 249 f.; M. Theunissen: *Dialektik;* H. Holz: *Spekulation,* 300–324; D. Korsch: *Grund,* 28–42.

[21] M. Theunissen: *Aufhebung,* 10 f.; ders.: *Idealismuskritik,* 176–304.

Schelling gibt dazu im wesentlichen *zwei* Antworten: die *eine* besteht darin, daß die bisher begriffene Vernunft, das heißt das Denken innerhalb der negativen Philosophie, immer noch das Medium der Möglichkeit und gerade deshalb bis zuletzt die Existenzbestätigung durch die Erfahrung benötigt. Aus diesem Grund kann sie jetzt ein „nothwendig Seyendes", das der Möglichkeit vorhergeht und sie frei verfügend in sich selbst trägt, nicht fassen. Dieses steht vielmehr jenseits des Denkens und jenseits aller Erfahrung, sofern die gegenseitige Forderung derselben die Zufälligkeit der jeweiligen Vernunftinhalte bedingt hat (S 127–129, 152 f.; P 99 f., 146; K 126 f., 130 f.). Wohl ist es eine der Vernunft beziehungsweise dem Denken eingeborene „Idee" (S 150, 161 f.; P 108 ff., 119, 127, 159; K 104, 111 f., 136 f.), wohl steht es als je schon angestrebtes „Resultat" des vernünftigen beziehungsweise denkenden Ausscheidungsprozesses innerhalb der negativen Philosophie fest (S 92, 150–153; P 109, 138, 151 f.; K 120, 131 f.), aber zugleich ist es das „Unvordenkliche" (P 161 ff.; K 138, 141 ff.) und Vorbegriffliche (P 157 f., K 136). Ihm gegenüber befindet sich die Vernunft daher an einer „Grenze" der Denk- und Erfahrbarkeit (S 102; P 109 f.; K 104).

Die *zweite* Antwort ergibt sich aus dem Begriff der „seyenden Potenz". Bis jetzt stand fast ausschließlich der eine Teil dieses Begriffs im Vordergrund, nämlich das Sein. Das geschah vor allem im Hinblick darauf, daß der höchste Inhalt der Vernunft aller Zufälligkeit enthoben sein muß. Deshalb darf nun aber die Potentialität dieses Seins nicht übersehen werden. Im Gegenteil: sie verschafft der Ohnmacht der Vernunft erst ihre tiefste Abgründigkeit (S 164; P 163).[22] Denn aufgrund ihrer Identität mit dem Sein ist es dem Denken nicht nur verwehrt, das notwendig Seiende zu denken und zu erfahren, sondern auch die freie Äußerung dieses notwendig Seienden zu präjudizieren und ihr dadurch die Bedingung der Möglichkeit ihres Erscheinens einzuräumen, wie sie das bei ihren übrigen Inhalten tut. Eine freie Äußerung kann dem gegenüber nur die Folge einer „freyen That" sein (S 114, 127 ff., 148 f., 234 ff.; P 145 ff., 162 ff.; K 125 ff.,

[22] Es ist wichtig zu sehen, daß sich die Abgründigkeit, von der Schelling in Anschluß an Kant (*Kritik der reinen Vernunft*, B 641 / A 613) spricht, zunächst auf Gott selbst bezieht. Wenn man aber bedenkt, daß die menschliche Vernunft wesenhaft ein Geschehen an der Selbstmanifestation Gottes selbst ist, beziehungsweise daß Gott das Andere der Vernunft selbst ist, dann handelt es sich dabei letztlich auch um ihre eigene Abgründigkeit.

139ff.). Keinesfalls kann sie kraft eines logischen Verfahrens vorweg-erschlossen werden (P 118, 147; K 108f., 127f., 141). Wie oben schon gesagt, ist die seiende Potenz Geist und daher Freiheit.[23] In ihr waltet demnach eine Verfügung über das Sein, sofern dieses die Potenz nicht von sich ausschließt, sondern selber *ist.* Unter dieser Rücksicht spricht Schelling in diesem Zusammenhang auch gerne vom „Ueberseyenden" (S 160, 165; P 134f., 147, 156; K 119, 127), vom „Herrn des Seyns" (S 93, 160; P 164; K 145f.) und vom „absolut *transscendenten* Begriff" (S 168, vgl. 72f., 127, 168–170; P 146f., 159; K 126, 136f.). Vor dieser nicht vereinnehmbaren Freiheit des notwendigen Seienden bleibt dem Denken nichts anderes übrig, als zu „verstummen" (S 161; P 157). Es wird sogar „außer sich gezogen" (S 102) und „paralysiert" (P 110; K 104). „Im Setzen" des Transzendenten ist es „wie regungslos, wie erstarrt, quasi attonita" (S 165) und „absolut ekstatisch" (S 163).[24]

Für die Fragestellung der vorliegenden Untersuchung ist mit diesem Ergebnis ein entscheidender Punkt erreicht. Hier, wo die Vernunft an eine Grenze ihrer selbst gelangt, muß auch eine Art des Wissens sichtbar werden, die es der Vernunft ermöglicht, ihre Grenzen *als solche* anzuerkennen. Wie oben in der *Einleitung* schon gesagt, existiert für die Erkenntnis eine Grenze immer *an* etwas, was der Erkenntnis nicht zugänglich ist, sich aber *in* dieser Nichtzugänglichkeit *als* Nichtzugänglichkeit dennoch kundtut. Dieses Woran ist nun paradoxerweise der ursprüngliche Inhalt der Vernunft, das heißt die absolute Freiheit. Der Vernunft als negativer Philosophie ist es wohl insofern gegenwärtig, als sich ihr Geschäft an ihm seine Norm nimmt, doch diese Gegenwart ist keinesfalls durch das Negieren beziehungsweise Überschreiten selbst ermöglicht. Folglich muß es noch eine andere Art des Wissens geben, durch die die Vernunft immer schon bei dem ist, woran sie einerseits scheitern muß, woran sie andererseits aber auch mit dem vermittelt wird, wohin sie je schon unterwegs ist.

Schelling nennt dieses Wissen *Erfahrung.* Doch diese Erfahrung ist nicht mehr jene Art von Erfahrung, die die Vernunft bloß kontrollierend begleitet und das in ihr Deduzierte bestätigt oder nicht bestätigt.

---

[23] Zum Freiheitsbegriff Schellings siehe M. Heidegger: Schell. Vgl. dazu A. Jäger: *Gott,* 161–209; W. Schulz: *Freiheit,* 7–26; X. Tilliette: *Die Freiheitsschrift,* in: H. M. Baumgartner (Hg.): *Schelling,* 95–107; H. Holz: *Spekulation,* 59–176, 464–475 u. ö.

[24] Zum „Ekstasis"-Begriff Schellings siehe M. Heidegger: Schell 131ff.; D. Korsch: *Grund,* 157–165; R. Ohashi: *Ekstase,* 16–85.

Eine solche Erfahrung ist ja von der Vernunft selbst konstituiert und eingeräumt. Dazu ist die Vernunft aber jetzt angesichts jenes Inhalts, an dem sie ihre Grenze findet, gerade nicht mehr imstande. Folglich erhält die neue Art der Erfahrung die Bedingungen ihrer Möglichkeit nicht mehr aus der Vernunft, sondern aus dem besagten ursprünglichen Inhalt, der sich der Vernunft in seiner Nichtzugänglichkeit als Nichtzugängliches zugänglich gemacht hat. Das heißt aber, daß die Vernunft *zu dieser neuen Erfahrung eröffnet* wird, und daß ihr alles, was ihr durch diese Erfahrung *zuwächst, zugespielt wird.* Sie besitzt überhaupt keine Möglichkeit, dem *so* Erfahrbaren in irgendeiner Weise als „Prius" zuvorzukommen und es dadurch zu präjudizieren. Hätte sie eine derartige Möglichkeit, so wäre die aufgedeckte Grenze nicht radikal ernstgenommen, sondern an irgendeiner Stelle hintergangen.

Nimmt das Denken seine Grenze jedoch ernst und hält es sich offen für das, was ihm in eine neue Gestalt von Erfahrbarkeit hinein zuwächst, so kann es dem, was sich ihm zeigt, nur noch nachfolgend „*zugehen*" (S 128, 130; P 147; K 127 f.). Nachfolgend auf etwas zugehen kann man aber nur, wenn man zuvor jenes in seiner Zugänglichkeit *sich* „erweisen" (S 128, 130; K 127) *läßt,* was sich gerade dadurch manifestiert, daß es die Bedingungen der Möglichkeit seiner Erfahrbarkeit selbst stellt und eben dabei auch die Kriterien für seine Beurteilbarkeit selbst errichtet. Wo jedoch das Denken angesichts eines Inhalts so arm wird, daß es ihm gegenüber das Unvermögen seiner transzendentalen Leistungskraft eingesteht, dort gibt es nichts mehr zu „beweisen" (P 147; K 128), sondern nur noch geschichtlich *festzustellen* beziehungsweise hermeneutisch *aufzudecken,* was entweder immer schon in seiner Erfahrbarkeit sich zugänglich gemacht hat oder immer noch dabei ist, sich dem Denken zu eröffnen.

Aber auch hier darf man *um der Radikalität der erkannten Grenzen willen* nicht an das übliche Zusammenspiel von geschichtlicher Erfahrung und jener historischen Vernunft denken, die das Erfahrene systematisierend beurteilt oder es, sich ihm beugend, integriert, denn die Vernunft hat angesichts des sie begrenzenden Gegenstandes weder etwas von sich aus zu beurteilen noch etwas ‚in sich hinein' zu integrieren. Sofern ihr die Bedingungen der Möglichkeit einer Erfahrung mit ihrem ursprünglichen und letzten Gegenstand durch eben diesen Gegenstand *zukommen,* ist sie in der neuen Art von Erfahrung vielmehr ein *Geschehen* als eine Instanz. Sie selbst *wird* in der Eröffnung zur Erfahrung mit ihrem ursprünglichen Inhalt. Wenn man sich erinnert, daß das Wissen um den ursprünglichen Inhalt, das nur als *Erfahrung* vorstellbar ist, die Bedingung der Möglichkeit des vernunftgemäßen Negierens und Überschreitens bildet, so kann man sogar sagen, daß die Vernunft nur mehr *ist* als das Eröffnet*sein* zu der Erfahrung mit ihrem ursprünglichen Inhalt. In diesem Eröffnungsgeschehen erhält sie folglich das Bewußtsein um sich selbst und damit auch jegliches Kriterium für das, was sie als vernünftig oder nicht-vernünftig beurteilen kann, beziehungsweise die Voraussetzungen dafür, daß sie überhaupt etwas integrieren oder nicht integrieren kann.

Diese Überlegungen, die über das von Schelling wörtlich Gesagte interpretierend hinausgehen, machen deutlich, welche Konsequenzen gezogen werden müssen, wenn die Schellingsche Einsicht in die Grenze der Vernunft radikal ernst genommen wird, und wenn es weiters darum geht, dem Widerspruch standzuhalten, eine Denkerfahrung dessen zu postulieren, was *vor* dem Denken kommt (S 162–165; P 161; K 138 f.), und den Versuch zu wagen, das Transzendente in seiner Immanenz zu enthüllen (S 170; P 159 f.; K 137). Zudem machen sie in einer ersten Hinsicht klar, welche Probleme die Theorie einer Erfahrung des Denkens an ihm selbst mit dem, was vor ihm kommt, berücksichtigen muß. Es geht dabei nicht nur um die Frage der qualitativen Bestimmtheit einer solchen Erfahrung gegenüber dem, was man üblicherweise darunter versteht und was Schelling der negativen Philosophie zuordnet, sondern es geht – was noch wichtiger ist – vor allem um die Frage, wodurch eine solche Erfahrung ermöglicht wird und als was sie selbst zu verstehen ist.

Schelling hat sich diesen Problemen in seiner „positiven Philosophie"[25] zugewandt. Um die Beurteilung dieser positiven Philosophie, die er auch mit Begriffen wie „metaphysischer Empirismus" beziehungsweise „empirischer Apriorismus" charakterisierte (S 114, 130; P 145, 147[?]; K 126 f.[?]), soll es im folgenden Abschnitt II. gehen. Sie wird insofern wichtig sein, als sie erstens die Bedeutung der Schellingschen Philosophie in einer ersten Hinsicht deutlich machen soll, als sie zweitens die Grenze der Durchführung ihres Ansatzes vor Augen führen muß und als sie drittens gerade dadurch die Notwendigkeit der nachidealistischen Philosophie herauszustellen hat.

[25] S 71, 79 f., 84 f., 92 f., 94 ff., 112 f., 126–132, 147–155, 169 ff. u. ö.; P 119 ff., 136–148, 150–160 u. ö.; K 119–133, 136 ff. u. ö.

II. Bedeutung und Grenze des Schellingschen Ansatzes

Für die Problematik der vorliegenden Untersuchung ist es jetzt nicht mehr notwendig, die Gedankengänge des späten Schelling weiter zu verfolgen und in allen Details darzustellen. Was bisher erörtert wurde, genügt, um die Schellingsche Einsicht in die Grenze der Vernunft und in das damit verbundene Problem einer neuen Art von Erfahrung, beurteilen und würdigen zu können. Dazu sei noch einmal in drei Punkten das Wesentlichste wiederholt:

1) Schelling hat erkannt, daß die menschliche Vernunft, so wie sie der deutsche Idealismus in konsequenter Gefolgschaft zur neuzeitlichen Subjektivitätsphilosophie verstanden hat, *in* ihrem höchsten Selbstvollzug, das heißt dort, wo sie sich als das Sein selbst absolut zu konstituieren ansetzt, an eine unüberwindliche Grenze stößt. *Im* Ergreifen (also nicht bloß nachträglich oder nebenbei!) ihrer größten Macht wird sie ihrer Ohnmacht bewußt. Die Zufälligkeit, die sie an dem durch sie Konstituierten und Gesetzten zu überwinden trachtet, befällt sie mit einem Mal selbst, sofern sie das notwendig Seiende, das heißt ihren *eigenen* ursprünglichen und angeborenen Inhalt, nicht zu fassen vermag. Dadurch wird sie in einer spezifischen Weise ‚endlich'. Sie findet sich plötzlich vor als weder durch sich selbst gesetzt noch als durch sich selbst setzbar. Sie erkennt somit, daß ihre eigene Existenz mit ihrem eigenen Begriff genauso wenig zur Deckung kommt, wie dies bei dem von ihr konstituierten Inhalten der Fall ist. Sie selbst bedarf mit einem Schlag einer weiteren Erfahrung, die ihr ihre eigene Leistung bestätigt. Von da her gesehen kann man sagen: *Im* Versagen vor dem von ihr ursprünglich angestrebten Inhalt, stößt die Vernunft auf ihr eigenes Daß und ihre eigene Vorgegebenheit. Gleichzeitig erfährt sie, daß sie nicht durch sich selbst gesetzt sein kann, sondern auf ein Anderes verwiesen ist.

2) Das eben Gesagte kann auch so formuliert werden: Die Vernunft als Freiheit erfährt beim Versuch, sich selbst in ihrer Absolutheit

zu denken, das heißt sich selbst in dem zu erfassen, was ihrem Selbstkonstituierungs*prozeß* den Anstoß und die Norm gibt, daß sie dazu nicht fähig ist. Dadurch bricht in die Freiheit selbst ein vernichtender Zwiespalt ein: Auf der einen Seite nämlich hat es geheißen, daß die Freiheit als Negieren und als Überschreiten sich nur dann manifestieren kann, wenn sie zuvor sich selbst als Anstoß und Norm dieses Negations- und Überschreitungsprozesses bereits weiß. Auf der andern Seite steht jetzt das Faktum, daß die Freiheit zu diesem geforderten absoluten Selbstbewußtsein von sich selbst aus gar nicht imstande ist. Folglich gibt es nur zwei Auswege: Entweder die Freiheit ist ein Widerspruch in sich selbst und es gibt sie gemäß dem Schellingschen Verstehensmodell zwingenderweise nicht; oder die Freiheit erhält ihr Wissen um sich selbst in ihrer Absolutheit nicht durch sich selbst, sondern durch ein ‚anderes Absolutes', dann aber ist das Kantisch-idealistische Freiheitsverständnis ‚de facto' verlassen. Schelling hat sich für die zweite Folgerung entschlossen und das besagte Wissen der Freiheit um sich selbst in ihrer Absolutheit durch eine Erfahrung ersetzt, die die Vernunft mit einem „Unvordenklichen" macht, welches ihr dasjenige zuspielt, was sie sich selbst nicht zu geben vermag: ihren eigenen ursprünglichen Inhalt und damit den Anstoß und die Norm ihrer Daseinsweise als negativer Philosophie. Für ihn ist folglich die Vernunft sich nicht mehr selbst ihr eigener Grund. Dessen Funktion übernimmt jenes Andere, an das die Vernunft beim Versuch, sich selbst als absoluter Grund zu manifestieren, gelangt ist.

3) Dieses Andere, worauf die Vernunft verwiesen ist, nennt Schelling vorerst das notwendig Seiende. Erst nach einem hier nicht genauer darzustellenden Selbstmanifestationsprozeß erweist es sich als der personal-dreieinige Gott der biblischen Offenbarung. In ihm gelangt die Vernunft zu ihrem ersten und letzten Ziel. Damit ihr jedoch ihre eigene Selbstdarstellung an diesem Anderen möglich wird, muß sie sich zunächst den Abschied geben und einer Erfahrung *nach*folgend *zu*gehen, die sie nicht selbst eröffnet und präjudiziert, sondern die ihr zuwächst. Dies schließt nicht aus, daß sie die so erfahrene Wirklichkeit aposteriori denkend durchdringen kann. Entscheidend ist nur, daß sie sowohl ihre Erfahrung als auch ihr Denken als nicht von ihr eröffnet begreift. In diesem Sinne macht sie daher sehr wohl eine Erfahrung mit und an sich selbst, denn auch die neu strukturierte Erfahrung macht ja niemand anders als sie selbst, doch die Bedingung

der Möglichkeit derselben, ihr ‚modus progrediendi' und erst recht ihr Inhalt, sind nicht mehr Leistung der Vernunft, sondern die des notwendigen Seienden, das der Vernunft ihre in Frage gestellte Vernünftigkeit zurückgibt. Man kann daher diese Erfahrung mit gutem Grund ein Geschehen *an* der Vernunft nennen.

Wie weit hat nun Schelling die Konsequenzen seiner Einsicht vor allem im Hinblick auf den Begriff der neuen Erfahrung bewußt in seine weiteren Überlegungen eingebaut? Wie weit hat er ihnen methodisch entsprochen? Thesenhaft kann man sofort antworten: Schelling hat das eben umrissene Konzept einer neuen Erfahrung und damit einer neuen Form des Denkens, das heißt das Programm seiner positiven Philosophie letztlich nicht durchgeführt. Freilich hat er ‚de facto' eine positive Philosophie gegeben. Sie war das Ziel seines Schaffens durch einige Jahrzehnte hindurch.[1] Doch er hat sie gegenüber dem, was er als negative Philosophie beschrieben hat, sprich: gegenüber dem deutschen Idealismus, nicht widerspruchsfrei aufrechterhalten können. In *diesem* Sinne kann und muß daher gesagt werden, daß er sie zuletzt auch wiederum nicht geboten hat. Unter der gleichen Rücksicht darf dem Urteil von Walter Schulz Folge geleistet werden, demgemäß die Spätphilosophie Schellings nicht das Ende und die „Krisis" jener neuzeitlich-idealistischen Subjektivitätsphilosophie bedeutet, als deren konsequentes Resultat sie sich selbst verstanden hat (S 32; P 109), sondern als deren höchste Vollendung.[2]

Bevor man sich jedoch diese These zu eigen macht, muß man differenzieren: Auf der *einen* Seite kann man nicht leugnen, daß Schelling das Ende der idealistischen Philosophie herbeigeführt hat. Man muß sogar noch mehr sagen: Schelling hat dieses Ende vielleicht nicht so wirkungsträchtig und effektvoll heraufbeschworen wie einige seiner Zeitgenossen, dafür hat er es auf der Ebene des Denkens und seiner Strukturen aber umso nachhaltiger durchgesetzt, als er in seiner Kritik – entsprechend seiner Vorstellung von Denkgeschichte – den Idea-

---

[1] H. Fuhrmans: *Weltalter,* 137–227.

[2] W. Schulz: *Vollendung,* 52f., 59, 65–72, 78–85 (bes. 81), 90ff., 146–163, 204–206, 218ff., 272f. u. ö.; ders.: *Idealismus,* 347–350. Unter diesem Gesichtspunkt kommt auch die Interpretation von K. Jaspers (in: *Schelling*), der Schelling häufige Inkonsequenz und Zweideutigkeit vorwirft, zu ihrem Recht. Vgl. außerdem E. Jüngel: *Gott,* 258–260; Ch. Wild: *Aporetik.*

lismus *selbst* über sich hinausgehen ließ.[3] Seine Kritik war daher auch nie eine Kritik von außen, die im Namen irgendeines, bislang vernachlässigten Wirklichkeitsbereichs das idealistische System in Frage stellte, sondern eine Kritik von innen heraus. Aus diesem Grund war sie zugleich tiefgehender als viele der modernen Kritiken des Idealismus. Die Folgen zumindest haben es bewiesen: Wie viele Antihegelianer entpuppten sich plötzlich als die besten Schüler Hegels! Und wie deutlich zeigt sich an so vielen Problemen der Gegenwartsphilosophie, daß immer noch der mächtige Schatten Hegels im Hintergrund steht![4] Wie anders hingegen sieht eine Philosophie aus – man denke etwa an die von Martin Heidegger –, in der die Schellingsche Frage nach dem Grund des Denkens und seiner Erfahrbarkeit eine maßgebliche Rolle spielt und in der genauso wie bei Schelling das idealistische Denken sozusagen aus seiner Herzmitte heraus verwandelt wird! Ihr kann man zumindest kaum mehr ernsthaft den ‚Vorwurf' machen, sie trage noch am Erbe Hegels oder eines neuzeitlichen Philosophen.

Aber auch abgesehen von diesen allgemein-geschichtlichen Gesichtspunkten: man kann nicht genug betonen, daß Schelling einige der wichtigsten Elemente zu Theorie einer Erfahrung des Denkens an ihm selbst mit dem „Unvordenklichen" deutlich gemacht hat. Sie gehören zweifellos zu den *unaufgebbaren* Einsichten seines gesamten Philosophierens.[5] Kurz und schematisch wiederholt, handelt es sich dabei um folgende Bestimmungen:

1) Die Erfahrung, die das Denken mit dem Unvordenklichen eingeht, ist nicht mehr von diesem selbst konstituiert und eingeräumt. Diese Erfahrung wächst vielmehr dem Denken zu und kann nur kraft ihres Zugekommenseins nachfolgend gedacht werden.

2) Sofern diese Erfahrung die Bedingung ihrer Möglichkeit selbst mitbringt, wird das Denken zu ihr eröffnet. Im gleichen Sinne kann man sagen, daß sie ein Geschehen am Denken ist, und daß das Den-

---

[3] Hierin trifft sich die Spätphilosophie Schellings mit der Philosophie des späteren Fichte. Vgl. W. Schulz: *Fichte,* 16–23. Zum Problem selbst vgl. auch W. Schulz: *Vollendung,* 56f.

[4] Näheres dazu siehe in H. M. Schmidinger: *Problem,* 21–68, 412–434.

[5] Dies gezeigt zu haben ist das Verdienst von Fuhrmans, Kasper, Hemmerle, Tilliette, Holz u.a. Siehe außerdem P. Tillich: *Mystik und Schuldbewußtsein in Schellings philosophischer Entwicklung* ([1]1912), in: P. Tillich: *Werke* I, 13–108; L. van Bladel: *Abfallslehre.* Zu der daraus entspringenden Gegenwartsbedeutung Schellings vgl. X. Tilliette: *Schellings Wiederkehr?,* in: H. M. Baumgartner (Hg.): *Schelling,* 161–172; W. Schulz: *Freiheit.*

ken, sofern es aus ihr seinen ursprünglichen Inhalt und sein letztes Ziel erhält, in diesem Geschehen überhaupt entsteht.

3) Wenn das Denken diese neue Erfahrung weder zu konstituieren noch zu präjudizieren vermag, dann kann es nur noch feststellen oder aufdecken, was dem Denken immer schon zugespielt wurde beziehungsweise in Zukunft noch zugespielt wird. Die entscheidende Dimension des Denkens wird damit die Geschichte und alles, was zu einer ernsthaft verstandenen Geschichte hinzugehört:[6] das nach vorne hin offen bleibende Denken, das im Werden begriffene System (P 147; K 128), das Geschehen personaler Freiheitsmitteilung und so weiter.

Zum letzten Punkt gehört auch noch eine Aussage, die bei den Erörterungen zur Philosophie Heideggers eine große Rolle spielen wird. Sie ergibt sich aus dem eben Gesagten wohl mit Notwendigkeit, sie kann in ihrer Tragweite aber erst in einem späteren Zusammenhang hervortreten. Dennoch sei sie hier der Vollständigkeit halber schon angeführt. „Die Erfahrung", so sagt Schelling, „welcher die positive Philosophie zugeht, ist nicht nur eine *gewisse,* sondern die gesammte Erfahrung von Anfang bis zu Ende. Was zum Beweis mitwirkt, ist nicht nur Theil der Erfahrung, es ist die ganze Erfahrung." (S 130f.; vgl. P 147f.; K 127f.)

Diese unüberschätzbaren Einsichten Schellings dürfen nun aber nicht über die *andere* Seite hinwegtäuschen, die seine Philosophie *auch* auszeichnet. Diese Seite ist die Seite der ‚Inkonsequenz' und des Stehenbleibens auf halbem Weg. Worin besteht diese ‚Inkonsequenz' und dieses Stehenbleiben auf halbem Weg? Kurz gesagt bestehen sie darin, daß Schelling seine Einsicht in die radikale Ohnmacht der Vernunft, aus der sie sich nicht mehr selbst befreien kann, wieder rückgängig macht, indem er die postulierte neue Art der Erfahrung sowohl konstitutionsmäßig als auch inhaltsmäßig wieder unter die Bestimmungsgewalt jener Vernunft stellt, die er eben erst als ohnmächtig entlarvt hat. Ohne daß er genauer anführt warum, verwandelt er die Ohnmacht plötzlich wieder in Macht. Doch auf diese Kritik muß nun etwas differenzierter eingegangen werden.

Zunächst nennt Schelling die positive Philosophie wiederholt eine „Forderung" oder ein „Bedürfniß" der negativen (S 92, 165; P 136,

---

[6] Diesen Gesichtspunkt haben vor allem W. Kasper und Kl. Hemmerle herausgearbeitet.

153, 160 f.; K 119). Das allein würde noch wenig bedeuten, denn man könnte sich dabei zu Recht auf die Apriorität des ursprünglichen Vernunftinhalts und dessen anstoßender und normativer Funktion für das negative Geschäft der Vernunft im Übersteigen und Negieren berufen. Außerdem hat Schelling ununterbrochen die Einheit von positiver und negativer Philosophie betont. Dann aber geht er einen Schritt weiter und sagt, daß die negative Philosophie die positive „begründe" oder „setze" (S 92, 150, 152 f., 163, 165, 170; P 153, 157; K 119, 137, 149). Damit spricht er eine eindeutig höhere Aktivität an, als er es bei der bloßen „Forderung" oder beim reinen „Bedürfniß" getan hat. Das illustriert zum Beispiel folgende Aussage: „Es [das notwendig Seiende] ist der Begriff der Vernunft, der *nicht sich* dem Sein, sondern das Sein *sich* vorsetzt. Dies Sein, das die Vernunft vor sich setzt, kann sie nur absolut außer sich setzen, um es erst a posteriori für sich zu erhalten. *Sie ist in ihm absolut ekstatisch* ... Das vor allem Begriff rein Seiende ist der Begriff der *aus sich gesetzten Vernunft.*" (P 157) Würde Schelling hier nicht meinen, daß die Vernunft das außer ihr Seiende *selbst* konstituiere und sogar *sich* als dieses außer ihr Seiende setze,[7] so könnte er auch nicht sagen, daß die negative Philosophie in der positiven „triumphiert" (S 153; P 153 f.; K 132) und in ihr nur jene höchste Existenzbestätigung erhält, die sie sich selbst nicht geben kann (S 170; P 159 f.; K 136 f.).[8] In diesem Sinne wird aus der „Forderung" und dem „Bedürfniß" ein Anspruch, der etwas mit Notwendigkeit und Bestimmungskraft belegt, wozu an und für sich gar keine Möglichkeit besteht. „Forderung" und „Bedürfniß" werden so weit getrieben, daß sie am Ende auch ihre Erfüllung selbst in die Hand nehmen. So aber gelingt es der Vernunft, ihre Ohnmacht *von sich aus* zu überwinden und sich als absolute Freiheit *selbst* zu manifestieren. Und aus diesem Grund bleibt die These von Walter Schulz, wonach Schelling noch über Hegel hinaus zum Vollender des deutschen Idealismus geworden ist, in Kraft.

---

[7] Vgl. W. Schulz: „Das ist die Vollendung des Idealismus, die dessen ungelöstes Problem von Form und Inhalt zu lösen versucht, indem sie den unmittelbaren Inhalt, d. h. die Form, in die Transzendenz hinausdenkt, zum reinen Inhalt macht, der formlos, d. h. begrifflos ist, um ihn sodann als sich formenden Inhalt, und d. h. Gott als reine Vermittlung zu begreifen und so zurückzugewinnen." (*Vollendung,* 81 [bei Schulz kursiv]; vgl. ders.: *Verhältnis,* 343 ff.)

[8] M. Theunissen: *Aufhebung,* 20–23.

Man könnte nun einwenden, daß Schelling erstens die *Unabhängigkeit* der positiven Philosophie von der negativen (S 92f.; P 138f.; K 120f., 136)[9] wiederholt betont habe, daß er zweitens innerhalb des Gebiets der positiven Philosophie der Vernunft nur *hypothetische* Kompetenz zugestanden habe (S 128f., 130f.) und daß er drittens die Vermittlung der Vernunft mit ihrem ursprünglichen Inhalt nicht für notwendig deduzierbar, sondern nur für *geschichtlich aufweisbar* gehalten habe. Damit sei doch das eben Gesagte widerlegt. Die Ohnmacht der Vernunft als negativer Philosophie sei dadurch gerade bestätigt und die positive Philosophie in ihrer qualitativen Andersartigkeit bewahrt.

Diesem Einwand sei folgendermaßen geantwortet: Es stimmt, daß Schelling sich so geäußert hat. Es lassen sich sogar eine Fülle von Aussagen zusammentragen, die diese drei Argumente stützen und vorderhand sogar beweisen können. Doch wenn man sich die Art und Weise ansieht, in der Schelling mit dem ursprünglichen Vernunftinhalt umgeht, der nur Gegenstand einer Erfahrung sein kann, die ihre Möglichkeitsbedingungen selbst mitbringt, an der Vernunft geschieht und Vernunft allererst eröffnet, der kann nicht umhin, einen Widerspruch festzustellen zwischen dem, was Schelling will, und dem, was er tatsächlich sagt. Denn wie zum Beispiel konstruiert er die Geschichte der Offenbarung, das heißt die Geschichte der Erfahrung des Denkens mit seinem Grund? Das geschieht zunächst dadurch, daß er von jenem Vernunfts- und Freiheitsbegriff ausgeht, der als ursprünglicher Vernunftinhalt das Vorgehen der negativen Philosophie leitet und normiert und von da her gesehen auch immer schon irgendwie gewußt wird. Das ist durchaus konsequent und legitim. Doch dann erhellt er in der positiven Philosophie diesen ursprünglichen Freiheitsbegriff mit Hilfe von Methoden, nämlich der Konstruktion von Inhalten und der Hypothesenbildung. Beide Methoden gehören wesenhaft in das Gebiet der negativen Philosophie und setzen daher etwas voraus, was in der positiven keinesfalls mehr vorausgesetzt werden kann. Dieses Vorausgesetzte ist beide Male ein für die Vernunft *klar erfaßbarer* (!) Begriff von Freiheit. Im Fall der Konstruktion dient er als Basis, um

[9] Es ist bezeichnend, daß die positive Philosophie vor und d.h. unabhängig von der negativen entstanden ist. Vgl. X. Tilliette: *Schelling* II, 55, 74–76, 91–95; D. Korsch: *Grund*, 256–304.

die Geschichte der Offenbarung systematisieren zu können, im Fall der Hypothesen hingegen als Ausgangspunkt, um überhaupt ein hypothetisierendes Vorgehen einleiten zu dürfen. Dadurch daß Schelling nun diese Methoden problemlos anwendet, tut er so, als könne die Philosophie als höchstes Geschäft der Vernunft mit ihrem ursprünglichen Inhalt ‚verfahren'. Aber gerade dazu ist sie nach seiner eigenen Auffassung nicht mehr imstande.

Was folgt daraus? Sicherlich folgt daraus nicht einfach, daß sich Schelling selbst widersprochen hat. Viel wichtiger ist der Umstand, daß Schelling sich aufgrund dieser Vorgangsweise der Möglichkeit verschließt, die von ihm postulierte neue Art der Erfahrung in den Blick zu bringen und vor allem auch die aus ihr erwachsenden Forderungen an die philosophische Methode zu erkennen. Hätte er festgehalten, daß die Vernunft sich in ihrer letzten Bestimmung selbst zukommt, und daher die Erfahrung dieses Sich-selbst-zukommens ein Geschehen an ihr selbst ist, zu dem sie eröffnet wird, so hätte er der besagten Erfahrung anders begegnen müssen, als er es tatsächlich getan hat. Zum Beispiel hätte er erkennen müssen, daß nicht nur die Vernunft sich aus dieser Erfahrung in ihrem tiefsten Selbstverständnis zuwächst, sondern daß konsequenterweise auch alle Vernunftmethoden, wie etwa die Konstruktion oder die Bildung von Hypothesen, dieser Erfahrung entstammen müssen.[10] Daraus wiederum hätte er entnehmen können, daß die von ihm vorgeschlagenen Methoden keineswegs die geeigneten Wege sein können, um den ursprünglichen Inhalt zu erhellen. Dazu hätte es vielmehr einer Methode bedurft, die durch diesen Inhalt *selbst* vorgeschrieben wird. Denn wenn es schon so sein soll, daß dieser Inhalt die Möglichkeitsbedingungen für seine Erkennbarkeit selbst stellt, dann zeichnet auch logischerweise er selbst den Weg vor, der zu ihm hinführt. Vor allem aber hätte Schelling die Geschichtlichkeit der neuartigen Erfahrung viel grundsätzlicher und tiefer ansetzen müssen. In einem weit höheren Ausmaß, als es ‚de

[10] Diese Überlegung muß vor allem zum Buch von D. Korsch (*Grund*, 194 f., 196 f.) hinzugefügt werden, das W. Schulz (trotz *Vollendung*, 89 f.) vorwirft, er habe den hypothetischen Charakter der positiven Philosophie zu wenig berücksichtigt und dadurch die These von der Vollendung des Idealismus in Schelling zu Unrecht erhoben. So lange Korsch und mit ihm alle Schellingforscher, die in der Spätphilosophie eine Rehabilitierung der christlich-personalistischen Philosophie sehen wollen, nicht erklären können, wie Schelling das, was er in seiner positiven Philosophie und in seiner Philosophie der Offenbarung geboten hat, *denken* konnte, so lange bleibt die These von Schulz in Kraft.

facto' geschehen ist, hätte er wahrhaben müssen, daß Geschichte nicht nur Vernunft bestätigt, sondern vorher schon *eröffnet.* Die Geschichte, die er in den Blick bringt, spielt sie ja an der Wurzel der Vernunft ab. Sie bestimmt jenen ursprünglichen Inhalt, jenes Freiheitsverständnis also, welches das Sich-konstituieren der Vernunft anstößt und normiert. Vernunft kommt sich damit aus dieser fundamentalen Geschichte heraus zu und *ist* folglich auch als diese Geschichte.

Doch noch einmal zurück zum oben gemachten Einwand: Das soeben Gesagte soll nicht als eine Infragestellung dessen verstanden werden, was der späte Schelling an Unaufgebbaren in die Philosophie eingebracht hat. Man denke nur an die hier nicht näher zu behandelnden Bestimmungen der Personalität Gottes, der Erschaffung der Welt, der Verbindung von Schöpfung und Heilsgeschichte, der Erkenntnis der Grenze der Vernunft und von vielem mehr. Es seien lediglich Anfragen gestellt, die sich vor allem aus der methodischen Vorgangsweise einfach zwingend aufdrängen. So muß es zum Beispiel auch gegenüber seiner philosophischen Theologie geschehen.[11] Wie großartig diese auch immer sein mag und wie viel aus ihr zu lernen ist, sie hinterläßt doch immer die Frage, wie Schelling dies alles überhaupt denken kann. Woher bezieht er das transzendentale Recht seiner Aussagen, wenn er der Vernunft angesichts Gottes jede selbständige Kompetenz abgesprochen hat? Wo sind die Folgerungen seiner Vernunftkritik für sein eigenes Philosophieren? Ähnliches läßt sich bezüglich seiner Geschichtskonzeption sagen. Niemand wird leugnen wollen, daß er der Geschichte einen zentralen Platz innerhalb seines

[11] Bezeichnenderweise hat sogar H. Fuhrmans zugeben müssen, daß Schellings Philosophie nicht einfach als kompatibel mit dem Christentum bezeichnet werden darf (*Weltalter,* 368–370, 467f.; vgl. auch W. Kasper: *Das Absolute,* 434–439; W. Becker: *Konstruktion*). – Interessant ist in diesem Zusammenhang die Schelling-Kritik Kierkegaards, die in seinen Hauptwerken indirekt zu finden ist. Da heißt es z. B. in den *Philosophischen Brocken* (1844): „Eine Theorie der Manifestation, die an die Stelle der Konstruktion tritt, täuscht beim ersten Augenschein, aber im nächsten Augenblick hat man wieder die nachträgliche Konstruktion und die notwendige Manifestation." (*Werke* X, 76) Noch deutlicher steht in der *Abschließenden unwissenschaftlichen Nachschrift* (1846): „Was heißt das: Sein ist höher als Denken? Ist diese Aussage etwas, was gedacht werden soll, dann ist ja eo ipso Denken wieder höher als Sein. Läßt es sich denken, so ist das Denken höher; läßt es sich nicht denken, so ist kein System des Daseins möglich." (*Werke* XVI/2, 36) Schließlich ist in *Die Krankheit zum Tode* (1849) zu lesen: „Das Geheimnis in allem Begreifen ist, daß dies, daß man begreift, seinerseits höher ist denn alle Position, die es setzt." (*Werke* XXIV, 97)

Systems zugewiesen hat. Doch nimmt er deshalb schon die Geschichte als Geschichte wirklich ernst? Oder ist nicht vielmehr das, was am Ende als Geschichte der Mythologie und der Offenbarung vor einem steht, ein neuerliches ‚Constructum', das sein Fundament ganz wo anders hat als in der Geschichte, nämlich in einem a priori vorgefaßten Begriff von Freiheit? Abermals erhebt sich also die Frage, ob Schelling im Hinblick auf seine eigenen Aussagen die Geschichte so denkt, wie er es verlangt. [12]

Überblickt man jetzt die ganze Kritik, die bisher an die Schellingsche Spätphilosophie herangetragen wurde, so kann man unschwer feststellen, daß sie im wesentlichen immer auf dasselbe Problem zugeht. Dieses Problem ist die Frage nach dem Wesen der Erfahrung, die das Denken an ihm selbst mit jenem Unvordenklichen macht, das ihm sein Grund ist. *Sie* hat Schelling in den Blick gebracht und gleichzeitig verstellt. Die Art der Durchführung seiner positiven Philosophie veranschaulicht dies: Das Verwenden von Methoden, die eigentlich nicht mehr kompetent sind, und die daraus folgende Abblendung der Frage nach dem Modus eines neuen Denkens haben die Möglichkeit verspielt, eine neue Art der Erfahrung aufzudecken, die die Vernunft immer schon macht, um überhaupt in ihrer Vernünftigkeit sein zu können. Deshalb ist es nunmehr notwendig, von Schelling ausgehend über Schelling hinaus, diese Erfahrung in ihren Modalitäten freizulegen.

Dabei sei schon an dieser Stelle gesagt, daß sich bei der Erarbeitung einer Theorie dieser Erfahrung Schwierigkeiten auftürmen werden, die denjenigen der Schellingschen Spätphilosophie durchaus ebenbürtig sind. Zwei von ihnen werden fundamental sein. Die eine wird in folgender Frage bestehen: Wenn die Vernunft in ihrem eigenen Selbstverständnis sich selbst geschichtlich zukommt, ist dann nicht auch eben diese Erkenntnis, daß sich die Vernunft in ihrem Selbstverständ-

---

[12] Wer sich dieser Frage nicht verschließt, kann m. E. nicht anders, als der These von W. Schulz recht geben. Natürlich wird man Schulz an verschiedenen Punkten seiner Ausführungen kritisieren müssen. Aber fällt deshalb bereits seine These? Keinesfalls. Diese behält vielmehr ihr Recht, sofern zwischen dem Anspruch und der konkreten Durchführung der Schellingschen Gedanken ein Widerspruch konstatiert werden muß. Wird dieser nicht behoben, so ist Schulz auch nicht widerlegt. – Es ist beeindruckend festzustellen, daß H. Holz in seiner umfangreichen Untersuchung *(Spekulation)* kein einziges Mal danach fragt, wie Schelling die von ihm gebotene Theologie überhaupt denken kann. Das ist für eine Philosophie nach Kant doch bemerkenswert.

nis geschichtlich zukommt, geschichtlich? Denn ist diese Erkenntnis nicht ihrerseits eine Tat der Vernunft? Wie läßt sich so etwas aber noch denken? Müßte nicht wenigstens dieses ausgesprochene Prinzip, daß sich die Vernunft in ihrem Selbstverständnis geschichtlich zukommt, sozusagen übergeschichtlich sein?[13] Die zweite Schwierigkeit wird lauten: Wenn die Vernunft einer Erfahrung, die an ihr selbst geschieht, entwächst, ist es dann nicht um die Freiheit der Vernunft geschehen? Wie kann nämlich die Freiheit noch frei sein gegenüber einem Geschehen, ohne das sie selbst überhaupt nicht sein könnte?

Es sei hier gar nicht das Versprechen abgegeben, daß sich diese beiden Probleme in der vorliegenden Untersuchung vollkommen lösen lassen werden. Aber der Schellingsche Weg ist nun einmal eingeleitet und die Philosophie muß ihn gehen, sofern sie ihn für legitim hält, was in der vorliegenden Untersuchung der Fall ist. Deshalb muß sie sich auch Fragen stellen, die sie vielleicht noch gar nicht wird beantworten können. Aber das ist auch gar nicht die Aufgabe der Philosophie. Philosophie soll niemals fertige Antworten anstreben, sondern vielmehr den Abstand zur wirklichen Weisheit bewahren lernen. Doch es wäre falsch, in den beiden angesprochenen Fragen zwei binnenphilosophische und abstrakte Fachprobleme sehen zu wollen.[14] Vor allem, was die zweite Schwierigkeit anbelangt, so hat sie in der Philosophie durch die Erkenntnis der Bedeutung der Geschichtlichkeit für das Selbstbewußtsein des Menschen eine eminente Wichtigkeit erreicht. Über die Philosophie hinaus hat sie bereits seit langer Zeit unmittelbar in die Gesellschaft hineingewirkt und ist dadurch zu einer Existenzfrage der gesamten pluralistischen Gesellschaftsordnung geworden. Pluralistische Gesellschaft bedeutet: Koexistenz menschlicher Gruppen mit verschiedenen Weltanschauungen und verschiedenen Wertsystemen, das heißt mit verschiedenem Selbstbewußtsein und folglich mit verschiedenem Freiheitsverständnis. Gibt es in einer solchen pluralistischen Gesellschaft – das ist doch eine der dringendsten Fragen unserer Zeit – überhaupt Freiheit, wenn in ihr jedesmal etwas anderes gesehen wird? Oder muß es nicht vielmehr so sein, daß es ein gewisses

[13] Zum Problem vgl. H. Jonas: *Wandlung und Bestand. Vom Grunde der Verstehbarkeit des Geschichtlichen,* in: V. Klostermann (Hg.): *Durchblicke,* 1–26; H. Küng: *Menschwerdung,* 476–481.

[14] Ein Versuch, den späten Schelling für die Gegenwartsphilosophie zu aktualisieren, findet sich u.a. auch bei Kl. Hemmerle *(Gott)* und H. Holz *(Ablösung).*

übergeschichtliches Wesen der Freiheit geben muß, damit es überhaupt eine Koexistenz mehrerer Weltanschauungen gibt? Mit dieser letzten Frage jedoch ist wiederum die erste genannte Schwierigkeit angesprochen: Kann eine Theorie absoluter Geschichtlichkeit jemals behauptet werden, ohne sich selbst zu widersprechen?

B. Phänomenologie und Seinsphilosophie als Theorien einer Erfahrung des Denkens an ihm selbst mit seinem Grund

Der vorhergehende Teil A hat angezeigt, warum es geschichtlich gesehen notwendig wurde, nach einer Erfahrung des Denkens an ihm selbst mit dem, was vor ihm kommt, zu fragen. Gleichzeitig hat er klar gemacht, daß diese Frage keine bloß historische Angelegenheit des späten deutschen Idealismus ist, sondern jede Philosophie bis in die moderne Zeit herauf betrifft, die in gleicher Weise wie der deutsche Idealismus die Freiheit zu ihrem innersten Anliegen macht. Jede Philosophie, die sich daher mit dem deutschen Idealismus in diesem Anliegen einig weiß, sich zugleich aber dessen bewußt ist, daß sie der Freiheit mit Hilfe des idealistischen *Denkens* nicht mehr voll gerecht werden kann (weder mit dem Resultatdenken Hegels noch mit den Mitteln der positiven Philosophie Schellings also) und daher nach dem neuen Weg des Denkens sucht, den der späte Idealismus selbst noch eingeleitet hat, ist ‚ipso facto' *nachidealistische* Philosophie.

Doch die Aufklärung dieser geschichtlichen Verhältnisse war nicht das einzige, was im Teil A zur Sprache kam. Über die geschichtliche Betrachtung hinaus hat er auch schon einige Elemente einer Theorie der Denkerfahrung des Denkens mit seinem Grund zusammengetragen. Diese Elemente sind bis zum gegenwärtigen Stand der Untersuchung freilich noch gering an Zahl und von eher postulatorischer Gültigkeit. Außerdem schaffen sie für den Moment noch mehr Probleme als Aussichten auf die reale Möglichkeit einer neuen Theorie. Immerhin jedoch genügen sie bereits, um den komplizierten Ausdruck ‚Erfahrung des Denkens an ihm selbst mit dem, was vor ihm kommt und sein Grund ist' in sein Recht einsetzen zu können. Wenn es daher erlaubt ist, für einen Augenblick ‚exegetisch' zu werden und den Ausdruck im Lichte des oben Gesagten zu deuten, so läßt sich auch vor dem Einstieg in die neuen Gedankengänge eine kurze Zusammenfassung der besagten Elemente vorausschicken:

Wo von *Erfahrung* die Rede ist, da ist eine Erkenntnisweise gemeint, welche die Geschichte selbst zu ihrem Sein hat.[1] Geschichte aber ist das Gegenteil von Abgeschlossenheit. Sie hebt sich auf, wo es keine prinzipielle Offenheit nach jeder Seite hin mehr gibt und wo das unerwartet Neue keine Chance mehr hat. Erfahrung bezeichnet somit die Disponiertheit des Denkens auf dasjenige, was es nicht von sich selbst aus präjudizieren kann, sondern was im Gegenteil ihm selbst die dauernde Möglichkeit der Veränderung und des Umsturzes auflastet. Sie ist der bleibende dialektische Widerpart eines geschlossenen Systems.

Die Erfahrung, um die es hier geht, ist eine Erfahrung des *Denkens.* Diese Feststellung ist nicht nur deshalb wichtig, weil die Erfahrung immer nur das denkende Wesen ‚Mensch' machen kann, sondern vor allem im Hinblick auf die geschichtliche Dimension unserer Frage. Wenn nämlich viel von der Grenze des Denkens die Rede ist, wie es oben geschah, dann legt sich sehr gerne der Schluß nahe, daß es hier um etwas gehe, was ‚von draußen' an das Denken herangetragen würde. Das ist aber nicht der Fall. Gerade wenn das *idealistische* Anliegen um die Freiheit ernstgenommen sein will, gibt es keine andere Möglichkeit als die, daß das Denken an sich *selbst* an eine Grenze stößt. Wo dies nicht akzeptiert wird, werden die legitimen Ansprüche der gesamten neuzeitlichen Philosophie unterboten.

Das Denken macht diese Erfahrung demnach *an ihm selbst.* Man könnte theoretisch auch sagen: ‚an sich selbst' oder ‚mit sich selbst'. Dies klänge für die Ohren der deutschen Sprache sogar wesentlich besser. ‚An ihm selbst' klingt irgendwie holprig und künstlich. Dennoch soll dieser Ausdruck beibehalten werden, weil er eine Abgrenzung gegenüber der neuzeitlichen Bewußtseinsphilosophie schafft. Er hebt nämlich die Tatsache hervor, daß die Erfahrung, um die es hier geht, nicht vom Denken oder von der Vernunft selbst konstituiert wird, sondern an dieser geschieht. Die andern beiden Formulierungen, ‚an sich selbst' und ‚mit sich selbst', legen viel eher die Möglichkeit nahe, daß die besagte Erfahrung in den Selbstkonstitutionsprozeß des Denkens integriert und letztlich dessen Leistung wird. Das ‚an ihm selbst' dagegen deutet an, daß in dieser Erfahrung das Denken nicht nur ‚etwas', sondern ‚sich selbst' *erhält.* Aus ihr heraus *wird* es. Ihr gegenüber ist es somit in dem Sinne radikal *arm,* als es von sich aus

---

[1] Vgl. H.-G. Gadamer: *Wahrheit,* 329–344; E. Coreth: *Hermeneutik,* 110–165.

keine Bedingungen der Möglichkeit, weder Transzendentalia noch Apriori also, mehr stellen kann. Woher sollte es diese auch nehmen können, da es doch aus dieser Erfahrung erst sich selbst zukommt?

Nimmt man diese Überlegung ernst, so legt sich die methodische Konsequenz nahe, daß eine solche Erfahrung nur *aufgewiesen* werden kann, sofern sie schon oder besser: *immer schon* geschehen ist. Eine Deduktion beziehungsweise eine Konstruktion scheidet notwendig aus, wenn es wirklich so sein soll, daß das Denken von sich selbst her zu dieser Erfahrung keine präjudizierende Verfügungsmöglichkeit besitzt. Geht es selbst tatsächlich aus ihr allererst hervor, so vermag es nur *auszulegen* (ἑρμενεύειν), was je schon an ihm geschieht.

Das, was das Denken erfährt, ist dasjenige, was absolut *vor ihm kommt.* Es kann an dieser Stelle zwar noch nicht gesagt werden, was das Denken genauerhin erfährt, wenn es mit diesem vor ihm Kommenden zu tun hat. Aber so viel ist schon klar geworden: Dieses ,*vor* ihm' darf nicht im Sinne üblicher Differenzen aufgefaßt werden, mit deren Hilfe die Seienden unterschieden und kategorial bestimmt werden. Das ,vor' ist weder zeitlich noch räumlich, noch sonst irgendwie kategorial zu verstehen. Hier handelt es sich vielmehr um eine Differenz, die am Denken selbst sichtbar wird und an ihm ausgelegt werden muß. Vor allem aber geht es hier um eine Differenz, die der Ursprung jeder Art von Differenz ist, wie sie zwischen Seienden herrschen kann. Wie sie am Denken selbst sichtbar werden kann, muß erst noch geklärt werden.

Das vor dem Denken Kommende ist schließlich der *Grund* des Denkens. Auch diese Formulierung ist mißverständlich und wird vor allem im Hinblick auf Heidegger (aber auch schon zum Beispiel im Hinblick auf Hegel) entscheidende Präzisierungen fordern. Genausowenig wie das ,vor ihm' darf auch die Rede vom Grund nicht die übliche Vorstellung eines Verhältnisses von Seienden zueinander nahelegen. Es handelt sich hier nämlich ebenfalls um etwas absolut anderes. Einstweilen mag diese Redeweise vom ,Grund' aber insofern gerechtfertigt bleiben, als durch sie der Umstand ausgedrückt wird, daß das Denken nicht in sich selbst gründet, das heißt sich selbst nicht absolut zu konstituieren und mit sich selbst zu vermitteln vermag, sondern sich selbst zuwächst in einer Erfahrung, die ebensowenig seiner Kraft entspringt, und sich dadurch an ihm selbst als verwiesen und disponiert zeigt auf ein Anderes, was vor ihm kommt.

Gerüstet mit diesem Ergebnis kann nun zur Phänomenologie Edmund Husserls (B, I) und zur Seinsphilosophie Martin Heideggers (B, II–III) übergegangen werden. Dabei erfolgt ein großer geschichtlicher Sprung, der historisch gesehen zugegebenermaßen nicht ganz frei von Willkürlichkeit ist. Man würde doch jetzt viel eher erwarten, daß nach dem späten Schelling die Rede von den Rechts- und Linkshegelianern, von den sogenannten Spätidealisten, von Kierkegaard, Schopenhauer oder Nietzsche handeln müsse. Daß dies nicht geschieht, wird seine hinreichende Begründung freilich erst in den Ausführungen über Husserl und Heidegger selbst finden. Thesenhaft sei nur so viel schon hier vorweggenommen: Es gibt keine andern Philosophien, die der von uns gesuchten Theorie eine Denkerfahrung mit seinem Grund innerhalb der nachidealistischen Philosophie so gewaltige Fortschritte verschaffen, wie die Phänomenologie Husserls und die Seinsphilosophie Heideggers. Zwar ist der Wandel des *Denkens,* wie er sich am Ende des deutschen Idealismus abzuzeichnen begann, schon viel früher empfunden und gesehen worden.[2] Doch der eigentliche Wandel auf der Ebene der Denkstrukturen ist erst durch Husserl eingeleitet und durch Heidegger einem vorläufigen Höhepunkt zugeführt worden. Was bis zu diesen beiden Denkern an Philosophie hervorgebracht wurde, läßt sich entweder noch durch idealistische Denkkategorien einholen[3] oder ist über Ansätze zu einem neuen Denken nicht hinausgekommen.[4] Nicht selten stand auch lediglich ein

[2] Siehe bes. K. Löwith: *Hegel.*

[3] Das hat vor allem Th. W. Adorno in seinen zahlreichen Untersuchungen zum nachhegelianischen Denken gezeigt. Mag sein, daß er dabei zu undifferenziert und zu automatisch (aus welchen Gründen auch immer) viele Denker über die Leiste ‚Identitätszwang' gebrochen hat. Aber das ändert nichts an seiner zweifellos richtigen Einsicht, daß der Widerspruch gegen ein System noch nicht das System selbst außer Kraft setzt, sondern vielmehr dialektisch durch dieses bestimmt bleibt. Insofern sind viele nachhegelianische Philosophien immer noch hegelianische Philosophien. Adorno hat dies als Resumée aus der nachhegelianischen Denkgeschichte herauskristallisiert. Ähnlich wie Hegel selbst ist er damit ebenfalls auf ein *Resultat* gestoßen, von dem aus er zu seiner eigenen Philosophie ansetzte. Nur hieß die Konsequenz aus diesem Resultat nicht bloß Rekapitulierung der gesamten Geschichte im Lichte des Resultats, sondern *Ausstieg* aus jenem Denken, woraus das Resultat resultiert. Hätte er diesen Ausstieg radikaler vollzogen, d.h. nicht nur als Sprung von einer Dialektik in eine andere, so wäre er einer derjenigen nachidealistischen Philosophen geworden, die dem Denken eine Zukunft anweisen konnten.

[4] Dies habe ich in meinem Buch *Das Problem des Interesses und die Philosophie Sören Kierkegaards* (bes. 365–411, 435 ff.) am Beispiel Kierkegaards zu zeigen versucht. Kierkegaard hat nicht nur existenzielle Dimensionen bewußt gemacht, sondern ein neues

Wandel von Inhalten im Vordergrund. Der Umsturz der Denkstrukturen blieb dagegen im Hintertreffen. Dieser Umsturz wird nun aber notwendig, wenn das *gedacht* werden soll, was *vor* dem *Denken* kommt und der Grund von Freiheit ist. Heidegger war es, der sich dieser Aufgabe in einer bis zu ihm nicht gekannten Weise gestellt hat. Deshalb werden die folgenden Ausführungen auch vor allem zu ihm hinführen und sozusagen in der Auseinandersetzung mit seiner Philosophie gipfeln. Husserl jedoch war es, der Heideggers Denkversuch ermöglicht hat. Deshalb muß mit ihm begonnen werden, obwohl er es selbst wohl nie explizit nach dem Grund des Denkens gefragt hat.

Denken angekündigt. Doch bei dieser Ankündigung ist es geblieben. Der radikalen Neuheit auf der Ebene des *Denkens,* der es bedurft hätte, um dem postulierten Wandel *im* Denken gerecht zu werden, ist Kierkegaard nicht nachgekommen.

I. Die Phänomenologie als Form einer Erfahrung des Denkens mit seinem Grund (Husserl)

1. *Husserl und das Problem des nachidealistischen Denkens*

Um einen Übergang vom bisher Gesagten zur Philosophie Husserls zu schaffen, ist es notwendig, den Blick auf jene Bestimmung zu richten, die das Denken auszeichnet, wenn es der Erfahrung, die es immer schon an ihm selbst mit seinem Grund macht, entspricht, nämlich auf seine radikale *Armut* (vgl. Hua I, 4). Ist es wirklich so, daß das Denken aus dieser Erfahrung sich selbst zuwächst, so vermag es nichts mitzubringen, was diese Erfahrung entweder inhaltsmäßig oder gar konstitutionsmäßig präjudizieren könnte. Will es demnach eine derartige Erfahrung machen, so ist ihm dies nur dann möglich, wenn es nachfolgend dasjenige hinnimmt, was es erhält und wozu es eröffnet wird. Genau das soll mit der genannten ‚Armut' beschrieben sein.

Doch wie soll das Denken seinem innersten Wesen, nämlich ‚arm' zu sein, entsprechen und sich dabei auf das richten, was vor ihm kommt? Woher weiß es überhaupt, daß es ‚arm' ist und daß es vor ihm Kommendes gibt, wenn es zu diesem Wissen überhaupt keine Voraussetzung mitbringt? Das ist nur dann möglich, wenn es *immer schon* die Erfahrung mit seiner Grenze und mit seinem Grund macht. Ohne daß es nicht *immer schon* mit diesem zu tun hätte, könnte es nicht einmal nach ihm fragen. Daraus folgt, daß der ausdrückliche philosophische Nachvollzug der Grunderfahrung nur dann an sein Ziel gelangt, wenn er dasjenige *freilegt* und *auslegt,* was immer schon am Denken geschieht. Er braucht also nicht auf eine Erfahrung zu warten, die irgendwann und irgendwie einmal eintritt, sondern er hat sich auf das zu richten, was je schon am Denken sich abspielt.

Prinzipiell gesehen ist mit diesen wenigen Sätzen schon umrissen, was die Phänomenologie Husserls eigentlich will. Ihr unmittelbares Ziel nämlich ist zunächst nichts anderes, als dem Denken beziehungsweise dem „Bewußtsein", wie Husserl sich vorwiegend ausdrückt, „zuzuschauen" (Hua I, 15f., 73f.), wenn es sich auf sich selbst richtet und dabei die Erfahrung mit dem macht, was an ihm geschieht. Aber damit ist offensichtlich viel zu wenig gesagt. Denn es ist dadurch weder erklärt, warum dieses Zuschauen *phänomenologisch* erfolgen muß, noch ist dadurch angezeigt, wie die Modalitäten dieses Zuschauens, das heißt des Erfahrungsmachens mit jener Erfahrung, die immer schon am Bewußtsein geschieht, zu verstehen sind.

Um hierüber Klarheit zu bekommen, ist es notwendig, zwei Fragen zu stellen. Sie lauten: *Worauf* richtet sich das Bewußtsein, wenn es sich auf sich selbst richtet? Und: *Wie* gelingt es dem Bewußtsein, sich in *wahrhafter* Weise auf sich selbst zu richten?

Auf die erste Frage scheint im Lauf dieser Untersuchung schon geantwortet worden zu sein: Das, worauf sich das Bewußtsein richtet, wenn es die Erfahrung mit jener Erfahrung macht, die sich immer schon an ihm ereignet, ist das Sichzeigen dessen, was vor dem Bewußtsein kommt, der Grund von Freiheit also. Gewiß, aber wo vermag das Bewußtsein dieses Sichzeigen an ihm selbst zu lokalisieren? Wenn es sich auf sich selbst richtet, so findet es sich zunächst einmal verwiesen auf seine Gegenstände, zu denen auch es selbst gehört. Husserl nennt dieses Verwiesenheit, dieses Urfaktum des Bewußtseins, in Anschluß an A. Meinong und F. Brentano die *Intentionalität* der menschlichen Erkenntnis (LU II/1, 363–402).[1] Wo immer ein menschliches Erkennen stattfindet, ist es ein Erkennen *von etwas.* Bewußtsein ist demnach von vornherein nicht bei sich selbst, sondern bei einem Andern. Will es zu sich selbst kommen, so muß es sich im Andern allererst finden.

Dieses Andere aber, wie definiert es sich? Nach Husserl definiert es sich normalerweise und in der Regel als natürliche Lebenswelt (Hua III, 57–63, 87–89, 110f.).[2] Diese natürliche Lebenswelt ist der Bereich der Alltäglichkeit und der Selbstverständlichkeit. Hier ist dem Bewußtsein alles vertraut und bekannt. Hier braucht es nicht genauer zu thematisieren oder zu begründen. Hier wird das meiste nicht expli-

---

[1] Vgl. auch M. Heidegger: Prol 23–46; L. Landgrebe: *Husserls Phänomenologie und die Motive ihrer Umbildung* ([1]1939), in: L. Landgrebe: *Weg,* 9–39, bes. 9–18; J. M. Broekman: *Phänomenologie,* 44–55; E. Tugendhat: *Wahrheitsbegriff,* 26–45.

[2] Vgl. Ph 38f.; Hua VI, 126–138. Siehe außerdem L. Landgrebe: *Welt als phänomenologisches Problem* ([1]1940), in: L. Landgrebe: *Weg,* 41–62.

zit, sondern lediglich implizit und potentiell gewußt. Hier hat alles seinen automatischen Wert und seine problemlose Funktion. Hier bedarf es keiner ausführlichen Legitimationen. Hier leben schließlich die Menschen zusammen. Gemeinsam besitzen sie eine Umwelt, in der sich jedes Ich von vornherein bewegt und notwendig aufhalten muß. Auf diese „Welt, in der ich mich finde und die zugleich meine Umwelt ist" (ebd. 60 [bei H. kursiv]) beziehen sich alle Intentionen des Bewußtseins, die theoretischen wie die praktischen. Dies zu leugnen wäre ein völlig absurdes Unterfangen. Es liefe auf eine Bestätigung hinaus. Der Bezug auf die Lebenswelt ist somit das Erste, was dem Bewußtsein deutlich wird, wenn es sich auf sich selbst richtet.

Kann nun aber das Sichzeigen des vor dem Denken kommenden Grundes hier innerhalb der Lebenswelt lokalisiert werden? Offensichtlich nicht. Dies widerspräche nämlich dem Charakter des ‚immer schon', der einer Erfahrung mit dem, was allem vorhergeht, prinzipiell anhaftet. In der Lebenswelt haben Zufälligkeit und Wechselhaftigkeit das Sagen, das Gegenteil des ‚immer schon' also. Hier gibt es vielmehr das ‚hin und wieder', das ‚einmal so und ein anderes Mal anders', das ‚heute so und morgen so' etc. Folglich scheidet die Lebenswelt als *Ort* der Erfahrung des Denkens mit dem, was es immer schon erfährt, aus.

Wo aber ist dann das ‚immer schon' zu finden? Wo spricht es das Denken an? Naheliegenderweise im Bereich dessen, was allem vorhergeht und allem bedingend zuvorkommt, was innerhalb der Lebenswelt erscheint. Denn nur dort, wo mit andern Worten *Ursprünglichkeit* herrscht, gibt es auch Abkünftigkeit und somit dieser gegenüber ein notwendig vorausgehendes ‚immer schon'. Gewiß! Doch wo am Bewußtsein liegt dieser Bereich der Ursprünglichkeit? Wenn es, wie eben ausgeführt wurde, a priori auf die Lebenswelt bezogen ist, wie soll es dann gleichzeitig an sich selbst Ursprünglichkeit besitzen? Nach Husserl befindet sich der Bereich der Ursprünglichkeit dort, wo sich die intentionalen Gegenstände dem Bewußtsein zeigen, *bevor* noch mit ihnen innerhalb der Lebenswelt umgegangen wird. Denn *vor* aller Bekanntschaft mit ihnen in der alltäglichen Umwelt sind für ihn diese dem Bewußtsein immer schon gegeben. *Bevor* es noch dazu kommt, daß sie explizit wissenschaftlich oder ausdrücklich technisch-praktisch die menschliche Aufmerksamkeit erregen, und *bevor* es so weit ist, daß sie in der Selbstverständlichkeit des Lebensweltlichen untergehen, ist jede mögliche Umgangsform mit ihnen schon durch die Weise vorherbestimmt, in der sie dem Bewußtsein erstmals gegeben sind (LU II/1, 19–22). Folglich kann jetzt gesagt werden: Der *Ort*, an dem das Sichzeigen des vor dem Denken Kommenden in den Blick geraten kann, liegt dort, wo sich die Wirklichkeit dem Bewußtsein erstmals, das heißt ursprünglich und damit immer schon, zu erkennen gibt. Hier freilich ist es nicht gleich der Grund der Freiheit, der zuerst ins Auge springen wird, aber es ist der Bereich abgesteckt, innerhalb dessen die Erfahrung freigelegt werden kann, die mit ihm je schon am Bewußtsein stattfindet.

Das Sichrichten auf das ursprüngliche Sichzeigen von Wirklichkeit innerhalb des Bewußtseins ist nun das, was Husserl „Phänomenologie" nennt (ebd. 2; II/2, 235 f.; Ph 21–23; Hua II, 23, 46 f.). Sie ist, wie das falsche Übersetzen des griechischen Wortes φαίνεσθαι vielleicht nahelegen könnte, nicht bloß der Logos, die Rede und die Lehre dessen, was sich zeigt, sondern der methodische Vorstoß zu dem, was sich *ursprünglich* zeigt. Zeigen tut sich ja alles. Auch das Lebensweltliche zeigt sich. Aber wahrhaft und eigentlich zeigt sich nur das Ursprüngliche. Bezeichnet also die Phänomenologie den Weg, der in den Bereich des ‚immer schon' führt, so kann für unsere Theorie einer Denkerfahrung mit dem Grund von Freiheit festgehalten werden, daß sie in der Phänomenologie eine methodische Basis finden kann. Das klingt fürs erste nicht nach sehr viel. Wenn man aber bedenkt, daß die Phänomenologie als Weg zum Ursprünglichen hin bereits um ihr Ziel wissen muß, da sie sonst gar nicht hinführen könnte, daß sie also nichts anderes sein kann als der explizite und ausdrückliche Nachvollzug eines Wissens, das immer schon dem Bewußtsein zugrundeliegt, dann ist abzusehen, daß sich an der Phänomenologie und ihrer Vorgangsweise ablesen läßt, wie das Wissen um das Ursprüngliche beschaffen sein muß. Auf die hier gesuchte Theorie einer Erfahrung des Denkens mit dem vor ihm Kommenden angewendet heißt dies: Sofern die Phänomenologie das explizite und ausdrückliche Sicheinlassen auf die Erfahrung ist, die immer schon am Denken geschieht, sie also nachfolgend und nachvollziehend freilegt, was je schon erfahren wird, kann an ihr selbst ein Einblick in die Strukturen dieser gesuchten Erfahrung gewonnen werden. Sollte sich dies aber wirklich einlösen lassen, so wäre mit der eben gebotenen Bestimmung von Phänomenologie ein Schritt getan, der unsere Erfahrungstheorie um entscheidende Dimensionen bereichern würde.

Es ergibt sich von selbst, daß nun alles von der Beantwortung der zweiten Frage abhängt, die oben bereits gestellt wurde: *Wie* gelingt es dem Bewußtsein, sich in *wahrhafter* Weise auf sich selbst zu richten. Diese Frage hat in der Zwischenzeit eine gewisse Erhöhung ihrer Dringlichkeit erfahren, sofern klar geworden ist, daß das Bewußtsein in der Regel der Lebenswelt verfallen ist und das Ursprüngliche beziehungsweise das immer schon sich Zeigende im Schatten der Aufmerksamkeit beläßt, daß sich also Schwierigkeiten in den Weg stellen, wenn das Bewußtsein sich auf sich selbst einläßt. Aber dies zu behandeln ist nicht mehr Gegenstand dieses Unterabschnitts, in dem lediglich ein Übergang von der bisherigen Fragestellung zur Philosophie Husserls geschaffen und in einem ersten Hinblick angedeutet werden sollte, worin die Aktualität der Husserlschen Phänomenologie für den gegenwärtigen Untersuchungsgang liegt. Jetzt gilt es, näher auf Husserl selbst einzugehen und seine Vorstellung von Phänomenologie genauer herauszuarbeiten. Dabei sei schon an dieser Stelle vorausgeschickt, daß sich nicht alles von dem, was Husserl gesagt hat, halten lassen wird. Aber es muß dennoch behandelt werden, da es zum Verständnis alles Nachfolgenden von großer Wichtigkeit ist.

2. *Neuzeitliche Philosophie und phänomenologische Reduktion*

Das Bewußtsein, so hat es geheißen, trägt a priori den Bezug auf die Lebenswelt an sich. Es ist von vornherein an sie verwiesen. Alles, was es sich bewußt macht, steht zunächst und zumeist in Korrelation zu ihr. Die Lebenswelt, so hieß es weiter, ist aber keinesfalls der Bereich jenes Ursprünglichen, das noch vor allem lebensweltlichen Erkennen und Handeln ‚am Bewußtsein dem Bewußtsein' erscheint und durch dieses primäre Erscheinen alles Erkennen und Handeln vorherbestimmt. Dieser Bereich ist vielmehr von der Lebenswelt unabhängig und vor ihr schon dem Bewußtsein immer schon gegenwärtig (Hua II, 118 f.). Er ist somit lediglich am Bewußtsein selbst, das heißt dort, wo es mit sich selbst und nicht mit dem Lebensweltlichen zu tun hat.[3] Wie kann er erreicht werden?

[3] Vgl. Hua I, 4, 45–48, 49 f., 54 ff.; Hua III, 40–46, 136–149, 151–154; VI, 126–193, 194 f. – Siehe zudem aus E. Fink: *Studien: Die phänomenologische Philosophie Edmund Husserls in der gegenwärtigen Kritik* ([1]1933), 79–156, bes. 100–116, 134 ff., 146–152; *Was will die Phänomenologie Edmund Husserls?* ([1]1934), 157–178, bes. 167 f.; *Das Problem der Phänomenologie Edmund Husserls* ([1]1939), 179–223, bes. 193.

Die neuzeitliche Philosophie meinte dazu, daß die Wissenschaft jenes Medium sei, in dem das Bewußtsein nur mit sich selbst zu tun hat (Hua VI, 74 ff., 105–123, 156 ff.).[4] Denn Wissenschaft gehört nach ihrer Meinung zunächst nicht der natürlich-lebensweltlichen Einstellung des Denkens an. Sie ist vielmehr ein methodisches Wissen, das auf sich selbst reflektiert und zu Gegenständen vordringt, die der alltäglichen Umwelt nicht sichtbar sind. In ihr hat das Denken demnach nur mit sich selbst zu tun. Nach Ansicht Husserls trügt diese Meinung aber. Denn erstens legitimiert und bewährt sich eine Wissenschaft letztlich nur in der Lebenswelt der konkret existierenden Menschen. Sie ist nicht nur das Werk von menschlichen Wissenschaftlern, sondern sie bedarf auch der Verifikation innerhalb der Lebenswelt (ebd. 128 f., 132–138, vgl. 5–8). In dieser wird sie sogar als sinnvoll oder sinnlos erwiesen. Zweitens setzt die Wissenschaft Begriffe wie ‚Wahrheit', ‚Objektivität', ‚Evidenz', ‚Gewißheit' usw. selbstverständlich voraus (ebd. 105 ff., 114–126, 130 f.).[5] Woher jedoch nimmt sie die Vorstellung dieser Begriffe, wenn nicht aus deren je schon vollzogener Angewendetheit innerhalb der natürlichen Einstellung?

Wissenschaft ist daher etwas Herkünftiges und zwar genauer gesagt etwas Herkünftiges aus der Lebenswelt. Deshalb darf sie für Husserl nicht beanspruchen, die ursprüngliche Erfahrung des Denkens an ihm selbst zu repräsentieren. In ihr macht das Denken nicht die Erfahrung mit dem immer schon sich Zeigenden, sondern letztlich wieder mit dem Abkünftigen und daher Zufälligen. Daß die neuzeitliche Philosophie dies nicht durchschaut hat, ist nach Husserl die Ursache dafür, daß sie die ursprünglichen Denkerfahrungen verstellt hat durch Erkenntnisformen, die ihre Gültigkeit lediglich innerhalb der Lebenswelt beanspruchen dürfen (ebd. 48–56, 66–68, 101–104). Sichtbarster Beweis dafür ist die Bedeutung der Physik und der Mathematik für das Wissenschaftsideal der neuzeitlichen Philosophie (ebd. 18–104; II, 23–26, 36 f., 43 ff., 58) oder die Reduzierung alles Philosophischen auf das Psychologische und Historische (LU I, 50–227; Ph 17–48, 51–54; u. ö.). Weil sich die neuzeitliche Philosophie mit diesen Wissenschaften verwechselt und vor allem auch in ihnen erschöpft hat, wurde sie paradoxerweise unwissenschaftlich und unkri-

---

[4] E. Fink: *Die phänomenologische Philosophie ...*, a. a. O. (Anm. 3) 100 f., 146–152.
[5] Vgl. Hua I, 50–55; Ph 20 f., 28–32, 52–54.

tisch gegenüber sich selbst, da sie die von ihr gemachten Voraussetzungen wie zum Beispiel den Begriff der ‚Wahrheit', den Begriff der ‚Evidenz', den Begriff des ‚Gegenstandes' usw., entweder überhaupt nicht oder nur mit Hilfe eines logischen Zirkels beweisen konnte (Ph 20f., 28f., 52f.).

Mit all dem will Husserl allerdings keineswegs sagen, daß die neuzeitliche Philosophie eine Fehlentwicklung gewesen sei.[6] Im Gegenteil, er rechnet es ihr vielmehr als großes Verdienst an, daß sie der Philosophie das subjektive Bewußtsein klar gemacht hat (Hua I, 4f., 43–48; VI, 5, 8, 9–14, 269–276)[7] und daß sie darum bemüht war, eine wissenschaftliche Basis für ihre Aussagen und einen systematischen Zusammenhang für ihre Einsichten zu finden (Hua I, 48–58). Aber er wirft ihr vor, Wissenschaft und Wissenschaft verwechselt zu haben. Es gibt nämlich Wissenschaften, die wie zum Beispiel die Mathematik, die Physik, die Psychologie usw. Voraussetzungen machen müssen, die sie selbst nicht hinreichend klären können, und es gibt die eine philosophische Wissenschaft, die imstande ist, diese Voraussetzungen zu klären, da sie sich auf jenes richtet, was sich dem Bewußtsein *ursprünglich* zeigt und damit die Vorbedingung all dessen ist, was nicht den Charakter des ‚immer schon' beanspruchen darf.

Wenn also die neuzeitliche Philosophie nicht imstande war, in den Bereich des Ursprünglichen zu gelangen, weil sie die Loslösung von der natürlichen Lebenswelt nicht radikal genug vollzogen hat, so entsteht die Frage nach einer noch entschiedeneren Abblendung derselben. Welcher Erkenntnisvollzug kommt dafür aber in Frage, wenn die wissenschaftliche Abstraktion nicht ‚ab-strakt' genug ist? Husserl antwortet: Das ursprüngliche Bewußtseinsleben wird nur durch die phänomenologische „Einklammerung" oder „Ausschaltung" (Hua III, 63–69, 136–149, 150ff.)[8] der Lebenswelt erreicht. Diese „Einklam-

[6] Zum Verhältnis Husserls zur neuzeitlichen Philosophie siehe u. a. aus H. Noack (Hg.): *Husserl:* A. de Waelhens: *Descartes und das phänomenologische Denken* ([1]1938), 188–209; G. Berger: *Husserl und Hume* ([1]1939), 210–222; vgl. weiters E. Fink: *Die Idee der Transzendentalphilosophie bei Kant und in der Phänomeneologie* ([1]1935), in: E. Fink: *Nähe,* 7–44; J. M. Broekman: *Phänomenologie,* 87–108, 138–180.

[7] Das Bewußtsein ist, wie Husserl mit dem gesamten neuzeitlichen Denken sagt, niemals ein Seiendes unter Seienden (Hua I, 32f., 114–121). Vgl. J. M. Broekman: *Phänomenologie,* 205–209.

[8] Vgl. Hua I, 8f., 15f., 59–61, 64f., 72–75; VI, 150–159. Vgl. auch E. Tugendhat: *Wahrheitsbegriff,* 200f.

merung" oder „Ausschaltung" unterscheidet sich von der wissenschaftlichen Abstraktion vor allem dadurch, daß sie die Existenz der lebensweltlichen Wirklichkeit außer Kraft setzt und sich auf das Wesen (den „Eidos") derselben, wie es dem Bewußtsein ursprünglich gegeben ist, beschränkt. Sie „reduziert" (ebd. 63ff., 73f. u.ö.)[9] somit das Wirkliche auf seine reine Phänomenalität, das heißt auf seine bloße Gegebenheit für das Bewußtsein, und kann deshalb sein Wirklich*sein* außer Acht lassen. Das bedeutet nicht, daß das Sein geleugnet würde, keineswegs, aber es wird in Klammer gesetzt und vorerst nicht beachtet. Doch diese erste Stufe der „Reduktion" würde nicht die gesamte „Epoché", wie Husserl die Einklammerung auch nennt, realisieren. Denn mit der Beschränkung auf die reine Phänomenalität eines erscheinenden Wirklichen ist weder garantiert, daß diese Beschränkung philosophisch-wissenschaftlicher Natur ist, noch vermieden, daß die Phänomenologie ein willkürliches, beliebiges und zufälliges Beschreiben der Gegebenheitsweise von Gegenständen ist (LU II/1, 9–11). Es bedarf daher einer weiteren Reduktion, die das dem Bewußtsein Begegnende von aller Zufälligkeit und Individualität befreit und mittels einer „ideativen Intuition" (ebd. 10, 18f., 223f., 440; II/2, 236; Ph 39) zu einem reinen Wesen (Idea) erhebt (Hua III, 9, 10–57, 160–174).[10] Husserl nennt sie die „eidetische Reduktion" (ebd. 6, vgl. 15f., 172f., 187f.) und die durch sie ermöglichte Wissenschaft die „eidetische Wissenschaft" (ebd. 21ff.). Durch sie wird der Abblendungsprozeß von der Lebenswelt – wie noch zu zeigen sein wird – zwar nicht vollendet, aber doch so weit getrieben, daß die Bewußtseinserfahrung mit dem Ursprünglichen, die Husserl übrigens „transzendentale Erfahrung"[11] nennt, einsetzen kann. Der Bereich, innerhalb

[9] Vgl. LU II/1, 353f., 357f., 361f., 382, 398f., 440.

[10] Vgl. Ph 39. – Siehe auch den Artikel *Ideation, ideierende Abstraktion* von E. W. Orth, in: Historisches Wörterbuch der Philosophie IV, Bas/St 1976, 52–54; E. Tugendhat: *Wahrheitsbegriff*, 137–149; aus H. Noack (Hg.): *Husserl:* E. Lévinas: *Über die ‚Ideen' Edmund Husserls* (¹1929), 87–128; O. Becker: *Die Philosophie Edmund Husserls* (¹1930), 129–167, bes. 135f., 154f.

[11] Zum Begriff der „transzendentalen Erfahrung" vgl. Hua III, 69f., 73 (hier ist noch von einer ‚neuen Erfahrung' die Rede); Hua I, 11, 12f., 66f., 69; VI, 156 (154f. ist wie in Hua III, 69f., 73 noch eine neue Art von Erfahrung angesprochen). In Hua III, 71 spricht Husserl von einer rein „inneren Erfahrung". Eine große Rolle spielt dieser Begriff in den zum Teil von Husserl selbst gutgeheißenen Untersuchungen von E. Fink: *Die phänomenologische Philosophie ...*, a.a.O. (Anm. 3) 117, 119; *Was will die Phänomenologie ...*, a.a.O. (Anm. 3) 167f., 173; *Das Problem ...*, a.a.O. (Anm. 3) 209; *Zum Problem der onto-*

dessen das immer schon sich Zeigende sichtbar wird, ist damit nach Husserls Ansicht erreicht.

Es kann demnach also die Frage gestellt werden, wie die „transzendentale Erfahrung“ beschaffen sein muß, die nicht nur die phänomenologische Reduktion allererst ermöglicht und einleitet, von dieser daher nur ausdrücklich und nachfolgend ergriffen wird. Diese für den Gedankengang der vorliegenden Untersuchung so entscheidende Frage muß aber noch einen Augenblick zurückgestellt werden, um einen scheinbaren Widerspruch aufzuklären, der sich schon seit einer Weile in unsere Überlegungen eingeschlichen hat. Denn erst wenn er behoben ist, können auch die weiteren Bestimmungen der transzendentalen Erfahrung ein Recht beanspruchen.

Dieser Widerspruch liegt im Urfaktum der Intentionalität. Sie hat Husserl als Grundstruktur des Bewußtseins angesetzt.[12] Bewußtsein ist stets Bewußtsein ‚von etwas‘ (LU II/1, 363 ff.). Wie ist es nun aber möglich, von der Lebenswelt, dem primären Gegenstand des Bewußtseins, abzusehen, ohne die Intentionalität zu zerstören? Zieht die phänomenologische Epoché nicht eine Aufhebung der ursprünglichen Bewußtseinsstruktur nach sich? Für Husserl ist dies nicht der Fall. Denn Intentionalität besagt für ihn nicht einfach ‚Beziehung des Bewußtseins auf einen Gegenstand‘ (ebd. 375–377) wie bei Meinong und Brentano, die ihrerseits auf die Scholastiker zurückgegriffen haben,[13] sondern ‚Bezogensein *des Bewußtseins* auf die Gegebenheitsweise eines Gegenstandes *für das Bewußtsein*‘ oder (formal mit Alphonse de Waelhans ausgedrückt) „ein Anderes sein in der Weise es nicht zu sein“ (être cet autre sur le mode de ne l’être pas).[14] Intentionalität ist demnach nicht primär die Beziehung zwischen zwei Seienden, dem Bewußtsein und einem Gegenstand, sondern eine Struktur des Bewußtseins selbst (ebd. 350 f., 371 ff.).[15] Das, worauf sich die In-

---

logischen Erfahrung (¹1950), in: E. Fink: *Nähe,* 127–138; vgl. auch L. Landgrebe: *Husserls Abschied vom Cartesianismus* (¹1962), in: L. Landgrebe: *Weg,* 163–206, bes. 170–175, 180 f., 189 f.

[12] Siehe oben Anm. 1.

[13] Vgl. in diesem Zusammenhang vor allem E. Stein: *Husserls Phänomenologie und die Philosophie des hl. Thomas von Aquino* (¹1929), in: H. Noack (Hg.): *Husserl,* 61–86, bes. 76 f.

[14] *L'idee,* 119 f.; vgl. L. Landgrebe: *Ist Husserls Phänomenologie eine Transzendentalphilosophie?* (¹1954), in: H. Noack (Hg.): *Husserl,* 316–324, bes. 323.

[15] Vgl. auch Hua III, 79–84, 203–205, 357 ff. – M. Heidegger: Prol 34–63; W. Sziliasi:

tention des Bewußtseins richtet, ist ein ‚intentum' in seiner je nach Form der ‚intentio' geprägten Gegebenheitsweise für das Bewußtsein (ebd. 367 ff., 411–416). Aus diesem Grund läuft nun auch die phänomenologische Reduktion keineswegs auf eine Zerstörung der Intentionalität hinaus. Im Gegenteil, das, was durch sie erreicht wird, ist die Sichtbarmachung der ursprünglichen und eigentlichen Intentionalität des Bewußtseins.

Husserl weiß sich in dieser ‚Versubjektivierung' der Wirklichkeit einig mit dem Begründer der neuzeitlichen Philosophie, mit René Descartes.[16] Dessen „cogito ergo sum" ist ihm der erste handgreifliche Beweis dafür, daß das Denken damit begonnen hat, an ihm selbst die Erfahrung zu machen (Hua I, 7 f., 57–63; III, 60, 75).[17] Durch Descartes hat die Philosophie den subjektiven Standpunkt bezogen und sich den Weg in den Bereich des Ursprünglichen eröffnet. Bezeichnenderweise fand Descartes für Husserl dieses absolut erste und ursprüngliche Bewußtseinserlebnis des „ego sum cogitans" ebenfalls auf dem Weg der Ausschaltung. Zwar sprach er nicht von Einklammerung, Reduktion oder Epoché, sondern vom absoluten Zweifel, aber sachlich gesehen lief dieses Verfahren auf dasselbe hinaus: auf die Ausschaltung alles Wechselhaften, Zufälligen und Abkünftigen. Deshalb gelangte Descartes nach Husserl zu einem ersten Datum der transzendentalen Erfahrung. Doch leider kam er zu nichts weiterem. Er erkannte das „cogito ergo sum", aber nicht die Intentionalität. Aus diesem Grunde ging der Erkenntniswert des „cogito ergo sum" auch nicht in eine Erfahrung im eigentlichen Sinne des Wortes über. Es blieb vielmehr bei diesem einzelnen und damit relativ abstrakten Reduktionsergebnis, ohne daß der sonstige Reichtum des ursprünglichen Bewußtseinslebens mit einbezogen worden wäre (Hua I, 12–14, 61–63; VI, 80–86). Das „cogito ergo sum" verwandelte sich nicht in das „ego sum cogitans cogitata". Ursache dafür war der schon erwähnte Mangel an Radikalität, mit dem die neuzeitliche Philosophie die Abblendung der Lebenswelt durchgeführt hat. Aber dies braucht

---

Einführung, 14–25; zu den Studien von J. M. Broekman, E. Tugendhat und L. Landgrebe siehe oben Anm. 1. – A. Diemer nennt in seinem Buch *(Husserl)* die Intentionalität das eigentliche Thema der ganzen Husserlschen Philosophie. Im gleichen Sinne spricht E. Fink: *Edmund Husserl 1859–1938* ([1]1938), in: E. Fink: *Nähe*, 75–97, bes. 84,91.

[16] Zum Verhältnis Husserl-Descartes vgl. Fr. W. v. Herrmann: *Husserl*.

[17] Vgl. Hua II, 29 f., 33, 49.

jetzt nicht mehr wiederholt zu werden. Für den gegenwärtigen Zusammenhang mag es genügen, folgendes zu resümieren:

Das Husserlsche Verständnis von Intentionalität schließt eine Zerstörung des Bewußtseins durch die phänomenologische Reduktion aus. Durch diese wird die Intentionalität als Grundstruktur des Bewußtseins nicht nur allererst ans Licht gebracht, sondern vor allem auch in ihr ursprüngliches Recht eingesetzt. Zugleich eröffnet das Husserlsche Intentionalitätsverständnis eine Möglichkeit, das Ganze des ursprünglichen Bewußtseinsbereichs zugänglich zu machen (vgl. LU II/1, 356f., 362, 386f.). Dadurch daß das Bewußtsein auch nach der phänomenologischen Reduktion intentional verfaßt bleibt, ist garantiert, daß es überhaupt *etwas* erfährt. Erst im Lichte dieses spezifischen Begriffs von Intentionalität ist es daher sinnvoll, auf der Ebene des ‚immer schon' prinzipiell von (transzendentaler) *Erfahrung* zu reden.[18]

3. *Die phänomenologische Anschauung als Gestalt einer ursprünglichen Denkerfahrung*

Steht nach dem bisher Erörterten fest, daß der Bereich des Ursprünglichen und des ‚immer schon' durch einen phänomenologischen Einstellungswandel erreicht werden kann und liegt weiters Klarheit darüber vor, daß es trotz der Einklammerung der natürlichen Lebenswelt noch *etwas* zu erfahren gibt, so kann nun nach der Verfassung jener „transzendentalen Erfahrung" gefragt werden, die der phänomenologischen Reduktion notwendig vorhergehen muß, um sie überhaupt anfangen zu lassen, und durch die phänomenologische Methode „zuschauend" verfolgt wird.

Bis jetzt ist nur so viel klar, daß das von der Epoché Erreichte die Wirklichkeit ist, wie sie in ursprünglicher und anfänglicher Weise dem Bewußtsein gegeben ist. Doch dieses Ergebnis gibt bereits einen ersten Hinweis auf das, was jetzt gesucht wird. Denn wenn das von der Epoché Herausgestellte die Wirklichkeit ist, wie sie in *ursprünglicher*, das

[18] E. Fink: *Was will die Phänomenologie ...*, a. a. O. (Anm. 3); aus L. Landgrebe: *Das Problem der absoluten Erkenntnis* ([1]1949), 63–73, und: *Von der Unmittelbarkeit der Erfahrung* ([1]1959), 125–141.

heißt in absolut vorgängiger und unbedingt apriorischer Weise dem Bewußtsein erscheint, dann heißt dies, daß dieses ursprünglich und immer schon Erkannte nur *hingenommen* werden kann. Andernfalls wäre das Erkannte weder als ursprünglich noch als ‚immer schon' konstituiert. Jede Art von Theorie nämlich, die sich ihm deduktiv, synthetisch oder hypothetisch nähern würde, müßte es bereits in seiner ursprünglichen Hingenommenheit voraussetzen. Eine Legitimationsmöglichkeit dessen, was dem Bewußtsein von vornherein gegeben ist und daher auch von sich selbst her unmittelbar einleuchtet, gibt also es nicht. Entweder es herrscht hier „Evidenz" (LU II/1, 197–201; Hua III, 47f., 335–341),[19] das heißt „absolute und klare Gegebenheit, Selbstgegebenheit im absoluten Sinn" (Hua II, 35 [bei H. kursiv]), oder es liegt etwas Abkünftiges und Abgeleitetes vor. Unter dieser Rücksicht besteht die phänomenologische Methode zu allererst in einem reinen Hinnehmen. Ihr Ziel ist demnach primär keine Theorie, kein System und keine neue Lehre (Hua III, 10–19, 44, 51f., 155–157), sondern lediglich das ursprünglichkeits-gemäße Zuschauen gegenüber dem, was das Bewußtsein immer schon erfährt. Ihr eigentlicher Ort ist *vor* jeder Wissenschaft (ebd. 40–57).

Nach gut abendländischer Tradition ist auch für Husserl das reine Hinnehmen des Ursprünglichen „Anschauung". Genauerhin spricht Husserl von „reiner Anschauung" (z.B. LU II/1, 168; II/2, 81, 93, 99ff., 118f.),[20] von „reiner Schauung" (z.B. Ph 39f., 46),[21] von „unmittelbarem Schauen" (z.B. Ph 38) oder von „evidentem Schauen" (z.B. Hua II, 74). Sofern es sich dabei aber nicht um das Hinnehmen von Zufälligem, Individuellem und Wechselhaftem handelt, sondern um ein Hinnehmen von Wesenheiten, redet Husserl von „Wesenschauung" (z.B. Ph 39f., 71f.; Hua III, 13ff.) oder „Wesensbetrachtung" (z.B. Hua II, 74). Und sofern schließlich dieses Wesen durch die phänomenologische Reduktion produziert werden muß, liest man auch von „ideierender Betrachtung" (z.B. Hua II, 57), „ideierender Abstraktion" (z.B. LU II/1, 5; II/2, 162),[22] von einem „erschauen" (z.B. LU II/1, 439f.; II/2, 162; Hua III, 21, 335) oder von „Intuition"

[19] Hua II, 35, 59–61, 70–74.

[20] Vgl. „originär gebende Anschauung" in: Hua III, 11, 43f., 52.

[21] Vgl. Hua II, 31, 49–51, 61f.

[22] Vgl. den Artikel *Ideation* ... von E. W. Orth (a.a.O. [Anm. 10]).

(z.B. LU II/1, 438; II/2, 78ff., 95ff., 236).[23] Im gleichen Sinne wie der Begriff der „Anschauung" wird weitgehend derjenige der Wahrnehmung verwendet (z.B. LU II/2, 142f.; Hu III, 84ff., 333ff.)

Es wäre nun aber völlig falsch, die phänomenologische Anschauung oder Wahrnehmung mit der reinen Sinneserkenntnis beziehungsweise die phänomenologische Evidenz mit der Natürlichkeit sinnlicher Daten zu verwechseln (LU II/2, 119f., 138f.). Anschauung und Wahrnehmung gibt es vielmehr in *jeder* Intentionalität, egal ob diese theoretischer, praktischer, psychischer, bewertender oder sonst einer Natur ist (Hua III, 44). Beide betreffen den *ganzen* Reichtum des menschlichen Bewußtseins (ebd. 79–84; vgl. LU II/2, 142–144). Das bedeutet freilich keine Herabsetzung der sinnlichen Intentionalitäten, im Gegenteil, ihnen wird sogar eine fundierende Rolle gegenüber höheren Arten von Intentionalität zugeschrieben (LU II/2, 146–156; Hua III, 87–91), aber es bedeutet, daß das bloße Hinnehmen der transzendentalen Erfahrung Anschauung und Wahrnehmung bleibt, auch wenn ihr intentionaler Gegenstand unvergleichlich höherer Natur ist als ein sinnlich gegebenes ‚intentum'.[24]

Es liegt auf der Hand, daß sich mit dieser Erweiterung der Begriffe Anschauung und Wahrnehmung der Sinn derselben wandelt. Das Bezugssystem für ihr Verständnis ist nicht mehr die Gegenüberstellung von höheren und niedrigeren Erkenntnisarten, sondern ein Verhältnis an der jeweiligen Intentionalität. Hierfür ist es wiederum entscheidend, sich den dynamischen Charakter der Bewußtseinsintentionen zu vergegenwärtigen (LU II/2, 8–48). Wie schon das Wort ‚intentio' sagt, deutet Intentionalität nicht auf etwas bloß Statisches und Unveränderliches hin, sondern auf ein Ausgerichtetsein nach „Erfüllung". Intentionalität besagt also nicht ‚eo ipso', daß die jeweilige ‚intentio' schon vollkommen bei ihrem ‚intentum' ist. Vielmehr ist es möglich, daß deren „Erfüllung" noch aussteht oder überhaupt nicht eintritt. Diesbezüglich sind mehrere Grade der Erfüllung anzunehmen (ebd. 41–86). Berühmtes und – wie sich noch zeigen wird – vielsagendes

---

[23] Vgl. Ph 39, 71f.; Hua II, 62; III, 47, 52, 154f.

[24] „Am *Prinzip aller Prinzipien:* daß *jede originär gebende Anschauung eine Rechtsquelle der Erkenntnis* sei, daß *alles,* was sich uns *in der ‚Intuition' originär* (sozusagen in seiner leibhaften Wirklichkeit), *darbietet, einfach hinzunehmen sei, als was es sich gibt,* aber auch *nur in den Schranken, in denen es sich da gibt,* kann uns keine erdenkliche Theorie irre machen." (Hua III, 52, vgl. 118f.)

Beispiel Husserls dafür ist die Erkenntnis eines Dings (ebd. 41, 56–59, 97–101, 116–119, 148 ff.).[25] Wird es wahrgenommen, so kann es zunächst nie als ganzes wahrgenommen werden, wie das etwa seitens der intentio ‚Ding-Wahrnehmung' erwartet wird, sondern jeweils in einer bestimmten Abschattung: einmal von oben, dann von der Vorderseite, dann von der Hinterseite, dann von einer entfernten Perspektive, dann in einer bestimmten Beleuchtung usf. Das Ding selbst als ‚intentum' ist somit von Mal zu Mal nur in einer sehr spezifischen Weise der Ansichtigkeit gegenwärtig. Es erfüllt mit den verschiedenen Weisen seiner Wahrgenommenheit die ‚intentio' niemals vollständig. Deshalb fordert es zu immer wieder neuen Intentionsakten heraus. Diese vollenden sich wiederum erst, wenn das Ding „adäquat" gegeben ist (ebd. 115–127; vgl. Hua III, 100 ff., 335 ff.). Liegt Adäquation vor, das heißt: ist jegliche Inadäquatheit aufgehoben, so sind ‚intentio' und ‚intentum' in völliger Übereinstimmung (LU II/2, 122).[26] Dann ist auch das Intendierte in der von der ‚intentio' konstituierten Weise dem Bewußtsein adäquat und ursprünglich gegeben. Es kann in reiner und unverstellter Weise hingenommen werden. Das heißt: es kann durch „reine Anschauung" (ebd. 81, 93, 99 ff., 118 f.) in die bewußtseinsmäßige Vergegenwärtigung eingebracht werden. Damit ist aber klar, daß Anschauung und Wahrnehmung bei Husserl von der Erfüllung der Intentionalitäten her zu verstehen und dementsprechend in weitester Bedeutung zu nehmen sind. Husserl selbst sagt: „Die wesentliche Gleichartigkeit der Erfüllungsfunktion und aller mit ihr gesetzlich zusammenhängenden idealen Beziehungen macht es eben unvermeidlich, jeden in der Weise der bestätigenden Selbstdarstellung erfüllenden Akt als *Wahrnehmung,* jeden erfüllenden Akt überhaupt als *Anschauung* und sein intenionales Korrelat als *Gegenstand* zu bezeichnen." (Ebd. 142)

Es wäre nun aber eine erneute Fehlinterpretation der Husserlschen Anschauungstheorie, würde man den noch nicht erfüllten Intentionen jeglichen Anschauungs- und Wahrnehmungscharakter absprechen. Das wäre nicht nur ein logischer Widerspruch, da eine ‚intentio' ja nur dann überhaupt erfolgen kann, wenn sie schon irgendwie bei ihrem

[25] Vgl. Hua III, 14, 76–79, 84–104, 226 ff., 249 ff., 316–323, 329–341, 349 ff.; I, 16–22, 77–86.

[26] Vgl. M. Heidegger: Prol 65–71; E. Tugendhat: *Wahrheitsbegriff,* 69–85.

'intentum' ist, es also schon irgendwie angeschaut haben muß, es wäre vor allem auch eine Verdeckung einiger besonders wertvoller Einsichten, die Husserl gehabt hat. Es muß daher betont werden, daß auch schon in der noch nicht erfüllten Intention Anschauung vorhanden ist. Freilich ist diese Anschauung noch nicht rein und adäquat, sondern eben inadäquat, aber es gibt sie. Genauso gibt es Grade der Evidenz (ebd. 121–127; Hua III, 335–357).[27] Höchster und eigentlicher Fall von Evidenz liegt dann vor, wenn auch unbedingte Wahrheit herrscht, nämlich im Fall der vollen Übereinstimmung von 'intentio' und 'intentum'. Evidenz gehört aber zur Anschauung. Sofern daher Anschauung auch schon vor dem Erreichen des „Ideal[s] der Adäquation" (LU II/2, 121) gegeben ist, gibt es auch Stufen inadäquater Evidenz (vgl. Hua II, 35; III, 338-341 u.ö.). Alles Inadäquate wiederum hat das Maß der Inadäquatheit an der Adäquatheit selbst. Deshalb ist es auch so, daß in der inadäquaten Erfüllung wohl das Intendierte nur in einer abgeschatteten und unvollkommenen Form angeschaut wird, daß es aber dennoch *es selbst* ist, das vor Augen steht. Auf das Beispiel der Ding-Wahrnehmung angewendet heißt dies: Zwar wird ein intendiertes Ding immer nur in einer spezifischen Hinsicht, das heißt in einer bestimmten Abschattung, wahrgenommen, doch deshalb wird nicht nur eine Erscheinung, ein Abbild oder ein Repräsentant dieses Dinges wahrgenommen, sondern *es selbst* (LU II/1, 382f.; II/2, 57f., 65f., 88, 96, 99ff., 148–152).[28] Wäre es nicht möglich, das Intendierte selbst je schon erreicht zu haben, so ließe sich nicht einmal einsehen, wie es eine *geordnete* Vielheit von Intentionalitätsakten geben kann, die letztlich *eine* ursprünglich intendierte Erfüllung herbeiführt. Es muß also eine Regel vorliegen (Hua I, 88–106; III, 84–86), nach der die Intentionsakte im Hinblick auf die adäquate Erfassung ihres Gegenstandes geordnet sind.[29] Diese Regel gehört in die apriorischen Gegebenheitsstrukturen des jeweiligen Gegenstandes (ein Ding wird anders erkannt als ein Mensch, eine Flüssigkeit anders als ein Lebewe-

[27] Zum Evidenzbegriff bei Husserl vgl. M. Heidegger: Prol 65–71; E. Tugendhat: *Wahrheitsbegriff*, 46–106.

[28] Auch Husserl selbst war vor den Gefahren einer Abbildungstheorie, dergemäß der Mensch nicht die Dinge selbst, sondern lediglich deren Bilder erkennt, nicht immer ganz gefeit. Vgl. E. Tugendhat: *Wahrheitsbegriff*, 75–79.

[29] E. Tugendhat: *Wahrheitsbegriff*, 75ff.

sen usw.). Sie ermöglicht das Fortschreiten einer ‚intentio' zur ihrer Erfüllung hin.

Man sieht aus diesen Überlegungen, daß die Anschauung beziehungsweise die Wahrnehmung in sich selbst alles andere als einfach ist.[30] Nicht nur der Umstand, daß die Form der Anschauung von ‚intentio' zu ‚intentio' eine andere ist, weswegen Husserl auch gelegentlich von *Vermeinen* oder von *Verstehen* spricht, sofern durch jede ‚intentio' ein ganz spezifischer *Sinn* konstituiert wird (LU II/1, 50 ff.; Hua III, 318 ff.), aufgrund dessen das Angeschaute vermeint oder verstanden wird – nicht allein diese umfassende Weite des Begriffs Anschauung ist es also, die es fragwürdig macht, die phänomenologische Anschauung als einfach zu bezeichnen, sondern eben zum Beispiel auch die dialektische Struktur, die beim Erfüllungsprozeß einer ‚intentio' herrscht, wenn einerseits das ‚intentum' selbst schon erreicht ist, andererseits es selbst aber doch nur in einer Abschattung angeschaut wird. Dies ist aber nur ein Beispiel. Von mindestens ebenso fundamentaler Bedeutung für die vorliegende Untersuchung ist das, was Husserl die „kategoriale Anschauung" nennt, und das, was er unter dem materialen „Apriori" versteht.

Kategoriale Anschauungen[31] sind Anschauungen von Sachverhalten (LU II/2, 128–203).[32] In ihnen wird nicht eine einzelne ‚Be-deutung' einer Intention erfüllt, sondern ganze Aussagen. Das heißt: in ihnen kommt zum Beispiel nicht nur das Subjekt eines Satzes zu seinem intendierten Korrelat, sondern ebenso sehr das Prädikat dieses Satzes und Formworte wie ‚und', ‚oder', ‚einige', ‚viele', ‚das', ‚welches' usw. Das durch eine ganze Aussage Intendierte ist somit ein komplexes Gebilde, in dem durch „kategoriale Form[en]" (ebd. 129) mehrere Intentionen miteinander verbunden sind. Deshalb heißen diese höheren Intentionen auch „fundierte Akte" (ebd. 152–156), die gegenüber den schlichten sinnlichen Wahrnehmungsakten auf denen sie aufbauen (ebd. 146 f., 150 f.), „neue Objektivitäten konstituieren" (ebd. 146 [bei H. kursiv], 156 ff.). Man könnte nun mit dem englischen Empirismus gemeinsam der Ansicht sein, daß der Begriff einer „kate-

[30] Vgl. M. Heidegger: Prol 60 f., 64 f.
[31] Zum folgenden siehe E. Tugendhat: *Wahrheitsbegriff*, 107–136; W. Szilasi: *Einführung*, 26–42; M. Heidegger: Prol 63–99.
[32] Vgl. LU II/1, 163 f., 402–409, 445 ff., 458 ff.

gorialen Anschauung" ein Nonsens sei, da darin das Wesentlichste, nämlich die Erstellung des Sachverhalts gerade *kein* Datum der Anschauung sei, sondern die Leistung anderer Bewußtseinsfakultäten, wie zum Beispiel des Verstandes. Insofern sei eine Erkenntnis eines Sachverhalts nur dadurch möglich, daß die Funktionen der beiden Erkenntnisstämme, Anschauung und Verstand, synthetisiert würden. Husserl lehnt diese Theorie ab. Warum? Weil phänomenologisch gesehen für ihn auch Sachverhalte dem Bewußtsein *ursprünglich* zugänglich sind, ohne daß sie zuvor in einzelne Elemente zerlegt werden müssen (ebd. 152–156): „Der Gegenstand mit diesen kategorialen Formen … [ist] nicht bloß gedacht, sondern eben *angeschaut*, bzw. *wahrgenommen*." (Ebd. 143, vgl. 165f.) Kategorialen Sachverhalten gegenüber gibt es ebenso ein schlichtes Wahrnehmen und ein einfaches Hinnehmen wie gegenüber bloß sinnlichen Gegenständen. Obwohl, wie Husserl vor allem am Begriff des „Seins" darlegt (ebd. 137–142) – was für die Philosophie Heideggers von größter Wichtigkeit sein wird –, das kategoriale Korrelat weder eine Eigenschaft oder ein „reales Moment" an einem äußeren Gegenstand ist noch ein „reales Bestandstück" an einem inneren Erkenntnisgegenstand (ebd. 137, 139), so ist es dennoch *selbst* gegeben in „der *Gewahrwerdung* des vermeinten Sachverhalts" (ebd. 140). In diesem Sinne entsteht zum Beispiel das Verständnis von Sein „nicht in der Reflexion auf Urteile oder vielmehr auf Urteilserfüllungen, sondern in den Urteilserfüllungen selbst" (ebd. 141 [bei H. kursiv]). Bevor es also noch zu berechtigten und vielleicht sogar notwendigen Analysen von fundierten Akten, wie etwa von Urteilen, kommt, liegt bereits eine ursprüngliche *Anschauung* des beurteilten Sachverhalts vor.

Die Lehre vom Apriori,[33] wie Husserl sie darlegt, hängt mit dem eben Gesagten eng zusammen (ebd. 86f., 92f.).[34] Auch sie geht davon aus, daß das phänomenologisch primäre Hinnehmen und Anschauen absolut erstrangig und ursprünglich ist. Von da her gesehen ist es nämlich unmöglich, daß es Bedingungen der Möglichkeit von Erkenntnis geben könne, die dem phänomenologischen Anschauen vorhergingen. Vielmehr ist es so, daß diese Bedingungen, die Apriori,

---

[33] Zum folgenden siehe E. Tugendhat: *Wahrheitsbegriff*, 147–165; W. Szilasi: *Einführung*, 42–50; M. Heidegger: Prol 99–103.
[34] Vgl. Hua III, 8,26–32, 37f., 324–329, 340f., 349–353.

gleichursprünglich mit dem Anschauen eines vermeinten Gegenstandes *mitangeschaut* werden (LU II/1, 416f., 420f.; II/2, 181–203, bes. 187ff.). Sie sind also weder primär indirekt zu erschließen noch hypothetisch vorauszuberechnen, sondern lediglich aus der jeweils sich aktualisierenden Intentionalität hinzunehmen. Daraus folgt: *Im* Sichzeigen eines ursprünglich Erscheinenden, also nicht vorher und nicht nachher, sondern gleichursprünglich, wird die apriorische Weise, in der das Sichzeigende dem Bewußtsein gegeben ist, mitbewußt. Das Apriori ist demnach vorderhand keine Struktur der menschlichen Subjektivitätsverfassung, wie etwa bei Kant, sondern eine mithingenommene Gesetzmäßigkeit des Sichzeigens von einem bestimmten Gegenstand.[35] Phänomenologische Anschauungen oder Erfahrungen bringen in diesem Sinne die Bedingungen ihrer Möglichkeit selbst mit.

Weiter braucht jetzt das Wesen der transzendentalen Erfahrung, wie Husserl sie verstanden hat, nicht mehr verfolgt zu werden. Der Punkt, an dem nach der Relevanz der eben gebotenen Überlegungen für die Fragestellung der vorliegenden Untersuchung gefragt werden kann, ist erreicht. Zwar ist vorerst ‚lediglich' über eine transzendentale Erfahrung recht allgemeiner Art Klarheit geschaffen worden. Die Erfahrung mit dem Grund des Denkens und der Freiheit ist noch nicht eigens in den Blick gebracht worden. Doch der Konstitutionsbezirk des *ursprünglich* und *immer schon am Bewußtsein selbst* sich Zeigenden, innerhalb dessen der absolute Grund in der ihm eigenen Erscheinungsweise freigelegt werden kann, ist umgrenzt. Insofern kann gesagt werden, daß die noch zu betrachtende Denkerfahrung mit dem Grund zumindest auf einige Strecken hin von gleicher Struktur sein muß. Deshalb darf auch jetzt schon nach der Relevanz des bisher Erörterten für die gesuchte Theorie einer Erfahrung des Denkens mit dem, was vor ihm kommt, gefragt werden.

4. *Konsequenzen*

Die Konsequenzen, die sich aus der Husserlschen Konzeption der transzendentalen Bewußtseinserfahrung für die Fragestellung der vorliegenden Untersuchung ergeben, sind im wesentlichen vier. Es sind dies:

---

35 Vgl. M. Heidegger: Prol 29–103.

1) Das Wesen der Erfahrung, die das Bewußtsein mit dem ursprünglich und immer schon sich Zeigenden macht, und die seitens der Philosophie freigelegt und nachvollzogen wird, besteht grundsätzlich in einem einfachen Hinnehmen.[36] Dieses ‚einfach' besagt nicht, daß die Erfahrung undifferenziert oder gar simpel wäre. Im Gegenteil. Erstens nämlich besitzt sie eine unglaubliche Vielfalt, die sich von den ausdrücklich geistigen Akten bis zu den fühlenden, empfindenden, handelnden, urteilenden usw. Akten hin erstreckt, und zweitens kann sie so komplexer Gegenstände wie kategorialer Gegenstände ansichtig werden. Trotzdem ist der innerste Charakter all dieser Akte, die die verschiedensten ‚intenta' dem Bewußtsein in jeweils verschiedener Weise ursprünglich geben, der des einfachen Hinnehmens. Allerdings mag es unter der Rücksicht der Vielfalt der Arten des Hinnehmens dann ratsamer sein, nicht so sehr von Anschauung als vielmehr von *Verstehen* zu reden.[37] Schließlich konstituieren die Bewußtseinsintentionen primär Sinn, und Sinn ist das, was das Wie der Anschaubarkeit beziehungsweise der Vermeinbarkeit begründet. Außerdem schließt das Verstehen den reinen Hinnehmungscharakter nicht aus. Es kommt vielmehr der Komplexheit der phänomenologischen Anschauung sehr entgegen und bewahrt zudem noch das, was zum Wesensbestand einer Erfahrung im strengen Sinn des Begriffs gehört, nämlich die prinzipielle Disponiertheit auf Neues und Unerwartbares. Aber wie auch immer: primärer Charakter einer Erfahrung, die das Denken mit dem macht, was sie immer schon, das heißt ursprünglich, anspricht, ist der des verstehenden Hinnehmens. Deshalb spielt sie sich auch noch vor jeder Theorie, jeder Konstruktion, jedem System, jedem Entwurf usf. ab.[38]

2) Mit seiner Theorie vom phänomenologischen Apriori hat Husserl nachgewiesen, daß es Erfahrungen gibt, die die Bedingung ihrer Möglichkeit selbst mitbringen. Derartiges war oben im Zusammenhang mit den Konsequenzen aus der Spätphilosophie Schellings nur gefordert worden. Jetzt hat sich gezeigt, daß eine derartige Erfahrung auf der Ebene des immer schon und ursprünglich sich Zeigenden notwendig ist. Husserl schließt deshalb freilich noch nicht auf ein *Gesche-*

[36] Vgl. M. Heidegger: Prol 52–61, 64f.
[37] Vgl. dazu K.-O. Apel: *Transformation* I, 79–105, bes. 80f.
[38] Vgl. M. Heidegger: Prol 103–122.

hen am Bewußtsein, im Gegenteil, wie noch zu zeigen sein wird, folgt er der neuzeitlichen Subjektivitätsphilosophie und erneuert die Vorstellung von transzendentalen Bewußtseinsleistungen. Aber das ändert nichts an dem für unsere Fragestellung so fundamentalen Ergebnis, daß es Erfahrungen gibt, die die Bedingungen ihrer Möglichkeit selbst stellen.

3) Bei der Postulierung der notwendigen Konsequenzen aus dem Ansatz des späten Schelling ist bereits auf eine entscheidende Schwierigkeit hingewiesen worden, welche die Denkbarkeit einer Theorie betrifft, die behauptet, daß die Vernunft sich bis in ihr eigenes Selbstverständnis hinein geschichtlich zukomme. Ist nicht auch die Feststellung eben dieses Grundsatzes, so war gefragt worden, daß nämlich die Vernunft sich bis in ihr eigenes Selbstverständnis hinein zukomme, ihrerseits geschichtlich? Doch ist dies dann nicht ein Widerspruch in sich selbst? Muß der allgemeine Grundsatz nicht übergeschichtlich Geltung haben? Jetzt durch Husserls Erkenntnis, daß ein intendierter Gegenstand trotz all der Abschattungen, in denen er sich in inadäquater Evidenz innerhalb einer Erfüllungsintention des Bewußtseins zeigt, *selbst* erscheint und nicht nur ein Abbild oder ein Repräsentant von ihm, ist aus diesem Dilemma ein Ausweg geschaffen. Denn nun ist es möglich, Geschichtlichkeit und Übergeschichtlichkeit *gleichursprünglich* und *in einem* zu erkennen. In *einer einzigen* Intentionalität läßt sich scheinbar Widersprüchliches miteinander vereinigen: Geschichtlichkeit zeigt sich an Übergeschichtlichkeit, ja ist in gewisser Hinsicht sogar diese selbst.

Dieses etwas überraschende Ergebnis wird erst in einem späteren Zusammenhang näher aufgeklärt werden können. Hier sei nur noch angefügt, daß es entscheidend ist, diesen ganzen Sachverhalt nicht mit bekannten Kategorien der Philosophiegeschichte zu messen. Es handelt sich hier um *eine* Intentionalität. Es hat demnach keinen Sinn mehr, in diesem Fall mit den traditionellen Gegenüberstellungen von Geschichtlichem und Übergeschichtlichem, von Zeit und Ewigkeit zu operieren. Weder das aristotelisch-thomistische Prinzip, wonach jedes Bewegte ein Unbewegtes *voraus*setzt, zu dem das ‚transzendentierende' Denken ‚hinaufsteigen' muß, noch das idealistische Prinzip, wonach sich Zeit und Ewigkeit in der dialektischen Gesetzlichkeit des Freiheitsbegriffs ‚aufheben' müssen, treffen hier das Gemeinte. Deshalb ist hier ein völlig neuer Begriff von Geschichte und ein neues Verständnis des Verhältnisses von Geschichte und Übergeschichtlichem am Platz. Doch wie gesagt, dies muß einem späteren Zusammenhang vorbehalten bleiben.

4) Für die Erfahrung des Denkens mit seinem Grund ist schließlich die Theorie der kategorialen Anschauung von fundamentaler Tragweite. Mit dieser Theorie wird nämlich gesagt, daß sich dasjenige, was als Fundierendes an einem Sachverhalt sich zeigt, von vornherein mitverstanden wird. Wenn demnach der Grund von Freiheit immer schon das Denken angesprochen hat, so bedeutet dies, daß er vom Denken ebenfalls immer schon verstanden wird. Dieses Verständnis ist nicht erst das Ergebnis einer Reflexion auf spezifische Denkakte, wie etwa auf das Urteil, sondern es ist apriori mitgegeben, wenn sich das Denken konstituiert. Freilich schließt das nicht aus, daß dieses Verständnis erst freigelegt und ausgelegt werden muß, aber es schließt sehr wohl aus, daß dieses Verständnis und erst recht der Grund selbst das Produkt eines eigenen Denkaktes sind. Nein, der Grund wird, sofern er sich als ‚Grund von …' zeigt, immer schon mitangeschaut und mitverstanden. Deshalb aber wiederum ist es möglich, die Grunderfahrung im Umfeld der ursprünglichen Denkerfahrungen, sofern sie wirklich ursprünglich sind, aufzudecken.

5. Husserls Konzeption von Transzendentalphilosophie

Husserl hat die Theorie einer Erfahrung des Denkens an ihm selbst mit seinem Grund in eine greifbare Nähe gebracht. Er hat nicht nur den Charakter einer solchen transzendentalen Erfahrung in einem ersten Hinblick abgegrenzt, sondern vor allem auch gezeigt, wie sie möglich ist. Deshalb ist es jetzt aber an der Zeit, danach zu fragen, wie Husserl sich die Erkennbarkeit des *Absoluten* vorgestellt hat. Bis jetzt ist ja erst die Erfahrung des ursprünglich und immer schon sich Zeigenden *im weitesten Sinne* zu Wort gekommen. Das bis jetzt behandelte sich Zeigende war die gesamte Wirklichkeit in ihrer ursprünglichen Konstituiertheit innerhalb des Bewußtseins. Der spezifische Charakter einer Erfahrung des Grundes der Wirklichkeit überhaupt ist noch nicht berücksichtigt worden. Daher ist es für die Themenstellung der vorliegenden Untersuchung nun wichtig, speziell danach zu fragen.

Zur Beantwortung dieser Frage muß davon ausgegangen werden, daß Husserl genauso wie die neuzeitliche Philosophie seine Phänomenologie als Transzendentalphilosophie verstanden wissen wollte (Hua I, 58–61, 63–65, 66ff.; II, 71, 74f.).[39] Genauso wie diese wollte er durch den Rückgang auf Bewußtseinsleistungen das Recht jeder Erkenntnis letztgültig verankern können. Und genauso wie diese wollte er dadurch der Philosophie den Charakter der Wissenschaftlichkeit verschaffen.

Die transzendentale Fragestellung liegt bereits im phänomenologischen Intentionalitätsbegriff mitbeschlossen.[40] Denn das, was die Phänomenologie mittels ihrer Epoché erreichen will, ist die ursprüngliche Anschauung eines sich Zeigenden in seiner primären Selbstgegebenheit *für* das Bewußtsein.[41] Von dieser Selbstgegebenheit wurde nun aber gesagt, daß sie in einem jeweils spezifischen Sinn vorliegt. Das Sichzeigende erscheint fast nie als es selbst in adäquater Evidenz, sondern immer in einer jeweiligen Vermeintheit, in einer jeweiligen Bedeutung und in einer jeweiligen Wertigkeit. Wer jedoch stiftet diesen Sinn, diese Vermeintheit und diese Wertigkeit? Niemand anders als das Bewußtsein selbst. Ihm kommt es zu, die Gegenstände in Hinsicht auf ihre Sinnhaftigkeit zu konstituieren. Es allein ist demnach die Ursache für das Wie der jeweiligen Gegebenheit. Und es allein bietet den Grund für die jeweilige Gestalt des Sichzeigens.

Es wurde ebenfalls schon gesagt, daß die Wissenschaft erst dann Anspruch darauf hat, kritisch zu sein, wenn sie auf die ursprünglichen Anschauungen der Phänomenologie zurückgeht. Denn innerhalb der natürlichen Lebenswelt gibt es keine letztlich gültigen Evidenzen. Im Bezug auf sie beweist die phänomenologische Analyse, daß die sich zeigende Wirklichkeit niemals in adäquater Evidenz vorgegeben ist (Hua III, 313–357). Vielmehr gibt es hier eine ganze Folge von Evi-

---

[39] Vgl. Hua III, 67ff.; VI, 100f., 138ff. – Siehe außerdem E. Fink: *Die Idee der Transzendentalphilosophie ...*, a. a. O. (Anm. 6) 117f., 139–143 u. ö.; E. Tugendhat: *Wahrheitsbegriff*, 169–216; W. Sziliasi: *Einführung*, 51–91; J. M. Broekman: *Phänomenologie*, 87–180.

[40] Die eigentliche Konzeption der Phänomenologie als Transzendentalphilosophie ist allerdings erst in den *Göttinger Vorlesungen* von 1907 wirklich greifbar. Vgl. Hua II VIIIf., 71f., 74f.

[41] Vgl. bes. E. Tugendhat: *Wahrheitsbegriff*, 169ff.

denzen. Diese verschiedenen Evidenzen wiederum haben nur dann Gültigkeit, wenn sie auf die ‚intentio' bezogen bleiben, innerhalb derer sie gegeben sind. Denn nur sie stiftet ihre strukturierte Verbundenheit untereinander und damit die Einheit der Wahrnehmung selbst. Nur sie synthetisiert sie im Hinblick auf das eigentlich Intendierte. Nur sie bewirkt, daß wirklich immer das Intendierte selbst und nicht nur ein Bild von ihm erkannt wird (Hua I, 16–22, 77–86; III, 318–325). Und nur sie garantiert schließlich die absolute Ausgewiesenheit und Rechtfertigung einer Erkenntnis. Denn nur sie kann in zweifacher Hinsicht nicht mehr bezweifelt werden: Einmal bezüglich ihres Seins: Wie Descartes gesehen hat, kann ich über das Sein meiner eigenen Bewußtseinsakte nicht mehr zweifeln. Das kann ich nur über das von diesen Erkannte tun. In diesem Fall gibt es die Zweifelsmöglichkeit bezüglich Sein oder Nichtsein. Bei dem auf sich selbst reflektierenden Bewußtsein gibt es das jedoch nicht (Hua I, 11, 61f.). Sodann existiert auch kein Zweifel hinsichtlich der Weise der Selbstgegebenheit. Eine Bewußtseinsintentionalität schattet sich nicht mehr ab wie ein Ding. Um sie kann ich nicht herumgehen. Sie ist mir vielmehr absolut vorgegeben (Hua III, 96f., 102f.).[42] Durch diese beiden Eigenschaften bietet das Bewußtsein nun aber die Möglichkeit einer absoluten Basis für wahre und gültige Erkenntnis. Von ihm her ist sichere Wissenschaft möglich. Von ihm her wird es denkbar, ein neues und ursprünglicheres System der Wirklichkeit zu finden. Und von ihm her ist es vorstellbar, die Philosophie Wissenschaft bleiben zu lassen.

Aber damit ist noch zu wenig über die Husserlsche Transzendentalphilosophie gesagt. Denn genauso wie eine jeweilige Bewußtseinsintentionalität die Einheit aller ihrer Evidenzen garantiert und dadurch die Erkenntnis einer Sache selbst ermöglicht, so ist auch das Bewußtsein seinerseits kein Chaos von Intentionalitäten. Es besteht vielmehr auch diesen gegenüber eine synthetische Kraft, die das Bewußtsein zu *einem* werden läßt und deshalb auch eine *einheitliche* Erkenntnis der Wirklichkeit möglich macht. Wer aber leistet diese Einheit?

---

[42] Das eben Gesagte schließt nicht aus, daß Erlebnisse ebenfalls einer Klärung bedürfen. So ist es schon allein durch das Faktum der Zeit gefordert (Hua III, 103). Doch diese Art von Klärung unterscheidet sich grundsätzlich von der Sinnklärung gegenständlichen Seins.

Das ist nach Husserls Ansicht zunächst einmal die Zeit (Hua I, 17 ff., 79–86).[43] Zeit, so sagt er, ist die „Grundform dieser universalen Synthesis, die alle sonstigen Bewußtseinssynthesen möglich macht" (ebd. 81). Dabei denkt er genauso wie bei den Erkenntnisgegenständen nicht an diese selbst in ihrem objektiven Dasein, sondern an ihre ursprüngliche Gegebenheit im Bewußtsein. Er redet daher von „innerem Zeitbewußtsein".[44] In diesem findet jedes Bewußtseinserlebnis den grundsätzlichen Modus seiner Gegebenheit. Es gibt kein Erlebnis, das nicht in irgendeiner Form zeitlich bestimmt wäre. Jedes Erlebnis enthält, sobald es in einer „Urimpression" ansetzt, das Bewußtsein eines „Jetzt". Doch dieses „Jetzt" kann das Bewußtsein nicht fassen, denn sobald es sich darauf richtet, ist es schon ein vergangenes „Jetzt". Es ist dann, wie Husserl sagt, „retentional" gegeben. Oder es wird erwartet, dann ist es aber ein noch ausstehendes, zukünftiges und kein unmittelbar gegenwärtiges „Jetzt". Deshalb ist es nur in einer „Protention" anwesend, nicht in der besagten „Urimpression", die stets nur als Grenzfall erkannt werden kann. Doch obwohl das jeweilige „Jetzt" eines Erlebnisses nur in einer Abwandlung des Zeitmodus ergriffen werden kann, sind "Nicht-mehr-Jetzt" und „Noch-nicht-Jetzt" dennoch immer auf das „Jetzt" bezogen. Vergangenheit und Zukunft sind das, was sie sind, nur im Bezug auf die Gegenwart. Andernfalls gäbe es sie überhaupt nicht und sie wären ein reines Nichts. Insofern zeigt sich eine dialektische Einheit der Zeit. Sie verursacht nicht nur die Unterschiedenheit und Bestimmtheit jedes Erlebnisses, sie garantiert auch die Einheit der jeweiligen Erlebnisse im Hinblick auf die Einheit der bestimmten ‚intentio' und des zu dieser korrespondierenden ‚intentum'.

Aber die Zeit allein ist nur die *Form*, dergemäß eine Synthese vollzogen werden kann.[45] Sie erstellt diese nicht selbst. Dazu bedarf es einer synthetisierenden Kraft, die sich diese Form selbst gibt, um synthetisieren zu können. Diese kann nach Husserl niemand anders als das Bewußtsein selbst sein. Durch es allein ist es somit möglich, daß ein sich zeigender Gegenstand als er selbst erscheint, und durch es allein

---

[43] Zur Beziehung der Zeitlehre auf die transzendentale Problematik vgl. A. Diemer: *Husserl*, 143–176; Kl. Held: *Gegenwart*.

[44] Zum folgenden siehe die *Vorlesungen zur Phänomenologie des inneren Zeitbewußtseins (1905–1910)* in: Hua X, 3–134. Vgl. auch Kl. Held: *Gegenwart*, 17–57.

[45] A. Diemer: *Husserl*, 160 ff.

ist gewährleistet, daß die verschiedenen Intentionalitäten nicht chaotisch zusammengewürfelt werden, sondern in strukturierter Einheit auf das gerichtet sind, was die jeweilige ‚intentio' anstrebt. Somit bildet es auch den Grund für jede Art von Erkenntnis und Gegenstandskonstitution (Hua I, 16–22, 77–86; VI, 174–176, 186ff.). Ohne Rückbezug auf seine Leistung ist keine Erkenntnis sicher und keine Philosophie kritisch. Und von da her gesehen ist nun klargeworden, warum die Phänomenologie mit dem eben beschriebenen Ansatz notwendig in eine Transzendentalphilosophie münden muß.

Dazu sind aber sofort zwei wichtige Präzisierungen anzufügen, die diese phänomenologische Transzendentalphilosophie von der neuzeitlichen unterscheiden. Husserl sagt wohl genauso wie die neuzeitliche Bewußtseinsphilosophie, daß es für den Menschen überhaupt nichts gibt, was nicht irgendwie bewußt ist. Ein Jenseits des Bewußtseins gibt es nur, sofern es in irgendeiner Beziehung zum Bewußtsein steht. Was nicht in irgendeiner Form bewußt ist, *ist* nicht. Diese Tatsache verleitet ihn aber nicht zu dem Schluß des deutschen Idealismus, daß nämlich alles Sein Bewußtsein sei.[46] Husserl reduziert das Sein nicht auf Bewußtsein. Die ‚Konstitution', die das Bewußtsein bei ihm leistet, ist nicht im Sinne eines ‚Schaffens', ‚Hervorbringens' oder ‚Erstellens' von Gegenständen zu verstehen. Sie ist lediglich eine Sinn-Konstitution.[47] Und genau diese beziehungsweise nichts anderes versucht die Phänomenologie zu *verstehen*. Sie will die Wirklichkeit nicht aus dem Bewußtsein konstruieren. Sie will lediglich hinnehmend den Sinn nachvollziehen, den dieses konstituiert. Diese Vorgangsweise nötigt sich schon allein durch das Urfaktum der Intentionalität auf.[48] Daß das Bewußtsein stets Bewußtsein von etwas ist, ist nicht seine freie Wahl, sondern ein Faktum, das ihm vorhergeht und ihm

---

[46] L. Landgrebe: *Ist Husserls Phänomenologie ...*, a. a. O. (Anm. 14) 316–324; ders.: *Das Problem einer absoluten Erkenntnis*, a. a. O. (Anm. 18) 63–73; ders.: *Phänomenologische Bewußtseinsanalyse und Metaphysik* ([1]1949), in: L. Landgrebe: *Weg*, 75–110.

[47] E. Tugendhat: *Wahrheitsbegriff*, 173–185; kritisch dazu ist E. Fink, *Die intentionale Analyse und das Problem des spekulativen Denkens* ([1]1952), in: E. Fink: *Nähe*, 139–157.

[48] „Es geht nicht mehr auf die Einheit oder Übereinstimmung zwischen Subjekt und Objekt, sondern auf das (intentionale) *Verhältnis* des Subjekts zum Objekt und d. h. korrelativ auf die *Gegebenheitsweisen* der Objekte, – es geht statt auf die Einheit auf das ‚Zwischen', und nur aus dieser phänomenologischen Zwischendimension – das ist allerdings der Anspruch – ist der Sinn von Wahrheit aufzuklären." (E. Tugendhat: *Wahrheitsbegriff*, 184).

dadurch innerhalb seiner Selbstkonstitution nicht frei zur Verfügung steht. Intentionalität besagt deshalb nicht zuletzt Vorgegebenheit im Sein. Sie beschreibt eine *Seins*verfassung des Bewußtseins.[49]

Die zweite Präzisierung, die hier angefügt werden muß, ist diese: Die Subjektivität des Bewußtseins ist nicht von vornherein definiert. Sie fällt nach der reduktiven phänomenologischen Epoché keinesfalls mehr mit dem psychologisch erlebbaren Ich zusammen (Hua I, 64 f.; III, 137 ff., 149 ff.). Denn sie bildet die Ursache für *jede* Sinnkonstitution, somit auch für die des eigenen Ich. Ihr Sinn muß demnach ein anderer sein als der des erlebbaren Ich. Sie ist aber genausowenig durch irgendwelche Kategorien oder apriorische Grundstrukturen, die jeder Erkenntnis vorhergingen, auf der Stelle erschließbar. Denn diese ergeben sich erst aus der jeweils vollzogenen Intentionalität. So besteht mit einem Wort gar keine Möglichkeit, daß auf das transzendentale Bewußtsein etwas so reduziert würde, wie dies im deutschen Idealismus der Fall war. Sein Sinn liegt ja in keiner Weise von vornherein vor.[50]

6. *Die Erfahrbarkeitsweise des transzendentalen Ich*

An das zuletzt Gesagte ist anzuschließen, um nach der ursprünglichen Gegebenheitsweise des transzendentalen Subjekts und damit nach der Modalität seiner Erfahrbarkeit zu fragen. Ihm gegenüber muß folgendes betont werden: Einen Sinn der besagten transzendentalen Subjektivität muß es trotz allem geben. Denn schon allein die Rede von ‚Bewußtsein' schließt ein wie immer geartetes Wissen um ein Ich ein (Hua III, 137 f.). Husserl spricht daher auch von einem „transzendentalen Ich" oder „Ego". Aber diese Bestimmung bleibt zunächst völlig leer und formal. Seine Inhaltlichkeit erschöpft sich vorerst lediglich in folgendem: Es ist der mit sich selbst identische Bezugspunkt, auf den alle Erlebnisse bezogen werden müssen, um Erlebnisse des Bewußtseins sein zu können (Hua X, 74–98, 118 f., 126 ff.).[51] Es ist jene

[49] E. Fink: *Was will die Phänomenologie …*, a. a. O. (Anm. 3) 211, 223; Kl. Held: *Gegenwart,* 146–150.

[50] E. Fink: *Die phänomenologische Philosophie …*, a. a. O. (Anm. 3) 100–104, 118 f., 124–128, 136 f., 145, 148 u. ö.

[51] Vgl. A. Diemer: *Husserl,* 160 f.; Kl. Held: *Gegenwart,* 73 ff.

Instanz, die sich im Strom der Zeit durchhält und dadurch nicht nur die Form, sondern auch die Einheit derselben gewährleistet. Und es ist nicht nur das Konstituierende der von ihm ‚unterschiedenen' (‚transzendenten') Gegenstände, sondern auch das Konstituierende seiner selbst (Hua I, 25, 79–86, 100f.; III, 136f.).[52] Aber mit diesen Bestimmungen ist nichts über das hinaus gesagt, was bereits festgestellt wurde, daß nämlich das transzendentale Ich ‚das Universum möglichen Sinns' ist und daß ‚ein Außerhalb' seiner notwendig ‚Unsinn' ist (Hua I, 33). Damit ist nur expliziert, was schon implizit gesagt wurde. Ein positiver Sinn des transzendentalen Ich jedoch steht noch nicht fest (Hua VI, 157f.).

Dieser Mangel macht nun aber die bisher erstellte Konzeption von Transzendentalphilosophie wieder fragwürdig. Denn es steht unzweifelhaft fest, daß zu jedem Bewußtseinserlebnis auch das Erlebnis des Ich irgendwie mitgegeben ist. Zumindest gilt dies für die transzendental-phänomenologische Analyse. In jede Intentionalität gehört das ursprüngliche Phänomen ‚Ich' hinein. Wird nun der Sinn dieses ursprünglichen Sichzeigens des Ich nicht deutlich, so ist damit die Basis der absolut ausgewiesenen Wahrheit verfehlt. Denn dann existiert in jeder Anschauung, die die ursprüngliche Evidenz gewährleisten soll, und in dem damit verbundenen Bewußtseinserlebnis eine nicht behobene Dunkelheit. Folglich wäre auch die phänomenologische Philosophie an ihrer entscheidensten Stelle unkritisch.

Es ist von vornherein klar, daß das transzendentale Ego selbst nicht in der Weise erfahren werden kann wie dasjenige, was durch es erfahrbar gemacht wird.[53] Es kann selbst kein Gegenstand jener Erfahrung mehr sein, die es selbst ermöglicht. Deshalb ist es als Ich des Bewußtseins sich selbst vorweg.[54] Der Versuch des Bewußtseins, sich selbst einzuholen, führt zu keinem Ende. Jedesmal, wenn es sich auf sich selbst richtet, steht es sich schon nicht mehr in seiner „lebendigen Gegenwart", in der „Urimpression" von sich selbst gegenüber, sondern in einer abgeblendeten Form davon. Der Grund dafür liegt darin,

[52] Vgl. A. Diemer: *Husserl,* 41–45, 67f., 144–148, 159f., 176–182.

[53] Es darf hier angemerkt werden, daß sich Husserl dessen nicht immer bewußt gewesen zu sein scheint. Vgl. E. Fink: *Das Problem der Phänomenologie* ..., a.a.O. (Anm. 3) 222f.; Kl. Held: *Gegenwart,* 48, 68f.; E. Tugendhat: *Wahrheitsbegriff,* 203–205.

[54] L. Landgrebe: *Husserls Abschied* ..., a.a.O. (Anm. 11) 199–202.

daß sich das transzendentale Ich in der Form der Zeit manifestiert.[55] Es konstituiert zwar auch die Zeit, es ist ihr aber gleichzeitig unterworfen. Als zeitigendes ist es zugleich gezeitigtes Ich (Hua I, 100f.). Von daher erklärt sich, daß es in einer seltsamen Dialektik steht: Einerseits ist es das, was im Strömen der Zeit Bestand hat und dem Zeitbewußtsein Einheit stiftet, andererseits ist es das, was in der Zeit verströmt, da seine „lebendige Gegenwart" immer nur als vergangene Gegenwart erscheint; einerseits kommt es vor der Zeit, da es diese konstituiert, andererseits ist es selbst zeitlich, da seine Selbsterfassung an diese gebunden ist; einerseits ist es reflexiv nicht erkennbar, da es vor aller möglichen Reflexion kommt als deren Ermöglichungsgrund, andererseits ist es aber dennoch erfahrbar, da sonst eine Reflexion auf es gar nicht versucht werden könnte; einerseits gehört es nicht zur Welt, da es diese konstituiert, andererseits ist es dennoch Teil derselben (Hua VI, 182–185); etc. Diese Paradoxien ließen sich in beliebiger Form weiter abwandeln. Grundsätzlich sagen sie aber alle dasselbe: Das transzendentale Ich ist erfahrbar und zugleich nicht erfahrbar. Es muß irgendwie zugänglich sein, wie gäbe es sonst eine Reflexion darauf? Gleichzeitig ist es aber in keiner Weise einholbar. Es entzieht sich jedem wie auch immer gearteten Zugriff.

Nach dem oben Gesagten muß man hier an den höchsten Fall von kategorialer Anschauung denken. Das transzendentale Ich ist etwas immer schon Mitgewußtes und Mitverstandenes. Es gäbe gar kein Sichrichten auf es, wenn es nicht zuvor schon in einer spezifischen Weise angeschaut worden wäre. Doch wie sich jetzt herausstellt, ist diese spezifische Weise der Anschauung fundamental verschieden von jeder andern Anschauung eines ursprünglich sich Zeigenden. Trotzdem ist sie deshalb nicht unfreilegbar. Man braucht das eben beschriebene Scheitern eines Sichrichtens auf das transzendentale Ich nur als Ereignis am Bewußtsein selbst zu fassen und zu erkennen, daß dieses Scheitern eben *selbst* noch ein Datum des *Bewußtseins* ist. Das bedeutet dann, daß das *Bewußtsein selbst* es ist, das *am* transzendentalen Ego scheitert. Es muß folglich schon bei ihm dort sein und es in einer spezifischen Form schauen und doch nicht schauen. Der eigentümliche

[55] Zu diesem und zum folgenden berufe ich mich auf die Untersuchung *Gegenwart* von Kl. Held (bes. 73–122), da die dort angeführten Texte Husserls zum vorliegenden Problemkreis sonst noch nicht veröffentlich worden sind.

Charakter einer transzendentalen Erfahrung des Denkens mit seinem Grund besteht daher darin, daß es diesen schaut und *in* dieser Schau ihn zugleich nicht schaut. Der Grund seinerseits zeigt sich, *indem* er sich entzieht.[56] Er zeigt sich also nicht ‚zuerst' und entzieht sich ‚dann' wieder. Sichzeigen und Sichentziehen gehören hier vielmehr in ein und dieselbe Gegebenheitsweise. Jedes Trennen dieser beiden ursprünglich absolut geeinigten Komponenten würde das ursprüngliche Sichzeigen des Absoluten verstellen. Es handelt sich hier von der Erkenntnis her gesehen um *eine einzige* Intentionalität.

Diese grundsätzliche Bestimmung des ursprünglichen Sinns des transzendentalen Ich und seiner Gegebenheitsweise erscheint noch von einer andern Seite her. Diese Seite ist die phänomenologische Methode, wie Husserl sie verstanden hat.[57] Denn sofern das transzendentale Ego die Bedingung der Möglichkeit jeder Erkenntnis ist, muß davon auch die phänomenologische Methode betroffen sein. Sie muß davon sogar in ganz ausgezeichneter Weise betroffen sein. Durch sie nämlich wird das transzendentale Ego allererst bewußt (Hua I, 65; III, 72f.; VI, 81f., 190, 246).[58] In der natürlichen Einstellung ist das ja nicht der Fall. In ihr gibt es nur abgeleiteten Sinn, auch bezüglich des Sinns des Ich, niemals aber ursprünglich evidenten Sinn. Letzterer erscheint bewußt erst *durch* und *in* der phänomenologischen Reduktion, nicht vorher und nicht nachher. Das aber wiederum besagt: Die vollzogene phänomenologische Methode ist eine Form der Selbstexplikation des transzendentalen Ich. Als Ur-Ich legt es sich in ihr durch sich selbst aus. Phänomenologie ist somit nichts anderes als „Egologie".

Diese Sätze erinnern an Axiome der idealistischen Philosophie. Doch mit diesen besteht höchstens ein lautlicher Gleichklang. Die Bedeutung ist eine ganz andere. Denn die phänomenologische Reduktion, die im wesentlichen eine Form der Reflexion ist, ist in erster Linie eine Trennung. Sie stiftet den Unterschied von natürlichem und transzendentalem Ich. Gleichzeitig wird gerade *in* und *durch* diese Trennung gewußt, daß die Trennung letztlich, auf der Ebene des Ich,

---

[56] Kl. Held: *Gegenwart,* 121f., vgl. 112–118.

[57] Zum folgenden siehe J. M. Broekman: *Phänomenologie,* 103–111, 123–125, 133ff.

[58] E. Fink: *Die phänomenologische Philosophie ...,* a.a.O. (Anm. 3) 168–171; ders.: *Das Problem der Phänomenologie ...,* a.a.O. (Anm. 3) 182ff., 190f., 193; J. M. Broekman: *Phänomenologie,* 102.

gegenstandslos ist.[59] Aber dennoch bleibt sie unbedingt bestehen und wird in keine Form von Identität aufgehoben. Dadurch zeigt sich gegenüber den Vorstellungen des deutschen Idealismus eine neue Erfahrungsform des Absoluten. Das Absolute als transzendentales Ich wird bewußt durch und in einer Reflexion, das heißt in der phänomenologischen Reduktion, *indem* es von einem natürlichen Ich unterschieden wird. Gerade dadurch aber wird es nicht in sich selbst angeschaut, sondern immer nur im Bezug auf das natürliche Ich. Es erscheint also nur in einer Beschattung durch dieses. Trotzdem wird diese Unterscheidung *durchschaut.* Es gibt hier nicht zwei Ich, die nebeneinander stünden. Es gibt lediglich *ein* Ich in zwei Formen der Gegebenheit. Es gibt ein Ich, das sich in eine transzendentale und in eine natürliche Einstellung spaltet, das seine Einstellungen jedoch immer als *seine* Einstellungen enthüllt hat. Folglich liegt das gleiche Phänomen wie oben vor: Das Ich zeigt sich, indem es sich entzieht. Und es entzieht sich, indem es sich zeigt. Das ist nach Husserl die ursprünglichste Bestimmung der Weise, in welcher der Grund das Denken immer schon anspricht. Gleichzeitig damit ist die ursprünglichste Bestimmung der Gestalt jener Erfahrung, die des Grundes ansichtig wird, diejenige, im Schauen nicht zu schauen und im Nichtschauen zu schauen. Im Lichte dieser Erfahrung erscheint alles, was überhaupt erfahren werden kann.

Es kann somit als weiteres Merkmal der gesuchten Denkerfahrung mit dem Grund von Freiheit folgendes festgehalten werden: Die ursprüngliche Erfahrung, die das Denken an ihm selbst mit dem immer schon auch vor ihm kommenden und es je schon ansprechenden Grund seiner selbst macht, hat im Hinblick auf die üblichen Intentionalitäten des Bewußtseins eine eigentümliche *dialektische* Struktur. Ihr Schauen beziehungsweise Wahrnehmen ist durchherrscht von einem Nichtschauen. Beides geschieht in einem. Es handelt sich, wie bisher gesagt wurde, um *eine* Intentionalität. Die Ursache dafür, daß im Schauen ein Nichtschauen spielt, liegt zweifellos in dem bereits (in der *Einleitung*) festgestellten Umstand, daß das Denken angesichts dieses ursprünglich Angeschauten an die Grenze seiner selbst kommt, daß es diese Grenze als solche aber nur dann erfahren kann, wenn es immer schon auch bei demjenigen ist, woran es grenzt. Gleichzeitig darf nicht

[59] J. M. Broekman: *Phänomenologie,* 117–125, 133–135, 182–189, 193.

übersehen werden, daß alles Wirkliche, das erst im Lichte dieser alles eröffnenden und begleitenden Erfahrung erscheinen kann, gar nicht ans Licht heraustreten könnte, wenn diese sich als dieses eben genannte Licht selbst nicht zurückhalten würde. Im Hinblick darauf muß auch beachtet bleiben, daß die ursprüngliche Grunderfahrung *vor* jeder andern Intentionalität kommt. Sie räumt Intentionalität allererst ein. Deshalb ist die Redeweise von der einen *Intentionalität*, die sich schauend-nichtschauend auf den Grund richtet, lediglich analog zu verstehen. Denn im Letzten ist sie keine Intentionalität im üblichen Sinne mehr, da sie ja jeder Intentionalität zuvorkommt. Nur um der Hervorhebung ihres Unterschieds gegenüber jeder abkünftigen Intentionalität willen hat die bisher verwendete Ausdrucksweise von der ‚einen Intentionalität' ihr Recht.

Bedenkt man dies, so ist dasjenige, was Husserl über die ursprüngliche „transzendentale Erfahrung" des transzendentalen Ich sagt, eigentlich wieder recht wenig. Was hervorgetreten ist, darf lediglich als eine Struktur angesehen werden, die *in Abgrenzung gegenüber* den übrigen Intentionalitäten Geltung hat. Die Erfahrung des Grundes *an ihr selbst*, das heißt positiv und nicht nur in negativer Abschattung, ist noch nicht genügend freigelegt worden. Zwar weist Husserl dazu einen klaren Weg an. Seine Bestimmungen grenzen nicht nur ab, sondern schaffen auch eine freie Sicht für das, was jenseits der Abgrenzungen liegt. Zu diesem Jenseits aber findet man bei ihm nichts Konkreteres mehr. An dieser Stelle muß daher über ihn hinausgegangen werden. Husserl wäre jedoch nicht der, der er war, wenn er nicht auch zu diesem Hinausgehen über sich selbst den Weg gewiesen hätte. Gerade dadurch nämlich, daß er zum Teil selbst die Grenzen seiner Phänomenologie sichtbar gemacht hat, steckte er eine neue Richtung der Philosophie ab. Doch dies mögen die Überlegungen des folgenden Abschnitts verdeutlichen.

7. Husserls Selbstkritik

Husserl selbst hat im Laufe seines Philosophierens erkannt, daß die Erfahrung des Denkens an ihm selbst nicht nur auf ein transzendentales Ich stößt, das sich zeigt, indem es sich entzieht, sondern auf mehr. Dieses ‚mehr' besteht in nichts weniger als in dem, daß das transzendentale Ich die Rolle des Ursprungs der Sinnstiftung alleine nicht zu tragen vermag.[60] Zwar bleibt es nach wie vor die absolut unumgängliche Instanz der Intentionalität. Überall dort, wo von Sinn die Rede ist, wird auch von der sinnstiftenden Leistung des Ich die Rede sein müssen. Dennoch ist es nicht die *letzte* Instanz der Sinnstiftung. Es ist vielmehr selbst im Wie seiner Konstitution bestimmt. Und insofern weist es ‚über sich hinaus' zu einer Instanz, die das Wie der transzendentalen Konstitutionen verfügt.

In der späteren Phase seines Denkens hat Husserl wiederholt versucht, das transzendentale Ego immer mehr zu verabsolutieren und gegenüber der intentionalen Struktur des Bewußtseins abzuheben. Die Unterscheidung des „ego" gegenüber dem „cogito – cogitatum" (Hua VI, 157f., 174f.) liegt genauso auf dieser Linie wie die Bestimmung des Ich als „nunc stans" gegenüber dem Strömen des Bewußtseinslebens.[61] Auch die stets wiederkehrende Warnung davor, ins transzendentale Ich geläufige Vorstellungen vom normal-lebendigen Ich oder vom psychologisch erfaßten Ich zu transponieren, gehört hierher (ebd. 194-269). Man hat sogar gelegentlich den Eindruck, daß Husserl überhaupt nicht mehr von ‚Ich' sprechen wollte. Aber durch *seine* phänomenologische Methode schien ihm dies trotz aller Bedenken geboten zu sein. Denn wer, wenn nicht ein Ich, könnte die Epoché vom natürlichen Lebens-Ich zum transzendentalen Ich vollziehen (ebd. 188)?

Aber wie auch immer: Durch eine Reihe von Erkenntnissen wurde Husserl klar, daß die Konzeption eines transzendentalen Ich, wie sie noch in den *Ideen zu einer reinen Phänomenologie und phänomenologischen Philosophie* vorgeschwebt haben mag, nicht durchzuhalten war.

---

[60] Vgl. dazu bes. L. Landgrebe: *Husserls Abschied …*, a.a.O. (Anm. 11); E. Fink: *Die Spätphilosophie Husserls in der Freiburger Zeit* ([1]1959), in: E. Fink: *Nähe*, 205–227. – An dieser Stelle muß auch auf die unveröffentlichte Dissertation von K. Lehmann *(Seinsfrage)* verwiesen werden. Sie ist für die vorliegenden Überlegungen zur Phänomenologie Husserls, vor allem aber auch für die folgende Auseinandersetzung mit dem Denken Heideggers, besonders wichtig. Lehmanns Husserl-Darstellung befindet sich im I. Band des genannten Werkes. Ich folge Lehmann zwar nicht in allen Punkten. Vor allem glaube ich, daß Sein und abgeschatteter Sinn angesichts eines Sich-Zeigenden nicht so gegeneinander ausgespielt werden können, wie Lehmann dies in Anschluß an die neuscholastisch-thomistische Husserl-Kritik (vgl. unten Anm. 74) tut. Doch ich folge Lehmann in seiner sonstigen Kritik an Husserl. Ausdrücklich übernehme ich auch seine Darstellung des Übergangs von Husserl zu Heidegger.

[61] A. Diemer: *Husserl*, 42f., 160f.; Kl. Held: *Gegenwart*, 123ff.

Denn an diesem transzendentalen Ich selbst zeigte sich, daß es an ihm selbst ein absolutes Grundsein in sich selbst abweist. Dazu gaben *vier* Anzeichen den Ausschlag:

1) Eine erste Relativierung der oben beschriebenen Konzeption ergibt sich aus der phänomenologischen Methode selbst. Diese hat zum Ziel, die ursprüngliche Gegebenheitsweise eines Erkenntnisgegenstandes innerhalb der Bewußtseinsleistungen zu klären und dadurch die Erkenntnis derselben in ihrer Evidenz auszuweisen. Dazu muß die phänomenologische Analyse aber von irgendetwas ausgehen. Sie kann nicht bei der Konstitution ansetzen und aus dieser heraus einen Sinngegenstand hervorbringen.[62] Die Konstitutionsanalyse hat vielmehr erst dann einen Wert, wenn der Gegenstand in einer spezifischen Sinnkonstellation bereits gegeben ist. Sie braucht den jeweils gerade gegebenen Gegenstand als „transzendentalen Leitfaden" (Hua I, 87–89; III, 363–368; VI, 175). Doch daran zeigt sich: Die transzendental-phänomenologische Analyse kann wohl klar machen, daß die jeweilige Gegebenheitsweise eines Gegenstandes durch die Leistung dieser oder jener Intentionalität konstituiert ist, aber sie kann nicht mehr zeigen, warum die Konstitution so und so beschaffen ist. Das ist aus der transzendentalen Konstitutionsleistung des Bewußtseins selbst nicht mehr ersichtlich. Dieses muß hier vielmehr etwas einfach hinnehmen, ohne es selbst abermals zu konstituieren. Insofern ist es aber nicht nur bezüglich seines Seins, sondern auch bezüglich seines Selbstvollzugs, das heißt der Sinnkonstitution, bestimmt durch ‚etwas', was nicht mit ihm identisch ist, sondern vor ihm kommt.

2) Eine zweite Modifikation erhält die Lehre vom transzendentalen Ego durch das Faktum des andern Ich (Hua I, 121–183; VI, 170–176).[63] Zwar hat Husserl versucht, das Phänomen der Intersubjektivität in seine Lehre vom einzelnen transzendentalen Ego zu integrieren (Hua VI, 185–193). Aber dabei ist diese dennoch über sich hinausgetrieben worden. Denn durch die Erkenntnis, daß es ein ‚alter Ego' gibt, das ebenfalls Sinn stiftendes transzendentales Ich ist, ergibt sich notwendig, daß das transzendentale Ego jeweils individuell be-

[62] Zu diesem Punkt vgl. E. Tugendhat: *Wahrheitsbegriff,* 216–222.

[63] Vgl. A. Diemer: *Husserl,* 269–373; L. Landgrebe: *Husserls Abschied* ..., a. a. O. (Anm. 11) 195 ff.; Kl. Held: *Gegenwart,* 164–184; W. Sziliasi: *Einführung,* 96–112; E. Tugendhat: *Wahrheitsgriff,* 221–226.

stimmt sein muß. Das bedeutet aber: Am transzendentalen Ego muß sich Individualität erkennen lassen. Ansonsten wäre die Rede von der Intersubjektivität gegenstandslos. Zuerst hat es Husserl unternommen, die Verschiedenheit der transzendentalen Egos dadurch zu überholen, daß er sie im Hinblick auf die Gegenstände sehen wollte (Hua III, 329 ff.). Jedem Ego erscheint danach der Gegenstand unter einem verschiedenen Sinn. Dieser verschiedene Sinn ist aber nicht durch die jeweilige Konstitution bedingt, sondern durch die noematisch[64] gegebene Struktur des Gegenstandes. Deshalb machte es Husserl auch keine Schwierigkeit, im Sinne der Kantischen Idee eine intersubjektive Konstitution zu postulieren, durch die eine immer größere Wahrheit desselben Gegenstandes erreicht würde. In dem Moment nun aber, wo sich die Konstitution selbst als jeweils individuell bestimmt erweist, wird diese intersubjektive Wahrheitskonstitution vielleicht nicht unmöglich, dafür aber doch wesentlich schwieriger.[65] Denn jetzt wird in die Verschiedenheit des jeweiligen Sinnverständnisses nicht nur dessen noematische, sondern auch dessen noetische Seite einbezogen. Was aber noch wichtiger ist: Das transzendentale Ich besitzt durch die Individualität ein hohes Maß an einer Bestimmung, die nicht aus ihm selbst stammt.

3) Die eben genannte zweite Modifikation wird bestätigt durch eine weitere Erkenntnis, zu der sich Husserl auch erst allmählich durchgerungen hat. Diese besteht darin, daß das transzendentale Ich nicht nur der leere Identitätspol und der formale Einheitsgarant aller Bewußtseinserlebnisse ist, sondern zugleich Träger verschiedenster Habitualitäten, die im Laufe ihres Konstituiertwerdens auf das transzendentale Ich zurückwirken, so daß es das Gepräge eines personalen Ich erhält (Hua I, 109–114).[66] Diese Habitualitäten und diese Personalität sind freilich von dem zu unterscheiden, was die natürli-

---

[64] Zu den Begriffen „Noema" und „Noesis" siehe Hua III, 218–220. „Noema" deckt sich im wesentlichen mit dem, was oben „Sinn", „Noesis" mit dem, was oben „intentio" genannt worden ist.

[65] Das zeigt sich deutlich in der 5. Meditation aus Hua I, 121–177. Vgl. aber auch Hua VI, 152, 169 f. u. ö.

[66] Vgl. aus H. Noack (Hg.): *Husserl:* R. Ingarden: *Rezension von: Edmund Husserl, ‚Formale und transzendentale Logik'* ([1]1929), 168–173; H. Kuhn: *Rezension von: Edmund Husserl, ‚Méditations Cartésiennes. Introduction à la Phénoménologie', 1931* ([1]1933), 174–187; weiters E. Fink: *Welt und Geschichte* ([1]1959), in: E. Fink: *Nähe*, 158–179; E. Tugendhat: *Wahrheitsbegriff*, 227–255.

che Lebenswelt und die Psychologie darunter verstehen. Es geht hier vielmehr um *transzendentale* Bestimmungen. Aber trotzdem: Husserl spricht in ihnen die transzendentale Subjektivität als ‚von außen' bestimmt an. Er gesteht ihr sogar eine „Genesis" zu und bringt dadurch eine transzendentale Geschichte in den Blick. Folglich sagt er aber auch: Das transzendentale Ich ist im Wie seines Selbstvollzugs, das heißt im Wie der Sinnkonstitution, abhängig von einer *Geschichte,* in die hinein es selbst einbeschlossen ist. Und so eröffnet sich der Erfahrung, die das Denken an ihm selbst macht, ein Raum einer ursprünglichen Geschichte, die noch in tieferer Weise Sinn stiftend ist, als dies beim transzendentalen Ich allein der Fall ist. Im Zusammenhang mit Schelling ist dies bereits festgestellt worden.

4) Die vierte Modifikation scheint auf den ersten Blick nicht so wesentlich zu sein, zumal ihr Husserl selbst nicht die Bedeutung beigemessen hat, die ihr von seiten seiner Interpreten zukam. Sie besteht darin, daß Husserl in seinem Spätwerk *Die Krisis der europäischen Wissenschaften und die transzendentale Phänomenologie* die Phänomenologie als solche in einen geschichtlichen Prozeß einbezieht.[67] Er betrachtet sie zwar als eine geschichtliche *Notwendigkeit,* die nicht nur durch das Wesen der Neuzeit, sondern durch das der Philosophie überhaupt gegeben ist (Hua VI, 269–276), doch er sagt damit dennoch, daß der Anfang der Phänomenologie selbst nicht mehr wissenschaftlich notwendig ist, sondern sich einem geschichtlichen Augenblick und damit auch der Entscheidung jeweiliger Philosophen verdankt. Was bedeutet das aber? Es bedeutet nichts weniger, als daß die unmittelbare Anschauung und Intuition, auf die sich die Phänomenologie beruft, dadurch in Mitleidenschaft gezogen wird.[68] Denn von der Phänomenologie hieß es, daß ihre Methode die unmittelbare Schau des ursprünglich sich zeigenden Sinns eines Gegenstandes sei. In dieser wahrnehmenden Schau sei jene Evidenz zugänglich, die jede weitere Erkenntnis auf ihre Gültigkeit hin ausweist. Wenn nun aber die Phänomenologie an sich eine historische Erscheinung darstellt, so betrifft dies auch ihre Schau. Denn dadurch erhält diese genauso wie

[67] L. Landgrebe: *Husserls Abschied ...*, a. a. O. (Anm. 11) 185 ff.; P. Ricoeur: *Husserl und der Sinn der Geschichte* ([1]1949), in: H. Noack (Hg.): *Husserl,* 231–276; E. Tugendhat: *Wahrheitsbegriff,* 227–255.

[68] Hierin liegt die berechtigte Kritik, die seitens der Frankfurter Schule an Husserl geübt wird. Vgl. u. a. Th. W. Adorno: *Metakritik,* bes. 48 ff.; J. Habermas: *Technik,* 150–153.

jene historische Bedingungen. Das wiederum heißt: Durch die historische Bedingtheit geht ihr jene Selbstrechtfertigung verloren, die sie bisher selbstverständlich inne hatte. Sie weist ab jetzt ebenfalls zurück auf eine Geschichte, durch die sie bedingt ist. Das alles besagt freilich nichts gegen die prinzipielle Möglichkeit einer solchen ursprünglichen Anschauung. Es besagt jedoch etwas gegen den Anspruch, mit dem Husserl sie belegt hat. *Dieser* wird relativiert.

8. Ausblick auf weiterführende Fragen

Hält man die eben aufgezählten Modifikationen der Husserlschen Transzendentalphilosophie fest, so kann man bereits absehen, worauf sich die Philosophie richten muß, und welche Fragen in der gesuchten Theorie nach einer Denkerfahrung mit dem Grund von Freiheit noch auf eine Erklärung warten. *Beibehalten* werden darf die grundlegende Charakteristik dieser Erfahrung als einfaches und jeder Auslegung vorhergehendes hinnehmendes Verstehen. Beibehalten werden darf weiters die Theorie des materialen Apriori. Sie erklärt die Möglichkeit einer Erfahrung, die die Bedingung ihrer Möglichkeit selbst mitbringt. Beibehalten werden darf sodann der Begriff einer kategorialen Anschauung. Er verdeutlicht nämlich zweierlei: einmal die Modalität einer Grunderfahrung, denn er beinhaltet, daß das Begründende in einem Sachverhalt an diesem selbst mitverstanden wird; zum andern Mal die Vielschichtigkeit einer solchen Erfahrung, die zum Beispiel darin besteht, daß trotz geschichtlicher Abschattungen immer *dasselbe* Erfahrene *selbst* angeschaut wird. Beibehalten werden darf schließlich die dialektische Struktur, die einzig und allein die Grunderfahrung auszeichnet. Sie wird sich trotz aller Modifikationen, der sie in der Philosophie Heideggers unterliegen wird, bewähren und durchhalten. Allerdings ist gerade sie durch Husserl noch nicht hinreichend geklärt worden. Über das Formale einer dialektischen Struktur, die darin besteht, daß *im* Erfahren ein Nichterfahren herrscht (beides als *eine* Intentionalität), hat er noch nichts Genaueres gesagt. Wo dieses Genauere nun aber zu suchen ist, deuten die kritischen Überlegungen zu seiner Transzendentalphilosophie an. Folgende Fragen weisen dazu einen Weg:

1) Wenn das transzendentale Ich sich selbst als bestimmt durch eine Geschichte erweist, die vor ihm kommt, kann es dann überhaupt

noch die letzte Instanz des Sinnstiftens, das heißt der Intentionalität, sein? Fällt diese Rolle nicht vielmehr nun jener Geschichte zu, die sie selbst begründet? Doch weshalb bedarf es dann überhaupt noch eines transzendentalen Ich? Besteht seine Funktion nicht vor allem darin, Intentionalität zu stiften? Wenn diese ihm nun nicht mehr in letzter Instanz zusteht, wozu ist es dann noch da? Muß es seinen Platz nicht der besagten Geschichte überlassen?

2) *Wer* erfährt dann aber noch, was das Denken an ihm selbst erfährt? Bisher war das ebenfalls das transzendentale Ich, das sich durch die phänomenologische Reduktion selbst ergriff und in dieser Methode seiner selbst bewußt wurde. Jetzt aber, wo das transzendentale Ich fragwürdig geworden ist, bricht da nicht die ganze Husserlsche Vorstellung von der *transzendental*-phänomenologischen Reduktion (nicht der phänomenologischen Reduktion überhaupt!) zusammen? Denn wovon weg und worauf hin wird noch reduziert?[69] Was wird aus dem lebensweltlich-empirischen Ich? Muß sein Verhältnis zum transzendentalen Ich, was immer aus diesem werden möge, nicht neu bedacht werden? Kommt ihm jetzt nicht aber schon eine viel bedeutendere Rolle zu, als Husserl dies vermutet hat?

3) *Was* erfährt das Denken noch, wenn es an ihm selbst die Erfahrung macht? Bisher war es der Reichtum eines Bewußtseinslebens, das den Sinn der gesamten Wirklichkeit konstituiert, und im Letzten das transzendentale Ich selbst, das als Selbst- und Ichbewußtsein den Sinn seiner selbst trägt. Doch nun tritt eine Geschichte in den Vordergrund, deren Subjekt primär nicht mehr das Denken selbst ist. Dieses wächst sich vielmehr mit seinem gesamten Selbstverständnis aus ihr zu. Deshalb kehrt fast dieselbe Frage zurück, die schon im Zusammenhang mit Schelling gestellt wurde. Sie lautet: Wie vermag das Denken eine Geschichte zu erfahren, der es sich selbst verdankt? In der Zwischenzeit hat sich mit der Hilfe Husserls freilich geklärt, daß es nicht von vornherein widersinnig ist, eine solche Frage überhaupt zu stellen. Doch nach wie vor ist völlig im Dunkeln, was man sich unter dieser

---

[69] A. Diemer: *Husserl,* 181 f.; L. Landgrebe: *Husserls Phänomenologie …,* a. a. O. (Anm. 1) 31 ff.; ders.: *Husserls Abschied …,* a. a. O. (Anm. 11) 203–206; P. Ricoeur: *Husserl …,* a. a. O. (Anm. 67) 237–242, 267–276; E. Fink: *Welt und Geschichte,* a. a. O. (Anm. 66) 170 f.; aus E. Fink: *Nähe: Operative Begriffe in Husserls Phänomenologie* ([1]1957), 180–204, bes. 194 ff.; *Reflexionen zu Husserls Phänomenologischer Reduktion* ([1]1971), 199–322, bes. 310 ff.

ursprünglichen Geschichte vorzustellen hat. Offensichtlich ist sie nicht mit jener Geschichte zu verwechseln, die aufgrund menschlicher Sinnkonstitution und der daraus entspringenden Taten geschieht. Denn diese setzt jene voraus, sofern letztere der Ursprung von Sinnkonstitution überhaupt ist. Aber *wie* und vor allem auch *als was* wird dann die Geschichte dessen, was *vor* dem Denken kommt, erfahren?

4) Muß nach dem eben Gesagten nicht eine weitere Komponente an Wichtigkeit zunehmen, die sich als Konsequenz der Spätphilosophie Schellings ebenfalls bereits herauskristallisiert hat, nämlich die des *Geschehens,* das sich am Denken abspielt? Wie verhält es sich, so ist im folgenden zu klären, zur Erfahrung des Denkens? Inwiefern ist es von dieser etwas Verschiedenes und inwiefern *ist* es nach der noch genauer herauszuarbeitenden Gesetzmäßigkeit der ontologischen Differenz *als* die Erfahrung selbst? Vor allem aber: Durch wen ereignet es sich? Woher geht es aus? Als was enthüllt es sich?

Zum Abschluß sei noch auf ein Problem aufmerksam gemacht, das sich an den eben ausgeführten dritten Fragenkomplex anschließt und zudem schon auf die Daseinsanalytik Heideggers vorausweist. Es besteht darin, daß Husserl sehr wohl gesehen hat, daß sich das transzendentale Ich in der transzendental-phänomenologischen Epoché nicht nur vollzieht, sondern auch erfährt, daß er diesem Punkt aber keine weitere Beachtung geschenkt hat, sondern diese Erfahrungsweise nicht von jener unterschieden hat, die ‚Ob-jekte' in theoretischer Einstellung ‚sich gegenüber' hat.[70] Husserl hat dadurch die Erkenntnisdimensionen des Bewußtseins gewaltig verkürzt. Denn die theoretisch-verobjektivierende Wirklichkeitserfassung ist nur eine neben andern. Daneben gibt es zum Beispiel auch jene, die im Vollzug eines praktischen Aktes liegt. Gerade sie ist für die Selbsterfahrung eines Ich, egal ob es transzendental oder empirisch verstanden wird, von fundamentaler Wichtigkeit. Sie jedoch läßt sich nicht mehr einer Epoché, das heißt einer Einklammerung unterwerfen. Ist nämlich die Einklammerung, wie herausgestelt, ein solcher praktischer Vollzug, dann kann sie selbst nicht abermals eingeklammert werden.[71] Es gibt dann aber

---

[70] Zu dieser Kritik siehe L. Landgrebe: *Husserls Phänomenologie …,* a. a. O. (Anm. 1) 38 f.; ders.: *Husserls Abschied …,* a. a. O. (Anm. 11) 199–202; E. Fink: *Die intentionale Analyse …,* a. a. O. (Anm. 47) 152 ff.; ders.: *Bewußtseinsanalytik und Weltproblem* ([1]1969), in: E. Fink: *Nähe,* 280–298, bes. 289 f., 293 f.; E. Tugendhat: *Wahrheitsbegriff,* 208–211.

[71] Darin liegt einer der wichtigsten Gründe dafür, daß Heidegger die Husserlsche Me-

ein ursprüngliches Wissen, das unabhängig von der Einklammerung existiert und dieses sogar leitet. Will die Phänomenologie kritisch-wissenschaftliches Wissen bleiben, so ist dieses unbedingt zu klären. Husserl hat dies nicht getan.[72] Es wird daher an dieser Stelle über ihn hinauszugehen sein.

In die gleiche Richtung weist schließlich folgendes: Wenn das Ich, das die transzendental-phänomenologische Einklammerung vollzieht, sich selbst nicht einklammern kann, so vermag es auch nicht von seinem Sein zu abstrahieren, wie es dies bezüglich der Gegenstände tut, die es einklammern kann.[73] Doch wie und als was erfährt es dann dieses sein Sein? Bleibt es ein von außen her aufgedrückter Stempel der Endlichkeit, der mit seinem Wesen nichts zu tun hat, oder liegt hier alles anders, und gehört das Verstehen dieses Seins zum Verständnis des Wesens jedes Ich notwendig hinzu?[74]

---

thode aufgab. Vgl. dazu E. Tugendhat: *Wahrheitsbegriff,* 262–271; O. Pöggeler: *Neubestimmung.*

[72] Auch an dieser Stelle liegt eine der Ursache, die Heidegger von Husserl distanziert haben. Vgl. dazu L. Landgrebe: *Husserls Phänomenologie ...,* a. a. O. (Anm. 1) 28 f.; W. Biemel: *Husserls Encyclopedia-Britannica-Artikel und Heideggers Bemerkungen dazu* ([1]1950), 282–315, bes. 308–315; E. Fink: *Philosophie als Überwindung der ‚Naivität'* ([1]1948), in: E. Fink: *Nähe,* 98–126, bes. 108–126; E. Tugendhat: *Wahrheitsbegriff,* 265 ff.

[73] E. Tugendhat: *Wahrheitsbegriff,* 264–271.

[74] Die wichtigste Auseinandersetzung mit Husserl von seiten der christlichen Philosophie fand innerhalb der Neuscholastik statt. Für sie war von Anfang an kennzeichnend, daß sie mit zwei Seelen geführt wurde. Auf der einen Seite nämlich begrüßte man Husserls „Rückkehr" „zu den Sachen selbst". Man erblickte in dieser eine Art Heimkehr des Denkens zum schlicht erfaßbaren objektiven Seienden. Husserls Philosophie galt als ein Ausbruch aus der neuzeitlichen Weltanschauung überhaupt. Auf der andern Seite fühlte man sich bei ihr jedoch enttäuscht, da man meinte, daß ihre Methode nie der Weg zum *Sein* der Wirklichkeit sein könne. Es schien letztlich vielmehr alles wieder nach subjektivem Idealismus auszusehen. Deshalb hielt man mit Thomas von Aquin genauso wie gegenüber Kant und der sonstigen neuzeitlichen Philosophie fest, daß die Dinge in ihrer Wirklichkeit und Wahrheit nur dann erkannt würden, wenn sie in ihrem *Sein* ansichtig werden. Vgl. dazu u. a. Société Thomiste: *Journées II;* J. Maritain: *Stufen,* 84–157, bes. 117–124; H. U. v. Balthasar: *Apokalypse* III, 111–126. – Entscheidender Punkt in der Beurteilung dieser Auseinandersetzung ist, daß die Philosophie Husserls von ganz anderen historischen Voraussetzungen ausgeht als die Philosophie des Neuthomismus. Insofern ist es auch relativ müßig, beide Seiten gegeneinander auszuspielen. Sowohl historisch als auch sachlich gesehen kommt beiden Seiten Recht zu. Das hat E. Stein in ihrem Aufsatz *Husserls Phänomenologie und die Philosophie des hl. Thomas von Aquino* (a. a. O. [Anm. 13]) deutlich gezeigt. – Die Beharrung der katholisch-christlichen Philosophie auf der Klärung der Seinsfrage vor jeder andern philosophischen Frage hat nicht nur philosophische, sondern auch theologische Ursachen. Vgl. dazu R. Schaeffler: *Wechselbeziehungen,* 20–22, 353–358.

II. Verstehen von Sein selbst und Erfahrung des Denkens mit seinem Grund (Heidegger I)

1. Einleitende Vorbemerkung

Was hat Heideggers Frage nach dem ‚Sein selbst' mit der Frage nach einer *Denk*erfahrung des *Unvor*denklichen zu tun? Auf diese Frage eine Antwort zu finden, wird dann am besten gelingen, wenn man nachzuvollziehen versucht, warum Heidegger, der ein Schüler und enger Mitarbeiter Husserls war, sich veranlaßt sah, die Positionen seines Lehrers aufzugeben und eine neue Form von Phänomenologie zu begründen. Geht man diesen Weg, so kann man feststellen, daß sich die Philosophie Heideggers über die Phänomenologie Husserls hinaus in einer Kontinuität mit der nachidealistischen Fragestellung befindet. Mehr noch: Verfolgt man diesen Weg, so wird man sogar zu dem Schluß kommen, daß die Philosophie Heideggers die vorläufig radikalste Konsequenz eines Denkens darstellt, das aus dem oben beschriebenen Fazit der Spätphilosophie Schellings erwachsen ist. Deshalb werden sich schließlich auch aus der Philosophie Heideggers die vorerst wichtigsten Elemente der Theorie einer Erfahrung gewinnen lassen, die das Denken an ihm selbst mit dem Grund der Freiheit macht.

Diese These mag auf den ersten Blick überraschen. Denn richtet sie sich nicht gegen das ausdrückliche Selbstverständnis Heideggers? Hat er nicht jede Art von *Kontinuitäts*beziehung zwischen seinem Denken und dem der abendländischen Philosophie von sich gewiesen?[1] Begriff er nicht neben Nietzsche gerade die deutschen Idealisten als die radikalsten Vollstrecker eines Erbes, das seit der Zeit Platons und Aristoteles' über Europa lastet? Wie soll er dann jetzt zu einer Philosophie in Verbindung gebracht werden, die nicht zu unrecht als die „Vollendung des deutschen Idealismus" definiert worden ist?[2]

---

[1] Vgl. W. Marx: *Heidegger;* Fr. Wiplinger: *Wahrheit,* 13–90; W. J. Richardson: *Heidegger,* 299–400.

[2] Es darf hier schon vorweggenommen werden, daß die nun folgende Heidegger-Deu-

Man könnte einwenden, daß es im Zusammenhang der vorliegenden Fragestellung gar nicht darum gehe, Heidegger mit dem deutschen Idealismus in Beziehung zu setzen, sondern mit jenen Problemen, die über den deutschen Idealismus *hinaus*geführt und das Denken nach ihm eben zu einem *nach*idealistischen Denken gemacht haben. Außerdem könnte man auf die bisher gewählte Formel ‚Erfahrung des Denkens an ihm selbst mit seinem Grund' verweisen und zumindest für die Begriffe ‚Erfahrung', ‚Denken' und ‚an ihm selbst' feststellen, daß sie auch Zentralbegriffe Heideggers waren. ‚Erfahrung' bildet eines seiner Grundworte von den ersten Schriften an bis in die Spätzeit hinein.[3] ‚Denken' steht vielleicht in der Zeit, wo mehr

---

tung zu einem analogen Schluß kommen wird wie diejenige von W. Schulz (vgl. *Vollendung,* 287–296, 297ff.; *Über den philosophiegeschichtlichen Ort Martin Heideggers* [[1]1953/1954], in: O. Pöggeler: *Heidegger,* 95–139). Schulz interpretiert Heidegger ebenfalls im Lichte der Spätphilosophie Schellings, zieht Heidegger jedoch zu sehr in Schellings ‚Rückfall' in den Idealismus hinein (vgl. *Vollendung,* 287–296) hinein oder fixiert sich zu sehr darauf, daß in Heidegger die neuzeitliche Subjektivitätsphilosophie ein Ende gefunden hat (vgl. *Über den philosophiegeschichtlichen Ort…,* 99ff.). Dadurch erkennt er nicht, daß Heidegger nicht nur das Anliegen Schellings in einer revolutionierend neuen Art ernst genommen hat, sondern darüber hinaus aufgrund dieser Ernstnahme zu einem völlig neuen *Denken* vorgestoßen ist. Die Verwandtschaft Heideggers zum späten Schelling wird auch festgestellt bei K. Lehmann: *Seinsfrage,* 516ff., 573, 901ff., 991f., 1092ff.; A. Gethmann-Siefert: *Verhältnis,* 29, 30, 35f., 37, 41f., 49f., 51, 54, 59, 60ff., 130, 313; K. J. Huch: *Voraussetzungen,* 21–30, 30–43; R. Ohashi: *Ekstase,* bes. 150–178; J. Fr. Courtine: *Anthropologie et Anthropomorphisme,* in: U. Guzzoni (Hg.): *Nachdenken,* 9–35.

[3] Zum Begriff der Erfahrung bei Heidegger, der eine eigene Untersuchung beanspruchen würde, sei hier nur soviel gesagt: In den Schriften bis zur Zeit der sogenannten „Kehre" (WM 198, 325, 336ff.) um 1930 besitzt ‚Erfahrung' als Begriff noch keine nennenswerte Hervorhebung, die für Heidegger typisch wäre. Hier wird er vielmehr in seiner üblichen alltäglichen und gängigen philosophischen Verwendung angewandt (vgl. R. A. Bast/H. P. Delfosse: *Handbuch,* 93). Der Erfahrungsbegriff Kants nimmt in den diversen Schriften über ihn natürlich eine besondere Stellung ein (vgl. L 269–408; Kant; KM; in späterer Zeit auch FD 98ff.; WM 462–466, 467ff.). In Anschluß an K. Jaspers wird für kurze Zeit der Begriff der „Grunderfahrung" wichtig. Diese macht der Mensch im Vollzug seines Existierens mit sich selbst und seiner Welt. Zugleich gewährt sie einen eigenen Vollzugssinn (WM 24, 29, 30ff.). „Grunderfahrung" in der Jaspers-Rezension und „Seinsverständnis" in SZ sind jedoch nicht identisch (zur Auseinandersetzung mit dem Erfahrungsbegriff Husserls, Diltheys und Schelers siehe Prol 155–178). Für die Ausbildung des späteren Erfahrungsbegriffs, der im Unterschied zum früheren Heideggers ausdrückliche Beachtung genießt, dürften die Untersuchungen über Hegel entscheidend gewesen sein (vgl. vor allem Hegel, 95: „Die Erfahrung – das ist das absolvente Sicheinlassen auf das, was im Lichte des absoluten Wissens erscheint." Siehe auch HW 115–208, bes. 180ff.). Zwei Merkmale treten hier auf, die von nun an entscheidend sind: Das *eine* Merkmal ist die Verknüpfung von „Erfahrung" und „Weg". Erfahrung nämlich hat es nach Heidegger mit „auslangend-erlangende[m] Gelangen" (HW 185, 200) zu tun.

vom „Dasein“ die Rede war, weniger im Vordergrund. Die weitgehende Identifizierung jedoch, die in späterer Zeit zwischen ‚Denken‘ und ‚Dasein‘ vorgenommen wird, beweist, daß die Dinge in diesem Fall nur wenig anders liegen.[4] Das ‚an ihm selbst‘ schließlich ist überhaupt eine Heideggersche Wortschöpfung.[5]

Aber wie auch immer: Dies alles darf doch über folgendes nicht hinwegsehen lassen: *Erstens* hat Heidegger die nachidealistische Philoso-

---

Sie ist wörtlich vom Fahren, Ziehen und Gelangen her zu verstehen (HW 210f.; EM 126f.; Schell 230; Erl 130, 141). „Erfahren heißt nach dem genauen Sinn des Wortes: eundo assequi: im Gehen unterwegs erlangen, es durch den Gang auf einem Weg erreichen.“ (USpr 169, vgl. 170ff.) Heidegger erinnert an dieses Phänomen immer wieder durch die Schreibweise „er-fahren“ (USpr 49, 223f.) bzw. „Er-fahrung“ (Schell 230). Das *zweite* Merkmal besteht darin, daß Erfahrung im Unterschied zu jeder andern Erkenntnisform (vgl. ZSD 57, 80) jenen absoluten ungründigen Grund erreicht, der nicht nur das Erkannte, sondern auch das Erkennen selbst ermöglicht. Deshalb hat sie nach Heideggers Ansicht bei Hegel sogar ein Name für das Sein des Seienden werden können (HW 180f.). Aus demselben Grund bringt sie Heidegger mit jenen Seinsstrukturen des Menschen zusammen, gemäß denen dieser jene „Lichtung“ einnimmt, die ihn Sein verstehen läßt. In Schell 230 sind dies z. B. „Inständigkeit“ und „Da-sein“, in ID 21, 24 und ZSD 57 „Einfahrt“ und „Einkehr“. Weil sie in diesem Sinne zum Sein selbst gehört, ist sie niemals ein Werk des Menschen (Schell 230). Sie „geschieht uns“ (WM 329). In ihr bringt sich etwas von sich selbst her zur Sprache (USpr 161). Daher kann ‚Erfahrung machen mit etwas‘ nur bedeuten: „durchmachen, erleiden, das uns Treffende empfangen, insofern wir uns ihm fügen“ (USpr 159). Erfahrung „erwacht“ (USpr 267) bzw. „entwacht“ (ZSD 57). Sie ist etwas, was sich seinsgeschichtlich ereignet. Für Heidegger liegt es daher nahe, in Gb 122 von „Erfahrnis des Seins“ zu sprechen. – Diese „Erfahrnis“ wird dann aber nicht genauer bestimmt. Sie wird zwar unterschieden von jeder sonstigen Erkenntnisart (wie Illumination, Intuition, mystischem Erkennen, dialektischem Vermitteln usw.), aber es wird sonst über sie bewußt nichts Eindeutiges gesagt (ZSD 57, 80). Die Ursache dafür liegt darin, daß der ‚Gegenstand‘ der Erfahrung, das Sein selbst, völlig unklar ist. Aufgrund der gegenseitigen Bestimmung von Erfahrung und Gegenstand wirkt dieser Umstand auf die Erfahrung zurück. Sie bleibt einstweilen notwendig dunkel und muß genauso wie das Sein selbst der Vergessenheit entrissen werden (N I, 560; Gb 93). Schickt sich das Sein selbst zu, indem es dem Menschen den Ort seines Aufenthalts einräumt, so wird sich auch die ‚Modalität‘ der Erfahrung jeweils seinsgeschichtlich klären. Sie „entwacht“ aus dem Aufenthalt des Menschen vor dem Sein (VA 64; USpr 88). Oder anders gesagt: Sie geschieht in jenem Sprung (SvG 96), ‚mittels‘ dessen der Mensch vom vorstellenden Denken zum wesentlichen Denken gelangt. (Vgl. zum Ganzen F. Wiplinger: *Wahrheit*, 107, 110, 115, 138f., 330 u.ö.; M. Müller: *Existenzphilosophie*, 90.)

[4] Vgl. N II, 358: „Das ekstatische Innestehen im Offenen der Ortschaft des Seins [was Heidegger in der Regel „Da-sein“ nennt, vgl. EM 214; N II, 358; WM 325f., 372f.; Herak S 202f.] ist als das Verhältnis zum Sein, sei es zum Seienden als solchem, sei es zum Sein selbst, das Wesen des Denkens.“ (Bei H. kursiv)

[5] Vgl. C. F. Gethmann: *Verstehen*, 99–101, 108ff.; F. Wiplinger: *Wahrheit*, 104–108, 135–142. – In diesen Zusammenhang gehört auch der von Heidegger wiederholt aufgegriffene Begriff des ἀποφαίνεσθαι (Prol 115–117; L 133–135, 414f.; SZ 43f.).

phie bis in die unmittelbar-gegenwärtige moderne Zeit herauf für nicht minder ‚abendländisch' gehalten als die idealistische Philosophie selbst. Obwohl er freilich zugab, daß die abendländische Philosophie im Denken des deutschen Idealismus und Nietzsches zu ihrer ‚Voll-endung' gekommen sei, so hat er damit dennoch nicht behaupten wollen, daß in diesen Philosophen auch schon alle *Möglichkeiten* der ‚Voll-endung' verwirklicht worden seien. Diesbezüglich rechnete er vielmehr noch mit bisher ungeahnten Siegeszügen des abendländischen Denkens. Die nachidealistischen Philosophien aller Art schienen ihm dafür der beste Beweis zu sein. *Zweitens* ist gerade die Rede vom ‚Grund', die in der von uns gewählten Formel ‚Erfahrung des Denkens an ihm selbst mit seinem Grund' so entscheidende Bedeutung hat, bei Heidegger zunehmend auf Ablehnung gestoßen. Mag er der Frage nach dem Grund in *Sein und Zeit* und in den Schriften unmittelbar danach vielleicht bedingt Geltung eingeräumt haben,[6] so hat er sie aber spätestens seit der Zeit der sogenannten „Kehre" als unbedingt ablehnungswürdig und irreführend angesehen. Von dieser Zeit an war sie ihm ein Produkt der abendländischen Metaphysik, die er wegen ihrer innersten Absicht, nämlich das Sein des Seienden dem Willen der menschlichen Subjektivität verfügbar zu machen, kritisiert

[6] In SZ werden „Grund" und „Sinn" identifiziert: „Der Sinn von Sein kann nie in Gegensatz gebracht werden zum Seienden oder gar zum Sein als tragendem ‚Grund' des Seienden, weil ‚Grund' nur als Sinn zugänglich wird, und sei er selbst der Abgrund der Sinnlosigkeit." (SZ 202, vgl. 48) Vgl. dazu O. Pöggeler: *Denkweg*, 159–162. Nicht zu übersehen ist weiters, daß Heidegger den Ursprung des Verstehens, Denkens und Handelns, die „Erschlossenheit" und die „Transzendenz", die er in den Schriften aus der Zeit um SZ mit der „Freiheit" in engste Verbindung bringt, als „*Grund des Grundes*" begreift (vgl. AdL 273–285, bes. 277; WM 163–175, bes. 173 ff.; siehe auch Gb 88, 92 f.). Vgl. dazu W. Bretschneider: *Sein*, 141–151; K. Lehmann: *Seinsfrage*, Teil V, Kap. 1 u. 4. In der Formel „Grund des Grundes" liegt bereits Heideggers Kritik am Kausalitätsprinzip der traditionellen Philosophie beschlossen. Denn mit ihr ist angedeutet, daß die erste und letzte Dimension, in der sich das Denken zu bewegen hat, diejenige ist, die sogar noch das „principium rationis sufficientis" in seiner Anwendbarkeit begründet (SvG 18, 27 f.). Diese Dimension kann dann ihrerseits nicht mehr durch dieses Prinzip, dessen Voraussetzung sie ist, erreicht werden. All jenem Sein gegenüber, das im „Machtbereich" des Kausalitätsprinzips steht, ‚ist' sie die Dimension des „Ab-grundes" (Höld 242; N I, 654; VA 80; Gb 63; USpr 13; SvG 93, 185 f., 188) bzw. „Un-grundes" (EM 5). Das besagt nicht, daß Heideggers Seinsfrage mit der Grundfrage überhaupt nichts mehr zu tun hätte. Im Gegenteil (N I, 79–81; Gb 2 f., 62, 88, 92 f.; WM 366; SvG 90–93), aber sie wird nicht mehr verstanden als eine Frage nach dem Seienden (SvG 82, 93) und dessen Absicherung, sondern als Frage nach dem, was Seiendes seinsmäßig entspringen läßt („Ursprung als der gründende Abgrund" [Höld 242]) *im Unterschied* zum Seienden.

hat. Außerdem klang sie ihm nach einer Art „Onto-Theo-logie", die zwar vordergründig von Gott sprach, im wesentlichen aber dieselben Ziele verfolgte wie das gesamte wissenschaftlich-technische Denken neuzeitlicher Prägung.[7] *Drittens* hat sich Heidegger, soweit dies aus dem bisher veröffentlichten Gesamtwerk ersichtlich ist, mit dem Schelling aus der Zeit der „Philosophie der Offenbarung" nie direkt auseinandergesetzt. Worüber er eine ganze Vorlesungsreihe und mehrere Seminare gehalten hat, ist die Freiheitsschrift von 1809.[8] Doch in dieser stehen bekanntlich die Fragen nach dem Verhältnis von positiver und negativer Philosophie beziehungsweise die nach der Grenze des Denkens und der Offenbarung Gottes nicht so im Vordergrund wie in der späteren Münchener und Erlanger Zeit beziehungsweise zu Beginn der Berliner Vorlesungen. Diese Tatsache läßt sich sicherlich nicht darauf zurückführen, daß Heidegger um den späten Schelling etwa nichts gewußt hätte, sondern eben vielmehr darauf, daß die von Schelling gestellte Frage offensichtlich nicht auf seinem Weg lag und ihm in der von Schelling gewählten Form die intendierte Sache selbst zu verstellen schien.[9]

Diese drei Einwände werden sich in der Tat nicht entkräften lassen. Sie können aber in einem anderen Licht erscheinen, wenn man ihnen jeweils einen Gesichtspunkt in Erinnerung ruft, der in der vorliegenden Untersuchung bereits zur Sprache kam: Zum *ersten* Einwand: Der Bruch mit einem Denken setzt eine vorgängige Kontinuität voraus. Ohne diese Kontinuität wäre er nicht nur nicht vorstellbar, sondern auch gar nicht nachvollziehbar. Heideggers Ausstieg aus der abendländischen Metaphysik hat daher das, woraus er aussteigt, zur not-

---

[7] Vgl. ID 49–51, 61f.; WM 330f., 449f. Siehe außerdem O. Pöggeler: *Denkweg,* 155–162.

[8] Vorlesung aus dem Sommersemester 1936 in Freiburg i. Br., veröffentlicht 1971 von H. Feick, gemeinsam mit den Seminarmanuskripten zum gleichen Thema aus den Jahren 1941 bis 1943. Das Buch von A. Jäger (*Gott,* bes. 161–395) ist im innersten Kern ein Kommentar zu Heideggers Schelling-Interpretation.

[9] H. Feick hat in *Index,* 121 die Texte zusammengestellt, in denen Heidegger auf Schelling zu sprechen kommt. Wer diese Texte nachschlägt, kann folgendes feststellen: 1) Heidegger hat sich während seiner ganzen Schaffensperiode vor allem am Schelling von 1809 orientiert. 2) Schelling figuriert bei ihm zumeist in einem Atemzug mit den andern Philosophen der Neuzeit oder des Idealismus. Er wird nicht speziell hervorgehoben. 3) Schelling gilt Heidegger vorwiegend als *ein* Repräsentant des deutschen Idealismus, aber nicht als dessen Überwinder. (Die Angaben ID 16 und Phil 26, 42 bei H. Feick konnte ich nicht verifizieren.)

wendigen Voraussetzung seines Denkens. Seine Philosophie bleibt deshalb auch stets eine post*metaphysische* Philosophie. Analog dazu hieß es vom nachidealistischen Denken, daß es als nach*idealistisches* Denken immer auf das idealistische Denken bezogen bleibe, obwohl es sein Wesen darin habe, eben nicht mehr idealistisch zu sein. Unter dieser Rücksicht wiederum ist es daher gar nicht so abwegig, Heideggers Denken als nachidealistisches Denken zu interpretieren. Zum *zweiten* Einwand: Die bisher gewählte Formel ‚Erfahrung des Denkens an ihm selbst mit seinem Grund' soll überhaupt keine inhaltliche Präjudizien erstellen. Sie hat vielmehr die Funktion einer Programmformel, die dazu helfen soll, sich einen Weg in Richtung auf eine Theorie hin zu bahnen. Was mit ihr inhaltlich gesehen verbunden ist, wird demnach allererst gesucht. Gerade im Bezug auf die Frage nach dem ‚Grund' kann dies nicht genug betont werden. Obwohl also der Begriff des ‚Grundes' im abendländischen Denken eine reiche Tradition hat, so ist mit der Setzung dieses Begriffes im vorliegenden Zusammenhang noch überhaupt nicht darüber entschieden, daß er etwa im Sinne dieser Tradition verstanden werden soll. Die Heideggersche Kritik an der ‚Grund'-Konzeption der abendländischen Metaphysik hat vielmehr immer noch alle Chance, trotz der gewählten Programmformel in unsere Überlegungen Eingang zu finden. Zum *dritten* Einwand: Die Tatsache allein, daß ein Denker einen andern nicht eigens berücksichtigt oder ihn vielleicht nicht einmal kennt, besagt überhaupt nichts gegen die Möglichkeit, daß nicht dennoch ein großer Einfluß des einen Denkers auf den andern besteht, und daß es nicht dennoch um dieselbe Sache geht. Würde dieses Prinzip nicht gelten und sich in der Geschichte des Denkens nicht immer wieder neu bewähren, so wäre es noch viel fragwürdiger, in Husserl einen Exponenten des nachidealistischen Denkens zu sehen als in Heidegger. Denn er hat mit Schelling praktisch überhaupt nichts zu tun gehabt. Da es nun aber einmal so ist, daß die wirklich ernsten und tiefen Fragen der Philosophie zumeist über die einzelnen Denker hinauswachsen und demnach eine Art Eigenleben führen, das ihnen gesattet, in vielfältiger Weise wiederzukehren, das heißt eine gewisse Art von Reinkarnation zu betreiben und das Denken auch dort zu bestimmen, wo dies gar nicht vermutet wird – da dem also so ist, kann auch die prinzipielle Möglichkeit, Heidegger mit dem späten Schelling in Verbindung zu bringen und in ihm den bisher wichtigsten Philosophen des nachidealistischen Denkens[10] zu sehen, nicht apriori von der Hand gewiesen werden. Doch dies ist eine *These*, die es im folgenden zu bewähren gilt.

Eingangs wurde bereits behauptet, daß die Bewährung dieser These sich dann am meisten Erfolg versprechen dürfe, wenn sie von der Frage ausgehe, weshalb Heidegger über Husserl hinausgegangen sei. Damit würde, so hieß es, nicht nur die Kontinuität zur Problematik des nachidealistischen Denkens auf *sachlicher* Ebene deutlich, sondern auch die überragende Bedeutung Heideggers für die Fortentwicklung dieses Denkens. Dies soll nun in zwei Schritten gezeigt werden: *Zuerst* sei auf das Gemeinsame eingegangen, das Husserl und Heidegger verbindet, *danach* komme Heideggers Kritik zu Wort. Ist beides einmal geklärt, so sei eine erste Zwischenbilanz gezogen, die die Wichtigkeit des Heideggerschen Ansatzes für die gesuchte Theorie einer Denkerfahrung mit dem Grund von Freiheit herausstellt.

2. *Heideggers Verhältnis zu Husserl*

a) Die Kontinuität zwischen den beiden Denkern

Wenn es jetzt darum gehen soll, in einigen wenigen Punkten das Gemeinsame der Phänomenologien Husserls und Heideggers darzulegen, so sei deshalb nicht verschwiegen, daß Heidegger einen von Husserl unabhängigen Einstieg in sein philosophisches Denken besitzt. Dieser Anfang fällt nicht in jene Jahre, in denen er die *Logischen Untersuchungen* in die Hand bekam, sondern ist schon kurze Zeit vorher zu suchen, nämlich am Ende seiner Gymnasialzeit, als er das 1862 erschienene Buch *Von der mannigfachen Bedeutung des Seienden nach Aristoteles* von Franz Brentano las.[11] Durch dieses Buch, so betont Heidegger immer wieder (Prol 23, 35 f.; ZSD 81 f., 87; USpr 92; Sem 123 f.), ist ihm jene Frage bewußt geworden, die bis zuletzt sein Den-

---

[10] Es ist wesentlich, bei dieser Behauptung den Begriff des nachidealistischen Denkens im Sinne der *vorliegenden* Untersuchung zu nehmen.

[11] Zu Heidegger und Brentano siehe C. F. Gethmann: *Verstehen*, 32–35; W. Del-Negro: *Brentano*. – Heideggers eigene Hinweise auf die Bedeutung Brentanos für seinen Denkweg sind zwar nicht aufschlußreich, dafür aber häufig. Vgl. neben den im Text angeführten Hinweisen auch Vorwort IX–XI; *Antrittswort*.

ken auszeichnen sollte: die Frage nach dem Sein selbst. Denn wenn nach Aristoteles und seinem Interpreten Brentano das Sein so viele Bedeutungen hat wie Wirklichsein, Möglichsein, Idealsein, Wassein, Dassein, Jetztsein, Hiersein usw., was besagt dann in all diesen Bedeutungen das ‚-sein'?[12] Welches ist der gemeinsame Horizont, der nicht nur das Verständnis dieser jeweiligen Seinsmodalitäten, sondern zugleich auch eine Unterscheidung derselben möglich macht? In einer fast platonischen Ausdrucksweise frägt Heidegger daher in seiner frühen Zeit nach der „Idee" des Seins.[13] Aber das sei an dieser Stelle noch nicht eingehender bedacht. Es genüge festzuhalten, daß Heideggers Weg in die Philosophie unabhängig von Husserl beginnt. Aus diesem Grund ist auch nicht anzunehmen, daß er der Phänomenologie Husserls ohne einen spezifischen Erwartungsprozeß, sozusagen als ‚tabula rasa', begegnet ist.

Andererseits läßt sich wiederum nicht übersehen, daß die Husserlsche Phänomenologie für Heidegger schon von den ersten Veröffentlichungen an eine wesentliche Rolle spielte. Offensichtlich schien sie ihm von Anfang an eine Möglichkeit zu bieten, einer Antwort für seine Frage nach dem Sein selbst näher zu kommen. Daraus jedoch darf man schließen, daß die Phänomenologie Husserls und die Seinsphilosophie Heideggers *wesentliche* Berührungspunkte haben müssen, und daß darüber hinaus die Heideggersche Philosophie für die Problematik des nachidealistischen Denkens mindestens ebenso viel Bedeutung haben muß wie diejenige Husserls. Welches sind nun aber die besagten Berührungspunkte, ohne die nach Heideggers eigener Aussage sein Denken nie das geworden wäre, was es geworden ist? (Vgl. L 24f., 31–88; SZ 51f., 67, 103, 220, 289.) Dazu seien in einer rein äußerlichen Aneinanderreihung und vorläufig ohne jede Differenzierung folgende *vier* Elemente genannt:

1) Grundsätzlich hält Heidegger an Husserls Vorstellung von der phänomenologischen *Anschauung* beziehungsweise *Wahrnehmung* fest. Obwohl er sehr bald schon deren geschichtliche Bedingtheit her-

---

[12] L 64–125; GrPh 24, 169f., 176, 219, 247–251, 291, 319, 323; AdL 191–193; vgl. WM 169f.; Arist 3–48 (bes. 26–33), 213; EM 81f., 86ff., 97–99, 125.

[13] Es sei schon hier vermerkt, daß Heidegger vom Begriff ‚Sein' in späterer Zeit eher abzurücken geneigt war. Er schien ihm offensichtlich die zu bedenkende Sache zu verdekken. Vgl. Herak V 382; VA 221; N II, 338; USpr 109f., 258, 260 Anm. 1; WM 408; ID 27; ZSD 6, 10, 21f.; Sem 104; Herak S 18. Siehe zudem O. Pöggeler: *Denkweg*, 186f.

vorkehrt, geht er doch bis zum Schluß seines Philosophierens immer von Erkenntnisformen aus, die den Anspruch auf *Ursprünglichkeit* erheben können. Das, was sich ursprünglich zeigt, ist das, was er primär aufzulichten sucht. Denn im Bereich des Ursprünglichen und damit des immer schon sich Zeigenden hofft er die „Idee" des Seins zu klären, da diese für ihn etwas ist, was der Mensch von vornherein verstanden hat, um überhaupt in der Wirklichkeit bestehen zu können. Sofern er also in späterer Zeit behauptet, daß die Phänomenologie für ihn ‚nur' ein Durchgangsstadium gewesen sei (Vorwort IX, XIII–XV), so hat er dennoch immer die Grundoption Husserls, nämlich das sich Zeigende in seiner ursprünglichen Erscheinung in Anspruch zu nehmen, beibehalten. Viel von dem, was er später das „wesentliche Denken" (WM 308–311)[14] genannt hat, beweist, daß wichtigste Bestandteile der phänomenologischen Methode in Kraft geblieben sind. Man denke nur an das so wichtige Begriffsfeld von „erblicken", „in den Blick nehmen", „wahr-nehmen", „in die Acht nehmen" usw. Deshalb kann auch für die Theorie einer ‚Erfahrung des Denkens an ihm selbst mit dem vor ihm Kommenden' dieses Element als Charakteristik der Erfahrung des Ursprünglichen beibehalten werden.

2) Keinen Zweifel hegt Heidegger auch daran, daß die menschliche Erkenntnis *intentional* verfaßt ist. Zwar erkennt er schon sehr früh, daß der Intentionalitätsbegriff Husserls viel zu eng ist, da er erstens immer nur Bewußtseinsbeziehungen auf die objektiv gegebene Wirklichkeit betrifft und da er zweitens von den praktischen Dimensionen absieht, die im menschlichen Bewußtsein eine mindestens ebenso wichtige Rolle spielen wie die theoretischen. Aber das ändert nichts daran, daß für ihn ebenfalls das Bewußtsein stets ‚Bewußtsein *von etwas*' (im weitesten Sinne) ist, und dessen Sein daher als ‚Verwiesenheit auf …' begriffen werden muß. Man darf also in dem,

[14] Der Ausdruck „wesentliches Denken" geht, soweit dies aufgrund der bisherigen Veröffentlichungen der Gesamtausgabe gesagt werden kann, vermutlich auf die Freiburger Vorlesungen GbM (1929/1930) und WdF (1930) zurück. In den ersteren ist von der „Wesenserkenntnis" (231) und vom „wesentlichen Fragen" (240) die Rede, in den letzteren hingegen vom „entscheidenden Wesensblick" (133f., 137). In den Hölderlin-Vorlesungen von 1934/1935 findet man den Begriff „Wesensdenken" (Höld 164). N I, 475 spricht sodann vom „wesentlichen Denker" und Erl 60 erwähnt schließlich den Begriff „wesentliches Denken" explizit und vollständig. Vgl. außerdem noch And 7–9, 15, 197; Gb 19; Herak V 3, 117, 119f., 146, 149; Parm 4f., 114 u.ö.

was Heidegger in *Sein und Zeit* als das „Existenzial" des „In-der-Welt-seins" beschrieben hat, nicht nur die Kritik am Intentionalitätsbegriff Husserls sehen. Viel entscheidender ist es, im „In-der-Welt-sein" eine Vertiefung und Erweiterung der Intentionalitätsstruktur zu erkennen.

3) Von fundamentaler Bedeutung für die Heideggersche Suche nach dem Sein selbst wird Husserls Theorie vom materialen Apriori und von der kategorialen Anschauung.[15] Heidegger hat dies noch in späterer Zeit immer wieder betont (ZSD 82–87; Sem 111–117, 119ff.). Die Gründe dafür sind leicht erklärt: Wenn nach Husserl die transzendentalen Bedingungen einer ursprünglichen Anschauung beziehungsweise die fundierenden Elemente der Erkenntnis eines Sachverhalts mit*angeschaut* und mit*verstanden* werden, dann gibt das Heidegger den berechtigten Grund zur Annahme, daß auch das Sein selbst als Bedingung der Möglichkeit von Wirklichkeitserkenntnis überhaupt immer schon mit*angeschaut* und mit*verstanden* wird (Prol 101f.; GrPh 27). Sofern das Sein demnach ein immer schon den Menschen Ansprechendes und ein von diesem zugleich immer schon Verstandenes ist, kann es gemäß der Husserlschen Theorie an jeder ursprünglichen Intentionalität des Bewußtseins *freigelegt* und *ausgelegt* werden. Es wird also primär nicht mittels eigener Reflexionen auf spezifische Bewußtseinsakte, wie etwa auf das Urteil, gewonnen, sondern in dem was *jeder* Bewußtseinsakt immer schon mitanschaut. Wenn folglich Heidegger in *Sein und Zeit* und in den Vorlesungen, die dieses Werk begleitet haben, vor allem von „Seinsverständnis" spricht, so kann das „*-verständnis*" an diesem Begriff nicht stark genug hervorgehoben und deutlich genug bedacht werden. Dieser Begriff führt nämlich einen Wandel der transzendentalen Fragestellung herbei. Denn wenn das „Seinsverständnis" als ein Transzendental begriffen werden darf, so ist es nicht mehr eine reine Struktur oder eine formale Gesetzmäßigkeit, die mittels einer transzendentalen Analyse ans Licht gebracht werden müßte, zudem jeglicher Inhaltlichkeit entbehrte und von vornherein der Aktualisierung durch konkrete empirisch-ontische Vollzüge bedürfte, sondern eine *Erfahrung* mit einem spezifischen *Erfahrungsinhalt.*[16] Das, worauf demnach eine transzendentale Besinnung stößt, ist nicht nur die abstrakte Bedingung einer Erkenntnis-

[15] Vgl. M. Brelage: *Studien,* 210f.

[16] Ebd. 203 (bezüglich Husserl vgl. 122f.).

möglichkeit, von der keinesfalls gesagt werden kann, daß sie immer schon miterkannt und mitverstanden würde, das heißt in einer gewissen Inhaltlichkeit und Materialität mit im Blick sei, sondern eine *Erfahrung*, die in dem, *was* sie erfährt, freigelegt werden kann. Ginge Heidegger nicht von diesem Grundpostulat aus, das er wohlgemerkt von Husserl übernimmt, so könnte er seine zahllosen Seinserörterungen nicht immer wieder damit beginnen, daß er klarlegt, wie notwendig der Mensch je schon mit dem Sein selbst zu tun habe, wie selbstverständlich er damit umgehe und es daher auch irgendwie kennen müsse, wie wenig er jedoch darum explizit Bescheid wisse.[17] Freilich ist jetzt noch nicht darüber entschieden, wie Heidegger sein „Seinsverständnis“ definiert wissen will, ob so wie eben Husserls Begriff der „kategorialen Anschauung“ oder ob so wie dasjenige, was Aristoteles mit den Begriffen ϑιγεῖν und φάναι im Blick gehabt haben mag (L 162–195, bes. 180 f., 189 f.; WdF 104 f.). Aber es steht bereits fest, daß Heidegger in dieser ganzen Frage einen Wesensbestandteil der Phänomenologie Husserls übernimmt, und daß deshalb auch die dabei angesprochenen Elemente einer Theorie der Denkerfahrung mit dem Grund von Freiheit beibehalten werden können.

4) Überraschenderweise folgt Heidegger seinem Lehrer längere Zeit hindurch auch in seinem Bekenntnis zur Transzendentalphilosophie. Obwohl er darüber nicht gerade häufig ausdrücklich spricht (vgl. SZ 51; GrPh 23, 27, 379, 460 f.; Kant 185–188, 200; AdL 281) und das ‚Transzendentale‘ an seinen Untersuchungen auch gleich in einem spezifischen Verständnis interpretiert wissen will (z. B. GrPh 460 f.), so kann doch kein Zweifel darüber bestehen, daß er sich in der Tradition der Transzendentalphilosophie, wie sie in Kant ihren Anfang genommen und in Husserl einen neuen Höhepunkt gefunden hat, zumindest vorerst einordnen will.[18] Er nennt seine Phänomenologie daher auch mit Nachdruck eine „*transzendentale* Erkenntnis“ (SZ 51; vgl. GrPh 379). Wie in Punkt 3) bereits ausgeführt wurde, folgt er dabei mehr der spezifisch Husserlschen Konzeption von Transzendentalphilosophie als etwa der Kantischen oder der neukantianischen.

---

[17] Beispiele: EM 81–83, 87 f., 95 f., 125 f.; Herak V 59–62, 73–85; Gb 23–77.

[18] Vgl. dazu die Untersuchungen von M. Brelage *(Studien)*, C. Fr. Gethmann *(Verstehen)* und K. Lehmann *(Seinsfrage*, Teil II).

Dies gilt zumindest unter der Rücksicht, daß er in Anschluß an Husserl nicht mehr nur Bewußtseinsstrukturen und formale Gesetzmäßigkeiten des Denkens herausanalysiert, sondern ursprüngliche Erfahrungen mit Erfahrungsinhalten freilegt. Insofern ist es zweifellos auch konsequent, daß er seine Transzendentalphilosophie *Hermeneutik* nennt (SZ 50f.). Hermeneutik bedeutet im ursprünglichen Sinn ‚Auslegung'. Genau das soll auch angesichts der ursprünglichen Bewußtseinserfahrungen geschehen. Was immer schon erfahren wird, soll aus den Verschüttungen und Verstellungen frei- und ausgelegt werden.

Diese vier Punkte, die das Kontinuitätsverhältnis zwischen Heidegger und Husserl beleuchten sollten, umfassen freilich nicht alle Gemeinsamkeiten dieser beiden Philosophen. (Man denke zum Beispiel an Husserls Begriff der „Lebenswelt" und an Heideggers Begriff von „Welt" und „In-der-Welt-sein".) Aber es ist für die vorliegende Untersuchung und ihr Ziel nicht entscheidend, in dieser Frage Vollständigkeit anzustreben. Sie darf sich darauf beschränken, dasjenige zu behandeln, was im Hinblick auf eine Theorie der Erfahrung mit dem Unvordenklichen von Wichtigkeit ist. Das bedeutet natürlich nicht, daß nicht bei Gelegenheit auf den einen oder andern Punkt bei Husserl verwiesen werden muß. Aber vorläufig dürfen die eben erörterten vier Punkte bezüglich des Gemeinsamen, das Husserl und Heidegger verbindet, genügen. Es muß daher jetzt zu dem übergegangen werden, was sie von Anfang an trennt.

b) Heideggers Kritik an Husserl

Will man Heideggers Kritik an Husserl verstehen, so kann man von dem ausgehen, was im vorhergehenden Kapitel bereits kritisch zu den Gedankengängen Husserls angemerkt worden ist. Dabei ging es vor allem um *zwei* Gesichtspunkte: Der *eine* betraf die Konzeption der Phänomenologie als Transzendentalphilosophie. Diesbezüglich wurde festgestellt, daß sich die tragende Instanz der transzendentalen Bewußtseinsleistungen, das transzendentale Ego, als ein fragwürdiges Postulat enthüllt, sofern sie ihrerseits konstituiert ist durch ein Anderes, das nicht sie selbst ist. Sie hat sich demnach als endlich offenbart. Der *zweite* Gesichtspunkt wurde noch nicht ‚in extenso' verfolgt und kam eher bloß anmerkungshaft zur Sprache. Er ist aber nicht weniger wichtig, da er nicht nur ebenfalls zur Entwirklichung des transzendentalen Ich beiträgt, sondern letztlich einen Wandel der gesamten Phänomenologie nach sich zieht. Bei ihm handelt es sich um das Faktum, daß die Methode der Einklammerung, das heißt des Absehens vom Sein, nicht für alle Bereiche der Wirklichkeit durchführbar ist. So sind zum Beispiel jene Wirklichkeitsdimensionen, die in den praktischen Akten erschlossen werden, wie etwa die Einklammerung selbst einer ist, prinzipiell nicht durch eine Einklammerung in ihrer Ursprünglichkeit zugänglich. Deshalb kann das Sein, so durfte geschlossen werden, zum Verständnis zumindest dieser Bereiche nicht ganz unwesentlich sein.

Verfolgen wir zunächst den ersten der beiden Gesichtspunkte: die Endlichkeit des transzendentalen Subjekts. Erinnern wir uns daran, daß der späte Schelling die Endlichkeit der Vernunft, das heißt ihre Ohnmacht und ihre Verwiesenheit auf ein vor ihr Kommendes, am Faktum der „Existenz“ beziehungsweise des „bloßen Seyns“ nachgewiesen hat. Dieses Faktum des Seins oder des „Daß“ wird die Vernunft nicht nur bezüglich ihrer Gegenstände nicht mächtig, die nicht sie selbst sind, sondern gemäß idealistischem Verständnis von Vernunft vor allem auch bezüglich ihrer selbst. Das Sein der Wirklichkeit überhaupt, das sie nicht aus sich zu konstituieren vermag, ist primär und letztlich das Sein ihrer selbst. Die Vernunft selbst *ist* also. Und zwar ist sie so, daß sie sich selbst nicht als notwendige Wirklichkeit setzen kann, die jeder Möglichkeit mächtig ist, das heißt also absolute Freiheit. Dadurch ist sie endlich, und aus demselben Grund ist das Sein für sie ein Stempel der Vorgegebenheit, sofern es im Bezug auf die Möglichkeit, die ihm gegenüber einen Überschuß bewahrt, nicht notwendig ist.

Man könnte nun hingehen und bei Heidegger verwandte Gedankengänge suchen. Dabei würde man sehr bald feststellen, daß es durchaus Entsprechendes zu finden gibt. So betont Heidegger immer wieder, daß das Denken selbst *ist*: „Was ist aber das, was da bestimmt werden soll: der Zugang zu, die Erfahrung von, das Hinsehen auf, das Ansprechen als, das Begreifen und Verstehen als? Sind nicht solche Weisen des Zugangs und der Erfahrung selbst schon Seiende?“ (Prol 197) „Das Denken des Gedachten *ist* doch, und was ist das für ein Sein? Das Sein dieser seienden Einheit des Realen-Idealen?“ (L 91) „Das Fragen selbst hat als Verhalten eines Seienden, des Fragers, einen eigenen Charakter des Seins." (SZ 7, vgl. 81 f., 266, 281 u.ö.) „Wahrnehmung ist selbst etwas, das ist, ein Seiendes ... Wahrnehmung als *Wahrnehmen* kann nicht gleichgesetzt werden mit Existenz." (GrPh 64) Wie verhalten sich Denken und Sein zueinander, „ganz abgesehen davon, daß das Denken selbst ein Seiendes ist und als solches sich auf Seiendes richtet" (AdL 26)?[19] Diese Zitate deuten bereits an, was noch genauer zu bedenken sein wird, daß nämlich für Heidegger das Verhältnis des Denkens zu seinem Gegenstand, die Intentionalität also, ein *Seins*verhältnis darstellt.[20]

Aber vorerst noch abgesehen davon: Man könnte die Suche nach Überlegungen, die sich um den Fragenkomplex ‚Abgründigkeit des transzendentalen Ich', ‚Sein' und ‚Endlichkeit' drehen, weitertreiben und auf folgendes stoßen: Heidegger verbindet seine Frage nach dem Sein selbst sehr bald schon mit der Frage nach der Endlichkeit der menschlichen Vernunft. Überraschenderweise und für die vorliegende Untersuchung höchst bemerkenswerterweise wird ihm dies anläßlich seiner Vorlesungen *Phänomenologische Interpretation von Kants Kritik der reinen Vernunft* aus dem Wintersemester 1927/1928 und dem Buch *Kant und das Problem der Metaphysik* aus dem Jahr 1929, das in unmittelbarer Nachfolge zu den genannten Vorlesungen entstanden ist, bewußt.[21] Völlig anders als in *Sein und Zeit*,[22] woran er nach eigener Aussage (USpr 95) seit 1923 arbeitete, expliziert er somit das Problem der Endlichkeit der Vernunft an einer Philosophie, die in unmittelbarer Nachbarschaft zum deutschen Idealismus steht (vgl. KM 28 f., 71 f., 74–81).[23] Ganz ähnlich wie der späte Schelling begnügt er sich

[19] Von besonderer Wichtigkeit ist diese Fragestellung in der Vorlesung *Was ist Metaphysik?* aus dem Jahre 1929, wo ebenfalls häufig betont wird, daß der Mensch von der Seinsfrage bzw. von der Frage nach dem Nichts selbst in Frage gestellt wird. Siehe WM 103, 109 f., 111 f., 118, 121 f. Nicht anders steht es in den gleichzeitig abgehaltenen Vorlesungen GbM 13, 20, 30 f., 82, 86, 115 f., 204 f., 207 f., 209 f. Vgl. aber auch EM 5–7, 15, wo davon die Rede ist, daß die *Frage* nach dem Sein *selbst* in Frage steht, und Gb 65 f., wo mit aller Deutlichkeit betont wird, daß auch das Denken *ist*.

[20] Vgl. M. Brelage: *Studien*, 201 f.

[21] Zu Heideggers Kantinterpretation siehe D. Henrich: *Einheit;* K. Lehmann: *Seinsfrage*, Teil V, Kap. 2; E. Coreth: *Heidegger und Kant*, in: Joh. B. Lotz (Hg.): *Kant*, 207–255; W. Stegmüller: *Hauptströmungen* I, 177–188; W. J. Richardson: *Heidegger*, 106–160; H. Hoppe: *Wandlungen in der Kant-Auslegung Heideggers*, in: V. Klostermann (Hg.): *Durchblicke*, 284–317.

[22] Vgl. SZ 436–438, 507–510, 561 f.

[23] Vgl. ebd. 82–88, 135 f., 155–175, 195–222 u.ö.; WM 167, 173–175; GbM 8 f., 12, 252 f. u.ö.; Hegel 55 f., 92, 106.

in dieser Auseinandersetzung ebenfalls nicht mit der Konstatierung, daß die Vernunft als Seiendes sich selbst zukommt,[24] sondern gemeinsam mit Kant fragt er nach der letzten Bedingung der Möglichkeit von Vernunft.[25] Mit ihm gemeinsam sucht er nach der „Wurzel" (Kant 277, 286 f.),[26] nach der ‚Quelle' (Kant 276–281, 282 ff.) oder nach dem „Quellgrund" (KM 21, 33 ff., 190, 194) von Sinnlichkeit und Verstand, das heißt nach dem Ursprung der beiden Grundstämme des menschlichen Erkennens. Konsequenterweise nennt er diese Frage nach der „Grundquelle des Gemüts" (Kant 276 ff.), diesen „Rückgang in den Ursprung" (KM 128), dann auch „Ursprungsaufhellung" (Kant 218 f., 241–246), „Enthüllung der Ursprungsdimension" (Kant 385 f., 403 ff.) und „Umgrenzung des Ursprungsortes überhaupt" (Kant 304, vgl. 303–305), aus dem jeder menschliche Wirklichkeitsbezug erwächst. Er schwingt hier also völlig in jene Fragebewegung ein, die in Anschluß an Schelling als spezifisch nachidealistische charakterisiert worden ist.[27] Diese Feststellung ist für die vorliegende Untersuchung vorerst viel wichtiger als die sonstigen Ergebnisse der Heideggerschen Auseinandersetzung mit Kant, daß dieser nämlich „das Hineinfragen in die Subjektivität des Subjektes" (KM 208) nicht weit genug geführt habe, daß er es verabsäumt habe, das Verhältnis von transzendentaler Apperzeption und Zeit als apprehensiver Synthesis genauer zu bedenken (Kant 347–349, 393 f., 399, 419–431), daß er die „produktive Einbildungskraft" als „Wurzel" von Verstand und Sinnlichkeit (Kant 335–356, 404–431)[28] in der 2. Auflage der *Kritik der reinen Vernunft* zugunsten des Verstandes zurückgesetzt habe (161 f.) und dadurch vor der entscheidenden Ursprungsfrage bezüglich der menschlichen Vernunft zurückgewichen sei (KM 161, 208 f.).

---

[24] Diese Formulierung ist im Lichte von SZ (z. B. 181–183, 377–379) nur mit Vorsicht zu genießen. Im Hinblick auf spätere Schriften jedoch, wo das Sein selbst als „das Werfende" (WM 337, 342) bestimmt wird, das den Menschen in die Geworfenheit wirft, ist sie durchaus gerechtfertigt. Vgl. W. Schulz: *Über den philosophiegeschichtlichen Ort …*, a. a. O. (Anm. 2) 101 f.; K. Lehmann: *Seinsfrage*, 570 ff.

[25] Vgl. C. F. Gethmann: *Verstehen*, 119 f.

[26] Vgl. KM 35, 132–136, 150, 155, 171, 189 ff.

[27] Das in Heidegger die neuzeitliche Philosophie *selbst* an ihr Ende gekommen ist, betonen außer W. Schulz (*Über den philosophiegeschichtlichen Ort …*, a. a. O. [Anm. 2] 97–100, 106, 112, 116, 136) C. Fr. Gethmann (*Verstehen*, 80, 103, 120, 132, 143, 145, 155 u. ö.) und H. Rombach (*Gegenwart*, 71–116).

[28] Vgl. KM 59–62, 85 ff., 98 ff., 122–197, 198 ff.

Mit dem bisher Gesagten würde sich nun aber die Philosophie Heideggers von der des späten Schelling noch wenig unterscheiden. Denn alles das, was eben aufgezeigt wurde, findet sich auch, wenn auch in anderer Form, bei diesem. Es hat folglich eher einen bestätigenden als einen weiterführenden Charakter. Deshalb ist es jetzt notwendig, nach dem zu fragen, was Heidegger über Schelling und Husserl hinaus in die Problematik des nachidealistischen Denkens eingebracht hat. Geklärt werden muß also jener Gedanke, der Heidegger zum vorläufig wichtigsten Exponenten der nachidealistischen Philosophie gemacht hat. Denn erst wenn er an Klarheit gewinnt, kann auch das Ziel der vorliegenden Untersuchung verfolgt werden, nämlich nach *Heideggers* Theorie des „Hineinfragens in die Subjektivität des Subjekts“ [29] zu suchen.

Der weiterführende Gedanke, um den es jetzt gehen soll, hat bereits gelegentlich Erwähnung gefunden. Er liegt sowohl in der Frage, die der junge Heidegger sich in Anschluß an die Aristoteles-Untersuchung Brentanos gestellt hat, als auch in Husserls Theorie der kategorialen Anschauung, dergemäß die Bedingungen der Möglichkeit einer Erkenntnis im aktuellen Erkennen mitangeschaut und mitverstanden werden. Man kann ihn folgendermaßen beschreiben: Das Sein, auf das die Vernunft an ihr selbst stößt, und auch das Sein der Gegenstände, das Husserl meinte einklammern zu können, ‚ist‘ nicht bloß ein ‚factum brutum‘ oder ein Stempel der Endlichkeit, an dem das Denken abprallt, weiters nicht bloß jenes reine Existieren oder Vorkommen, von dem die nachmittelalterliche Schulphilosophie gesprochen hat (GrPh 108–158; N II, 410–420), oder dasjenige, was bei Kant die Bestimmung der bloßen „Position“ erfahren hat (GrPh 35–107), die mit der Inhaltlichkeit eines Seienden gar nichts zu tun hat (GrPh 45–57; Kant 310ff.; KM 83f.; WM 450–452),[30] und

[29] Vgl. N I, 560: „Aber welcher Art ist dieser Rückgang? Das Erkennen wird aus seiner Herkunft und aus ‚Bedingungen‘ erklärt, das Erkennen wird zu einem Erklärten und *Erkannten.* Wird es dadurch erkennender, fügt es sich der Herrschaft seines eigenen Wesens? Ist der Rückgang ein solcher, der Erkennen in seine eigene Wesenshelle zurückstellt? Oder wird es durch diesen erklärenden Rückgang dunkler? So dunkel, daß jedes *Licht,* jede Spur vom Wesen des Erkennens erlischt? Ist vielleicht das Erkennen des Erkennens jeweils das Wagnis eines folgenreichen Schrittes, den in Jahrtausenden einmal Einer vollzieht, indem er in ein Ungefragtes vorangeht?“

[30] Dies ist gegen W. Franzen zu sagen, der versucht, Heideggers Seinsbegriff auf den traditionellen zurückzuführen (vgl. *Existenzialontologie,* 11–16, bes. 11ff.). Es muß

schließlich auch nicht bloß ein substantiviertes Verb oder Partizip,[31] das mit Hilfe von Urteilsanalysen ans Licht gebracht wird, oder gar der allgemeinste, erste und höchste Gattungsbegriff, der aufgrund von Abstraktionen gewonnen werden könnte (Prol 129–159; SZ 4f.; Arist 36–44), sondern ein ‚etwas', das *verstanden* wird (Prol 193f.). Denn wenn es, wie Brentano durch seine Aristoteles-Interpretation deutlich gemacht hat, so ist, daß die mannigfaltigen Weisen des Seins sich nur dann in ihrer Mannigfaltigkeit zeigen können, wenn es einen von diesen Seinsarten unterschiedenen Horizont des Seins selbst gibt, kraft dessen sie auch voneinander abheben können, so folgt daraus mit Notwendigkeit, daß nicht nur der letzte Horizont des Seins selbst, sondern auch die jeweilige Seiendheit, die die Besonderheit einer bestimmten Seinsweise ausmacht, *verstanden* wird. Wie gäbe es sonst eine sinnvolle Unterscheidung der diversen Seinsweisen oder eine sinnvolle Rede von der mannigfachen Bedeutung des Seins? Dazu kommt dasjenige, was Husserl über die kategoriale Anschauung gesagt hat: Sofern das Sein selbst Voraussetzung dafür ist, daß überhaupt eine jeweilige Seinsart erkannt werden kann, das Realsein, das Idealsein, das Gegenstandsein, das Ichsein, das Gedachtsein, das Existierendsein usw. – wenn dem also so ist, dann wird auch es gemäß der Husserlschen Theorie *verstanden.*

Was folgt daraus? Akzeptiert man, was bezüglich des transzendentalen Ego festgestellt wurde, was aber natürlich auch für jeden Gegenstand gelten muß, der von ihm konstituiert wird, daß es nämlich *ist,* und anerkennt man weiters, daß es völlig müßig ist, über irgendetwas reden, an irgendetwas ein Wesen herausheben oder von irgendetwas eine Eigenschaft abstrahieren zu wollen, wenn es vorerst nicht *ist,* so bedeutet dies nicht nur, daß das Sein selbst die Bedingung der Möglichkeit dafür bereitstellt, daß ein beliebiges Seiendes überhaupt ist,

---

Franzen allerdings zugestanden werden, daß Heidegger in seinen frühen Schriften dem Seinsbegriff als solchem wenig Beachtung schenkt und ihn *deshalb* dem traditionellen Verständnis noch nicht entrissen hat. Beweis dafür sind z. B. die Erörterungen über das „ist" als Copula im Urteil (FS 69f., 74f., 76–78, 175f., 177ff., 181f., 268–270, 381–390 u. ö.; vgl. K. J. Huch: *Voraussetzungen,* 13–20). Sie gehen über das, was die abendländische Logik diesbezüglich hervorgebracht hat, noch nicht hinaus. Doch deshalb ist die Konklusion Franzens, daß Heidegger seinen Seinsbegriff *überhaupt nicht* dem traditionellen Verständnis entrissen habe, keineswegs möglich.

[31] Vgl. bes. Th. W. Adorno: *Jargon,* 80 Anm.; ders.: *Dialektik,* 92, 106f. – Zur Beziehung Heidegger-Adorno vgl. H. Mörchen: *Macht;* ders.: *Adorno.*

sondern vor allem auch, daß es überhaupt angeschaut und verstanden werden kann.[32] Folglich kann gesagt werden, daß ein Seiendes erst dann als solches, das heißt in seiner Wahrheit, erscheint, wenn es sich in seinem Sein zeigt (Prol 148–152).

Bedenkt man dies, so wird auf der Stelle offenkundig, daß Heidegger Husserls Vorstellung von der phänomenologischen Reduktion auf die reine Bewußtseins-Phänomenalität, das heißt also die Einklammerung des Seins eines Gegenstandes zugunsten seines reinen Wesens, nicht akzeptieren kann.[33] Der Grund dafür liegt nun nicht mehr bloß darin, daß es Wirklichkeitsdimensionen gibt, die nicht eingeklammert werden dürfen, wie z. B. die menschliche Existenz, sondern vor allem darin, daß ein Seiendes – welcher Art auch immer – nur dann in seiner Ursprünglichkeit erscheinen kann, wenn es sich in seinem Sein zeigt. Geht Husserl somit hin und abstrahiert vom Sein eines Seienden, um es dadurch in seinem ursprünglichen Sichzeigen ideativ vor sich stellen zu können, so tut er damit das Gegenteil von dem, was er eigentlich tun müßte, nämlich sich auf das Sein zu besinnen (Prol 98–118, 140–159, 178 ff.). Außerdem kommt er vom Sein auch mit Hilfe der von ihm postulierten Einklammerung gar nicht weg. Denn das, was er durch diese erreicht, ist ebenfalls ein Sein. Im Unterschied zum Realsein oder Existierendsein eines Gegenstandes ist es wohl sein Idealsein oder sein Vorgestelltsein, aber deshalb immer noch ein Sein. Er vermag demnach der Aufgabe, das je schon erfolgte Verständnis vom Sein klären zu müssen, durch keinen seiner methodischen Schritte zu entkommen.

Die Konsequenz, die sich aus diesem Gedankengang ergibt, ist keine geringere als die, daß damit die wesentlichsten Positionen der

---

[32] Um jedes Mißverständnis zu vermeiden, sei festgehalten: ‚Sein selbst' bezeichnet das Sein in seiner ontologischen Differenz gegenüber dem Seienden *und* dem Seienden in seinem Sein (bzw. in seiner Seiendheit). ‚Seiendheit' hingegen bezeichnet die Differenz zwischen dem Seienden und dessen Sein. Vgl. M. Müller: *Existenzphilosophie*, 67 f.; C. Fr. Gethmann: *Verstehen*, 41–45; Fr. W. v. Herrmann: *Subjekt*, 66–69, 78 f.; ders.: *Selbstinterpretation*, 116 f., 202 f.

[33] Wie schon aus den Anm. zum Kapitel B, I über Husserl ersichtlich wurde, hat Heidegger in seinen Marburger Vorlesungen von 1925/1926 (Prol 34–182; L 31–182) Husserls Denken dargestellt und gewürdigt. Die Beschäftigung mit Husserl ist jedoch schon im Artikel *Neuere Forschungen über Logik* von 1912 (FS 17–43, bes. 19 f., 30, 38 ff.), in der Dissertation *Die Lehre vom Urteil im Psychologismus* von 1914 (FS 117–124, 160–187) und in der Habilitationsschrift *Die Kategorien- und Bedeutungslehre des Duns Scotus* von 1915/1916 (FS 272–280, 284–289, 293–297, 299, 304–341 u. ö.) deutlich greifbar.

Husserlschen Phänomenologie und besonders derselben als Transzendentalphilosophie zusammenbrechen.[34] Denn jetzt hat sich herausgestellt, daß *erstens* an die Stelle des transzendentalen Ego endgültig das Sein selbst tritt, daß *zweitens* die Intentionalität ein Seinsverhältnis ist, daß *drittens* der Sinn von Phänomenalität und folglich auch von Wahrheit ein neuer wird und daß *viertens* schließlich der Begriff der Transzendentalphilosophie eine entscheidende Modifikation erfährt. Vier Überlegungsschritte mögen dies in einigen wenigen Zügen erläutern:

1) Daß das transzendentale Ich nicht die letzte Instanz einer Sinnkonstitution sein kann, ist nun schon wiederholt betont worden. Durch die eben angestellten Überlegungen ist jetzt aber deutlich geworden, warum dem so sein muß, und weshalb an die Stelle des transzendentalen Ich das Sein selbst tritt. Das transzendentale Ich kann nicht die letzte Instanz der Sinnkonstitution sein, weil es selbst *ist* und folglich sowohl in seinem Dasein als auch im Verstehen seiner selbst sich selbst zukommt (Prol 140–148). Da dasjenige, wodurch es sich als seiend zuwächst, das Sein selbst ‚ist', nimmt dieses seinen ursprünglichen Platz ein. Es allein ‚ist' ab jetzt der Grund dafür, daß überhaupt etwas sein und verstanden werden kann. Es findet also eine Ablöse auf dem Thron der transzendentalen Konstitutionsinstanz statt. Der Husserlsche „Idealismus und die idealistische Fragestellung ... im Sinne des Neukantianismus" (Prol 145; vgl. AdL 167), die so häufig an den subjektiven Idealismus Fichtes erinnert,[35] ist endgül-

---

[34] Zum Verhältnis Heidegger-Husserl vgl. L. Landgrebe: *Husserls Phänomenologie ...*, a.a.O. (B, I/Anm. 1) 28–39; E. Fink: *Philosophie als Überwindung der Naivität*, a.a.O. (B, I/Anm. 72) 108–126; ders.: *Zum Problem der ontologischen Erfahrung*, a.a.O. (B, I/Anm. 11) 127–138; W. Biemel: *Husserls Enzyclopedia-Britannica-Artikel ...*, a.a.O. (B, I/Anm. 72) 308–315; K. Lehmann: *Seinsfrage*, Teil I–II; O. Pöggeler: *Denkweg*, 67–80; M. Brelage: *Studien*, 104–126, 188–229; E. Tugendhat: *Wahrheitsbegriff*, 262–264, 266ff., 269–271, 298f. u.ö.; C. Fr. Gethmann: *Verstehen*, 45–52, 81f., 87–93, 102–109, 123–126, 135–141, 146–151, 173–175, 186f., 220–222, 231–233, 234ff., 242–253; W. Fr. v. Herrmann: *Subjekt*, 15–20, 44–65; ders.: *Kunst*, 36–41, 184–188; ders.: *Phänomenologie.*

[35] Der Vergleich Husserl-Fichte wird vor allem von J. M. Broekman *(Phänomenologie)* und C. Fr. Gethmann *(Verstehen)* gezogen. Auch M. Brelage *(Studien*, 121) verweist einmal auf Fichte. Geht man von dieser Verwandtschaft zwischen Husserl und Fichte aus, so kommt es vielleicht nicht von ungefähr, daß Heidegger in Schell 227f. sein Buch SZ ausgerechnet von der Philosophie Fichtes abhebt.

tig überwunden. Mag Heidegger sogar selbst[36] kurze Zeit hindurch mit der idealistischen Konzeption eines absoluten geschichtlichen Geistes sympathisiert haben, so ist auch dies ein für allemal vorbei.[37]

2) Wenn das Bewußtsein selbst *ist* und zu seiner eigenen Selbstkonstitution der Bestimmung durch das Sein selbst bedarf, dann ist die Intentionalität nicht nur eine Seinsstruktur, sondern vor allem keine bloß bewußtseinsimmanente Struktur mehr (GrPh 78–94, 219–224, 225 ff.). Heidegger will mit dieser Konsequenz keineswegs einem Objektivismus vorneuzeitlicher Prägung oder einem Realismus nach der Vorstellung von Nicolai Hartmann (zum Beispiel) das Wort reden. Er will jedoch genausowenig mit Husserl sagen, daß die Intentionalität vom Bewußtsein allein getragen und eröffnet werde. Keine der beiden Seiten, weder der Gegenstand noch das Bewußtsein, kann ja mit dem Sein selbst identifiziert werden, da beide unter der Bestimmung desselben stehen. Deshalb muß die Intentionalität als solche auf das Sein selbst hin und vom Sein selbst her gesehen werden (Prol 145–182; GrPh 77). Es allein ‚ist' dasjenige, was das Seinsverhältnis ‚Intentionalität' trägt und einleitet.[38] Durch es wird nicht nur möglich, daß ein Seiendes überhaupt ist, sondern ebenso sehr, daß es einem Erkennen, das wohlgemerkt selbst ein Seiendes ist, erscheinen kann.[39] Jede Begegnung also zwischen einem Seienden in seinem Gegenstandsein und seinem Erkanntsein steht unter der vorgängigen Verfügung durch das Sein selbst, das sich von jeder konkreteren Seinsweise prinzipiell unterscheidet.

3) Wenn es das Sein selbst ist, das den ursprünglichen Sinn eines

---

[36] Vgl. FS 407 f. Siehe ebenso M. Brelage: *Studien*, 194–198; K. Lehmann: *Metaphysik*, 344–351.

[37] Zum Verhältnis Heidegger-Hegel: J. van der Meulen: *Heidegger;* E. Coreth: *Problem;* ders.: *Verhältnis.*

[38] Diese Frage, wie Intentionalität als solche möglich sei, d. h. wie das „Zwischen" zu denken sei, das sich zwischen dem erkennenden Subjekt und dem erkannten Objekt aufspannt bzw. das „Offene" bewältigt werden könne, das einen intentionalen Bezug überhaupt erst möglich macht, durchzieht Heideggers Denken von Anfang bis zum Schluß. Vgl. u. a. WM 184–186, 201, 350; FD 188 f.; Arist 202, 206 f.; Schell 63 f.; HW 39 f.; N I, 177 ff., 528, 534 f., 551, 554; II, 13, 20, 138; Erl 148; Herak V 168–171; ZSD 71–73, 80.

[39] In der Herausarbeitung dieser Theorie ist Heideggers Beschäftigung mit E. Lask, H. Lotze und Th. Lipps von Bedeutung. Vgl. FS 32 ff., 125–159, 169–179, 269 f., 280; L 64–88; SZ 133, 207, 284 f., 289 Anm.; GrPh 282–286; siehe außerdem M. Brelage: *Studien*, 191–196; C. Fr. Gethmann: *Verstehen*, 35–41; K. Lehmann: *Metaphysik*, 337 ff.; K. J. Huch: *Voraussetzungen*, 13–20.

Seienden konstituiert, dann kann die Phänomenalität eines Phänomens weder mehr darin bestehen, daß dieses ein Sichzeigendes in seiner primären Gegebenheit für das Bewußtsein anzeigt, noch darin, daß es eben diese Gegebenheit eines Sichzeigenden als transzendentale Leistung des Bewußtseins enthüllt. Denn das Bewußtsein, das selbst ein Seiendes ist, ist seinerseits der Konstituierung durch das Sein selbst bedürftig (GrPh 87 ff.). Folglich bedeutet ‚Phänomen' von jetzt an, daß sich ein Seiendes in seinem Sein zeigt. Doch wann, wo und wie zeigt sich ein Seiendes in seinem Sein? Offensichtlich dann, wenn ein Verständnis um die Idee von Sein selbst herrscht, denn nur dann kann auch das jeweilige Sein eines Seienden, seine „Seiendheit", wie Heidegger sagt, bestimmt werden. Das Verständnis von Sein selbst, wo wird es gewonnen? Nirgends anders als am Seienden selbst (WM 133 f.). Dieses nämlich *ist* und deutet durch dieses sein Sein auf das Sein selbst hin. So wird also das Seiende ursprünglich verstanden, wenn ein Wissen um das Sein selbst besteht, und umgekehrt wird das Wissen um das Sein selbst gewonnen, wenn sich das Seiende als das zeigt, was es ist. Dieser *Zirkel* könnte auf den ersten Blick ein bloßer ‚circulus vitiosus', als ein Widerspruch in sich selbst, erscheinen. Doch das ergibt nur der erste Blick. Denn das, was er *eigentlich* sichtbar macht, ist die spezifische Form des Sichzeigens eines sich Zeigenden, das die Bedingungen der Möglichkeit dieses Sichzeigens selbst mitbringt und durch nichts anderes mehr konstituiert wird als durch sich selbst. Sein Sichzeigen kann folglich nur mehr von ihm selbst her erfolgen. Dort, wo es aber erfolgt, erscheint es, wie Heidegger bewußt sagt, „an ihm selbst". Und genau darin besteht auch die Phänomenalität eines Sichzeigenden, das heißt sein *ursprüngliches* Erscheinen. Phänomen bedeutet demnach „das an ihm selbst offenbare Seiende selbst" (Prol 112 [bei H. kursiv]). „Als Bedeutung des Ausdrucks *‚Phänomen'* ist daher *festzuhalten:* das *Sich-an-ihm selbst-zeigende,* das Offenbare." (SZ 38) Es „meint daher eine Begegnisart des Seienden an ihm selbst, sich selbst zu zeigen" (Prol 112 [bei H. kursiv]). In Konsequenz dazu ist die Phänomenologie als „Methode der wissenschaftlichen Philosophie überhaupt" (GrPh 3 [bei H. kursiv], vgl. 27 f., 466 f.; Prol 184) die *„Interpretation des Seienden auf sein Sein hin"* (Prol 423). Im Unterschied zu allen andern Wissenschaften, die ebenfalls alle mit dem Sein zu tun haben (SZ 12–15), ist sie *die* Wissenschaft vom Sein (GrPh 466–469). Umgekehrt ist auch „Ontologie... nur als Phänomenologie möglich" (SZ 48[bei H. kursiv]; vgl. Prol 98). Die phänomenologische Reduktion, mittels derer Husserl in die Sphäre des reinen Bewußtseins vorstoßen wollte, wird jetzt die „Zurückführung des Blickes vom Seienden zum Sein" (GrPh 29). Schließlich wird sogar das anschaubare Apriori zu einem „Titel des Seins" (Prol 101 [bei H. kursiv]). Es ist „an ihm selbst... direkt erfaßbar" und demnach ein „Charakter der Aufbaufolge im Sein des Seienden, in der Seinstruktur des Seins" (Prol 102 [bei H. kursiv]).[40]

Der Wandel, der sich in der Definition von ‚Phänomen' und ‚Phänomenologie' vollzieht, betrifft zwangsläufig auch das Verständnis von Wahrheit. Husserl behandelte dieses Problem sozusagen ‚innerintentional', das heißt bewußtseinsimmanent. Wahrheit bedeutete für ihn Evidenz. Evidenz jedoch begriff er aus dem Verhältnis von ‚intentio' und ‚intentum'. Adäquate Evidenz und damit eigentliche Wahrheit lag für ihn dort vor, wo ‚intentio' und ‚intentum' zur Deckung kommen, das heißt das ‚intentum' adäquat angeschaut wird, inadäquate Evidenz und damit unvollständige Wahrheit hingegen dort, wo die Deckung nur partiell erfolgt (Prol 69–71).[41] Nach Heidegger befindet sich Husserl mit dieser Theorie in guter Gesellschaft mit der gesamten abendländischen Philosophie seit Platon und Aristoteles (L 31–125). Diese sprach zwar nicht von Bewußtseinsintentionalität, sondern von Urteil und Aussagesatz, doch das läuft insofern auf dasselbe hinaus, als Urteil und Aussagesatz genauso wie das Bewußtsein als ganzes selbst *sind* und daher niemals letzte Instanzen für den Anspruch von ursprünglicher Wahrheit sein können. Sie bedürfen vielmehr ihrerseits der Bewahrheitung durch das Sein selbst, da sie durch dieses allererst ermöglicht und eröffnet sind.[42] Daß die abendländische Philosophie diesen Sachverhalt nicht wahrhaben wollte, ist die Ursache dafür, daß sie das *Worin* des Erscheinens von Wahrheit mit dieser selbst verwechselte (vgl. SZ 38–42; Prol 113). Daher meinte sie

---

[40] Vgl. N II, 214–217.

[41] Zu dem angesprochenen Themenkomplex vgl. auch Hegel 28–32, 34f.

[42] Vgl. WM 375: „Das Bewußtsein ... schafft weder erst die Offenheit von Seiendem, noch verleiht es erst dem Menschen das Offenstehen für das Seiende. Wohin und woher und in welcher freien Dimension sollte sich denn alle Intentionalität des Bewußtseins bewegen, wenn der Mensch nicht schon in der Inständigkeit sein Wesen hätte? Was anders kann ... das Wort ‚-sein' in den Namen ‚Bewußtsein' und ‚Selbstbewußtsein' nennen als das existenziale Wesen dessen, das ist, indem es existiert?"

irrtümlich, daß das Bewußtsein jenes Letzte sei, das die Wahrheit ausweise.

Wie aber wird ausgewiesen? Nicht anders als so, daß ‚mittels' einer ‚Wahr-nehmung' entdeckt wird, daß das Seiende, welches wahrgenommen wird, dasselbe Seiende ist wie das, das in der Aussage ausgesagt wird. Doch werden dabei Vorstellungen miteinander verglichen? Wird dabei eine Übereinstimmung konstatiert zwischen Erkennen und Gegenstand? Stößt hier ein Bewußtseinsinhalt auf einen andern? Keineswegs. Im Hinblick auf das Seiende selbst in seinem Sein zeigt sich dieses „*so, wie* es an ihm selbst ist, das heißt, daß *es* in Selbigkeit so ist, als wie seiend *es* in der Aussage aufgezeigt, entdeckt wird" (SZ 288 f.). „*Bewährung* bedeutet [demnach]: *sich zeigen des Seienden in Selbigkeit.*" (SZ 289) Anders formuliert: Damit es überhaupt dazu kommt, daß eine Aussage als wahr oder falsch beurteilt werden kann, das heißt das Erkannt*sein* und Real*sein* eines Seienden miteinander in Beziehung treten können, bedarf es eines Verständnisses von Sein. Denn nur aufgrund dieses Verständnisses ist eine Unterscheidung oder Identifizierung von Erkannt*sein* und Real*sein* sinnvoll und möglich. Eine Selbigkeit kann nur festgestellt werden, wenn diese vom Sein des betreffenden Seienden her konstituiert wird.[43] So ist es also

[43] An dieser Stelle ist es möglich, auf die Heidegger-Kritik von E. Tugendhat einzugehen. Tugendhat wirft Heidegger vor, den Unterschied zwischen ἀποφαίνεσθαι und ἀληθεύειν verwischt zu haben. Das führt nach seiner Ansicht dazu, daß die Gegebenheit einer Sache mit dieser selbst verwechselt wird (vgl. *Wahrheitsbegriff*, 331–362; *Heideggers Idee von der Wahrheit*, in: O. Pöggeler [Hg.]: *Heidegger*, 286–297). Wahrheit besteht für ihn nur dort, wo die Gegebenheit einer Sache zur Sache selbst gebracht wird, nicht dort, wo Heidegger sie vermutet, nämlich dort, wo die Sache zur Gegebenheit gebracht wird (*Wahrheitsbegriff*, 336). Hätte Tugendhat mit dieser Kritik recht, so müßte man ihm auch darin folgen, wenn er sagt: „ ... man kann nicht das, wonach die wahre Aussage sich richtet, einfach im Sich-zeigen, in der Unverborgenheit als solcher sehen. Auch die falsche Wahrheit richtet sich nach etwas, was sich zeigt ... Die wahre Aussage, so wird man doch sagen müssen, richtet sich gerade nicht nach dem Seienden, wie es sich unmittelbar zeigt, sondern nach dem Seienden, wie es selbst ist." (Ebd. 334; vgl. K.-O. Apel: *Transformation* I, 41–44) – Dazu darf folgendes geantwortet werden: 1) Die Unterscheidung zwischen ‚Sache selbst' und ‚Gegebenheit einer Sache' ist angesichts der Heideggerschen Fragestellung genauso irreführend wir die von ‚unmittelbar sich zeigendem Seiendem' und ‚Seiendem, wie es selbst ist'. Denn auch die Sache selbst bzw. das Seiende, wie es selbst ist, muß allererst *sein.* Das Zur-Sache-bringen der Gegebenheit käme also gar nicht zustande, gäbe es nicht das Sein selbst, welches das Erkennen der Sache selbst überhaupt ermöglichte. Die Sache selbst könnte nicht erreicht werden, würde sie nicht vorher schon in ihrem *Sein* verstanden werden. 2) Wahrheit wird bei Heidegger nicht einfach in Unverborgenheit aufgelöst. Heidegger sagt ‚lediglich', daß die Wahrheitserkenntnis, wie sie

das Seiende an ihm selbst, das von sich her eine Erkenntnis als wahr oder falsch qualifiziert (L 127–135, 162–195; WdF 73–109).[44] „Das Wahre kann auch verstanden werden im Sinne des seienden Objektes selbst, das als originär Angeschautes Ausweisung gibt, der Identifikation Boden und Recht gibt. Wahr heißt also soviel wie die Erkenntnis *wahr machend.* Wahrheit besagt hier soviel wie *Sein, Wirklich-Sein.*" (Prol 71) Sie definiert sich als Offenbarkeit, Unverborgenheit und Unverstelltheit des Seins (L 180–182). Das Denken ist daher nur dann wahr, wenn das Sein wahr ist und das heißt, wenn es sich offenbart (L 134f.; SZ 38f., 44f.).

Wer diese Grundverhältnisse des Wahrheitsgeschehens vor Augen hat, der kann Heidegger nicht vorwerfen, er verlege den Ort der Wahrheit vom Begrifflichen ins *bloß* Vorbegriffliche oder vom Urteil ins schlichte sinnliche Wahrnehmen. Er kann in diesem Zusammenhang nicht den Vorwurf des Irrationalismus oder gar des Sensualismus erheben.[45] Er kann nicht einmal sagen, Heidegger ‚entfalte' das Wahrheitsphänomen nicht oder führe es nicht zu seiner vollen Gestalt.[46] Alle diese Vorwürfe sehen nämlich nicht, daß es Heidegger erstens um das Sein selbst geht, dem nun einmal auch das Denken, das Urteilen, das Aussagen usw. unterstehen, sofern es ihnen die Bedingung ihrer Möglichkeit allererst einräumt, und daß zweitens die Unterscheidung zwischen den verschiedenen Erkenntnisarten gegenüber der Wahrheit des Seins insofern sekundär sind, als *jede* Form der

---

die Tradition verstanden hat und wie sie auch Tugendhat in abgewandelter Form verteidigt, nicht endgültig genug ist, da sie nicht zu ihrer letzten Voraussetzung, nämlich zum immer schon geschehenden Verstehen von Sein selbst, weitergeht. Heidegger fordert demnach der Tradition gegenüber ein höheres Maß an Kritik. Er verlangt nicht, daß die Erkenntnis kritiklos würde. Er meint im Gegenteil: Erst dann, wenn auch über die letzte Voraussetzung jeder Erkenntnis Klarheit herrscht, kann das, was z. B. Tugendhat als kritischer Erkenntnis vorschwebt, überhaupt stattfinden. Allein *deshalb* fordert er vor jeder üblichen Wahrheits- und Geltungsfrage die Klärung des menschlichen Seinsverständnisses, da diese die Voraussetzung für jede weitere Frage ist. Diese Forderung macht jedoch die Wahrheits- und Geltungsfrage keineswegs überflüssig. Sie verleiht ihr vielmehr erst ihre eigentliche Schärfe.

[44] Wie stark Heideggers Wahrheitstheorie sich an der Philosophie des Aristoteles orientiert, bestätigen die Freiburger Vorlesungen GbM 441–483; FdF 73–109 und Arist 199–207.

[45] Vgl. u. a. K. Löwith: *Heidegger,* 9–11, 13, 49ff., 75ff.; G. Lukács: *Zerstörung,* 387–395.

[46] Vgl. u. a. Joh. B. Lotz: *Das Sein selbst und das subsistierende Sein nach Thomas von Aquin* ([1]1959), in: Joh. B. Lotz: *Mensch,* 52–66; M. Müller: *Existenzphilosophie,* 179ff.

menschlichen Erkenntnis in ihrer Wahrheit immer schon angewiesen ist auf ihre Eröffnetheit durch die Wahrheit des Seins. Gewiß, vor allem in *Sein und Zeit* wertet Heidegger Gemütsintentionalitäten auf, die in der Philosophie häufig als *bloß* vorwissenschaftlich, als *rein* sinnlich oder als *nur* minderwertig behandelt wurden. Man denke an seine Analysen der „Umsicht", der „Stimmung", der „Angst" usw. Das alles tangiert aber nicht die Grundeinsicht, von der Heidegger in Anschluß an die aristotelische Logik ausgeht, daß nämlich das, was Sein selbst heißt, dasjenige ‚ist', was nicht nur ursprünglich wahr ist, sondern was auch *jede* Art menschlicher Intentionalität *eröffnet.*[47]

4) Die letzte Konsequenz, die sich aus der Heideggerschen Husserlkritik ergibt und die hier noch genannt werden muß, ist die Verwandlung des Sinns von Transzendentalphilosophie. *Eine* Modifikation derselben gegenüber der kritizistischen Transzendentalphilosophie Kants (zum Beispiel) ist schon genannt worden. Sie wurde mit dem Begriff ‚Hermeneutik' umschrieben. Er wiederum deutete daraufhin, daß das eigentlich Transzendentale innerhalb des menschlichen Bewußtseins keine bloße Struktur oder eine inhaltslos-abstrakte Gesetzmäßigkeit ist, sondern eine Erfahrung, die durch die transzendentale Betrachtung freigelegt und ausgelegt wird. Nach dem in der Zwischenzeit Gewonnenen vertieft sich der Begriff der ‚Hermeneutik' auf eine Bedeutung hin, die Heidegger zwar erst in späterer Zeit ausdrücklich ausgesprochen hat (USpr 121 f., 126, vgl. 95–98), die aber zweifellos schon in *Sein und Zeit* mitintendiert war. Diese Bedeutung nimmt ihren Ursprung vom griechischen Gott Hermes, der der Hermeneutik ihren Namen gab. Er brachte den Menschen die Kunde der Götter und übersetzte sie in ihre Sprache. Genauso bedeutet daher Hermeneutik im gegenwärtigen Zusammenhang Auslegung eines (wie auch immer) geoffenbarten Sinns, *den der Mensch nicht durch eigene Konstitution hervorbringt.* Dieser Sinn, der wie gesagt nicht vom Menschen konstituiert wird, sondern der umgekehrt den Menschen konstituiert, ‚ist' der Sinn von Sein.[48] Das Seinsverständnis ist daher

---

[47] Besonders aufschlußreich in diesem Zusammenhang ist Arist 126, wo αἴσθησις und λόγος gegenüber dem ἀληθεύειν als völlig gleichwertig angesehen werden. Heidegger steht hier in schroffem Gegensatz zur Parmenides-Deutung von E. Tugendhat (in: *Das Sein und das Nichts,* in: V. Klostermann [Hg.]: *Durchblicke,* 132–161, bes. 134–146).

[48] Dieser Gesichtspunkt hat vor allem in der späten Auseinandersetzung Heideggers mit Hegel und dessen Dialektik-Verständnis eine wichtige Rolle gespielt (vgl. ZSD 71–73, 80).

Verständnis *des* Seins sowohl in der Bedeutung eines Genitivus objectivus als auch eines Genitivus subjectivus. Das heißt: Sein ist nicht nur ‚Gegenstand' eines menschlichen Verständnisses, sondern zugleich auch das, was dieses Verstehen überhaupt einleitet und ermöglicht und damit schließlich sogar das, was das Verstehen in einer noch genauer zu definierenden Weise „braucht". Der Sinn von Sein gehört folglich zum Sein selbst und ist von diesem her eingeräumt.[49] Er steht daher niemals zur Verfügung. Auch ist er niemals so zu fassen wie etwa eine jederzeit herausanalysierbare Subjektivitätsstruktur, von der etwa der gesamte Umfang des Seinsverständnisses deduziert werden könnte. Nein, der Sinn von Sein selbst und damit auch der Sinn von allem, was nur irgendwie ist, das heißt also auch des menschlichen Selbstbewußtseins, *wächst zu.* Er *geschieht* am Denken, und in diesem Geschehen *eröffnet* er Denken.

3. *Zwischenbilanz*

Es ist jetzt an der Zeit, nach der Bedeutung der bisherigen Überlegungen für die vorliegende Untersuchung zu fragen. Was bringen sie der Theorie einer Erfahrung des Denkens an ihm selbst mit dem, was vor ihm kommt? Sind bis jetzt nicht nur Worte ausgetauscht worden? Heißt es jetzt anstelle von ‚Grund' nicht einfach ‚Sein selbst'?[50] Was haben wir davon, daß wir jetzt wissen, daß alles *ist*?[51] Spielen wir hier nicht mit einer Tautologie, die im Letzten doch nicht mehr feststellt

---

[49] C. Fr. Gethmann: *Verstehen,* 114–126; K. Lehmann: *Seinsfrage,* 267 f., 283–315. – Bezeichnenderweise versteht Heidegger seine Methode auch als *Selbst*auslegung der von ihm untersuchten Phänomene (SZ 186, 307 f.)

[50] Diese überspitzte Formulierung darf über die oben in Anm. 6 genannten Differenzierungen Heideggers bezüglich der Grundfrage nicht hinwegtäuschen. Dennoch ist sie im Hinblick auf folgende Grund- und Ursprungsdefinitionen nicht ohne Berechtigung: „Der Ursprung ist die Herkunft des Wesens, worin das Sein des Seienden west." (HW 44 f.) „Ursprung bedeutet hier jenes, von woher und wodurch eine Sache ist, was sie ist und wie sie ist. Das, was etwas ist, wie es ist, nennen wir sein Wesen. Der Ursprung von etwas ist die Herkunft seines Wesens." (HW 1) „Das Sein läßt jedes Seiende als ein solches ent-springen. Das Sein ist der *Ursprung.*" (Gb 62) „‚Grund' meint das Sein selbst und dieses ist der Anfang." (Gb 88 [bei H. kursiv]) „Zum Sein gehört dergleichen wie Grund." (SvG 90 [bei H. kursiv]) Ursache als „Ur-sache" ist das „Ur-tümliche, was die Sachheit einer Sache ausmacht" (WM 246).

[51] Vgl. auch EM 5 f.; Gb 50; Herak V 59–61, 72 f., 83 f.; HW 330 f., 350 f., 353 u. ö.

als dies, daß alles *ist*, was *ist* (AdL 125–133)?[52] Haben wir mit dieser scheinbaren Spielerei nicht das verloren, worum es uns eigentlich geht, nämlich die *Erfahrung* mit dem Sein selbst? Zwar reden wir schon eine gute Weile lang gelegentlich von „Seinsverständnis", aber was bedeutet das anderes als die Rede von der ‚Erfahrung mit dem Grund'? Was ist mit einem Wort bisher gewonnen worden?

Auf diese Fragen läßt sich antworten: Das, was die bisherigen Überlegungen erbracht haben, ist eine erhebliche Konkretisierung alles dessen, was zuvor über die Denkerfahrung des „Unvordenklichen" gesagt worden ist. Denn wenn bisher von dieser Erfahrung die Rede war, so blieben immer noch folgende Fragen offen: *Was* erfährt das Denken, wenn es sich auf das vor ihm Kommende richtet? *Worauf* hat sich das Denken zu richten, wenn es das vor ihm Kommende eigens erfahren will? Auf diese zweite Frage wurde schon einmal geantwortet. Dabei hieß es, daß dieses ‚Worauf' jener Bereich des Bewußtseinslebens sei, in dem sich die Wirklichkeit ursprünglich dem Bewußtsein zeige. In weiterer Hinsicht sei es das transzendentale Ich, durch welches dieser ursprüngliche Bereich der primären Gegebenheitsweisen von Wirklichkeit konstituiert werde. In der Zwischenzeit hat sich jedoch herausgestellt, daß dieses ‚Worauf' wohl der Bereich des *Ursprünglichen* und des *immer schon* sich Zeigenden ist, daß dieser Bereich sich aber nicht in der reinen Bewußtseinsimmanenz befindet, und daß auch das letztlich Erfahrene nicht das transzendentale Ich sein kann. Insofern ist diese Frage ebenfalls offen geblieben.

Jetzt aber darf eine Antwort gegeben werden. Sie klingt zwar paradox, verbirgt jedoch in dieser Paradoxalität den eigentlichen Fortschritt, den die vorliegende Untersuchung mit der Erörterung Heideggers gewinnt. Sie lautet: Dasjenige, *was* das Denken erfährt, wenn es sich auf das vor ihm Kommende richtet, ist das *Sein selbst.* Dasjenige, *worauf* es sich richtet, wenn es das vor ihm Kommende eigens erfahren will, ist das *Sein des Seienden.* Sein wird also durch und am Sein erfahren! Was bedeutet diese Tautologie?

Dazu kann an schon Gesagtes erinnert werden: Die Idee des Seins bricht auf, sobald erkannt wird, daß die vielen Weisen des Seins nur

---

[52] Vgl. dazu Heideggers Kritik an der Logik im engeren Sinn, in: WM 117; EM 24–30; N I, 527–533; Gb 19; Herak V 110–127, 148–151, 155–159, 175f., 186–199; WD 99–101, 105. Siehe zudem W. Bröcker: *Heidegger und die Logik* ([1]1953/1954), in: O. Pöggeler: *Heidegger,* 298–304.

dann verstanden und von einander unterschieden werden können, wenn das Sein selbst, das von jeder Weise des Seins unterschieden ist und diese erst möglich macht, zuvor verstanden wird. Kann dies nun nicht auch umgekehrt werden und folgendermaßen lauten: Das Sein selbst, wie es an den Seienden sich abzeichnet (nämlich an deren Seiend*heit*), schafft über seine Unterschiedenheit von allen Seienden und aller Seiendheit hinweg über die „ontologische Differenz" hinweg also (GrPh 22, 99–102, 106 f., 109 f., 170, 322–469), eine Zugänglichkeit seiner selbst? Bedeutet dies nicht, daß das Sein selbst von sich selbst her dem menschlichen Denken die Möglichkeit einräumt, über es als *vor* dem Denken Kommenden überhaupt reden zu können? Ist damit nicht angezeigt, daß am Sein jedes Seienden, das sich zeigt, wenn es *an ihm selbst* ‚gegenständlich' (vgl. GrPh 458 f.) wird, eine Stelle aufbricht, die einen Bezug zum Sein selbst stiftet? Ist also nicht das *Sein* des Denkens jene Einbruchstelle, an der sein vor ihm kommender Grund ihm offenbar wird? Stellt das Sein eines Seienden, das die Phänomenalität desselben konstituiert, nicht jenen Ort dar, an dem das Sein selbst erfahrbar wird? Ist es dann aber dem Denken nicht möglich, seinem eigenen Sein „nachzudenken"[53] und dabei an ihm selbst die ‚eigen-artige' Offenbarkeit seines Grundes, der vor ihm kommt, zu erfahren?

Akzeptiert man diese Konklusionen, was nach all dem bisher Erarbeiteten kaum vermieden werden kann, so darf man festhalten, daß Heideggers Frage nach dem Sein selbst sowohl klar gemacht hat, *wo* das Denken an ihm selbst seinen Grund erfährt, als auch in einer ersten Hinsicht angedeutet hat, *als was* das Denken ihn erfährt. Das ‚wo' ist das Sein jedes Seienden, also auch das Sein des Denkens. Das ‚als was' ist das Sein selbst beziehungsweise die Idee von Sein, aufgrund derer die mannigfaltigen Weisen des Seins verstanden werden können. Natürlich wird dieses ‚als was' noch wesentlich genauerer Bestimmungen bedürfen, aber die Richtung, in der sich der Sinn davon klären lassen wird, ist mit der Seinsfrage abgesteckt. Die Grundfrage ist Seinsfrage geworden.[54] Die Erfahrung des Denkens mit seinem

---

[53] Zu diesem Begriff vgl. Gb 9; USpr 12, 263, 265, 267; Erl 156, 176, 179; WM 445, 447 f.; ZSD 2, 4, 6, 10, 22, 25.

[54] Vgl. Gb 20: „Es gilt hineinzuhören in das, wohin wir selbst gehören; wobei die Besinnung durch die Fragen hindurchführt, ob wir überhaupt irgendwohin gehören. Um auch nur zu ahnen, wohin wir gehören könnten, ist es nötig, *uns selbst zu erfahren ... ‚uns selbst'*

Grund hat konsequenterweise die Gestalt des Seinsverständnisses angenommen.[55]

Doch das ist nicht alles, was Heidegger mit der Seinsfrage für die Theorie einer Denkerfahrung des Unvordenklichen beiträgt. Über die wesentlichen Konkretisierungen hinaus gelingt ihm gleichzeitig auch die Aufdeckung der tiefsten Bedingung der Möglichkeit einer solchen Erfahrung. Bisher ist im Zusammenhang mit Husserl bezüglich dieser Bedingungsfrage erst *ein* Resultat erzielt worden. Dieses bestand im Nachweis der Tatsache, daß es Erfahrungen gibt, die die Bedingungen ihrer Möglichkeit selbst mitbringen. Doch dieser Nachweis ist noch nicht auf die von uns gesuchte Erfahrung des Denkens mit seinem Grund spezifiziert worden. Diese Spezifizierung ist aber notwendig, weil erstens alle Erfahrungen mit Ursprünglichem die Bedingungen ihrer Möglichkeit selbst mitbringen, es also einer Abgrenzung der Grunderfahrung bedarf, und weil zweitens die Bedingung der Möglichkeit der Grunderfahrung unvergleichlich tiefer sein muß als die Bedingung jeder andern Erfahrung, sofern sie deren Voraussetzung ist. Nun ‚ist' das Sein selbst die Bedingung der Möglichkeit der Grunderfahrung. Was soll das heißen?

Ganz zu Beginn der vorliegenden Untersuchung wurde gesagt, daß das Denken nur dann an die Grenze seiner selbst stoßen kann, wenn es schon irgendwie bei dem ist, *woran* es grenzt. Es muß folglich bereits eine Erfahrung mit dem machen, was vor ihm kommt. Diese Dialektik kann jetzt auch so formuliert werden: Das Denken kann nicht etwas denken, was schlechterdings *vor* ihm kommt. Wäre ihm dies möglich, so käme dieses ‚etwas' nicht mehr wirklich *vor* ihm und wäre auch nicht mehr ernsthaft sein Grund. Gleichzeitig kann das Denken aber nur dann etwas erfahren oder denken, wenn dieses sich in einer gewissen Erfahrbarkeit oder Denkbarkeit zugänglich gemacht hat.[56]

---

im Hinblick auf das, was uns selbst bestimmt und ein anderes ist als wir selbst, und was dennoch gerade unser Wesen durchwaltet ..." (Von mir hervorgehoben) N I, 552: „... das Erkennen erkennen zu wollen ist nichts Widersinniges, wohl aber ein Vorhaben von hohem Entscheidungscharakter, denn alles liegt an dem, daß beim Versuch der ausdrücklichen Wesenshebung der Erkenntnis das Erkennen *so* erfahren wird, wie es bereits vor allem Nachdenken darüber schon erkannt worden ist und gemäß seinem eigenen Wesen offen liegt." Ebd. 552f.: „Das Erkennen in seinem Wesen erkennen heißt, recht verstanden, in seinen schon offenen, aber noch nicht ausgefalteten Wesensgrund zurückgehen ..."

[55] Die gleichwertige Verwendung von ‚Verstehen des Seins' und ‚Erfahrung des Denkens' geht schon aus Prol 195–198, 200f. hervor.

[56] Vgl. N I, 559: „Vermögen wir ... hinter den Zustand des erkennenden Verhaltens zu-

Dieser Widerspruch hat als Dialektik nur dann Sinn, wenn sich *am* Denken selbst das zeigt, was unbedingt *vor* ihm kommt. Genau dies ‚ist' aber das *Sein* des Denkens. Es ‚ist' sogar nicht nur etwas ‚am' Denken, sondern dasjenige, was das ‚an ihm selbst', die Phänomenalität des Denkens also, konstituiert. Und genau darin, daß es das ‚an ihm selbst' des Denkens konstituiert, ‚ist' es auch der Ort des Sichzeigens dessen, was vor dem Denken kommt, nämlich des Seins selbst. Deshalb ‚ist' das Sein des Denkens das, ‚wodurch' und ‚worin', besser: *als was* das Denken an das vor ihm Kommende grenzt. Dieses Grenzen wiederum darf nicht als eine bloße Naht- oder Kontaktstelle begriffen werden. Vielmehr ist es so, daß das Denken sich eben dadurch vor allen Seienden auszeichnet, daß es das Sein versteht. Insofern kann auch gesagt werden: Sofern das Denken Seinsverständnis ist, ist es bei dem, was vor ihm kommt. Oder anders gesehen: Sofern das Denken Seinsverständnis ist, hat das Sein selbst als dessen Grund sich an ihm einen Ort seiner Zugänglichkeit verschafft und ihm dabei die Möglichkeit eingeräumt, es zu verstehen.

So kann Heidegger also am Phänomen des Seins nicht nur erklären, was die Erfahrung des Denkens mit dem Unvordenklichen erfährt beziehungsweise woran sie stattfindet, sondern auch wie gerade sie *tatsächlich* möglich ist. Das ist unvergleichlich mehr als das, was Husserl mit seiner Theorie vom phänomenologischen Apriori geboten hat. Gleichzeitig ist es freilich auch noch nicht alles, was dazu gesagt werden muß. Anläßlich des Begriffs der „Erschlossenheit" wird der eben angestellte Gedankengang sogar noch einmal auf anderer Ebene wiederholt werden müssen. Aber alles weitere kann nur noch eine genauere Erläuterung des Urfaktums sein, daß sich das Sein selbst (der Grund) am Sein des Seienden (des Denkens) immer schon erfahrbar gemacht hat.

Was hat es nun endlich aber mit dem Seinsverständnis auf sich? Dieses ist ja der primäre Gegenstand der vorliegenden Untersuchung. Um darauf eine halbwegs ‚erschöpfende' Antwort zu geben, sind die folgenden umfangreichen Analysen notwendig. In diesem Kapitel B, II werden sie sich vorwiegend an die „Existenzialanalytik" halten, die

---

rückzugehen in einen solchem, aus dem erst Erkennen entspringt, welches Erkennen das kenntnislose und erkenntnislose Verhältnis zum Seienden überwindet, ja überhaupt erst ein Verhältnis zu ‚etwas', d. h. zu solchem, was irgendwie ‚ist', herstellt und aufnimmt?"

Heidegger vor allem in *Sein und Zeit* und in einigen Veröffentlichungen knapp danach sowie in etlichen Vorlesungen geboten hat.

Sozusagen als Überleitung zu diesen Analysen dürfen noch einmal zwei bereits erreichte Ergebnisse verdeutlicht werden. Das *eine* Ergebnis hat sich am Ende des Husserl-Kapitels abgezeichnet. Es betrifft den *Geschehens*charakter der Grunderfahrung. Dieser hat sich nun vollkommen bestätigt, sofern das Denken an ihm selbst *ist* und deshalb der Bestimmung durch das Sein selbst bedürftig ist. Will es daher dieses Sein selbst erfahren und verstehen, so kann dies nur durch ein Geschehen erfolgen, das vom Sein selbst ausgeht und das Denken dazu eröffnet. Das *zweite* Ergebnis hat damit engstens zu tun und betrifft den Charakter des ‚immer schon'. Schon oft hieß es, daß jedes eigens vollzogene Sichrichten auf den vor dem Denken kommenden Grund nur deshalb möglich ist, weil der Grund dem Denken je schon eine Zugänglichkeit seiner selbst eingeräumt hat. Er selbst ist somit die immer schon existierende Voraussetzung dafür, daß es überhaupt eine Idee von ihm gibt. Jede Freilegung und Auslegung der immer schon erfolgenden Erfahrung mit ihm geht demnach im *Kreis* beziehungsweise beschreibt einen *Zirkel* (vgl. schon FS 217). Diese Redeweise ist zwar nur eine Vertiefung dessen, was bereits bezüglich des ‚immer schon' gesagt wurde. Sie darf aber von nun an deshalb beibehalten werden, weil sie von Heidegger an entscheidenden Stellen seines Werkes bevorzugt wurde (SZ 10f., 202–204, 416–418, 441; Prol 357f.).[57] Jedenfalls verstand er seine Philosophie zur Zeit der Existenzialanalytik als Ausgehen eines solchen Zirkels. Ersetzen wir also die Struktur des ‚immer schon' durch die des Zirkels oder Kreises, um dem Wortlaut Heideggers näher zu sein.

---

[57] Zirkelstrukturen in den verschiedensten Ansätzen zur Seinsfrage hat Heidegger im Lauf seines Denkens immer wieder aufgewiesen und sie stets als eine Herausforderung für das „wesentliche Denken" verstanden. Vgl. u.a. GbM 266f., 276f.; HW 2f.; Schell 126f.; N I, 53f., 364; Herak V 119, 252f.; USpr 12f.; SvG 32, 55f. Erst in USpr 150f. (vgl. ZSD 80; Sem 137) hat er die Rede vom Zirkel im Hinblick auf das Wesen der Sprache als „vordergründig" bezeichnet.

4. *Interpretation der existenzialen Analytik Heideggers im Hinblick auf die Erfahrung des Denkens an ihm selbst mit seinem Grund*

a) Drei Vorbemerkungen

An den Anfang der Ausarbeitung der konkreteren Strukturen des menschlichen Seinsverständnisses müssen drei Vorbemerkungen gestellt werden, die an dieser Stelle in ihrer Bedeutung noch nicht klar heraustreten können, die jedoch zur Vermeidung jeden Mißverständnisses jetzt schon genannt werden müssen. Erst im Laufe der späteren Erörterungen wird sich zeigen, daß sie bereits in das Herz des ganzen Gedankenganges gehören. Sie alle betreffen das Selbstverständnis jener Untersuchungen, die Heidegger „existenziale Analytik" (SZ 17f., 60, 174f., 186, 265, 401f., 441f. u. ö.) genannt hat und die er vor allem in seinem ersten Hauptwerk *Sein und Zeit* (1927) und in den (bisher erschienenen) Vorlesungen *Prolegomena zur Geschichte des Zeitbegriffs* (Sommersemester 1925, bes. 183–442), *Logik – Die Frage nach der Wahrheit* (Wintersemester 1925/1926, bes. 197–415) und *Grundprobleme der Phänomenologie* (Sommersemester 1927, bes. 21–33, 292–469), sowie in den Schriften *Kant und das Problem der Metaphysik* (1929) und *Vom Wesen des Grundes* (1929) und den dazugehörigen Vorlesungen *Phänomenologische Interpretation von Kants Kritik der reinen Vernunft* (Wintersemester 1927/1928) und *Metaphysische Anfangsgründe der Logik im Ausgang von Leibniz* (Sommersemester 1928) durchgeführt hat.

Heidegger hat *zunächst* seine existenziale Analytik nur als *einen* Weg verstanden, um in die Frage nach dem Sein einzusteigen (SZ 575f., vgl. GbM 89, 254). Er schloß niemals aus, daß es nicht auch andere Wege gebe[58] beziehungsweise daß der Weg, den er gehe nicht auch ein falscher Weg sein könne. Ausdrücklich sagt er: „Es gilt, einen *Weg* zur Aufhellung der ontologischen Fundamentalfrage zu suchen und zu *gehen*. Ob er der *einzige* und überhaupt der *rechte* ist, das kann erst *nach dem Gang* entschieden werden." (SZ 576f.)

[58] O. Pöggeler gibt in seinem Buch *(Denkweg)* Zitate aus den unveröffentlichten *Beiträgen zur Philosophie*, die in den Jahren 1936 bis 1938 entstanden sind. In diesen heißt es u. a.: „Alle ‚Inhalte' und ‚Meinungen' und ‚Wege' im Besonderen des ersten Versuchs von *Sein und Zeit* sind zufällig und können verschwinden." (Zit. 188)

Heidegger hat *weiters* seine Existenzialanalytik nicht als eine Methode verstanden, die die Frage nach dem Sein beantworten könnte. Es ging ihm vielmehr darum, die Frage allererst stellen zu lernen. „Die konkrete Ausarbeitung der Frage nach dem Sinn von ‚*Sein*' ist die Absicht der folgenden Abhandlung [SZ]." (SZ 1) „Die Seinsfrage wiederholen besagt daher: erst einmal die Frage*stellung* zureichend ausarbeiten." (SZ 6) Die Abhandlung *Sein und Zeit* „gibt ihrem eigensten Sinne nach eine Anweisung für die konkrete ontologische Forschung, innerhalb des freigelegten Horizontes mit dem untersuchenden Fragen zu beginnen – und sie gibt nur das" (SZ 26, vgl. 265). „Alle Bemühungen der existenzialen Analytik gelten dem einen Ziel, eine Möglichkeit der Beantwortung der Frage nach dem *Sinn von Sein* überhaupt zu finden. Die Ausarbeitung dieser *Frage* verlangt eine Umgrenzung *des* Phänomens, in dem selbst so etwas wie Sein zugänglich wird, des *Seinsverständnisses.*" (SZ 492) „Das *Ziel* [der existenzialen Analytik] ist die Ausarbeitung der Seinsfrage überhaupt." (SZ 575) Es steht mit anderen Worten also noch gar nicht fest, wie das Fragen nach dem Sein selbst aussehen soll und welcher Art die Denkhaltung sein muß, die ein derartiges Fragen aus sich heraus möglich macht. Nur so viel steht fest, daß dieses Fragen nach dem Sein selbst offensichtlich ganz anders sein muß als jenes Fragen, das die Wissenschaften und die traditionelle Philosophie beherrscht. Daher muß betont werden, daß dieses Fragen noch unbekannt ist, und daß die rechte Weise, in der es erfolgen soll, allererst gelernt werden muß (vgl. KM 232f.)[59]

Schließlich hat Heidegger seine Analysen als bloß vorläufig bezeichnet.[60] „Die Analyse des Daseins ist aber nicht nur unvollständig, sondern auch *vorläufig.* Sie hebt nur erst das Sein dieses Seienden [des Menschen] heraus ohne Interpretation seines Sinnes. Die Freilegung des Horizontes für die ursprünglichste Seinsauslegung soll sie vielmehr vorbereiten. Ist dieser erst gewonnen, dann verlangt die vorbe-

---

[59] Analog dazu heißt es in Gb 22 (vgl. 93): „Das *Be-greifen* [des Grundes] kündigt sich uns an *als Ein-begriffen-sein in das ‚Wesen' des Grundes.* Dieses Ein-begriffen-sein besteht zwar nicht ausschließlich in einem ‚Wissen', wohl dagegen hat es den Wesenszug eines Wissens. Dieses Wissen aber kann lange Zeit sich selbst verborgen bleiben und sich selbst den Weg zu sich verlegen." (Zum Begriff des „Ein-begriffen-seins" siehe bereits GbM 31ff., 36ff. u.ö.) Später, wo das Fragen als etwas beschrieben wird, was dem „Wohnen" in der Nachbarschaft des Seins entspringt, heißt es ebenso: „... ohne daß er der Mensch heute schon vermag, dieses Wohnen eigens zu erfahren und zu übernehmen" (WM 337).

[60] Vgl. C. Fr. Gethmann: *Verstehen,* 253–265; K. Lehmann: *Seinsfrage,* 327–344, 564ff.

reitende Analytik des Daseins ihre Wiederholung auf der höheren und eigentlichen ontologischen Basis." (SZ 23f.; vgl. GrPh 319; Hegel 212) Heidegger kommt darauf in *Sein und Zeit* immer wieder zu sprechen (SZ 134, 196, 304f., 321, 399, 416f., 533, 536). Diese Vorläufigkeit ergibt sich aus der bereits beschriebenen „hermeneutischen Situation" (SZ 308–310, 524) des Denkens. Sie besteht kurz wiederholt darin, daß dieses um seinen Grund, das Sein selbst, immer schon weiß, daß es dieses Wissen aber immer erst der Verdeckung und Vergessenheit entreißen muß (SZ 47, 294f., 412f.). Es muß das Sein schon irgendwie kennen, weil sonst weder eine Frage nach dem Sein selbst da wäre, die ihrerseits *ist*, noch ein Selbstverständnis des Denkens, da auch dieses sich ursprünglich nur in seinem *Sein* verstehen kann. Will sich das Denken also auf sein Sein richten, sich in seinem Sein erfahren und darüber hinaus zum Sein selbst gelangen, so muß es zuerst *hypothetisch* etwas einbeziehen, worüber es eigentlich noch gar nichts Rechtes weiß.[61] Dieses ‚etwas' ist das Sein selbst. Doch um diese vorgreifende Einbeziehung kommt es nicht herum (SZ 414–418). Sie liegt begründet in der Dialektik zwischen der Unvordenkbarkeit des Seins selbst einerseits und der Notwendigkeit, daß sich dieses dennoch am Denken selbst zugänglich gemacht haben muß, andererseits. Das Denken käme nicht zum Sein selbst, wäre es nicht immer schon von diesem angegangen. Denn das Sein selbst ‚ist' sein und aller Seienden Grund. Will daher das Denken seine Erfahrung, die es mit dem Sein selbst immer schon machen muß, eigens ergreifen, so kann dies nicht anders geschehen als mittels einer Kreisbewegung, in der das, was allererst erreicht werden solle, je schon vorauszusetzen ist. Wo nämlich sollte das Denken das Sein selbst auslegen, wenn nicht am Seienden, dessen Sein es ‚ist'? Doch wie soll Seiendes (zum Beispiel das Denken selbst) interpretiert werden, wenn es nicht in dem gesehen

[61] K. Lehmann hat Heideggers hypothetische Methode in einen umfassenden philosophiegeschichtlichen Rahmen gestellt (in: *Seinsfrage*, Teil V, Kap. 3). Dabei ist vor allem der Vergleich mit Platon für ihn besonders wichtig (1006–1009). Das platonische ὑπόθεσις-Verfahren ist im Unterschied zur neuzeitlichen Vorstellung davon (885f.) mit dem Heideggerschen insofern verwandt, als es eine *vorläufige* Annäherungsmethode an das ἀγαθόν als ἀνυπόθετον darstellt, die aber trotz ihrer Vorläufigkeit immer schon beim ἀγαθόν ist und um dieses weiß. Daß Lehmann mit dieser Darstellung der Verwandtschaft Heideggers zu Platon einen richtigen Weg beschritten hat, beweisen die in der Zwischenzeit veröffentlichten Vorlesungen aus den Jahren um SZ: GrPh 400–405 und AdL 233–238, 249, 284 (vgl. WM 161). Siehe außerdem ZSD 49f.

wird, was es je schon als Seiendes ausmacht, nämlich in seinem Sein? Im Bezug auf das Sein ist folglich das Denken immer schon sich selbst vorweg (SZ 417). Deshalb gilt auch für die existenziale Analytik, die das Menschsein auf sein Sein hin interpretiert, um zum Sein selbst zu kommen, daß sie sich erst dann als wahr oder falsch erweist, wenn das Sein selbst erreicht ist (SZ 576 f.). Es gilt demnach erstens die beschriebene Zirkularität nicht durch logizistische Argumente verstellen zu wollen, sondern „ursprünglich und ganz in diesen ‚Kreis' zu springen" (SZ 418), sich zweitens aber dessen bewußt zu bleiben, daß die Methode, die man ergreift, die Phänomenologie im Sinne einer Ontologie, nicht als eine fertige Theorie zu verstehen ist, sondern als „Ergreifen ihrer als Möglichkeit" (SZ 52; vgl. Prol. 120; L 32 f., 279 f.; GbM 534).

b) Verstehen von Sein selbst als Sein des Menschen

Nach diesen drei Vorbemerkungen, deren Bedeutung wie gesagt erst im Laufe der folgenden Untersuchung heraustreten wird, seien nun Heideggers Daseinsanalysen im Hinblick auf die leitende Frage des Seinsverständnisses, das heißt nach der Gestalt der Erfahrung des Denkens an ihm selbst im Bezug auf seinen Grund, befragt.[62] Dazu sei erneut auf eine oben angestellte Überlegung zurückgegriffen. Es hieß, daß das Denken in seiner Erfahrung an ihm selbst auch seinen Grund erfahre. Die Möglichkeit dafür liege in seinem eigenen Sein, das nicht einfach ein ‚factum brutum', eine bloße Vorhandenheit oder ein nacktes Existieren darstelle, sondern den letzten Horizont für die Verstehbarkeit seiner selbst. Zugleich räume dieses Sein des Denkens, sofern es sich an ihm selbst zeige, die Möglichkeit ein, das Sein selbst, das heißt den Ursprung jeder Gestalt des Seins, zu erfahren. Das Sein des Seienden aber – im konkreten Fall das des Denkens – werde nur erfahren über das Seiende.

Geht man diesen Überlegungen nach, so versteht man den methodischen Ansatzpunkt Heideggers. Heidegger sagt nämlich: Je ursprüng-

---

[62] Die folgenden Ausführungen orientieren sich außer an den detaillierten Interpretationen zu SZ, die K. Lehmann (*Seinsfrage,* Teil II–IV) und W. J. Richardson (*Heidegger,* 27–105) geboten haben, vor allem an Fr. W. v. Herrmann *(Selbstinterpretation; Subjekt)* und Fr. Wiplinger (*Wahrheit,* 147–280).

licher das Sein des Denkens bestimmt werden kann, umso ursprünglicher läßt sich dann auch das Sein selbst in den Blick bringen (Prol 198f.; SZ 9f., 16–18, 22–24). Man würde jedoch sofort die falsche Richtung einschlagen, behandelte man in dieser Seinsbefragung das Denken genauso wie jedes andere Seiende und meinte man, daß sich der besagte Weg zum Sein selbst auch über irgendwelche andere Seiende ohne Berücksichtigung des Denkens verfolgen ließe. Damit würde man die Besonderheit der Seinsverfassung des Denkens völlig verkennen. Denken nämlich unterscheidet sich von jedem andern Seienden vor allem darin, daß es Sein immer schon versteht (SZ 7–10, 12f., 16–18; Prol 197–202). Das Verstehen von Sein selbst, das heißt des Grundes also, der die Möglichkeit der Verstehbarkeit von allem, was ist, gewährt, macht das Denken in seinem Sein aus. Von da her gesehen gibt es gar keinen eindeutigeren und ausweisbareren Ansatzpunkt für die Frage nach dem Sein selbst als das Denken in seinem Sein. „[Denn] Das Fragen dieser Frage ist als *Seins*modus eines Seienden [des Denkens] selbst von dem her wesenhaft bestimmt, wonach in ihm gefragt ist – vom Sein." (SZ 10; vgl. GrPh 21, 106, 318f.) Diese Frage ist ihm nicht nur eine unter andern, die es bei Gelegenheit auch stellt, sondern es ist ein Grundvollzug seiner selbst. Es ist in ihr unmittelbar selbst in seinem Sein betroffen. Es besitzt ihr gegenüber keine Neutralität (SZ 11, 19f.; vgl. WM 110ff.).

Setzt man diese Grundeinsichten Heideggers, daß erstens Denken Sein selbst immer schon versteht, und daß zweitens dieses Verstehen das Sein des Denkens ausmacht, zueinander in Beziehung, so steht man vor einer der entscheidenden Stellen der ganzen vorliegenden Untersuchung. Denn dann zeigt sich, daß die Erfahrung des Denkens an ihm selbst im Bezug auf seinen Grund, das Seinsverständnis, nicht diese oder jene Erkenntnisart ist, die je nachdem ergriffen werden kann oder nicht oder die man hat, wie man viele andere Eigenschaften hat, sondern das Sein dieses Seienden selbst ist. Indem es ist, versteht es Sein, und umgekehrt: indem es Sein versteht, ist es. Aber nicht nur das: Egal in welcher Form es sich zu seinem Sein, dem Seinsverständnis verhält, ob es dieses ausdrücklich vollzieht, ob es dieses vergißt oder ob es dieses sogar absichtlich verdrängt, es verhält sich jederzeit zu seinem Sein und damit zum Sein selbst. Sagt man nun, was gleich erklärt werden soll, statt ‚Denken' ‚Dasein', so kann man folgende Sätze aus *Sein und Zeit* in ihrer ganzen Schwere ermessen: „Dasein *ist*

in der Weise, *seiend* [hervorgehoben von mir] so etwas wie Sein zu verstehen." (SZ 24) „Zu dieser Seinsverfassung des Daseins gehört aber dann, daß es *in seinem Sein* [hervorgehoben von mir] zu diesem Sein ein Seinsverständnis hat... Diesem Seienden eignet, *daß mit und durch sein Sein* [hervorgehoben von mir] dieses ihm selbst erschlossen ist.
Seinsverständnis ist selbst eine Seinsbestimmtheit des Daseins." (SZ 16)

Es bedarf keiner längeren Erläuterungen, daß Heidegger mit diesen Sätzen in Polemik zu all jenen Philosophen steht, die den Zugang zum ursprünglichen Sichzeigen der Wirklichkeit als Privileg einer Erkenntnisart ansahen. Dabei tut es wenig zur Sache, ob diese privilegierte Erkenntnisart theoretisch oder praktisch verstanden wurde. In beiden Fällen wurde in gleicher Weise zu kurz gegriffen, sofern jedesmal das Verstehen des Seins für eine Fakultät des Menschen gehalten wurde, die dieser *hat*, nicht aber für das *Sein* des Menschen selbst.[63] Ein klassisches Beispiel in diesem Zusammenhang ist Husserl. Bei ihm gab es nur einen Zugang zur ursprünglich sich zeigenden Wirklichkeit. Dieser war die phänomenologische Anschauung, die er am gegenständlich-wissenschaftlichen Erkenntnisideal, wie es die neuzeitliche Philosophie hervorgebracht hat, gemessen und gebildet hat. Dadurch blieben ihm ganze Wirklichkeitsdimensionen verschlossen. Heidegger hat dies vor allem in Hinblick auf das Sein des Menschen verdeutlicht.[64] Was wird aus diesem, wenn man von ihm abschattet wie von einem Gegenstand? Worin besteht dann noch die Eigenart seines Selbstbewußtseins? Was macht man über das Menschsein aus, wenn man es durch Vorbegriffe beleuchtet, die man an ganz andern Wirklichkeitsregionen gebildet hat? Wo kommt man hin, wenn man *eine* Weise des Menschseins, nämlich die des Wissenschaftsbetriebs, zum Maßstab für jede Art von Anthropologie macht? Heidegger hat über seine Antwort auf diese Fragen nicht im Zweifel gelassen. Für ihn war

---

[63] Diese Einsicht Heideggers ist z. B. völlig mißverstanden von G. Prauß (vgl. *Erkennen*). Prauß interpretiert und kritisiert die Existenzialanalytik im Hinblick auf die Frage, ob Theorie oder Praxis den Primat habe, und kommt zu dem Schluß, daß Heidegger ähnlich der marxistischen Philosophie einem Primat der Praxis ohne entsprechende Absicherung durch die Theorie huldige (vgl. bes. 27–67).

[64] Vgl. W. Biemel: *Husserls Encyclopedia-Britannica-Artikel* ..., a. a. O. (B, I/Anm. 72) 308–315.

diese Betrachtungsweise des Menschen eine krasse Vereinseitigung, die keinerlei Anspruch darauf erheben konnte, den Menschen auch nur in irgendeiner Hinsicht endgültig erreicht zu haben.[65]

c) Erschlossenheit und Dasein

Warum spricht Heidegger nicht vom Menschsein? Warum spricht er von „Da-sein"? Worauf läuft seine weitgehende Identifizierung von Denken und „Da-sein" hinaus? Droht unserer Untersuchung, wenn sie diese Identifizierung aufgreift, nicht dieselbe Kritik wie die, die eben an Husserl angebracht wurde? Hebt sie dadurch nicht ebenfalls *eine* Fakultät des Menschseins heraus? Stellt sie dadurch nicht neben dem Denken so und so viele andere Dimensionen des Menschseins zurück? Keineswegs. Das ist schon allein deshalb unmöglich, weil das „Da-sein" gegenüber *jeder* Art des menschlichen Wirklichkeitszuganges zunächst völlig indifferent ist. Dazu kommt noch, daß das „Dasein" – wie weiter unten noch auszuführen sein wird – wesentlich das Menschsein *im Ganzen* betrifft.[66] Schließlich *ist* ja das Menschsein *als* „Da-sein". Eine Reduzierung des Seinsverständnisses auf ein Bewußtseinsvermögen gegenüber anderen ist somit ausgeschlossen.

Doch was besagt „Da-sein"? Vom Seinsverständnis hieß es, daß in ihm Sein selbst verstanden wird, sofern sich Seiendes ‚an ihm selbst von ihm selbst her' zeigt. Seiendes kann vor allem Zweierlei sein: nichtmenschliches und menschliches Seiendes. Das Zeigen seinerseits geschieht immer auf den Menschen hin (GrPh 78–94). Seiendes zeigt sich ‚an ihm selbst von ihm selbst her' dem Menschen. Umgekehrt muß sich am Menschen je schon die Bedingung der Möglichkeit dafür finden, daß sich Seiendes, sei dieses er selbst oder ein nichtmenschliches Seiendes, zeigen könne. So verlangt es schon allein das Urgesetz der Intentionalität, an dem Heidegger unbedingt festhält. Aber diese Bedingungen der Möglichkeit eines Sichzeigens von Seienden sind

---

[65] Vgl. E. Tugendhat: *Wahrheitsbegriff*, 264–266, 269ff., 281–327 (bes. 299–308).

[66] Man könnte weiters einwenden, daß wenn das „Da-sein" die Voraussetzung für jede Art der Erkenntnis ist, es auch nicht mit dem Denken identisch sein kann. Dem gegenüber kann vorwegnehmend entgegengehalten werden, daß es die Lichtung, die das Dasein ist, indem es sie einnimmt, nicht gibt, ohne daß sie je schon eingenommen, d.h. „erschlossen" ist. Aus diesem Grunde spricht Heidegger in SZ auch von „Erschlossenheit".

wiederum nicht die, die man üblicherweise als jene Kräfte des Bewußtseins versteht, die das Erkannte zu seinem Erkanntsein ummodulieren. Sie haben zumindest im Hinblick auf die Intentionalität keinen Anspruch auf Ursprünglichkeit. Denn bevor Erkanntes in seinem Seinsmodus ‚mittels' der Erkenntnis ‚modifiziert' werden kann, muß die Erkenntnis je schon eine Beziehung zum Erkannten haben. Es muß, wie Heidegger sagt, *immer schon* bei ihm sein (Prol. 346f.; SZ 119–135, 266–280). Damit nun aber genau das möglich ist, daß Erkenntnis immer schon beim Erkannten ist und daß Intentionalität überhaupt sein kann, bedarf es abermals einer Bedingung dieser Möglichkeit. Worin besteht diese? Heidegger nennt sie *Erschlossenheit* (SZ 176–221; Prol 348–376; L 169f.; GrPh 94–107, 304–320).[67]

Erschlossenheit wiederum bezeichnet genau das, was mit „Da-sein" intendiert ist. Denn „Der Ausdruck ‚Da' meint diese wesenhafte Erschlossenheit. Durch sie ist dieses Seiende (das Dasein) in eins mit dem Da-sein von Welt für es selbst ‚da'." (SZ 176f.) Beim Ausdruck „Da" denkt man unwillkürlich an räumliche Verhältnisse. Man redet von ‚Da' nur deshalb, weil man je schon ein Verständnis von ‚hier' und ‚dort' mit präsent hat. Aber dieses Vorstellen in räumlichen Kategorien ist nur möglich aufgrund der Intentionalität. Diese wiederum setzt als Bedingung *ihrer* Möglichkeit die Erschlossenheit voraus. Und diese kann schließlich als „Da" interpretiert werden, weil sie jene Ortschaft einräumt, die ein Erschließen von ‚hier' und ‚dort' überhaupt erst möglich macht (vgl. Prol 348–350; KM 221f.).

Man braucht zum Verständnis des Daseinsbegriffs aber nicht bei räumlichen Kategorien ansetzen. Die Erschlossenheit als Da ist die Bedingung dafür, daß Seiendes ‚an ihm selbst von ihm selbst her' erscheinen kann, und daß Intentionalität zu geschehen vermag. Dieses Seiende braucht nicht nur innerweltlicher Art zu sein. Es kann auch das Seinsverhältnis des Menschen zu sich selbst sein. Aus diesem Grunde denkt Heidegger beim Begriff „Da" weniger an Raumkategorien als vielmehr an das „lumen naturale" (SZ 177, 226), das er mit „Gelichtetheit" oder „Lichtung" übersetzt (SZ 176f., 195, 226, 464, 539). Die Lichtung ist der Grund dafür, daß eine ‚intentio' (welcher

---

[67] K. Lehmann: *Seinsfrage,* 214ff., 514ff., 607–616; Fr. W. v. Herrmann: *Selbstinterpretation,* 11–46; ders.: *Subjekt,* 15–43, 64–75; E. Tugendhat: *Wahrheitsbegriff,* 273–299; M. Müller: *Existenzphilosophie,* 89–91.

Art auch immer) sich auf ihr ‚intentum' richten kann. Sie geht beidem schlechthin vorher, kann daher auch nicht so erkannt werden wie Intendiertes, weil jede Form des Intendierens sie jederzeit *apriori* voraussetzt.[68]

Aus dieser Überlegung heraus darf der Begriff des „lumen naturale" nicht im Verständnis der traditionellen Philosophie aufgefaßt werden.[69] Das „lumen naturale" war zwar auch für diese nicht etwas, was ‚erschließbar' im üblichen Sinn des Wortes gewesen wäre, aber es war doch immerhin ‚etwas', was der Mensch geistig derart auslegen konnte, daß er darin zum Beispiel das personale Sein Gottes zu erkennen vermochte. Die ‚analogia entis' und verschiedene Strukturen von Kausalität, die die Wirklichkeit sowohl in ihrer Seinsmäßigkeit als auch in ihrer Verstehbarkeit ausmachten, mögen dafür eine sinnvolle Möglichkeit geboten haben. Man konnte das Licht als ‚etwas' verstehen, das sich selbst immer schon ausgelegt und damit in bestimmtem Maß zugänglich gemacht hat. Man wird also ein gewisses Recht dafür

[68] In den Vorlesungen und Schriften unmittelbar nach SZ tritt für Heidegger an die Stelle des Begriffs der „Erschlossenheit" derjenige der „Transzendenz". Auch er darf nicht im Sinne eines aktiven, vom menschlichen Handeln vollzogenen ‚transcendere' her verstanden werden. Er muß vielmehr genauso als ein „Geschehen" (AdL 251, 271, 281; WM 158f., 170, 173, 175) interpretiert werden wie das „Dasein" (GrPh 393; KM 222, 224, 261; WM 121f.), das „Seinsverständnis" (KM 221, 234f.) oder das Hinein-gehalten-sein in Nichts (KM 231; WM 110f.). Transzendenz bildet die Voraussetzung dafür, daß der Mensch überhaupt etwas leisten kann. Aufgrund der Transzendenz *ist* er allererst (AdL 233f.; WM 138f., 156). Und aufgrund der Transzendenz ist es auch möglich, daß Seiendes als solches erscheinen kann (GrPh 413–429; Kant 315f., 334; AdL 233f., 249; WM 138–140). In diesem Sinne ist sie die „ursprüngliche Wahrheit" (KM 119; AdL 280f.), die das Verstehen von Sein möglich macht (KM 199) und den Menschen als Seiendes auszeichnet, das Sein versteht (KM 229; AdL 20). Sie bestimmt ihn als Wesen der Ferne, sofern er immer schon durch sie über Seiendes hinaus ist, und als Wesen der Nähe, sofern er dank ihrer überhaupt erst zum Seienden hinfinden kann (AdL 285; WM 175). Daher „geschieht" in ihr auch der „Welteingang" aller Seienden und damit die „Urgeschichte" allen Seins (AdL 249–274, bes. 252, 274; WM 159). – Vgl. zum Ganzen M. Brelage: *Studien,* 207f.; Fr. W. v. Herrmann: *Selbstinterpretation,* 47–68; W. Bretschneider: *Sein,* 141–151; K. Lehmann: *Seinsfrage,* Teil V, Kap. 1 u. 4.

[69] In SZ 177, 226 hat Heidegger offensichtlich noch geglaubt, daß der Begriff des „lumen naturale" seinem Begriff der „Lichtung" entgegenkomme. Auch am Schluß seines Denkweges hat er die Verwandtschaft seiner Lichtungstheorie zur platonischen Lichttheorie eingestanden (ZSD 49f.). Aber gleichzeitig hat er immer wieder betont, daß die antik-mittelalterliche Lichttheorie seinen Begriff der Lichtung voraussetze und daher nicht als ursprünglich angesehen werden dürfe (VA 244; ZSD 73). Wichtig für diesen Zusammenhang ist Herak S 204–210, 222–240. Siehe außerdem M. Müller: *Existenzphilosophie,* 77ff., 100, 106, 114ff., 122, 124f., 127, 223, 231, 242.

gehabt haben, die Lichtung in dieser spezifischen Weise zu erschließen. Für Heidegger ist die Lichtung dagegen eine schlechthin *uneinholbare* Voraussetzung für alles was sich zeigt. Dieses ‚uneinholbar' gilt vor allem auch in Hinblick auf die ‚analogia entis'.[70] Denn unabhängig davon ob diese als eine Struktur des Seins oder als eine Methode des Denkens oder als beides verstanden wird, für Heidegger gehört sie in die Intentionalität als Urstruktur des menschlichen Wirklichkeitszugangs. Genau als solche setzt sie aber die Erschlossenheit *immer schon* voraus. Diese kann sie aber niemals einholen (in welchem Grad auch immer), da dies dem Versuch gleichkäme, die Bedingungen der eigenen Möglichkeit zu überholen.[71]

Es ergibt sich von selbst, daß die Erschlossenheit keinesfalls die Leistung der menschlichen Subjektivität mehr sein kann. Seiendes ist nicht deshalb je schon erschlossen oder „entdeckt", weil es von einer transzendentalen Subjektivität konstituiert ist. Das Konstitutionsgeschehen des transzendentalen Ich setzt vielmehr seinerseits die Erschlossenheit voraus. Erschlossenheit kann weder durch einen menschlich-transzendentalen Akt hervorgebracht noch an einem Seienden abgelesen werden, denn sie geht jeder Weise von Konstitution und jeder Form von Ablesbarkeit immer schon vorher. Daher kann sie auch nur als ein Faktum besonderer Art, das heißt als Urfaktum, aufgewiesen werden. Zu betonen ist hier das bloße ‚Aufweisen', da alles Herleiten, Deduzieren oder Zurückführen immer schon davon ausgehen muß, daß eine ursprüngliche Erschlossenheit vorliegt. Diesem Aufweisen sucht die phänomenologische Methode gerecht zu werden.

Ist somit die Erschlossenheit die Bedingung der Möglichkeit von Intentionalität im weitesten Sinne, so kann es sie nicht anders geben

---

[70] Heidegger hat sich in seinen frühen Schriften eher referierend als kritisch mit der Analogia entis auseinandergesetzt (FS 225f., 260–262, 281f., 333f. u.ö.). Erst in der Zeit nach 1930 hat er sich ausdrücklich von ihr distanziert und sie als eines der Haupthindernisse für einen Zugang zur Seinsfrage angesehen (Arist 44–47; Schell 226f., 233).

[71] Festzuhalten ist das ‚uneinholbar'. Es wird sich nämlich zeigen, daß die Erschlossenheit nicht bloßes Licht, sondern eben *erschlossenes* Licht ist. So fordert es schon ihr Begriff. Denn von Erschlossenheit zu reden hat nur Sinn, wenn vorausgesetzt wird, daß sie sich schon *erschließbar* gemacht hat und *folglich* vom Menschen immer schon *verstanden* wird. Heidegger sagt aber dennoch grundsätzlich anderes als die Tradition. Denn erstens ist dieses Verstehen in seinem *Sein* immer erst geschichtlich eingeräumt und konstituiert. Zweitens besitzt es gegenüber der Gotteserkenntnis, wie sie die christliche Philosophie begriffen hat, völlig verschiedene Strukturen.

als so, daß sie mit dem Mensch*sein*, das seinerseits der Träger von Intentionalität ist, *gleichursprünglich* gegeben ist. Wäre sie anders, das heißt nicht gleichursprünglich und sozusagen getrennt vom Menschsein gegeben, so wäre sie kraft dieses Unterschieds einem Seienden gleich. Damit aber hätte sie wiederum nichts mit jener Erschlossenheit zu tun, die eben als Bedingung der Möglichkeit von Intentionalität beschrieben worden ist. Denn jedes Seiende stellt ein ‚inner-intentionales' Faktum dar. Deshalb betont Heidegger: „Die ontisch bildliche Rede vom lumen naturale im Menschen meint nichts anderes als die existenzial-ontologische Struktur dieses Seienden, daß es *ist* in der Weise, sein Da zu sein. Er ist ‚erleuchtet', besagt: an ihm selbst *als* In-der-Welt-sein gelichtet, nicht durch ein anderes Seiendes, sondern so, daß es selbst die Lichtung *ist.* Nur einem existenzial so gelichteten Seienden wird Vorhandenes im Licht zugänglich, im Dunkel verborgen. Das Dasein bringt sein Da von Hause aus mit, seiner entbehrend ist es nicht nur faktisch nicht, sondern überhaupt nicht das Seiende dieses Wesens. *Das Dasein ist seine Erschlossenheit.*" (SZ 177; vgl. 464)[72] Gehört folglich die Erschlossenheit (das „*Da*") ins *Sein* jenes Seienden, das *seiend* Sein versteht, so hat der Begriff „*Da-sein*" seine vorläufige inhaltliche Fülle gefunden. Er enthüllt sich als ein Begriff, der von vornherein die Position einer nachidealistischen Philosophie anzeigt. Das folgt aus der ganzen bisherigen Untersuchung mit Notwendigkeit.[73]

Man hat Heidegger – das sei hier kurz als Zwischenbemerkung eingeschoben – wegen dieser Rede vom „Dasein" häufig kritisiert. Man sah darin ein Defizit an Menschlichkeit des Menschen. Der Mensch schien vielen Kritikern darauf reduziert zu werden, eine Seinsstruktur zu sein. Man hatte häufig das Gefühl, daß es dabei zu einer neuerlichen Entmenschlichung des Denkens gekommen sei.[74] In der Tat: Vor

---

[72] Analoges gilt von der Transzendenz. Auch sie *ist* das Da-sein (GrPh 161, 230 f.; AdL 160–171, 211–218; WM 137–142).

[73] Vgl. Heideggers *Brief* an J. Baufred: „‚Da-sein' ist ein Schlüsselwort meines Denkens und daher auch der Anlaß zu großen Mißdeutungen. ‚Da-sein' bedeutet für mich nicht so sehr ‚me voilà!', sondern wenn ich es vielleicht in einem unmöglichen Französisch sagen darf: être le là. Und le-là ist zugleich Aletheia: Unverborgenheit-Offenheit." (Zit. bei Fr. W. v. Herrmann: *Selbstinterpretation,* 32)

[74] Vgl. u. a. K. Löwith: *Heidegger,* 27–34; M. Müller: *Existenzphilosophie,* 172–183 (bes. 179 ff.).

allem beim späten Heidegger, wo immer mehr vom „Menschentum“[75] die Rede ist, wird man sich dieses Eindrucks oft nicht erwehren können. Es liegt hier einer jener Punkte vor, die an seinem Denken immer irgendwie abstoßen werden. (Gleiches gilt für seine oft beispiellosen Vergewaltigungen unserer Sprache und für seine Willkür im Umgang mit der Geschichte des Denkens.) Das sei gar nicht geleugnet. Aber im Bezug auf den Begriff „Dasein“ trifft diese Kritik nicht zu. Denn mit diesem Begriff soll der Selbstheit, seiner Individualität und Persönlichkeit überhaupt kein Abbruch getan werden.[76] Was gesagt werden soll ist vielmehr dies: Der Mensch als transzendentales Subjekt ist nicht der Ursprung der Erschlossenheit. Diese ist niemals das Produkt seiner transzendentalen Leistungsfähigkeit. Und sie ist auch niemals ‚etwas‘, was durch eine transzendentale Geschichte in ferner Zukunft erst erreicht werden müßte. Sie ist vielmehr immer schon da. Ohne sie gäbe es auch keinen Menschen. Denn sie gehört zu seinem *Sein.* Auch Selbstsein ist nur möglich, weil dieses zuvor schon erschlossen *ist.* Es gäbe keine Freiheit, wäre mit dem Sein des Menschen nicht schon Erschlossenheit da. Die Erschlossenheit macht das *Sein* der Freiheit aus.[77] Das besagt nicht: Die Erschlossenheit ist eine Bestimmung, die der Freiheit ‚von außen‘ her zukomme. Nein, sofern sie in deren *Sein* gehört, macht sie den rechten Begriff und das wahre beziehungsweise ursprüngliche Selbstverständnis von Freiheit aus. Sie bringt somit die Freiheit erst zu ihren letzten Bestimmungen. Der Ausdruck „Da-sein“ und das mit ihm bezeichnete Urphänomen läuft folglich auf das Ge-

---

[75] Siehe z. B. WM 190f.; HW 50; Erl 77; N II, 257f., 291, 422, 482f., 489 u. ö. – Ähnlich befremdend, obwohl mit viel Sinn geladen, ist der Begriff des „Menschenwesen“ (vgl. u. a. Herak V 326, 382; WD 74; ID 19; Erl 139; USpr 190 u. ö.). – Schließlich mutet einem Heidegger nicht wenig zu, wenn er den Menschen immer wieder als ein Seiendes unter andern aufzählt (vgl. z. B. EM 5f.; Gb 50; Herak V 59–61, 72f., 82f.; HW 330f., 350, 353 u. ö.). Allerdings hat Heidegger in diesem Punkt unüberhörbare Differenzierungen angebracht (vgl. u. a. N II, 358, 367, 377; WD 73–75; WM 407–409, 411; ID 18f.; ZSD 24).

[76] Fr. W. v. Herrmann: *Subjekt,* 30–43. Dasselbe muß im Hinblick auf die Ich-Du-Beziehung gesagt werden. Auch sie soll nicht außer Kraft gesetzt werden, sondern ursprünglich ergründet werden (AdL 241–245). Vgl. U. Guzzoni: *„Anspruch“ und „Entsprechung“ und die Frage der Intersubjektivität,* in: U. Guzzoni (Hg.): *Nachdenken,* 117–135.

[77] Analoges gilt für das Verhältnis von Transzendenz und Freiheit (AdL 237f., 246f.; WM 174f.).

genteil von dem hinaus, was ihm seine Kritiker häufig unterschieben.[78]

Es gibt aber auch noch den entgegengesetzten Vorwurf. Man sagt dann, Heidegger habe die neuzeitliche Transzendentalphilosophie mit seiner Daseinsanalytik nicht verlassen.[79] Als Beweis führt man dazu Sätze an wie den oben zitierten: „Dasein ist seine Erschlossenheit." Man meint demnach, daß „Dasein" nur ein anderes Wort für ‚Subjektivität' sei und nichts mehr. Das Dasein muß in dieser Perspektive konsequenterweise als jene Konstitutionsinstanz erscheinen, die es schon bei Husserl gegeben hat, die jetzt aber ihrer übergeschichtlichen Stellung beraubt wurde und daher eine „tragische Existenz"[80] in der Geworfenheit der Endlichkeit führt. Es verwundert nicht, daß der Nihilismusverdacht vor allem in dieser Interpretation besonders häufig auftritt. Aber mit diesen Vorwürfen verkennt man die elementarsten Ansatzpunkte Heideggers. Freilich finden sich in *Sein und Zeit* Sätze wie diese: „Wahrheit ‚gibt es' nur, sofern und solange Dasein ist" (SZ 299 [bei H. kursiv]; vgl. GrPh 317 f.); „... nur wenn Seinsverständnis *ist,* wird Seiendes als Seiendes zugänglich; nur wenn Seiendes ist von der Seinsart des Daseins, ist Seinsverständnis als Seiendes möglich" (SZ 281). Aber deuten diese Sätze zurück auf die Idee einer transzendentalen Subjektivität idealistischen Musters? Keinesfalls. Sie besagen zwar zweifellos, daß es für uns Menschen keinen Sinn hat, über etwas zu reden, wenn es nicht uns Menschen gäbe. Aber sie besagen nicht, daß deshalb wir Menschen uns selbst und alles, worüber wir

[78] In der Schrift *Vom Wesen der Wahrheit* (1930) hat Heidegger dann konsequenterweise die Freiheit mit der Wahrheit verbunden (WM 186, 187–192). Freiheit wird dort beschrieben als Ausgerichtetsein des Menschen auf jenes „Offene" (184 f.), das menschliche Erkenntnis allererst ermöglicht. Dieses „Offene", das in SZ „Erschlossenheit" geheißen hat, geht den Menschen in der Weise an, daß es ihn „als *Freisein* zum Offenbaren eines Offenen" (186) bestimmt und ihm zugleich die Möglichkeit eingeräumt, Seiendes *als* Seiendes zu erkennen und d.h. zuvor noch: seinzulassen (188). So ist Freiheit einerseits das Wesen jener Wahrheit, die Heidegger „Richtigkeit" nennt und mit der „adaequatio intellectus ad rem" identifiziert, sofern sie ihr vorhergeht und sie ermöglicht (184–186), und andererseits die Einbruchstelle jener „einzig wesentlichen Wahrheit" (187), durch die sie ihrerseits bestimmt wird. (Vgl. zum Ganzen auch GbM 223 ff.)

[79] Vgl. u.a. W. Franzen: *Existenzialontologie,* 24–28; H. Jonas: *Heidegger und die Theologie* ([1]1964), in: G. Noller (Hg.): *Heidegger,* 316–340.

[80] Zu diesem Begriff siehe das Buch von A. Delp: *Existenz.* Vgl. auch E. Przywara: *Richtungen,* 258 ff.; ders.: *Wende,* 5–9; zu den früheren katholischen Deutungen Heideggers im allgemeinen siehe R. Schaeffler: *Frömmigkeit,* 43–65.

reden, transzendental hervorbrächten. Sie meinen vielmehr das Gegenteil. Sie beziehen sich nämlich auf das *Sein* des Menschen, das heißt auf das, was je schon vor einer menschlichen ‚Urhandlung' kommt, und angesichts dessen der Mensch sich immer schon selbst vorweg ist. Wohl ist es so, daß Seiendes nur sich zeigt, wenn es der Mensch entdeckt oder erschließt. Aber diese Tatsache darf nicht darüber hinwegtäuschen, daß der Mensch nur deshalb entdecken und erschließen kann, weil er zuvor ein Entdeckend-*sein* und ein Erschließend-*sein* ist. Beides ist er wiederum nur deshalb, weil dieses ‚Sein' im Entdeckend-sein und Erschließend-sein an ihm selbst Erschlossenheit bedeutet. Von da her gesehen ist es nun aber völlig unmöglich, Heideggers Daseinsanalytik mit den neuzeitlichen Transzendentalphilosophien zu identifizieren.

d) Erschlossenheit und Sein selbst

Zurück zum Begriff „Da-sein": Durch ihn wird jene Erschlossenheit bezeichnet, die der Mensch an ihm selbst ist. Erschlossenheit wiederum ist die Bedingung der Möglichkeit von Intentionalität überhaupt. Wenn dies nun der Fall ist, so kann gesagt werden, daß Erschlossenheit und *Sein selbst* zusammengehören.[81] Diese Folgerung ist deshalb gestattet, weil Sein selbst als Grund für alle möglichen Weisen des Seins stand. Zu diesen Weisen des Seins zählten vor allem auch die Seinsmodifikationen des Erkenntnisvorgangs. Auf welchem Hintergrund sind Erkanntsein und Realsein eines Seienden verständlich? Was ermöglicht die Bewährung von etwas, das als wahr behauptet wird? Wie ist es möglich, daß ein Intendiertes in seinem Intendiertsein dennoch als es selbst erscheinen kann? So wurde gefragt. Jetzt ist als Bedingung der Möglichkeit von Intentionalität die Erschlossenheit erkannt worden. Daher liegt der Schluß nahe, Sein selbst und Erschlossenheit als zusammengehörig zu bezeichnen.[82]

Bedenkt man zudem noch die Grundposition der Phänomenologie im Heideggerschen Sinne, wonach „‚hinter' den Phänomenen... we-

---

[81] Vgl. Fr. W. v. Herrmann: *Selbstinterpretation*, 31, 169, 266 f.; ders.: *Subjekt*, 21 f., 35 f., 39–41, 43, 75, 79–81.

[82] Diese Überlegung kann nicht genug unterstrichen werden. Sie wird ihre volle Bedeutung allerdings erst dann erhalten, wenn Erschlossenheit und Sinn zusammengebracht

senhaft nichts anderes steht" (SZ 48) beziehungsweise „das Sein des Seienden am wenigsten je so etwas sein kann, ‚dahinter' noch etwas steht, ‚was nicht erscheint'" (ebd.), und erinnert man sich darüber hinaus an die Bestimmung, die Heidegger der Seinsfrage gibt, nämlich: „Und wenn wir nach dem Sinn von Sein fragen, dann wird die Untersuchung nicht tiefsinnig und ergrübelt nichts, was hinter dem Sein steht, sondern fragt nach ihm selbst, sofern es in die Verständlichkeit des Daseins hereinsteht" (SZ 202) – hat man wie gesagt dies alles vor Augen, so wird man sogar sagen müssen: Die Erschlossenheit *‚ist'* das Sein selbst. Allerdings darf man diesen Satz wiederum nicht im Sinne einer bloßen Identifizierung verstehen. Gerade Heidegger hat der Philosophie in Erinnerung gerufen, in jenem Bereich, wo es um solches geht, das nicht so ist wie Seiendes, weil es Seiendes aller erst in sein ‚ist' entläßt, Kategorien wie die der Identität nicht bedenkenlos anzuwenden. Daher ist es ratsam, vorläufig einfach vom *Zusammengehören* von Sein selbst und Erschlossenheit zu reden.

Diese Vorsicht gebietet Heidegger selbst. In seinen Ausführungen über die Wahrheit, die durch die traditionelle Philosophie mit dem Sein identifiziert wurde, redet er ausdrücklich davon, daß Sein mit der Wahrheit „zusammengeht" (SZ 283). Er bestimmt sodann zwar den Zusammenhang von Sein und Wahrheit über das Sein des Daseins und kann daher sagen: „Sein – nicht Seiendes – ‚gibt es' nur, sofern Wahrheit ist. Und sie *ist* nur, sofern und solange Dasein ist. Sein und Wahrheit ‚sind' gleichursprünglich." (SZ 304) Doch diese ‚Identifizierung' wird durch zwei Gesichtspunkte vom traditionellen Begriff der Identität abgehoben: Zuerst einmal redet Heidegger von „Gleichursprünglichkeit".[83] Über sie ist zu lesen: „Die Unableitbarkeit eines Ursprünglichen schließt ... eine Mannigfaltigkeit der dafür konstitutiven

---

sein werden. Dann wird deutlich werden, daß das, wonach Heidegger fragt, nicht einfach das Sein ist (wie man häufig liest), sondern der *„Sinn von Sein"*. Das, was uns Sein verstehen läßt, der Sinn bzw. die Erschlossenheit, ist das eigentlich Gefragte. Heidegger erschwert m. E. den Nachvollzug seiner Gedanken nicht zuletzt dadurch, daß er diesen Sinn und diese Erschlossenheit ebenfalls Sein (d. h. Sein selbst, Sein überhaupt) nennt. Von da her gesehen ist seine spätere Redeweise von der ἀλήθεια, der Un-verborgenheit, die an die Stelle des „Sinns" tritt (Schell 77; N I, 26; WM 337) unmißverständlicher. Aber abgesehen davon: Diese Überlegung zeigt an, daß es zumindest ungenau, wenn nicht gar irreführend ist, die Philosophie Heideggers als ‚Seinsphilosophie' und als sonst nichts zu klassifizieren.

[83] Dieser Begriff findet sich erstmals in FS 224 (dort: „gleich ursprünglich"). Reichliche

Seinscharaktere nicht aus. Zeigen sich solche, dann sind sie existenzial gleichursprünglich." (SZ 175) Gleichursprünglichkeit bedeutet also nicht gegenseitige Reduzierbarkeit. Insofern legt sich schon allein von diesem Begriff her nahe, besser von ‚Zusammengehen' oder ‚Zusammengehören' zu sprechen als zu sagen: ‚Wahrheit ist Sein' oder ‚Sein ist Wahrheit'. Sodann relativiert Heidegger selbst die eben genannte Wahrheitsbestimmung (SZ 304). Er sagt ausdrücklich, daß die Rede von „Sein ‚ist'" dies oder jenes, im vorliegenden Fall die Wahrheit, erst dann erlaubt ist, wenn der Sinn von Sein selbst geklärt ist.

Auf die Erschlossenheit zurückkommend und ihr Zusammengehören mit dem Sein selbst bedenkend, kann weiter gefolgert werden: Sein selbst wird in der Weise verstanden oder erfahren, in der das Dasein sich zur Erschlossenheit verhält beziehungsweise diese ‚ist'. Heidegger begründet dies, indem er sagt: „Und nur weil Dasein ist als konstituiert durch Erschlossenheit, das heißt Verstehen, kann überhaupt so etwas wie Sein verstanden werden, ist Seinsverständnis möglich." (Ebd.) Allerdings erhebt sich anläßlich dieses Zitats eine Frage, die eigentlich schon während den ganzen vorangehenden Erörterungen über die Erschlossenheit in der Luft lag. Sie lautet: Ist die Erschlossenheit, die das Dasein an ihm selbst ist, indem es sich zu ihr verhält, nicht nur die Erschlossenheit des *Daseins?* Ist das Sein, das durch sie verstanden wird, nicht nur das Sein des Daseins? Mit welchem Recht konnte es dann eben noch heißen, daß am Verhältnis zur Erschlossenheit sich das Verhältnis zum Sein selbst, das heißt das Verstehen und Erfahren von Sein selbst entscheide?[84]

Tatsächlich muß man sagen, daß Heidegger das Dasein als Seiendes bestimmt, dem es „in seinem Sein *um* dieses Sein selbst geht" (SZ 16). „Zu dieser Seinsverfassung des Daseins gehört aber dann, daß es in seinem Sein zu diesem Sein ein Seinsverhältnis hat." (Ebd.) Und auch im Hinblick auf die Erschlossenheit ist zu lesen: „... das Sein, darum es diesem Seienden [dem Dasein] in seinem Sein geht, ist, sein ‚Da' zu sein" (SZ 177). Aus diesen Sätzen ist klar ersichtlich, daß das Sein, das verstanden wird, indem das Dasein sich zu *seiner* Erschlossenheit ver-

---

Verwendung erfährt er bereits in Prol 350, 354, 421 u. ö. Überraschenderweise findet sich das Stichwort „Gleichursprünglichkeit" in H. Feick: *Index* nicht.

[84] Siehe oben Anm. 81.

hält, das Sein *des Daseins* ist. Wie steht es aber dann mit dem Sein selbst? Wie steht es um den Grund des Denkens?

Hierzu muß an zwei Dinge erinnert werden: Erstens: Das Sein selbst wird nur erfahren, sofern zuvor das Sein des Seienden bestimmt wird. Freilich darf dabei nicht die ontologische Differenz übersehen werden, die zwischen dem Sein als Sein des Seienden und dem Sein als Sein selbst waltet, aber dennoch führt der Weg zum Sein selbst ‚über' das Seiende in seiner Seiendheit. Zweitens: Die Bestimmung eines Seienden in seinem Sein setzt die Unterscheidbarkeit von Sein anderer Seiender voraus. Damit jedoch diese Unterscheidbarkeit gegeben sein kann, bedarf es zuvor eines Verständnisses von Sein überhaupt (SZ 416, 429 f.) Ein Beispiel dafür ist die Unterscheidung des Daseins, das seinem Wesen nach Existenz ist (SZ 56), vom Sein der Realität, das heißt von innerweltlichen Seienden, die nicht menschlicher Natur sind. Nur im Horizont einer Idee von Sein überhaupt „kann sich die Unterscheidung zwischen Existenz und Realität vollziehen. Beide meinen doch *Sein.*" (SZ 416) Berücksichtigt man somit diese zwei Gesichtspunkte, so präzisiert sich der oben angeführte Satz, wonach sich das Verständnis des Seins nach dem jeweiligen Verhältnis des Daseins zu seiner Erschlossenheit richtet, dahingehend, daß gesagt werden muß: In der Weise, in der das jeweilige Dasein zu seiner Erschlossenheit sich verhält und dadurch in seinem Sein sich versteht, verhält es sich gleichursprünglich zur Erschlossenheit von Sein selbst und versteht dieses in dem ihm eigenen Sinn.

e) Die Frage nach der Verstehbarkeit von Erschlossenheit

α) Zwei Abgrenzungen

Wie verhält sich das Dasein nun aber konkret zu seinem Sein und zu seiner Erschlossenheit? Wie ‚ist' es diese? Wie wird ‚darüber hinaus' Sein selbst verstanden? Wie steht es mit der Frage der vorliegenden Untersuchung und ihrer Absicht, die Struktur der Erfahrung des Denkens an ihm selbst im Bezug auf seinen Grund freizulegen?

Dafür gibt es zunächst zwei *negative* Antworten: Die *eine* ist diese: Erschlossenheit kann selbst niemals so verstanden werden wie das, was durch sie erschließbar wird. Das gilt besonders im Bezug auf das innerweltliche, nichtmenschliche Seiende. Denn dieses hat auf die traditionelle Philosophie nach Meinung Heideggers die größte Anziehungskraft gehabt. Daher wurde in der Vergangenheit das Sein, das durch die Erschlossenheit zugänglich ist, immer nur als Sein des Seienden, nie jedoch als Sein an ihm selbst, das heißt in seiner ontologischen Differenz zur Seiendheit des Seienden, bestimmt (Prol 7–10; GrPh 14f., 18–23). Nach der Erschlossenheit *selbst* und nach *ihrer* Erschließbarkeit wurde nicht gefragt. In Konsequenz dazu gab die objektivierende Erkenntnis, das heißt die Erkenntnis von ‚Gegenständen' den Ton an. Durch die Phänomenologie Husserls ist dies mit aller Deutlichkeit zum Vorschein gekommen. Gerade sie, die der Philosophie die Augen geöffnet hat für Phänomene wie das der „Lebenswelt" oder das des menschlichen „Leibes", hat sich vom Bann der gegenständlichen Erkenntnis, die im neuzeitlichen Geistesleben ihre höchste Ausfaltung erfahren hat, nie lösen können. Dabei gibt es keine Art der Erkenntnis, durch die die Befragung der Intentionalität auf die Bedingung ihrer Möglichkeit so dringlich wird, wie die gegenständliche Erkenntnis. Aber diesbezüglich hatte Husserl noch gemeint, daß sich diese Befragung durch die Postulation eines transzendentalen Ich beheben ließe.

Die *zweite* negative Antwort liegt nur scheinbar auf der Hand. Sie heißt, um sie gleich vorwegzunehmen: Die Erschlossenheit selbst kann auch nicht so verstanden werden, wie sich das Dasein selbst versteht. Denn auch diesbezüglich bildet die Erschlossenheit die unbedingte Voraussetzung. Aber diese Tatsache wird gerne durch die genialen Einsichten, die Heidegger gerade bezüglich des spezifischen Verhältnisses des Menschen zu sich selbst gehabt hat, verdeckt. Es gibt nicht wenige Heidegger-Interpreten, die sich mehr oder weniger ausschließlich darauf fixieren, daß Heidegger die praktische Erkenntnis gegenüber der theoretischen aufgewertet hat, daß er das praecognitive Bewußtseinsleben zu seinem Recht kommen hat lassen oder daß er das Verstehen von Sein in den Vollzug des Menschseins gelegt hat.[85] Dem entspricht, daß Heidegger vor allem gegenüber der Existenzphilosophie von Karl Jaspers[86] deutlich gemacht hat, daß der Sinn, durch den etwas, das sich vergegenständlichen läßt, erscheinen

---

[85] Vgl. E. Tugendhat: *Wahrheitsbegriff*, 288f.; G. Prauß: *Erkennen*, 27–46.

[86] Vgl. O. Pöggeler: *Neubestimmung;* zum Verhältnis Heidegger-Jaspers siehe H. Saner: *Vorwort*, in: K. Jaspers: *Heidegger*, 7–21.

kann, ein ganz anderer Sinn ist als der, welcher dem Menschen eine „Grunderfahrung" seiner selbst ermöglicht. Letzteren beschreibt er gegenüber dem ersteren als einen Vollzugssinn, das heißt als einen bestimmten „,ist'-Sinn, der wesentlich (ich) ,bin' – Sinn ,ist', der nicht im theoretischen Meinen genuin gehabt wird, sondern gehabt im Vollzug des ,bin', eine Seinsweise des Seins des ,ich'" (WM 29, vgl. 30–34). Der gesagten Fixierung auf die Sinnerschließung innerhalb des menschlichen Existenzvollzugs kommt auch die Kritik entgegen, die Heidegger am Begriff des transzendentalen Ich von Husserl anbringt. Schon in der Jaspers-Rezension meldet er Skepsis an im Bezug auf die Kompetenzweite der Husserlschen Phänomenologie. Angesichts der konkreten Existenz scheint sie ihm zu versagen (WM 36). In den Vorlesungen *Prolegomena zur Geschichte des Zeitbegriffs* von 1925 wendet er sich aus eben diesem Grund gegen verschiedene Fundamentalprinzipien Husserls (Prol 148–161).[87] Er vermißt die Frage nach dem konkreten Sein des Bewußtseins (Prol 140ff., 151f., 159), er lehnt die Reduktion mit ihrem Anspruch, das ursprüngliche Sichzeigen der Wirklichkeit zu erbringen, ab und fundiert sie ihrerseits in der natürlichen Einstellung,[88] die immer schon jeder wissenschaftlichen Methode vorausgeht (Prol 148, 150, 152f.; vgl. SZ 472–481), und er wehrt sich gegen die Identifizierung von Wirklichkeit und gegenständlicher Realität (Prol 153f.). 1927 schließlich entstehen Heideggers berühmt gewordene Anmerkungen zum Encyclopedia-Britannica-Artikel Husserls über Phänomenologie.[89] Sie präzisieren noch einmal, was bereits in den Vorlesungen von 1925 gesagt wurde und was damals bereits zu einer konkreten Ausführung der Daseinsanalytik geführt hatte (Prol 183–420).[90] Aber wie auch immer: Für Heidegger ist nicht entscheidend, die spezifischen Kategorien der menschlichen

---

[87] Siehe oben Anm. 34.

[88] Es kommt auf das Gleiche hinaus, ob man sagt, Heideggers Philosophie halte sich immer schon innerhalb der von Husserl geforderten Epoché auf (E. Tugendhat: *Wahrheitsbegriff,* 262–264), oder ob man der Ansicht ist, Heidegger konnte auf die Epoché verzichten, da er niemals von Gegenständen, sondern von vornherein von der Welt ausgehe (C. Fr. Gethmann: *Verstehen,* 248f., vgl. 246–250). Es handelt sich dabei lediglich um zwei Seiten ein- und desselben Sachverhalts.

[89] W. Biemel: *Husserls Encyclopedia-Britannica-Artikel ...,* a. a. O. (B, I/Anm. 72).

[90] Heidegger weit in SZ 356 Anm 3 auf einen im Juli des Jahres 1924 gehaltenen Vortrag über die Zeit hin, in dem bereits Phänomene wie Schuld, Gewissen, Entschlossenheit usw. eine Rolle gespielt haben müssen. Vgl. auch H.-G. Gadamer: *Martin Heidegger und die Marburger Theologie* ([1]1964), in: O. Pöggeler (Hg.): *Heidegger,* 169–178, bes. 169.

Selbsterfahrung herauszuarbeiten. Diese Erarbeitung steht immer schon unter dem Ziel, die Frage nach dem Sein jenes Seienden, das sich selbst erfährt, zu stellen. Worauf es ihm ankommt, ist die Sichtbarmachung jener *Erschlossenheit,* die eine Selbsterfahrung allererst möglich macht. Wäre es ihm nicht darum gegangen, hätte er sich ohne weiteres der Philosophie Max Schelers, Wilhelm Diltheys oder Henri Bergsons und über diese hinaus der christlichen Tradition von Augustinus über Pascal zu Sören Kierkegaard anschließen können, die auf ihn zweifellos einen großen Einfluß ausgeübt hat.[91] Aber gerade von dieser philosophischen Tradition wendet er sich genauso ab, weil sie die Frage nach der Erschlossenheit, die die menschliche Erfahrung begründet, nicht gestellt hat (Prol 161–182, 222, 393 f.).[92]

Wenn die Erschlossenheit selbst aber weder gegenständlich erfahren noch in der spezifischen Form der Selbsterfahrung gegenwärtig werden kann, wie soll sie dann zugänglich sein? Man könnte meinen: Was soll diese Frage?[93] Hieß es nicht, daß die Erschlossenheit die Bedingung der Möglichkeit von Intentionalität überhaupt, das heißt von Erkenntnis überhaupt ist? Ist sie dann nicht eben immer schon erschlossen und zwar genauer *so* erschlossen, daß sie ein Erschließen ihrer selbst von sich abweist? Was wäre ein solches Erschließen auch, wenn nicht ein Münchhausenversuch, bei dem ein Bedingtes versuchte, seine eigenen Bedingungen zu überholen? Heidegger stellt diesen Fragen seine Grundeinsicht entgegen, daß der Mensch Sein selbst, das heißt die Bedingung der Möglichkeit von allem Verständnis, selbst *versteht.* Gut, wird man antworten, aber wie soll die Erschlossenheit selbst, das Sein selbst, verstanden werden? Wenn die Erschlossenheit die Voraussetzung dafür ist, daß Sein des Seienden verstanden werden kann, wie steht es dann mit der Voraussetzung dafür, daß sie selbst verstanden werden kann? Muß man sich hier einen ‚regressus ad infinitum' von Erschlossenheit vorstellen? Oder befindet

---

[91] Zu diesem Einfluß siehe K. Lehmann: *Christliche Geschichtserfahrung und ontologische Frage beim jungen Heidegger* ([1]1966), in: O. Pöggeler (Hg.): *Heidegger,* 140–168; O. Pöggeler: *Denkweg,* 29, 36–45, 89, 192–195, 205 f., 209, 260–267, 270; H.-G. Gadamer: *Heidegger und die Marburger Theologie,* a. a. O. (Anm. 90); ders.: *Wege,* 142, 145–148, 153; Th. Sheehan: *Heidegger;* R. Schaeffler: *Frömmigkeit,* 1–34; ders.: *Wechselbeziehungen,* 229–261, 333–339.

[92] Vgl. SZ 59 f., 63–67, 252 f. Anm. 3, 313 Anm. 6, 525–533 u. ö.

[93] Vgl. K. Löwith: *Heidegger,* 19 f., 26 f.; W. Franzen: *Existenzialontologie,* 11–16.

man sich hier vor einer völlig anders gearteten Erfahrung, die ‚transzendentale Erfahrung' genannt werden müßte?

Diese Fragen, das darf vorwegnehmend schon gesagt sein, werden in der Tat über die Daseinsanalytik hinausführen. Aber das kann an dieser Stelle noch nicht einsichtig gemacht werden. Deshalb geht es im Moment noch allein darum, wie Seiendes in seinem Sein, das heißt in seiner Erschlossenheit, erfahren wird. Denn kann *dieses* Sein und damit gleichzeitig *diese* Erschlossenheit in irgendeiner Form verdeutlicht werden, so ist der entscheidende Schritt getan. Gelingt es nämlich in diese Frage nach dem Sein des Seienden Klarheit zu bringen, so muß sich auch das Phänomen des Verstehens von Sein selbst, das dabei notwendig mitbetroffen ist, in schärferen Konturen abzeichnen.

β) Positive Erörterung

Zur Frage steht vorerst die Verstehbarkeit des Seins *von Seiendem.* Seiendes wird verstanden, wenn es in seinem Sein zugänglich geworden ist (SZ 429 f.). Verstanden nämlich wird etwas dann, wenn es als zu Verstehendes auf einen Verstehenshorizont hin entworfen wird, von dem her seine Verständlichkeit möglich ist (SZ 193–202; vgl. Prol 355–359). Wird dieses zu Verstehende auf einen solchen Horizont entworfen, so sagt man: es hat Sinn (SZ 201, 429 f.). Im Fall des Seienden ist dieses Woraufhin seiner Verstehbarkeit das Sein (SZ 430). Seiendes, das in seinem Sein verstanden wird, ist nicht nur wahr, sondern ist auch in seinem Sinn erschlossen. Doch wie wird *Sein* verstanden? Welches ist der Horizont *seiner* Verstehbarkeit? Worin besteht der Sinn von Sein (ebd.; vgl. GrPh 396 f., 399)? Wie wird dieser Sinn verstanden?

Wenn der Sinn dasjenige ist, was die Verstehbarkeit von etwas ermöglicht, so muß er mit der Erschlossenheit zu tun haben. Denn von dieser wurde dasselbe gesagt. Hieß es außerdem, daß der Mensch Sein nur deshalb verstehe, weil er an ihm selbst Erschlossenheit sei, so ist damit auch gesagt, daß er an ihm selbst Sinn sei. De facto betont Heidegger beides ausdrücklich: Er nennt den Sinn „das formal-existenziale Gerüst der dem Verstehen zugehörigen Erschlossenheit" (SZ 201) und er definiert den Menschen als Seiendes, dem allein unter allen Seienden Sinn zukomme (ebd.).

Doch zurück zur Frage, worin der „Sinn von Sein" besteht und wie er an ihm selbst verstanden werden kann. Verschaffen wir uns größere Klarheit, indem wir zwei weitere Fragen stellen, nämlich: Erstens: Wo oder woran ist die Erschlossenheit des Seins von Seiendem zugänglich? Zweitens: Wie ist es grundsätzlich möglich, daß die Erschlossenheit selbst, der Sinn von Sein, verstehend zugänglich ist?

Auf die erste Frage muß geantwortet werden: Sinn wird erschließbar, wenn Seiendes in seinem Sein, das heißt in seiner Wahrheit erscheint. Dies aber wiederum, daß Seiendes in seinem Sein sich an ihm selbst zeigt, ist nur möglich, wenn das Sein dieses Seienden verstanden wird. Sein jedoch wird verstanden, wenn es auf seinen Sinn hin entworfen wird. So ergibt sich hier ein Zirkel, der methodisch unumgänglich ist. Wie soll sich die weitere Untersuchung ihm gegenüber verhalten? Kann sie überhaupt in ihn hineinkommen? Und wenn ja, besitzt das Ausgehen dieses Kreises dann einen positiven Wert?

In diese Frage dringt Klarheit ein, wenn auf die zweite Frage geantwortet wird, ob es nämlich grundsätzlich möglich sei, daß die Erschlossenheit selbst, der Sinn von Sein, verstehend zugänglich ist? Eine Antwort dazu muß zunächst wiederum zu keiner großen Theorie greifen. Es genügt, wenn sie beim Begriff ‚Erschlossenheit' bleibt. Denn dieser Begriff allein rechtfertigt nicht nur die eben genannte Kreisbewegung, sondern zugleich auch die Frage nach der Verstehbarkeit von Erschlossenheit selbst. Mit ‚Erschlossenheit' wird nämlich eine Lichtung bezeichnet, die sich nicht bloß darin erschöpft, Licht zu sein, das leuchtet, das aber als Bedingung der Möglichkeit von Erkenntnis (Intentionalität) überhaupt nicht weiter im Blick steht, sondern höchstens durch eine transzendentale Analyse aufgedeckt werden kann. Im Begriff ‚Erschlossenheit' liegt vielmehr, daß sich das Licht dieser Lichtung selbst immer schon erschließbar gemacht hat und daß es *deshalb* auch immer schon erschlossen ist. Es hätte gar keine Bedeutung von ‚Erschlossenheit' zu sprechen, wenn dabei nicht *apriori* mitgemeint würde, daß sich die bezeichnete Lichtung immer schon zugänglich gemacht hat und daß sie *zugleich* in ihrer Zugänglichkeit immer schon begangen, das heißt erschlossen ist. Anders könnte das Dasein auch nicht seine Erschlossenheit *sein.* Zudem wäre es nicht einsichtig, warum Heidegger darauf beharrt, daß der Mensch Sein selbst immer schon *versteht.*

Geht man von diesem Erschlossenheitsbegriff aus, so sieht man, daß der methodische Zirkel oder Kreis nicht nur einen positiven Wert besitzt, sondern auch in sich gerechtfertigt ist. Denn Zirkel- oder Kreisbewegung geschieht angesichts der Erschlossenheit *immer schon.* Sie ist durch diese bedingt und auf den Weg gebracht. Die üblichen Vorstellungen von Methode, wonach bei einem absoluten Nullpunkt an methodischer Voraussetzung begonnen werden müsse, damit sodann vom Seienden weg zum Sein und schließlich zum Sinn von Sein gegangen werden könne, sind hier völlig fehl am Platz. Nein, der methodische Kreis ist gerechtfertigt und möglich zugleich, weil er immer schon geschieht und aufgrund dessen ausgelegt werden kann (SZ 416–418).

Anders formuliert: Nach der Erschlossenheit selbst kann gefragt werden, weil das Dasein die Lichtung, die es je schon eingenommen hat und insofern selber ist, immer schon erschlossen hat und deshalb auf diese Erschlossenheit zurückkommen und sie eigens erschließen kann. Das je schon Verstandene enthält in sich selbst die prinzipielle Möglichkeit, seinerseits ausdrücklich verstanden zu werden. *Je schon* verstanden zu haben ist somit die Bedingung der Möglichkeit dafür, daß das Verstandene *eigens* verstanden werden kann. Mit der Formulierung dieses Paradoxes geschieht nichts anderes als die erneute Konkretisierung jener Dialektik, von der seit Beginn dieser Untersuchung gesprochen wurde. Sie kennzeichnet die Struktur einer Erfahrung, die das Denken mit seinem eigenen Grund macht, der ihm je schon vorhergeht. Denn das Denken kann nicht etwas denken, was schlechterdings *vor* ihm kommt und was die Bedingung seiner Möglichkeit ist. Könnte es dies, so wäre die radikale *Vor*gängigkeit und *Grund*haftigkeit seines Grundes nicht ernst genommen. Andererseits kann das Denken aber nur dann etwas erfahren oder denken, wenn es sich in einer gewissen Erfahrbarkeit oder Denkbarkeit zeigt. Diese hier aufspringende Dialektik kann daher nur dann ausgehalten werden, wenn sich *am* Denken selbst das zeigt, was unbedingt *vor* ihm kommt. Nur dann besteht die Chance, daß das Denken seinen Grund erfährt. Jetzt durch den Begriff ‚Erschlossenheit' hat diese Dialektik ein reales Gesicht bekommen. Denn Erschlossenheit als das, was das Dasein je schon *ist,* zeigt sich als jener ‚Grund', der Denken allererst möglich macht, somit schlechterdings vor ihm kommt, *und* sie zeigt sich als das, was gerade darin, daß sie das Denken ‚*ist*', erschließbar ist. In diesem Sinne kann gesagt werden: Die Erfahrung des Denkens an ihm selbst mit seinem ‚Grund' ist möglich, also nicht bloß ein Postulat, wenn es sich auf jene Erfahrung einläßt, die es immer schon mit ihm macht, sofern es an ihm selbst erschlossen ist. Oder in Heideggerschen Vokabeln ausgedrückt: Das Sein selbst kann nur dann verstanden werden, wenn jenes Verständnis (jene Erschlossenheit) eigens erschlossen wird, in dem, besser: *als welches* das Dasein je schon beim Sein selbst ist.

Damit kann zur Frage zurückgekehrt werden, wo und woran Erschlossenheit beziehungsweise Sinn erschlossen werden kann. Auf sie wurde geantwortet, daß dies nur dort geschehen könne, wo das Seiende in seinem Sein oder in seiner Wahrheit erscheine. Denkt man jetzt einmal nicht an den methodischen Kreis, der für eine solche Erschließung notwendig ist, sondern bleibt man einfach bei der Tatsache stehen, daß sich der Sinn von Sein dort zeigt, wo Seiendes in seinem Sein offensteht, so erkennt man, daß Sinn niemals „eine Eigenschaft" sein kann, „die am Seienden haftet, ‚hinter' ihm liegt oder als ‚Zwischenreich' irgendwo schwebt" (SZ 201). Denn Sinn von Sein kann dann genauso wie Sein nur *am* Seienden selbst erschlossen werden (SZ 307f., 402f.). Sein wiederum, das stets am Seienden sich meldet, könnte gar nicht erkannt werden, wäre es nicht als Sein des Seienden schon auf Sinn hin entworfen. Wo demnach Sein sich zeigt, da zeigt sich auch Sinn.

Allerdings ist das eben Gesagte nur dann von Bedeutung, wenn mitgedacht wird, daß es ein Seiendes gibt, daß Sein verstehen kann und daher auch dessen Sinn je schon in den Blick genommen hat. Dieses Seiende ist das Dasein. Nichtdaseinsmäßiges Seiendes fragt nicht nach dem Sein. Es ist vom Dasein gerade darin unterschieden, daß dieses Sein versteht und es selbst nicht. Deshalb sagt Heidegger auch: „Sinn ‚hat' nur das Dasein..." (SZ 201) Diese scheinbar banale Wiederholung gewinnt für den weiteren Verlauf der Untersuchung fundamentale Wichtigkeit, wenn sie genauer bedacht wird: Heißt es nämlich, daß Dasein sich *seinsmäßig* von jedem Seienden dadurch unterscheide, daß es Sein selbst versteht, das heißt daß es Erschlossenheit *ist,* so besagt dies, daß nur an diesem Seienden der *Sinn* von Sein selbst erschlossen werden kann. Wird es in seinem Sein erkannt, so muß sich an ihm auch die Erschlossenheit, die das Verstehen von Sein einräumt, zugänglich machen. Denn die Erschlossenheit (oder der Sinn) ist es an ihm selbst. Insofern läßt sich diese (dieser) aufhellen, wenn es sich in seinem Sein zeigt. Zugleich wird das Verstehen selbst sichtbar, mit welchem (als welches) das Dasein immer schon bei der Erschlossenheit selbst, das heißt beim Sein selbst, ist.

Um den Gedankengang nicht in die Irre führen zu lassen, sei aber noch einmal daran erinnert, daß das Sein, welches das Dasein zuerst und vor allem versteht, sein eigenes Sein oder das Sein jener Seienden ist, die zu ihm Beziehung haben. Es ist jenes Seiende, dem es in seinem Sein um *dieses* selbst geht. Folglich ist auch die Erschlossenheit, von der her dieses Sein verstanden werden kann, zunächst die Erschlossenheit dieses Seins. Doch das tut dem weiteren Verlauf der Untersuchung insofern keinen Abbruch, als das Dasein sein eigenes Sein nur verstehen kann in der Unterscheidung von nichtdaseinsmäßigen Seienden und als diese Unterscheidung wiederum nur vollziehbar ist, wenn sie auf dem Hintergrund von Sein selbst geschieht. Dazu kommt jetzt als weiterer Grund, daß nur das Dasein Sein versteht. Daher kann sich auch nur an ihm die Idee von Sein selbst und dadurch die spezifische Seiendheit jeder Seinsweise aufhellen. Die Erschlossenheit, die das Dasein an ihm selbst ist, ermöglicht sowohl das Verstehen des Seins von daseinsmäßigem als auch von nichtdaseinsmäßigem Sein. Insofern muß sich an ihm auch eine Idee von Sein selbst melden.

f) Konkrete Ergebnisse der Daseinsanalyse

Für die weiteren Schritte des Gedankenganges ist es jetzt notwendig, einige konkrete Ergebnisse der Heideggerschen Daseinsanalytik zu erörtern. Doch dies soll nicht im Detail geschehen. Es genügt, wenn diese Ergebnisse, soweit sie dafür in Frage kommen, auf das Problem der vorliegenden Untersuchung hin befragt werden, nämlich: Wie versteht das Dasein nach Heideggers Gedankengang sein Sein und damit gleichursprünglich die Erschlossenheit desselben und das Sein selbst? Die bisher gegebene Antwort war: Das Dasein versteht das Sein *seiend.* Sein eigenes Sein ist in sich selbst Verstehen von Sein. Dieses Grundprinzip kann nicht oft genug wiederholt und bedacht werden. Auch im folgenden wird oft darauf zurückzukommen sein. Es besagt: Das Verstehen von Sein ist nicht etwas, was das Dasein ‚hat'. Es ist keine Eigenschaft, die auf eine tragende Substanz zurückverwiese, sondern es ist diese selbst. Daher dürfen auch die „Fundamentalstrukturen" (Prol 204 f.), die das Dasein in seinem Sein ausmachen, nicht als Gesetzmäßigkeiten interpretiert werden, die lediglich mit dem Sein, nicht jedoch mit dem Verstehen desselben zu tun hätten. Nein, *als* Seinskategorien sind sie zugleich Verstehenskategorien. Hier zu trennen und Sein mit Verstehen auszuspielen, bedeutete den ganzen Sachverhalt von vornherein verstellen. Heidegger spricht in diesem Zusammenhang allerdings nicht von Kategorien, sondern von „Existenzialien" (SZ 59f.). Er gewinnt diesen Begriff an dem von „Existenz", womit er das Zu-sich-selbst-sein des Daseins beschreibt (SZ 56f.) Er soll andeuten, daß die Art der Fundamentalstrukturen, die das Dasein in seinem Sein ausmachen, sich grundsätzlich von denen unterscheiden, die das nichtdaseinsmäßige Seiende betreffen und die Heidegger „Kategorien" nennt. Entscheidend für die gegenwärtige Fragestellung ist jedoch, daß die Existenzialien jene Strukturen beschreiben, wonach das Dasein *seiend* Sein versteht und sich darin zu seiner Erschlossenheit verhält, die es an ihm selbst ist und die dieses Verstehen ermöglicht. Sofern das Verstehen von Sein die Grundvoraussetzung von Intentionalität überhaupt abgibt, können die Existenzialien auch als Bedingungen der Möglichkeit von Intentionalität definiert werden.[94]

α) Eigentliches und uneigentliches Verstehen

Das Dasein versteht das Sein seiend. Dies wiederum tut es, indem es sich zu seiner Erschlossenheit, die es an ihm selbst ist, und die sein Verstehen ermöglicht, *verhält.* Damit ist ein weiterer fundamentaler Sachverhalt berührt. Denn dadurch ist bereits angedeutet, daß das Dasein sich in seinem Sein zu diesem Sein verschieden verhalten kann und daher auch seine Erschlossenheit in verschiedener Weise zu sein vermag. Je nachdem wie es ist, versteht es auch sein Sein, zu dem es ein Seinsverhältnis hat. Und je nachdem wie es dieses Sein versteht, verhält es sich zur Erschlossenheit, die dieses Seinsverhältnis einräumt.

So oder so sein setzt ein Seinkönnen voraus. In diesem Seinkönnen erblickt Heidegger das ursprünglichste Phänomen von Verstehen (SZ 190–194; Prol 355–359; GrPh 389–395). Man kann dies nachvollziehen, wenn man von der ersten Bestimmung des Daseins ansetzt, wonach dieses ein Sein ist, dem es in seinem Sein um dieses selbst geht (SZ 42f.). Denn von da her gesehen ist das Verstehen ein Vermögen,

---

[94] Vgl. M. Brelage: *Studien*, 206.

worin es dem Dasein um es selbst geht. Verstehen ist daher das Seinkönnen des Daseins, sofern es auf sich je schon aus seinen Möglichkeiten her zukommt und diese entweder ergreift oder nicht ergreift. Ob es sie ergreift, hängt von der *„Durchsichtigkeit“* (SZ 195) oder *„Einsicht“* (GrPh 393) ab, die es vor das bringt, woran es mit ihm selbst ist. Mensch*sein* besagt somit: Sichverstehen aus den Möglichkeiten, die es selber seinkönnend *ist.* Dies jedoch bedeutet nichts anderes als daß Menschsein Freisein für seine eigenen Möglichkeiten ist, die es ergreift oder nicht.

Unter den Weisen wie der Mensch sein Seinkönnen ist, gibt es zwei fundamentale. Diese sind Eigentlichkeit und Uneigentlichkeit. Eigentlichkeit heißt: Es geht dem Dasein in seinem Sein derart um sein Sein, daß es *selbst* in seiner jeweiligen *Eigen*heit oder „Jemeinigkeit“ (SZ 56 f.; Prol 325 f.; L 228 f.), wie Heidegger vor allem sagt, die Möglichkeiten seines Seins wählt. Uneigentlichkeit besagt: Das Dasein läßt sich die Wahl seiner Möglichkeiten abnehmen. Es ist sie nicht selbst. Es überläßt sie jenen Instanzen, in denen es sich immer schon findet und die es auch wesenhaft immer und überall bestimmen. Diese sind die Verlorenheit an die Welt, das Aufgehen in der Öffentlichkeit und das Sich-bestimmt-sein-lassen durch das „Man“ (SZ 71–84, 152–173, 221–239; Prol 207–215, 326–345, 376–391). Wesentlich für Eigentlichkeit und Uneigentlichkeit ist jedoch nicht die jeweilig konkrete Möglichkeit, die das Dasein in bestimmten Situationen existenziell entscheidet, sondern wesentlich ist die fundamentale Wahl zum eigenen Seinkönnen, das heißt zum Freisein für die Freiheit des jeweiligen Sich-selbst-wählens oder Sich-selbst-ergreifens, oder zum Verfallen an das „Man“ (SZ 191 f., 233, 249 f., 355 f.). Bevor das Dasein diese oder jene Möglichkeit wählt, hat es sich schon in Freiheit für oder gegen sein Freisein zu Möglichkeiten, das es immer schon ist, entschieden (SZ 249 f., 254; vgl. L 229–233).[95] Beide Möglichkeiten beschreiben sein Sein.

Dabei ist es allerdings wichtig zu sehen, daß der Eigentlichkeit ein höheres Maß an Ursprünglichkeit zukommt. Uneigentlichkeit setzt

[95] Heidegger steht, wie GbM 224–226 beweist, in diesen Analysen unter dem Einfluß Sören Kierkegaards (vgl. u. a. S. Kierkegaard: *Werke* II/III, 167–247). Zum Verhältnis Kierkegaard-Heidegger siehe auch K. E. Løgstrup: *Existenzialanalyse.* In diesem Buch wird allerdings Heideggers Anliegen nicht begriffen.

immer schon Eigentlichkeit voraus. Insofern kommt dieser eine gewisse Vorrangstellung zu. Nach Heidegger darf diese Tatsache aber nicht dazu verleiten, die Uneigentlichkeit negativ zu bewerten oder als minderwertig abzustempeln (SZ 57f.,294). In der Uneigentlichkeit findet sich das Dasein vielmehr immer schon vor. Es wird sie daher nie so ablegen können wie eine schlechte Eigenschaft. Denn auch Eigentlichkeit kommt selbst nur zustande, indem sie aus der Uneigentlichkeit herausgerufen wird.[96] Es kann sogar positiv gesagt werden, daß die Uneigentlichkeit jener Bezirk des Seins ist, in dem sich das menschliche Leben je schon und zumeist abspielt und der daher eine eigene Dimension des Reichtums besitzt (SZ 57f.; L 229f.).

Anstelle von Eigentlichkeit und Uneigentlichkeit spricht Heidegger auch von Wahrheit und Unwahrheit (SZ 293–295). Wo es dem Dasein um sein Sein in der Form der Eigentlichkeit geht, da ist es in Wahrheit, wo in der Form der Uneigentlichkeit, da ist es in Unwahrheit. Beides, Wahrheit und Unwahrheit, sind wie Eigentlichkeit und Uneigentlichkeit Möglichkeiten des *Seins* von Dasein. Das darf nicht falsch verstanden werden im Sinne von ‚Dasein ist der Ursprung der Wahrheit und Unwahrheit'. Dasein ist genauso wenig Ursprung der Wahrheit und Unwahrheit wie es der Ursprung der Eigentlichkeit und der Uneigentlichkeit ist. Doch genauso wie es seine Erschlossenheit *ist, ist* es auch Wahrheit und Unwahrheit. Es ist sie, sofern es sie nur gibt, als und solange Dasein existiert (SZ 298–301).[97]

Wenn aber die Uneigentlichkeit und die Unwahrheit, die, um es mit aller Deutlichkeit zu sagen, *nicht mit Falschheit, Schlechtigkeit, Lüge und dergleichen verwechselt werden dürfen,* das Sein des Daseins ausmachen, als Möglichkeiten zwar, aber doch als Möglichkeiten im Sinne von Möglich*sein,* und wenn außerdem Dasein zu sich selbst nur sein kann aufgrund einer Erschlossenheit, dann muß gefolgert werden: Die Bedingung der Möglichkeit von Uneigentlichkeit und Unwahrheit muß in der Erschlossenheit selbst liegen. Das besagt: In der Er-

[96] Auf die Kritik, die Heidegger in diesem Punkt vor allem seitens der Sozialphilosophie erfahren hat, kann nicht ‚in extenso' eingegangen werden. Es sei lediglich verwiesen auf Th. W. Adorno *(Jargon)* und W. Franzen (*Existenzialontologie,* 28–55). Prinzipiell zum Verhältnis von Eigentlichkeit und Uneigentlichkeit siehe Fr. W. v. Herrmann: *Selbstinterpretation,* 86–124.

[97] Vgl. Fr. W. v. Herrmann: *Selbstinterpretation,* 23–25; K. Lehmann: *Seinsfrage,* 514ff., 607–616.

schlossenheit oder in der Lichtung *selbst* muß eine gewisse Spannung von Wahrheit und Un-Wahrheit bestehen.[98] Uneigentlichkeit ist genauso wie Eigentlichkeit darüber hinaus, daß sie die Weise des Zu-sich-selbst-seins des Daseins ist, eine Entsprechung zu einem Horizont, der dieses Selbstverhältnis allererst ermöglicht. Nur ist dieser Horizont nicht jene Erschlossenheit, die Seiendes (welcher Art auch immer) in seinem Sein und seiner Wahrheit sich zeigen läßt, sondern jene Erschlossenheit, die es bedingt, daß die Seienden „verborgen" bleiben und sich in ihrem Sein „verdecken" und „verstellen" (SZ 47–49, 293–295; L 182–190, 208–220). Heidegger nennt sie ausdrücklich die „Erschlossenheit des Man" (SZ 222). Aber so wichtig dieses Problem, daß es in der Lichtung selbst einen Zwiespalt gibt, auch ist, es muß an dieser Stelle unbehandelt bleiben. Es sollte zunächst nur festgestellt und in seiner Bedeutung hervorgehoben werden. Denn es ist für Heidegger von zu großer Wichtigkeit. Doch im Moment würde es den Gedankengang allzusehr komplizieren. Deshalb soll erst in einem späteren Zusammenhang darauf zurückgekommen werden.

Jetzt ist es entscheidend, die Bedeutung der eben angestellten Erörterung über Eigentlichkeit und Uneigentlichkeit für die Frage nach dem Verständnis des Sinns von Sein, das heißt nach dem Erschließen von Erschlossenheit selbst herauszustreichen. Es hieß: Wenn das Dasein in seinem Sein seiend Sein selbst versteht, dann verhält es sich in diesem Verstehen (Zu-sich-selbst-sein) auch zu jener Erschlossenheit, die dieses Verstehen von Sein einräumt. Daraus folgt: Dasein versteht diese Erschlossenheit immer schon mit. Anders gäbe es überhaupt kein Seinsverständnis. Gilt aber dies, so kann gesagt werden: Je nachdem wie Dasein ist, verhält es sich zu einer Erschlossenheit. In diesem Sinne betont auch Heidegger: „Die Erschlossenheit des Da im Verstehen ist selbst eine Weise des Seinkönnens des Daseins." (SZ 196) Ist schließlich die Eigentlichkeit die ursprüngliche Weise, in der Dasein ist, so muß der Schluß gezogen werden: Je ursprünglicher es dem Dasein darum geht, seine Erschlossenheit zu sein (SZ 177), umso entschiedener ist es „in der Wahrheit" (SZ 292 ff.) und das heißt: umso

[98] Vgl. WM 193–196, 359 f.; Höld 119. Die Un-Wahrheit und das Un-Wesen, wie Heidegger sich ausdrückt, gehören in das *Geheimnis* des Seins und machen dieses mit aus. Sie deuten keinesfalls auf eine Art Manichäismus hin.

mehr versteht es Sein. Aber je mehr es Sein versteht, um so ursprünglicher, wahrer und verstehender ist es auf den Horizont, das heißt auf den Sinn oder auf die Erschlossenheit des Seins gerichtet, zu dem es ist. Je eigentlicher es Sein versteht, umso mehr ist es offen auf die Erschlossenheit selbst. Und je entschiedener es ihm darum geht, sein Sein eigentlich zu sein, umso mehr hält es sich in jener Lichtung auf, die es selber ist, indem es nur durch sie sein kann. Heidegger selbst sagt: „Wenn es aber Sein nur ‚gibt', sofern Wahrheit ‚ist' [= sofern Dasein ist (SZ 299)], und je nach der Art der Wahrheit das Seinsverständnis sich abwandelt, dann muß die ursprüngliche und eigentliche Wahrheit das Verständnis des Seins des Daseins und des Seins überhaupt gewährleisten." (SZ 419)

Damit ist noch nicht gesagt, worin genau das Verstehen von Sein selbst, von Erschlossenheit selbst, besteht. Es ist lediglich das Gebiet ausgezeichnet, in dem diese spezifische Verstehensform gefunden werden kann. Genauso wie der Sinn von Sein wird sie dort sichtbar, wo das Dasein in seiner Wahrheit sich an ihm selbst von ihm selbst her zeigt. Dieses aber ist der Fall, wenn es dem Dasein in Eigentlichkeit um sein Sein geht.

β) Sorge als Sein des Daseins

Es bedarf keiner langen Überleitung dazu, daß es in der nächsten Frage um das gehen muß, was es mit dem Eigentlichsein genauer auf sich hat. Bisher war davon nur grundsätzlich die Rede. Noch nicht ist bestimmt worden, was das Eigentlichkeit ermöglicht und konstituiert. Das muß jetzt, so weit es für die vorliegende Untersuchung von Belang ist, erfolgen. (Führt diese dann aber an einzelnen Stellen ‚de facto' über das hinaus, was im Augenblick von Belang ist, so geschieht es im Hinblick auf spätere Zusammenhänge und Fragestellungen, in denen genauer darauf zurückzukommen sein wird.)

Heidegger geht dazu über, das Sein des Daseins in seiner Eigentlichkeit zu beschreiben, nachdem er dieses Sein grundlegend, das heißt vor seiner Unterscheidungsmöglichkeit in Eigentlich- und Uneigentlichsein bestimmt hat. Das darf nicht mißverstanden werden, als gäbe es einen neutralen Daseinszustand. Das Dasein ist *existenzial* gesehen jederzeit entweder uneigentlich oder eigentlich. Dennoch gibt es eine Seinsbestimmung, die diese Unterscheidung allererst denkbar macht. Heidegger nennt sie „Sorge" (Prol 404–420; L 220–234). Sie ist das Sein des Daseins (SZ 254). Als solches zeigt sie sich als jenes Fundament, das die Strukturganzheit des Daseins trägt.[99]

Unter den Existenzialien, die auf dem Hintergrund der Ganzheit, die mit Sorge bezeichnet wird, hebt Heidegger vor allem folgende hervor:

1) Die „Existenzialität": Sie beschreibt das Dasein als Sein, dem es in seinem Sein um dieses geht und dem es freisteht, dieses Sein selbst zu übernehmen oder nicht. In diesem Freisein für sein jeweiliges Seinkönnen findet es sich je schon vor. Folglich spricht Heidegger hier auch vom „*Sich-vorweg-sein* des Daseins" (SZ 254f.).

2) Die „Faktizität": Darunter versteht Heidegger das Urfaktum, daß sich das Dasein immer schon in einer Welt vorfindet und seine Seinsmöglichkeiten je schon in dieser entwirft oder vorgeworfen erhält. Dasein ist wesenhaft In-der-Welt-sein (SZ 71–84; Prol 203–345; AdL 203–252). Als solches ist es „*schon-sein-in-einer-Welt*" (SZ 255).

3) Das „Verfallen": Davon war im Zusammenhang mit der Uneigentlichkeit schon die Rede. Verfallensein besagt, daß das Dasein immer schon in einer Welt *aufgeht* und in ihr sich umsichtig besorgend aufhält ohne dabei sein Sein als *eigen*tliches zu übernehmen. Heidegger beschreibt dieses Existenzial als „*Sein beim* besorgten innerweltlichen Zuhandenen" (ebd.).

Der Inbegriff dieser drei Strukturen ist nun die Sorge. Heidegger definiert sie durch den Monsterbegriff „Sich-vorweg-schon-sein-in-(der-Welt-)als Sein-bei (innerweltlich begegnendem Seiendem)" (SZ 256). Es braucht in Anschluß an die bereits gegebene Bestimmung, daß sie das Sein des Daseins ist, nicht lange ausgeführt werden, daß der Begriff ‚Sorge' nichts mit dem zu tun hat, was man im alltäglichen Verständnis darunter versteht. Es genügt noch einmal Heideggers Zusammenfassung festzuhalten: „Die Ganzheit dieses Strukturganzen enthüllte sich als Sorge. In ihr liegt das Sein des Daseins beschlossen... Die Herausarbeitung des Phänomens der Sorge verschaffte einen Einblick in die konkrete Verfassung der Existenz, das heißt in

---

[99] Fr. W. v. Herrmann: *Selbstinterpretation*, 155–166.

ihren gleichursprünglichen Zusammenhang mit der Faktizität und dem Verfallen des Daseins." (SZ 307)

γ) Eigentlichkeit und Entschlossenheit

Soll nun dazu übergegangen werden, das Dasein in seinem Eigentlichsein zu erschließen, so bedeutet dies, daß die Sorge ursprünglicher gesehen werden muß (SZ 311; Prol 425 f.). Eigentlichkeit und was zu dieser gleichursprünglich gehört, Ganzseinkönnen, sind ursprüngliche Bestimmungen der Sorge selbst (SZ 308–311; Prol 424–431). Wird sie in deren Licht gesehen, wird sich das Dasein in seiner Wahrheit an ihm selbst zeigen können. Zugleich wird es dann möglich sein, den Sinn dieses Seins in *seiner* Verstandenheit erschließen zu können.

Was ist also unter Eigentlichsein zu begreifen? Dazu ist auf das Phänomen des Verstehens in seiner ursprünglichen Gestalt als Seinkönnen des Daseins zurückzugehen. Dasein ist in der Weise seine Erschlossenheit, daß es sich immer schon auf Möglichkeiten seines Seinkönnens entwirft und sich aus diesen versteht (SZ 190 ff.; Prol 355 ff.). Daß jeder seiner Entwürfe zugleich *„geworfener Entwurf"* (SZ 295; KM 228; N II, 235) ist, sei der Vollständigkeit halber nur gesagt, es tut momentan aber wenig zur Sache. Wichtiger ist die Frage, wodurch das Dasein dazu gebracht wird, die jeweilige Möglichkeit seines Seins *selbst* und in *Eigen*heit zu übernehmen. Dieses Wodurch ist eine ausgezeichnete Möglichkeit, die es von sich her apriori verbietet, uneigentlich ergriffen zu werden. Heidegger erblickt sie im Tod (Prol 430 f.). Der Tod ist zwar die Möglichkeit der absoluten Unmöglichkeit des Daseins. Dennoch ist er dessen „äußerste Möglichkeit", die es im Sterben auf sich nehmen muß. Als solche vereinzelt der Tod aber das Dasein auf sein eigenstes Sein. In diesem Sinne ist er auch dessen *„eigenste* Möglichkeit" (SZ 349; vgl. Prol 429, 434–440), die nur von diesem als *einzelnem* übernommen werden kann (SZ 349 f.).

Indem sich somit das Dasein zu seinem Tod als äußerster Möglichkeit seines Seins verhält, existiert es eigentlich. Doch wie kann es dies überhaupt? Kommt der Tod nicht erst am Ende des Lebens? Wie vermag es sich schon ‚vor' seinem Tod eigentlich zu ihm verhalten? Das ist nur möglich, wenn es immer schon zu dieser Möglichkeit hingebracht ist und folglich auch *diese* Möglichkeit seiner Unmöglichkeit *ist*

(SZ 321–327, 339–345; Prol 433). Oder anders gesagt: Das ist nur möglich, wenn es ein „Sein… *zu* seinem Ende" beziehungsweise ein „Sein zum Tode" ist (SZ 343 f.; vgl. Prol 438–440). Damit ist aber immer noch nicht gesagt, wodurch das Dasein immer schon als „Sein zum Tode" an ihm selbst und für sich selbst erschlossen ist und woher es die eigentümliche Gewißheit des Todes (SZ 351–354) hat. Heidegger macht dafür die Stimmung der Angst verantwortlich (SZ 244–253, 334; vgl. 347–351; Prol 400–404). Sie bringt das Dasein in seinem Verstehen, welches übrigens „immer gestimmtes ist" (SZ 190), je schon vor seine Bedingtheit durch den eigenen Tod und vor seine Nichtigkeit. Dadurch konstituiert sie auch das, was Heidegger das „Vorlaufen" zum Tode (SZ 314–354, 405–411; Prol 439 f.) genannt hat. In diesem wird es dem Dasein möglich, als *ganzes* sein zu können und demnach ein *„ganzes Seinkönnen"* (SZ 351) zu sein (vgl. Prol 424–431). Die Angst nämlich zeichnet sich dadurch aus, daß sie im Gegensatz zur Furcht (SZ 186–189, 245 ff.; Prol 391–400) nicht nur ein einzelnes Furchtbares oder Bedrohliches hat, wovor es sich ängstigt, sondern das Dasein als solches (SZ 244–253). Dieses enthüllt sie als ganzes, indem sie es zugleich als nichtiges durchschaut (vgl. GbM 89–249).

Allerdings ist die Angst ‚nur' eine Stimmung. Das besagt für Heidegger ganz und gar nichts Nachteiliges, im Gegenteil (SZ 178 ff.), aber als Stimmung, die einen überfällt oder nicht überfällt, die kommt oder nicht kommt, die man hat oder nicht hat, kann die Angst nicht die Ursache dafür sein, daß das Dasein immer wieder aus der Alltäglichkeit, in der die Angst noch dazu niedergehalten wird, auf sich selbst zurückkommt und in Eigentlichkeit übernimmt (vgl. EM 3 f.). Daher bedarf es eines eigenen Rufes, der es aus seiner Verfallenheit in die Alltäglichkeit und Öffentlichkeit, in der es je schon uneigentlich existiert, zur Eigentlichkeit zurückruft. Dieser Ruf erfolgt im *Gewissen,* welches Heidegger fern von jeder religiösen oder ethischen Vorstellung als Existenzial versteht (SZ 355–371; Prol 440 f.). Gewissen hat in seiner ursprünglichen Gestalt die ‚Funktion', dem Dasein seine Wahrheit, die es an ihm selbst ist und die es sein kann, zu *„erschließen"* (SZ 357). Das Dasein *ist* demnach sein Gewissen. Daraus wiederum folgt, daß das Gewissen, sofern die Eigentlichkeit auch ein spezifisches Verhältnis zur Erschlossenheit selbst impliziert, zu dieser wahren Erschlossenheit oder Lichtung gehört, die es selbst ist und aufgrund derer es überhaupt sein kann (SZ 357 f.). Das Dasein ist also *an ihm selbst* Gewissen wie es an ihm selbst Erschlossenheit ist.

Folgt das Dasein dem Ruf des Gewissens und nimmt es dabei zugleich seine Nichtigkeit in Kauf, die seine jeweilige Wahl in dem Sinne als schuldig auszeichnet, als jeweils nur diese oder jene existenziellen Möglichkeiten gewählt werden können und andere nicht (SZ 378 f., 404 ff.), so ist es nicht nur eigentlich, indem es sich zugleich zu seiner Erschlossenheit in Wahrheit verhält, sondern es hat auch den Mut zu seiner Nichtigkeit (SZ 376–382), durch die es sowohl als schuldig als auch als sterblich charakterisiert ist. Dieses eigentliche Sichverstehen des Daseins aus seinen Möglichkeiten, in dem in irgendeiner Form auch ein verstehendes Verhältnis zu jener Erschlossenheit enthalten sein muß, die das Dasein allererst sein läßt, heißt *Entschlossenheit* (SZ 393–396; GrPh 406–408).[100] Mit ihr ist, wie Heidegger sagt, „die ursprünglichste, weil *eigentliche* Wahrheit des Daseins“ (SZ 394, vgl. 407) erreicht. In ihr hat dieses sein *„eigentliches Selbstsein“* (SZ 395), und darüber hinaus ist sie „ein ausgezeichneter Modus der Erschlossenheit des Daseins“ (SZ 393). Weil schließlich zur Entschlossenheit gleichursprünglich das Ganzseinkönnen gehört, spricht Heidegger vor allem von „vorlaufender Entschlossenheit“ (SZ 404–406, 409 f., 418 u. ö.). Mit diesem Begriff ist somit das eigentliche Sein des Daseins, das heißt die Sorge in ihrer Eigentlichkeit und Ganzheit, erreicht (vgl. GbM 223–249, 251 ff.).

δ) Welt und Seinsmöglichkeiten des Menschen als abkünftige Erschlossenheit

Nach dem eben erreichten Ergebnis kann jetzt die letzte und entscheidende Frage in Angriff genommen werden: Welches ist der Sinn dieses eigentlichen Seins von Dasein? Welches ist der Sinn von Sorge, die sich in ihrer Eigentlichkeit als vorlaufende Entschlossenheit zeigte? Worin besteht die Erschlossenheit, die das Dasein an ihm selbst ist, indem es durch sie ermöglicht wird? Und vor allem: Welches ist die spezifische Form von Erfahrung (beziehungsweise von Verstehen), die der Mensch (das Denken, das Dasein) je schon ist, durch die er, besser: *als* die er im Erfahren des Seins immer schon bei *der* Erschlossen-

[100] Vgl. GbM 223, 226, 247 f., 251 f.; AdL 218–252; WM 139–175; siehe außerdem W. Bretschneider: *Sein*, 65–151.

heit ist, die den Sinn von Sein gibt? Wie versteht er seinsmäßig Sein selbst?

Noch einmal liegt der Einwand nahe, daß Sinn und Erschlossenheit gar nicht verstanden werden müssen, sagt Heidegger doch selbst: „Verstanden aber ist, streng genommen, nicht der Sinn, sondern das Seiende, bzw. das Sein. Sinn ist das, worin sich Verständlichkeit von etwas hält." (SZ 201) Man könnte sich eine idealistische Denkart zulegen und dagegen halten: Muß denn nicht dasjenige, in dessen Licht Verstandenes überhaupt verstehbar wird, seinerseits in irgendeiner Form verstehbar sein? Fichte hatte solche Fragen gestellt, als er sich an Kants Begriff vom „Ding an sich" stieß, welches dieser ‚jenseits' der menschlichen Vernunft postulieren wollte. Aber ist es notwendig so idealistisch zu argumentieren? Genügt es nicht, auf die Grundeinsicht Heideggers zurückzukommen, daß der Mensch jenes Seiende ist, das Sein selbst *versteht*? Wurde Sein selbst nicht immer als das angesehen, was Intentionalität überhaupt ermöglicht und daher das absolute Woraufhin *jeglichen Verstehens* von Seiendem in seinem Sein ist? Muß also nicht Erschlossenheit selbst verstanden werden?

Es läge nun nahe, sich nach einem analogen Beispiel umzusehen. Man könnte dieses in der spezifischen Erschlossenheit von nichtdaseinsmäßigem Seiendem zu finden glauben. Heidegger hat diese Erschlossenheit „Welt" genannt.[101] Weltmäßigkeit macht demnach das Sein dieses Seienden aus. Es ist der Sinn dieses Seins. Welt als Erschlossenheit wird nach Heideggers ausdrücklicher Aussage *selbst* erschlossen. Gewiß, zunächst ist dasjenige, was die ursprünglichen Verstehensweisen dieses Seienden erschließen, das Seiende und nicht die Welt selbst. Alltägliches „Besorgen" (SZ 76f., 89ff., 98ff. u.ö.; Prol 226ff.), „Umgang" mit den Dingen (SZ 100, 106 u.ö.; GbM 153) und vor allem „Umsicht" (SZ 93, 98, 101f., 106f. u.ö.; Prol 265ff.) zeichnen sich sogar darin aus, daß sie in der Welt aufgehen, sie folglich nicht eigens thematisieren. Sie stützen sich auf die Vertrautheit mit der Welt (SZ 101f.), die ihrerseits durch das In-der-Welt-sein je schon garantiert ist. Auch das Wesen der Welt besteht gerade darin,

---

[101] Vgl. GbM 261–532; vgl. zudem Fr. W. v. Herrmann: *Subjekt,* 44–65; ders.: *Selbstinterpretation,* 47–68; K. Lehmann: *Seinsfrage,* Teil IV, Kap. 1; Fr. Wiplinger: *Wahrheit,* 171–202, 202ff. Eine gute Zusammenfassung der Kritik von Heideggers Welt-Analysen findet sich bei W. Franzen: *Existenzialontologie,* 28–55.

daß sie sich nicht meldet (ebd.). Als „Bewandtnis-" oder „Verweisungsganzheit" ermöglicht sie gerade darin, daß sie sich zurückzieht, daß sich die Dinge als Zuhandene, Dienliche und Bedeutsame zeigen können. Es gibt wohl eine spezifische „Sicht" (SZ 93f.; vgl. GbM 218,224), in der alles Seiende auf seine Zuhandenheit, Dienlichkeit und Bedeutsamkeit hin erschlossen ist, aber kann diese Sicht als Verstehen angesprochen werden?

Unter folgenden Rücksichten allerdings: Zunächst kommt es vor, daß Welt „aufleuchtet" (SZ 97,99–103). Das geschieht dann, wenn der Bewandtniszusammenhang, der Welt ausmacht, aus irgendeinem Grund gestört ist. Wie könnte nämlich eine solche Störung, ein solcher „Bruch" (SZ 100) *als* Bruch festgestellt werden, wenn vorher nicht der Zusammenhang verstanden würde? Weiters gibt es das Phänomen des Zeichens. Es ist ein Zuhandenes besonderer Art, sofern es ein Zuhandenes *als* Zuhandenes herausstellt. So etwas ist jedoch nur möglich, wenn es als Zeichen nicht nur auf ein anderes Zuhandenes verweist, sondern auf die Zuhandenheitsganzheit selbst (SZ 102–111; Prol 278–285). Wie gäbe es sonst die Möglichkeit Zuhandenes *als* Zuhandenes zu erkennen? Nicht zuletzt ist die Welt keine bloße Summe von innerweltlichen Seienden. Sie ist dieser gegenüber sozusagen ‚inhaltlich' bestimmt. Nicht ohne Grund heißt sie *Bewandtnis-* oder *Bedeutungs*ganzheit. Auch der Begriff ‚Sinn' kommt nicht von ungefähr. Folglich muß der Welt gegenüber ein ursprüngliches Verstehen herrschen, was Heidegger auch ausdrücklich sagt (SZ 102; Prol 285ff.). Aus diesen drei Überlegungen ist es daher auch denkbar, die besagte „Sicht", die Heidegger in Zusammenhang mit der Lichtung beziehungsweise mit der Erschlossenheit interpretiert (SZ 194–196,226), als Verstehen *derselben* zu interpretieren. So läge hier ein Fall von einem Erschließen der Erschlossenheit selbst vor.

Dem entspricht, daß auch in der Beziehung des Daseins zu sich selbst eine solche Form des Erschließens von Erschlossenheit vorliegt.[102] Denn Dasein versteht sich, indem es seine Möglichkeiten *ist* und sich immer schon aus dieser her zukommt. Die Möglichkeiten stellen damit in gewisser Hinsicht einen Horizont für das Zu-sich-selbst-verhalten des Daseins dar. Daher können sie mit der eben ge-

[102] E. Tugendhat: *Wahrheitsbegriff*, 264–270, 299–308; Fr. Wiplinger: *Wahrheit*, 205–235.

nannten Vorsicht auch Erschlossenheit heißen. Genauso wie bezüglich der Welt, die übrigens den Seinsmöglichkeiten des Daseins ihre Bestimmung verdankt (SZ 115–117), gibt es auch diesen Möglichkeiten gegenüber eine Sicht, die Heidegger jetzt allerdings der Unterscheidung wegen „*Durchsichtigkeit*" (SZ 195) oder „*Einsicht*" (GrPh 393) nennt. Bedenkt man, daß diese Möglichkeiten zumeist Entwürfe des Daseins selbst sind, so sieht man sofort, daß hier Durchsicht beziehungsweise Einsicht und Verstehen eine sehr enge Verbindung miteinander haben. Es scheint also abermals ein Verstehen zu existieren, das sich auf die Gelichtetheit (SZ 195 f.), die es an ihm selbst ist, indem es durch sie ermöglicht wird, selbst richtet.

Diese naheliegenden Antworten mußten deshalb so ausführlich dargestellt werden, weil sie wirklich so sehr naheliegen. Aber sie führen in eine falsche Richtung. Denn es darf nicht übersehen werden, daß die Erschlossenheit selbst, um die es jetzt geht und die mit dem Sein selbst zusammengehört, auch die Bedingung der Möglichkeit von dem eben beschriebenen Verstehen von Welt und von Seinsmöglichkeiten ist. Das Dasein hätte weder Sicht noch Durchsicht (oder Einsicht), die beide zweifellos eine Art von Verstehen sind, wenn es nicht zuvor schon an ihm selbst gelichtet wäre. Deshalb wird die Frage, wie und als was die ursprüngliche Erschlossenheit selbst sich zeige und in welcher Form sie verstanden werden könne, auf anderem Wege zu erreichen sein.[103]

Dieser Weg führt über die Bestimmung des Seins jenes Seienden, das in diesem seinem Sein seiend Sein selbst versteht beziehungsweise ein ursprüngliches Verhältnis zur Erschlossenheit hinnimmt, die es an ihm selbst ist. Dieses Sein des Daseins wurde in seiner ursprünglichen, das heißt eigentlichen Gestalt als vorlaufende Entschlossenheit ausgelegt. Diese ist ihrerseits die ursprüngliche Bestimmung von Sorge. Woraufhin wird nun dieses Sein verstanden? Welches ist der Sinn die-

---

[103] Diese Überlegungen finden ihre Bestätigung im Aufsatz *Der Ursprung des Kunstwerkes* (HW 1–74), in dem Welt gemeinsam mit „Erde" als abkünftig gegenüber dem Urstreit innerhalb der Lichtung zwischen Unverborgenheit und Verborgenheit angesehen wird (HW 42; vgl. Fr. W. v. Herrmann: *Kunst,* 215–219), und in *Zur Erörterung der Gelassenheit* (Erf 37–74), wo der transzendentale „Horizont", der nach SZ die Welt ist, als „nur die uns zugekehrte Seite eines uns umgebenden Offenen" (Erf 45) beschrieben wird, das selbst nicht mehr transzendental erfaßt werden kann, sondern als Offenes eigener Art freigelegt werden muß (Erf 45, 55).

ses Seins? Welches Verhältnis nimmt das Dasein zur Erschlossenheit, die Verstehen von Sein möglich macht, ein?

In der Philosophie der Neuzeit hätte man auf diese Fragen geantwortet, daß nur ein transzendentales (beziehungsweise absolutes) Selbst die Rolle ursprünglicher Seinskonstitution übernehmen könne. Heidegger jedoch lehnt diese Ansicht ab, weil er davon ausgeht, daß der Mensch in seinem Sein noch *bevor* er ein Selbst ist, eine Erschlossenheit, das heißt ein „Da-sein" ist. Die Erschlossenheit ist es, die nicht nur ein Selbst allererst in sein Sein entläßt, sondern auch seine Selbstgelichtetheit konstituiert. Je ursprünglicher also die Erschlossenheit selbst in den Blick gebracht wird, umso ursprünglicher wird auch das Selbst erkannt.

ε) Zeitlichkeit als Sinn des Seins von Dasein

Heidegger definiert den Sinn von Sein, welches das Dasein ‚ist', als *Zeitlichkeit*:[104] „Nur sofern das Dasein als Zeitlichkeit bestimmt ist, ermöglicht es ihm selbst das gekennzeichnete eigentliche Ganzseinkönnen der vorlaufenden Entschlossenheit. *Zeitlichkeit enthüllt sich als der Sinn der eigentlichen Sorge.*" (SZ 432; vgl. L 234–243; KM 231 f.) Das besagt: Nur weil das Dasein immer schon seinsmäßig seine Möglichkeiten auf sich zukommen lassen kann und aus ihnen auf sich selbst zukommt, das heißt *zukünftig* ist, nur weil es immer schon seinsmäßig auf seine Geworfenheit zurückkommen kann, das heißt durch *Gewesenheit* bestimmt ist, und nur weil es immer schon seinsmäßig Innerweltliches und situationshaft Gegebenes begegnen lassen kann, das heißt *gegenwärtigend* ist, kann es vorlaufende Entschlossenheit sein. Zeitlichkeit ist demnach die Bedingung der Möglichkeit dafür, daß Dasein überhaupt sein kann (vgl. GbM 218 ff., 223 ff.).

Dasein als jenes Sein, dem es in seinem Sein um dieses geht und das dadurch ein Seinsverhältnis besitzt, wodurch es Sein selbst seiend verstehen kann, ist, was es ist, nur aufgrund der Zeitlichkeit (GrPh 22, 323, 388 f., 397; Kant 425–427). In diesem Sinne, daß Zeitlichkeit die Bedingung der Möglichkeit dafür ist, daß Sein verstanden wird, gehört sie zur Erschlossenheit selbst, ja ‚*ist*' diese: „Das Seiende, das

[104] Vgl. Fr. W v. Herrmann: *Selbstinterpretation,* 264 ff.; ders.: *Subjekt* 76–91; C. Fr. Gethmann: *Verstehen,* 145–155; O. Pugliese: *Vermittlung,* 29–171.

den Titel Da-sein trägt, ist *‚gelichtet'*. Das Licht, das diese Gelichtetheit des Daseins konstituiert, ist keine ontisch vorhandene Kraft und Quelle einer ausstrahlenden, an diesem Seienden zuweilen vorkommenden Helligkeit. Was dieses Seiende wesenhaft lichtet, das heißt es für es selbst sowohl ‚offen' als auch ‚hell' macht, wurde vor aller ‚zeitlichen' Interpretation als Sorge bestimmt. In ihr gründet die volle Erschlossenheit des Da. Diese Gelichtetheit ermöglicht erst alle Erleuchtung und Erhellung, jedes Vernehmen, ‚Sehen' und Haben von etwas. Das Licht dieser Gelichtetheit verstehen wir nur, wenn wir nicht nach einer eingepflanzten, vorhandenen Kraft suchen, sondern die ganze Seinsverfassung des Daseins, die Sorge, nach dem einheitlichen Grunde ihrer existenzialen Möglichkeit befragen. *Die ekstatische Zeitlichkeit lichtet das Da ursprünglich.*" (SZ 464; vgl. Prol 267; GrPh 437) Sie ist daher auch die Bedingung der Möglichkeit von Intentionalität überhaupt (GrPh 378 f., 447, 452).[105]

Wird die Zeitlichkeit so verstanden, so ist klar, daß sie genausowenig wie die Erschlossenheit derart sein kann wie das, was erst durch sie als seiend erkannt wird. Zeitlichkeit ‚ist' weder so wie ein Ding noch so wie der Mensch, dessen Sein sie ursprünglich lichtet. Daher besitzt sie eine eigene Weise des Seins. Heidegger nennt sie die „Zeitigung" (SZ 312, 403, 423–441, 444–449, 450 ff. u. ö.). Zeitlichkeit ‚ist' also nicht, sondern *„zeitigt"* sich (SZ 434, 436; Prol 442; GrPh 376; AdL 256, 264, 269; GbM 191, 237 u. ö.). Dieser Hinweis mag einstweilen genügen, um zu unterstreichen, daß der Begriff von Zeitlichkeit nichts mit dem vulgären Zeitbegriff oder mit den Zeittheorien der Philosophie seit Aristoteles zu tun hat, obwohl diese Begriffe in ihm wurzeln. Heideggers Zeitlichkeitsbegriff muß als „transzendentale Urstruktur" (KM 235) des Daseins verstanden werden oder er verliert seinen Inhalt. Entweder er entwächst der Daseinsanalytik oder er hat mit dem Sinn des Seins von Dasein nichts gemeinsam (AdL 256; GrPh 374 ff.).

Soll aber jetzt das Ziel der gegenwärtigen Fragestellung nicht aus den Augen verloren werden, wie nämlich die Erschlossenheit des Seins von Dasein selbst im Hinblick auf die Erschlossenheit, die mit dem

---

[105] Auch die Transzendenz gründet in der Zeitlichkeit (GrPh 379, 413–429; AdL 252–273). Mit ihr zusammen gilt dasselbe von der „Entschlossenheit", „Freiheit", „Angst", „Langeweile" usw. (GbM 120, 140 ff., 145–149, 150 ff., 158 f., 182–198, 201 ff., 212 ff., 217–237 u. ö.).

Sein selbst zusammengehört, bedacht werden kann, und wie das Verstehen derselben vorgestellt werden muß, so ist es notwendig, das Zeitigen der Zeitlichkeit noch in zwei wesentlichen Bestimmungen zu präzisieren:

Die erste Bestimmung ist der bereits angeklungene *ekstatische* Charakter der Zeitlichkeit. Damit ist folgendes beschrieben: Als Zukunftsein ist es dem Dasein immer schon möglich *„auf sich zu"* zu kommen, als Gewesenheit-sein *„auf sich zurück"* zu kommen und als Gegenwartsein *bei etwas zu sein* und dieses *begegnen* zu lassen. „Die Phänomene des zu..., auf..., bei... offenbaren die Zeitlichkeit als das ἐκστάτικον schlechthin. *Zeitlichkeit ist das ursprüngliche ‚Außer-sich' an und für sich selbst.*" (SZ 435; vgl. GrPh 377 ff.; AdL 257–269) Das darf nicht so verstanden werden, als kreiste die Zeitlichkeit zuerst in sich und ginge dann über sich hinaus. Nein, Zeitlichkeit zeitigt sich wesensmäßig nur als Hinausgehen über..., als ἔκστασις. Zukunft, Gewesenheit und Gegenwart sind ihre *„Ekstasen"* (SZ 435; AdL 265 f.). Hier ist sofort ein neues Mißverständnis abzuwehren: Wenn von drei Ekstasen die Rede ist, so darf dies der Einheit der Zeitlichkeit keinen Abbruch tun. Es muß vielmehr heißen: „Die Zeitlichkeit ist selbst die in der ekstatischen Zeitigung sich einigende ekstatische Einheit." (AdL 266) Die „Einheit der Ekstasen ist selbst ekstatisch" (AdL 268; vgl. SZ 435,463). Erst wenn diese beiden Gesichtspunkte des seinsmäßigen Außersichseins und des Einseins aller Weisen dieses Außersichseins berücksichtigt sind, ist das ekstatische Wesen der Zeitlichkeit begriffen.[106]

Die zweite Bestimmung hängt mit der ersten engstens zusammen. Sie entspringt der Frage, woraufhin die Ekstasen ihr Außersichsein haben. Dieses Woraufhin ist ein *„Horizont"* (SZ 482; GrPh 378 f.). Jede Ekstase hat ihr horizonthaftes „Schema" (SZ 482; GrPh 418 ff., 435 ff.) oder „Ekstema" (AdL 269 f.), was dasselbe bezeichnet. In beiden Fällen ist darunter ein „‚Wohin' der Entrückung" (SZ 482) verstanden. Keines von beiden meint ein Seiendes, das irgendeine Zeitstelle einnehmen könnte, sondern beides transzendiert alles kon-

106 Der ekstatische Charakter der Zeit ermöglicht die Trans-zendenz des Daseins, d. h. sein Hinausgehen über das Seiende und über sich selbst (AdL 233 f.; WM 137 ff.). Die Zeit ist der Grund dafür, daß das Dasein an ihm selbst ein ἐπέκεινα ist, kraft dessen Seiendes erscheinen kann (GrPh 402–405, 425; AdL 249; GbM 219–237; WM 187–189).

krete Zukünftige, Gegenwärtige und Vergangene, indem es diesen ihre Möglichkeit allererst einräumt (AdL 264–270). Aber jedes Schema oder Ekstema muß aus dem *einen* Horizont der Zeitlichkeit, zu dem diese je schon hinaussteht, erkannt werden. Ihre Gleichursprünglichkeit zeichnet die Einheit dieses Horizontes aus.

Ist nun die Zeitlichkeit der Sinn des Seins von Dasein, so bildet der Horizont der Zeitlichkeit das absolute Woraufhin jeglichen Verständnisses von Sein. Aus diesem Grund ist es erneut unmöglich, daß dieser Horizont das Produkt einer menschlichen Konstitutionsleistung wäre. Denn er ist die Bedingung der Möglichkeit von allem Seinsverstehen, also auch von jenem Sein, als welches der Mensch sich selbst versteht (AdL 269). In seiner Bestimmung, letztes Woraufhin zu sein, ist er seinerseits nicht mehr entwerfbar auf ein weiteres Woraufhin. Hier gibt es keinen ‚regressus ad infinitum'. Heidegger nennt ihn daher den „Selbstentwurf schlechthin" (GrPh 436 f.; vgl. AdL 247, wo vom „Urentwurf" der Freiheit die Rede ist). Jedes Verstehen hat sein Ende „am Horizont der ekstatischen Einheit der Zeitlichkeit" (GrPh 437).

Von diesem Zielpunkt der Heideggerschen Überlegungen zur Daseinsanalytik sei noch einmal ein kurzer Blick zurückgeworfen. Es hieß: Die Erschlossenheit, die das Dasein an ihm selbst ist, indem es durch sie überhaupt sein kann, konstituiert den Sinn des Seins von Dasein. An diesem Sinn von diesem Sein muß sich aber etwas über den Sinn von Sein selbst und von jener Erschlossenheit, die zum Sein selbst gehört, ablesen lassen, da im menschlichen Seinsverstehen, das sich immer zunächst und zumeist auf Sein von Seienden aller Art richtet, Sein selbst mitverstanden wird. Die Erschlossenheit des Seins von Dasein wurde als Zeitlichkeit enthüllt. Von dieser Zeitlichkeit wiederum hieß es, daß sie in ihrem Zeitigen wesentlich ekstatisch sei auf einen Horizont, der die ursprüngliche Zeit heißen muß. Liegt es jetzt nicht nahe, diese Zeit als das Sein selbst anzusehen, das heißt als jene Erschlossenheit, die die Bedingung für *jedes* Sein und Seinsverstehen ist?

Heidegger jedenfalls sieht es so. In *Sein und Zeit* unterstreicht er, daß „mit dieser Auslegung des Daseins als Zeitlichkeit nicht auch schon die Antwort auf die leitende Frage gegeben ist, die nach dem Sinn von Sein überhaupt steht" (SZ 24). Der Sinn von Sein überhaupt (von Sein selbst) ist vielmehr die Zeit als „Horizont alles Seinsverständnisses und jeder Seinsauslegung" (ebd.). „Um das einsichtig werden zu lassen, bedarf es einer ursprünglichen Explikation der Zeit als Horizont des Seinsverständnisses aus der Zeitlichkeit als Sein des seinsverstehenden Daseins." (Ebd. [bei H. kursiv]) Das besagt: Es muß ein Unterschied gewahrt werden zwischen der Zeitlichkeit als Sinn des Seins von Sorge und jener Zeit, auf die hinaus die Zeitlichkeit in ihrem Zeitigen immer schon hinaussteht. Der Unterschied waltet somit *an* der Zeitlichkeit selbst. „Wenn Sein aus der Zeit begriffen werden soll und die verschiedenen Modi und Derivate von Sein in ihren Modifikationen und Derivationen in der Tat aus dem Hinblick auf Zeit verständlich werden, dann ist damit das Sein selbst – nicht etwa nur Seiendes als ‚in der Zeit' Seiendes, in seinem ‚zeitlichen' Charakter sichtbar gemacht." (SZ 25) Die Zeitlichkeit kann damit als Ursprung der ontologischen Differenz zwischen Sein als Sein des Seienden (Seiendheit) und Sein als Sein selbst angesehen werden (GrPh 454, 465 f.). Um sie zu wahren, nennt Heidegger den „‚zeitlichen' Charakter" des Seins selbst *„Temporalität"* (SZ 26; GrPh 429–452). Ausdrücklich heißt es dazu: „Der Terminus ‚Temporalität' deckt sich nicht mit dem von Zeitlichkeit, obwohl er nur dessen Übersetzung ist. Er meint die Zeitlichkeit, sofern sie selbst zum Thema gemacht ist als Bedingung der Möglichkeit des Seinsverständnisses und der Ontologie als solcher. Der Terminus ‚Temporalität' soll anzeigen, daß die Zeitlichkeit in der existenzialen Analytik den Horizont darstellt, von woher wir Sein verstehen. Was wir in der existenzialen Analytik erfragen, die Existenz, ergibt sich als Zeitlichkeit, die ihrerseits den Horizont für das Seinsverständnis ausmacht, das wesenhaft zum Dasein gehört." (GrPh 324, vgl. 388 f., 452)

In den Vorlesungen *Hegels Phänomenologie des Geistes* von 1930/1931 (Wintersemester, Freiburg i. Br.) wird Heidegger zum eben behandelten Thema noch einmal sehr deutlich. Zwar redet er dort nicht mehr von ‚Temporalität', sondern einfach von „Zeit", was auch schon in *Sein und Zeit* gelegentlich der Fall war. Aber was für diese Stelle entscheidend ist, ist dies, daß Heidegger die eben geschilderte Bestimmung von Sein selbst noch einmal wiederholt. Ausdrücklich betont er gegenüber der Hegelschen Philosophie und den darin enthaltenen Seinsbestimmungen, daß er das „Sein als Horizont der ekstatischen Zeit" (Hegel 145) versteht. Und genau von diesem Sein, das bisher ‚Sein selbst' genannt worden ist, sagt er am Schluß der Vorlesung, in dem er sich gegen Hegel noch einmal abschließend abgrenzt, im Hinblick auf *Sein und Zeit* (212): *„Das Wesen des Seins ist die Zeit...“* (209, vgl. 211)[107]

g) Zeitigen und Eksistieren als ursprüngliches Verstehen von Sein selbst

Zeitlichkeit ‚ist‘ der Sinn, das heißt die spezifische Erschlossenheit des Seins von Dasein, Temporalität der Horizont, zu dem Zeitlichkeit je schon zeitigend hinaussteht, das heißt die Erschlossenheit selbst, die das Sein selbst ‚ist‘. Dieses ‚Ergebnis‘ muß endlich auf die letzte und entscheidende Frage hin bedacht werden: Wie versteht der Mensch Zeit im Sinne von Temporalität? Wie verhält er sich verstehend zu ihr, wenn er in vorlaufender Entschlossenheit „in der Wahrheit“ existiert? Wie erfährt das Denken seinen Grund? Die Antwort klingt zunächst banal und nahezu tautologisch. Sie lautet: Dasein versteht das Sein selbst, das heißt die Erschlossenheit selbst, *zeitigend.* Oder anders gesagt: Dasein versteht Sein selbst, das sich als Zeit enthüllt hat, *eksistierend* (vgl. WM 189f., 191).[108] Was besagt dies?

Zunächst darf das Ganze nicht im Sinne einer ethischen Aufforderung gelesen werden, indem es etwa hieße: Will Dasein das Sein selbst verstehen, so muß es „zeitigen“ und „eksistieren“. Ein solches Verständnis liegt insofern nahe, als Heidegger die Zeitigung des Daseins am Phänomen der vorlaufenden Entschlossenheit gewinnt. Aber dabei wird übersehen, daß es Heidegger nicht darauf ankommt, Anweisungen für ein eigentliches anthropologisches Verhalten zu geben, sondern aufzuzeigen, wie das Dasein eigentlich seine Erschlossenheit ist, durch die es ermöglicht wird. Im Vordergrund steht mit andern Worten die Erschlossenheit, die sich bestimmen läßt, sobald das Dasein in Wahrheit an seinem Sein sich zeigt. Das Zeitigen und Eksistieren wiederum ‚ist‘ nichts anderes als jene Struktur, in der die Erschlossenheit das Dasein sein läßt, beziehungsweise in der das Dasein seine Erschlossenheit an ihm selbst ist. Von da her gesehen begreift man auch, warum Heidegger sagt, die Zeitlichkeit zeitige *sich* (z. B. SZ 434, 436;

---

[107] In diesem Sinne heißt die Zeit später „Vorname des Entwurfsbereichs der Wahrheit des Seins“ (Schell 229; vgl. WM 376). In Parm 209 ist die Zeit als „Vor-wort für das Wort ‚des‘ Seins“ gedacht. Vgl. O. Pugliese: *Vermittlung,* 205.

[108] Zum Begriff des „Ek-sistierens“ vgl. WM 323–330, 336f., 342, 350f., 374f.

GrPh 376; GbM 191, 237). Sie gehört primär zur Erschlossenheit selbst und nicht etwa zum Selbstsein des Menschen.

Andererseits schließt dieser Tatbestand nicht aus, daß man in Anschluß an Heidegger folgendes sagen kann: Will das Dasein eigens oder ausdrücklich Sein selbst verstehen, so muß es sich auf jenes Verstehen einlassen, das es immer schon ‚*ist*'; will das Denken seinen Grund erfahren, so muß es sich jener Erfahrung zuwenden, die es immer schon macht. Dafür gibt es zwei Gründe: *Erstens* wird das Phänomen der Zeitlichkeit am Phänomen der eigentlichen Existenz des Menschen bestimmt. Eigentlichkeit läßt sich aber nur aus dem Freisein des Menschen für seine jeweiligen Möglichkeiten verstehen.[109] Folglich entscheidet es sich daran, wie das Dasein in Eigentlichkeit oder Uneigentlichkeit ergriffen wird, das Verhältnis zur Erschlossenheit, die Seiendes in Wahrheit oder Unwahrheit sich zeigen läßt. *Zweitens* erblickt Heidegger gerade in der vorlaufenden Entschlossenheit, die zugleich das Ganzseinkönnen des Menschen beschreibt, die ‚Nahtstelle' zwischen existenzialer und existenzieller Ebene. „Entschlossenheit [nämlich] ‚existiert' nur als verstehend-sich-entwerfender Entschluß." (SZ 395) Durch sie ist das Dasein immer schon in eine „Situation" (SZ 397 f.) gebracht, die es nie anders als durch eine existenzielle Wahl bewältigen kann (SZ 17 f.). Gleichzeitig ist es durch das Gewissen immer schon auf seine existenziellen Möglichkeiten hin angerufen (SZ 354 ff.), und daher muß Heidegger schließlich sagen: „Die Frage nach dem Ganzseinkönnen ist eine faktisch-existenzielle. Das Dasein beantwortet sie als entschlossenes." (SZ 409 f. [bei H. kursiv]) Bezüglich dieses Prinzips macht das ausdrückliche Nachvollziehen des ursprünglichen und immer schon geschehenden Seinsverständnisses, die existenziale Analytik und die Philosophie also, keine Ausnahme: „Nur wenn das philosophisch-forschende Fragen selbst als Seinsmöglichkeit des je existierenden Daseins existenziell ergriffen ist, besteht die Möglichkeit einer Erschließung der Existenzialität der Existenz ..." (SZ 18) Aus der konkreten Existenz „*entspringt*" die Daseinsanalytik und auf sie muß sie auch „*zurückschlagen*" (SZ 51, 575 f.; AdL 199–202).

---

[109] Vgl. L 414: „Die Strukturen des Daseins, die Zeitlichkeit selbst sind nicht so etwas wie ein ständig verfügbares Gerüst für ein mögliches Vorhandenes, sondern sie sind ihrem eigensten Sinn nach Möglichkeiten des Daseins zu sein, und nur das."

Versteht somit das Dasein das Sein selbst zeitigend beziehungsweise eksistierend, so ist davon das *ganze* Sein des Menschen betroffen. Das gilt aber nicht nur im Hinblick auf die Einheit von existenzialer und existenzieller Ebene, sondern ebenso im Hinblick auf die uneigentlichen Daseinsweisen. Auch sie sind Modalitäten der Zeitlichkeit (SZ 458–463, 465 ff., 489 ff.; GrPh 405–412) und gehören daher zum Verstehen von Sein selbst. Freilich verstehen sie dieses anders als es in den eigentlichen Seinsmodalitäten der Fall ist. Sie verstehen sie uneigentlich. Dazu wurde bereits angemerkt, daß dafür die letzte Ursache im Sein selbst liegen muß, sofern dieses in sich selbst einen Zwiespalt austrägt. Deshalb darf jetzt aber umso mehr hervorgekehrt werden, daß der Mensch auch in der Verfallenheit und Weltverlorenheit Sein selbst versteht. Andererseits ist nicht zu übersehen, daß es die Uneigentlichkeit nur gibt, weil es je schon Eigentlichkeit gibt. Deutet das darauf hin, daß auch im Sein selbst ein analoges Verhältnis besteht zwischen jener Erschlossenheit, die das Seiende in seinem Sein verstellt oder verdeckt, und jener Erschlossenheit, die es in seiner Wahrheit sich zeigen läßt?

Wie auch immer: Einstweilen ist an der banal-tautologischen Formulierung, daß Dasein Sein selbst zeitigend und eksistierend versteht, mit aller Deutlichkeit festzuhalten, daß der Mensch das Sein selbst nur *in seinem ganzen Sein* erfährt. Darauf deutet der Begriff der Zeitigung und die Weise, wie er gewonnen wird, hin. Dabei ist es sinnlos zu fragen, ob mehr betont werden müsse, daß er in seinem ganzen *Sein* oder daß er in seinem *ganzen* Sein seinsverstehend sei. Beides gehört gleichursprünglich zusammen und kann unabhängig von einander nicht einmal gedacht werden. Aber abgesehen davon: Entscheidend ist, daß der Mensch nicht mittels einer ausgezeichneten Erkenntnisweise vor seinen Grund kommt, sondern nur in der Ganzheit seines Seins. Jede besondere Erkenntnisart, wie auch immer sie ausgezeichnet sein möge, setzt die Zeitigung je schon voraus. Es bringt daher zum Beispiel gar nichts, wenn man etwa meinte: Sein selbst kann nicht bloß theoretisch erkannt werden, sondern bedarf der ‚Ergänzung' durch die Praxis, der eine eigene Form der Sinnerschließung zukommt. Auch in diesem Fall bleibt immer noch die Zeitigung ursprünglicher.

Allerdings ist es dennoch gerechtfertigt nach der spezifischen Form des Verstehens von Sein selbst zu fragen. Auch wenn es eben geheißen hat, daß dieses Verstehen nur im *ganzen Sein* des Menschen gesucht werden dürfe, so muß trotzdem festgehalten werden, daß es verschiedene Weisen des Ganzseins des Menschen gibt. Das hat zunächst schon einmal die Analyse von Eigentlichkeit und Uneigentlichkeit bewiesen. Es ist darüber hinaus aber auch zu vermuten, daß es selbst innerhalb des Eigentlichseins oder Uneigentlichseins noch verschiedene Gestalten gibt, für die die Geschichte die Verantwortung tragen müßte.

h) Grenzen des existenzial-analytischen Ansatzes

Wenn aber alles so ist, wie es eben gesagt wurde, so wäre es erneut wichtig zu erkennen, worin das *Verstehen* der Zeitigung *genauer* besteht. Heidegger betont negativ: „... die Ekstasen sind ja kein Wissen um, kein Bewußtsein, und noch weniger ein Schauen" (AdL 269).[110] Positiver heißt es am Schluß von *Sein und Zeit*: „Die existenzial-ontologische Verfassung der Daseinsganzheit gründet in der Zeitlichkeit. Demnach muß eine ursprüngliche Zeitigungsweise der ekstatischen Zeitlichkeit selbst den ekstatischen Entwurf von Sein überhaupt ermöglichen." (SZ 577) Aber was Heidegger genauer darunter versteht, sagt er nicht mehr.[111] Im Gegenteil, wenn man vorgreift und vor Augen hat, daß er seinen transzendentalen Ansatz später aufgegeben hat, dann klingen folgende Fragen wie ein ernsthafter Zweifel am Gelingen des eingeschlagenen Weges: „Wie ist erschließendes Verstehen von Sein [selbst] daseinsmäßig überhaupt möglich? [Bei H. kursiv]

[110] Vgl. aus späterer Zeit WM 361, 375; Herak V 357; Gb 3; ZSD 57f., 71–73, 80.
[111] Das darf nicht im Sinne einer negativen Bewertung interpretiert werden. Wie aus Anm. 3, 29 u. 59 hervorgeht, trifft die Ungeklärtheit der Seinsidee auch das spezifische Verstehen von Sein. Daß sich daraus ein Zirkel in der Argumentation ergibt, hat Heidegger nicht geleugnet (vgl. ZSD 57f.). Er hat zugegeben, daß zwischen jenem Denken, das die Seinsfrage entfacht, und jenem Denken, das bereits in der wahren „Nähe zur Wahrheit des Seins" (WM 202) wohnt, eine Beziehung bestehen muß. Dadurch machte er es jedoch fragwürdig, das wesentliche Erfahren des Seins für noch vollständig unbekannt zu erklären. Aber für ihn mußte daraus kein Widerspruch erwachsen. Seine Vorstellung von Seinsgeschichte war durchaus in der Lage, diese Spannung zwischen vorbereitendem und erfülltem Denken auszuhalten. Er konnte im vorbereitenden Denken bereits Spuren des wesentlichen Denkens vermuten, ohne diese als solche bereits ausdrücklich in Anspruch zu nehmen, da diese besagte Beziehung zwischen vorbereitendem und wesentlichem Denken für ihn nicht so sehr eine Sache des Denkens oder gar eines Denkers war, sondern zuvor eine Sache des Seins.

Kann die Frage ihre Antwort im Rückgang auf die *ursprüngliche Seinsverfassung* des Sein-verstehenden Daseins gewinnen?" (Ebd.) Und bezüglich der vorher genannten „ursprünglichen Zeitigungsweise": „Wie ist dieser Zeitigungsmodus der Zeitlichkeit zu interpretieren? Führt ein Weg von der ursprünglichen Zeit zum Sinn des *Seins*? Offenbart sich die *Zeit* selbst als Horizont des *Seins*?" (Ebd.)

Es wird viele Gründe dafür geben,[112] daß Heidegger seine Daseinsanalytik in der Form, wie sie in *Sein und Zeit* ihren nach wie vor prägnantesten Ausdruck gefunden hat, aufgeben mußte. Einer unter ihnen scheint mir jedoch unmittelbar einleuchtend zu sein. Er geht, was für die vorliegende Untersuchung besonders nahe liegt, vom Seinsverstehen selbst aus. Heidegger betont, daß der Mensch sich seinsmäßig dadurch auszeichnet, daß er Sein selbst *versteht.* Zu jedem Verstehen aber gehört ein Horizont, auf den hin und von dem her Verstehbarkeit von etwas überhaupt möglich wird. Dieser Horizont heißt „Sinn". „Sinn" wiederum gehört zu dem, was Heidegger „Erschlossenheit" nennt. Diese Erschlossenheit, die das Sein von innerweltlichem Seiendem verstehbar macht, ‚ist' die Welt, diejenige, die das Sein von Dasein verstehbar macht, ‚ist' die Zeitlichkeit. Da es sich hier nicht um verschiedene ‚Erschlossenheiten' handelt, sondern lediglich um eine einzige, auf die hin und von der her alles Sein verstanden werden kann und muß, gehört die Erschlossenheit zum Sein selbst. Denn das Sein selbst wurde genau als das bestimmt, was die verschiedenen Weisen des Seins zuläßt, verstehbar und unterscheidbar macht. Es bildet als Erschlossenheit den Horizont jedes Entwurfs von Sein des Seienden. Aber wenn jetzt das Sein *selbst,* die Erschlossenheit *selbst,* in ontologischer Differenz zum Seienden in seinem Sein (in seiner Seiendheit) *verstanden* werden soll, woraufhin soll dann *es* entworfen werden? Nach Heidegger kann es nicht mehr entworfen werden, sonst bildete es nicht den *letzten* Horizont allen Verstehens des Seins von Seiendem. Wie schon erwähnt spricht er deshalb in diesem Zusammenhang von „Selbstentwurf" (GrPh 436f.) oder „Urentwurf" (AdL 247). Er unterscheidet somit dieses verstehende Entwerfen von Sein selbst gegenüber jedem verstehenden Entwerfen des Seins von Seiendem. Aber wenn er weder erklärt, was „Selbstentwurf" bezie-

[112] Vgl. C. Fr. Gethmann: *Verstehen,* 281–284; O. Pugliese: *Vermittlung,* 200; O. Pöggeler: *Denkweg,* 166–188, 207–211, 272ff.

hungsweise „Urentwurf“ genau besagt, noch verdeutlicht, worin die „ursprüngliche Zeitigungsweise“ besteht, die Sein selbst verstehen läßt, so tut sich folgende Alternative auf: Entweder die Rede vom Verstehen des Seins selbst ist gegenstandslos (genauso wie die von einem „Entwurf des Seins [selbst]“ [SZ 577]), oder aber die ganze Frage bleibt offen.

Bleibt die Frage offen, was bei Heidegger ‚de facto‘ der Fall gewesen ist, so stellt sich erneut das Problem des Verstehens von Sein selbst, das heißt das des denkmäßigen Erfahrens von Grund.[113] Was bedeutet Eksistieren? Was heißt ‚ursprünglich zeitigen‘ im Hinblick auf den Horizont der Temporalität? Worin besteht genauer jenes „Offenhalten“ (EM 169; Erl 102 u.ö.), von dem Heidegger gelegentlich spricht, wenn er das Eksistieren der Ekstasen zur Temporalität behandelt? Bis jetzt kann nur gesagt werden, was es *nicht* heißen kann, nämlich: Entwerfen von Sein selbst, von Erschlossenheit selbst, von Temporalität auf einen weiteren Verstehenshorizont. Was besagt das dann aber?

Offensichtlich wird viel davon abhängen, wie sich das Verhältnis des Zeithorizonts, der das Verstehen des Seins von Seiendem gewährt, zum Sein selbst gestaltet. Das betont Heidegger wiederholt. Vor allem dort, wo er im Rückblick auf *Sein und Zeit* zu sprechen kommt, hebt er hervor: „Sein wird verstanden aus einem Zeitbezug, aber das Problem dieses Bezugs von Sein und Zeit ist das ‚und‘.“ (AdL 182; vgl. KM 235; WdF 116, 118 f.) Doch auch seine Kant-Interpretationen sind ein Beleg dafür. Denn bezeichnenderweise vermißt er an Kant vor allem die Behandlung der Frage, wie transzendentale Apperzeption als Bedingung der Möglichkeit von Erfahrung überhaupt und Zeit apriori miteinander zusammenhängen (L 311, 343 f., 354, 405 ff.).[114] Kants Zurückweichen vor der Erörterung der „transzendentalen Einbildungskraft“, die „die transzendentale Apperzeption und die Zeit a priori verbindet“ (Kant 423), ist nichts anderes als ein Zurückweichen vor der entscheidenden Frage, wie der Mensch Sein selbst versteht (KM 155–165, 208 f.). Deshalb gilt es für Heidegger,

[113] Deshalb sagt Heidegger rückblickend auf SZ: Das Seinsverständnis „ist nicht das Letzte, sondern nur das Erste, von dem die Ergründung des Grundes nur ihren Ausgang nimmt für das Denken des Seins als des Ab-Grundes“ (N I, 578). Vgl. dazu Fr. Wiplinger: Wahrheit, 330.

[114] Kant 347 f., 358, 393 f., 419–431; KM 167, 182–189; GbM 256.

diese Frage nach dem Verhältnis von Sein und Zeit neu zu stellen und zugleich tiefer zu gehen als es in der Daseinsanalytik geschah. Er fragt daher: „Wo liegt aber der *Grund* für dieses spontane und selbstverständliche Verstehen des Seins aus der Zeit?" (KM 234)

Noch von einem Punkt wird viel abhängen, ob sich die Frage nach dem Verhältnis von Zeitlichkeit und Temporalität und die nach der genaueren ‚Modalität' von Zeitigung und Eksistenz bestimmen läßt. Dieser Punkt ist offenkundiger als der eben genannte, deshalb aber nicht weniger zu betonen. Er liegt darin, daß die Zeitlichkeit und damit alles, was sich aus ihr ergibt, die Temporalität, die Zeitigung und die Eksistenz nicht von dem her gesehen werden darf, was normalerweise unter Zeit vorgestellt wird. Mit dieser Vorstellung, die bei Begriffen wie ‚Zeitlichkeit', ‚Temporalität' usw. allerdings unvermeidlich mitschwingt, wird der Zugang zu dem, was Heidegger eigentlich aufschließen will, völlig unzugänglich. Wer sich nicht an das hält, was Heidegger ausdrücklich sagt, wer nicht immer vor Augen hat, wie er den Begriff der ‚Zeitlichkeit' in der Daseinsanalytik gewinnt und wie er über *diesen* Begriff zu dem der ‚Zeit' (oder ‚Temporalität') kommt, welcher zum Sein selbst gehört, der erreicht die Dimensionen, in denen das gegenwärtige Problem sich befindet, nicht.

i) Abschließende und weiterführende Bemerkungen

Es braucht zum Abschluß dieses ersten Großabschnitts B, II über die Philosophie Heideggers nicht eigens betont zu werden, daß trotz der offengebliebenen Fragen nach der genaueren ‚Modalität' einer Erfahrung des Denkens mit seinem Grund die vorliegende Untersuchung mit Hilfe der Daseinsanalytik um einen großen Schritt nach vorne gekommen ist. Anläßlich der Erörterungen von „Seins*verstehen*" und „Erschlossenheit" ist dies bereits wiederholt hervorgehoben worden. Auch die Bestimmung jener Dimension, die nach Heideggers Ansicht eine Seinserfahrung ausgrenzen muß, ist in ihrer Wichtigkeit unterstrichen worden. Es hieß, daß diese Dimension das *ganze Sein* des Menschen betreffen muß. Die Erfahrung, die das Denken mit seinem Grund macht, kann daher nicht in einer spezifischen Fakultät bestehen, ‚mittels' derer es zum Grund gelangt. Sie muß vielmehr das Denken in seinem *Sein* ausmachen und in diesem Sein *immer schon* stattfinden. Aber das ist schon ausführlich dargelegt worden.

Es gilt jetzt nur noch auf jene drei Vorbemerkungen (B, II, 4 a) zurückzukommen, die an den Beginn der Ausführungen über die Daseinsanalytik gestellt wurden mit dem Hinweis, daß sie erst im Lauf der Untersuchung ihr volles Gewicht erhalten könnten. Sie waren diese drei: 1) Heidegger versteht seine Analytik nur als einen Weg, wobei sowohl das ‚*ein*' als auch das ‚*Weg*' genau zu nehmen ist. 2) Heidegger geht es darum, allererst die *Frage* nach dem Sein selbst richtig zu *lernen.* 3) Heideggers Theorie versteht sich als *vorläufig,* sofern sie ihre Rechtfertigung erst in dem Moment erhält, in dem das Sein selbst eigens bedacht worden ist. Diese drei Grundsätze hängen miteinander zusammen, wenn dies auch gegenwärtig noch nicht offensichtlich ist. Eine *erste* Klarheit in diesen Zusammenhang kann jetzt am Schluß von B, II insofern gewonnen werden, als folgendes hervorgehoben wird:

Daß die Frage nach dem Sein selbst völlig anders geartet sein muß, als jede andere Frage, die der Mensch überhaupt stellt, ergibt sich schon allein daraus, daß es dabei um eine Infragestellung jener Instanz geht, die das normal-menschliche Fragen allererst ermöglicht, das heißt also um eine Infragestellung des Denkens selbst. Geht es demnach (überspitzt formuliert) um eine Infragestellung von Frage überhaupt, so ist damit auch das übliche Frage-Antwort-Schema, das das gängige Leben und die Wissenschaft prägt, durchbrochen.[115] Denn wenn die Frage nach dem Sein selbst besonderer Art ist, so muß dies auch für die Antwort *und* für das Verhältnis von dieser Frage zu dieser Antwort gelten. Muß folglich das Fragen selbst allererst gelernt werden, so empfiehlt es sich, das Denken, das sich auf das Sein selbst richtet, zunächst einfach als eine Frage, der es um das richtige Fragen zu tun ist, zu verstehen.

Das muß nicht so wenig sein, wie es im Moment den Anschein hat. Vergegenwärtigt man sich nämlich, daß das Denken seine seinsmäßige Bestimmung aus dem Grund, das heißt aus dem Sein selbst, jeweils geschichtlich erhält, so liegt es jetzt schon nahe, das Wesen des Denkens überhaupt als Frage zu erkennen, vorausgesetzt daß Denken und Fragen strukturell insofern verwandt sind, als sie in gleicher Weise dazu bestimmt sind, ausgerichtet zu sein auf ‚etwas', was sie im-

[115] Vgl. WdF 36–40. Siehe zudem O. Pöggeler: *Denkweg,* 7–15; M. Müller: *Existenzphilosophie,* 93 f.; A. Jäger: *Gott,* 217 ff., 351–374 u. ö.

mer schon im Blick haben, womit sie jedoch nicht identisch sind, obwohl sie ihr Wesen aus ihm entnehmen. Vielleicht ist es dann auch so, daß im speziell gegenwärtigen Fall, wo es um das fragende Denken von Sein selbst geht, das Fragen *selbst* ein erstes Antworten auf jenes ‚etwas' ist, worauf die Frage immer schon gerichtet ist. Von da her gesehen wäre die Frage je schon bestimmt durch die Antwort, und die Antwort wäre das, was *selbst* von sich her in der Frage sich schon seine eigene Erreichbarkeit eingeräumt hätte, so daß die Frage selbst schon Antwort wäre. Es darf daran erinnert werden, daß genau diese Bestimmungen schon zur Sprache kamen, als vom Verhältnis des Denkens zu seinem Grund die Rede war.

Im Lichte dieser Verhältnisse darf weiter vermutet werden, daß es auf der Ebene der Seinsfrage vielleicht gar nicht entscheidend ist, ob eine Frage eine Antwort erhält, sondern vielmehr ob überhaupt gefragt und *in* diesem Fragen möglicherweise schon geantwortet wird. Heidegger jedenfalls hat dies im Sinn, wenn er sagt: „*Weil das Sein je nur aus dem Hinblick auf Zeit faßbar wird, kann die Antwort auf die Seinsfrage nicht in einem isolierten und blinden Satz liegen.* Die Antwort ist nicht begriffen im Nachsagen dessen, was sie satzmäßig aussagt, zumal wenn sie als freischwebendes Resultat für eine bloße Kenntnisnahme eines von der bisherigen Behandlungsart vielleicht abweichenden ‚Standpunktes' weitergereicht wird... *Die Antwort gibt ihrem eigensten Sinne nach eine Anweisung* für die konkrete ontologische Forschung, *innerhalb des freigelegten Horizontes mit dem untersuchenden Fragen zu beginnen – und sie gibt nur das.*" (SZ 26 [Hervorhebungen von mir]) Denkt man auch noch einmal daran, daß das Fragen *zum Seinsverstehen als solchem* gehört (SZ 6–11,15–17; Prol 193–202), so zeigt sich deutlich, daß die üblichen Vorstellungen von Frage und Antwort und ihrer Beziehung zueinander hier völlig fehl am Platze sind. Es ist vielmehr wahrscheinlich, daß sich hier eine ganz neue Art von philosophischem Fragen und Antworten anbahnt. Ein neuer Begriff von Philosophie überhaupt zeichnet sich ab.

Ist schließlich die Zeit dasjenige, woraufhin gefragt und geantwortet wird, so bestimmt sich das Fragen und Antworten von selbst als Weg. Allerdings darf bei dieser Aussage bezüglich der Zeit nicht an den normalerweise vorgestellten Geschehensablauf, der sich messen und datieren läßt, gedacht werden. Aber Zeit ‚ist' dennoch *Zeit*! Zumindest kann dies in dem minimalen Sinn gesagt werden, als sie ein

Geschehen *‚ist'*.[116] Sie beschreibt, mißt oder veranschaulicht dieses nicht nur. Spielt sich dieses Geschehen aber als das Sein selbst zu, das heißt als jener Grund, von dem her auch Fragen und Antworten allererst möglich werden, sofern sie zum Denken gehören, so muß gefolgert werden, daß sie in dieses Geschehen irgendwie verwickelt sind und in ihm ihr Sein haben und daß sie, vorausgesetzt daß dieses Geschehen eine gewisse Kontinuität in aller Diskontinuität garantiert, nur als *Weg* eigentlich sein können. Von da her ist Heideggers Aufforderung zu verstehen: „Es gilt, einen *Weg* zur Aufhellung der ontologischen Fundamentalfrage zu suchen und zu *gehen.*" (SZ 576)

Vielleicht hat Heidegger in *Sein und Zeit* noch mit der Möglichkeit gerechnet, daß er seinen Weg einmal an ein Ende bringen werde und von da aus dann seinen hypothetischen Entwurf ‚verifizieren' könnte. Darauf deutet zumindest einiges hin.[117] Aber wenn es sich schon so verhält, daß er die völlige Neuartigkeit des Fragens durchschaut hat, so darf dies auch für den Weg, den er eingeschlagen hat, gelten. Und mehr noch: Es darf sogar für die Wende gelten, die er vor Augen hatte, als er sich vornahm, den begangenen Weg der Daseinsanalytik im Lichte der geklärten Idee von Sein selbst zu wiederholen. Mit Sicherheit gehört sie genauso zum Weg wie das Fragen und steht demnach in einem gleichursprünglichen Verhältnis zu diesen.

---

[116] Zum Heideggerschen Geschehens- und Ereignisbegriff wird im folgenden Ausführlicheres zu sagen sein.
[117] C. Fr. Gethmann: *Verstehen*, 281 ff.

III. Geschichte der Unverborgenheit und tautologisch-einfaches Denken (Heidegger II)

1. *Rückblick und Übergang zur neuen Problematik*

Wo steht der Gang unserer Untersuchung? Was hat sich aus den bisherigen Heidegger-Analysen für die nachidealistische Theorie einer ‚Erfahrung des Denkens an ihm selbst mit dem, was vor ihm kommt', ergeben? Waren sie ein Fortschritt? Haben sie nicht vielmehr auch allerhand auf der Strecke gelassen? Man erinnere sich an das, was etwa im Zusammenhang mit Husserl gesagt wurde. Was ist aus dem hinnehmenden Verstehen geworden? Wie steht es um Husserls Theorie von der Erfahrung des transzendentalen Ich, dergemäß *im* Wahrnehmen ein Nichtwahrnehmen stattfindet? Wo war die Rede von der Geschichte? Und der Geschehenscharakter des Seinsverständnisses – ist er schon genügend hervorgetreten?

Daß ein Fortschritt erzielt wurde, kann nicht bezweifelt werden. Er besteht darin, daß sich das Wesen der Grunderfahrung, die als Seinsverständnis enthüllt wurde, sich deutlich konkretisiert hat. Sie konnte als Zeitigung und als Eksistieren definiert werden, wobei zur Gewinnung dieser Definition das vorgreifende Ganzseinkönnen des Menschen den Ausschlag gab, was seinerseits ein reichlich vielsagendes Ergebnis ist. Vor allem konnte auch genauer erkannt werden, was das Denken erfährt, wenn es sich auf das vor ihm Kommende richtet. Es ist das Sein selbst als Zeit im Sinne von Temporalität.

Aber hieß es dann nicht dennoch, daß dies alles ungenügend sei? Wurde das Zeitigen und das Eksistieren nicht erneut für inhaltslos erklärt? Und blieb nicht das Verhältnis von Zeit und Sein zuletzt in Schwebe? War dieses Fazit die langwierigen und mühsamen Überlegungen zur Daseinsanalytik wert?

Auf diese letzte Frage können freilich erst die folgenden Überlegungen eine erschöpfende Antwort geben. Aber so viel darf doch schon vorweggenommen werden: Die in den früheren Kapiteln gesammelten Elemente einer Theorie der Grunderfahrung sind nicht zurückgeblieben. Wohl sind sie nicht im Vordergrund gestanden, aber dies nur mit dem Ziel, sie mit Hilfe der in der Zwischenzeit gewonnen Einsichten in ihr tieferes Recht einzusetzen. Sie alle werden jetzt in gewandelter Form neu zu Wort kommen und darüber hinaus in ihrem eigentlichen Zusammenhang hervortreten. Dadurch wird es im Anschluß an diesen Großabschnitt B, III möglich sein, ein *Ergebnis* unseres Untersuchungsgangs zu formulieren. Der Weg zu diesem Ergebnis wird allerdings erneut lang und mühsam sein. Doch das ist insofern unvermeidlich, als dasjenige, was zur Sprache kommen soll, keine bloße Darstellung neuer Denk*inhalte* ist, sondern eine neue *Form* des Denkens.

Der vorhergehende Großabschnitt B, II ist zuletzt bei folgender Frage stehen geblieben: Worin besteht genauer gesehen das Verstehen von Sein selbst? Wie ist das, was Heidegger als Zeitigung und in späteren Schriften als Ek-sistenz beschrieben hat, zu interpretieren? Was besagt „Selbstentwurf" der Zeitlichkeit beziehungsweise „Urentwurf" der Freiheit?

Die Antwort war positiv und negativ zumal. Positiv war sie, sofern sie über die Gewinnung des Begriffs der Zeitigung das Ganzseinkönnen des Menschen in den Vordergrund rückte. Negativ hingegen war sie, weil sie mehr davon sprach, was das Verstehen von Sein selbst gegenüber jeder andern Form des menschlichen Wirklichkeitszugangs *nicht* ist, als von dem, was es an ihm selbst ist. Vor allem betonte sie, daß das Verstehen von Sein selbst im Gegensatz zum Verstehen des Seins von innerweltlichem Seienden oder des Seins von Dasein nicht mehr Entwurf auf einen Verstehenshorizont sein könne, da das Sein selbst das letzte und endgültige Woraufhin allen Verstehens von Sein sei.

Um jetzt den Einstieg in die weiteren Überlegungen zu finden, muß bei diesem negativen Ergebnis angesetzt werden. Wenn nämlich das Sein selbst nicht so verstanden werden kann wie das Sein eines Gegenstandes oder das Sein menschlicher Existenz, wenn es kein Woraufhin gibt, worauf es entworfen werden kann, so bleibt zunächst nur *die* Möglichkeit übrig, daß das Sein selbst auf es selbst hin entworfen wird.[1] Doch wie soll dies geschehen? Heidegger antwortet: kraft eines

---

[1] Entgegen der Ansicht von K. Löwith (*Heidegger*, 17–43) werden wir den Akzent auf die Kontinuität im Heideggerschen Denken legen. Mehr noch als Fr. W. v. Herrmann

„tautologischen Denkens" (Sem 137, vgl. 135 f.). Dieses Denken besteht darin, daß es „vom Selben her auf das Selbe zu das Selbe" (ZSD 24, vgl. 25; WM 479) sagt. Es spricht sich ‚lediglich' in Sätzen wie diesen aus: „Doch das Sein – was ist das Sein? Es ‚ist' Es selbst." (WM 331; vgl. Gb 52, 71 f.) „Das Ereignende ist das Ereignis selbst – und nichts außerdem." (USpr 258) „Was geschieht in der Geschichte des Seins? ... Nichts geschieht, *das Ereignis er-eignet.*" (N II, 485) „Was bleibt zu sagen? Nur dies: Das Ereignis ereignet." (ZSD 24) Es steht Heidegger jedoch fern, diese Sätze als inhaltslos zu verstehen. Im Gegenteil, er sieht in ihnen die einzig „denkwürdige" Sache des Denkens überhaupt: „Spricht hier eine Tautologie? Allerdings. Jedoch die Tautologie im höchsten Sinne, die nicht nichts, sondern alles sagt: das anfänglich und künftighin für das Denken Maßgebende." (WM 479) „Dies zu erfahren und zu sagen, muß das künftige Denken lernen." (WM 331) Im tautologischen Denken liegt somit die einzige Möglichkeit, sich dem Sein selbst entsprechend zu nähern und es zu erfahren (vgl. Sem 138)[2]

In den Augen Heideggers ist die bisherige abendländische Metaphysik nicht imstande gewesen, in dieser tautologischen Weise dem Sein selbst „entgegenzudenken" (N II, 368 f., vgl. 370 f.). Die Ursache dafür liegt nach seiner Ansicht darin, daß sich diese seit der Zeit Platons (WM 224–238; EM 183–185, 187–204)[3] nicht mehr auf das Sein selbst und auf die zu ihm gehörige Lichtung, die Heidegger von nun an vor allem ἀλήθεια, „Un-verborgenheit", nennt (WM 201, 223 f.; Erl 120 f. Anm.),[4] gerichtet hat, sondern auf etwas, was sich

---

(*Selbstinterpretation,* 264–278, bes. 274 ff.), M. Müller (*Existenzphilosophie,* 67 f., 216–218, 221, 223), H. Ott (*Denken,* 71–84), W. Franzen (*Existenzialontologie,* 152–163) und C. Fr. Gethmann (*Verstehen,* 277–293) werden wir gemeinsam mit O. Pöggeler (*Denkweg,* 92 ff.; *Sein,* 621 ff.), O. Pugliese (*Vermittlung,* 48, 79 f., 193 ff.), Fr. Wiplinger (*Wahrheit,* 142 f., 307–333), D. Sinn (*Spätphilosophie,* 98–108) und W. Schulz (*Der philosophiegeschichtliche Ort ...,* a. a. O. [B, II/Anm. 2] 112–116) betonen, daß die sogenannte „Kehre" von „Heidegger I" zu „Heidegger II" (vgl. Vorwort XXIII) keinen Abbruch in der Fragestellung von SZ bedeutet, sondern im Gegenteil deren innerstes Anliegen in einer radikaleren Weise ernst nimmt. Vgl. W. J. Richardson: *Heidegger,* bes. 229–245, 623–641; ders.: *Weg.*

[2] Vgl. H. Mörchen: *Adorno,* 398–410; kritisch dazu ist Wo. Marx: *Die ontologische Differenz in der Perspektive der regionalen Ontologie des Daseins,* in: U. Guzzoni (Hg.): *Nachdenken,* 176–197, bes. 179 f., 191 ff.

[3] Vgl. N II, 223 ff., 399–459 u. ö.

[4] „*Die Wahrheit* des Seyns, dasjenige, was Seyn in seinem Wesen überhaupt offen und

erst innerhalb dieser Un-verborgenheit zeigen kann. Die Folge davon war, daß die Un-verborgenheit zugunsten dessen, was durch sie allererst in die Sichtbarkeit gelangen kann, zurücktreten mußte (WM 225f., 229–234). Sie geriet unter das „Joch" (WM 238; N II, 458) eines Seinsbereiches, der eigentlich erst durch sie eingeräumt wird. Dadurch wiederum verstummte ihr Anspruch, mit dem sie an das Denken herangetreten war. Die Anstrengung des tautologischen Denkens konnte ausbleiben, weil sich die Philosophie damit begnügte, den letzten entscheidenden Schritt zum Sein selbst auf sich beruhen zu lassen und sich statt dessen einem ‚Gegenstand' zuzuwenden, der nicht nur jederzeit erkennbar war, da er immer noch entwerfbar war auf den (freilich vergessenen) Horizont der Un-verborgenheit, sondern der auch definierbar und verwendbar war, da er sich als ein Seiendes unter anderen durch seine Stellung innerhalb der Relationen der Seienden zueinander bestimmen ließ.[5] Natürlich war dieser Gegenstand letztlich ein Seiendes ganz besonderer Prägung und Auszeichnung. Er erhielt göttliche und absolute Attribute, wodurch er sich wiederum von jedem andern Seienden abhob. Doch für Heidegger ändert dies nichts an der Tatsache, daß dieser göttliche ‚Gegenstand' erstens in jene Seinsbezirke gehört, die gegenüber der Un-verborgenheit abkünftig sind, und daß er zweitens in dieser seiner Abkünftigkeit durch all jenes bestimmbar ist, was ebenso abkünftig ist wie er, nämlich durch das Seiende als solches.

Aber diese philosophiegeschichtlichen Ansichten Heideggers brauchen an dieser Stelle nicht genauer verfolgt zu werden. Es genügt, daß auf sie im gegenwärtigen Zusammenhang aufmerksam gemacht wurde. Entscheidender ist es jetzt, nach dem zu fragen, was tautologisches oder, wie Heidegger auch sagt (vgl. z. B. Herak V 149), *einfaches* Denken heißt. Wie kann es dem Sein selbst an ihm selbst, das heißt nicht ‚im Umweg' über das Seiende, gerecht werden? Ist es überhaupt

---

demzufolge verstehbar macht, nennen wir den ‚Sinn' des Seyns." (Schell 77; vgl. N I, 26) „‚Sinn von Sein' und ‚Wahrheit des Seins' sagen das Selbe." (WM 377) „... aus dem ‚Sinn', das heißt aus der Wahrheit des Seins" kann Sein selbst verstanden werden (ebd. 337).

[5] Heidegger lehnt daher in späterer Zeit (vgl. ZSD 20f., 24f.; WM 68–77) jede Art von Aussagesätzen bezüglich des Seins selbst ab. Der Grund dafür liegt darin, daß er das Sein selbst als Bedingung der Möglichkeit von Erkenntnis überhaupt ansieht. Vgl. dazu u. a. Arist 202, 206; WM 201, 350; N I, 528; II, 138; Gb 102.

möglich oder erschöpft es sich darin, ein reines Postulat zu sein, das sich als notwendige Forderung aus dem oben Gesagten ergibt? Hat ein derartiges Denken jemals etwas, was es denken kann, oder versagt es an der Inhaltslosigkeit seines ‚Gegenstandes'? Wenn nein, das heißt wenn es vielmehr völlig ungeahnte Wirklichkeitsbereiche aufstieße, wie ist es dann gegenüber einem Denken strukturiert, das sich mit dem Seienden begnügt.

Um auf diese Fragen zu antworten, wird die vorliegende Untersuchung folgenden Weg einschlagen: *Zunächst* wird sie einigen Erscheinungsformen des tautologisch-einfachen Denkens nachgehen und versuchen, eine erste veranschaulichende Charakteristik desselben zu geben. Sie soll also vorerst mit ihm ein Stück weit vertraut werden. Doch dies geschieht nicht in der Absicht, möglichst viele Heideggersche Gedankengänge zusammenzutragen, sondern aus einer sachlichen Überlegung heraus. Es wird sich nämlich zeigen, daß das tautologisch-einfache Denken am *Seienden* gelingt, sofern dieses als Ort der Ankunft des Seins selbst verstanden wird, und sofern sich das Sein selbst in diesem eine Ansprechbarkeit verschafft hat. Soll nun dieses paradoxe und unerwartete Ergebnis in dem ihm gemäßen Sinn begriffen werden, so ist es von vornherein notwendig, ihm in der entsprechenden Sehweise zu begegnen. Diesem Zweck allein dienen die unmittelbar folgenden Ausführungen. Unter ihnen wird es allerdings – auch das sei vorausgeschickt – mehrere Stellen geben, die an Ort und Stelle ein gewisses Maß an Unklarheit besitzen werden, da sie bei Heidegger selbst bereits im Licht des hier erst noch zu erreichenden Ergebnisses stehen. Dennoch soll dieser Weg versucht werden, denn die Helligkeit, die er in die momentane Problemlage bringt, ist größer als die Dunkelheit. Dabei wird sich gleichzeitig die Gelegenheit bieten, einige Theorien anzuschneiden, die spezifisch zum späteren Heidegger, das heißt zum Heidegger nach der „Kehre" (von der auch noch genauer zu reden sein wird), gehören.

Nach diesem Einstieg in die Besonderheit des tautologisch-einfachen Denkens muß *weiters* nach der Bedingung der Möglichkeit desselben gefragt werden. Doch dies soll nicht in transzendentaler Absicht geschehen, sozusagen nach dem Vorbild der Kantischen Philosophie, sondern in einer (im oben definierten Sinn) *hermeneutischen* Zielsetzung: Genauso wie in Großabschnitt B, II wird davon ausgegangen werden, daß der Mensch *seiend* Sein selbst versteht. Dies muß, soll das Verstehen von Sein selbst wirklich zum tautologisch-einfachen Denken geworden sein,[6] auch für dieses gelten. Außerdem wird hervorgehoben werden, daß das, was das tautologisch-einfache Denken denkt, die Erschlossenheit oder Lichtung ist, die es an ihm selbst ist, und von der her das Sein selbst verstanden wird. Beides steht ja in einem gleichursprünglichen Verhältnis zueinander. Wird nun das Sein des tautologisch-einfachen Denkens deutlicher in den Blick gebracht, so wird auch sichtbarer werden, wie und als was es das Sein selbst, dessen Lichtung es an ihm selbst als Erschlossenheit ist, denkt. In diesem Zusammenhang wird darüber hinaus das Thema ‚Geschichte' in den Mittelpunkt treten. Zugleich wird sich dabei die Notwendigkeit einer Kehre innerhalb der Blickrichtung unseres Untersuchungsvorgangs ergeben, sofern sich nahelegt, die Erschlossenheit, die das Denken an ihm selbst ist, als Ort der Ankunft von Sein selbst und das heißt als das, was es in unserem Wirklichkeitsverständnis *‚ist'*, zu begreifen. Dadurch wird sich ein Anknüpfungspunkt zu dem über die verschiedenen Formen des tautologisch-einfachen Denkens Gesagten aufweisen lassen. Denn wenn es einmal heißt, daß das Seiende der Ort der Ankunft von Sein selbst sein kann, der Bereich also, an dem das Sein selbst dem Denken eine Ansprechbarkeit und *Erfahrbarkeit* seiner selbst einräumt, so entscheidet sich alles daran, daß das Seiende in seinem Sein erfahren, das heißt an ihm selbst gedacht und von ihm selbst her auf es selbst hin zugesagt wird. Genau dies wird jedoch von seiten der verschiedenen Erscheinungsformen des tautologisch-einfachen Denkens gewährleistet.

Der *letzte* Teil des Untersuchungsgangs wird sich mit einigen wesentlichen Konsequenzen befassen und angeschnittene Fragen aus dem Großabschnitt B, II beantworten. Sie sind kurz aufgezählt folgende: 1) Wie zeichnet sich ein Seiendes aus, das als Ort der Ankunft des Seins selbst hervortritt? 2) Was denkt und erfährt ein Denken an-

[6] Ausdrücklich verwendet Heidegger den Begriff „Verstehen von Sein" noch in EM 82f., 125, 210. Im Anhang von Bd. 40 (217–219) der GA (F 1983) findet sich allerdings eine Kritik an der Theorie des Seinsverständnisses. Leider verrät der Herausgeber nicht, wann diese zu datieren ist (1953?). Trotzdem besteht gar kein Zweifel, daß sie auf dem Hintergrund des gewandelten Begriffs von „ontologischer Differenz" zu sehen ist. Die Seinsgeschichte ist bereits das Entscheidende geworden. Heidegger bezeichnet daher EM als „nicht geschichtlich wesentlich genug" (217) gedacht. Er fordert einen Rückgang *„vom Seinsverständnis zu Seinsgeschehnis"* (219), „also [eine] *Überwindung des Seinsverständnisses*" (218).

gesichts eines solchen Seienden, wenn es sich an diesem auf seinen eigenen ungründigen Grund richtet?[7] 3) Besitzt die Erfahrung des Denkens als Ort der Ankunft von Sein selbst noch Freiheit? Das heißt: Muß sie einfach alles annehmen, was ihr seinsgeschichtlich zuwächst? Ist alles, was sie erfährt, vom Sein selbst? Wie steht es um ihr Vermögen zur Kritik? Was besagen die Begriffe der „Uneigentlichkeit" und der „Verbergung" für die Möglichkeit der Freiheit? 4) Was wird aus der Zeitlichkeit, von der eben noch so viel die Rede war? Heidegger spricht von ihr in den Schriften nach 1930 eher selten. Dennoch ist sie andauernd sein Thema. Um dies zu erkennen, muß man nur vor Augen haben, woraus er seinen Begriff der Zeitlichkeit gewonnen hat. In welcher Weise bestimmt sich also die Zeitlichkeit als Zeitigen und Eksistieren im Bezug auf das tautologisch-einfache Denken? 5) Wie erscheint im tautologisch-einfachen Denken die Philosophie? Zu welchem Begriff gelangt sie? Was wird aus ihrem Fragen und ihrem Antworten?

2. *Das tautologisch-einfache Denken als Verstehen von Sein selbst – Seine Gestalten*

a) Der Sprung

An erster Stelle unter den Erscheinungsformen des tautologisch-einfachen Denkens sei die des Sprunges genannt.[8] Auch der Sprung besitzt zunächst eine rein negative Bestimmtheit. Er bezeichnet nämlich in erster Linie das Sich-abstoßen des Denkens vom philosophischen und alltäglichen Vernunftgebrauch (EM 8, 185; N I, 522; SvG 208).[9] Dieses Vernunftdenken, von dem der Sprung abspringt, ist das bereits

---

[7] Noch einmal sei daran erinnert, daß der Begriff ‚Grund' bei Heidegger mit aller Differenziertheit gegenüber dem traditionellen Verständnis davon zu interpretieren ist. „Was hier ‚Grund' bedeutet, muß sich schrittweise klären, insgleichen, worin der Bezug zum Grund besteht, inwiefern zu diesem Bezug ein Wissen gehört, inwiefern dieser Bezug gar selbst ein Wissen ist." (Gb 19) Vgl. O. Pöggeler: *Einleitung,* in: O. Pöggeler (Hg.): *Heidegger,* 11–53, bes. 40f.; ders.: *Politik,* 48, 88f.; A. Schwan: *Philosophie,* 33–36; D. Sinn: *Spätphilosophie,* 108–125.

[8] O. Pöggeler: *Denkweg,* 148, 161–163, 285.

[9] Vgl. ID 20f., 28, 29f.

angesprochene abendländisch-metaphysische Denken.[10] Es ist kurz umrissen durch folgende Eigenschaften geprägt: Es verzichtet darauf, das Sein selbst und die zu ihm gehörige Un-verborgenheit zu denken und beschränkt sich auf das, was durch diese zur Sichtbarkeit gelangt. Dadurch erhält historisch gesehen vorerst das *Sehen* und das heißt das optisch geprägte Denken beziehungsweise das theoretische Erkennen einen Primat.[11] Dieses Sehen richtet sich allein auf das, was im Licht der Lichtung sein „Aussehen" (ἰδέα) gewinnt, und macht dieses zur eigentlichen Quelle der Wahrheit. Diese Quelle wiederum (ἀρχή, principium) wird als Grund, Ursache oder bewirkende Kraft verstanden. An ihr mißt sich der Grad der Wirklichkeit und Wahrheit. Was sich ihr seinsmäßig angleicht (adaequatio), gilt als wahr; was in ihrem Wirken sein Entstehen und sein Bestehen hat, besitzt den Anspruch auf Wirklichsein. Folglich gewinnt auch das Erkennen seinen eigentlichen Gültigkeits- und Wahrheitsgrad daran, daß es das von ihm Gesichtete begründet, zurückführt und sicherstellt bei dem, was als Quelle des Seins angesehen wird. Das theoretische Erkennen wird so zu einem Denken, dem es darum geht, das Seiende zu *begründen.*

In dem Moment nun, wo die menschliche Subjektivität zu jener Instanz wird, an der sich Wahrheit und Wirklichkeit entscheiden, verwandelt sich das reine Sehen, das In-die-Sicht-nehmen zur *Vorstellung* des Gesichteten auf die Subjektivität zu. Mittels der Vorstellung wird jetzt aber nicht nur zugestellt, sondern vor allem auch sichergestellt. Das Subjekt vergewissert sich dessen, was es erkennt, und dabei auch seiner selbst. In diesem Sinne begründet es. Wahrheit wird

---

[10] Der Behandlung dieses Themas sind folgende Texte zugrundegelegt: EM 48–53, 183f., 187–204; FD 49–92; N I, 177f., 180ff., 527–582; II, 87f., 101f., 128, 151–168, 195–302, 338f.; Parm 57–86; HW 76–88, 92f., 106–111, 289–296, 298ff.; VA 19–40, 41–66, 70–73, 80–93, 95, 157f., 161–163; Gb 90f.; WM 308f., 388, 396f.; WD 4, 14–18, 27, 33–47, 53–62, 76–78; SvG 124f., 131–135, 163–185, 197f., 210f. – Zum Ganzen siehe auch G. Haeffner: *Heidegger;* Fr. W. v. Herrmann: *Selbstinterpretation,* 240–263; O. Pöggeler: *Denkweg,* 100–142; W. J. Richardson: *Heidegger,* 299–400; W. Marx: *Heidegger,* 216–221; Wo. Marx: *Die ontologische Differenz ...,* a. a. O. [Anm. 2] 182ff.; P. Fürstenau: *Heidegger,* 101–168; A. Schwan: *Philosophie,* 107–163.

[11] Vgl. WM 226; EM 67; N I, 551; II, 223, 229f. – Dem entspricht, daß das Seiende nur noch in Rücksicht auf die Anwesenheit als Gegenwart ausgelegt wird. Vgl. O. Pöggeler: *Sein,* 607–609; ders.: *Einleitung,* a. a. O. [Anm. 7] 33–39. – Die Kritik am „Sehen" als Grundform von Erkenntnis dürfte Heidegger vor allem in seiner Beschäftigung mit Augustinus bewußt geworden sein. Vgl. O. Pöggeler: *Sein,* 604ff.; ders.: *Denkweg,* 42–44, 55; K. Lehmann: *Seinsfrage,* 1395ff., vgl. 863ff.

somit zur *Gewißheit,* wobei diese Gewißheit sich sowohl auf das Gewußte als auch auf das wissende Subjekt erstreckt. Gleichzeitig beschränkt sich die Wirklichkeit auf das, was sich in das Spannungsfeld von Subjekt und das von diesem selbst sich entgegengeworfene ‚Objekt' einfügt.

Dieses vergewissernde und vorstellende Denken, das für Heidegger nicht erst eine Errungenschaft der Neuzeit ist,[12] sondern seine Wurzeln schon in der Philosophie Platons und Aristoteles' hat, feiert seinen Triumph in der *modernen Wissenschaft* und *Technik.* In dieser kristallisieren sich jene Konsequenzen heraus, die vom Beginn der Geschichte der Seinsvergessenheit an grundgelegt waren: Das Wirkliche als das jederzeit Vorstellbare und Vergewisserbare wird zum Verfügbaren; Denken wird zur *Vernunft,* die auf das, worüber sie verfügen kann, *zählen* und *rechnen* darf; Wissen bedeutet *Macht;* der griechische λόγος, der schon bei den Römern zur *„ratio"* und in der rationalistischen Philosophie zum *Verstand* wird, findet sein Ideal in jenen Wissenschaften, die diesem Charakter des modernen Denkens, nämlich alles Sein in seiner Verfügbarkeit zu sichern und zugleich auf sich selbst zurückzuführen, am meisten entgegenkommen: in der *Mathematik* und in der *Physik;* die Wirklichkeit als solche gewinnt ihre Definition aus jenem Willen, der über sie verfügt und sie sich unterordnet, indem er sich in ihr wiederfindet und realisiert zugleich; Sein erhält demnach als wesentlichste Sinnbestimmtheit diejenige des *„Willens zum Willen";* deren sichtbarste Wirkung ist die Technik, die sich allerdings nicht allein auf das beschränkt, was man normalerweise darunter versteht, sondern sich auf das ganze Selbstbewußtsein des Menschen erstreckt; auffälligstes Beispiel dafür ist die Politik moderner Ideologie- oder Wirtschaftsdiktaturen, in denen der Mensch zum „wichtigsten Rohstoff" (VA 88, 91) wird.

Doch damit wieder zurück zum Sprung! Seine erste Bestimmtheit, die wie gesagt negativ ist, ergibt sich daraus, daß er einen radikalen Gegensatz zu dem eben beschriebenen vorstellenden, vergewissernden und machthabenden Denken bildet. Ist dieses neuzeitlich-metaphysische Denken in den Augen Heideggers überhaupt kein Denken

---

[12] C. Fr. Gethmann nennt FD (1935/1936) als jenen Zeitpunkt, von dem an Heidegger neuzeitliche Philosophie und abendländische Metaphysik nicht mehr wesentlich unterschieden hat, sondern im gleichen Atemzug zu „verwinden" trachtete (*Verstehen,* 304f., 311).

(WD 4, 56–60, 155), obwohl es bis zur gegenwärtigen Stunde als Vernunft, Geist, Rationalität und Wissenschaft den höchsten kulturellen Wert repräsentiert, so stellt für ihn der Sprung die „Einkehr" in das wahrhafte und einfache Denken dar (Herak V 117; WD 48; ID 20). Er „ver-setzt" ins Sein selbst oder zumindest in den Bereich, aus dem heraus dieses erfahren werden kann (Gb 92f., 102; Schell 230; Erl 102; SvG 94). Durch ihn gelingt dem Denken das „*Über*setzen" in die Welt jener frühen griechischen Philosophen, die um die Un-verborgenheit noch gewußt (N II, 318; Herak V 45, 63f.)[13] und insofern noch „um einen Sprung ursprünglicher" (N I, 158) gedacht haben als die heutigen Wissenschaften. Mit Hilfe dieses „*Über*setzens" wächst dem Denken ein neuer Anfang zu (N II, 9), denn durch den „Einsprung in die Wahrheit des Seyns" (Schell 227; Parm 223) kommt es „jäh dorthin, wo alles anders ist" (WD 48, vgl. 95) und wo „ureigene Bedingungen" (N I, 318) herrschen, die vom traditionell gültigen abendländischen Denken niemals akzeptiert werden können.

Von da her gesehen nimmt der Sprung den Platz einer Zwischenstellung ein. Auf der einen Seite ist er Sprung immer nur im Bezug auf das metaphysische Denken. Von diesem springt er ja ab. In dessen Perspektive stellt er daher auch die einzige Möglichkeit dar, den Graben zum einfachen Denken der Un-verborgenheit hinüber überbrükken zu können. Denn weder von der Metaphysik noch von der Wissenschaft her gibt es einen Weg, der in die Nähe des Seins selbst gelangen ließe. Hier hilft eben nur noch ein Sprung (N I, 522; HW 329; WD 4f., 16f., 52; SvG 106). Auf der andern Seite besitzt der Sprung aber auch eine eigene positive Bestimmtheit. Dieser Umstand ergibt sich daraus, daß es zu einem Sprung nur dann überhaupt kommen kann, wenn die Un-verborgenheit bereits in den Blick geraten ist. Insofern ist der Sprung mehr als ein bloßer Absprung. Er ist bereits das Hinkommen in den Bereich der Un-verborgenheit. In seinem Vollzug geschieht daher bereits eine Erfahrung des Seins selbst (N I, 392; SvG 96, 103, 108, 134f.). „Der *Sprung* (der geworfene Entwurf) ist der Vollzug des Entwurfs der Wahrheit des Seyns im Sinne der Einrückung in das Offene [das heißt in die Lichtung] dergestalt, daß der Werfer des Entwurfs als geworfener sich erfährt – d. h. ereignet durch

[13] Vgl. HW 339, 343f., 349, 369, 371; Parm 14, 16–18, 147f.

das Seyn."[14] Er durchspringt den Bereich der ontologischen Differenz, die zwischen Seiendem (Seiendheit) und Sein selbst aufklafft und die vom Sein selbst aufgebrochen und getragen wird (SvG 106, 134, 160f.; ID 20f., 28–30). Allerdings bleibt er als Sprung aus dem gewohnten traditionellen Denken hinaus ein Wagnis (N I, 289f.), das sich erst dann als lohnend oder nicht lohnend enthüllen wird, wenn es gewagt worden ist (SvG 96, 103).

Oben hat es geheißen, daß der Mensch das Sein selbst nur in der *Ganzheit* seines *Seins* erfahren könne. Ist diese Einsicht durch die Rede vom Sprung noch zu halten? Wurde hier nicht wieder eine Form des Denkens zu einzig zielführenden erhoben? Geschah dies nicht auf Kosten so und so vieler anderer möglicher Denkfunktionen, die damit ausscheiden und zugunsten des Sprunges zurückgelassen werden? Inwiefern ist hier noch die Ganzheit des menschlichen Seins gewahrt?

Die Antwort auf diese Fragen muß lauten: Heidegger versteht den Sprung nicht als eine Möglichkeit des menschlichen Denkens neben andern. Er sieht in ihm vielmehr den Urvollzug des Da-seins überhaupt. Indem der Mensch vom Seienden weg in den Bereich des Seins als Sein (SvG 108, 134f.) springt und zugleich dabei „von sich selbst abspringt" (Hegel 215f.), vollzieht er sein eigenes Wesen, das als Verstehen von Sein selbst das Seiende immer schon transzendiert (EM 8, 185). Er leistet darin den „Einsprung der eigenen Existenz in die Grundmöglichkeiten des Daseins im Ganzen" (WM 122), die ihn als *Freiheit* bestimmen (AdL 237f.; WM 163f.; WdF 134f., 299–303). Sofern diese den Grund des Daseins ausmacht, kann Heidegger in diesem Zusammenhang auch vom „Ur-sprung" (EM 8; HW 65f.) sprechen. Aus dieser gleichen Überlegung heraus ist für ihn der Sprung ebenso eine Urmöglichkeit der Freiheit selbst (EM 15; N II, 29). Und mehr noch: Weil Heidegger den Sprung als ein Existenzial des „Da-seins" interpretiert, bildet dieser erstens eine Erfahrungsstruktur, die das Mensch*sein* als *Ganzes* betrifft, und zweitens geschieht in ihm eine echte Berührung mit dem Sein selbst, wie der Aufsatz *Vom Ursprung des Kunstwerkes* am Beispiel der Kunst folgendermaßen bestätigt: „Die Kunst erspringt als stiftende Bewahrung die Wahrheit des Seienden im Werk. Etwas erspringen, im stiftenden

[14] Zit. bei O. Pöggeler: *Denkweg*, 162 (aus *Beiträge zur Philosophie*).

Sprung aus der Wesensherkunft ins Sein bringen, das meint das Wort Ursprung." (HW 65f.)

b) Das Erblicken

Am Wesen des Sprunges ist sichtbar geworden, daß das immer schon geschehende Verstehen von Sein selbst völlig anderen Gesetzen unterliegt als das vorstellend-vergewissernde und verfügend-technische Denken. Allerdings ist darüber hinaus, daß der Sprung das „*Über*setzen" des Denkens in die Nähe der Un-verborgenheit gewährleistet und daß er zugleich schon eine erste Erfahrung mit ihr herbeiführt, wenig gesagt. Außer in der Nietzsche-Vorlesung *Die ewige Wiederkehr des Gleichen* (Sommersemester 1937), wo an einer Stelle der Begriff des „Sprunges" mit dem des „Wagens", „Ratens" und „Erfahrens" (N I, 289f.) zusammengebracht wird, spricht Heidegger unmittelbar an diesem Begriff praktisch nie über die genaueren Modalitäten des Springens selbst. Vor allem sagt er nichts darüber, wie er sich das Erfahren *im Vollzug* des Sprunges vorstellt. Doch gerade dieser Punkt ist entscheidend. Wird er nämlich nicht geklärt, so bleibt auch das Reden vom Sprung sinnlos. Denn der Sprung des einfachen und wesentlichen Denkens kann nur dann vom metaphysisch-wissenschaftlichen Denken abspringen und in die Wahrheit des Seins selbst einspringen, wenn er in irgendeiner Weise von dieser Wahrheit schon veranlaßt ist. Andernfalls gibt es weder ein Abspringen noch ein Einspringen. Zugleich wäre es vollkommen absurd, von einem Erfahren im Vollzug des Springens zu reden. Was ist also das, was das Denken veranlaßt, in den Bereich des Einfachen und Wesenhaften überzusetzen? Wodurch gelangt es dazu, das Sein selbst auf es selbst hin zuzusagen? Wie spielt sich ein Erfahren im Vollziehen des Sprunges ab?

Heidegger erklärt dies mit der Denkgestalt des *Erblickens.*[15] Der „Blick" ist für ihn sowohl das, was den Sprung ermöglicht und einleitet, als auch das, was im Springen geschieht. Aus diesem Grunde kann man sagen, daß Heidegger mit dem „Erblicken" die positive Bestimmtheit des Sprunges konkretisiert. Bezeichnenderweise redet er

---

[15] Diese Theorie brachte Heidegger die heftigste Kritik ein. Stellvertretend für viele Kritiker sei hier vorläufig nur Th. W. Adorno genannt, der Heideggers Philosophie ein rein „affirmatives" Vorgehen anlastete. Vgl. dazu H. Mörchen, *Adorno*, 435–477.

auch vom „Blicksprung“ (WD 141). Dieser Begriff zeigt mit aller Deutlichkeit an, daß Erblicken und Springen gleichursprünglich vor sich gehen. Bezüglich des griechischen Seinsverständnisses heißt es sogar: „Dieses *Über*setzen gelingt nur in einem Sprung und zwar im Sprung eines einzigen Blickes, der erblickt, was die Worte ἔον ἐμμέναι, griechisch gehört, sagen.“ (WD 140 f.) „Sprung und Blick bedürfen einer langen und langsamen Vorbereitung, zumal dann, wenn es sich um das *Über*setzen in dasjenige Wort [Sein] handelt, das nicht ein beliebiges Wort unter anderen ist.“ (WD 141)

Genauso wie der Sprung bezeichnet auch der Blick keine Erkenntnisleistung des Menschen ‚neben anderen‘, sondern das *ganze Sein* desselben. Zwar kommt es bis in die dreißiger Jahre hinein vor, daß Heidegger das Erblicken mit dem oben genannten platonischen „Sehen“ und den daraus entspringenden Vorstellungen von Vernehmen, Denken und Aussagen verbindet (WM 230 ff., 238) oder daß er gemessen an späteren Texten recht undifferenziert von „Blickbahnen“ spricht, da mittels dieser „Blickbahnen“ sowohl das Sein selbst (EM 125, 213) als auch etwa eine „Gestalt“ (N I, 429 f.), das Philosophieren Nietzsches (N I, 83, 437) oder eine Weltanschauung (Schell 21 f.) verstanden werden kann. Aber immerhin ist das Sein selbst beziehungsweise das Sein selbst in Verbindung mit dem Seienden auch in dieser Zeit schon gelegentlich ‚Objekt‘ des Erblickens (EM 213; WM 48, 244, 263). Tatsächlich nimmt das Erblicken dann spätestens seit der Abhandlung *Vom Wesen und Begriff der Φύσις – Aristoteles, Physik B 1* (dort ist vom „er-sehen“ [WM 243] und vom „im Blick haben“ [WM 244, 263 f.] die Rede) und den Hölderlin-Studien *Heimkunft/An die Verwandten* und *Andenken* von 1943 (hier bes. Erl 27, 143 f., 148) den Platz des Seinsverständnisses ein. In der Heraklit-Vorlesung von 1943 heißt es sogar ausdrücklich: „... es gibt den Blick für das Unanschauliche ..., welcher Blick unser ganzes Wesen in seinem Grunde trägt, sofern wir das ‚ist‘ und das ‚Sein‘ verstehen und so das Sein selbst ‚im Auge‘ haben“ (Herak V 138). Aber nicht nur deshalb bezeichnet das Erblicken genauso wie der Sprung das ganze Sein des Menschen. Die Vorlesungen *Der Satz vom Grund* (Wintersemester 1955/1956) unterstreichen darüber hinaus, daß das Erblicken nicht mit dem Sehen oder gar mit dem theoretischen Erkennen verwechselt werden darf. Erblikken bedeutet genauso gut „hören“. Heidegger stützt sich in dieser Ansicht erneut auf das Zeugnis der Griechen, da bei diesen λόγος und ἰδέα eng miteinander verbunden waren (SvG 86). Dieses historische Faktum beweist ihm, „daß das Denken ein Hören und ein Sehen ist" (ebd.). Aber ebenso wie beim Sprung ist dabei wiederum nicht an das gedacht, was man üblicherweise „mit unseren Ohren hören, ... mit unseren Augen sehen" kann (ebd.), sondern an völlig anderes: „Das Denken soll Hörbares erblicken. Es er-blickt dabei das zuvor Un-erhörte. Das Denken ist ein Erhören, das erblickt. Im Denken vergeht uns das gewöhnliche Hören und Sehen deshalb, weil das Denken uns in ein Erhören und Erblicken bringt." (Ebd., vgl. 118)

Der tiefere Grund dieser Bestimmtheit des Erblickens liegt in dem, was erblickt wird. Dieses ‚Was' ist die „Lichtung" (Herak V 173) oder das, was zu ihr gehört: das „Offene" (Herak V 351; Erl 148), die φύσις (Herak V 143), das Sein selbst (HW 338 f.; WD 140 f.), die ἀλήθεια (WM 437 f.), die ontologische Differenz (Herak V 339; ID 53 f., 56), der alles Erscheinen von Seiendem eröffnende „Blitz" (Herak V 161 f.; USpr 264), die „Sage" (USpr 208) und anderes mehr. Bei dieser Lichtung – das ist bereits bezüglich der Erschlossenheit festgehalten worden – darf nicht an das optische Licht gedacht werden. Heidegger kritisiert mit diesem Begriff der „Lichtung" gerade die Vereinseitigung des Erscheinens der Wirklichkeit auf das Sehbare und theoretisch Konstatierbare, die seit Platon und Aristoteles sich mehr und mehr durchgesetzt hat. Aus demselben Grund behält er auch gegenüber der Augustinischen Lichttheorie (VA 244; ZSD 73) seine Vorbehalte. Für ihn hat „Lichtung" in erster und grundlegender Weise mit ‚Freigeben' zu tun. Ausdrücklich nennt er sie wiederholt „das Freie" (VA 28 f.; USpr 197, 258; ZSD 72–80; Herak S 260; Sem 83 u. ö.),[16] das als „das Offene" Seiendes als solches sich zeigen läßt. „Etwas lichten bedeutet", so sagt er im Vortrag *Das Ende der Philosophie und die Aufgabe des Denkens* (1964): „etwas leicht, etwas frei und offen machen, z. B. den Wald an einer Stelle frei machen von Bäumen. Das so entstehende Freie ist die Lichtung." (ZSD 72) „Der Lichtstrahl", so heißt es an der gleichen Stelle, „schafft nicht erst die Lichtung, die Offenheit, er durchmißt sie nur. Solche Offenheit allein gewährt überhaupt einem Geben und Hinnehmen, gewährt einer Evidenz erst das Freie, worin sie sich aufhalten können und sich bewegen müssen." (Ebd. 73) Daß dieses „Vorbringen ins Freie" und „Gewähren von An-

[16] Vgl. vor allem auch Parm 158–160, 213–218, 224.

wesen" (VA 268) zunächst völlig indifferent ist gegenüber dem Sehen, Hören, Tasten usw., beweist die Diskussion, die Heidegger im Heraklit-Seminar von 1966/1967 mit Eugen Fink geführt hat. Die Lichtung, so heißt es in diesen Gesprächen (bes. Herak S 224–227), ist die absolute Voraussetzung für jede Art des menschlichen Wirklichkeitszugangs. Mit diesem Hinweis mag sich nun aber bestätigt haben, daß das Erblicken einen Vollzug des *ganzen* Mensch*seins* bezeichnet, in dem dieses sich dem Sein selbst zuwendet. Jetzt bleibt noch zu fragen, wie diese Denkform des Erblickens dem Wesen des tautologisch-einfachen Denkens entstammt.

Dazu ist in mehrfacher Hinsicht zu antworten: Zunächst muß festgehalten werden, daß Heidegger das Erblicken genauso für etwas hält, was vom Denken erst gelernt werden muß wie jene Art der Grund-Erfahrung, von der oben in B, II die Rede war. Er sagt: „Etwas sehen und das Gesehene eigens er-blicken, ist nicht das Gleiche. Erblicken meint hier: einblicken in das, was uns aus dem Gesehenen her eigentlich, d.h. als dessen Eigenstes anblickt. Wir sehen viel und erblicken wenig. Sogar dann, wenn wir das Gesehene er-blickt haben, vermögen wir selten den Anblick des Erblickten auszuhalten und das Erblickte im Blick zu behalten." (SvG 85)[17] Sodann ist das Erblicken in keinem Fall etwas, was in der Verfügungsgewalt des Menschen steht (Herak V 351). Im Anschluß an die Philosophie Heraklits und an die Dichtung Hölderlins läßt Heidegger das Erblicken vielmehr dann „geschehen", wenn sich der „Blitz" (πῦρ) der Lichtung ereignet, durch den jedes Seiende in seiner Seiendheit ins Freie und Offene hervorkommt (Herak V 161 f.; USpr 264). Deshalb schreibt er ihm auch den Charakter des Unerwarteten und Jähen zu (USpr 230, 236, 257 f.).[18] Schließlich richtet sich das Erblicken auf jenen Bereich, der von den abendländischen Philosophen (den „Seinsblinden" [WM 264 f.]) vergessen wurde. Von diesem Bereich hieß es, daß er den gegenseitigen Begründungsbezügen der Seienden untereinander enthoben sei, daß er sich auch nicht auf das menschliche Subjekt hin zu- und sicherstellen lasse, da selbst dieses als Seiendes immer schon zu ihm gehöre. Aus dieser Überlegung heraus muß gefolgert werden, daß das Erblicken,

[17] Vgl. Parm 152–161.

[18] Zum Thema ‚Blitz', ‚Lichtstrahl', ‚Erleuchtung' usw. siehe außerdem Höld 30, 100; Schell 31; Erl 68, 166; Parm 185 f.; VA 214, 219, 222, 267 f.; HW 338 f.; Herak S 11–15, 18–22, 38 ff., 57–59.

sofern es sich auf diesen Bereich, das heißt auf die „Un-verborgenheit" selbst richtet, auf das neuzeitlich-transzendental-philosophische Begründungsverfahren verzichtet und sich zugleich als einfaches Denken versteht. „Erblicktes läßt sich nie durch Anführen von Gründen und Gegengründen beweisen. Solches Verfahren vergißt das Entscheidende, das Hinblicken. Kommt das Erblickte zu Wort, so kann ein Nennen niemals den Blick erzwingen. Es kann höchstens eine Vorgabe leisten und zwar nur von solchem, was vermutlich durch ein je und je erneutes Blicken sich deutlicher zeigt." (WD 141; vgl. schon GbM 20 f.) Das besagt für Heidegger keineswegs, daß damit das Denken willkürlich würde, auch wenn das gelegentlich so den Anschein haben mag (VA 177–179). Im Gegenteil, nach seiner Ansicht gewinnt es nur an kritischer Kraft, wenn es unterscheiden lernt „zwischen dem, was zu seiner Rechtfertigung einen Beweis fordert, und dem, was für seine Bewährung das einfache Erblicken und Hinnehmen verlangt" (WM 72, vgl. 76). Es stellt sich somit der Schwierigkeit des tautologisch-einfachen Denkens und gelangt dadurch in jene Dimension, die das neuzeitlich-transzendentale Denken je schon voraussetzt, ohne sich darüber eigens Rechenschaft zu geben. Doch dieser Punkt soll in einem anderen Zusammenhang noch einmal eigens behandelt werden.

c) Rufen, Heißen, Nennen, Grüßen, Winken, Zeigen etc.

Als drittes Erscheinungsgebiet eines Denkens, das sich auf das Sein selbst richtet, sei das der Sprache genannt. Genauer besehen gehe es hier um das, was Heidegger mit „Rufen", „Heißen", „Nennen", „Grüßen", „Winken" und „Zeigen" bezeichnet. Zwar wird dabei noch mehr als bei der Behandlung des Sprunges und des Erblickens auffallen, daß das Eigentliche, was Heidegger sagen will, vorläufig unbehandelt bleibt. Vor allem wird das gewandelte Verständnis der „ontologischen Differenz", wie es nach der sogenannten „Kehre" aufgetreten ist und wie es in diesem Zusammenhang eine wesentliche Voraussetzung bildet, noch nicht berücksichtigt.[19] Trotzdem empfiehlt es sich schon an dieser Stelle vorwegnehmend von diesen Erscheinungsformen des einfachen Denkens zu reden, da sie den tautologischen Charakter einer

[19] Vgl. Fr. W. v. Herrmann: *Selbstinterpretation,* 155–180; ders.: *Kunst,* 196–200, 239–243.

Erfahrung des Denkens mit seinem abgründigen Grund deutlich sichtbar machen.

Die Sachlage sieht im vorliegenden Fall nun insofern anders aus als im Fall des Sprunges und des Erblickens, als das, was durch das Rufen in die Nähe gebracht wird, was durch das Heißen in die Sichtbarkeit gelangt, was durch das Nennen und Zeigen in Erscheinung tritt und was durch das Grüßen und Winken in sein Eigenes kommt, *zunächst* nicht das Sein selbst, die Lichtung oder die Un-verborgenheit ist. Alle diese Erscheinungsformen, die letztlich allesamt in einem gleichursprünglichen Verhältnis zueinander stehen und *insofern* miteinander ‚identisch' sind (vgl. bes. USpr 21–29; WD 84f.; Erl 188f.), haben folgende gleiche Struktur, die sich an einem Text aus *Unterwegs zur Sprache,* der hier stellvertretend für viele andere stehen möge, veranschaulichen läßt: „Das Nennen ruft. Das Rufen bringt sein Gerufenes näher ... So bringt er [der Ruf] das Anwesen des vordem Ungerufenen in eine Nähe. Allein, indem der Ruf herruft, hat er dem Gerufenen schon zugerufen. Wohin? In die Ferne, in der Gerufenes weilt als noch Abwesendes. [Absatz] Das Herrufen ruft in eine Nähe. Aber der Ruf entreißt gleichwohl das Gerufene nicht der Ferne, in der es durch das Hinrufen gehalten bleibt. Das Rufen ruft in sich und darum stets hin und her; her: ins Anwesen; hin: ins Abwesen." (USpr 21) [20] Diese Struktur des ‚her (in die Nähe) und hin (in die Ferne)' spezifiziert sich sodann vor allem im Hinblick auf das Verhältnis von Ding und Welt (USpr 22ff.), auf das von Erde und Himmel (VA 189f.) oder auf das von Ankunft und Abwesenheit (Erl 96–100). Aber das ist momentan noch nicht so entscheidend. Wichtiger ist, daß alle diese Gestalten des Denkens, die gleichen Wesens sind wie das Rufen und Nennen, sich auf das richten, was Nähe und Ferne zueinander in Beziehung setzt und gerade dadurch überhaupt erscheinen läßt. Dieses ursprünglich Vermittelnde, Hervorbringende und Unterscheidende ist sozusagen das Ziel ihrer Intentionalität.

Heidegger beschreibt dieses ‚Ziel', worauf sich das Denken in diesen Sprach- und Denkformen richtet, in vielfältiger Weise: [21] Einmal

---

[20] Bezüglich des „Grüßens" vgl. Erl 96f.; bezüglich des „Zeigens" und „Nennens" Erl 188f.; bezüglich des „Heißens" USpr 22ff. und bezüglich des „Winkens" Höld 32f., 127f.; USpr 117.

[21] Vgl. O. Pöggeler: *Denkweg,* 249f.; ders.: *Politik,* 55–58; W. Marx: *Heidegger,* 143–162.

nennt er es den „Unter-Schied" (USpr 24–29; ID 56), der jene Mitte einnimmt, die Ding und Welt einander zu und von einander weg hält; dann spricht er vom „Zwischen" jener „Dimension" (VA 189–192; USpr 25f.), die „Himmel" und „Erde" einander zumißt und sie dadurch überhaupt erst als voneinander Unterschiedene erscheinen läßt;[22] weiters redet er vom „Riß" (HW 51f., 56; Herak V 344 u.ö.), der als „Auf-riß" „die Grundzüge des Aufgehens der Lichtung des Seienden zeichnet" (HW 51); ein anderes Mal bezeichnet er das besagte ‚Ziel' als „die nötigende Not" (Gb 106–117; HW 354–364), die „Hervorgang" und „Entgängnis" von Seienden jeweils verfügt; schließlich und vor allem spricht er von jenem „Ereignis", das Denken und Sein einander zueignet (z.B. ID 24–26; USpr 258–267) beziehungsweise Sein und Zeit „gibt" oder „reicht" (ZSD 20ff.), doch darauf wird noch genauer zurückzukommen sein.

An dieser Stelle mag es genügen, die ‚Identität' des so vielfältig beschriebenen ‚Ziels' mit dem Sein selbst hervorzuheben. Diese ergibt sich freilich schon allein daraus, daß „Unter-Schied", „Riß", „Dimension", „Not", „Ereignis" usw. mit Beschreibungen versehen werden, die nur dem Sein selbst zukommen können. Aber dies läßt sich noch konkreter sagen: In *Identität und Differenz* wird die Differenz, die zwischen Seiendem und Sein aufspringt, als das bezeichnet, was die eigentliche und letzte „Sache des Denkens" (ID 37, 40f., 53–57) ist. Bezeichnenderweise heißt diese „Differenz" ebenfalls „Unter-Schied". Dieser verfügt das entbergende Kommen des Seins über das Seiende, „die Überkommnis", und das hervorkommende Ankommen des Seienden in die Un-verborgenheit, „die Ankunft": „Die Differenz von Sein und Seiendem ist als der Unter-Schied von Überkommnis und Ankunft der *entbergend-verbergende Austrag* beider. Im Austrag waltet die Lichtung des sich verhüllend Verschließenden, welches Walten das Aus- und Zueinander von Überkommnis und Ankunft vergibt." (ID 57) Analog dazu ist in *Was heißt Denken?* das, was das Denken eigentlich und letztlich angeht, „Zwiefalt" genannt. Diese „Zwiefalt" ist erneut die ontologische Differenz, die Seiendes und Sein voneinander unterscheidet und dadurch allererst sichtbar werden läßt (WD 134–136, 174f.).

[22] Hierher gehört auch der Begriff der „Innigkeit": Höld 117–119, 124f., 248–252, 256f., 259f.; Erl 36, 73, 170; USpr 24f., 219; HW 35f.; And 91.

Da diese eben angestellte Überlegung in einem späteren Zusammenhang noch eine entscheidende Rolle spielen wird, sei hier noch kurz und in der Form eines *Exkurses* bei ihr verweilt. Muß man – das sei die jetzt noch zu beantwortende Frage – somit sagen: An die Stelle von Sein selbst ist die „Differenz als Differenz" getreten? Hält man sich rein an den vokabularischen Befund, so zwingt sich dieser Schluß auf. Heidegger spricht in der Tat in der Zeit nach der „Kehre" immer weniger von „Sein selbst". Andere Begriffe wie der der Differenz, der der Zwiefalt, der des Ereignisses usw. treten in den Vordergrund. Richtet man sich jedoch auf die Sache, um die es Heidegger vom Anfang seines Philosophierens an geht, so muß man sagen: Obwohl sich im rein Sprachlichen so vieles ändert, geht es nach wie vor um dasselbe. Wenn nämlich das Sein selbst mit jener Lichtung zu tun haben soll, aufgrund derer überhaupt ‚etwas' erscheinen und damit sein kann, so muß es auch der Grund für den sich zeigenden Unterschied von Sein und Seiendem sein. Das klingt dialektisch, ist es aber nicht, denn der hier benannte Sachverhalt ergibt sich aus folgender Tatsache: Soll das Sein selbst irgendwie erfahrbar sein, so muß es irgendwo zugänglich sein. Dies wiederum ist nur am Seienden möglich, sofern sich dieses an ihm selbst, das heißt in seinem Sein zeigt. Bei dieser Gelegenheit nämlich bricht der Unterschied zwischen dem Seienden und *seinem* Sein, das heißt seiner Seiendheit, auf. Das Sein selbst verschafft somit eine Zugänglichkeit seiner selbst, indem es sich in die Seiendheit der Seienden „einrichtet". Dadurch ‚ist' es Sein des Seienden im eigentlichen Sinn.[23] Allerdings geht *es selbst* darin nicht auf, Sein des Seienden zu sein. Das hat, wie Heidegger im *2. Nietzsche-Band* ausführlich darstellt, die abendländische Metaphysik vergessen. Dadurch ist ihr völlig entgangen, daß die Seiendheit des Seienden, die je nachdem die Namen ἰδέα, ἐνέργεια, actualitas, Vernunft, Geist, Wille zum Willen usw. trug, ihrerseits vom Sein selbst vergeben wird (vgl. N II,

[23] Kommt es von ungefähr, daß Heidegger in WM 418–421 das Sein des Seienden immer so schreibt: „*das Sein des* Seienden"? Wird damit nicht angezeigt, daß das Sein selbst nur als die ontologische Differenz ‚*ist*'? Vgl. O. Pöggeler: *Denkweg,* 159–161; M. Müller: *Existenzphilosophie,* 43–48, 67 f. – Hinter der Formulierungsänderung von „das Sein west wohl ohne das Seiende" zu „das Sein west nie ohne das Seiende" im *Nachwort* zu *Was ist Metaphysik?* (WM 306 Anm. 2) sieht C. Fr. Gethmann lediglich eine sprachlich-stilistische Änderung (*Verstehen,* 294 f.). Es kann aber gar kein Zweifel sein, daß dahinter die Änderung des Verständniswandels von „ontologischer Differenz" steht.

257 ff., 420). Hätte sie diesem Sachverhalt entsprochen, so hätte sie erkannt, daß die Differenz zwischen Seiendem und Seiendheit ihrerseits umgriffen ist von einer Differenz, die zwischen der besagten Differenz ‚Seiendes-Seiendheit' und dem Sein selbst waltet. Diese ‚neue Differenz' darf nun aber nicht so vorgestellt werden, als stünde auf der einen Seite die Differenz ‚Seiendes-Seiendheit' und auf der andern Seite das Sein selbst. In einer solchen Vorstellungsweise wäre die Differenz ‚Seiendes-Seiendheit' nicht von dem sie einräumenden ‚Grund' her gesehen, sondern erneut in sich selbst bestätigt und verfestigt (ID 54 f.). Deshalb kann das Sein selbst nur *als* die Differenz, die zwischen Seiendem und Seiendheit aufspringt, erscheinen. Indem *sie selbst,* das heißt sie *als Differenz* und sie *an ihr selbst* bedacht wird, was die primäre Leistung des tautologisch-einfachen Denkens ist, macht das Denken mit dem Sein selbst die Erfahrung (vgl. WM 201; N II, 203–208; Gb 23–93 [bes. 67 f.]; USpr 122). *In* und *an* der Differenz, die zwischen Seiendem und Seiendheit besteht, zeichnet sich folglich die Differenz dieser Differenz zu jener Instanz ab, die allererst eine Differenz zwischen Seiendem und Seiendheit entstehen läßt. Diese Instanz wiederum, das Sein selbst, *‚ist'* jedoch als diese ‚neue' Differenz *selbst.* Es sind nämlich in diesem letzten Quellgebiet allen Erscheinens und allen Seins keine weiteren Unterscheidungen mehr möglich, da nunmehr der Grund jeglicher Unterscheidung, die es überhaupt gibt, erreicht ist. Als solcher Grund kann dieser nicht eine abermalige Unterscheidung voraussetzen, die sein Erscheinen ermöglichen sollte. Deshalb muß sein Erscheinen, in dem er sich selbst zeigt, mit seinem Sich-unterscheiden von allem, was ihm seine Erkennbarkeit und Seiendheit verdankt, zusammenfallen.

Bedenkt man dies, so kann man wieder zu den Denkformen des „Rufens", „Heißens", „Nennens", „Zeigens" etc. zurückkehren und sagen: Das, was das Denken in diesen Gestalten intendiert, ist das Sein selbst, auch wenn Heidegger diesem Namen wie „Unter-Schied", „Zwiefalt", „Differenz *als* Differenz", „Riß", „nötigende Not" usw. gibt. Aus derselben Überlegung heraus darf gefolgert werden, daß diese Gestalten Wesensmomente einer Erfahrung des Denkens an ihm selbst mit seinem Grund sichtbar machen und insofern Erscheinungsformen eines tautologisch-einfachen Denkens sind. Allerdings ist diese Folgerung erst im Bezug auf das ‚Ziel', zu dem das Denken als „Rufen", „Heißen", „Nennen" usw. hintendiert, legitimiert. Zu fragen bleibt nun noch, inwiefern das Denken in diesen seinen Erscheinungsformen *von ihm selbst her* der Einfachheit des Seins selbst entspricht.

Um darauf zu antworten, genügen folgende Hinweise: „Rufen", „Nennen", „Grüßen", „Zeigen" etc. gehören keinesfalls zu einem Denken, das als seine wesentlichste Aufgabe die Vergegenständlichung und Verfügbarmachung des Seienden verfolgt, wie dies etwa im neuzeitlich-metaphysischen Vernunftdenken der Fall war. Bei ihnen geht es niemals darum, das Seiende in einen fremden, vom menschlichen Subjekt her gestifteten Entwurf zu zwingen, der es zu- und sicherstellte. „Rufen", „Nennen", „Heißen" usw. sind in keinem Fall ein ‚Reden über etwas', ein ‚Vereinnahmen von etwas' oder ein ‚Sich-hermachen über etwas'. In all diesen Erscheinungsformen läßt das Denken dasjenige, auf das es sich richtet, als dieses selbst sein und zugleich setzt es sich ihm in dessen Selbstheit aus. Stellvertretend für alle übrigen Denkformen sei dies an einer Erläuterung des „Grüßens" belegt. Heidegger sagt diesbezüglich: „Der echte Gruß anerkennt das Gegrüßte in seinem Eigenen und fügt sich doch in die Zugehörigkeit zu seinem verschiedenen und also entfernten Willen. Der Gruß entfaltet die Ferne zwischen dem Gegrüßten und dem Grüßenden, damit in solcher Ferne eine Nähe sich gründet, die der Anbiederung nicht bedarf. Der echte Gruß schenkt dem Gegrüßten den Anklang seines Wesens. Der echte Gruß läßt zuweilen das Gegrüßte im eigenen Wesenslicht erstrahlen ..." (Erl 96, vgl. 99f.)[24] Analog dazu heißt es vom „Nennen", das als „erfahren-lassende[s] Zeigen" (Erl 188) definiert und dem „Rufen" engstens zugesellt wird (ebd.; USpr 22 u. ö.): „Das Nennen ist das Erhellen, ins Licht-bringen, ins Unverborgene" (Herak V 248) beziehungsweise: „Im Nennen heißen wir das Anwesende ankommen" (WD 85). Keinen Augenblick lang also ist das Denken in den besagten Erscheinungsformen darauf aus, ein Seiendes im Hinblick auf ein anderes Seiendes, wie zum Beispiel auf das menschliche Subjekt, zu vereinnahmen. Was es beabsichtigt, ist vielmehr dies: Das jeweilige Seiende dorthin zu bringen, daß es *sich an ihm selbst* zeigt, und das heißt: daß es in seinem *Sein* erscheint. Dadurch wiederum ist das, was eigentlich zum Scheinen kommt, das Sein selbst. „Im Heißen, das Ding und Welt ruft," so steht in *Unterwegs zur Sprache* (26), „ist das eigentlich Geheißene: der Unter-Schied." Weil schließlich dies der

[24] Vgl. And 49–51, 52ff., 61f., 70f., 83–85 u. ö.

Fall ist, dringt das Denken hier in den Bereich jener „Lichtung" vor, der alles Sein und Erscheinen seinen Ursprung verdankt, und dies wiederum verlangt von ihm, daß es seine Vorgangsweisen danach richtet. Dieser Lichtung gegenüber ist das Entwerfen im üblichen Sinn allerdings nicht mehr anwendbar. Im Bezug auf sie ist nur noch das eine möglich, daß nämlich das Denken sie selbst auf sie selbst hin anspricht, indem es zugleich schon von ihr herkommt. Genau diese Möglichkeit aber ist dem Denken in seiner Daseinsweise als „Rufen", „Nennen", „Winken", „Heißen" usw. je schon zugesprochen. Durch sie überwindet es jenes Erklären (USpr 258) und Beweisen (N II, 383), das dem metaphysisch-wissenschaftlichen Denken den Zugang zum Sein selbst versperrt hat; und durch sie ist es auch ausgezeichnet als jenes tautologisch-einfache Denken, das zu einer Erfahrung mit seinem abgründig-ungründigen Grund in der Lage ist.

Es wird für die folgenden Überlegungen besonders wichtig sein, daß durch das „Rufen", „Nennen", „Zeigen" etc. das Sein selbst zum Scheinen kommt, *indem* durch diese das Seiende auf es selbst hin, das heißt an ihm selbst und in seinem Sein angegangen wird. *Durch* dieses Angehen springt der Unterschied zwischen dem Seienden und seinem Sein auf, *als* welcher das Sein selbst sich zeigt und ‚ist'. Und das ist auch schon die Weise, in der das Sein selbst zur Sprache kommt und damit denkbar wird. Es wird angesprochen und gedacht, *indem* das Seiende in seinem Sein angegangen wird, in nichts außerdem. Es gibt hier kein ‚Hinter-das-Seiende-gehen', kein Transzendieren im traditionellen Sinn mehr. Nein, das Angehen des Seienden auf es selbst hin *ist* das „Rufen", „Heißen", „Nennen", „Zeigen" usw. von Sein selbst. Das besagt alles andere als daß das Sein selbst nun wieder zugunsten des Seienden aufgegeben würde. Dem Sein selbst soll vielmehr in seinem eigentlichen Erscheinen entsprochen werden. Es bleibt genauso unterschieden vom Seienden und dessen Seiendheit wie von Anfang an. Nur soll ihm jetzt an dem Ort, an dem es sich zu seiner Erscheinung „eingerichtet" hat, und in der von ihm eingeräumten Zugangsweise begegnet werden. Deshalb kann es zum Beispiel gerade nicht mehr so angegangen werden wie das Seiende. Nein, es wird gerufen, geheißen, gezeigt usw., *indem* das Seiende in seinem Sein angesprochen wird. Läßt sich das Seiende etwa in Subjekt-Prädikat-Sätzen erreichen, so ist dies beim Sein selbst gerade nicht mehr möglich (ZSD 20f., 24f.). Ihm gegenüber walten andere Entsprechungsweisen.

Blickt man nun abschließend auf diese erste Charakteristik des tautologisch-einfachen Denkens zurück, so kann man nicht übersehen, daß zwei Elemente der von uns gesuchten nachidealistischen Theorie einer ‚Erfahrung des Denkens an ihm selbst mit seinem Grund', die im Zusammenhang mit Husserl eine wichtige Rolle gespielt haben, auf gewandelter Ebene wiedergekehrt sind. Es sind dies *erstens* der Charakter des einfachen Hinnehmens beziehungsweise des hinnehmenden Verstehens und *zweitens* die dialektische Struktur dieses hinnehmenden Verstehens angesichts des Absoluten selbst. Das erste Element entspricht der Gestalt des „Erblickens", das zweite hingegen der Gestalt des „Rufens", „Zeigens", „Heißens" usw. Daß „Erblicken" und hinnehmendes Verstehen einander entsprechen, ergibt sich schon allein daraus, daß es beide Male um ein ursprüngliches Erkennen geht, das *vor* jeder weiteren Leistung (wie etwa dem Entwurf einer Theorie oder der Konstruktion eines Systems) sich der Wirklichkeit stellt, wie diese dies ursprünglich und anfänglich fordert. „Rufen", „Nennen", „Heißen", „Zeigen" etc. treffen sich mit jenen Intentionalitäten, die sich auf das Absolute selbst richten, dagegen insofern, als sie genauso wie diese an ihnen selbst dialektisch verfaßt sind. Zwar ist diesmal nicht mehr ausdrücklich die Rede von einem Wahrnehmen *in* einem Nichtwahrnehmen, sondern von einem Überwinden einer Ferne, das die Ferne allererst setzt, doch sachlich gesehen handelt es sich dabei um dasselbe Element auf verschiedener Ebene.

Betont werden muß freilich ‚auf verschiedener Ebene'. Denn offensichtlich wird nicht mehr das gleiche wiederholt. Im Gegenteil, die ganze Kritik, die Heidegger am Husserlschen Wahrnehmungsbegriff angebracht und in seine Theorie vom Seinsverständnis eingebracht hat, ist jetzt die ‚conditio sine qua non' der „Erblickens"-Problematik. Darüber hinaus bildet sein Begriff der „Erschlossenheit" beziehungsweise „Lichtung", der – wie noch genauer zu zeigen sein wird – immer mit dem der Verbergung zusammen gesehen werden muß, den Hintergrund für die Theorie einer Denkerfahrung, die im Bezug auf denselben ‚Gegenstand' an ihr selbst dialektisch bestimmt ist. Trotz allem darf aber festgehalten werden, daß in der Heideggerschen Philosophie die früher herausgearbeiteten Elemente einer nachidealistischen Theorie der Denkerfahrung mit dem Grund von Freiheit im Hegelschen Sinn des Wortes „aufgehoben" werden. Zweifellos werden sie kritisiert und in ihrer bisherigen Form zurückgelassen, gleichzeitig aber finden sie in einem neuen Licht eine höhere Bestätigung.

3. *Das Sein des tautologisch-einfachen Denkens und der Sinn von Sein als Geschichte der Un-verborgenheit*

a) Formulierung der weiteren Fragestellung

Daß eine Erfahrung des Denkens an ihm selbst mit dem, was vor ihm kommt, den Charakter des hinnehmenden Verstehens hat und gleichzeitig an ihr selbst dialektisch verfaßt ist, sofern sie in ihrem Erkennen ein Nichterkennen und in ihrem Nichterkennen ein Erkennen bleibt, hat auch in der Philosophie Heideggers eine Bestätigung erfahren. Inwiefern gilt dasselbe jetzt für die übrigen Elemente unserer nachidealistischen Erfahrungstheorie? Was sagt Heidegger zum Geschehenscharakter des Denkens? Welchen Stellenwert mißt er der Geschichte bei? Wie stellt er sich schließlich zu den Gesetzmäßigkeiten der ontologischen Differenz, denen gemäß die Erfahrung des Absoluten letztlich dem Absoluten selbst nichts Äußerliches sein kann, sondern in einer bestimmten Weise mit diesem ‚identisch' sein muß?

Wenn man von der Geschichtlichkeit der Grunderfahrung absieht, so sind diese Fragen bereits irgendwie beantwortet worden. Auf den Geschehenscharakter wurde sogar schon ausdrücklich hingewiesen. Und was das Verhältnis des ungründigen Grundes zu dem von ihm Begründeten, vom Sein selbst zum Seienden in seinem Sein also, anbelangt, so ist die ‚Eigen-art' dieses Differenzverhältnisses ebenfalls schon zur Sprache gekommen. Als notwendige Konsequenz hat sich somit beides schon herausgestellt und abzuzeichnen begonnen. Doch Genaueres und Spezifischeres ist noch nicht gesagt worden. Dies soll jetzt in den nächsten Abschnitten geschehen. Gleichzeitig damit möge all das bisher Erarbeitete eine weitere Konkretisierung erfahren.

Im Hinblick auf dieses Ziel ist von folgenden Problemen auszugehen: Das tautologisch-einfache Denken ist vorläufig noch eine *Folgerung* aus der negativen Abgrenzung, die im Großabschnitt B, II durchgeführt wurde. Das Verstehen von Sein selbst unterscheidet sich von jedem sonstigen Verstehen dadurch, daß es *nicht* mehr entwerfend sein kann. Zwar ist in der Zwischenzeit davon ausgegangen worden, daß es ein solches tautologisch-einfaches Denken auch tatsächlich gibt. Keinen Augenblick lang sind die Ausführungen über das „Springen", „Erblicken", „Rufen", „Heißen" usw. als bloße Hypothesen verstanden worden. Im Gegenteil, vom „Rufen", „Heißen", „Nennen" oder „Zeigen" war nur unter der Voraussetzung die Rede, daß sie einem „Geheiß" oder einem „Hören" folgten, das sie zum „Rufen", „Heißen" etc. herausforderte (vgl. u. a. USpr 29–32, 254–258; WD 82–84); vom „Winken" nur insofern, als es bereits in einen Bereich hineinblickte, aus dem heraus es Winke empfangen und in den hinein es zurückwinken konnte (WD 91, 96); vom denkenden „Grüßen" nur im Licht der Annahme, daß es immer schon mit einem Gruß des Gegrüßten zu tun gehabt habe (Erl 27 f., 96 f., 99 f.). Trotzdem aber ist das tautologisch-einfache Denken bis jetzt eine *Forderung* und ein *Postulat* in dem Sinne geblieben, daß es noch nicht auf die Bedingung seiner Möglichkeit hin befragt wurde. Das heißt: Es ist noch nicht in der Weise *an ihm selbst hermeneutisch ausgelegt* worden, daß es in seinem eigenen *Sein* erschienen wäre, und daß dadurch auch die Erschlossenheit, die es an ihm selbst ist, ein Gesicht gewonnen hätte. Dadurch ist bis jetzt nicht nur völlig offen, wie ein derartig tautologisch-einfaches Denken in Wirklichkeit vor sich gehen soll und wie es in seinem Wesen – nicht nur in seinen einzelnen Erscheinungsformen – bestimmt sein muß, es ist vor allem auch weitgehend unklar, *als was* es das Sein selbst denken kann.

Die Weise, in der sich das Sein selbst als ‚etwas' zeigt, ist seine Erschlossenheit oder Lichtung. Diese Erschlossenheit wiederum ist am Denken zugänglich, sofern dieses an ihm selbst Erschlossenheit *ist.* Sie wurde als Zeit beziehungsweise als Temporalität enthüllt. Jetzt fragt es sich, ob mit dieser Bestimmung der Erschlossenheit von Sein selbst als Zeit bereits alles gesagt ist. Darauf eine Antwort zu geben, ist allerdings nur durch eine genauere Bestimmung des Seins des tautologisch-einfachen Denkens möglich. Deshalb legt sich jetzt der weitere Gang der Untersuchungen folgendermaßen fest: Zuerst soll noch einmal gefragt werden, was es besagt, daß Denken *ist.* Sodann kann klargelegt werden, in welcher Weise das Denken an ihm selbst erschlossen ist, und das heißt: als was sich das Sein selbst in dieser Erschlossenheit lichtet. Ist schließlich dies erklärt, so kann zur Beantwortung anstehender Probleme und Konsequenzen übergegangen werden. Besonders wichtige unter ihnen werden auf folgende Fragen hinauslaufen:

Was erfährt das Denken eigentlich konkret, wenn es sich auf das Sein selbst richtet, dessen Sinn es freigelegt hat? Inwieweit besteht in der Seinserfahrung die Möglichkeit von Freiheit? Was wird aus der Philosophie, wenn das Sein selbst ‚nur' noch „gerufen", „geheißen", „genannt" etc. wird?

b) Das Sein des tautologisch-einfachen Denkens als geschichtliches Eröffnetwerden

α) Denken als eröffnetes Geschehen

Was beinhaltet die Aussage, daß das Denken *ist,* für das Erfahren und Verstehen von Sein selbst? Zunächst ganz einfach dies, daß Erfahren und Verstehen von Sein selbst diesem ihr eigenes Sein verdanken. Erfolgt dies aber so, daß Erfahren und Verstehen in der Weise Sein erlangen wie etwa ein Gegenstand oder jedes andere beliebige Seiende? Keineswegs. Sein wächst dem Erfahren oder Verstehen vielmehr nur in der Art zu, daß sie *eröffnet* werden.[25] Erst dadurch werden sie zu dem, was sie *sind:* keine Seienden, die sich darin erschöpfen, bloß vorhanden zu sein, sondern Seiende, die sich dadurch auszeichnen, daß sie die Möglichkeit ihrer selbst ergreifen. Kommen solche Seiende in ihr Sein heraus zum Stehen, so ist das nur denkbar in der Form, daß sie eröffnet oder eingeleitet werden.

Es ergibt sich von selbst, daß dieses Eröffnetwerden nicht das ‚Werk' des Denkens selbst sein kann. Wäre dem so, so gehörte das Eröffnen nicht in die *Seins*bestimmtheit des Denkens, und das Denken stünde nach idealistischem Muster insofern ‚außerhalb' des Seins, als es dieses zu einer Bestimmung seiner selbst machte. Eröffnen ist demnach vielmehr etwas, was mit dem Denken *geschieht,* sich mit ihm *ereignet* und sich in gewisser Weise über es hinweg abspielt. Denken muß daher gesehen werden als Eröffnet*sein* für das, was es seiner Möglichkeit nach sein kann. Diese Möglichkeit wiederum besteht darin, daß es das denkt, was sich ihm zu denken gibt und was eben dadurch „denkwürdig" ist. Doch davon wird zu reden sein, wenn ge-

[25] Zum Begriff des „Eröffnens" siehe EM 117, 147, 168, 178, 180, 214; FD 188; HW 21, 25, 28, 30, 58; N I, 80.

nauer gefragt wird, was das Denken eigentlich denkt, wenn es sich auf das Sein selbst richtet, das als Differenz ‚ist'.

An dieser Stelle sei das eben Gesagte aber an jenen Erscheinungsformen des tautologisch-einfachen Denkens bestätigt und veranschaulicht, die behandelt wurden. Ihnen ist es eigentümlich, daß sie nicht einfach da sind und vor sich gehen, sondern daß sie veranlaßt werden. So hieß es zum Beispiel, daß der „Sprung" ausgelöst wird durch einen „Blick", daß das „Rufen", „Nennen", „Zeigen" usw. ein „Geheiß", ein „Hören" auf ein sich Zusagendes beziehungsweise auf eine „Zeige", die zum Zeigen „regt" (USpr 258) voraussetzen, oder daß „Winken" und „Grüßen" nicht möglich sind ohne einen vorgängigen Verstehensbereich und ohne einen auslösenden „Gruß". Sofern bei diesen Erscheinungsformen immer das Mensch*sein* als *Ganzes* betroffen ist, kann man schon von da her gesehen ein Ereignis oder ein Geschehen vermuten, das sich am Denken selbst abspielt. Aber dies läßt sich noch deutlicher herausarbeiten:

Bezüglich des „Sprunges" etwa sagt Heidegger: „Daß und wie das Sein selbst ein Denken trifft, bringt dieses auf den Sprung, dadurch es dem Sein selbst entspringt, um so dem Sein als solchem zu entsprechen." (WM 368)[26] Analog dazu setzt das „Erblicken" voraus, daß es im Ereignis seiner selbst seinerseits erblickt wird. Heidegger spricht in diesem Zusammenhang gelegentlich vom „er-äugen": „Er-eignen heißt ursprünglich: er-äugen, d.h. erblicken, im Blick zu sich rufen, an-eignen." (ID 24f.; vgl. VA 95) Kraft dieses Ereignisses erblicken die Denkenden das, was zuvor sie angeblickt hat (USpr 219; vgl. Parm 152–155, 158–162 u.ö.). „Das Ereignis ereignet in seinem Er-äugen des Menschenwesens die Sterblichen dadurch, daß es sie dem vereignet, was sich dem Menschen ... *zu*sagt." (USpr 260) Als weiteres Beispiel sei noch das „Hören" genannt, das jedem „Rufen", „Nennen", „Heißen" etc. vorangeht. Auch es kann nur stattfinden, weil es bereits eine „Hörigkeit" (EM 138f., 141) auf das hat, wohin es eigentlich „gehört" (Gb 20; Herak V 245f.; VA 205–207; ID 16–18). Sofern es demnach dem „gehört", worauf es immer schon hört, nämlich dem Sein selbst (WM 316), ist es auch dann, wenn es dieses geflissentlich überhört und an ihm vorbeihört (SvG 121), ein Ereignis desselben. Allein seinetwegen wird es zum Hören „geheißen" (USpr 32, 261 u.ö.).

[26] Siehe oben Anm. 14.

Ähnliches ließe sich noch vom „Grüßen“ (Erl 106), vom „Nennen“ (Erf 52f.; Erl 187f.), vom „Heißen“ (USpr 29, 32, 168; WD 82, 140) und anderem darlegen, aber das darf hier unterbleiben. Nur auf eine Erscheinungsform des Denkens sei noch ausdrücklich eingegangen, weil sie nicht nur zu vielen Mißverständnissen Anlaß geboten hat, sondern weil sie am entscheidenden Punkt, an dem Heidegger vom Verstehen von Sein selbst spricht, eine große Rolle spielt. Gemeint ist der *Entwurf*.

Daß auch der Entwurf als Grundvollzug denkenden Verstehens etwas ist, was sich je schon eröffnet vorfindet und insofern einen Geschehenscharakter trägt, der den verstehenden Menschen umgreift, ist bereits in der Zeit vor der „Kehre“ dadurch zum Ausdruck gekommen, daß Heidegger den Entwurf in ein gleichursprüngliches Verhältnis zur Geworfenheit setzte. Jetzt, in den Werken um und nach der „Kehre“ hält er an diesem Begriff des „geworfenen Entwurfs“ (N II, 11, 20, 235; WM 337, 377) fest. Deutlicher als in *Sein und Zeit* jedoch spricht er jetzt von demjenigen, was den Menschen in die Geworfenheit wirft.[27] Es ‚ist‘ das Sein selbst. „Sein lichtet sich dem Menschen im ekstatischen Entwurf. Doch dieser Entwurf schafft nicht das Sein ... Das Werfende im Entwerfen ist nicht der Mensch, sondern das Sein selbst, das den Menschen in die Ek-sistenz des Da-seins als sein Wesen schickt.“ (WM 337) Nach wie vor bleibt der Mensch das Wesen, das in seiner Geworfenheit diese entwerfend zu übernehmen und sich der „Wurfbahn“ derselben zu fügen hat (Höld 175), aber von nun an ist das, was der Mensch entwerfend versteht, nicht mehr bloß die Möglichkeit seines eigenen Seins, sondern die „Wahrheit des Seins“ (WM 377; vgl. HW 60f., 100; N II, 20). Geworfenheit hat daher – wesentlich gedacht – primär nichts mehr mit Faktizität zu tun, sondern mit dem „Wurf“, der den Menschen dazu nötigt, als „Gegenwurf des Seins“ (WM 342) die Wahrheit des Seins, in die es geworfen ist (N II, 378), zu entwerfen. Sein „lichtendes Entwerfen“ der Unverborgenheit (HW 60, vgl. 61–63 u.ö.) ist wohl das, was das Verstehen von Sein ermöglicht, denn es stiftet „Sinn“, aber dieser „Sinn“ ist alles andere als die Leistung des Menschen. Er ist vielmehr die über dessen Verstehen hinweg geschehende Unverborgenheit, die das Sein verstehen läßt (vgl. Parm 237; N II, 20; HW 100; WM 377). Aus diesem

[27] Fr. W. v. Herrmann: *Selbstinterpretation*, 69–85; ders.: *Kunst*, 149, 230, 316f., 330f.

Grunde kann das menschliche Entwerfen ‚lediglich' „das Auslösen eines Wurfes, als welcher die Unverborgenheit sich in das Seiende als solches schickt" (HW 61), sein. Es besteht anders als die „Leitentwürfe" der abendländischen Metaphysik (N II, 7–14, 19) nicht im Streben nach Errechnung und Begründung, sondern nach der Entfaltung dessen, was sich von sich aus zugeworfen hat (N I, 377; Herak V 156 f.), und nach der Erhellung dessen, was das Sein des jeweiligen Seienden ausmacht (Schell 31, 162 f.). Weil somit das Entwerfen des Denkens dadurch möglich wird, daß es den Wurf, der es in seine Geworfenheit wirft, „auffängt" und „auslöst" zugleich, ist es ein Ereignis (N II, 20; HW 61) und dadurch ein „Eigentum des Seins" (N II, 484; vgl. WM 313 f., 316, 371 f.). Als solches überläßt es dem Sein selbst, ob jene „Werke" entstehen, die dazu imstande sind, sich dem Geschehen der Unverborgenheit entgegenzuwerfen und dieses zum Stand zu bringen (HW 45 ff., 60–63). Heidegger trägt also dem *Seins*charakter des Denkens erneut Rechnung, indem er den Vollzug desselben, den Entwurf, als *Geschehen* interpretiert.

Es muß nicht mehr eigens ausgeführt werden, daß auch das, was oben „Selbstentwurf" oder „Urentwurf" geheißen hat, diesen Geschehenscharakter trägt. Nie, selbst in der Zeit vor der „Kehre" nicht, hat Heidegger je daran gedacht, hierin etwas anderes zu sehen, wie etwa eine Urtat des Menschen. Gerade in der Zeit, in der er der menschlichen Transzendenz und Freiheit sein besonderes Interesse zuwandte, redete er besonders häufig vom „Geschehen".[28] Bezeichnenderweise spielt sich dieses für ihn auch vor allem dort ab, wo der Mensch sein eigentliches *Sein* hat: in der Freiheit, in der Transzendenz, im Entwerfen von Welt, in der Zeitigung usw. Dadurch zeigt sich einmal mehr, daß das, was Heidegger allein in den Blick bringen will, nichts ‚Anthropologisches' ist, sondern das, was den Menschen an ihm selbst ausmacht: daß er *ist,* indem er Sein selbst *versteht;* oder – was dasselbe besagt – daß er als Da-sein *an ihm selbst* Erschlossenheit ist.

Denken ist also, sofern es eröffnet-werdend geschieht. Mit diesem Ergebnis könnte man nun versucht sein, sofort zum entscheidenden

[28] GrPh 393; KM 208 f., 221 f., 224, 231, 234 f., 261 f.; AdL 158, 251, 264–271, 280 f.; GbM 10, 12, 28, 34, 233; WM 111, 122, 158 f., 163 f., 170, 173, 175; EM 7, 147, 150 f., 176, 210; HW 27, 36, 39, 42, 47 f., 49, 54 f., 57 f., 59 f.; vgl. auch N I, 480, 495; VA 17, 29, 213 u.ö.

weiteren Schritt überzugehen, nämlich zur Klärung der Frage, *als was* das Denken das Sein selbst somit versteht. Schließlich ist ja jetzt geklärt, in welcher Weise Denken *ist.* Aber damit würde man wichtige Gesichtspunkte vernachlässigen, die zum wirklichen Erfassen des Denk-Geschehens wesenhaft dazugehören. Die Betrachtungen über das Sein des Denkens wären dadurch nicht so weit vertieft, daß die spezifische Weise, in der es Sein selbst versteht, deutlich sichtbar würde. Deshalb ist es im unmittelbar folgenden notwendig, noch genauer in das Wesen des Denk-Geschehens einzudringen.

β) Denken als Geschichte der Erschlossenheit

Das Eröffnetwerden und Geschehen ist nichts anderes als die eigentliche *Geschichte* des Denkens. Es ist das, worin das Denken seine primäre Konkretheit und Faktizität erhält. Diese Aussage darf nicht mißverstanden werden. Bei der hier angesprochenen konkret-geschichtlichen Form des tautologisch-einfachen Denkens darf nicht an das gedacht werden, was man üblicherweise darunter versteht: an die historischen Begleiterscheinungen eines an sich unveränderlichen Seins. Nach den bisherigen Erklärungen über den Geschehens- und Ereignischarakter des Denkens ist dieses Mißverständnis nicht mehr möglich. Der konkret-geschichtliche Charakter gehört dem Denken nicht etwa so zu, daß dieses sich um einen Kern ewigen Wesens eine ganze Folge veränderlicher Äußerlichkeiten oder historischer Livrées zulegte. Nein, dieser Charakter gehört ins *Sein* des Denkens. Deshalb hat auch die besagte Konkretheit nichts mit dem zu tun, was man gerne als das ‚Auf-den-Boden-der Wirklichkeit-stellen' eines abstrakten Prinzips beschreibt. Diese Konkretheit muß abermals vom *Sein* des tautologisch-einfachen Denkens her gesehen werden. In diesem Sinne ist es sogar notwendig, einen Schritt weiterzugehen und zu sagen: Geschichtlichkeit und Konkretheit hängen *gleichursprünglich* mit den bereits beschriebenen Strukturen, die am Sprung, am Erblicken, an verschiedenen Formen der Sprache und jetzt auch am Entwurf sichtbar wurden, zusammen; ja mehr noch: sie *sind* diese Strukturen.

Diese Konklusion hört sich paradox an. Doch versteht man die Geschichtlichkeit und Konkretheit des tautologisch-einfachen Denkens von dort her, von wo her sie verstanden werden müssen, nämlich von jenem Geschehen her, in dem das Denken eröffnet-werdend *ist,* so schwächt sich die Paradoxalität ab. Hält man sich an die Seinsdimension des Denkens, so sieht man, daß das, was das Denken üblicherweise als Geschichte und Konkretheit ausgibt, bereits im Licht jener ursprünglichen Geschichte steht, die sich in *dem* Geschehen abspielt, das Denken allererst sein läßt. *Vor* jeglicher Geschichtsvorstellung und *vor* jeglichem Geschichtsentwurf ist das Denken in diesem Geschehen geschichtlich und konkret.

Hält man nun dies fest und vergegenwärtigt man sich, daß das Denken nicht nur ist wie ein bloß vorkommendes Seiendes, sondern an ihm selbst als Erschlossenheit, so sind die Geschichtlichkeit und Konkretheit dieser Erschlossenheit zugehörig. Das bedeutet: Sofern Geschichte und Konkretheit vom *Sein* des Denkens her gesehen werden müssen, sind sie ‚darüber hinaus' als Geschichte und als Konkretheit *der Erschlossenheit* zu begreifen. Erinnert man sich schließlich noch daran, daß an der Erschlossenheit, die das Denken an ihm selbst ist, die zum Sein selbst gehörige Erschlossenheit, das heißt der Sinn beziehungsweise die Lichtung von Sein selbst, enthüllt werden kann, so muß sogar von einer Geschichte und einer Konkretheit *des Seins selbst* gesprochen werden.

Heidegger wird diesem fundamentalen Tatbestand dadurch gerecht, daß er immer weniger von „Erschlossenheit" als vielmehr von ἀλήθεια, das heißt von „Un-verborgenheit" und „Entbergung" spricht.[29] Zwar redet er noch genauso viel von „Lichtung", aber auch sie versteht er mehr vom „Lichten", „Ent-bergen", „Aufgehen", „Ankommen", „Ins-Offene-heraus-geben" usw. als von einem sozusagen ‚statischen Zustand' her. Un-verborgenheit als Name für die Lichtung bezeichnet demgegenüber ein Geschehen (WM 192–196; HW 41;

---

[29] Zum Geschichtsverständnis Heideggers vgl. O. Pöggeler: *Denkweg,* 100ff.; ders.: *Sein,* 621ff.; K. Löwith: *Heidegger,* 44–71; W. Bretschneider: *Sein,* 186–194; J. van der Meulen, *Heidegger,* 164–171; H.-G. Gadamer: *Hegel und Heidegger,* in: H.-G. Gadamer: *Dialektik,* 83–96, bes. 89ff.; Fr. W. v. Herrmann: *Kunst,* 166–178, 192–215 u.ö.; W. Franzen: *Existenzialontologie,* 103–151; W. Marx: *Heidegger;* O. Pugliese: *Vermittlung;* Fr. Wiplinger: *Wahrheit;* I. Bock: *Sprachdenken,* 23–29, 39–46; H. Ott: *Denken,* 67f., 105ff., 126–128; A. Schwan: *Philosophie,* 43–52. – Völlig verfehlt scheint mir die Heidegger-Deutung von P. Fürstenau in diesem Punkt zu sein (vgl. *Heidegger,* 87–100). Da sie überhaupt nicht erkennt, was mit „Erschlossenheit" gemeint ist (auch 65f. nicht!), bleibt ihr das Verständnis für die „Seinsgeschichte" verwehrt. Aus diesem Grund erfolgt auch der absurde Begriff eines „Monadisierungsgeschehens" (67f., 71f., 98f.), der in Anschluß an Leibniz (68) und mit Hilfe von Heideggers „Geviert"-Theorie (!) die Vorstellung von der Seinsgeschichte auf den Begriff bringen soll.

N II, 28), in dem die Un-verborgenheit einen Streit mit der Verborgenheit auszustehen hat (WM 223f.; HW 37–44; EM 105–123, 194–200). Aufgrund dieses Streits tritt sie erst heraus als das, was sie eigentlich ist, nämlich als Un-Verborgenheit. Sie ist damit zugleich das, was nicht nur Seiendes ins Freie und Offene herausgibt, sondern dieses zugleich „bergend" zurückhält (vgl. Herak V 139–141). Ihrem Wesen nach ist sie daher „bergende Entbergung" (N II, 420, vgl. 257) beziehungsweise „entbergend-bergendes Lichten" (VA 269f.). Aber zu diesem in sich strittigen Wesen der Lichtung, auf das bereits anläßlich der Unterscheidung von „Eigentlichkeit" und „Uneigentlichkeit" kurz die Rede gekommen ist, wird noch im folgenden Genaueres zu sagen sein. Hier genüge es, den Geschehenscharakter der Lichtung, der durch den Namen „Un-Verborgenheit" ausgedrückt wird, hervorgehoben zu haben. Dieser Geschehenscharakter bildet übrigens auch den Ausgangspunkt für jene Theorie, die sich hinter dem Begriff des „Geschicks" verbirgt. Mit ihm ist zunächst nichts anderes bezeichnet als die Geschichtlichkeit und Konkretheit der Lichtung, die zum Sein selbst gehört (vgl. WM 336–338, 363; VA 28f.; N II, 339; SvG 108–110, 144–147, 158; ID 59 u.ö.).

γ) Das Selbigkeitsverhältnis von Denk- und Seinsgeschichte im Licht der ontologischen Differenz

Das geschichtliche Eröffnetsein des Denkens hat sich als ein Geschehen jener Lichtung erwiesen, welche das Denken an ihm selbst ist. Die Geschichte des Denkens in seinem Sein und die Geschichte der zum Sein selbst gehörigen Un-verborgenheit sind somit als ein und die *selbe* (nicht einfach als die gleiche!) Geschichte enthüllt worden. Die Gründe für diese Selbigkeit sind folgende: Erstens zeichnet sich das menschliche Dasein dadurch aus, daß es seinsmäßig Sein selbst versteht und daher ebenso seinsmäßig an ihm selbst eine Erschlossenheit sein muß, die es Sein selbst verstehen läßt. Zweitens ist diese Erschlossenheit weder eine Leistung noch ein Produkt der menschlichen Aktivität, sondern dasjenige, was sogar noch das Zu-sich-selbst-sein des Menschen einräumt. Die Erschlossenheit kommt immer schon vor einem menschlichen Akt. Allerdings wäre es sinnlos, von Erschlossenheit zu reden, gäbe es nicht das Dasein, das sie erschließt und versteht. Insofern gehören Mensch und Sein selbst so sehr zusammen, daß Heidegger sagen kann: „Jede philosophische, d. h. denkende Lehre vom Wesen des Menschen ist *in sich schon* Lehre vom Sein des Seienden. Jede Lehre vom Sein ist *in sich schon* Lehre vom Wesen des Menschen." (WD 73, vgl. 45, 73 f.) „Wir sagen vom ‚Sein selbst' immer *zuwenig*, wenn wir, ‚das Sein' sagend, das An-wesen *zum* Menschen*wesen* auslassen und dadurch verkennen, daß dieses Wesen selbst ‚das Sein' ausmacht. Wir sagen auch vom Menschen immer *zuwenig*, wenn wir, ‚das Sein' (nicht das Menschsein) sagend, den Menschen für sich setzen und das so gesetzte dann erst noch in eine Beziehung zum ‚Sein' bringen." (WM 407, vgl. 407–409, 411) Dieses Zusammengehören von Sein selbst und Mensch muß allerdings von jeder üblichen Beziehung unterschieden werden, wie sie zwischen Seienden herrscht (N II, 482 f., 485, 489; WM 332; Erf 58–60). Es geht jedem vorstellbaren Verhältnis unbedingt vorher (Herak V 328, 344 f.). Es ist daher alles andere als eine ‚Relation' (USpr 126) und erst recht etwas Grundverschiedenes von der Subjekt-Objekt-Beziehung, der es ebenfalls immer schon zuvorkommt (N II, 291 f.; Herak V 333, 381 f.; WM 408, 411 u. ö.).[30] Der Bereich von dem her es verstanden werden will, ist der der Lichtung selbst. Dieser jedoch entspricht ein Sprung, der aus dem Vorstellungsgefüge des neuzeitlich-metaphysischen Denken hinausführt und dorthin weist, wo das Sein selbst ‚von ihm selbst her auf es selbst hin' zugesagt werden muß (ID 20 f.). Hält man sich dies vor Augen, daß der Mensch und das Sein selbst auf der Ebene der zum Sein selbst gehörigen Un-verborgenheit zueinander im Verhältnis stehen, so hat man den eigentlichen Grund für die ausgezeichnete Stellung des Menschen innerhalb des Alls aller Seienden erkannt. Es gibt kein Sich-zeigen des Seins selbst ohne die gleichursprüngliche Angekommenheit desselben im Denken. Auch wenn sich das Sein selbst an

---

[30] In N II, 204 f., 206 f. unterscheidet Heidegger das „Verhältnis zum Seienden" und den „Bezug zum Sein". Diese Unterscheidung, die bis dahin nicht in dieser Deutlichkeit vollzogen wurde (vgl. z. B. WM 184, 190 f., 193; Schell 63 f.; N I, 553 f.) wird von da an mehr oder weniger durchgehalten (N II, 291, 482 f., 485, 489; Parm 217; Gb 12, 19, 20 f., 44, 50, 79, 93; WM 313, 369, 371 f., 372 f.; SvG 157 f.). Ausdrücklich reflektiert wird auf das Wesen des „Bezuges" zwischen Sein selbst und Mensch in HW 282 f. und WD 5 f., 52. In den späteren Schriften dringt jedoch wieder das „Verhältnis" (z. B. zwischen „Ding" und „Wort" [USpr 185, 188, 215, 221], zwischen „Erde" und „Himmel" [Erl 162 f., 170] oder innerhalb des „Gevierts" [Erl 179]) gegenüber dem „Bezug" in den Vordergrund. Vgl. auch ZSD 4 f., 20, wo auf den „Sach-Verhalt" zwischen Sein und Zeit reflektiert wird. Hinter dieser Verhältnis- und Bezugslehre steht die Heideggersche λόγος-Interpretation, wie sich aus Arist 117 ff.; Herak V 294–296, 402; WM 279 f.; USpr 185 ergibt.

einem nicht-menschlichen Seienden lichtet, so bleibt dies dennoch immer ein Geschehen am Denken.

Aber das eben Gesagte ist nicht die einzig mögliche Erklärung dafür, daß die seinsmäßige Geschichte des Denkens mit der Geschichte der zum Sein selbst gehörigen Un-verborgenheit in einem Selbigkeitsbezug steht. Eine ebenso wichtige wie folgenschwere Überlegung geht von der „ontologischen Differenz" zwischen Sein selbst und Seiendem (beziehungsweise Seiendheit) und deren *Denkbarkeit* aus.[31] Sie trägt diesem eigentümlichen Unterschied Rechnung, der jedem Sichzeigen von Sein und Seiendem zugrundeliegt. Dessen erste und fundamentalste Bestimmung besteht nämlich darin, daß er völlig anders ist als der zwischen Seienden. Das Sein selbst kann demnach niemals ‚neben', ‚über', ‚hinter' oder ‚vor' dem Seienden gesucht werden, sondern nur an diesem selbst (ID 56 f.).[32] Würde es nicht *am* Seienden selbst in seiner *spezifischen* Differenz zu diesem an ihm selbst erkannt, so stieße man erneut wiederum nur auf Seiendes.

Wendet man nun diese Überlegung auf das Denken an, das selbst als Seiendes ist und sich als Seiendes auf das Sein selbst richtet, so würde man in die Irre gehen, suchte man nach einem Geschehen, das sich außerhalb des Denkens, sozusagen ihm gegenüber abspielte. Nein, dieses Geschehen begreift man nur dann wesensgemäß, wenn man das Denken selbst in dieses Geschehen einbezieht und daher dessen eigenes Eröffnet*sein* als eben dieses Geschehen auffaßt. Damit ist keineswegs jene Konsequenz gezogen, die Hegel sich zu eigen gemacht hat, indem er Denken und Sein identifizierte, wohl aber ist gesagt, daß das Denken als jenes Seiende, das seine alleinige Auszeichnung unter allen Seienden darin hat, daß es seiend Sein selbst versteht und an ihm selbst Erschlossenheit ist, eine besondere Beziehung zum Geschehen der Un-verborgenheit besitzt und aufgrund derselben die-

[31] Zur „ontologischen Differenz" siehe oben Anm. 19 u. 23. Vgl. außerdem O. Pöggeler: *Sein,* 625 f.; J. van der Meulen: *Heidegger,* 137, 151–163; C. Fr. Gethmann: *Verstehen,* 41–45; R. Kühn: *Heidegger,* bes. 13, 154 f.; Fr. Wiplinger: *Wahrheit,* 91–146; K. Lehmann: *Seinsfrage,* 1102–1105.

[32] Es braucht in diesem Zusammenhang nicht betont zu werden, daß es hier um den Hegelschen Gedanken von der „Identität der Identität und Nichtidentität" geht, den Heidegger mit seinem Begriff von der „ontologischen Differenz" einfängt. Vgl. J. van der Meulen: *Heidegger,* 67 f., 137, 151–163; O. Pöggeler: *Einleitung,* a. a. O. (Anm. 7) 48; W. Marx: *Heidegger,* 52–80 u. ö.

ses Geschehen in spezifischer Hinsicht, die sich aus seinem Selbigkeitsverhältnis zum Sein selbst ergibt, selber *,ist'*.[33]

Hält man dies fest, so kann man Heideggers Überlegungen bezüglich des Verhältnisses von Denken und Sein selbst nachvollziehen. Sie klingen nämlich häufig paradox, weil sie auf der einen Seite Denken und Sein selbst sehr wohl unterscheiden – wie es der ontologischen Differenz entspricht –, auf der andern Seite aber diese sozusagen ,zurücknehmen' – ebenfalls gemäß der ontologischen Differenz und ihrer Denkbarkeit –, sofern sie das Geschehen der Un-verborgenheit *als* Eröffnet*sein* des Denkens verstehen. „Das Sein", so heißt es zum Beispiel, „hat sich dem Denken schon zugeschickt. Das Sein *ist* als das Geschick des Denkens." (WM 363; vgl. VA 207) „Das Sein selbst begabt sich, indem es sich in die Unverborgenheit seiner selbst begibt – und nur so ist Es das Sein – mit der Ortschaft seiner Ankunft als der Unterkunft seines Ausbleibens" (N II, 358 [bei H. kursiv], vgl. 366, 368 f.), die das Wesen des Menschen ausmacht (ebd. 357). „Dieses Wo als das Da der Bleibe gehört zum Sein selbst, ,ist' Sein selbst und heißt darum Da-sein." (Ebd. 358) Die Ortschaft dieses Ortes ist das Sein selbst, *indem* es ankommt (ebd. 357). In diesem Sinne kann Heidegger auch sagen, daß das Sein selbst als „das Verhältnis" zwischen ihm und dem Dasein (WM 332) beziehungsweise „als die Dimension des Ekstatischen der Eksistenz" (WM 334) sichtbar werde. Analog dazu muß das Denken als Da-sein und als Ort der Ankunft genauso ,ἀλήθεια-haft' (Herak V 173 f.) oder genauso ,λόγος-haft' (Arist 117 f.; Herak V 280 ff., 326 ff.; VA 199–221)[34] sein wie das Geschehen der Lichtung selbst. In doppelter Bedeutung nämlich ist es ein „Ereignis" des Seins selbst (WM 308, 316, 335, 358, 371 f.; ID 65; VA 216 u. ö.): einmal, sofern es als Eröffnetsein geschieht, das andere Mal hingegen, sofern es dem Sein selbst zu eigen ist (ID 24 f.; USpr 260) und dadurch ihm gehört (WM 314; ID 16–18, 20 f., 28 f.). In diesem Gehören hat es mit dem Sein selbst dieselbe Geschichte. Zugleich *ist* es darin die Geschichte der Un-verborgenheit *selbst*, da das

[33] Vgl. N II, 489: „Die Seinsgeschichte ist das Sein selbst und nur dieses." Parm 80: „ ,Die Geschichte', wesentlich begriffen, und d. h. *aus dem Wesensgrund des Seins selbst gedacht*, ist der Wandel des Wesens der Wahrheit."

[34] Vgl. dazu den Begriff des ὁμολογεῖν in Herak V 352, 356 f., 358, 372, 394 f.; VA 207, 209 f., 213, 216, 271.

Sein selbst *als* das Verhältnis erscheint, das es zwischen sich und dem Denken aufschlägt.[35]

Das Sein des Denkens ist mit diesen Überlegungen nun so weit bestimmt, daß zu der weiteren Frage übergegangen werden kann, *als was* das tautologisch-einfache Denken die Erschlossenheit, die es an ihm selbst ist, und deretwegen es einen Zugang zu jener Erschlossenheit hat, die zum Sein selbst gehört, erfährt. Ist die Bestimmung der Erschlossenheit abermals die Zeitlichkeit, das heißt ‚ist' das Sein selbst erneut Zeit oder Temporalität? Oder stellt sich ein anderes ‚Ergebnis' ein? Und in Konsequenz dazu: Erhält das tautologisch-einfache Denken genauso wie am Schluß von Großabschnitt B, II die Bestimmung des Zeitigens und Eksistierens, oder tritt auch hier eine vertiefte und vielleicht konkretere Definition ein?

c) Geschichte der Un-verborgenheit als Sein selbst

α) Das Sein selbst als Anfang der Geschichte des Denkens

Denken ‚ist' als eröffnet-werdendes Geschehen die Geschichte des Seins selbst, die Heidegger „das Geschick" der Lichtung beziehungsweise der Un-verborgenheit nennt (WM 336–338). Das Denken steht also nicht einfach da und läßt diese Geschichte vor sich ablaufen. Es bleibt nicht außerhalb derselben und wartet auch nicht auf die Dinge, die da kommen. Schon gar nicht greift es dieser Geschichte voraus, indem es sie vorausplante oder in ihrem Verlauf a priori festlegte. Nein, das Denken ist das, was es ist, nämlich seinsmäßiges Verstehen von Sein selbst, nur *als* Geschichte der Erschlossenheit, die es an ihm selbst ist. Oder anders formuliert: Es ist das, was es ist, *als* das Sich-ereignen von Sein selbst, sofern dieses es zu sich selbst in Beziehung setzt und als diese Beziehung erscheint.[36] Völlig absurd wäre demnach die Annahme, das Denken stünde außerhalb der Geschichte des Seins selbst, betrachtete diese von einem neutralen Ort aus oder bestimmte von sich selbst aus deren Verlauf. Erstens nämlich *ist* die Geschichte von

[35] C. Fr. Gethmann kritisiert diese Theorie mit dem Hinweis, daß sie eine Unterscheidung zwischen faktischer und transzendentaler Geschichte unmöglich mache (*Verstehen*, 318 f.).
[36] Vgl. HW 352: „Das Denken entsteht nicht. Es ist, insofern Sein west."

Sein selbst nur als Geschichte des Denkens[37] und zweitens geht diese Geschichte, die das Denken seinsmäßig an sich selbst hat, jedem Denkbegriff von Geschichte voraus, sofern sie jeder Begrifflichkeit, jedem Planen und jedem Vorstellen von dem, was man üblicherweise Geschichtsgeschehen nennt, zuvorkommt und es eröffnet.

Richtet sich das Denken nun auf die Erschlossenheit, die es an ihm selbst ist, das heißt wendet es sich dem Geschehen seines Eröffnetseins, das als Geschichte des Seins selbst zu diesem gehört, so vermag es dies nur dann, wenn diese Geschichte bereits eröffnet *ist*. Das gilt nicht mehr bloß unter der Rücksicht, daß das Denken schon an ihm selbst Erschlossenheit sein muß, das heißt diese faktisch voraussetzt, um sich überhaupt auf diese richten zu können, sondern unter der Rücksicht, daß das Denken an ihm selbst bereits in die *Geschichte* dieser Erschlossenheit einbezogen sein muß, um allererst sich dieser Geschichte, als welche das Sein selbst sich zeigt, eigens zuwenden zu können (WM 201; Hegel 43, 47–57). Allerdings darf hier nicht an das gängige Grund-Folge-Verhältnis gedacht werden, demgemäß ‚zuerst' die Geschichte des Seins selbst ergehen müßte, damit ‚danach' und ‚in-Konsequenz dazu' das Denken des Seins selbst einsetzen könnte. Zwar ist es richtig, daß das Ereignis des Seins selbst insofern ‚zuerst' erfolgt, als das Denken sich als seiend dem Sein selbst verdankt, aber dennoch darf hier niemals das übliche Zeitschema angewendet werden, da jede Form von Zeitschema dem Seinsereignis selbst entstammt. Von ‚vorher' und ‚nachher' in diesem Zusammenhang zu

---

[37] In diesem Licht ist auch Heideggers Hegel-Deutung in HW 115–208 zu verstehen. Er zeigt die Nähe und die Ferne der beiden Denker besonders deutlich an. Vgl. vor allem HW 180: „Was nennt Hegel mit dem Wort Erfahrung? Er nennt das Sein des Seienden … Sein bedeutet von altersher: anwesen. Die Weise, in der das Bewußtsein, das aus der Gewißheit Seiende, anwest, ist Erscheinen. Das Bewußtsein ist als das Seiende, das es ist, das erscheinende Wissen. Mit dem Namen Erfahrung nennt Hegel das Erscheinende als das Erscheinende, das ὄν ᾗ ὄν. Im Wort Erfahrung ist das ᾗ gedacht. Aus dem ᾗ (qua, als) ist das Seiende in seiner Seiendheit gedacht. Erfahrung ist jetzt nicht mehr der Name für eine Art des Erkennens. Erfahrung ist jetzt das Wort des Seins, insofern dieses vom Seienden her als einem solchen vernommen ist. Erfahrung nennt die Subjektität des Subjekts." In der Identität bleibt somit für Heidegger eine Differenz bewahrt. Doch diese Differenz wird nicht durch eine ‚höhere' Identität (der Identität und der Nichtidentität) überboten, sondern sie ist umgekehrt die Bedingung der Möglichkeit von Identität (nämlich von Denken [Erfahrung] und Sein). P. Fürstenau, der Heideggers Hegel-Abhandlung ausführlich kommentiert (*Heidegger*, 147–155) erwähnt die entscheidende Konklusion derselben mit keinem Wort.

sprechen, hat somit zunächst gar keinen Sinn und ist auch von der Sache her gesehen falsch. Denn das Geschehen des Eröffnetwerdens von Denken ist mit dem Ereignis des Seins selbst *gleichursprünglich* und geht mit diesem ein Selbigkeitsverhältnis ein.

Wenn sich das Sein des Denkens nun als Eröffnetwerden im Geschehen der Un-verborgenheit bestimmt, so enthüllt sich das Sein selbst, das oben im spezifisch eingegrenzten Sinn als Grund des Denkens anerkannt wurde, als *Anfang* dieses Geschehens. Grund ist damit *Anfang: „‚Grund' meint das Sein selbst und dieses ist der Anfang.“* (Gb 88, vgl. 3, 92f.; Parm 10) Auch jetzt darf nicht ein zeitlicher Verlauf vorgestellt werden, der sich abzählen und einteilen ließe, so daß dann der Anfang das erste Glied einer langen Kette anderer Glieder wäre (WM 189f.). Der Anfang ist nicht mit dem „Beginn“ eines Geschehens zu verwechseln (Höld 3f.; WD 98, 150f.; Parm 9–12). „Der Beginn wird alsbald zurückgelassen, er verschwindet im Fortgang des Geschehens. Der Anfang, der Ursprung, kommt dagegen im Geschehen allererst zum Vorschein und ist voll da erst an seinem Ende. Wer viel beginnt, kommt oft nie zum Anfang.“ (Höld 3) Der Anfang hat es mit der Unverborgenheit zu tun (Parm 224, 242f.). *Sie* ist „das Älteste des Alten“ (ZSD 25; vgl. Parm 114) und als „das anfängliche Wesen des Seins, der Anfang selbst“ (Herak V 175). In ihrer „Wesensankunft“ trägt sie das Sein des Seienden und läßt dieses dadurch in eine „Zugehörigkeit zum Anfang einkehren“ (N II, 11f.). Gemäß der oben bereits genannten Selbigkeit und Zusammengehörigkeit von Un-verborgenheit und Sein selbst kann auch gesagt werden: „... der Anfang ‚des' Seyns [ist] als das Seyn“ (Herak V 131; vgl. N II, 388).[38]

Wird der Anfang als Geschehen der Lichtung verstanden, das heißt als die Geschichte jenes Bereichs, aufgrund dessen überhaupt etwas sein oder nicht sein, sich zeigen oder sich nicht zeigen kann, so ist klar, daß er als das Ereignis der Eröffnung alles das, was durch diese Eröffnung in Gang kommt, „einbehält“ und von vornherein derart

---

[38] Eng verwandt mit dem Begriff des „Anfangs“ ist der des „Ursprungs“, den Heidegger vor allem anläßlich der Interpretation des Gedichtes „Andenken“ von Hölderlin im Zusammenhang mit dem Bild von der „Quelle“ erläutert. Vgl. And 172–175, 185ff.; Erl 130–133, 141ff., 145–147. Siehe außerdem die Zitate aus den Vorlesungen *Hölderlins Hymnen,* die O. Pöggeler in *Denkweg,* 220f. wiedergibt. Zum Thema vgl. schließlich G. Vattimo: *An-denken. Denken und Grund,* in: U. Guzzoni (Hg.): *Nachdenken,* 287–302.

überholt, daß alles, was innerhalb der „Bahnen" des von ihm eingeleiteten Geschehens sich abspielt, stets als von ihm hervorgebracht erscheinen muß (Parm 11). Der Anfang ist, wie gesagt, nie ein bloßer Beginn. Man darf bei ihm nicht an den Start eines Geschehensablaufes denken, der, nachdem er erfolgt ist, mit dem weiteren Verlauf der Geschehnisse nichts mehr zu tun hat. Man darf aber auch nicht irgendein geschichtliches Ereignis vor Augen haben, das eines Tages eintritt und dann unabsehbare Folgen nach sich zieht. Alle diese Vorstellungen greifen zu kurz, sofern sie den Anfang, um den es hier geht, in einem Seinsbezirk einordnen, der erst *aufgrund* der Lichtung, zu der der eigentliche Anfang gehört, überhaupt sein und erscheinen kann. Was sich in der Geschichte des Seins selbst ereignet, spielt sich längst vor jedem „Vorkommnis" und jedem alltäglichen oder spektakulären „Geschehen" ab (USpr 258; N II, 485). Mehr noch: Das Geschehen der Un-verborgenheit ist in einer derartigen Weise anfänglich, daß sogar die ganzen Vorstellungen von Zeit und Geschichte erst dadurch möglich werden, daß sie in diesem Geschehen, das Zeit und Geschichte stiftet beziehungsweise als diese *‚ist'*, entstehen. Bevor noch ein Begriff von Zeit oder Geschichte gebildet wird, ist der Mensch immer schon zeitlich und geschichtlich von der Un-verborgenheit angegangen (Hegel 52f.)

Anfang als Geschehen der Lichtung kann im Lichte dieser Bestimmungen niemals das bloß Vergangene sein. In Heideggers Ausdrucksweise kann er höchstens „Gewesenheit" sein (N II, 9, 388; VA 177; USpr 57, 213 u. ö.), sofern bei diesem Wort das „Wesen" im verbalen Sinne ernst genommen wird, und die Geschichte des Denkens als „Ge-Wesen" des Seins selbst (N II, 388; vgl. Erl 96; ID 59) ihre Deutung findet, das heißt sofern die Gewesenheit nicht als etwas bloß nicht mehr Seiendes begriffen wird, sondern als etwas, was nach wie vor die Geschichte eröffnend bestimmt. So gesehen ist der Anfang unüberholbar (N I, 605). Er ist niemals das rein Vergangene, sondern vor allem auch das Künftige. Ja mehr noch, er überholt das Künftige (N II, 9, 481; Gb 7–10; USpr 57; ID 38f.).[39] Sein Wesen besteht in seinem Kommen (Erl 73–75, 171, 175–177, 180f. u. ö.). Er ist das, was die

[39] Vgl. Parm 2: „Der Anfang ist das, was in der wesenhaften Geschichte zuletzt kommt." Vgl. ebd. 1, 102f., 207, 242f.; And 15, 26, 94, 175, 186, 188f. Siehe auch Fr. W. v. Herrmann: *Kunst,* 341–345.

Griechen mit dem Begriff ἀρχή ausgedrückt haben: dasjenige nämlich, von wo etwas ausgeht und in dem dieses ‚etwas' als Hervorgehendes verfügt und bestimmt bleibt, beziehungsweise dasjenige, von wo her sich jener Bereich eröffnet, in dem überhaupt etwas sein kann, genauer: in den etwas hervorkommen und aus dem etwas abgehen kann (Gb 107–109; SvG 178–183).

Die Überschrift des gegenwärtigen Abschnitts 3 sprach vom „Sinn des Seins als Geschichte der Un-verborgenheit", der Unterabschnitt 3c) von der „Geschichte der Un-verborgenheit als Sein selbst" und schließlich der derzeitige Punkt 3 c α) vom „Sein selbst als Anfang der Geschichte des Denkens". Diese Formulierungen stehen in bewußtem Anschluß zu dem in Großabschnitt B, II bestimmten Verhältnis von Erschlossenheit, Zeit (Temporalität) und Sein selbst. Sie sagen im Grunde alle dasselbe. Genauso wie am Ende der Erläuterungen zu *Sein und Zeit* ist auch hier zunächst das *Sein* des tautologisch-einfachen Denkens bestimmt worden. Nur hieß dieses jetzt nicht mehr Zeitlichkeit, sondern Geschichte. Ebenso wurde gleichzeitig damit das Sein selbst, das heißt der Sinn von Sein beziehungsweise die zum Sein selbst gehörende Erschlossenheit, in den Blick gebracht. Im Unterschied zu oben erfolgte jetzt aber nicht ein Schritt von der Zeitlichkeit zur Zeit (Temporalität), sondern von der Geschichte des Denkens zur Geschichte (zum Geschick) des Seins selbst. Diese letztere hat sich zudem noch näher enthüllt als anfängliche Geschichte beziehungsweise als in den Anfang einbehaltene Geschichte. Was aber bis jetzt noch nicht erörtert wurde, ist die Bestimmtheit des Seins des tautologisch-einfachen Denkens *als Verstehen* von Sein selbst. Worin besteht dieses endlich? Darauf soll im folgenden Punkt 3 c β) geantwortet werden.[40]

β) Das Verstehen von Sein selbst als An-denken

Besteht das Sein des Denkens im Eröffnetsein, ist dieses Eröffnetsein seinerseits aber nur dadurch, daß es als Möglichkeit vom Denken jeweils ergriffen wird, und daß zudem noch *im* jeweiligen Ergreifen der

[40] An dieser Stelle ist in Anschluß an Anm. 35 zu fragen, wo und mit welchem Recht Heidegger den Anfang der wesentlichen Geschichte innerhalb der Weltgeschichte ansetzt. Vgl. W. Marx: *Heidegger,* 179 f.; O. Pöggeler: *Denkweg,* 205 f.

eröffneten Möglichkeit die besagte ursprüngliche Eröffnung geschieht,[41] so muß dieses Sein des Denkens dem ‚Sein' der Un-verborgenheit entsprechen, vorausgesetzt, daß die Bestimmung, wonach das Sein selbst als das Sein des Denkens ‚ist', ernstgenommen wird. Diese Entsprechung wiederum muß sich jetzt daran bewähren, daß das Anfangen des Anfangs *bleibt.* Dieser kann nämlich nur darin „wesen" (Gb 123), daß er sich ‚immer wieder neu' ereignet. „Anfang *ist* nur im Anfangen." (N II, 29, vgl. 485) Doch wie soll dies nun deutlich werden? Wie bewahrt der Anfang sein Anfangen? Und wie muß das Denken verfaßt sein, damit es selbst als Anfangen dieses Anfangs ‚sein' kann? Worin besteht sein „anfänglicher Bezug zum ersten Anfang" (Schell 227)?

Die Antwort Heideggers lautet: Das tautologisch-einfache Denken kann sich auf die ihm denkwürdige Sache, das heißt auf das geschickliche Geschehen der Un-verborgenheit nur richten, wenn es *„andenkt".*[42] Nach dem bisher Gesagten ergibt sich von selbst, daß Heidegger bei diesem „an-denken" nicht das bloße Zurückkommen auf etwas Vergangenes oder das reine Sich-besinnen auf einst Geschehenes vor Augen hat. *Für ihn beschreibt es vielmehr das Wesen des erfahrenden Denkens von Sein selbst überhaupt* (WM 358, 368; N II, 481; Erl 30, 55, 79 ff.).[43] „An-denken gibt es nur, wo ein Denken ist." (WD 23) Denken als An-denken jedoch „bedenkt, was uns angeht" (WD 159). Und dieses wiederum ist das Sein selbst, denn: „Das Sein überfällt uns immer wieder als dasjenige, was wir niemals nicht denken können." (Gb 80; vgl. N II, 372) Nach der spezifischen Eigenart des tautologisch-einfachen Denkens ist das An-denken ein „Sprung" (SvG 96, 107, 158 f.), der aus dem neuzeitlich-metaphysischen Denken in jenes „anfängliche Denken" (WM 238, 310; Herak V 28, 277, 348) führt, das sich dem Sein selbst zuwendet.

Das besagte Hinausspringen aus den gängigen philosophischen Vorstellungen betrifft vor allem die geschichtliche Dimension des Andenkens. Die Geschichte nämlich, um die es hier geht, ist die am Denken sich ereignende Geschichte des Seins selbst, das sich *als* diese

---

[41] In HW 53, 65 spricht Heidegger in diesem Zusammenhang auch von einem jeweiligen „Stoß" innerhalb der Geschichte.

[42] W. Marx: *Heidegger,* 121–135; W. J. Richardson: *Heidegger,* 484–501.

[43] Vgl. And 54 f., 63, 87 f., 164–166, 183 f., 186 f., 192, 194; Parm 167, 242.

Geschichte zeigt, indem es als ihr Anfang sie anfangend eröffnet, einbehält und je schon überholt hat. An-denken in die Geschichte des Seins ist daher sehr wohl ein „Gedächtnis" (WD 1, 7, 96 f., 125), das das anfänglich sich lichtende Sein selbst „bewahrt" beziehungsweise „verwahrt", doch dies niemals im Sinne einer rein historischen Rückbesinnung. Denken als An-denken in die Geschichte des Seins selbst[44] ist gemäß der Ausdrucksweise Friedrich Hölderlins eine „Heimkunft", das heißt eine „Rückkehr in die Nähe des Ursprungs" (Erl 23; Höld 191 f.). „Anfängliches Denken" ist, wie sich aus der Korrektur des *Nachworts* zu *Was ist Metaphysik?* von 1943 eindeutig ergibt „ursprüngliches Danken" (WM 310 Anm. 4),[45] oder, wie es in den Hölderlin-Interpretationen heißt, „*Denken an* den Ursprung" (Erl 131, vgl. 79–151). Dadurch ist es auch im eigentlichen Sinn des Wortes „Er-innerung" (N II, 481–490),[46] das heißt „Schritt zurück" (N II, 389 f.; ID 39 f., 55 f., 65; VA 174; USpr 190) in das, was dem Denken näher ist als es sich selbst je sein kann: in das anfängliche Sichereignen des Seins selbst (Herak V 84, 104; Gb 93). Entsprechend der Eigenart dieses anfänglichen Sich-ereignens ist das An-denken in seinem Zurückdenken ein „Vor-denken" (HW 111; N I, 479; II, 490; Schell 230)[47] oder ein „Hinausdenken" (Erf 146) in das, was als das „aufgespart Gewesene" (ID 38 f.; vgl. Erl 25, 27 f.) die Geschichte eröffnend einbehält und auf ihre Vollendung hin austrägt. Zugleich ist es ein „Nach-denken" (Gb 9; Erf 144; USpr 238, 263 ff.),[48] sofern es darin besteht, das *eröffnete* Möglichsein, das es ist, zu ergreifen oder nicht zu ergreifen.

An-denken, das zugleich Nach- und Vor-denken ist, hat sich somit als das Verstehen von Sein selbst erwiesen. Es ist das Wesen einer Erfahrung des Denkens mit seinem abgründigen und ungründigen Grund, die es an ihm selbst macht. Dieses Ergebnis mag überraschen, da das An-denken bei Heidegger nie die Stellung einnimmt, die etwa das Zeitigen in *Sein und Zeit* eingenommen hat. Es wird von ihm viel-

---

[44] Vgl. Höld 214; N II, 402, 481 ff.; WM 362, 416, 423 f.; VA 36, 173; USpr 236; Erl 159, 162, 180; WD 1, 7; ZSD 7.

[45] Dasselbe ergibt sich aus Parm 114, wo zwar von „*anfänglicher* Erfahrung" die Rede ist. In Parm 169 fällt allerdings dann wieder der Ausdruck „*anfänglicher* denken".

[46] Vgl. Gb 7, 9, 11, 21, 87 f.; And 161 f., 164.

[47] Vgl. And 193 f.; SvG 159; USpr 238; Erl 153; ZSD 9.

[48] Vgl. And 68, 72 f., 188; Erl 153, 176, 179; WM 445, 447 f.; ZSD 2, 4, 6, 10, 22, 25.

mehr nur dann aufgegriffen, wenn sich das Denken oder Dichten *eigentlich* auf das Sein selbst richten. Nirgends ist die Rede davon, daß das An-denken ähnlich wie das Zeitigen auch das uneigentliche Sein des Menschen umfasse. Dennoch bleibt es legitim, das An-denken als innere Bestimmung des Zeitigens und Ek-sistierens anzusehen. Dies nicht nur deshalb, weil es in sich selbst eine Sammlung der zeitlichen Dimensionen als Nach-, Vor- und eben An-denken (in seiner Gegenwartsbedeutung) darstellt, sondern weil es selbst dann, wenn es nur eine eigentliche Seinsweise des Menschen wäre, das Ergreifen einer prinzipiellen Möglichkeit, die im „Da-sein" als solchem grundgelegt sein müßte, ausmachen würde. Deshalb kann gesagt werden: Das Andenken ist das Ek-sistieren und Zeitigen des Menschen. Es ist das eigentliche Ganzseinkönnen. An-denkend erfährt der Mensch das Sein selbst. Auch dann, wenn er kein eigentliches An-denken vollzieht, bleibt er dennoch uneigentlich auf die sich bereits gelichtet habende Erschlossenheit von Sein selbst, die geschichtseröffnend über das Denken kommt und mit diesem geschieht, bezogen. Im An-denken ruht das Sein des tautologisch-einfachen Denkens. Seine Strukturen sind die gesuchten Strukturen einer Erfahrung, die das Denken an ihm selbst mit dem vor ihm Kommenden immer schon macht.

Bei all diesen Überlegungen darf nicht vergessen werden, daß das tautologisch-einfache Denken ein Ereignis des Seins selbst ist und insofern dem Geschehen der Un-verborgenheit zugehört (N II, 484; HW 264 f.; WM 313 f., 371 f.; VA 235 u. ö.). Es ist „des Seins, insofern das Denken, vom Sein ereignet, dem Sein gehört"; es ist aber auch „Denken des Seins, insofern das Denken, dem Sein gehörend, auf das Sein hört" (WM 316). Genitivus subjectivus und Genitivus objectivus widersprechen sich in diesem Falle nicht, sondern bilden eine innige Einheit, die sich aus dem ergibt, wie das Sein selbst in seinem Verhältnis zum Denken geschichtlich-lichtend ‚ist'.

Man könnte nun meinen – das sei hier schon vorweggenommen, um einer überfrühten Kritik vorzubeugen –, daß der Geschichte des Denkens Gewalt angetan wird, sofern das, was zu jeder Geschichte wesenhaft hinzugehört, nämlich die Freiheit des Denkens, unter das ‚Diktat' der Seinsgeschichte gestellt wird, also im Grunde gar keine Freiheit mehr zugelassen wird. Dieser Einwand ist in der Tat schwerwiegend. Er stellt das Ganzseinkönnen des Menschen und damit die Seinserfahrung selbst in Frage. Da er nun aber an dieser Stelle noch nicht beantwortet werden kann, muß einstweilen zugegeben werden, daß hier einer jener Punkte in Heideggers Philosophie liegt, die von ihm nicht genügend weit verfolgt worden sind. Im folgenden wird zwar gezeigt werden, daß es in vereinzelten Andeutungen, die Heidegger macht, durchaus Ansätze gibt, die nicht nur den Begriff einer vom Sein selbst her eingeräumten Freiheit gestatten, sondern darüber hinaus auch den einer Freiheit *gegenüber* dem Geschehen des Seins, vorläufig aber kann der einstweiligen Vollständigkeit des Gedankengangs wegen nur wiederholt werden, was Heidegger mehr behauptend als begründend dazu gesagt hat:

„Immer durchwaltet den Menschen das Geschick der Entbergung. Aber es ist nie das Verhängnis eines Zwanges. Denn der Mensch wird gerade erst frei, insofern er in den Bereich des Geschickes gehört und so ein Hörender wird, nicht aber ein Höriger. [Absatz] Das Wesen der Freiheit ist *ursprünglich* nicht dem Willen oder gar nur der Kausalität des menschlichen Wollens zugeordnet. [Absatz] Die Freiheit verwaltet das Freie im Sinne des Gelichteten, d. h. des Entborgenen. Das Geschehnis des Entbergens, d. h. der Wahrheit, ist es, zu dem die Freiheit in der nächsten und innigsten Verwandtschaft steht. Alles Entbergen gehört in ein Bergen und Verbergen. Verborgen aber ist und immer sich verbergend das Befreiende, das Geheimnis ... Die Freiheit ist das lichtend Verbergende, in dessen Lichtung jener Schleier weht, der das Wesende aller Wahrheit verhüllt und den Schleier als den verhüllenden erscheinen läßt. Die Freiheit ist der Bereich des Geschickes, das jeweils eine Entbergung auf ihren Weg bringt." (VA 28 f.) „Das Geheiß [des Seins selbst] bringt unser Wesen ins Freie und dies so entschieden, daß Jenes, das uns in das Denken ruft, allererst Freiheit des Freien gibt, damit menschlich Freies darin wohnen kann." (WD 153) „Der Sprung [als Grundvollzug eines tautologisch-einfachen Denkens] bleibt eine freie Möglichkeit des Denkens; dies so entschieden, daß sich sogar erst mit dem Bereich des Sprunges die wesenhafte Gegend der Freiheit öffnet." (SvG 157)

4. *Weitere Bestimmungen der an-denkenden Erfahrung von Sein selbst*

a) Überblick über den weiteren Untersuchungsgang

Mit dem erreichten Ergebnis, daß der Sinn von Sein, das heißt die Erschlossenheit, in der das Sein selbst ‚ist', die in den Anfang einbehaltene Geschichte ist, und daß die Erfahrung, die das Denken an ihm selbst mit seinem anfänglichen und abgründigen Grund macht, sich als An-denken enthüllt hat, ist zwar das wichtigste Ziel unserer Überlegungen erreicht. Doch gleichzeitig sind noch keineswegs alle Fragen gelöst. Verschiedene Probleme warten noch auf eine Antwort. Ihnen sei dieser Abschnitt 4 gewidmet.

Das wichtigste unter diesen Problemen ist folgendes: Wenn das Denken als an ihm selbst seiende Erschlossenheit den Zugang zur Geschichte des Seins selbst einräumt, die ihrerseits als diese geschichtliche Erschlossenheit des Denkens selber ‚ist', droht dann nicht die Gefahr einer erneuten Unterjochung des Seins selbst unter die Macht eines Seienden, nämlich des Denkens? Fallen dann nicht ähnlich wie im Deutschen Idealismus Denken und Sein selbst einfach zusammen? Vermag die Unterscheidung von ‚Gleichheit' und ‚Selbigkeit' dieser Vermutung überhaupt etwas entgegenzuhalten? Wenn ja, wie muß dann das Denken oder allgemeiner: das Seiende verfaßt sein, damit es eine Ansprechbarkeit des Seins selbst ‚von diesem her auf es selbst zu' gestattet? Besser: Wie muß das Sein selbst als *seiende* Geschichte des Denkens erscheinen, daß es den Zug zum Seienden hat, als dessen Seiendheit es ‚ist'? Wie zeichnet es sich innerhalb dieser Seiendheit ab, um nicht mit dieser identifiziert werden zu können?

Da dieser Problemkomplex von entscheidender Wichtigkeit für das gesamte Verständnis der Heideggerschen Philosophie ist, soll er ausführlich behandelt werden. Ihm sei daher der nächste Unterabschnitt 4 b) mit zwei Überlegungsschritten gewidmet. Letztere sollen zwei wesentlichen Aussagen entsprechen: einmal derjenigen, daß das Sein selbst das Seiende als Ort seiner Anwesenheit beziehungsweise Abwesenheit „braucht", das andere Mal derjenigen, daß das Sein selbst als Un-verborgenheit sich in die Offenheit eines „Streitraumes" einrichtet, den sie mit der Verborgenheit bezieht, und der jeweils besetzt ist durch ein Seiendes.

Der Unterabschnitt 4 c) soll den Anknüpfungspunkt zu dem, was oben über die verschiedenen Formen des tautologisch-einfachen Denkens gesagt wurde, erarbeiten. Dazu wird er zunächst noch einmal fragen müssen, wie sich ein Seiendes auszeichnet, das als Ort der Ankunft oder Abwesenheit des Seins selbst sein kann. Die Antwort auf diese Frage wird eine genauere Bestimmung dessen zulassen, was das an-denkende Denken eigentlich konkret erfährt, wenn es sich auf das Sein selbst am Seienden in dessen Sein richtet. Sie wird vor allem klarstellen, wie das tautologisch-einfache Denken im „Rufen", „Heißen", „Nennen" „Zeigen", „Winken", „Grüßen" usw. des Seienden zunächst wohl eigentlich das Sein selbst „ruft", „heißt", „nennt" ..., wie es ihm aber dann gelingt, dem so „gerufenen", „geheißenen", „genannten" ... Sein selbst ‚von ihm selbst her auf es selbst zu' zu entsprechen. Denn damit, daß es „gerufen", „geheißen", „genannt" ... wird, ist noch nicht alles getan, was das ausdrückliche Verstehen von Sein selbst tun kann und tun muß. Es muß sich vielmehr auf das im „Rufen", „Heißen", „Nennen" ... an ihm selbst aufscheinenden Sein selbst noch eigens richten. Erst dabei erfüllt es sich als das tautologisch-einfache Denken, welches das Sein selbst ‚von ihm selbst her auf es selbst hin' zusagt. Gleichzeitig wird sich die Geschichte, der das Denken erfahrend an-denkt, in genauere Umrisse bringen.

Der Unterabschnitt 4 d) wird die Rede wieder auf das Ganzseinkönnen des Daseins zurückbringen. Allerdings wird dort nicht mehr so sehr von Ganzseinkönnen als von Freiheit gesprochen werden. Sie ist nämlich der springende Punkt, an dem sich die Heideggersche Theorie von der ek-statischen Zeitigung und vom an-denkenden tautologisch-einfachen Denken bewähren muß. Beide Theorien standen in engem Zusammenhang mit der Frage nach dem Ganzseinkönnen des Menschen. Zu diesem gehört nun aber die Freiheit in einem elementaren Sinn. Ohne sie hätte es gar keinen Wert von Ganzseinkönnen zu sprechen. Ist sie nicht gewährleistet, so fällt auch der Begriff des Ganzseinkönnens. Kommt es jedoch dazu, so sind ‚eo ipso' die erreichten Ergebnisse, gemäß denen das Denken zeitigend und an-denkend Sein selbst versteht, gegenstandslos. Was die vorliegende Untersuchung anbelangt, so müßte sie sich als gescheitert ansehen, sofern sie damit ihr Ziel, nämlich eine Denkerfahrung des Grundes *von Freiheit* freizulegen, verfehlt hätte. Deshalb ist es von größter Bedeutung auf folgende zwei Fragen eine Antwort zu finden: 1) Hat das

Denken als Ereignis des Seins selbst eine Fähigkeit zur Kritik? Hat es Freiheit gegenüber dem Sein selbst? 2) Kommt die Heideggersche Theorie vom Geschick der Freiheit entgegen oder untergräbt sie sie?

b) Die Erfahrbarkeit von Sein selbst am Seienden

α) Das Seiende als Ort der Ankunft von Sein selbst

Das tautologisch-einfache Denken, welches das Verstehen von Sein selbst vollbringt, ist dergestalt verfaßt, daß es an-denkend den Anfang seines Eröffnetseins, als welcher das Sein selbst ‚ist', erschließt und „er-innert". Diese Aussage muß sich nun die Frage gefallen lassen, ob sie nicht die oben erarbeiteten Bestimmungen des tautologisch-einfachen Denkens rückgängig macht. Denn wird hier noch das Sein selbst ‚von ihm selbst her auf es selbst hin' zugesagt? Ist es nicht vielmehr so, daß die Schwierigkeit eines solchen Denkens dadurch umgangen wird, daß das Sein selbst mit dem Sein des Denkens, einem Seienden also, identifiziert wird? Zeigt sich nicht seine Geschichte *als* Geschichte des Denkens? Führt dies nicht dazu, daß das Sein selbst abermals nur in der Lichtbrechung über ein Seiendes in den Blick genommen wird, nicht als es selbst in seiner Selbstheit? Verbirgt sich der Anfang nicht hinter dem, was aus ihm entlassen wird?

Diesen Fragen müßte bejahend stattgegeben werden, wenn die Perspektive, in der sie gestellt sind, nach dem bisher Gesagten noch stimmen würde. Diese Perspektive besteht nämlich darin, daß das Sein selbst als Bedingung der Möglichkeit von Seiendem überhaupt und von dessen Erscheinen fungiert, das heißt als eine Art transzendental-ontologischer Horizont, der die Voraussetzung dafür ist, daß es Seiendes und damit auch Denken gibt (Erf 44 f., 55). Gemäß dieser Sichtweise wäre das Sein selbst in der Tat wieder abgeblendet durch das, was aufgrund seines Waltens ist, es würde folglich nicht mehr das Sein selbst tautologisch-einfach bedacht, sondern nur in der Brechung von dem, was sein Licht benötigt, um dastehen zu können. Diese Perspektive, die in Heideggers Schriften vor der „Kehre" belegbar ist, hat sich nun dahingehend verändert, daß das Sein selbst nicht mehr nur als das gesehen wird, was Seiendes (wie zum Beispiel das Denken) bedingend ermöglicht, sondern vor allem auch *von sich selbst her* als das, was sich das Sein des Seienden derart zueignet, das heißt sich zugehörend sein läßt, daß es als das Sein dieses Seienden ‚*ist*' und sich zeigt.[49]

Dadurch wiederum zeichnet sich eine Möglichkeit ab, daß das Denken am Seienden das Sein selbst als es selbst ‚von ihm selbst her auf es selbst zu' bedenkt, *ohne* daß es dabei vom Seienden auf das Sein selbst schließen würde oder von dem Bestreben geleitet wäre, das Seiende sicherzustellen und zu begründen. Doch um diesen entscheidenden Punkt des gesamten Gedankengangs nicht unklar werden zu lassen, sei kurz noch einmal auf schon Gesagtes zurückgegriffen:

Es hieß: Die ontologische Differenz wird falsch gedacht, wenn der Unterschied zwischen Sein selbst und Seiendem in seiner Seiendheit so vorgestellt wird wie ein Unterschied zwischen Seienden. Wesensgemäß wird er nur dann verstanden, wenn er *am* Seienden, nicht ‚hinter', ‚vor', ‚neben' oder ‚über' ihm gesucht wird. Außerdem muß er als ein Geschehen aufgefaßt werden, das vom Sein selbst her verfügt wird. *Es* ist der ‚Grund' für den Unterschied. *Es* ist damit auch das Sich-unterscheidende. Und *es* ist das Letztverantwortliche dafür, daß dieser Unterschied wahrgenommen oder vergessen wird. Daß sich nun dieses vom Sein selbst her in Gang gebrachte Geschehen *am* Seienden ereignet, besagt vom Sein selbst her gesehen, daß dieses das Seiende in irgendeiner Form „braucht".[50] Doch in welcher Form? In welcher Hinsicht?

Dazu hieß es weiter: Das Denken bestimmt sich in seinem Sein als Eröffnet- und damit als Geschichtlich- und Konkretsein. Sofern dieses Eröffnetsein zugleich Erschlossenheit an ihm selbst besagt, ist die Geschichtlichkeit des Denkens zugleich die der Erschlossenheit, und das heißt letztlich die Geschichte von Sein selbst. Ebenfalls aufgrund der Notwendigkeit, dergemäß die ontologische Differenz gedacht werden muß, kann daher gefolgert werden: Die Geschichte des Seins selbst, das heißt das geschichtliche Geschehen der Un-verborgenheit, *ist* als die Geschichte des Denkens. Das Denken als selbst Seiendes ist deshalb ein Ereignis des Seins selbst und gehört diesem in ausgezeichneter Weise zu. Vom Sein selbst her gesehen besagt dies erneut,

---

[49] Siehe oben Anm. 19. Vgl. außerdem O. Pöggeler: *Denkweg,* 145–150; ders.: *Sein,* 625ff.

[50] Zum Begriff des „Brauchens" vgl. HW 336f.; WD 114–116, 168; USpr 125f.; WM 407.

daß es das Denken „braucht".[51] Abermals bleibt zu fragen: Warum braucht das Sein selbst das Denken? Wie braucht es dieses? In welcher Form?

Die Antwort, die Heidegger gibt, ist folgende: Das Sein selbst „braucht" das Seiende und in eminenter Weise das Denken, um sich zeigen zu können. Es ‚bedarf' eines „Ortes", an dem es ankommen und ausbleiben kann (N II, 357).[52] Die Ortschaft dieses Ortes kann nun aber wiederum nicht etwas sein, was nachträglich zur Ankunft des Seins selbst im All der Seienden erst gesucht werden müßte. Wäre dem so, dann bräuchte das Sein selbst gar keinen Ort seiner Ankunft. Dann könnte es auch ohne einen „Ort" ankommen. Vor allem aber wäre das Sein selbst nicht ihm gemäß gedacht. Denn wie gibt es etwas, das Sein für sich in Anspruch nimmt und nicht das Sein selbst voraussetzt? Wo existiert ein Ort, der nicht *ist* (HW 48 f.; ID 56 f.)? Folglich muß die Ankunft des Seins selbst *in sich selbst* bereits die Ankunft an einem Ort sein. Und der Ort als Ort der Ankunft von Sein selbst könnte gar nicht ‚sein', wenn das Sein selbst nicht immer schon bei ihm angekommen wäre.

Ein solcher Ort ist das Seiende im weitesten Sinne. In den Vorträgen *Das Ding* (1949 [VA 157–179]) und *Bauen Wohnen Denken* (1951 [VA 139–156]) ist es genauerhin das „Ding", das als Ort dem Sein selbst „eine Stätte verstattet" (VA 149). Doch auch dann, wenn dieses Seiende ein „Ding" ist, so bleibt die eigentliche Stätte der Ankunft trotzdem immer der Mensch (ebd.; vgl. N II, 357 f., 367, 368 f.). Denn er ist das Seiende, das seinsmäßig dadurch ausgezeichnet ist, daß es das Sein selbst erfährt. Deshalb ist sein Erfahren in eminenter Weise der Ort, das heißt das „Wo" beziehungsweise das „Da der Bleibe", an dem das Geschehen der Un-verborgenheit sich lichtet, ankommt und dadurch ‚ist' (N II, 358; WM 332, 372 f.). In dieser, gegenüber *Sein und Zeit* gewandelten Bedeutung ist der Mensch „Da-sein". Das heißt: Sein Wesen besteht nicht mehr ‚bloß' darin, Erschlossenheit oder Lichtung an ihm selbst zu sein, sondern *vom Sein selbst her* gebrauchter Ort der Ankunft desselben und dadurch *als* Lichtung desselben *zu sein:* „... der Mensch west so, daß er

[51] Vgl. EM 171; VA 36, 95; Erf 67; HW 373; ID 19; USpr 219, 260; SvG 119, 146; WD 85, 125.

[52] Vgl. O. Pöggeler: *Politik*, 71–104; ders.: *Denkweg*, 288–299; ders.: *Topik*.

das ‚Da', das heißt die Lichtung des Seins, ist" (WM 325, vgl. 326f., 336f., 372f.; Herak S 202f.).[53]

Was folgt aus diesen Überlegungen für die Frage, ob ein Denken, das sich auf die an ihm geschehende Geschichte der Un-verborgenheit richtet, noch tautologisch-einfach sein könne, das heißt ob ein solches Denken noch das Sein selbst als es selbst denke? Es folgt daraus, daß das Seiende, genauer gesagt: das Da-sein des Menschen als Ort der Ankunft des Seins selbst begriffen werden kann, das heißt als die Lichtung des Seins selbst, *sofern* diese *von sich selbst her* sich immer schon im Seienden einen Ort ihres Ankommens eingeräumt hat. *Am* Seienden also vermag das Denken das Sein selbst ‚von ihm selbst her auf es selbst hin' zuzusagen – *vorausgesetzt,* daß das Seiende nicht im alltäglichen und gängig-philosophischen Verständnis als ‚bloß Seiendes' aufgefaßt wird, sondern vom Sein selbst her als der gebrauchte Ort seiner Gegenwart oder Abwesenheit innerhalb der Seienden.

Das alles darf nicht im Sinne des Deutschen Idealismus – etwa nach dem Vorbild der Philosophie Hegels[54] – interpretiert werden, als benötige das Sein selbst das Seiende, um überhaupt erscheinen zu können, als bestünde hier eine dialektische Notwendigkeit, der das Sein selbst unterläge, oder als bedürfe es einer Entäußerung des Seins selbst in das Negative seiner selbst, um sich zu offenbaren, oder als gäbe es schließlich eine Identität von Sein selbst und Denken. Ein derartiges Notwendigkeitsdenken wäre im gegenwärtigen Zusammenhang, in dem es um das Denken von jener Lichtung geht, die schlechterdings jedem Denken vorhergeht und diesem seine Möglichkeit gibt, völlig fehl am Platz. Vor allem aber würde es übersehen, daß es bezüglich des Seins selbst vollkommen falsch ist, sich einen Prozeß vorzustellen, der davon ausginge, daß ‚zuerst' das Sein selbst wäre, das ‚dann' dazu überginge, sich ein Seiendes als Ort seiner Ankunft zu

[53] Vgl. WM 114f., 189, 202; Höld 30f., 70; HW 338. Siehe auch Fr. W. v. Herrmann: *Selbstinterpretation,* 37–46.

[54] Vgl. J. van der Meulen: *Heidegger,* 67f. – Zum Buch von van der Meulen ist grundsätzlich zu sagen, daß es viele interessante Perspektiven in den Vergleich von Hegel und Heidegger einbringt. Ansonsten darf es aber noch nicht als die repräsentative Untersuchung zu dieser Frage angesehen werden. Das ergibt sich vor allem daraus, daß es sich streckenweise überhaupt nicht auf die Fragestellung Heideggers einläßt, sondern von vornherein Hegelsche Maßstäbe anlegt. Es verzichtet außerdem darauf, sich der spezifisch Heideggerschen Denkform zu stellen. Deshalb ist es auch nicht verwunderlich, daß Hegel in diesem Vergleich unvergleichlich mehr Zustimmung erfährt als Heidegger.

verschaffen ,zwecks' der Offenbarung seiner selbst. Im Verhältnis von Sein selbst und Seiendem gibt es nur die Struktur des ,immer schon': Das Sein selbst hat sich immer schon den Ort seiner Ankunft eingerichtet und ist auch immer schon bei diesem angekommen, so daß das Seiende gar nicht anders verstanden werden kann denn als Ort der Ankunft von Sein selbst.[55] Dieses wiederum zeigt sich als jener abgründige und anfängliche Grund, der *von sich her* immer schon den Zug zum Seienden hat und als dessen Sein ,ist'. Wäre dem nicht so, so wäre auch nicht ersichtlich – nicht notwendigerweise, aber ,de facto' –, wie das Ausbleiben von Sein selbst wahrgenommen werden sollte. Es wäre auch nicht erklärlich, weshalb sich das Denken nur dann auf das Geschehen der Un-verborgenheit richten kann, wenn dieses bereits erfolgt ist und dabei gleichzeitig das ihm entsprechende Denken bereits eröffnet hat.

Ein weiteres Mißverständnis wäre, Heideggers Gedankengang als Rückfall in das interpretieren zu wollen, was er gerade überwinden wollte, nämlich als erneuten Versuch, das Sein selbst aus dem *bloßen* Seienden und über das *bloße* Seiende zu erkennen. Diese Interpretation ist insofern nicht möglich, als sie die „Blickbahn" nicht wechselt, in der das Seiende für Heidegger erscheint. Das Seiende ist nämlich nicht mehr als ,bloßes Seiendes' diejenige Stelle, an der Sein selbst erschlossen werden kann. Seiendes ist vielmehr Ort der Nähe des Seins selbst nur unter der Voraussetzung, daß es „die Offenheit des Offenen lichtet, in das es [das Seiende] hervorkommt" (HW 50). Es gibt auch Seiende, die dieses Lichten nicht leisten. Man denke an die bloß vorhandenen oder zuhandenen Dinge, an die unbedachten, selbstverständlichen oder willkürlichen Handlungen, an das automatische Sprachspiel oder an jenes politische Agieren, das ohne Grundsatzentscheidung den jeweiligen Anforderungen einer Stunde entspricht. Seiende, die als Ort der Ankunft von Sein selbst eigens erscheinen, sind daher ausgezeichnete Seiende.[56] Heidegger findet sie vor allem in den Kunstwerken und in den Worten der Dichter (Höld 5ff., 9–77; HW 1–70). Er gesteht aber auch andere „wenige wesentliche Weisen"

[55] Sehr treffend spricht M. Brelage (in: *Studien,* 206–211) von einer je schon erfolgten „Ciszendenz" des Seins zum Seienden. Die in der Philosophie gerne verwendete Redeweise vom ,Überschreiten (Transzendieren) des Seienden auf das Sein hin' verstellt das von Heidegger Gemeinte. Vgl. C. Fr. Gethmann: *Verstehen,* 278–281.
[56] Vgl. Fr. W. v. Herrmann: *Kunst,* 245–248.

(HW 42) zu, in denen Un-verborgenheit geschieht: „die staatsgründende Tat", „die Nähe dessen, was schlechterdings nicht Seiendes ist, sondern das Seiendste des Seienden",[57] „das wesentliche Opfer" und das „Fragen des Denkens" (HW 49f.; vgl. EM 66f., 166, 200). In späterer Zeit hat er dann „das Ding" überhaupt als Ort eines solchen Seinsgeschehens gesehen, doch dies unter der zweifachen Voraussetzung, daß die Menschen erstens wieder lernen, „die Nähe" zu den Dingen zu „bewohnen" (VA 174, vgl. 155), und daß zweitens das Ding seinen Bezug zur wesentlichen Sprache, das heißt zur Sprache der Dichtung behält, da nach einem Gedichtsvers von Stephan George „Kein Ding sei wo das wort gebricht" (USpr 162ff.). Insofern bleibt auch hier eine Präferenz für die Kunstwerke bestehen.[58] Wichtig für den Zusammenhang unserer Untersuchung ist jedoch, daß Heidegger „das Fragen des Denkens" und „das Stiften der Dichtung" gleichwertig gelten läßt. Deshalb sind die nun folgenden Gedankenschritte, die sich besonders am Kunstwerk orientieren, da Heidegger darüber am ausführlichsten und explizitesten war, auch im Hinblick auf das Denken zu verstehen. Sie gehören mit in die Frage nach der Möglichkeit einer *Denk*erfahrung mit dem ‚Grund' des *Denkens.*

β) Das Seiende als offenhaltendes Offenes des Streitraumes zwischen Un-verborgenheit und Verborgenheit

Wegen der Wichtigkeit des eben in Punkt 4 b α) erreichten Ergebnisses muß ein Gang ins Detail unternommen werden. Erst in einer vertieften Analyse nämlich kann die Heideggersche Antwort auf die Frage, wie das Denken an ihm selbst die Erfahrung mit seinem Grund macht, hinreichend verstanden werden. In dieser Absicht muß noch einmal gefragt werden, warum das Geschehen der Un-verborgenheit sich den Ort seiner Ankunft, als welcher es ‚ist', im Seienden verschafft. Einmal mehr sei vorweg jedoch wiederholt, daß diese Warum-

[57] Nach Fr. W. v. Herrmann ist „das Seiendste des Seienden" nicht etwa das höchste, göttliche Seiende, sondern das aus dem Nichts sprechende Sein selbst (*Kunst,* 245–247).

[58] Nicht zuletzt deshalb stößt Heidegger immer wieder auf den Widerstand der Theologen, die seine Philosophie als eine Art Kunstreligion ansehen, die mit dem Christentum unvereinbar ist. Vgl. u. a. H. Franz: *Das Denken Heideggers und die Theologie* ([1]1961), in: G. Noller (Hg.): *Heidegger,* 249–289, bes. 277ff. Siehe außerdem O. Pöggeler: *Einleitung,* a. a. O. (Anm. 7) 43ff.; ders.: *Politik,* 63–65, 67, 87, 122f., 128, 156ff.

Frage nichts mit einem idealistischen oder gar rationalistischen Notwendigkeitsdenken zu tun hat, dem es um eine Deduktion der Seinsgeschichte ginge. Das Warum zielt im vorliegenden Fall lediglich auf die hermeneutische Auslegung eines *immer schon* geschehenden und geschehenen Bezugs des Seins selbst zum Seienden und hier vor allem zum Denken.

Also: Warum „braucht" das Geschehen der Un-verborgenheit das Seiende? Die Antwort darauf wurde in einem früheren Zusammenhang schon angeschnitten und lautete:[59] Das Geschehen der Un-verborgenheit braucht das Seiende als Ort seiner Ankunft, weil es in sich als Un-Verborgenheit einen „Streit" (Parm 199), genauer: *den* „Urstreit" (HW 42, 48 f.) aussteht, der sich abspielt zwischen „Lichtung" (Entbergung) und „Verbergung" (ebd. 39–42) und der immer wieder eine „offene Mitte" (ebd. 42) beziehungsweise einen „Streitraum" (ebd. 48) erringt, in den Seiendes herein- und hinausstehend (ebd. 40 f.) überhaupt sein kann. Dieser errungene „Streitraum" wiederum, das heißt die Offenheit jenes Offenen, das sich in der „Auseinandersetzung" (πόλεμος) zwischen Lichtung und Verbergung (EM 66; Parm 105, 196 ff.) dadurch einstellt, daß die Verbergung gar nicht erscheinen könnte ohne die Un-Verborgenheit, und die Un-Verborgenheit gar nicht das wäre, was sie ‚ist', ohne die Verbergung, daß somit Un-Verborgenheit und Verborgenheit notwendig zusammengehören, und die eine *als* die andere ‚ist' (vgl. Gb 113 f.; HW 353–361) – diese Offenheit könnte nicht offen bleiben und als der „Übergang" (Gb 114) von Un-Verborgenheit und Verborgenheit, der sie ist, ihre Zeit haben (Gb 120 f.; HW 354 f.), wenn sie sich nicht in das Offene „einrichten" (HW 48–50; EM 171 f.) würde.[60] Um jedoch dies zu können, muß im Offenen jeweils ein Seiendes sein, „worin die Offenheit ihren Stand und ihre Ständigkeit nimmt" (HW 48). Durch ein solches Seiendes, das ein besonderes Seiendes ist und das Heidegger im weitesten griechischen Sinn als ἔργον, „Werk", bezeichnet, wird das Geschehen der Un-verborgenheit „erwirkt" (EM 200).

---

[59] Zum folgenden siehe Fr. W. v. Herrmann: *Kunst,* 192–215, 260–266; H.-G. Gadamer: *Wege,* 81–93; W. Perpeet: *Heideggers Kunstlehre* ([1]1963), in: O. Pöggeler (Hg.): *Heidegger,* 217–241, bes. 217–229; I. Bock: *Sprachdenken,* 46–53; A. Schwan: *Philosophie,* 9–27, 53–88; O. Pöggeler: *Denkweg,* 207–215; W. J. Richardson: *Heidegger,* 403–417.

[60] Vgl. Fr. W. v. Herrmann: *Kunst,* 192–215; ders.: *Selbstinterpretation,* 86–124.

Um dasselbe noch einmal anders zu sagen: Die ursprüngliche Aus-ein-andersetzung im Sein selbst, der Streit zwischen Lichtung und Verborgenheit, „*braucht*" (EM 171), um als die „Urgewalt" beziehungsweise als das „Überwältigende" (ebd. 155ff.) erscheinen zu können, eine „Stätte der Offenheit" (ebd. 171), in der er „gebannt" und „zum Stand gebracht" wird (ebd. 66f., 117f., 166; HW 21). Diese Stätten sind die Werke der Kunst, des Dichtens, des Denkens und des staatsschaffenden Handelns.[61] In ihnen kommt das Sein selbst „in das Ständige seines Scheinens" (HW 21) und in ihnen ereignet sich „das Sich-ins-Werk-setzen der Wahrheit" (ebd. 25). Wo sie nicht erkannt und anerkannt werden, bleibt die notwendige „Ent-scheidung" (EM 118, 177; HW 42) zwischen Un-verborgenheit und Verborgenheit (Schein) aus (EM 116–118).[62] Damit kommt es aber auch zu keiner wahrhaften Begegnung mit dem Seienden als solchen. Und dies wiederum bedeutet, daß die Lichtung, durch die Seiendes allererst sein oder nicht sein kann, ausbleibt.

Wo jedoch Un-verborgenheit geschieht, wo somit das Sein selbst als das „Überwältigende" zum Stand gebracht wird, da liegt das vor, was Heidegger in Anschluß an Heraklit den Λόγος, „die ständige Sammlung, die in sich stehende Gesammeltheit" (EM 139), nennt.[63] Auch diese Sammlung hat es mit dem „bändigen" und dem „zum Stand bringen" zu tun (ebd. 66, 180). Sie schafft „die Ruhe" (HW 34f.; WD 144), die dem Werk erst seine Einheit und damit der Un-verborgenheit erst ihre Einrichtung gewährt. Diese „Ruhe" darf jedoch nicht als das bloße Beruhigen der Streitpartner oder gar als die Überwältigung

[61] O. Pöggeler spricht in diesem Zusammenhang von einer „romantischen Position" Heideggers (*Politik*, 122f., 128, 156f.), die dieser in seiner späteren Zeit durch die Einbeziehung des Problems der Technik überholt habe. Obwohl für ihn der Bezug von Kunst und Technik im Heideggerschen Denken ungeklärt bleibt, mißt er demselben dennoch ein hohes Maß an Zeitnähe bei (*Einleitung*, a.a.O. [Anm. 7] 47, vgl. 44ff.). Anders sehen dies etwa M. Theunissen (*Was heute ist. Über Not und Notwendigkeit des Umgangs mit Heidegger*, in: Frankfurter Allgemeine Zeitung [Hg.]: *Heidegger*, 21–27), B. Willms (*Politik als Geniestreich?*, in: Frankfurter Allgemeine Zeitung [Hg.]: *Heidegger*, 16–20), W. Franzen (*Existenzialontologie*, 28–51, 130–139, 160f.), H. Mörchen (*Adorno*, 631–660) und A. Schwan (*Philosophie*, 164–175). Sie halten die „romantische Position" Heideggers keineswegs für ein Durchgangsstadium seines Denkens, sondern für ein Grundcharakteristikum desselben.

[62] Vgl. Fr. W. v. Herrmann: *Selbstinterpretation*, 125–154.

[63] Zum Begriff des λόγος siehe vor allem I. Bock: *Sprachdenken*, 29–39; W. Marx: *Heidegger*, 156–162; W. J. Richardson: *Heidegger*, 490–501.

des einen durch den andern vorgestellt werden. Nein, der Streit wird gerade um der Ruhe und der Einheit wegen geführt. Durch ihn kommt überhaupt erst heraus, daß das von einander Verschiedene so innig zusammengehört, daß es niemals getrennt werden kann. Je mehr daher die Auseinandersetzung gesteigert wird, umso mehr stellt sich auch die ursprüngliche Einheit heraus (HW 34 f.; EM 65 f.). In diesem Sinne sind demnach Ruhe und Bewegtheit engstens aufeinander verwiesen. Im Werk finden sie zusammen: „Die Bestreitung des Streites ist die ständig sich übertreibende Sammlung der Bewegtheit des Werkes. In der Innigkeit des Streites hat daher die Ruhe des in sich ruhenden Werkes ihr Wesen." (HW 36) [64]

Die ‚Struktur' der Un-verborgenheit, sofern sie sich ihre Ankunft und Einrichtung im Werk verschafft hat und dadurch das Offene ihres Streitraumes mit der Verborgenheit offenhält, ist der Λόγος. Er beschreibt „den gelichteten Umkreis, aus dem und in dem überhaupt dem Menschen etwas entgegenkommt und sich entgegenbringt" (Herak V 325, vgl. 335). Daher ist er ein Wort für Lichtung und Ἀλήθεια (212 f.). Aufgrund seines Wirkens kann Seiendes überhaupt sein oder auch nicht sein. Denn wie ist dieses Wirken seinerseits zu verstehen? Zunächst besteht es im „Sammeln" beziehungsweise „Lesen". Es läßt beisammen liegen, was als beisammen Liegendes sich zeigen und sein soll. Dabei ist sein Beisammen-liegen-lassen genau das, was auch das Kriterium dafür abgibt, was als bereits gesammelt seitens des Denkens (λέγειν) entsprechend gesammelt werden soll und was nicht. Dieses Kriterium ist aber nichts anderes als die Un-verborgenheit des Unverborgenen an ihr selbst. Folglich kann weiters gesagt werden: Das ursprüngliche Sammeln und Lesen als Geschehen der Un-verborgenheit ist das Entbergen und Lichten des Seienden als solchem. Entborgenheit eines Seienden besagt demnach Zurückgestelltheit desselben in die Lichtung, die das Sein selbst ‚ist', und dies wiederum besagt Gesammeltheit in die ursprüngliche Versammlung, als welche das Sein selbst geschieht. Schließlich liegt im versammelnd-lesenden Wirken der Un-verborgenheit nicht nur das Entbergen, sondern auch das Ver-

[64] Nicht zu Unrecht definiert J. van der Meulen Heidegger folgendermaßen: „Heidegger ist der Denker der absoluten In-dividualität in ihrer äußersten Strittigkeit, welche in einer zutiefst zweideutigen Mitte ihren ausgleichenden und ruhenden Angelpunkt hat." (*Heidegger*, 190, vgl. 144)

bergen. Genauso wie die 'Α-λήθεια behält auch der Λόγος immer den Bezug auf die Verborgenheit. Ver-bergen heißt jedoch nicht bloß zurückhalten, verstecken oder vorenthalten. „Bergen ist Wegbringen im Sinne des Unterbringens, unter den Schutz von etwas. Bergen ist stets auch ein Verwahren." (Herak V 139; Parm 89, 92, 196–199) Gerade diese Bedeutung des Verwahrens findet sich aber auch im Begriff des Sammelns. Wozu nämlich wird gesammelt und zusammengelesen, wenn nicht zur Bewahrung dessen, was des Sammelns würdig ist (Herak V 267f.)? Indem Seiendes somit ins Un-verborgene heraus entborgen wird, wird es gleichursprünglich verborgen in das, was die Un-verborgenheit braucht, um überhaupt als Un-Verborgenheit erscheinen zu können. Darin bewahrt es sein Wesen als Un-Verborgenes. Ist endlich die Un-verborgenheit dafür verantwortlich, daß Seiendes als Un-verborgenes sich zeigt, so ist sie genauso dafür verantwortlich, daß und wie es sich in ihrem Geschehen ver-birgt. Doch dies setzt voraus, daß noch bevor das Seiende sich bergen kann, das Geschehen der Un-verborgenheit sich seinerseits birgt (ID 56f.). Und dies geschieht genau in jenem Streit zwischen Un-Verborgenheit und Verborgenheit, der sich in das Seiende einrichtet und sammelt. Von ihm nämlich hieß es, daß er sich einrichte, sammle und zum Stand bringe als die Offenheit eines Offenen, die er sich erstritten hat und jeweils neu erstreitet. Weiters hieß es, daß dieses Sich-einrichten, Sich-sammeln und Sich-zum-Stand-bringen nicht auf die Nivellierung der Streitpartner hinauslaufe, sondern sie allererst in ihr Eigensein herausstelle. Daraus folgt nun, daß die Un-Verborgenheit, die *als* dieses Offene ‚ist', nur erscheint, *indem* sie sich zurückbirgt in die Verborgenheit, von der sie sich zugleich immer schon absetzt, und daß sie sich, eben weil sie *als* dieses Offene ‚ist', sich *in diesem* birgt. Von da her gesehen muß somit das Sich-einrichten, Sich-sammeln und Sich-zum-Stand-bringen des Seins selbst im Seienden zugleich als Sich-bergen ins Seiende verstanden werden. Erst wenn dies mitgesehen wird, ist auch ersichtlich, warum Seiendes sein kann und ist.

Mit diesen Ausführungen über das Geschehen der Un-verborgenheit scheint die Frage nach der Erfahrung des Denkens an ihm selbst mit seinem abgründigen und anfänglichen Grund in den Hintergrund geraten zu sein. Die Fragwürdigkeit des Verstehens von Sein selbst und des tautologisch-einfachen Denkens hat anscheinend an Dringlichkeit verloren. Doch dieser Schein trügt. Die Fragestellung unserer

Untersuchung wurde keinen Augenblick lang verlassen. Vielmehr befinden wir uns jetzt mitten drinnen. Alles, was in unseren bisherigen Gedankenschritten nähergebracht wurde, ist nichts anderes als die Antwort auf die zu Beginn der ganzen Untersuchung gestellten Frage. Es ist nämlich jetzt folgendes klar geworden: Das Denken kann das Sein selbst an ihm selbst erfahren, das heißt dieses ‚von ihm selbst her auf es selbst zu' bedenken, wenn es als vom Geschehen der Un-verborgenheit geschichtlich eröffnetes Seiendes sich an-denkend auf *das* richtet, was das Sein selbst ‚ist'. Dieses ‚Worauf' seines Richtens, der Ort der Ankunft, des Sich-einrichtens, des Sich-sammelns, des Sich-zum-Stand-bringens, des Sich-bergens von Sein selbst, ist das ausgezeichnete Seiende, das einerseits durch das Geschehen der Un-verborgenheit allererst hervorgebracht wird, andererseits und gleichursprünglich aber dieses Geschehen selbst sichtbar macht (HW 50). Erfährt also das Denken dieses Seiende als das, was es ist, nämlich als Ort der Ankunft von Sein selbst, so erfährt es in eben dieser Erfahrung das Sein selbst, das heißt seinen abgründigen und anfänglichen Grund. Ist dieses Seiende mit andern Worten das Denken selbst,[65] so erfährt es an ihm selbst, genauer: an seinem jeweiligen geschichtlichen Eröffnetsein, an seiner Gelichtetheit, die immer schon geschehende und ihm je vorausgehende Geschichte von Sein selbst. Das Sein selbst aber hat sich als der „Anfang" enthüllt, der allem Denken vorhergeht und alles Denken von vornherein einbehaltend überholt.

[65] Heidegger hat Denken (Philosophie) und Kunst (Dichtung) niemals miteinander identifiziert (vgl. Höld 41, 144; WM 311 f.; VA 186; WD 154 f. u. ö.), wenn dies auch gelegentlich so den Anschein haben mag (z. B. in HW 328 f.). Dennoch hat er in ihrer Unterschiedenheit die Zusammengehörigkeit betont (Höld 184 f.): Beide sind vom selben Rang (EM 28 f., 47 f.), beide stiften Welt (Schell 70), beide haben im λέγειν dasselbe „Quellgebiet" (Herak V 370) und beide bewegen sich wie zwei „Parallelen" (USpr 188–196) im selben Element der Sprache (ebd. 173, 180 f., 184, 186 f., 198–200, 237 f., 267). Deshalb ist es legitim, die Erörterung über Kunst, Dichtung und Sprache auch für das Denken in Anspruch nehmen. Vgl. dazu O. Pöggeler: *Einleitung,* a. a. O. (Anm. 7) 43–45.

c) Das tautologisch-einfache Denken als Erfahrung des Unterschieds, der Kehre und der Geschichte von Sein selbst

α) Die Eröffnung von Welt am Seienden als Sichzeigen von Sein selbst

Im vorangehenden Unterabschnitt 4 b β) wurde erklärt, *warum* das Denken am Seienden, das heißt an ihm selbst als Seiendem, das Sein selbst erfahren kann. Jetzt gehe es um die Frage, *wie* es dies *konkret* vermag. Dazu hieß es bereits, daß das Sein selbst zum Scheinen komme, wenn das Denken das Seiende in seiner Seiendheit „rufe", „heiße", „erwinke" usw. Dabei sei das eigentlich „Gerufene", „Geheißene", „Genannte", „Erwunkene" ... das Sein selbst, das seinerseits gleichzeitig die Bedingung der Möglichkeit dafür ist, daß sich Seiendes in seinem Sein zeigen kann. Der Zirkel, der in diesem Verhältnis zwischen Sein selbst und Seiendem in seiner Seiendheit bezüglich der beiderseitigen Erkenntnis liegt, könne aber lediglich dann ausgegangen werden, wenn sich das „rufende", „heißende", „nennende", „winkende" ... Denken auf das „gerufene", „geheißene", „genannte", „erwunkene" ... Sein selbst *eigens* richte. Wie geschieht nun das konkret? Oder anders gefragt: Was denkt das Denken, wenn es sich auf sein Eröffnetsein als Ort des Sichereignens von Seinsgeschichte richtet, genauer? Eine totale Selbstreflexion, die darauf hinausliefe, daß sich das Denken selbst denken würde, ist schon vom Begriff des Eröffnetseins her ausgeschlossen. Aber was denkt es dann? Die Erschlossenheit, so darf geantwortet werden, die es an ihm selbst ist und die zugleich vom Sein selbst als Ort seiner Ankunft gebraucht wird. Durch sie ist das Denken als An-denken charakterisiert. Gewiß! Aber wie verhält sich dasjenige, was sich dem Denken zu denken gibt, zu der Tatsache, *daß* das Denken zu dem, was es denken kann und soll, eröffnet wird? Kurz gesagt: Wie stehen die Sache des Denkens und sein jeweiliges ‚faktisches' Eröffnetsein zueinander?

Diese Fragen können nur dann geklärt werden, wenn zuvor eine andere geklärt wird. Diese lautet: Worin zeichnet sich das besondere Seiende, das als Ort der Ankunft von Sein selbst dieses selber ‚ist', aus? Antwort: Es zeichnet sich darin aus, daß es „die Offenheit des Offenen lichtet, in das es hervorkommt" (HW 50). Doch wie geschieht nun diese Lichtung konkret? Sie kann ja nicht allein dadurch geschehen, daß das Seiende ein Seiendes ist. Die „ontologische Differenz", so anders sie gegenüber *Sein und Zeit* auch gedacht werden mag, darf hier nicht ausbleiben. Wie ereignet sich daher die Ankunft des Seins selbst im Seienden? Wie bekundet vor allem das Seiende von sich aus, daß es als Ort der Ankunft von Sein selbst ausgezeichnet ist?

Die Antwort, die Heidegger gibt, ist diese: Die Auszeichnung des besonderen Seienden, das allgemein „Werk" genannt wird, besteht darin, daß es *Welt* eröffnet.[66] Sein selbst geschieht daher, indem es eine Welt entstehen läßt und als diese ‚ist' („weltet", wie Heidegger sich ausdrückt). Es richtet sich in das Offene, dessen Offenheit es ausmacht, dadurch ein, daß es in einem Seienden „Stand und ... Ständigkeit nimmt" (HW 48) und gleichzeitig durch dieses „Welt" aufschließt (EM 66 f.; HW 30 f., 338 u. ö.; VA 173, 268; USpr 200). Die Künstler, die Dichter, die Denker und die Staatsmänner „werfen dem überwältigenden Walten den Block des Werkes entgegen und bannen in dieses die damit eröffnete Welt" (EM 66). „In-sich-aufragend eröffnet das Werk eine *Welt* und hält diese im waltenden Verbleib. [Absatz] Werksein heißt: eine Welt aufstellen." (HW 30)

Dies alles deutet bereits an, daß „Welt" hier nicht mehr dasselbe besagt wie in *Sein und Zeit*, wo „Welt" das Gesamt des Verweisungs-, Bedeutungs- und Bewandtniszusammenhangs bezeichnete. Dies muß festgehalten werden, obwohl Heidegger geneigt war, seinen früheren Weltbegriff mit dem nunmehr erreichten zu verbinden (WM 349 f.). Welt bedeutet jetzt zunächst einfach „Offenheit des Seins" (ebd. 350). Sie „ist die Lichtung des Seins, in die der Mensch aus seinem geworfenen Wesen her heraussteht" (ebd.), genauer: „das Ereignis der Lichtung" (VA 268). „Jedesmal, wenn das Sein in seinem Geschick an sich hält [das heißt entbergend-verbergend geschieht], ereignet sich jäh und unversehens Welt." (HW 338) Weiters bestimmt sich das Aufgestelltwerden von Welt als „Einräumen" jener „Geräumigkeit", die allen Seienden „ihre Weile und Eile, ihre Ferne und Nähe, ihre Weite und Enge" gibt (HW 31). In diesem Einräumen wird das erstrittene Offene des Streitraumes von Entbergung und Verbergung „freigegeben" und „in seinem Gezüge" eingerichtet (ebd.). Durch dieses Ge-

---

[66] Vgl. Fr. W. v. Herrmann: *Selbstinterpretation,* 47–68; ders.: *Kunst,* 111–178 (bes. 126–150), 266–270, 306, 329; O. Pöggeler: *Denkweg,* 207–215, 238 ff., 247–267; K. Lehmann: *Seinsfrage,* 1263 ff.; J. van der Meulen: *Heidegger,* 56–60.

züge legen sich die Bahnen fest, denen gemäß die „einfachen und wesentlichen Entscheidungen" der Geschichte fallen (ebd. 35) und das Seiende im Ganzen bewältigt wird (N I, 480). Deshalb ist auch dieses Weltwerden „die eigentliche Geschichte" (EM 67). Von größter Wichtigkeit ist hier das ‚Welt*werden*' und das ‚Einräumen'. Das Aufstellen von Welt wäre nämlich falsch verstanden, würde es als etwas gesehen, was in einem bereits eröffneten Offenheitsraum einen Platz einnähme. Eröffnung von Welt besagt vielmehr Eroberung und Aufreißen von Raum (EM 191 f., 198 f.).[67] Dieser Raum wiederum ist nicht als das zweite Apriori neben der Zeit zu interpretieren. Sein Einräumen eröffnet Zeit genauso wie Landschaft, Platz, Aufenthalt und dergleichen. Heidegger spricht daher in diesem Zusammenhang häufig vom „Zeit-Raum" (Erl 18, 77, 86, 99, 114)[68] oder vom „Zeit-Spiel-Raum" (SvG 146, 158; USpr 214, 258). Schließlich darf niemals übersehen werden, daß es ein Seiendes – zunächst ein ausgezeichnetes Seiendes, dann jedes „Ding" – ist, an dem Welt aufbricht. Es ist der „Ort",[69] der das Sein selbst versammelt (VA 153, 160 ff., 170), ihm „eine Stätte verstattet" (ebd. 149) und dadurch den Raum einräumt, der Seiendes erscheinen und den Menschen wohnen läßt (ebd. 148–153). Dieses paradoxe Verhältnis von Seiendem und Welt, daß einerseits das Seiende erst der Welt eine Stätte ihres Erscheinens gewährt und andererseits Welt voraussetzt, um überhaupt selbst sich zeigen zu können, hat seinen Grund im Geschehen des Seins selbst, das sich vom Seienden unterscheidet, dennoch aber in diesem sich einrichtet und gerade dadurch „in die Ständigkeit *seines* Scheinens" gelangt (ID 56 f.; USpr 24–29). Der Unterschied zwischen dem Ereignis, daß die Seienden Welt „gebärden" (USpr 22 ff.; vgl. VA 172 f.), und dem Ereignis, daß die Welt Seiende „gönnt" (USpr 24 f.), deutet damit auf jenes Ereignis hin, daß das Sein selbst ‚ist'. Dieses eine Geschehen, das sowohl das Gebärden von Welt als auch das Gönnen von Seiendem allererst auseinandertreten und gerade deshalb auch im Verhältnis der

---

[67] Vgl. N I, 605; HW 210; VA 148 f.

[68] Vgl. And 32, 36, 39, 87 f., 92–161, 197; N II, 462; WM 334; USpr 214; ZSD 14 f., 21. In And 194 spricht Heidegger vom „Wesens-Zeit-Raum".

[69] Zum Wesen des Ortes vgl. vor allem Herak V 325, 335–338, 375; Parm 174 ff., 181, 186 f.; HW 273; VA 148–155; USpr 37, 121; WM 386, 394. – Heidegger verstand sein Denken in späterer Zeit zunehmend als „Topologie" (Erf 84; WM 412; Sem 73). Seine Erörterungen begriff er demnach wörtlich als „Er-örterungen" (USpr 12, 37, 121, 138; ID 59 f.; WM 427, 447, 471 f.). Siehe außerdem oben Anm. 52.

„Innigkeit“ einbehalten sein läßt, ‚ist‘ das Ereignis der Ankunft von Sein selbst und der jeweils eröffnende Anfang einer Geschichte des Denkens.

So kann jetzt abschließend auf die erste Frage, wodurch sich ein Seiendes auszeichnet, das Ort der Ankunft des Seins selbst ist, präzisierend geantwortet werden: Das Auszeichnende dieses Seienden ist, daß es durch die Ungewöhnlichkeit seines Daseins (HW 52–54) den „Stoß“ zur Eröffnung einer Welt (ebd. 53, 65) gibt, das heißt Geschichte einleitet, und gerade dadurch den Unterschied, der zwischen ihm selbst und dem es seinerseits einräumenden Welt-Offenen aufbricht, herausstellt. Als welteröffnender Ort ist es zugleich die Stelle, an dem sich die Differenz von Seiendem und Sein selbst abzeichnet.

β) Der ‚Gegenstand‘ des tautologisch-einfachen Denkens

Vom eben Gesagten führt zur Beantwortung der weiteren Frage, was das Denken eigentlich konkret denkt und erfährt, wenn es sich auf sein Eröffnetsein als Ort des Sich-ereignens der Geschichte von Sein selbst beziehungsweise auf das beim Sich-zeigen des Seienden in seiner Seiendheit erscheinende Sein selbst als „Gerufenes“, „Geheißenes“, „Genanntes“ ... richtet, nur ein kleiner Schritt. Zuerst könnte man sagen, daß das Denken immer dann, wenn es das Sein selbst in den Blick nimmt, Welt erfährt. Diese Ansicht ist auch sicherlich nicht falsch. Sie stimmt sogar dann noch, wenn sie die Welt als einen „transzendentalen Horizont“ vorstellt. Denn in der Tat ist die Welt die Bedingung der Möglichkeit dafür, daß Seiendes sich zeigen kann. Aber sie ist nicht nur das. Bevor sie noch als „die unserem Vor-stellen zugekehrte Seite“ (Erf 55, vgl. 44 f.) eines Lichtungsgeschehens der Horizont des menschlichen Erkenntnisvermögens ist, ist sie das sich eingerichtet habende Offene jenes Streitraumes, als welches Un-verborgenheit und Verborgenheit sich im All der Seienden einrichten. Deshalb erfährt das Denken nicht nur Welt, sondern zugleich den Unterschied, der am Seienden zwischen diesem und der Welt aufbricht. Doch dies darf nicht so vorgestellt werden, als erführe es dabei den Unterschied bloß als Unterschied, das heißt als die reine Relation zweier Beziehungspartner oder als eine abstrakt-mathematische Funktionsgröße. Mit dieser Vorstellung würde übersehen, daß sich dieser Unterschied *ereignet* (vgl. z. B. USpr 29 f.). Er geschieht *im* Eröffnetwerden von Welt, bildet eine gleichursprüngliche Größe zu diesem, ja *ist* dieses. Folglich kann weiters gesagt werden: Wenn das Denken das Sein selbst erfährt, so erfährt es nicht nur Welt, sondern das jeweilige Eröffnetwerden von Welt. Dies aber wiederum bedeutet nichts anderes als dies, daß das Denken die Geschichte des Seins selbst erfährt, die sich als Geschichte des Eröffnetwerdens von Welt abspielt.

Aber das ist noch nicht alles. Es wurde schon festgehalten, daß sich die Frage nach dem, was das Denken konkret denkt, wenn es sich auf das Sein selbst richtet, weiterentwickelt zu der Frage, wie sich demgegenüber der Umstand verhält, *daß* es zu dem, was es denken kann und soll, eigens eröffnet wird. Auch diesbezüglich darf man nun keinen falschen Vorstellungen nachhängen und etwa meinen, das Denken setze ein, ‚sobald' und ‚nachdem' sich eine Welt eingerichtet habe. Die üblichen Begriffe von Zeit sind hier völlig fehl am Platz, da sie nicht ursprünglich genug reichen. Sie legen nämlich nicht zuletzt das Mißverständnis nahe, daß das Denken in einem mehr oder weniger zeitlosen Zustand auf das Sichereignen von Welten warte und diese dann ihnen gemäß jeweils denke. Durch ein solches Mißverständnis wird die Gleichursprünglichkeit der Verhältnisse, die innerhalb jedes Seinsgeschehens herrschen, und zu denen das Verhältnis ‚Sein selbst – Denken' in ausgezeichneter Weise gehört, vollkommen verkannt. Deshalb muß es heißen: Das Denken wird *gleichursprünglich* mit dem Eröffnetwerden von Welt eröffnet. Es geschieht weder vor diesem noch nach diesem. Es *ist* vielmehr dieses selbst. Insofern kann gefolgert werden: Erfährt das Denken das Sein selbst als Geschichte des Eröffnetwerdens von Welt, so erfährt es gleichursprünglich die Geschichte seiner selbst, als welche das Sein selbst sich geschicklich ereignet.

An dieser Stelle ist es notwendig, einige Bemerkungen zu dem zu machen, was Heidegger unter „Kehre" verstanden hat. *Sachlich* gesehen beschreibt sie nämlich nichts anderes als das, was sich eben herausgestellt hat. Zunächst allerdings ist „Kehre" ein Begriff, der in die Selbstinterpretation Heideggers gehört.[70] War sie in *Sein und Zeit* (ohne daß von ihr ausdrücklich die Rede war) ein methodisches Postulat, das die Bestätigung, Veränderung und Verwerfung der Ergeb-

[70] Vgl. Fr. W. v. Herrmann: *Selbstinterpretation,* 264–277; W. J. Richardson: *Heidegger,* 211–254, 623–641; vor allem aber O. Pugliese: *Vermittlung.*

nisse der Daseinsanalytik nach erreichter Klärung der Idee von Sein selbst forderte und daher ein Weg zurück zum Anfang der Analytik sein sollte,[71] so wurde sie zunehmend zu einem geschichtsphilosophischen Begriff, der mit Heideggers Deutung der abendländischen Tradition als Epoche der Seinsvergessenheit und seiner eigenen Philosophie als Erinnerung an das Sein (WM 237f.) zusammenhängt.[72] Als solcher steht sie wiederum auf zwei Ebenen: Einmal nämlich bezeichnet sie ein Geschehen innerhalb der *gesamten* abendländischen Geschichte (WM 201; N I, 654; VA 176), dann aber einen Einschnitt im Denken *Heideggers* (WM 328; Vorwort XVII, XIX f.). Beides liegt nicht einfach parallel. Im ersten Fall wird *Sein und Zeit* als „Ereignis im Seyn selbst" (Schell 229; Parm 113) in die große geschichtliche Wende einbezogen, die Heidegger für sich in Anspruch nimmt, heraufgeführt zu haben. *Sein und Zeit* erscheint von da her gesehen als „Ermöglichung der Seinsfrage" (WM 162 Anm. 59 [bei H. kursiv]) als erstes *Fragen* der Seinsfrage (EM 89; Parm 42 Anm. 2, 128), als Erschütterung des traditionellen Seinsdenkens (Schell 208f.) und als neuer anfänglicher Anfang (Schell 227f.) des Denkens. Deshalb ist es auch das „Wegzeichen eines ... Weges" (HW 211; WM 372f.), der die bleibende Aufgabe des künftigen Denkens sein muß. Aus dem gleichen Grund sieht Heidegger keine Schwierigkeiten darin, spätere Problemstellungen und Begriffe mit denen aus *Sein und Zeit* zu identifizieren.[73] Vor allem in der Frage nach dem Verhältnis von „Sein" und „Zeit" sieht er weit mehr Kontinuität als Diskontinuität (Hegel 143f.; EM 214f.; Schell 228f.; WM 375f., 377f., 479). Im zweiten Fall wird *Sein und Zeit* noch als Restprodukt der abendländischen Metaphysik angesehen (WM 201f.). Obwohl es schon deren Überwindung einleitet (ebd.) und aus der Erfahrung der Verweigerung des Seins selbst entsteht (N II, 260), hat es die Geschichte des

[71] Vgl. K. Lehmann: *Seinsfrage,* Teil V, Kap. 3 (bes. 1004–1009); C. Fr. Gethmann: *Verstehen,* 203–208, 253–265, 279–288; O. Pugliese: *Vermittlung,* 36f., 108f.; J. van der Meulen: *Heidegger,* 12–25; Fr. W. v. Herrmann: *Kunst,* 5–13, 311f.

[72] Siehe oben Anm. 1. – Vgl. außerdem O. Pugliese: *Vermittlung,* 50–86; W. Bretschneider: *Sein,* 154–164; J. van der Meulen: *Heidegger,* 166f.; W. Marx: *Heidegger,* 174–180; M. Brelage: *Studien,* 210f.; G. Haeffner: *Heidegger,* 29–35; A. Jaeger: *Gott,* 362–369; R. Schaeffler: *Frömmigkeit,* 66–109; P. Fürstenau: *Heidegger,* 167f.

[73] Vgl. Höld 109; EM 21, 23; HW 55; Schell 187; N I, 63f.; II, 20, 475ff.; Parm 205 Anm. 2, 212 Anm. 4; Erf 63f.; WM 325, 330f., 336, 343f.; Herak S 200ff.; Sem 73, 77, 82ff., 117f., 123f., 132ff.

Seins selbst noch nicht begriffen (N II, 415; Sem 133), die Gefahr einer „Verfestigung der Subjektivität" (N II, 194 f., 209 f.) noch nicht vermieden und die „Sprache der Metaphysik" (WM 328, 337) beibehalten. Das führt Heidegger dazu, in seinem eigenen Denken – um der Seinsfrage willen – eine „Kehre" vorzunehmen, die nicht mehr vom Menschen ausgeht (EM 6 f.) und auch nicht mehr die Klärung eines „transzendentalen Horizonts" (ebd. 20) als Zielpunkt hat, sondern dazu übergeht, das Sein selbst als Sein selbst zu denken (Sem 83).[74]

Das Gemeinsame dieser beiden Bedeutungen von „Kehre" liegt darin, daß es sich erstens jedesmal um eine Wendung in der Geschichte des Seinsdenkens von der Seinsvergessenheit zur Erinnerung an das Sein selbst handelt, und daß zweitens die „Kehre" ein Ereignis des Seins selbst, das heißt daß ihr eigentlicher Vollzug nicht vom Denken der Philosophie an sich oder gar von Heidegger persönlich ausgeht, sondern vom Sein selbst.[75] Abstrahiert man nun von der spezifisch Heideggerschen Interpretation, wonach die Geschichte von Platon bis Nietzsche eine einzige Epoche der Seinsvergessenheit gewesen sein soll, so kann das, was „Kehre" heißt, als ein anderes Wort für das allgemeine *Eröffnetwerden* des Denkens für das Erfahren von Sein selbst gelten.[76] Damit ist nicht nur der Anschluß zum oben Gesagten hergestellt, sondern vor allem auch Licht in folgenden dunklen Satz gebracht, den Heidegger in seinem Brief an William J. Richardson geschrieben hat: „Das ‚Geschehen' der Kehre, wonach Sie fragen, ‚ist' das Seyn als solches. Es läßt sich nur *aus* der Kehre denken." (Vorwort XXI) Dieser Satz ist erst jetzt verständlich, wo folgendes erklärt wurde: Das Denken denkt das Sein selbst in der Geschichte, die es an ihm selbst ist, und als welche das Sein selbst sich ereignet. Das Denken

---

[74] Interessant ist in diesem Zusammenhang der *Brief*, den Heidegger am 4. August 1942 an Max Kommerell geschrieben hat. Siehe M. Kommerell: *Briefe und Aufzeichnungen 1919–1944*, hg. von I. Jens, Fr 1967, 404 f. Heidegger nennt SZ dort eine notwendige „Verunglückung". Vgl. zudem das Zitat aus den *Beiträgen zur Philosophie* bei O. Pöggeler: *Denkweg*, 188.

[75] O. Pugliese: *Vermittlung*, 36 f., 38, 108 f., 123 f., 131 f., 138–160, 174–190, 198–207, 209 ff.

[76] Vgl. G. Noller: *Ontologie und Theologie. Versuche zur Überwindung des anthropologischen Denkens* ([1]1961), in: G. Noller (Hg.): *Heidegger*, 290–315, bes. 311 ff. Im Zeichen ähnlicher Überlegungen stehen die exegetischen Ausführungen von H. Schlier (z. B. in: *Auferstehung*, 16, 27, 33 f., 36 f., 38).

wird zu diesem Denken im Geschehen der Geschichte von Sein selbst – um eben dieses zu denken – geschichtlich eröffnet. Deshalb sind das Geschehen der Geschichte von Sein selbst und das Eröffnetwerden des Denkens ein und dasselbe Ereignis. Und genau aus diesem Grund ‚ist' das Sein selbst als die „Kehre" beziehungsweise als das Eröffnetwerden des Denkens. Überspitzt könnte man somit sagen: Die „Kehre", das Eröffnetwerden des Denkens, ist das, was das Denken eigentlich bedenkt und erfährt, wenn es sich auf seinen eigenen abgründigen und anfänglichen Grund richtet.[77]

Es bedarf keiner langen Erläuterungen, daß hier eine tiefe Verwandtschaft Heideggers zu Hegel vorliegt. Trotz aller fundamentalen Unterschiede besteht zwischen diesen beiden Denkern Einigkeit darüber, daß die Geschichte des Denkens, die „Form" des Denkens und das vom Denken letztlich zu Denkende, sein „Inhalt", innigst zusammengehören, ja im Grunde sogar dieselbe Sache sind. Mehr noch: Sowohl für Hegel als auch für Heidegger ist der „Weg", die „Methode", die zu der dem „Inhalt" gemäßen „Form" führt, nichts Äußerliches, was zu „Form" und „Inhalt" dazukäme, sondern bereits das Sichdurchsetzen der zu bedenkenden Sache und damit das zu Bedenkende selbst. Hegels Begriff der „Erfahrung" aus der *Phänomenologie des Geistes* besitzt trotz aller Differenzen eine nicht zu leugnende Verwandtschaft zu Heideggers Begriff der „Kehre".[78]

Wenn die „Kehre" als Ereignis des Eröffnetwerdens von Denken beziehungsweise des Eröffnetwerden von Welt und zudem als der konkrete Gegenstand des erfahrenden Denkens begriffen wird, so

---

[77] Nach O. Pugliese liegt die Schwierigkeit, die Kehre zu denken darin, „daß diese Kehrbarkeit zuerst nicht aus irgendeinem Sich-kehrenden her und auf es hin, sondern als die Bedingung der Möglichkeit aller ontologischen Sinnesoffenbarkeit und daher auch der Offenheit als solcher und ihrer ‚Bewegung' zu fassen ist" (*Vermittlung*, 80). Pugliese betont auch mit vollem Recht, daß die Kehre „die absolut ursprüngliche Grundart … [ist], wie dieses Denken [Heideggers] – und damit die Offenheit von Seiendem und Sein und deren Unterschied – nur möglich ‚sein' kann" (ebd. 48 [bei P. kursiv]). Vgl. H. Ott: *Denken*, 67 f.

[78] Vgl. z. B. Parm 249: „Die Erfahrung aber ist in ihrem Wesen der Schmerz, in dem das wesenhafte Anderssein des Seienden gegenüber dem Gewohnten sich enthüllt." Zudem versteht Heidegger sein Denken als Vorbereitung auf das *eigentliche* und *wesentliche* Denken: „Gering aber bleibt das vermutete Denken vor allem deshalb, weil seine Aufgabe nur einen vorbereitenden, keinen stiftenden Charakter hat. Sie begnügt sich mit der Erweckung einer Bereitschaft des Menschen für eine Möglichkeit, deren Aufriß dunkel, deren Kommen ungewiß bleibt." (ZSD 66, vgl. 57 f., 67) Vgl. auch J. van der Meulen: *Heidegger*, 12–19, 164–171.

zeigt sich, daß das Sein selbst in seinem Erfahren-sein als „Kehre“ an ihm selbst, das heißt ‚von ihm selbst her und auf es selbst hin‘ gedacht werden kann. Das Denken seinerseits enthüllt sich dann dabei als zuinnerst tautologisch und einfach bestimmt. Denn indem das Seiende – im konkreten Fall: das Denken – in seine Seiendheit „gerufen“, „geheißen“, „erwunken“, „gegrüßt“ ... wird, kommt das Sein selbst zum Scheinen. Das Sein des Seienden ‚Denken‘ bestimmt sich als Welt eröffnendes Eröffnetsein. Das Sein selbst, das gerade dadurch, daß das Denken sich an ihm selbst in seinem Sein zeigt, *an ihm selbst* zum Aufleuchten kommt, obwohl es zugleich immer schon die Bedingung dafür bildet, daß Seiendes sich als Seiendes zeigen kann, erweist sich als die Geschichte, die sich *im* Eröffnetsein und *als* dieses Eröffnetsein abspielt. Ihr gegenüber besteht die Aufgabe des Denkens in einem eminenten Sinne ‚nur noch‘ im Erblicken und erzählenden An-denken. Dabei wiederum kann es nur tautologisch-einfach sein.

d) Das an-denkend erfahrende Denken von Sein selbst und seine Möglichkeit als Freiheit

Die letzte, aber entscheidende Frage, die an Heideggers Theorie der Seinserfahrung gestellt werden muß, bevor dann abschließend zu einigen Konsequenzen dieser Theorie übergegangen werden kann, ist die nach der Möglichkeit von Freiheit. Es ist nämlich offenkundig, daß die ganzen Erörterungen über das Verstehen von Sein selbst als Zeitigen beziehungsweise als Ek-sistieren und als An-denken in sich zusammenbrechen würden, wenn die Freiheit in Heideggers Konzeption keinen Platz haben sollte. Sie wäre dann nicht nur keine nachidealistische Philosophie, der es als nach-*idealistischem* Denken genauso wie dem idealistischen um die Freiheit, ihre Bestimmung und ihre mögliche Verwirklichung ginge, sondern sie wäre auch in sich selbst widersprüchlich.[79] Hieß es nicht anläßlich der Erläuterungen zu *Sein und*

[79] Vgl. vor allem W. Schulz: *Der philosophiegeschichtliche Ort ...*, a. a. O. (B, II/Anm. 2) 40 f., wo Heidegger ausdrücklich in die Reihe der „nach-idealistischen“ Philosophen eingeordnet wird. Zu weitgehend scheint mir das Urteil von A. Jäger zu sein, wenn er sagt: „Der philosophie-geschichtlich nächst gelegene Orientierungspunkt zum Verständnis von Heideggers Bewältigung der Seinsfrage liegt im spekulativen Idealismus.“ (*Gott*, 405 [bei J. kursiv], vgl. 369–380) Schon gar nicht kann ich dem Urteil von J. van der Meulen folgen, der behauptet: „Heidegger hat anfänglich von einem ursprünglichen Ansatz aus den transzendental-subjektiven Idealismus ‚wiederholt‘ und dieser blieb, allerdings in

Zeit, daß der Begriff der Zeitlichkeit aus dem des daseinsmäßigen Ganzseinkönnens und dessen Eigentlichkeit gewonnen wurde? Wie wäre jedoch ein derartiges Ganzseinkönnen und eine derartige Eigentlichkeit (oder Uneigentlichkeit) denkbar ohne Freiheit? Außerdem käme unsere ganze Untersuchung zu einem negativen Ergebnis, sofern sie bezüglich des nachidealistischen Denkens feststellen müßte, daß es gegenüber dem idealistischen keine in sich begründete Theorie der Freiheit besäße. Deshalb muß jetzt gefragt werden, wie die Freiheit in der Erfahrung von Sein selbst, die wohl gemerkt ein Geschehen des Seins selbst ist, sofern sie diesem zugehört, möglich ist.

Diese Frage spezifiziert sich in zwei weitere Fragen: 1) Welche Freiheit und welches kritische Vermögen kommen dem Denken zu, damit es seine „Treue" zum Sein selbst (Höld 192; Parm 189, 202) und in diesem Sinne sein Wesen als Denken des Seins selbst bewahren kann? Oder anders formuliert: Woraus nimmt das Denken seine Gewißheit, daß es sich zu einer bestimmten Stunde seiner Geschichte um ein Geschehen der Un-verborgenheit handelt, in dem sich das Sein selbst in dieses oder jenes „Werk" eingerichtet hat? 2) Wie verhalten sich die Freiheit und ihr eben angesprochenes kritisches Vermögen – vorausgesetzt, daß es sie gibt – zu jener Zwiespältigkeit im Sein selbst, von der die Rede war? Anläßlich der Erörterung von Eigentlichkeit und Uneigentlichkeit und der von Un-Verborgenheit und Verborgenheit wurde bereits gesagt, daß das uneigentliche Existieren beziehungsweise das „beirrte" Denken ihre ‚Ursache' im Sein selbst haben. Zwar sind die weiteren Theorien Heideggers über das Nichts, über die Seinsgeschichte und den Nihilismus, über die Technik, über die „Irre" usw. kaum zu Wort gekommen, aber dennoch muß nun gefragt werden, wie es eine vom Sein selbst eingeräumte Freiheit geben könne, wenn diese in ihrem Grund einer Geschichte der Verbergung, Irre oder Seinsvergessenheit, für die sie noch dazu nicht die Verantwortung tragen kann, entstammt.

---

völlig verwandelter Gestalt, auch in der Weiterentwicklung seiner Lehre immer noch in ihm lebendig." (*Heidegger,* 127, vgl. 102, 127f., 153ff., 173f., 186) Dem gegenüber hält die vorliegende Untersuchung fest, daß Heideggers Philosophie sich zwar wohl als nach-*idealistische* Philosophie verstehen läßt, daß sie aber gleichzeitig nicht nur über den deutschen Idealismus, sondern auch über die nachidealistischen Philosophen seit Schelling hinausgegangen ist und ein völlig neues Denken eröffnet hat. Letzteres muß auch gegenüber W. Schulz betont werden (siehe dazu oben B, II/Anm. 2).

α) Die Bedingung der Möglichkeit einer „Treue" zum Sein selbst

Man darf davon ausgehen, daß das tautologisch-einfache Denken niemals in dem Sinne kritisch sein kann, in dem es das neuzeitlich-transzendentale Denken war. Für dieses bestand die Ausübung seines kritischen Vermögens darin, die Wirklichkeit und jeglichen Anspruch auf Wahrheit von einer Instanz aus zu rechtfertigen, die nicht nur imstande war, ein sich selbst rechtfertigendes Maß für jegliche Kritik zu geben, sondern auch dazu in der Lage war, allem Wirklichen in seiner Wirklichkeit und allem Wahren in seiner Wahrheit gerecht zu werden. Diese Instanz wurde in der menschlichen Subjektivität erblickt. Ausgezeichnet durch die absolute Gewißheit ihrer selbst besaß diese nämlich jedem andern Seienden gegenüber einen derart überragenden und vor allem in sich selbst gründenden Seinsgrad, daß sie zum Maß der Wirklichkeit als ganzer werden konnte. Was Wirklichkeit beanspruchte, mußte im Bezug auf sie die Verfaßtheit der Vor- und Zugestelltheit und der Gegen-ständlichkeit haben; was wahr sein wollte, mußte sich in den Gewißheitsbereich ihrer selbst einordnen. Spätestens seit der Philosophie Kants wurde diese Subjektivität folgerichtig als völlig autonome und absolute Freiheit begriffen. Dadurch besagte kritisches Denken nicht mehr nur Rechtfertigung des Wirklichen und Wahren vor dem im menschlichen Geist entworfenen und diktierten Gewißheitssystem, sondern zudem noch Funktionalisierung desselben auf die Freiheit hin. In dem Moment nun, wo die menschliche Selbstgewißheit ihrer Absolutheit (in ihrem neuzeitlich-idealistischen Verständnis) entledigt und als Seiendes erkannt wurde, wie es spätestens seit der Philosophie des späten Schelling der Fall war, brach auch die neuzeitlich-transzendentale Konzeption von kritischem Denken zusammen. Denn durch diese Entmachtung (nicht Relativierung!) der Freiheit verlor die Kritikfähigkeit des Menschen insofern ihr absolutletztgültiges Maß, als die Freiheit ihrerseits maß- und kritikbedürftig wurde. Wie soll es aber ein solches letztgültigeres und noch absoluteres Maß geben?

Den Überlegungen Heideggers folgend muß man sagen, daß das ‚neue Maß' eines verantwortlichen Denkens abermals nur die Freiheit sein kann, allerdings jetzt in der Weise, daß sie als Ort der Un-verborgenheit von Sein selbst begriffen wird. Freiheit ist somit Maß des sich verantwortenden Denkens, weil sich das Sein selbst als abgründiger und anfänglicher Grund alles Seienden immer schon in sie eingerichtet hat und als sie ‚ist'. Oder anders gesagt: Sie ist Maß eines sich verantwortenden Denkens, sofern sie als geschichtliches Eröffnetsein durch das Sein selbst ein „Werk" ist, das dieses zum Stand bringt und versammelt. Setzt man nun noch voraus, daß über Freiheit sinnvoll nur dort gesprochen werden kann, wo es ein Selbstbewußtsein (nicht Selbstgewißheit!) gibt, das gleichursprünglich mit der Freiheit, das heißt *als* Freiheit entsteht, so kann dieses nur gemäß der Struktur des oben beschriebenen An-denkens begriffen werden. Dies aber wiederum bedeutet, daß sowohl Freiheit als auch Selbstbewußtsein in ihrem Eröffnetsein nur als ‚Urfacta', das heißt in den Goetheschen Vokabeln Heideggers als „Urphänomene" (AdL 276; WM 72; ZSD 72) gesehen werden dürfen. Heidegger schließt daraus folgerichtig, daß es diesen gegenüber kein Beweisen oder Rechtfertigen im Sinne einer „Anführung von Gründen und Gegengründen" (WD 141; vgl. VA 176f.; ZSD 80) gibt, da ein derartiges Beweisen und Rechtfertigen nur im Lichte dessen geschehen könnte, was es beweisen und rechtfertigen wollte. Wie schon erwähnt, hat daher vor den „Urphänomenen" nur ein „Erblicken" Bestand (ebd.). Allerdings betont Heidegger: „Auch angesichts der Urphänomene bleibt das Denken kritisch. Denn kritisch denken heißt: ständig unterscheiden (κρίνειν) zwischen dem, was zu seiner Rechtfertigung einen Beweis fordert, und dem, was für seine Bewährung das einfache Erblicken und Hinnehmen verlangt. Es ist stets leichter, im gegebenen Fall einen Beweis zu liefern, als im anders liegenden Fall sich auf das hinnehmende Erblicken einzulassen." (WM 72, vgl. 76; And 107f.) Da aber das Erblicken seinerseits ein Ereignis dessen ist, was es erblickt, ist es selbst ein „Urphänomen" und daher genauso hinzunehmen wie das, was es erblickt.

Kann aber etwas, was bloß hingenommen werden kann und was selbst seinerseits bloß hinnimmt, noch Freiheit genannt werden?[80]

---

[80] In dieser Frage wurzelt der vehementeste Widerstand gegen Heideggers Philosophie von allen Seiten. Vgl. u.a. K. Lehmann: *Seinsfrage,* 1281ff.; M. Buber: *Werke* I, 518ff., 555–561, 573f., vgl. auch 364ff.; M. Müller: *Existenzphilosophie,* 179ff.; K. Löwith: *Heidegger,* 9–11, 13, 49–53, 75ff.; M. Brelage: *Studien,* 214–216; J. van der Meulen: *Heidegger,* 45–50, 59f., 106, 126–128; C. Fr. Gethmann: *Verstehen,* 312–334; G. Prauß: *Erkennen,* 103–119; W. Franzen: *Existenzialontologie,* 57–67, 150, 160f. u.ö.; E. Tugendhat: *Wahrheitsbegriff,* 382–387; W. Marx: *Heidegger,* 179f., 226f., 230f., 237,

Niemand wird leugnen wollen, daß die menschliche Freiheit in ihrem innersten Wesen antwortende, das heißt entsprechende Freiheit (VA 176) ist. Sie ist keine sich selbst erschaffende Freiheit, die sich auch ihr Wesen geben könnte. Erst recht ist sie keine absolute und überzeitliche Freiheit, die unabhängig von aller Geschichte ein nahezu göttliches Eigenleben führen könnte. Gerade die Gleichursprünglichkeit der Freiheit mit ihrem Selbstbewußtsein bezeugt die Gebundenheit an die Geschichte. Denn jedes Selbstbewußtsein ist geschichtlich vermittelt. Deshalb verstand auch das Altertum die Freiheit anders als das Christentum, die Neuzeit wieder anders als die heutige moderne Zeit, und deshalb kann auch niemand ausschließen, daß es in der Zukunft nicht ebenfalls ein anderes Selbstbewußtsein der Freiheit geben wird als heute. Aber dennoch: Die Freiheit ist nicht das, was sie ist und vor allem sein soll, wenn sie nicht auch frei gegenüber dem ist, dem sie entsprechen soll. Sie ist Unfreiheit, wenn sie nicht in der Lage ist, für sich selbst einzustehen und das ihr Wesensgemäße anzunehmen beziehungsweise als das ihr Ungemäße abzulehnen. Sie muß gegenüber sich selbst entscheiden können, sonst ist sie eine vorprogrammierte Freiheit und das heißt gar keine Freiheit. Auf den vorliegenden Zusammenhang angewandt bedeutet dies: Die Freiheit hört auf Freiheit zu sein, wenn sie nicht dazu fähig ist, dem Sein selbst seine Ankunft zu verweigern. Sie darf in ihrem Begriff nicht ernstgenommen werden, wenn sie nicht voll dafür verantwortlich sein kann, daß sich das Sein selbst einrichtet oder nicht. Vor allem aber ist es unsinnig von ihr zu sprechen, wenn sie nicht das Vermögen besitzt, zu unterscheiden, ob das, was mit ihr geschieht, vom Sein selbst stammt und daher ihr wesensgemäß ist, oder nicht.

Obwohl es eine nicht gerade kurze Zeit gab, in der sich Heidegger viel mit dem Problem der Freiheit befaßte,[81] so hat er dennoch der Freiheit als Freiheit auf das Ganze seines Denkens gesehen wenig Beachtung geschenkt. Ihm war es weit wichtiger, über das Wesen der Freiheit dem Wesen der Lichtung näherzukommen und damit in die Seinsfrage Klarheit zu bringen, als sich zu fragen, wie der entschei-

---

240–249; H. Mörchen: *Adorno,* 411–480; J. Habermas: *Profile,* 17, 67–75, 76ff.; K.-O. Apel: *Transformation* I, 41–44 u.ö.; K.J. Huch: *Voraussetzungen,* 23–30, 42f.; Wo. Marx: *Die ontologische Differenz …,* a.a.O. (Anm. 2) 191ff.

[81] Vgl. z.B. Kant 20ff., 379–383, 395ff.; KM 150–154, 261; AdL 238–252; WM 163–175, 187–191; GbM 223–237; WdF.

dende und denkende Mensch *in Freiheit* dem „Wesen" der Freiheit, von dem er so häufig gesprochen hat, entsprechen könne und wie er dieses Entsprechen verantworten solle gegenüber jener Instanz, die Freiheit allererst sein läßt, *und* gegenüber sich selbst. Deshalb findet man bei ihm auch keine Ausführungen darüber, ob es im einfachen „Erblicken", das heißt im tautologisch-einfachen Denken, nicht ebenfalls Kriterien gibt, die freilich ganz eigener und bislang vielleicht sogar ungeahnter Art sind, die aber dennoch ein verantwortlich-kritisches Denken insofern ermöglichen, als sie dem Entsprechen des Denkens Normen geben. Es hat nichts geholfen, daß Heidegger wiederholt betonte, daß das tautologisch-einfache Denken ein hohes Maß an Verbindlichkeit, Strenge und Bedachtsamkeit verlange (z. B. VA 178f.), beziehungsweise daß in der Verbundenheit von Denken und Sein selbst der höchste Anspruch auf Verbindlichkeit des Denkens begründet liege (ZSD 75).[82] Er hat es nämlich bei diesen Hinweisen und Behauptungen belassen und auf eine genauere Beschreibung dieser von ihm geforderten Verbindlichkeit und Strenge verzichtet. Nicht zuletzt deshalb kam es, daß sein Denken trotz allen Einflusses, den es gehabt hat und immer noch hat, auf so harten Widerstand und auf so unbedingte Ablehnung gestoßen ist.[83]

Dennoch gibt es in der Philosophie Heideggers einen Ansatz, der zumindest in die Richtung einer Lösung dieses Problems deutet. Läßt er sich durchführen, so wäre es möglich, von Unterscheidungs- und Verbindlichkeitskriterien für ein tautologisch-einfaches Denken – wie anders gegenüber den bisher in der Philosophie gängigen Kriterien diese auch aussehen mögen – zu sprechen. Dieser Ansatz, der hier nur kurz umrissen werden kann und der in jedem Fall noch einer

[82] Nicht im Anschluß an Pascal (außer in HW 306f.), sondern im Anschluß an Hölderlin spricht Heidegger in diesem Zusammenhang auch gerne von „des Herzens Meinung" (And 158f., 160). In dieser tut sich „die Stille der Zugehörigkeit in die Umfängnis des Heiligen" (Erl 71) kund, ja „Das Heilige ist die Innigkeit selbst, ist – ‚das Herz'" (ebd. 73). Deshalb ist das, was die Philosophie braucht, ein „herzhaftes Denken" (G 25), d.h. ein Denken, das sich darum bemüht, „auf die Wahrheit des Herzens zu hören und sie einfach zu sagen" (And 108). Nicht von ungefähr redet Heidegger bei dieser Gelegenheit auch gerne von „Liebe" (Erl 125f., 142–144; And 160ff., 188, 193; siehe zudem Höld 97; Schell 154, 211; Herak V 221; WD 92).

[83] Der ‚Vorwurf' der Mystik, dem Heidegger sich immer wieder ausgesetzt sah, hat ihn selbst beschäftigt, wie WM 72, 409 und ZSD 79 beweisen. Vgl. außerdem H. Mörchen: *Adorno,* 297–300, 391–398; W. Del-Negro: *Brentano,* 579f., 584f. – Habermas spricht von den „irrationalistischen Impuls[en] Heideggers" (*Profile,* 17).

detaillierten Vertiefung harrt, basiert auf der Theorie der „Selbigkeit" (N I, 173f.; SvG 110), „Stetigkeit" (SvG 160f.) und „Durchgängigkeit" (ID 59f.) des Seins selbst in der Geschichte.[84] Was diese Theorie besagt, ist in den Worten Heideggers rasch erklärt: „... ‚Sein' und ‚Sein' sagt jeweils in den verschiedenen Epochen seines Geschickes anderes. Gleichwohl waltet im Ganzen des Seinsgeschickes etwas Selbiges, was sich allerdings nicht durch einen allgemeinen Begriff vorstellen oder als ein roter Faden aus dem vielfältigen Geschichtsgang herausziehen läßt." (SvG 110)[85] Diese Selbigkeit zu denken ist deshalb so schwer, weil sie sich „jeweils in das Jähe des eigentlich Geschicklichen bricht und versammelt" (ebd. 160). „Das Jähe ist das Plötzliche, das nur dem Anschein nach dem Steten, d.h. Ausdauernden widerspricht. Ausgedauert wird das je schon Währende. Im Plötzlichen aber wird das schon Währende, bislang jedoch Verborgene erst gewährt und sichtbar." (Ebd., vgl. 161) Heidegger liegt alles daran, dieses Verhältnis von „Durchgängigkeit" des Selbigen und des Wandels der Epochen in der Geschichte des Seins selbst aus den üblichen Denkschemata herauszuhalten. Das Kategorienfeld ‚Absolutheit-Relativität' lehnt er genauso ab (ebd. 160) wie dasjenige von ‚Ewigkeit-Zeit' (WM 269f.) oder ‚Allgemeingültigkeit-Konkretheit' (ID 60). Auch wehrt er sich dagegen, daß in diesem Problem Begriffe wie „Relativismus" (N I, 173f.; II, 109–117, 202, 210) oder „Anthropomorphismus" beziehungsweise „Subjektivismus" (Gb 78f.; Herak V 292–296, 380; VA 217) eine Rolle spielen. Andererseits sagt er sehr wenig darüber aus, wie er sich die Denkbarkeit des Verhältnisses von Sein selbst in seiner Selbigkeit zu den jeweiligen geschichtlichen Epochen, als die es ‚ist', vorstellt.

Es ist möglich, daß Heidegger ähnlich wie beim Wahrheitsbegriff

---

[84] Vgl. vor allem O. Pöggeler: *Politik,* 43–49, 58f.; ders.: *Dimension;* R. Kl. Maurer: *Heidegger,* bes. 433ff.; H. Fahrenbach: *Existenzphilosophie und Ethik,* F 1970, 99–131; ders.: *Heidegger und das Problem einer „philosophischen" Anthropologie,* in: V. Klostermann (Hg.): *Durchblicke,* 97–131, bes. 113–131; L. Ferry/A. Renaut: *La dimension éthique dans la pensée de Heidegger,* in: U. Guzzoni (Hg.): *Nachdenken,* 36–54. – O. Pöggeler glaubt zwar, daß es im Heideggerschen Denken durchaus Verbindlichkeitskriterien gibt, gleichzeitig betont er aber immer wieder, daß Heideggers eigene Theorien von der Seinsgeschichte der ‚Relativität' eben dieser Geschichte unterliegen (vgl. *Einleitung,* a.a.O. [Anm. 7] 40f.; *Politik,* 86f., 90f.). Damit läßt er aber das gestellte Problem ohne eigentliche Antwort.

[85] Vgl. bes. O. Pöggeler: *Politik,* 48f., 58f.

dabei an die Begriffswelt der Bibel dachte und die dortige Vorstellung von der „Treue“ Gottes in der Geschichte vor Augen hatte.[86] Möglich und wahrscheinlich aber auch, daß er in abgewandelter Form die Husserlsche Anschauungstheorie, von der oben in B, I ausführlich gesprochen wurde, aufgegriffen hat. Darin war bereits die Rede von einer ursprünglichen phänomenologischen Anschauung, die das von ihr Intendierte selbst wohl immer nur in einer Abschattung trifft, sich aber dennoch nie auf die Abschattung als solche richtet, sondern auf das Intendierte selbst, somit auch immer *dieses,* niemals die Abschattung erkennt. Etwas ähnliches kann hier vermutet werden, wo das Denken das Sein selbst erfährt, ihm jedoch niemals anders als in einer jeweils geschicklichen Gelichtetheit begegnet, trotzdem aber immer mit ihm selbst zu tun hat, keinesfalls je einmal mit einer bloßen Epochalität als solcher.

Wenn dem aber so ist, dann darf vermutet werden, daß im tautologisch-einfachen Denken auch die Fähigkeit zur Unterscheidung liegt, ob ein jeweiliges Geschick (eine „Abschattung“) vom Sein selbst stammt und als dieses selbst angenommen werden darf oder nicht. Soll das Denken seine „Treue“ zum Sein selbst halten können, was Heidegger im Anschluß an Hölderlin fordert, so muß es auch die Bedingungen der Möglichkeit dazu besitzen. Dies jedoch impliziert wiederum, daß sich diese Möglichkeitsbedingungen in irgendeiner Form auslegen lassen. Sicherlich kann dies nicht in der Weise geschehen, in der sich Husserl diesbezüglich den noetisch-noematischen Strukturen der phänomenologischen Erfahrung vorgestellt hat, aber dennoch deutet sein Versuch in eine vielversprechende Richtung. Immerhin würde das Gelingen eines ähnlichen Versuchs dazu beitragen, ein dem tautologisch-einfachen Denken innewohnendes kritisches Vermögen offenzulegen und verbindlich zu machen. Freilich wäre dieses völlig anders geartet als dasjenige der neuzeitlichen Transzendentalphilosophie, aber es wäre nichts desto weniger die Auszeichnung eines Denkens, das der Freiheit die Möglichkeit gestattet, wahrhaft Freiheit sein zu können. Gewiß ist es noch nicht so weit, vom tautologisch-einfachen Seinsverstehen als kritischem Denken zu sprechen, Heidegger selbst hat vielmehr betont, daß noch nicht einmal die (seinsgeschichtlich vollkommen verschüttete) Form der seinsge-

[86] Vgl. O. Pöggler: *Denkweg,* 89.

mäßen Denkerfahrung bekannt ist (Gb 3, 19, 22, 93; N I, 559 f.), aber beweist nicht schon allein die Tatsache, daß er selbst eine *Theorie* der Seinsgeschichte und damit des Seins selbst – so differenziert dies auch im Heideggerschen Sinn gesehen werden muß – geboten hat, daß eine prinzipielle Möglichkeit zu einer kritischen und damit auch allgemein nachvollziehbaren Seinsphilosophie besteht?

Noch ein Wort zur Freiheit selbst: Zu einem in Freiheit sich verantwortenden Denken gehört nicht nur eine Kritikfähigkeit gegenüber dem von ihm zu Verantwortenden, sondern ebenso sehr eine Treue zu sich selbst und ein Sichbestimmen vom *eigenen,* in der Geschichte „selbigen" Wesen her. In diesem Punkt bedarf es nun insofern keiner ausführlichen Erörterung mehr, als bezüglich der Freiheit als Wesen des Menschen dasselbe gilt wie bezüglich des Seins selbst. Die Treue zum Sein selbst schließt die Treue zu jenem Ort, als welcher das Sein selbst ‚ist', notwendig ein. Folglich bedarf es auch hier der Bedingung der Möglichkeit zu einer solchen Treue, die sich als Treue in der Geschichte durchhalten können muß. Gibt es diese Bedingungen aber, so lassen sie sich auch explizieren und damit zu einem Kanon für eine Kritik der Freiheit erheben. Diese Schlußfolgerung basiert allerdings auf der Voraussetzung, daß der „Bezug" ‚Mensch-Sein selbst' in dieser einzigartigen, nur von der Dimension der Lichtung selbst her verständlichen Weise gesehen wird, in der Heidegger ihn ausgelegt hat (vgl. N II, 358, 377; WM 332, 407–413; ID 18 f. u. ö.)

β) Geschichte von Sein selbst und Freiheit des Menschen

Wie verhalten sich Freiheit und kritisches Vermögen des Menschen, vorausgesetzt, daß es sie gibt, zur Geschichte der Un-verborgenheit, zu der, wie der Begriff schon sagt, auch die der „Irre", „Uneigentlichkeit" und „Verbergung" gehört? Mit dieser jetzt noch zu behandelnden Frage wird das zuletzt Gesagte erneut in erhebliche Schwierigkeiten gebracht. Denn wenn zu dem Geschehen, in dem das Sein selbst und der Mensch einander zugeeignet sind, die „Irre", die „Verbergung" und die „Uneigentlichkeit" gehören, so fragt es sich, ob nicht die Freiheit mit ihrem Vermögen zum freien Entsprechen beziehungsweise Nichtentsprechen von vornherein unterlaufen wird und dadurch abermals keine Freiheit im eigentlichen Sinne mehr möglich ist. Wie soll man noch von Freiheit sprechen, wenn diese von ihrer Wurzel her außerstande ist, die Verantwortung für das zu übernehmen, was und wozu sie entscheidet? Kann Heidegger seinen Begriff von Freiheit noch aufrechthalten, wenn er zum Beispiel einerseits der Tradition seit Platon die Vergessenheit von Sein selbst nachweist, andererseits aber sagt, daß diese Geschichte der Irre und Verbergung nicht auf Kosten der menschlichen Freiheit gehe, sondern auf Kosten eines Geschickes des Seins selbst, das als Nihilismus sich im Seienden eingerichtet beziehungsweise nicht eingerichtet hat (vgl. N II, 335–398)? Gibt es überhaupt noch Freiheit, wenn die Geschichte abläuft, ohne daß es eine *nennenswerte* Rolle spielt, wie die Freiheit sich vollzieht, und ohne daß der Mensch erkennen kann, wie er letztlich seinem Ursprung und seinem eigenen Wesen entspricht: eigentlich oder uneigentlich?[87]

Dieses Problem findet sich auch in der christlichen Tradition. Hier läuft es allerdings unter dem Namen der „Prädestination", einem Begriff also, der Heidegger völlig fremd war (vgl. And 90). Dennoch hat die klassische christliche Prädestinationslehre der Heideggerschen Konzeption von Seinsgeschichte den Vorteil voraus, daß sie in der Lage ist, den Begriff der menschlichen, das heißt geschöpflichen Freiheit mit dem eines, diese menschliche Freiheit erschaffenden und lenkenden Gottes zu versöhnen.[88] Der Grund für die Möglichkeit einer derartig schwierigen Versöhnung liegt darin, daß mit dem Ursprung der Freiheit, das heißt mit Gott, notwendig *Gutsein* verbunden ist. Diese Gutheit Gottes wiederum, die der Freiheit innerlicher ist, als diese sich selbst je sein kann, bestimmt sich *von vornherein* als das, was

[87] Siehe oben Anm. 80. – In diesen Zusammenhang gehört auch die Frage nach Heideggers politischem Engagement in der Zeit um 1933 und nach seiner politischen Philosophie. Vgl. W. Franzen: *Existenzialontologie,* 69–101, 160f.; K. Löwith: *Heidegger,* 49–53, 110; H. Mörchen: *Adorno,* 245–277, 315–323, 364–390, 432–435, 469–480, 489f., 492–587, 639–659; ders.: *Macht;* H. Marcuse: *Enttäuschung,* in: G. Neske (Hg.): *Erinnerung,* 162f.; O. Pöggeler: *Politik,* 15–70; A. Schwan: *Philosophie,* 89–106, 164ff.; G. Schneeberger: *Nachlese* (kritisch dazu O. Pöggeler: *Politik,* 105f.); P. Hühnerfeld: *Heidegger;* B. Allemann: *Martin Heidegger und die Politik* ([1]1967), in: O. Pöggeler (Hg.): *Heidegger,* 246–260; B. Willms: *Politik als Geniestreich?,* a.a.O. (Anm. 61); P. Günter: *Heideggers Vergessen und das Er-innern von Gesellschaft im Begriff Logischer Zeit,* in: U. Guzzoni (Hg.): *Nachdenken,* 55–79. – Wichtig in diesem Zusammenhang ist vor allem Heideggers Rede *Die Selbstbehauptung der deutschen Universität* von 1933 und das postum erschienene Interview *Nur noch ein Gott kann uns retten* von 1976 (bes. 193–206).

[88] Vgl. u.a. M. Löhrer: *Gottes Gnadenhandeln als Erwählung des Menschen,* in: MySal IV/2, 773–830.

die Freiheit des Menschen nicht nur hervorgebracht hat, sondern sie auch zu ihrer Vollendung führt. Daher weiß die Freiheit, daß sie *immer* dann, wenn sie sich Gott stellt und ihr Selbstverständnis an ihm mißt, als Freiheit in radikaler Weise ernstgenommen und gefordert ist: Sie kann das Angebot Gottes *absolut* (also nicht nur im relativen Bezug auf das, was ihr sozusagen ‚hinter den Kulissen" eingeräumt wird) annehmen oder ablehnen. Sie besitzt wahrhafte Verantwortung Gott und sich selbst gegenüber. Schließlich bedeutet das Entsprechen zu Gott sogar dann eine Entscheidung der Freiheit zu sich selbst, wenn Gott nur als der Verborgene und Dunkle gegenwärtig ist, wobei jedoch hinzugefügt werden muß, daß Gott nach christlicher Überlieferung niemals so vergessen und verborgen sein kann wie das Heideggersche Sein selbst.

Man wird Heidegger natürlich nicht an dem messen dürfen, was die christliche Tradition gesagt hat. Aber man wird vielleicht die Richtung, die die christliche Tradition eingeschlagen hat, um diesem ganzen Problemfeld gerecht werden zu können, als *Leitfaden* verwenden dürfen, um sich in der Heideggerschen Sichtweise zurechtzufinden. Das ist schon allein deshalb gerechtfertigt, weil Heidegger die ganze Frage nie ausführlich und eingehend behandelt hat, und man daher versuchen muß, sich innerhalb der Verstreutheit seiner Hinweise selbst einen Weg zu bahnen. Außerdem besteht die sachliche Ähnlichkeit zur christlichen Tradition darin, daß sowohl für diese als auch für Heidegger die Freiheit nicht in sich selbst gründet, wie dies etwa der deutsche Idealismus gemeint hat, sondern sich einem Eröffnungsgeschehen verdankt. Deshalb hängt in beiden Fällen für die sinnvolle Verwendung des Freiheitsbegriffes alles daran, wie und als was sich dieses Eröffnungsgeschehen *selbst* eröffnet. Im Christentum, so hieß es, offenbart es sich als ein Ereignis, das nicht zuletzt um der Freiheit des Menschen willen geschieht und in *dieser* Absicht die Selbstmitteilung der Liebe Gottes ist. Als was erscheint es jedoch bei Heidegger? Auch zu dieser Frage kann hier nur in groben Umrissen Stellung genommen werden. Aber trotz der Spärlichkeit der folgenden Hinweise wird sich deutlich abzeichnen, daß es im Heideggerschen Denken erneut eine ganze Reihe von Ansätzen gibt, die das Reden von Freiheit angesichts des sich eröffnenden Geschehens der Un-verborgenheit sinnvoll machen.

Da ist zunächst die Theorie vom „Geschick", die in den Kritikerkreisen den stärksten Anstoß erregt hat. Mit ihr will Heidegger aber viel weniger sagen, als häufig in sie hineininterpretiert wird. Er geht beim Begriff des „Geschickes" auf den des „Schickens" zurück und definiert dessen Bedeutung als „bereiten, ordnen, jegliches dorthin bringen, wohin es gehört, daher auch einräumen und einweisen" (SvG 108 f.). Geschick meint daher nichts anderes, als „daß Sein sich uns zuspricht und sich lichtet und lichtend den Zeit-Spiel-Raum einräumt, worin Seiendes erscheinen kann" (ebd. 109, vgl. 129 f., 143). Durch das Geschick wird alles, was ist, in sein Wesen eingelassen. Das gilt auch für die menschliche Freiheit, die ihrerseits *ist*. Von da her gesehen kann gesagt werden, daß der Heideggersche „Geschick"-Begriff dem der Freiheit keineswegs widersprechen muß. Im Gegenteil, er besitzt sogar die notwendige Spannweite, um ein Geschehen zu bezeichnen, das Freiheit nicht nur eröffnen, sondern auch in die Vollendung ihres Wesens führen könnte.

Allerdings genügt der Begriff des „Geschickes" allein nicht. Er ist sozusagen viel zu neutral, um positiv oder negativ interpretiert werden zu können. Man muß sich daher noch nach weiteren Bestimmungen der Lichtung und ihres Geschehens als Un-verborgenheit, welches das Geschick ist (ID 59), umsehen. Dabei fällt sehr bald auf, daß das Lichten, Seinlassen und Hervorbringen des Seienden qualitativ bestimmt ist. Heidegger spricht vom „Geben", „Reichen", „Freigeben", „Lassen" (vgl. z. B. ZSD 1–25, 40), „Er-eignen" (N II, 13, 468, 485; ID 24 f.; USpr 258 usw.), „Ent-bergen", „Bergen" (Herak V 139 usw.) und ähnlichem. Das Geschehen, das sich in diesen Weisen äußert, sieht er veranlaßt durch eine „Gunst", die das Helle und Freie „gewährt" und „gönnt" (Herak V 128 f., 131–136; WM 310 f. u. ö.), beziehungsweise durch eine „Huld" (χάρις), die die Nähe zum Sein selbst schenkt (VA 198; USpr 143). Nicht von ungefähr hebt er seit *Sein und Zeit* das „es gibt" deutlich hervor (z. B. in WM 334 f., 336), um damit anzudeuten, daß er es nicht als neutrale Existenzaussage, sondern wörtlich vom „Es", das „gibt"[89] her verstanden wissen will. Schließlich ist dieses Geschehen, daß ‚Es Seiendes gibt', „das Wunder aller Wunder" (WM 307; And 64). Als solches will es „gehütet" sein.[90] Im Hüten und Bewahren nämlich verschwendet sich das Denken „op-

[89] Vgl. N II, 362, 372 ff., 377; WM 419, 479; USpr 192–194, 258; ZSD 1–25 u. ö.
[90] Vgl. WM 311, 330, 333; Herak V 32; HW 348; VA 36, 145.

fernd“ und „dankend“ an die „Gunst des Seins“ (WM 310 f.; vgl. Parm 115, 164) und erwirkt dadurch seine Ankunft ... Wie auch immer: All diese Bestimmungen zeigen sehr deutlich, daß Heidegger das Geschehen der Un-verborgenheit selbst qualifiziert und zwar in einer recht eindeutigen positiven Richtung. Die Freiheit entstammt keinem Geschehen, das sie dazu verdammt, frei zu sein, wie bei Jean Paul Sartre, oder einem Geschehen, das sich als moralisches Gesetz enthüllt und die Freiheit als ihre ‚Folge‘ nach sich zieht, wie bei Kant, sondern einem Geschehen, das Freiheit „gönnt“, „gewährt“, „gibt“, „er-eignet“ usw. Zwar mag man sich auch noch an diesen Formulierungen stoßen, aber immerhin wird es einem durch sie unmöglich gemacht, das „Geschick“ rein fatalistisch zu interpretieren.

In der gleichen Argumentationsperspektive wie diese Überlegung darf auch die Theorie über das „Heilige“ und „Göttliche“ gelesen werden, die Heidegger in Anschluß an die Griechen und an Hölderlin entwickelt.[91] Das Heilige und das Göttliche gehören für ihn in den Bereich der Lichtung und damit in das Quellgebiet der Freiheit: „Erst aus der Wahrheit des Seins läßt sich das Wesen des Heiligen denken. Erst aus dem Wesen des Heiligen ist das Wesen von Gottheit zu denken. Erst im Lichte des Wesens von Gottheit kann gedacht und gesagt werden, was das Wort ‚Gott‘ nennen soll.“ (WM 351; vgl. Parm 166–168, 181, 220) Sagt dieser klassische Text der Heideggerschen ‚Theo-logie‘ auch nicht mit der gewünschten Deutlichkeit, daß die Lichtung selbst das Heilige und Göttliche ‚ist‘, so dürfte er dennoch so verstanden sein.[92] Grund zu dieser Annahme bietet die drei Jahre vorher (1943) entstandene Hölderlin-Interpretation *Heimkunft/An die Verwandten,* aus der diese Selbigkeit eindeutig hervorgeht (vgl. Erl 15–28; vgl. auch N II, 394 f.; HW 318 f.).[93] Außerdem lassen sich diese beiden Texte so gut aufeinander beziehen, daß ein gleiches Verständnis vorausgesetzt werden darf. Deshalb kann erneut unterstrichen werden, daß die Heideggersche Philosophie über den Ursprung

---

[91] Vgl. And 70, 77, 100, 193; Erl 9–31, 103 ff., 187 ff.; WM 338 f., 351 f.; Parm 147–169.

[92] Zu diesem Thema siehe H. Danner: *Heidegger;* A. Gethmann-Siefert: *Verhältnis,* 11–138; J. Splett: *Rede,* 132–186, 234–241; R. Schaeffler: *Wechselbeziehungen,* 229 bis 261, 333–339; ders.: *Frömmigkeit,* 124–128, 136 ff.

[93] Grundsätzlich zu Heideggers Hölderlin-Rezeption siehe B. Allemann: *Heidegger;* R.-E. Schulz-Seitz: *Bevestigter Gesang. Bemerkungen zu Heideggers Hölderlin-Auslegung,* in: V. Klostermann (Hg.): *Durchblicke,* 63–96.

der Freiheit im Geschick der Lichtung keinen blinden Fatalismus begünstigt.

Das wichtigste Argument liefert aber die Theorie um die „Verborgenheit", das „Nichts", die „Unwahrheit", die „Irre", das „Grimmige" die „Uneigentlichkeit" usw. selbst.[94] Schon anläßlich der Überlegungen bezüglich der „Uneigentlichkeit" ist gesagt worden, daß diese nicht mit Schlechtigkeit, Bösartigkeit, Falschheit und dergleichen zusammengebracht werden darf. Heidegger billigt der „Uneigentlichkeit" vielmehr einen eigenen Reichtum zu, den der Mensch nicht nur nicht verlieren kann, sondern auch niemals verlieren soll. Analog verhält es sich bei der „Verborgenheit" und beim „Nichts", die den andern genannten Begriffen zugrundeliegen. Verborgenheit besagt wohl Unwahrheit, aber nicht im Sinne von Falschheit, Lüge, Bosheit usf. Die Unwahrheit, die hier gemeint ist, ist die Un-Wahrheit, die in die Wahrheit hineingehört und mit dieser gemeinsam das Wesen der Un-Verborgenheit mit ausmacht (WM 193–196; HW 41f.; EM 105–123). Sie ist jene Verborgenheit, die die Un-Verborgenheit braucht, um als Un-Verborgenheit sein zu können, auf die sie damit allemal zurückweist und von der sie dauernd abgerungen werden muß (WM 223; Parm 92–108, 196ff.). Als das Ältere gegenüber der Unverborgenheit (WM 193f.) ist sie jenes, was das „Eigenste als Eigentum" bewahrt und birgt (Herak V 139f.). Indem sie dem, was in die Un-verborgenheit herauskommt oder in ihr aufgeht, sein Wesen „verbürgt" (Herak V 137f.) und aufspart (N II, 369; Erl 25ff.; ID 38f.), ist sie in keinem Fall etwas bloß Negatives, sondern im Gegenteil jenes „Geheimnis" (WM 194; N II, 372 usw.) im eminentesten und positivsten Sinn, dem entsprochen werden kann, wenn es als Geheimnis bewahrt wird. Genauso besteht „das Nichten des Nichts" keineswegs in der reinen Vernichtung alles dessen, was ist, sondern in der „Ermögli-

---

[94] Vgl. dazu bes. N. Sprokel: *Nichts.* – Die Diskussion, die über das „Nichts" in der evangelischen Theologie geführt wurde, scheint mir zumindest in den mir bekannten Veröffentlichungen keinesfalls das zu treffen, was Heidegger darunter verstanden hat. Markante Beispiele dafür sind K. Barth: *Gott und das Nichtige* ([1]1950), in: G. Noller (Hg.): *Heidegger,* 197–225; H. Diem: *Gott,* 7–10, 16–19; H. Ott: *Denken,* 73–94 (bes. 84ff.); A. Jäger: *Gott,* 369–374, 408–483. Bei diesen Autoren wird das „Nichts" entweder als jene Instanz begriffen, die an die Stelle Gottes tritt, oder als Entsprechung zu dem, was die Theologie mit der ‚creatio ex nihilo' und der deutsche Idealismus als das ‚Andere' zum Sein beschrieben hat. Dazu kommen dann noch Maßstäbe aus der Dialogphilosophie, die Heidegger jedoch ebenfalls ‚überfragen' wollte (vgl. AdL 241–245).

chung der Offenbarkeit des Seienden als eines solchen für das menschliche Dasein" (WM 115, vgl. 113–116). Heidegger nennt es „den Schleier der Wahrheit des Seins des Seienden" (N II, 42). Als zur Geschichte gewordener „Nihilismus" ist für ihn das Nichts sogar das Sein selbst: „Das Ausbleiben des Seins als solchen ist das Sein selbst. Im Ausbleiben verhüllt sich dieses mit sich selbst. Dieser zu sich selbst entschwindende Schleier, als welcher das Sein selbst im Ausbleiben west, ist das Nichts als das Sein selbst." (N II, 353 f., vgl. 355 ff.) Das Nichts als Geschichte des Nihilismus ist damit das ausgesparte Geschehen der Un-verborgenheit selbst (N II, 369). In dieser Perspektive will Heidegger sodann auch „das Böse" beziehungsweise „das Grimmige" interpretiert wissen (WM 359–361). Auch dieses hat nichts mit „der bloßen Schlechtigkeit des menschlichen Handelns" (WM 359) zu tun, sondern ist als das „Unheil" das streitende Gegenwesen zum „Heilen" (WM 360 f.). Zwar richtet sich der Urstreit innerhalb der Lichtung, in der Weltoffenheit des Seienden als „Irre" ein (WM 196–198; EM 116 f.; HW 40 ff.; And 102 f.; VA 88 ff., 93 f.), aber diese Irre wird nur dann in der ihr gemäßen Weise gesehen, wenn sie aus dem Streitgeschehen innerhalb der Lichtung zwischen Un-verborgenheit und Verborgenheit (im eben definierten Sinn) verstanden wird.

Deshalb darf jetzt abschließend gesagt werden: Es deutet sehr viel darauf hin, daß trotz all der unleugbaren Schwierigkeiten, von denen die Rede war, eine Philosophie der Freiheit bei Heidegger möglich ist. Dafür spricht nicht nur die prinzipiell angelegte Fähigkeit zur Kritik innerhalb des Seinsverständnisses, sondern auch der nicht zu übersehende ‚positive Charakter' des Lichtungsgeschehens selbst. Dieser ‚positive Charakter' nämlich legt weit mehr die Vermutung nahe, im Geschick ein Geschehen zu erblicken, das die Freiheit nicht nur eröffnet, sondern auch vollendet, als ein fatalistisches Ereignis, das die Freiheit vernichtet. Allerdings benötigte es zur Stützung dieser These weit detaillierterer Analysen, als in der vorliegenden Untersuchung, aber auch im derzeitigen Problemstand überhaupt möglich sind.

5. *Konklusionen*

Am Ende der Auseinandersetzung mit Heidegger steht die Frage nach den wichtigsten Konsequenzen seines Ansatzes für unsere Fragestellung noch aus. Es ergibt sich allerdings von selbst, daß diese nicht alle erschöpfend verfolgt werden können. Nur einige wesentliche Hinweise sollen zur Klärung von Problemen dienen, die entweder schon angeschnitten worden sind und daher einer Beantwortung harren oder noch zur Sprache kommen werden und daher jetzt schon einer ersten Andeutung bedürfen. Diese Probleme sind im wesentlichen drei:

1) Wie sieht in einem tautologisch-einfachen Denken das Verhältnis von Frage und Antwort aus? Dazu ist am Ende des Großabschnitts B, II schon einiges gesagt worden. Vor allem wurde darauf hingewiesen, daß angesichts der Tatsache, daß das Denken selbst *ist,* dieses Verhältnis sich innerhalb der *Seins*frage gegenüber jeder andern Frage grundsätzlich ändert. In der Zwischenzeit, wo das Denken als möglicher Ort der Ankunft des Seins selbst begriffen worden ist, muß dazu noch viel Wesentlicheres gesagt werden können. Was bedeutet demnach für das Denken das Fragen nach dem Sein selbst? Genauer: Worin besteht das Wesen des Denkens, wenn seine Bestimmung darin liegt, nach dem Sein selbst fragen zu müssen und dieses als Geschichte des Denkens erkennen zu können?

2) Was ist aus dem „Zeitigen" und dem „Eksistieren" konkret geworden? In den vorangehenden Überlegungen war zwar von beidem gelegentlich die Rede. Doch in Anbetracht ihrer Bedeutung für das Ergebnis der Daseinsanalytik war dies zu wenig. Deshalb muß jetzt noch einmal eigens untersucht werden, wie das Zeitigen und Ek-sistieren aufgrund des nunmehr erreichten Problemstandes zu verstehen ist. Dabei wird sich auch die Gelegenheit ergeben, kurz auf so fundamentale Kategorien wie die des „Wohnens", „Sich-aufhaltens", „Vernehmens" usw. einzugehen.

3) Für eine Untersuchung, die sich um eine Konfrontation des nachidealistischen und des christlichen Denkens bemüht, kann die Frage nach Gott nicht ausbleiben. Hierfür seien einstweilen einige Andeutungen gemacht. Im Zweiten Teil unserer Überlegungen wird dann noch Genaueres zu sagen sein. Im gegenwärtigen Zusammenhang genüge es, die Dimension zu nennen, die Heidegger für ein Den-

ken vorbehalten hat, das Gott erfährt. Es gehe also keineswegs um die Heideggersche ‚Theo-logie' in ihrem vollen Umfang. Es gehe nur um die Auszeichnung des Bereichs der Erfahrbarkeit Gottes innerhalb der Heideggerschen Konzeption von Seinsverständnis.

a) Frage und Antwort innerhalb des Verstehens von Sein selbst

Wer das Verhältnis von Frage und Antwort angesichts der Seinsfrage und zudem noch dessen spezifische Ausgestaltung innerhalb der konkreten philosophischen Forschung verstehen will, muß zwei Probleme unterscheiden: *Zunächst* muß er im Sinne der Daseinsanalytik hermeneutisch vorgehen und danach fragen, was beim Fragen nach dem Sein selbst auf der *Seins*ebene des Denkens eigentlich geschieht, vorausgesetzt, daß er das Denken als Ort der möglichen Ankunft des Seins selbst begreift. *Sodann* kann er dazu übergehen, die genaueren Modalitäten der Frage nach dem Sein selbst und der dabei eventuell in Aussicht stehenden Antwort herauszufinden. Schafft er sich in beiden Problemen Klarheit, so vermag er auch Licht in die Beziehung zwischen Seinsgeschichte einerseits und konkreter philosophischer Forschung andererseits zu bringen.

Was nun den *ersten* Schritt anbelangt, so geht er am besten von der allgemein-gültigen Tatsache aus, daß jedes Fragen immer schon bei dem sein muß, wonach es fragt. Es hat daher mit seiner Antwort von dem Moment an bereits zu tun, in dem es beginnt. Eine Frage, die nicht in irgendeiner Weise das Gefragte in seiner Erfragbarkeit im Blick hat, ist daher entweder absurd oder kennt sich selbst nicht. Gilt nun dieses Grundverhältnis für jedes beliebige Fragen, so gilt es in eminenter Weise für das Fragen des Denkens nach seinem abgründig-anfänglichen Grund. Vom Denken nämlich hat es geheißen, daß es das Sein selbst als seinen Grund nur dann erfahren kann, wenn ihm von diesem selbst her die Möglichkeit dazu immer schon eingeräumt worden ist. Diese Möglichkeit wiederum wurde an der Erschlossenheit erkannt, die das Denken an ihm selbst ist und zu der es geschichtlich jeweils schon eröffnet ist. Erwacht somit im Denken die Frage nach dem Sein selbst, so „ist" diese Frage bereits das Sich-ereignen des Seins selbst im Denken. Denn es käme zu dieser Frage überhaupt nicht, hätte sich das Sein selbst nicht bereits einer geschichtlichen Erfahrbarkeit durch das Denken ausgesetzt. Fragen ist von da her gesehen die erste „Ent-sprechung“ (Phil 21) zum Geschehen der Un-verborgenheit und als Ort der Ankunft desselben dieses selbst. Gleichzeitig ist es in dieser Hinsicht schon „ein ursprüngliches Wissen“ (Herak V 47) um das Sein selbst. Folglich enthüllt es sich als das prinzipielle Offensein des Denkens für das sich eröffnende Lichtungsgeschehen.

Was für das Fragen gilt, muß konsequenterweise auch für die Antwort gelten. Dies darf umso mehr betont werden, als die Frage immer schon mit der Antwort zu tun hat. Außerdem darf nicht übersehen werden, daß das, was die Frage weckt, nämlich das als Un-verborgenheit geschehende Sein selbst, zugleich auch das Antwortende auf diese Frage ist. Das Sein selbst räumt dem Denken eine Erfragbarkeit seiner selbst ein und gibt ihm damit in seiner Erfragbarkeit bereits die Antwort auf diese von ihm selbst geweckte Antwort.

Ist demnach das Fragen und Antworten angesichts der Seinsfrage ein Geschehen des Seins selbst (WM 201), so besagt dies freilich noch nichts über die jeweilige Gestalt desselben. Hier gibt es vielmehr eine Reihe von Möglichkeiten. In der gegenwärtigen Stunde des Denkens, so sagt Heidegger, bestimmt sich das Verhältnis von Frage und Antwort innerhalb der Seinsfrage aus der Tatsache, daß diese Frage allererst geweckt werden muß. Daß es möglich ist, die Seinsvergessenheit zu verlassen und auf die Frage nach dem Sein selbst zurückzukommen, ist ein Ereignis in der Geschichte der Un-verborgenheit. Dieses gewährt dem heutigen wesentlichen Denken das Vermögen des *Wartens* als momentan einzig wahrhafter Weise des Entsprechens.[95] Aufgrund der prinzipiellen Beziehung von Frage und Antwort liegt in diesem Warten, das für den einzelnen Philosophen vielleicht ein Leben lang dauert (EM 215), schon eine Antwort. Sofern nämlich das Warten als Warten *bleibt,* was Heidegger für die gegenwärtige Epoche der Denkgeschichte behauptet, bestimmt sich darin das Sein selbst als

[95] Vgl. Erf 42f., 48–50, 54–57, 65, 70, 74; Parm 180; Herak S 243f.; EM 215. Siehe zudem aus den *Beiträgen zur Philosophie:* „An die Stelle der Systematik und der Herleitung tritt die geschichtliche Bereitschaft für die Wahrheit des Seyns. Und dies fordert zuvor, daß die Wahrheit selbst aus ihrem kaum anklingenden Wesen doch schon die Grundzüge ihrer Stätte schaffe (das Da-sein), in deren Erbauer und Wächter das Subjekt des Menschen sich verwandeln muß. Um den Vollzug dieses Vorbereitenden unserer Geschichte handelt es sich allein in der Seinsfrage.“ (Zit. bei O. Pöggeler: *Denkweg,* 188)

das zu Erwartende, das in seiner Erwartbarkeit verharrt, das heißt als das sich Ankündigende, sich Versprechende und sich Zurückhaltende.[96] Heidegger sagt jedoch keineswegs, daß dieses Verhältnis von Frage und Antwort das einzig denkbare sei. Im Gegenteil, er schließt die Möglichkeit nicht aus, daß das Denken eines Tages „den [derzeitigen] Charakter des Fragens verliert und zum einfachen Sagen wird" (VA 66) beziehungsweise „sich zu einem anderen Sagen verwandelt" (SvG 159). Das tautologisch-einfache Denken wäre in diesem Fall nicht mehr durch das reine Warten ausgezeichnet, das im Verzicht auf jede Antwort dem Fragwürdigen nahe bleibt (VA 177 f.; WM 358) und *darin* seine Antwort findet, sondern durch eine erfüllte und befriedigte Nachbarschaft zum Sein selbst, in der alles Fragen und Antworten eine Art Spiel wird.

Trotz dieser Verschiedenartigkeit der Möglichkeit des Seinsgeschehens, das *als* das Fragen und Antworten des Denkens ‚ist', wird das Fragen als Struktur des Denkens niemals aufgehoben. Heidegger betont dies immer wieder. „Das Entscheidende in der Philosophie", so sagt er, „besteht im Fragen, im Standhalten in der Frage." (Höld 41) Wesentlich sind nicht die Antworten, die sich mit der Zeit einstellen können. Diese sind vielmehr von jener Frage immer schon überholt (EM 4 f.), die in sich selbst als Geschehen von Sein selbst Antwort ist. Wollen sie dennoch Wesentlichkeit beanspruchen, so dürfen sie sich nur als „letzten Schritt der Fragen" verstehen und ihre „Tragkraft aus der Inständigkeit des Fragens" schöpfen (WM 304). Keinesfalls dürfen sie Gültigkeit fordern, wenn sie nicht „im Fragen verwurzelt" (HW 58) bleiben und das Gefragte, aus dem sie ihre Bestimmung erhalten, „in seiner Frag-Würdigkeit" (WD 164) belassen. Das Fragen ist somit eine nicht aufhebbare Struktur des Denkens. Diese ergibt sich daraus, daß sich das Denken als „l'engagement par l'Être pour l'Être" (WM 313) definiert: Es ist wohl „Eigentum des Seins" (N II, 484) und „Ereignis" desselben (WM 308; vgl. N II, 372; HW 352; WM 371 f.), doch niemals ist es mit ihm identisch. Deshalb *muß* es nach ihm überhaupt fragen. Zugleich *kann* es aber auch nach ihm fragen, weil es als möglicher Ort der Ankunft desselben immer schon bei

[96] Vgl. bes. Höld 78–104; Erl 55, 57, 67, 75 f., 109 f., 173 ff., 184 ff.; HW 269–274, 295, 318 f. u.ö. Siehe außerdem aus H.-G. Gadamer: *Schriften* II: *Hölderlin und die Antike* ([1]1943), 27–44, und: *Hölderlin und das Zukünftige* ([1]1947) 45–63.

ihm ist und daher eine gewisse Antwort in Aussicht stellt. Dieses bleibende dialektische Verhältnis von Nähe und Ferne ist nicht nur der Grund für die Notwendigkeit, sondern auch für die Möglichkeit von Frage und Antwort innerhalb des Denkens von Sein selbst.[97]

Ist damit geklärt, inwiefern Frage und Antwort anläßlich der Seinsfrage ein Geschehen der Un-verborgenheit selbst sind, und inwiefern ihre Zusammengehörigkeit in ausgezeichneter Weise an die jeweilige Geschichte von Sein selbst gebunden ist, so kann jetzt zur *zweiten* Frage übergegangen werden. Sie lautete: Wie vollzieht sich das Fragen und Antworten innerhalb der Seinsfrage *konkret?* Was herrschen hier für Modalitäten? Man könnte dazu meinen: Das geschieht nicht anders als so, daß ein Philosoph eine philosophische Frage stellt und darauf eine eindeutige Antwort erwartet. Zweifellos, so darf zurückgegeben werden, verhält es sich so, daß auch die Seinsfrage in dieser Hinsicht konkret beginnt. Doch ist damit auszuschließen, daß sich diese eindeutige Frage mit ihrer Erwartung nach einer ebenso eindeutigen Antwort dank zunehmender Einsicht in die gefragte Sache verwandeln kann? Besteht nicht die Möglichkeit, daß im Hinblick darauf, daß der richtige Zugang zu einer Sache von der richtigen Fragestellung nach ihr abhängt, ein Kategorienwechsel innerhalb des geläufigen Frage-Antwort-Schemas notwendig wird? Wirft nicht jedes Fragen eine Erwartung aus, aufgrund derer das Gefragte in einem ganz spezifischen Licht erscheint? Fordert diese Tatsache aber nicht, daß das Fragen in einem Bezug zur gefragten und befragten Sache Klarheit über sich selbst gewinnen muß, um sachgemäß und das heißt sinnvoll zu werden?

Im Fall der Seinsfrage hilft eine einfache Überlegung weiter: Verhält es sich so, daß eine Frage allgemein nicht blinde Erwartungen ausstreuen kann, vorausgesetzt, daß sie ernsthaft sein will, so kann dies in unserem konkreten Fall sofort präzisiert werden. Ausgehend von der ontologischen Differenz muß nämlich festgehalten werden, daß die Frage nach dem Sein selbst nicht nur niemals so gestellt werden darf wie die Frage nach einem Seienden, sondern daß sie auch keine solche Antwort erwarten darf, wie sie dies im Fall einer Frage nach dem Seienden tun kann. Eine derartige Antwort, wie sie in der

---

[97] Vgl. O. Pöggeler: *Denkweg*, 7–15; A. Jäger: *Gott*, 130f., 135–147, 217ff., 351–374 u.ö.

Frage über ein Seiendes zu erwarten ist, besteht nach Heidegger in einem klar umgrenzten Aussagesatz, der sich auf die traditionelle Subjekt-Prädikat-Beziehung zurückführen läßt. Deshalb schließt er: Die Antwort, auf die die Frage nach dem Sein selbst aus sein kann, darf niemals in einer Aussage bestehen, die im Sinne der abendländischen Logik nach dem Subjekt-Prädikat-Schema gebildet ist (WM 201; USpr 266; ZSD 18 f., 20 f., 24 f.). Würde sie sich auf eine Aussage im üblichen Sinn hinauslaufen, so hätte sie mit dem, worüber sie eigentlich reden will, gar nichts zu tun, da jeder Aussage- und Urteilssatz das voraussetzt, um das es in unserem Fall gerade gehen soll, nämlich das Verstehen von Sein selbst. Man kann das Licht, innerhalb dessen alles erscheinen soll, *an ihm selbst* niemals erreichen, wenn man sich dem zuwendet, was dieses Licht fordert, um überhaupt sein zu können.

Aufgrund dieser Überlegungen folgt mit Notwendigkeit, daß sich das Wesen eines Denkens von Sein selbst gegenüber jedem andern Denken, das sich mit dem Seienden oder der Seiendheit von Seienden begnügt, wandeln muß. Besteht das Wesen des letzteren darin, daß es ein eindeutiges Bezugssystem zu besitzen meint, demgemäß es ‚clare et distincte' sagen kann, was wahr und wirklich sein darf, beziehungsweise aufgrund dessen es fordern kann, was sein soll und was erwartet werden muß, so liegt das Wesen des ersteren (tautologisch-einfachen) Denkens darin, auf das eben genannte Beziehungssystem, an dem sich der Sinn von Sein entscheiden sollte, bewußt zu verzichten. Es kann kein derartiges System besitzen, da es selbst in die Geschichte der Unverborgenheit gehört und daher den Sinn von Sein nur *an* dieser Geschichte, die zugleich seine eigene ist, erfahren kann. „An die Stelle der Systematik und der Herleitung tritt [damit] die geschichtliche Bereitschaft für die Wahrheit des Seyns."[98] Diese Bereitschaft wiederum verlangt vom Denken her ein Bekenntnis zu seiner Dürftigkeit, kraft derer es „nicht nur vom Verzicht redet, sondern schon verzichtet hat, nämlich auf den Anspruch einer verbindlichen Lehre und einer gültigen Kulturleistung oder einer Tat des Geistes" (VA 178). Sie fordert die unbedingte Rückkehr zum Sokratischen Nichtwissen: „Solches Denken hat kein Ergebnis. Es hat keine Wirkung. Es genügt seinem Wesen, indem es ist." (WM 358) Mit einem Wort: Ein Denken, das

[98] Siehe oben Anm. 95.

sich auf das Sein selbst richten will, muß in radikaler Weise *Frage* bleiben. ‚Frage' heißt jetzt allerdings nicht mehr Erwartung eines eindeutigen Aussagesatzes, sondern Offenheit für das, was sich als Wahrheit des Seins selbst zeigt. Fragen ist die eigentliche Bereitschaft des Denkens, dem zu entsprechen, was es letztlich und erstlich zumal denken soll: das Sein selbst *als* Geschichte des Denkens. In diesem Sinne sagt Heidegger auch: „... das Fragen ist die Frömmigkeit des Denkens" (VA 40; USpr 175). Frömmigkeit leitet er dabei von Fügsamkeit ab. Fromm ist demnach das, was „fügsam [ist], hier nämlich dem, was das Denken zu denken hat" (USpr 175).

Wird das Denken als Fragen in dieser Hinsicht verstanden und ‚betrieben', so kann seine eigentliche Aufgabe nicht mehr darin bestehen, etwas ‚über' das Sein selbst auszusagen und als Theorie ‚über' dasselbe zu vertreten. Es soll sich vielmehr dem zuwenden, was Aussagen und Theorien ‚über etwas' allererst ermöglicht. Außerdem steht es selbst als das, was sich in Aussagen und Theorien vollzieht, unter der Bedingung durch das Sein selbst. Es selbst *ist.* Wie sollte es da seiner eigenen Bedingung vorauseilen und in diesem Sinne etwas ‚über' sie denken, das heißt aussagen und theoretisch herleiten können? Was vollbringt das Denken dann aber, wenn es dem Sein selbst fragend entspricht? Antwort: es vollbringt ‚nichts weiter' als dies, daß es der Wahrheit des Seins selbst „eine Stätte" einräumt (VA 148f.; N II, 389; WM 311 u.ö.). Indem es *ist* und dieses sein Sein in Freiheit ergreift, ist es Ort der Ankunft oder Abwesenheit von Sein selbst. Und in dieser Eigenschaft schließt es durch sein eigenes Sein jene Horizonte auf, mittels derer jeweils geschichtliche Aussagen und Theorien möglich werden.

Es bedarf keiner langen Erläuterungen mehr, daß der eben beschriebene Kategorienwechsel das Reden von Frage und Antwort, wie es innerhalb der Aussagenlogik Sinn hat, in der Hegelschen Bedeutung des Wortes „aufhebt". Ist nämlich das Denken in seiner Bereitschaft und Offenständigkeit für die Geschichte der Un-verborgenheit *Frage* nach dem Sein selbst, so ist es eben darin, daß es durch seine Bereitschaft und Offenständigkeit dem Sein selbst einen Ort seiner Ankunft oder Abwesenheit einräumt und dadurch dieses ‚ist', auch schon die mögliche *Antwort,* die die Seinsfrage überhaupt erwarten kann. Es sind nicht Aussagen, die als Erfüllungen von Frageintentionen das Sein selbst in seiner Wahrheit zum Leuchten bringen, sondern es ist dies das Denken *in seinem Sein.* Das bedeutet: Entscheidend sind nicht die einzelnen Sätze, die Seiendes in ihr Sein rufen, die einzelnen Fragen oder Antworten, sondern die Hintergründe und Horizonte, die diese Sätze, Fragen und Antworten möglich machen. An ihnen wird das Sein selbst, das als Geschichte des Denkens ‚ist', in seiner Un-verborgenheit sichtbar. Die Sprache *in* den Sprachen, das Wort *in* den Worten, die Frage *in* den Fragen beziehungsweise die Antwort *in* den Antworten ist es also, wo sich das „Haus des Seins" (HW 310; WM 333, 361; ID 28 u. ö.) befindet. Dieses wiederum wird nicht so sehr durch das Aussprechen der verlautenden Sprache benannt, sondern vielmehr durch das „Schweigen" (vgl. u. a. Herak V 377, 382 f.; Gb 63, 77; USpr 266).[99] Das alles bedeutet freilich nicht, daß damit unsere konkreten ausgesprochenen Sätze, Fragen, Antworten oder Theorien überflüssig würden und sozusagen weg bleiben könnten. Das ist schon deshalb unmöglich, weil das Sein selbst als unser Denken ‚ist' und daher unsere konkrete Sprache als Ort seiner Ankunft braucht. Was aber gesagt sein soll ist dies: Die eigentliche Antwort, die auf das Fragen nach dem Sein selbst gefunden werden kann, liegt primär nicht in dem, was unmittelbar ausgesagt wird, sondern in dem, was unsere Aussagen allererst einräumt und ermöglicht, nämlich in den Horizonten unseres Denkens. Darin wiederum liegt, daß die philosophische Frage nach dem Sein selbst ihre Antwort nicht zuletzt daraus ersehen kann, wie sie sich selbst geschichtlich stellen läßt. Das Sein selbst, das sich über die Erschlossenheit, die das Denken an ihm selbst *ist*, fordert diese Identität heraus. Frage und Antwort als Grundvollzüge des Denkens werden angesichts des Seins zwar nicht das gleiche, wohl aber dasselbe.

Noch ein Wort zur Beziehung von Seinsgeschichte und philosophischer Forschung: Das Denken entspricht dem Sein selbst in jedem Fall. Es tut dies auch dann, wenn es sich nicht bewußt und in Freiheit seinsgemäß ergreift, dann allerdings in einem defizienten Modus. Insofern ist jede seiner entsprechenden Antworten bereits umgriffen von einer Antwort, die ebenso wie die Frage vom Sein selbst ermöglicht wird (USpr 267).[100] Dennoch ist die freie Entscheidung des Menschen

---

[99] Vgl. Parm 108 f., 116 f., 129 f., 250.

[100] „Der Anfang zeigt sich, wenn er sich überhaupt zeigt, gewiß nicht ohne unser Zutun. Aber die Frage bleibt doch, welcher Art dieses Zutun ist, von woher und wie es bestimmt ist und wird." (Parm 28 f.)

zu dieser vorgezeichneten Entsprechungsmöglichkeit wesentlich. Treffen diese ‚beiden' Entsprechungen einander nicht, so findet auch die Antwort auf die Seinsfrage nicht wirklich statt. Die Freiheit des Menschen stellt somit die Brücke zwischen Seinsgeschichte und Philosophie dar. Aber dies braucht hier nicht mehr länger verfolgt zu werden. Es ist oben bereits behandelt worden.

Um schließlich zum folgenden Punkt b) überzuleiten, sei noch auf eine Frage zurückgegriffen, die schon eine wichtige Rolle gespielt hat. Sie lautete: Wie *versteht* das Denken das Sein selbst in seiner Ankunft innerhalb der Ortschaft des Seienden *konkret?* Wenn sich dieses Verständnis nicht auf das Verstehen von Aussagesätzen, Theorien, einzelnen Fragen oder Antworten belaufen kann, sondern auf das Verstehen des jeweiligen welthaften Horizonts, der diese Aussagesätze, Theorien usw. möglich macht, wie ist dann dieses ‚hintergründige' Verstehen konkret zu begreifen? In welcher Weise wächst dem Denken ein Wissen zu, das noch vor seinen einzelnen und konkreten Äußerungen, ja sogar noch vor seinem Selbstbewußtsein das Sein der Seienden auslegt (vgl. Gb 3 f., 12)? Irgendeine Bewußtheit darum muß es geben. Oder anders gesagt: In irgendeiner Form muß der letzte Horizont, von dem aus alles Verstehen seine Herkunft hat, Konturen annehmen, damit zumindest ein gewisses Maß an Bewußtheit gewährleistet ist. Es muß somit eine Einsicht bestehen, die es zum Beispiel Heidegger in Anschluß an Friedrich Hölderlin erlaubt, die gegenwärtige Weltstunde als einen Neuaufbruch in der Geschichte des Seins selbst zu interpretieren. Dabei muß gar nicht geleugnet werden, daß ein solches immer schon vorweg-kommendes und je schon gültiges Wissen erst mit der Zeit explizit ins Bewußtsein treten kann. Aber eben: Wie kann es überhaupt eines Tages ins Bewußtsein treten? So wie bei Erfindungen, Entdeckungen oder sonstigen Erkenntnissen von neuen Theorien kann dies ja nicht vor sich gehen. Denn in diesen Fällen handelt es sich bereits um verschiedene Typen von Wissen, die sich mittels einer bestimmten Aussagenlogik einfangen lassen und dadurch eine bestimmte Auslegung des Sinns von Sein voraussetzen, die gerade zur Debatte steht. Wie also gibt es ein Wissen um das Sein selbst in seiner Geschichtlichkeit? Wie wächst dieses zu? Wie kommt Heidegger selbst dazu, daß er das Sprechen gegenüber dem Schweigen hintansetzt? Das kann doch nicht darin seinen Grund haben, daß er sozusagen ans Ende seiner Weisheit gekommen ist. Nein, sein Schweigen folgt vielmehr einer Einsicht. Es ist daher ein beredtes Schweigen. Doch auf welcher Weise ist er zu dieser Form von *Erfahrung* gelangt, die übrigens einen spezifisch inhaltlichen Charakter hat, den er mit dem Begriff der ‚Sage' umschreibt (USpr 215, 234 f., 253–258 u. ö.)? Wodurch ist sein Schweigen sinnvoll?

In den Schriften vor der „Kehre" um 1930 hat Heidegger diese Erfahrung „Zeitigen" und „Eksistieren" genannt. Als wesentlichstes Moment dieser beiden Begriffe war dasjenige des Ganzseinkönnens des menschlichen Daseins bezeichnet worden. Unter dieser Rücksicht wurde festgehalten, daß das Verstehen von Sein selbst – jetzt darf es heißen: das Wissen um die Geschichte der Un-verborgenheit – nur diesem Ganzseinkönnen des Menschen entwachsen kann. Von dieser Überlegung ist nun auszugehen, um die Antwort auf die folgende Frage, was aus der Zeitigung und dem Eksistieren in der Zeit nach 1930 geworden ist, zu begreifen.

b) Die „Aufhebung" des Zeitigens in die Existenzialien des Wohnens, Unterwegsseins, Entsprechens, Sichaufhaltens usw.

Über ‚Zeitigung' in der Bedeutung von ‚Verständnis des Sinns von Sein selbst' redet Heidegger in den Schriften nach 1930, wenn man etwa von Höld 109 f. absieht, wo es einen Abschnitt über „Zeitigung der ursprünglichen Zeit als Grundgeschehnis der Grundstimmung" gibt, absieht, wörtlich nicht mehr.[101] Das besagt natürlich nicht, daß er nicht dennoch die „Zeit" in engster Verbindung mit dem Verstehen von Sein selbst weiterhin gesehen hätte. Ausdrücklich heißt es vielmehr, daß „jedes entwerfende Offenhalten der Wahrheit des Seins als Verstehen von Sein in die Zeit als den möglichen Horizont des Seinsverständnisses hinaussehen" muß (WM 377 f., vgl. 375 f.; Schell 229), und daß „die Frage nach dem Sein unter den Leittitel ... ‚Sein und Zeit'" (WM 479) gestellt zu werden hat. Zudem beweist der wiederholte und bewußte Anschluß an *Sein und Zeit,* daß Heidegger sein weiteres Denken in Kontinuität zu seinem früheren verstanden wissen wollte. Aber von der Zeitigung als Verstehen von Sein selbst ist trotzdem keine explizite Rede mehr. Dafür dringt der Begriff des „Eksistie-

[101] Vielmehr ist vom Zeitigen der Zeit die Rede. Vgl. z. B. USpr 213; Erl 173.

rens“ eindeutig in den Vordergrund. Zwar wird auch er häufig durch Begriffe wie „Innestehen“,[102] „Inständigkeit“,[103] „Heraus-“ oder „Hinausstehen“,[104] „Offenständigkeit“,[105] „Innebleiben“ (Gb 22), „einständig“-sein (Schell 230) und andere verdrängt, doch dabei handelt es sich, wie mehrere Stellen beweisen, um ausdrückliche Übersetzungen (HW 55; N II, 358, 475; WM 323–327, 329f., 373f.). Aber abgesehen davon: Vor allem im *Brief über den ‚Humanismus‘* von 1946 (WM 323f, 325f., 329f., 336, 343, 350) und auch sonst an einigen Stellen[106] wird von „Eksistieren“ und „Ek-sistenz“ bewußt und ausdrücklich gesprochen. Und mehr noch: Dieses Eksistieren, das in Anknüpfung an *Sein und Zeit* definiert wird (N II, 475f.; WM 325; Sem 72, 82ff.), ist als ein *Wissen* verstanden (Herak V 202, 359, 371).[107] Man sieht daraus, daß die in *Sein und Zeit* erreichte Antwort auf die Frage nach der Erfahrung des Denkens mit seinem Grund durchaus bestehen bleibt. Was sich ändert, sind die Topoi, an denen davon gesprochen wird, und die Begriffe, mittels derer dieser Sachverhalt behandelt wird.

Aus diesem Grunde empfiehlt es sich nun, dem Wandel des Begriffs von „Zeit“ nachzugehen und auf diesem ‚Umweg‘ die Begriffe zu sichten, in die derjenige des „Zeitigens“ aufgehoben wurde. Dabei darf nicht vergessen werden, daß in *Sein und Zeit* das „Zeitigen“ als die ursprüngliche Form des „Ent-sprechens“[108] seitens des Da-seins gegenüber dem Sein selbst, das als „Zeit“ sich enthüllt hat, begriffen wird. Dann nämlich bedeutet dies, daß alle Weisen des Ent-sprechens, die in den Schriften nach 1930 im Zusammenhang mit der Zeit verwendet werden, als nähere Bestimmungen des „Zeitigens“ interpretiert werden dürfen. Nun kann allerdings im Rahmen unserer Untersuchung

---

[102] Höld 117; Schell 187, 196; N I, 552; II, 41, 358, 377; Gb 21, 85, 102; Herak V 202, 359, 371; WM 374; SvG 146; ZSD 12, 24.

[103] N II, 29, 377, 475f., 485; Schell 230; Erl 125; Erf 64f., 70; WM 304, 307, 310f., 374; Herak V 103; HW 349; Sem 83, 122.

[104] Gb 5; Herak V 173; WM 350 u.ö.

[105] WM 184ff.; EM 168f., 171, 214; Erl 102, 118; G 24; Herak S 200f. u.ö.

[106] HW 54f.; N II, 358, 475; WM 189, 190f., 373f.; USpr 213; Sem 83, 122.

[107] HW 54–56, 349; EM 23f.; Schell 196; Erf 64f., 68; N II, 358, 377; SvG 146f.

[108] Zu diesem Begriff vgl. HW 54; Erl 55; Gb 123; WM 75, 309f., 331, 333, 368; Herak V 173f.; Erf 68, 148; VA 22, 65f., 174, 177, 184; USpr 31f., 57, 73, 79, 262; WD 1, 91–95, 105, 164; Phil 20–30; SvG 88, 94, 185, 211; ID 18, 36; Vorwort XXI. Siehe auch oben Anm. 34.

nicht die ganze „Zeit"-Theorie des späteren Heidegger erschöpfend dargestellt werden. Das hieße ja, alle Schattierungen seiner Seinsphilosophie zu behandeln. Deshalb müssen hier einige wenige Bemerkungen ausreichen. Sie mögen nicht nur weiter bestätigen, daß das Ergebnis von *Sein und Zeit* auf gewandelter Ebene durchaus erhalten bleibt, sondern auch zu jenen ‚Existenzialien' überleiten, die das Verstehen von Sein selbst *im konkreten Vollzug* auszeichnen.

Anders als in *Sein und Zeit* definiert Heidegger die „Zeit" spätestens seit seinen Hölderlin-Studien nicht mehr als Sinn von Sein, der zum Sein selbst gehört, das heißt als dasjenige, worin und als was sich das Sein selbst im Seinsdenken zugänglich macht, sondern als innerste Bestimmung des Geschehens der Un-verborgenheit. Ausdrücklich nennt er sie „Lichtung des Seins selbst" (Schell 229; ZSD 72f.; Vorwort XXI) beziehungsweise „Wahrheit des Seins ..., welche Wahrheit das Wesende des Seins und so das Sein selbst ist" (WM 376). Wiederholt setzt er sie in ein Selbigkeitsverhältnis zur φύσις (Erl 59; Herak V 168; Herak S 62), dem griechischen Namen für Sein selbst. Gemeinsam mit dieser schreibt er ihr daher als Wesen die Rolle zu, Anwesendes „in seine jeweilige Anwesung" (Gb 121; HW 350, 354f.) zu bringen. Hierin erblickt er das ursprüngliche ‚Sein' der Zeit, nicht in der prinzipiellen Abzählbarkeit oder Geordnetheit dessen, was die Tradition als κίνησις oder „motus" bezeichnet hat. Bevor die Zeit zu dem wird, was sich das alltägliche Verständnis darunter vorstellt, ist sie die „Ankunft des Gewesenen", das heißt „die Versammlung des Wesenden, die aller Ankunft voraufgeht, indem sie als solche Versammlung sich in ihr je Früheres zurückbirgt" (USpr 57), das „Aufgehend-Aufgegangene", das „reifen" und „aufgehen" läßt (ebd. 213), und die „nähernde Nähe" (ZSD 16), die im „Reichen" der Zeitdimensionen das jeweilige Anwesende oder Abwesende „gibt" (ebd. 10–18). Sie ist mit dem Sein selbst folglich zwar dasselbe, aber nicht das gleiche (vgl. WM 376–378). Das gleiche ist sie in derselben Hinsicht nicht, wie früher schon „Sein" und „Sinn von Sein" beziehungsweise „Wahrheit des Seins" unterscheidbar waren. Zwar trägt das Sein selbst als „Anwesung" in sich selbst die Bestimmung der „Verweilung" (Gb 121; And 103f.; HW 350, 354f.), das heißt der Zeit, es *ist* somit diese selbst, dennoch aber hebt sich die Zeit als Geben von Anwesenheit darin vom Sein selbst ab, daß es die Anwesenheit zur *jeweiligen* (Gb 120f.) macht und darüber hinaus als „Geben" nicht auf ein „Schikken“, sondern auf ein „Reichen“ hindeutet (ZSD 17ff.), folglich also in ihrem „Wesen“ eine Unterscheidbarkeit gegenüber dem Sein selbst setzt.

Aber diese Zusammenhänge können nicht weiter verfolgt werden. Es genügt für die gegenwärtige Themenstellung den nun naheliegenden Schluß zu ziehen, daß alle Weisen des Entsprechens zum Sein selbst als Formen des Zeitigens begriffen werden können, und daß umgekehrt das Zeitigen auch für den späten Heidegger als das eigentliche Geschehen einer Seinserfahrung innerhalb jeder Entsprechungsform angesehen werden darf. Wesentlichste Gestalt des Entsprechens jedoch ist das *Denken.* Dieses ist, so kann jetzt in Anschluß an Heidegger selbst gefolgert werden, das Zeitigen: „Setzen wir statt ‚Zeit‘: Lichtung des Sichverbergens von Anwesen, dann bestimmt sich Sein aus dem Entwurfbereich von Zeit. Dies ergibt sich jedoch nur insofern, als die Lichtung des Sichverbergens ein ihm entsprechendes Denken in seinen Brauch nimmt.“ (Vorwort XXI)

Die Zeitigung und damit das Zeitigen als das *Sein* von Da-sein deutet auf die Erschlossenheit hin, die das Denken an ihm selbst ist und die je schon den konkreten Denkakten vorhergeht, indem sie diese einräumt. Folglich enthüllt sich das Zeitigen als eine Weise des Verstehens und Erfahrens, in der sich der Mensch immer schon vorfindet und in Freiheit zu ergreifen hat. Genau dasselbe gilt jetzt für das „wesentliche Denken“, das nunmehr an die Stelle des Zeitigens tritt, wodurch eine gewisse begriffliche Erschwernis einsetzt, sofern die Erschlossenheit, die das Denken an ihm selbst ist, abermals (wesentliches) Denken sein soll. Aber diese Erschwernis läßt sich insofern verkraften, als die Erschlossenheit eben etwas ist, was das Denken an ihm *selbst* ist und was sein *eigenes Sein* ausmacht. Außerdem ist die Zeitigung als der *Sinn* des Seins von Da-sein interpretiert worden, was besagt, daß genauso wie der Sinn nicht ‚jenseits‘ des Seins erkannt werden kann, sondern nur an diesem selbst, auch das Zeitigen nur zum Denken selbst gehören darf.

Daß der Mensch sich immer schon im Denken von Sein selbst befindet und aufhält, verdeutlicht Heidegger vor allem an den Begriffen „Verhältnis“, „Bezug“ und „λόγος“.[109] Obwohl er schon bei diesen Begriffen, besonders im Hinblick auf den λόγος und das λέγειν an

[109] Siehe oben Anm. 30.

eine bewußte Form der Erfahrung und des Verstehens denkt, so beschreibt er mit ihnen doch zunächst nur die Tatsache, daß einerseits der Mensch das Wesen ist, das seiend Sein selbst versteht, und daß andererseits das Sein selbst immer schon im Menschen den Ort seiner Ankunft genommen hat. In dieser Hinsicht kann man sogar überspitzt sagen, daß diese drei Begriffe auf eine ‚Struktur' verweisen, die *vor* allem menschlichen Erkennen kommt. Darauf deutet nicht nur die wiederholte Betonung hin, daß das λέγειν *vor* dem νοεῖν kommt (EM 178; VA 235; WD 125), sondern auch die Interpretation des λόγος als Bedingung der Möglichkeit für die menschliche Begegnung mit dem Seienden (Arist 121 ff.; WM 279 f.; USpr 185 u. ö.) und etwa folgender Satz: „Die Beziehung des vorstellenden Aussagens auf das Ding ist der Vollzug jenes *Verhältnisses,* das sich ursprünglich und jeweils als ein Verhalten zum Schwingen bringt." (WM 184, vgl. 190 f., 193) Es wäre aber falsch, hier nach der Theorie des modernen Strukturalismus eine Struktur vorzustellen, die ‚zuerst' da wäre, so daß ‚danach' ein Denken nachfolgen könnte. Nein, das „Verhältnis", der „Bezug" und der „λόγος" *sind* bereits das Denken selbst. Man darf hier zwar einmal mehr keinen Verwechslungen zum Opfer fallen, man darf aber ebensowenig die Gesetzmäßigkeiten der Gleichursprünglichkeit übersehen, die hier herrschen. In deren Licht muß nämlich gesagt werden, daß das „Verhältnis" beziehungsweise der „Bezug" zwischen dem Sein selbst und dem Menschen nichts anderes ist als das menschliche Verstehen oder Erfahren von Sein selbst, innerhalb dessen sich der Mensch immer schon aufhält. Der Begriff des λόγος, der an dieser Stelle nicht in aller Breite dargestellt werden kann, der aber nicht von ungefähr in der Tradition mit „Denken", „Vernunft", „ratio" usw. übersetzt worden ist, weil er *von sich selbst her* das νοεῖν impliziert (WD 125), ist der beste Beweis dafür. Dazu kommt, daß das „Wissen", das dem λέγειν apriori innewohnt (Herak V 248 f., 364) von der „Inständigkeit"[110] her begriffen wird. Auch dadurch ist ausgedrückt, daß das Verstehen und Erfahren des Denkens bezüglich seines Grundes ‚etwas' ist, was je schon geschieht, was folglich nie überholt, sondern höchstens hermeneutisch ausgelegt werden kann, und was demnach auch nur ins *Sein* des Denkens gehören kann, in dem sich dieses vorfindet.

[110] HW 54 f., 349; EM 23; Schell 196; N II, 41, 358; Gb 3 f., 22; Herak V 202, 371 f.

Der Begriff des „Zeitigens" beziehungsweise „Eksistierens" ist aber nicht nur als das Sein des Da-seins definiert worden, sondern er hat ebenso sehr eine inhaltliche Bereicherung durch seine Gewinnung aus dem Begriff des *Ganzseinkönnens* des Menschen erhalten. Das Ganzseinkönnen wiederum impliziert notwendig das Freisein des Menschen. Diese Bestimmung ist jetzt auch im gegenwärtigen Gedankengang von großer Wichtigkeit. Der Grund dafür liegt darin, daß das je schon geschehende Innestehen im Wissen um das Sein selbst nicht zu seiner Entfaltung gelangt, wenn es nicht durch die menschliche Freiheit ergriffen wird. Heidegger betont dies vor allem dann, wenn er das „Wissen" mit der „Entschlossenheit" (EM 23 [vgl. 277]; HW 55) und der „Entschiedenheit" (Gb 10; vgl. FD 7 f.) in Verbindung bringt. Damit ist jedoch nach dem über die Freiheit Gesagten nichts Neues hinzugefügt. Denn das Geschehen von Sein selbst, das als „wesentliches Denken" beziehungsweise „Wissen" (And 8) *ist*, ereignet sich nicht anders als so, daß es Freiheit eröffnet und zugleich von dieser ergriffen werden kann.[111] Deshalb kann es jetzt abschließend nur noch darum gehen, in einem skizzenhaften Überblick jene ‚Existenzialien' zu beschreiben, denen gemäß sich das Erfahren, Verstehen oder Wissen um das Sein selbst manifestiert, indem es sich in Freiheit ergreift. Dabei bleibe allerdings das Augenmerk auf folgende zwei Punkte gerichtet: erstens auf die nähere Beschreibung jener Erkenntnisdimension, die *vor* jenem Wissenstyp waltet, der durch die Aussagenlogik und die Fixierung auf die Seienden charakterisiert ist, und von dem eben erst im Zusammenhang mit dem Problem von „Frage" und „Antwort" geredet wurde, und zweitens auf das Festhalten am Begriff des Ganzseinkönnens.

Dasjenige, was das wesentliche, das heißt tautologisch-einfache Denken sich in Freiheit „ent-sprechend" primär zueignet, ist das, „was sein Wesen durchstimmt" (Gb 102). *Stimmung* meint hier nicht mehr die ursprüngliche Erschlossenheit des Daseins in seiner Grundbefindlichkeit, sondern Offenbarkeit von Sein selbst. In ihr eröffnet sich Welt und die Lichtung von Seiendheit im allgemeinen (vgl. u. a. Höld

[111] Die wichtigsten Texte zum Begriff des „Wissens" finden sich in EM 12 f., 23 f., 168 f.; HW 45, 46 ff., 54 f., 96, 348 f.; Schell 63 f., 77; N II, 41; Gb 3, 6, 22, 102; Herak V 47, 202–204, 247–249, 352, 364, 369, 371 f., 393 ff., 399; USpr 223 f. – Anstelle von „wesentlichem Wissen" fällt auch gelegentlich der Ausdruck „echtes Wissen" (Höld 137; EM 215 u. ö.).

15,78–104, 114f., 139–144 u.ö.). Deshalb liegt der Akzent des Begriffsverständnisses in diesem Fall auch nicht auf dem, was man normalerweise unter ‚Stimmung' versteht, sondern auf der wörtlich genommenen Wurzel dieses Begriffs, nämlich auf der „Stimme", die in der „Stimmung" spricht (Erl 166–170). Die „Stimmung" vermittelt in diesem Sinne die „Stimme des Seins".[112] Nicht von ungefähr rückt sie dadurch in die Nähe des Λόγος, auf den der Mensch zu „hören" hat. Das Denken entspricht sodann hörend dieser Stimme, wenn es dem „Geschehen" dieser Stimmung folgt (WM 110f.; Höld 142, 147), und sich von demselben auf die Wahrheit des Seins selbst „umstimmen" (Schell 126; Erl 153f., 179), „einstimmen" (WM 309; vgl. N II, 29), „durchstimmen" (Gb 48; Parm 242; USpr 70) oder einfach „be-stimmen" (Gb 108; SvG 71, 91; ID 21) läßt.

Das geschieht in erster Linie dadurch, daß es das in der Stimmung Zugewachsene – *vor* jeglicher Trennung von Subjekt und Objekt (Höld 82f., 114f., 139–144)! – *vernimmt* (SvG 140, 148).[113] Heidegger schließt sich mit diesem Begriff des „Vernehmens" an den des griechischen νοεῖν an (EM 146f.; WD 124f.; N I, 528; II, 450). In ihm sieht er zunächst einmal das, was er mit „wittern" (WD 172) oder „erspüren", besser aber mit „ahnen" (ebd.; Gb 12f.) definiert. Doch schon die *Ahnung*[114] ist für ihn nicht etwas rein Passives, sozusagen eine Vorstufe des Wissens, sondern bereits eine Gestalt des Denkens, die dasjenige, was ankommt und überkommt, aktiv aufnimmt (WD 173). In gleicher Weise ist auch das νοεῖν das selbsttätige Ver-nehmen von etwas (ebd. 124). In ihm wird der Urstreit zwischen Un-verborgenheit und Verborgenheit zum Stehen gebracht (EM 146f.). Deshalb trägt es bereits den Charakter einer *„Ent-scheidung ... für* das Sein *gegen* das Nichts" (ebd. 177). Kraft dieser Ent-scheidung „nimmt" es das Vernommene, das sich als un-verborgen qualifiziert, „in die Acht" (WD 125f., 172f.). *Achten* wiederum (vgl. VA 234, 241)[115] führt von sich selbst aus zum *Verwahren* (bes. HW 348; WD 97) oder *Bewahren*, wo-

---

[112] GbM 9f., 12, 87, 97f., 103ff., 116ff., 199ff., 221f., 227, 237ff., 247ff., 251ff., 268ff. u.ö.; N II, 11f., 481f., 484; Erl 15f., 119f.; WM 307; USpr 137; Phil 24–29.

[113] Wichtigste Texte zum Begriff des „Vernehmens": EM 149f., 192, 198; HW 104, 108; N II, 137; Herak V 324; WM 322f.; SvG 88.

[114] Wichtigste Texte zum Begriff des „Ahnens": Gb 12; Erl 55, 110; Höld 257f.; WD 172f.

[115] Wichtigste Texte zum Begriff des „Achtens": WD 124, 172f.; VA 234f., 241.

mit Heidegger das griechische σῴζειν übersetzt (bes. Herak V 364 f., 398).[116] Ein Vernehmen schließlich, das ahnend auf die Stimme dessen hört, wodurch es gestimmt wird, und zudem dieses Erahnte kraft einer Ent-scheidung in die Un-verborgenheit einbringt und daselbst in die Acht nimmt und verwahrt, ist das eigentliche *Wissen* (Herak V 247–249, 398 f.; HW 96).

Nun muß bei dieser ‚Genealogie' des Wissens um das Sein selbst aber stets vor Augen gehalten werden, daß es sich dabei nicht um das übliche Wissen handelt, das mit dem Seienden zu tun hat. Es geht vielmehr um ein Wissen, das jenen Horizont weiß, der Seiendes überhaupt erst erscheinen läßt. Deshalb darf das Vernehmen des in der Stimmung Gehörten nicht mit dem üblichen Bewußtmachen von etwas verwechselt werden (VA 64). Freilich geht es auch hier um ein Bewußtwerden, aber dieses Bewußtwerden entspringt nicht einer Aktivität des menschlichen Wollens, sondern dem *Sich-einlassen* (WM 313, 343, 358, 363; USpr 255 u. ö.) und der *Besinnung* (bes. VA 64 f.; Herak V 399) auf dasjenige, worin sich das Denken je schon befindet und aufhält.

Der *Aufenthalt*[117] des Denkens wiederum ist die Erschlossenheit, die es an ihm selbst ist und die ihm je schon vorhergeht. Er ist das „Innestehen" in jenem „Wissen", das alle Begegnung mit dem Sein von Seiendem einräumt. Anders formuliert: Der Aufenthalt ist der *Ort*, griechisch ἦθος (Herak V 206, 214–218, 349),[118] von dem her das Denken sein eigenes Wesen nimmt (vgl. USpr 37; SvG 106) und zugleich die Fähigkeit erhält, Seiendes als Seiendes vernehmen zu können (Herak V 325, 335–338). Orte aber werden *bewohnt.* Ihnen wird man nicht gerecht, wenn man bei ihnen und an ihnen nicht *verweilt.*[119] Indem man sie bewohnt und an ihnen verweilt, hält man die *Nähe* zu dem, was sich als diese Orte eingerichtet hat, nämlich das Sein

[116] Vgl. u. a. Höld 93–97; Erl 67 f.; HW 54, 92; VA 271 u. ö.

[117] Vgl. u. a. WM 218, 219–221, 234, 354, 356 ff.; EM 15; N I, 100; II, 138, 242, 377; HW 211, 270; Gb 47 f., 81 ff., 89 f.; Schell 206; Herak V 7, 9, 24, 315 f., 329, 335, 337, 344 f., 349, 371 f.; Erf 57, 139; USpr 12 ff., 159, 190 f., 199 f., 208 f.

[118] Vgl. WM 354–357; HW 324, 331.

[119] Zum Begriff des „Wohnens" siehe u. a. Höld 88, 216 f., 259 f.; Erl 42–48, 88 f., 145 ff.; WM 319 f., 333 f., 337 f., 342, 358 f.; Herak V 206, 214; VA 39, 143 ff., 148 ff., 151 ff., 155, 175, 181–198; Erf 138 f., 147; WD 88, 117, 143, 169; ID 26. – Zum Begriff des „Verweilens" vgl. bes. HW 104; N II, 137 f., 450; Herak V 304, 319, 352; VA 166, 173.

selbst.[120] *Zugleich entspringt daraus das Verstehen von Sein selbst:* „,Verständnis' ... muß im ursprünglichen Sinn von *Vorstehen* begriffen werden: sich aufhalten vor, sich auf gleicher Höhe halten mit dem, wovor man sich befindet, und stark genug sein, um es auszuhalten." (Sem 72, vgl. 73, 83; Herak V 352)

Man würde dieses wesentliche Ergebnis der ganzen vorliegenden Untersuchung, *daß das Denken seinen eigenen abgründig-ungründigen und anfänglichen Grund, das Sein selbst, erfährt beziehungsweise versteht, sofern es den Ort, an dem es sich je schon aufhält, in Entschlossenheit bewohnt,* nicht genügend erfassen, wenn man sich nicht an das erinnerte, was bereits über den Ort des Seins selbst im Denken gesagt worden ist, nämlich: Das Seiende im allgemeinen, besonders aber das Seiende ,Denken' und das Seiende ,Sprache' ist die Ortschaft, die das Sein selbst zu seiner Ankunft benötigt und je schon in Anspruch genommen hat (N II, 357–359). Dadurch ist das menschliche Da-sein „die Ortschaft der Wahrheit des Seins" (WM 373, vgl. 332), das heißt der Ort, an dem das Sein selbst als dieser „wohnt". Im Hinblick darauf kann jetzt gefolgert werden, daß der Ort beides beherbergt: das Sein selbst und den Menschen, der es vernimmt. Deshalb betont Heidegger auch vor allem bezüglich der Sprache, daß diese zumal „das Haus des Seins und die Behausung des Menschenwesens" (WM 361, vgl. 313, 326, 333) ist.[121] Das Sein selbst lichtet sich in ihr, und der Mensch bewohnt sie.

In einem anderen Zusammenhang wurde darauf hingewiesen, daß das erblickende, rufende, nennende, heißende ... tautologisch-einfache Denken das Sein selbst nicht dadurch denkt, daß es eine Theorie ,über' dasselbe erstellt beziehungsweise sich zu allen möglichen Aussagen ,darüber' hinreißen läßt, sondern dadurch, daß es ihm „eine Stätte verstattet" (VA 149) und dadurch den Raum einräumt (ebd. 148 f.; USpr 213 f.), der jedem Seienden einen Wesensaufenthalt gibt. Das geschieht, so kann jetzt präzisiert werden, im Bewohnen der Orte und Räume. Bewohnt allerdings wird in einem wesentlichen Sinn nach Heidegger nur das, was „geschont", das heißt in seiner Wahrheit be-

---

[120] Vgl. Erl 92, 94, 145–147; Herak V 176; WM 202, 319, 337 f., 342; Erf 73 f.; VA 174; USpr 21.

[121] Zur Sprache als „Haus des Seins" vgl. HW 310; USpr 90, 111 f., 114, 117 f., 267; ID 28.

lassen (VA 143, 145, 173 f.) wird, und was zu einem *Bauen* jener „Bauten“ führt (ebd. 153–155), die das Geschehen der Un-verborgenheit „zum Stand bringen“ und dadurch den Menschen ihre jeweils geschichtliche Welt einrichten (ebd., vgl. 175; Erf 138 f., 147, 150; WM 74). Das Verstehen oder Erfahren von Sein selbst entspringt somit dem Wohnen an jenen Orten, die das Sein selbst in Anspruch genommen hat, und gleichzeitig wird durch dieses Wohnen auch der Bau errichtet, das heißt das Denken gebildet oder das Wort geprägt, in dem der Mensch zu wohnen vermag. Dieser Zirkel läßt sich nicht aufheben, er ist nur durch die Geschichte von Sein selbst erklärlich, die einerseits immer schon geschieht und andererseits jeweils dennoch Neues, Unerwartetes und Unvorhersehbares sich ereignen läßt.

Zum Abschluß dieser skizzenhaften Übersicht über die konkreten Modalitäten des Seinsverstehens sei noch auf die ‚Kategorie‘ des *Weges* hingewiesen. Sie spielt nicht nur im ganzen Denken Heideggers eine große Rolle, sondern sie gehört auch in das, was eben das Sich-aufhalten, Wohnen, Verweilen und In-der-Nähe-sein des Menschen genannt wurde, unbedingt hinein. Das Wohnen geschieht nämlich nicht nur im „Schonen“ und im „Bauen“, sondern auch im *Begehen* von Wegen. Diese wiederum werden dort gebahnt, wo sich das Sein selbst als Lichtung in einem Ort einrichtet (USpr 178 f., 197 f.; ZSD 75). Dadurch entsteht das seltsame Paradox, welches Heidegger an der Sprache erläutert, daß nämlich der Weg, der zu einem solchen Ort führt, in diesem selbst liegt und von diesem selbst her gebahnt wird (USpr 239–268). Aber dabei handelt es sich einmal mehr um jenen Zirkel oder Kreis, von dem schon mehrmals die Rede war. Diesem gemäß kann es überhaupt kein Denken geben, das zu seinem Grund gelangen wollte und nicht bereits von diesem angegangen und bedingt wäre. In diesem Sinne vermag das Denken auch nur dann das Sein selbst zu erfahren, wenn es sich auf das besinnt, was es *immer schon* erfährt (HW 2 f.; USpr 11 ff.; WD 60 f.). Genau diese Besinnung jedoch geschieht im Begehen von Wegen, die durch die Geschichte der Unverborgenheit gelegt werden. *Besinnung* selbst definiert sich daraus (VA 64–66; USpr 53). Im Gehen dieser Wege wohnt der Mensch. Wohnen aber ist nur dort vorstellbar, wo der Mensch sein Ganzseinkönnen verwirklicht. Dazu muß er unterwegs bleiben und die Wege entschlossen gehen (WD 164 f.; SvG 106). Bei diesem Unterwegs-bleiben zeichnet sich nicht nur der Weg als Weg erst eigentlich ab, indem er aufschließt, was sich durch ihn eröffnet, und indem er sich selbst zu erfahren gibt als das, was er ist, nämlich als Ermöglichung der Erreichung eines Zieles (ebd.; vgl. WM 291; Herak V 304 f.), sondern in diesem Unterwegs-bleiben geschieht auch die Erfahrung von Sein selbst. So liegt es schon im Wort „Er-fahrung", das Heidegger ausdrücklich von ‚Erlangen', ‚Begehen' und ‚Auf-der-Fahrt-sein' her definiert (USpr 169, 177, 223 f.).[122] Bezeichnenderweise übersetzt er λέγειν an einer Stelle mit „Wegeinschlagen" (Arist 143–145).

Diese Hinweise zu den konkreten Modalitäten des Verstehens von Sein selbst können nun im Hinblick auf die Begrenztheit der Themenstellung unserer Untersuchung genügen. Da sie jedoch Konklusionen aus der gesamten Interpretation darstellen, wie wir mit dem Denken Heideggers angestellt haben, kann jetzt mit ihrer Hilfe als wichtigstes Ergebnis folgendes festgehalten werden:

Das Denken erfährt seinen abgründig-ungründigen und anfänglichen Grund, das Sein selbst, das schlechthin vor ihm kommt, wenn es den Ort, der es selber ist und an dem es sich selbst je schon aufhält, das heißt die Erschlossenheit an ihm selbst, als welche das Sein selbst geschichtlich ‚ist', bewohnt und dabei die Wege begeht, die sich ihm im jeweils geschichtlichen Eröffnetwerden von Welt erschließen. Im Unterwegs-bleiben auf diesen Wegen entsteht eine Art von Wissen, das völlig verschieden ist von jenem, das sich im Seienden auskennt, weil es mit dem Sein selbst die Erfahrung macht.

Dieses Wissen um das Sein selbst besteht in einer Form von Vertrautheit mit jenem Lichtungsgeschehen, kraft dessen die Seienden in ihrem ‚je-weiligen' Wesen erscheinen können. Aus diesem Grunde formuliert es sich auch nicht in den üblichen Theorien oder Subjekt-Prädikat-Aussagen. Weit eher findet es seinen Ausdruck in Worten oder Werken, die einem ganzen Gefüge einzelner Worte und einzelner Werke überhaupt erst Sinn geben. Ein Beispiel wäre etwa das nicht-ausgesprochene Wort einer Grundstimmung, die ganze Gedichte, ja ganze Dichtungen durchzieht (vgl. Höld 78–104). Ein anderes Beispiel wäre die fundamentale Botschaft eines Religionsstifters, die sich in vielen Einzelauslegungen der Wirklichkeit und in vielen ethischen Vorschriften kundtut, selbst aber nur als der Sinn-Bezugspunkt im Hintergrund bleibt (vgl. HW 49; VA 177). Ein solches Bei-

[122] Vgl. bereits And 178, 183.

spiel ist kurz gesagt jedes Wort, jede Tat und jedes Werk, das imstande ist, eine Welt zu eröffnen und diese gleichzeitig zu tragen (ebd.). Das heißt freilich nicht, daß diese Worte, Taten und Werke überhaupt nicht formulierbar und aussagbar wären. Es heißt jedoch, daß sie wesentlich seltener zum Ausdruck kommen und nur einem langen Aufenthalt in der Sprache und im Denken entwachsen.

Die eigentliche ‚Leistung' eines Denkens, das sich auf das Lichtungsgeschehen richtet, besteht schließlich nicht so sehr darin, daß es ‚etwas' erfährt und diese Erfahrung in Theorien und Berichte ummünzt, sondern darin, daß es *in* seiner Erfahrung, als welche das Sein selbst ‚ist' (HW 186 f.), diesem eine Stätte seiner Ankunft gewährt. Und eben das tut es, wenn es dem Lichtungsgeschehen, das sich in ausgezeichneten Seienden „einrichtet" und in diesen „zum Stand kommt", entspricht.

Die Philosophie hat keine andere Aufgabe, als dieses Entsprechen zu vollbringen (Phil 20–30). Sie darf demnach nicht verwechselt werden mit einer Wissenschaft (Hegel 18 f.; EM 28 f.; Schell 20; WM 314–319, 364 u. ö.) oder einer Weltanschauung (AdL 19, 22; GrPh 12 f.; GbM 11–13, 15–17, 20 f.), in denen es jederzeit konkrete und verfügbare Antworten gibt, so daß man mit ihnen etwas anfangen kann (FD 2 f.) und Maße wie ‚Fortschritt' oder ‚Rückschritt' anzulegen vermag (N I, 319). Nein, Philosophie ist „eine denkerische Eröffnung der Bahnen und Sichtweiten des maß- und rangsetzenden Wissens" (EM 12, vgl. 13 f., 118; Schell 12 f.). Indem sie durch „das freie, von sich aus vollzogene Sicheinlassen auf das Seiende" (ID 46 f.) dem Sein selbst entspricht, wird sie selbst zum Ort, an dem und als welcher dieses geschieht.[123]

c) Die mögliche Dimension der Gottesfrage innerhalb des Heideggerschen Denkens

Noch ist der mühsame Weg unserer Auseinandersetzung mit Heidegger nicht am Ende. Es bleibt noch eine letzte, aber entscheidende

[123] Es darf allerdings nicht verschwiegen werden, daß Heidegger die Philosphie, so wie sie in der Denkgeschichte seit Platon betrieben worden ist und immer noch betrieben wird, nicht mehr für fähig hält, dem Sein selbst zu entsprechen. Vielmehr redet er vom „Ende der Philosophie" (ZSD 61–80), das seinerseits jedoch keineswegs auch das Ende des Denkens bedeutet (GbM 535).

Frage zu beantworten, die für den Zweiten Teil unserer Untersuchung wichtig sein wird. Sie lautet: Wenn das Sein selbst sich im Seienden einrichtet und als Geschichte des Denkens ‚ist', mit dieser also nicht identisch ist (worauf das ‚als' hindeutet), sondern ‚nur' zusammengehört, und wenn die Weltgeschichte sich einem Streitgeschehen zwischen Un-verborgenheit und Verborgenheit verdankt, das sich geschichtlich als Welt im ausgezeichneten Seienden jeweils offenhält, *wie* beziehungsweise *woraus* ergibt sich dann die Vergabe von Un-verborgenheit und Verborgenheit? *Wer* oder *was* ist dafür verantwortlich? Ist es einfach das Streitgeschehen selbst? Ein Spiel (SvG 187 f.)? Ein Zufall? Die Zeit (Gb 120 f.; HW 350, 354 f.)? Eine Hand (HW 365–367; WD 114)? Gott?

Diese für Heidegger-Kenner sicherlich häretisch klingenden Fragen sind von Heidegger selbst in seinem späten Vortrag *Zeit und Sein* (1962) gestellt worden (vgl. ZSD 1–25). Darin erkennt er nämlich, daß aus dem Gelichtetwerden von Sein, das heißt zugleich: aus dem Geschehen der Un-verborgenheit, ein „Geben" spricht, das sich einerseits im Bezug auf das Sein als „Schicken" und andererseits im Bezug auf die Zeit als „Reichen" enthüllt. Dieses „Geben" wiederum vernimmt Heidegger nur im Zusammenhang mit einem „Es", das „gibt". Daher bedenkt er auch nicht bloß das „Es" oder bloß das „Geben", sondern das „Es gibt".[124] Nur im Verfolgen des Gebens, das sich als Schicken und als Reichen qualifiziert, kann für ihn das „Es" in den Blick gebracht werden, niemals unabhängig davon, sozusagen als etwas, was ‚hinter' oder ‚über' dem „Geben" stünde (ebd. 19 f.).

Heidegger meint schließlich, daß das „Es, das gibt", sich im „Es gibt Sein" und im „Es gibt Zeit" als „Ereignis" bezeugt (ebd. 20). Aber das soll jetzt nicht mehr diskutiert werden. Entscheidend – vor allem im Hinblick auf die letzten Überlegungen unserer Untersuchung – soll nur dies sein: Über eine ‚Instanz', die das Geschehen der Un-verborgenheit vergibt, läßt sich nur dann etwas sagen, wenn es sich aus dem Geschehen der Un-verborgenheit selbst ersehen läßt. Es darf hier also kein hierarchisches Denken mehr Platz haben, das ‚über' der Un-verborgenheit etwas ‚Höheres' vermuten würde. Es darf hier auch kein schlußfolgerndes Denken mehr mitreden, das ‚hinter' die Un-verborgenheit ‚zurückzugehen' wünschte. Schon gar nicht darf es hier ein hi-

---

[124] Vgl. Fr. W. v. Herrmann: *Selbstinterpretation*, 198–217.

storisch blindes Denken geben, das dem Begriff des Geschehens der Un-verborgenheit einen Begriff unterschöbe, der schon sonst einmal in der menschlichen Geistesgeschichte vorgekommen sein soll. Nein, soll über das Geschehen der Un-verborgenheit je etwas gesagt werden können, wie zum Beispiel im Hinblick auf Gott, so kann dies nur dadurch erfolgen, daß dieses Geschehen selbst, das heißt ‚von ihm selbst her auf es selbst zu' in den Blick gebracht wird.[125]

Allerdings, das hat sich schon gezeigt, ist dieses sich auf die Un-verborgenheit ‚bescheidende' Denken gar nicht so arm und spärlich, wie man meinen könnte. Es geht keineswegs mit leeren Händen aus. Denn gerade dadurch, daß Heidegger das Geschehen der Un-verborgenheit selbst umschreiben kann mit Worten wie „Er-eignen", „Gönnen", „Gewähren", „Geben", „Reichen" usw., zeigt sich, daß aus diesem Geschehen etwas vernehmbar ist, was dieses Geschehen eben als „Er-eignen", „Gönnen", „Gewähren" ... charakterisiert und nicht als ‚Verdammen zu ...', als ‚Nachsichziehen, daß ...', als ‚Bedingen für ...' usw. Ob sich nun aus diesem Sich-*selbst*-Lichten des Lichtungsgeschehens je etwas wird sagen lassen über ‚das', was Un-verborgenheit und Verborgenheit vergibt, das sei die Leitfrage des Zweiten Teils unserer Untersuchung.

---

[125] Dies geht vor allem aus den Bestimmungen des θεῖον in Parm 147–169 hervor.

Ergebnis des Ersten Teils

Die nachidealistische Philosophie stellt gemäß dem Verständnis der vorliegenden Untersuchung eine Antwort auf die Frage des späten Schelling dar. Diese Frage lautet: Wie vermag das Denken etwas zu denken, was unbedingt vor ihm kommt und als sein Ursprung der Grund von Freiheit ist? In einer sachlich entsprechenden Form konnte dieselbe Frage auch so formuliert werden: Wie ist eine Erfahrung beschaffen, die das Denken an ihm selbst immer schon mit dem vor ihm kommenden abgründig-ungründigen und anfänglichen Grund macht? Worin liegt die Bedingung ihrer Möglichkeit? Welches sind ihre Wesensmerkmale? Wie sind ihre konkreten Modalitäten beschaffen?

Die Antwort, die sich im Laufe des nachidealistischen Denkens herauskristallisiert hat, läßt sich in 12 Punkten zusammenfassen, die ihrerseits die wesentlichen Elemente für die Theorie einer Denkerfahrung von Unvordenklichem darstellen:

1) Die Erfahrung, die das Denken an ihm selbst mit dem Grund von Freiheit immer schon macht, ist ein Geschehen, sofern sie nicht mehr vom Denken selbst konstituiert wird, sondern vom unvordenklichen Grund. Das bedeutet, daß diese Erfahrung die Bedingungen ihrer Möglichkeit jeweils selbst mitbringt, sobald sie sich ereignet.

2) Als Geschehen, dem sie sich verdankt, hat die Grund-Erfahrung des Denkens den Charakter des nachfolgend-hinnehmenden Verstehens.

3) Unter derselben Rücksicht ist ihr Sein Geschichte, denn der Umstand, daß sie sich aus jenem nie verfügbaren Geschehen zuwächst und ihm außerdem bleibend zugehört, charakterisiert sie als andauernd werdende Möglichkeit.

4) Das, worauf sich die Erfahrung des Denkens richtet, wenn es die Erfahrung mit dem ungründig-abgründigen und anfänglichen Grund seiner selbst macht, ist das Sein von Seiendem überhaupt. (Auch das

Denken selbst ist ein Seiendes.) Beim Verständnis des Seins eines Seienden wird nämlich notwendig das Sein selbst mitverstanden. Das Verstehen von Sein selbst ist die unabdingbare Voraussetzung dafür, daß es eine Begegnung mit dem Seienden gibt. Sein selbst wird in Folge dazu der Name für den Grund des Denkens, und das Denken seinerseits enthüllt sich als Seinsverständnis.

5) Das Worauf der Grund-Erfahrung, das Sein des Seienden, zeigt zugleich die Bedingung der Möglichkeit derselben an. Diese ‚ist' das Sein selbst. Denn versteht das Denken je schon das Sein von Seiendem und damit das Sein selbst, so bedeutet dies, daß sich das Sein selbst im Sein des Seienden immer schon einen Ort seiner Zugänglichkeit für das Denken eingeräumt hat. In der Wesensbestimmung des Denkens als „Seinsverständnis" liegt folglich der Hinweis darauf, daß das Denken ‚a-priori' von dem angegangen ist, was unbedingt vor ihm kommt, und zudem zur Erfahrung mit demselben eröffnet und ermächtigt ist.

6) Durch die Bestimmung des Denkens als Seinsverständnis läßt sich die Erfahrung mit dem Sein selbst konkreter charakterisieren: Sie enthüllt sich erstens als Ganzseinkönnen des Menschen (als Zeitigen und Ek-sistieren) und zweitens als tautologisch-einfaches Vernehmen (als Erblicken, Grüßen, Zeigen, Heißen, Nennen usw.), sofern sie im Unterschied zu jeder Erfahrung mit dem Seienden das Sein selbst nur mehr ‚auf es selbst hin und von ihm selbst her' verstehen kann.

7) Das Sein selbst wird zunächst als Zeit, in einem tieferen Sinn aber als Geschichte erfahren. Dadurch verkonkretisiert sich das Wesen der Grund-Erfahrung zu dem was mit „An-denken" beschrieben wurde.

8) Gemäß der Notwendigkeit, das Sein selbst in ontologischer Differenz zum Seienden und dessen Seiendheit denken zu müssen, kann dieses nur am Seienden als Ort seiner je schon erfolgten Ankunft erfahren werden. Sofern diese Ankunft in ausgezeichneten Seienden so geschieht, daß durch sie Welt eröffnet und damit gleichzeitig eine jeweilige Geschichte des Denkens eingeleitet wird, ist das, was das Denken konkret erfährt, die Geschichte seiner selbst. Das Sein selbst ‚ist' folglich als Geschichte des Denkens und als Erfahrung desselben mit seinem Grund.

9) Das bedeutet keinesfalls, daß das Sein selbst mit der Geschichte des Denkens identisch ist. Vielmehr bestimmt sich die Grund-Erfahrung des Denkens daraus, daß sie im Erfahren ein Nicht-Erfahren be-

ziehungsweise im Verstehen ein Nicht-Verstehen ist. Erfahren und Nichterfahren oder Verstehen und Nicht-Verstehen bilden dem Sein selbst gegenüber sozusagen eine einzige Intentionalität. Das Sein selbst geht daher niemals in der Denkerfahrung, als die es ‚ist', auf. Vielmehr behält es diese bleibend in seiner Verfügung und bestimmt gerade dadurch den Ablauf der Geschichte des Denkens.

10) Das Sein selbst, das sich als Zeit und als Geschichte enthüllt hat, wird an ihm selbst in der Weise erfahren, in der es die Geschichte des Denkens ‚ist' und dabei Denken eröffnet. Die Geschichte selbst, als die es ‚ist', spricht eine Sprache und ‚bedeutet' von da her gesehen ‚etwas'.

11) Aufgrund der ontologischen Differenz, dergemäß das Sein selbst sich im Seienden einrichtet, verkonkretisiert sich der Charakter der Grund-Erfahrung schließlich zum Bewohnen und Begehen jener Orte, an denen die Ankunft von Sein selbst immer schon geschieht. Auch dieses Bewohnen und Begehen ist vom Ganzseinkönnen des Menschen her zu interpretieren.

12) Das letztlich ungelöste Problem, das diese nachidealistische Theorie einer Erfahrung des Denkens mit dem Grund von Freiheit übrigläßt, ist die Freiheit selbst. Genauso wenig wie es ihr möglich ist, die ‚de facto' erfolgte Geschichte des abendländischen Denkens von jener ‚ciszendentalen' (M. Brelage) Geschichte zu unterscheiden, in der sich das Sein selbst manifestiert, vermag sie auch die Freiheit gegenüber der sie eröffnenden Geschichte nicht hinreichend zu erhalten, obwohl sie einige Hinweise zur Lösung dieses Problems bietet.

Zweiter Teil:
Die nachidealistische Theorie von der Denkerfahrung des Unvordenklichen und die christliche Lehre von der Erkenntnis Gottes

Im Ersten Teil unserer Untersuchung sind die wesentlichsten Elemente zu einer nachidealistischen Theorie der ‚Erfahrung des Denkens an ihm selbst mit dem, was vor ihm kommt', zusammengestellt worden. Im folgenden soll nun danach gefragt werden, ob diese Theorie und vor allem auch die Denkform, die sie trägt, einem spezifisch christlichen Denken und seiner Theorie von der Erkenntnis dessen, was vor allem Sein kommt, *positiv* begegnen kann oder nicht.

Diese Fragestellung ist aus drei Gründen nicht nur gerechtfertigt und sinnvoll, sondern sogar notwendig: *Erstens* ist die Freiheitsphilosophie der Neuzeit und damit im besonderen die des deutschen Idealismus ohne den Einfluß des Christentums gar nicht vorstellbar. Sofern daher die nachidealistische Philosophie als nach*idealistische* immer noch den Bezug zu ihrer Herkunft aus der idealistischen Freiheitsphilosophie bewahrt, kann ihre Stellung zum christlichen Denken keine rein historische Äußerlichkeit sein, sondern muß vielmehr die Mitte ihres Wesens betreffen. *Zweitens* ist nicht nur beim späten Schelling, sondern auch bei den sogenannten Spätidealisten, bei Sören Kierkegaard und bei vielen anderen nachidealistischen Philosophen der Schritt über den deutschen Idealismus hinaus nicht zuletzt im Namen des Christentums vollzogen worden. Auch insofern ist die Besinnung des nachidealistischen Denkens auf seine mögliche oder nicht mögliche Christlichkeit keine bloße Spielerei mit einem Kapitel der Vergangenheit, sondern eine Auseinandersetzung mit einem Erbe, dem es seine Existenz verdankt. *Drittens* gehört die Frage nach der Grenze des Denkens seit jeher zu den Grundfragen jeder echt christlichen Begegnung mit der Philosophie. Wo die Grenze des Denkens nicht irgendwie anerkannt wird, hat der Glaube an eine Offenbarung letztlich keinen Platz. Dort gibt es im wesentlichen auch niemals christliches Denken. Anerkennt eine Philosophie jedoch von sich aus eine Grenze des Denkens, wie dies in der nachidealistischen Philosophie geschehen ist, so ist von vornherein die Bedingung für eine fruchtbare Begegnung zwischen ihr und dem christlichen Glauben gegeben. Eine christliche Philosophie, die diesen Namen zu Recht trägt, rückt dadurch in den nächsten Bereich des Möglichen.

Akzeptiert man somit, daß es sinnvoll und notwendig ist, danach zu fragen, ob das nachidealistische Denken dem spezifisch christlichen Denken entgegenkommt oder nicht, beziehungsweise ob zwischen diesen beiden Denkformen eine *gegenseitige* Bereicherung stattfinden kann oder nicht, so ist es jetzt notwendig, die christliche Wirklichkeitsdeutung zu Wort kommen zu lassen und ihre Ansicht über die Denkbarkeit des Unvordenklichen zu untersuchen. Es ist ganz offenkundig, daß deren ‚Theorie' über die Denkbarkeit des Unvordenklichen in dem liegt, was man ihre ‚Lehre' von der Erkenntnis Gottes nennt. Denn Gott ist nach der Überzeugung der gesamten Heiligen Schrift ‚dasjenige', was sich als das vor dem menschlichen Denken Kommende zu erfahren gibt und zudem das Denken jeweils dazu eröffnet und ermächtigt, ihm zu begegnen. Deshalb ist also nun zu überlegen, ob die nachidealistische Theorie bezüglich der Erfahrung des Unvordenklichen mit der biblischen Lehre von der Gotteserkenntnis in einem Analogieverhältnis steht.

Dies ist freilich sehr allgemein gesagt, und es ist daher notwendig, Präziseres zu vermerken. Man könnte nämlich befürchten, daß es im folgenden einmal mehr um einen Vergleich der biblischen Gotteslehre mit derjenigen Schellings, Husserls oder Heideggers gehen werde, daß erneut nach der Relevanz der einzelnen Nachidealisten für die Theologie im speziellen gefragt oder daß gar zu allem Überdruß das nachidealistische Denken vor den Richterstuhl irgendeiner Theologie oder irgendeiner christlichen Philosophie gezogen werde. Nichts von dem wird jedoch der Fall sein. Vielmehr soll ein kurzer Blick in die Geschichte jener Rezeption, welche die nachidealistische Philosophie von seiten der Theologie und von seiten vieler, um die Theologie bekümmerter Philosophen erfahren hat, zeigen, daß all dies nicht nur vermieden werden kann, sondern sogar vermieden werden muß, da vor derartigen Unternehmungen einige entscheidende Vorfragen zu lösen sind. Einige dieser Vorfragen werden die von uns gestellten sein.

Um uns diesen Fragen in der richtigen Weise zu nähern, wenden wir uns der bereits existierenden Rezeptionsgeschichte zu, die das nachidealistische Denken innerhalb der christlichen Theologie und Philosophie bereits erfahren hat. Da dies jedoch wiederum nicht in vollem Umfang und erschöpfend geschehen kann, beschränken wir uns auf die für unser Thema relevante Heidegger-Literatur.[1] Dies können wir tun, da wir Heidegger als eine radikale Konsequenz und als einen vorläufigen Höhepunkt der gesamten nachidealistischen Denkbewegung umfangreich interpretiert haben und daher die bisher bestehende Sekundärliteratur, die unsere Fragestellung betrifft, als symptomatisch und beispielhaft für die *ganze* Auseinandersetzung ansehen dürfen, die um das Verhältnis von Nachidealismus und Christentum kreist. Natürlich wäre es wichtig, dazu auch die einschlägige Schelling- und Husserl-Literatur heranzuziehen. Vor allem wäre es interessant, den Gründen nachzuspüren, warum die einen Interpreten in Schelling etwa einen neuen παιδαγωγὸς εἰς Χριστόν[2] beziehungsweise einen Wiedererwecker der christlichen Metaphysik[3] erblickt haben, die andern hingegen einen Verräter am christlichen Theismus und an der geschöpflichen Freiheit des Menschen,[4] oder warum eine Richtung der katholischen Theologie und Philosophie Husserls Phänomenologie als eine Rückkehrmöglichkeit zur mittelalterlichen Ontologie ansah,[5] die andere dagegen als eine Verfestigung der neuzeitlichen Subjektivitätsphilosophie.[6] Beruhten diese Deutungen jeweils auf Mißverständnissen oder gar auf Vorurteilen? Oder fand am Ende die Begegnung mit den genannten Philosophen gar nicht an der Wurzel ihres Denkens statt, sondern nur auf der vordergründigen Ebene diverser Inhalte? Aber darauf erschöpfend einzugehen, hieße den Rahmen unserer Untersuchung sprengen. Die Bewertung des Fazits, das wir aus der bisherigen Diskussion um das Verhältnis ‚Heidegger-Christentum' gewinnen wollen, möge daher indirekt auch auf diese Fragen antworten und sozusagen stellvertretend ein Licht auf die Gesamtproblematik werfen.

---

[1] Einen ersten Überblick bietet A. Gethmann-Siefert: *Verhältnis,* 139–266; vgl. auch J. M. Robinson: *Die deutsche Auseinandersetzung mit dem späteren Heidegger,* in: J. M. Robinson/J. B. Cobb Jr. (Hg.): *Heidegger,* 15–93.

[2] Vgl. dazu das Zitat von L. Merz (aus: *Schelling und die Theologie,* 1845) bei M. Durner: *Problem,* 25 Anm. 3.

[3] A. Dempf: *Kierkegaard,* 153–155, 158 f.; A. M. Koktanek: *Seinslehre,* 11–64.

[4] Vgl. u. a. Fr. A. Staudenmaier: *Schelling,* bes. 347–402.

[5] Vgl. u. a. E. Stein: *Husserls Phänomenologie und die Philosophie des hl. Thomas von Aquino,* a. a. O. (Erster Teil, B, I/Anm. 13).

[6] Vgl. u. a. J. Maritain: *Stufen,* 117–129.

I. Methodische Vorüberlegungen für einen Vergleich zwischen christlichem und nachidealistischem Denken anhand der Sekundärliteratur zu Heidegger

Überblickt man die Rezeptionsgeschichte, die das Denken Heideggers seit dem Ende der zwanziger Jahre dieses Jahrhunderts erlebt hat, so muß man uneingeschränkt feststellen, daß es vielleicht keinen Philosophen der jüngeren Vergangenheit gibt, der so stark auf die Wissenschaften im allgemeinen und auf die Theologie und die christliche Philosophie im besonderen gewirkt hat wie Heidegger. Dieser Tatsache tut der Umstand, daß durch viele Jahre hindurch sowohl auf evangelischer[1] als auch auf katholischer[2] Seite ein falsch verstandener und existenzialistisch interpretierter Heidegger im Vordergrund stand, keinen Abbruch. Denn schließlich kam diese Deutung nicht von ungefähr, sondern hatte ihren Anlaß in den früheren Veröffentlichungen von Heidegger selbst. Heidegger hat sie daher zwar kritisiert, aber dennoch nicht einfach verworfen.[3] Doch wie gesagt, dies alles ist irrelevant gegenüber dem Faktum, daß Heidegger weder aus der Theologie noch aus der christlichen Philosophie des 20. Jahrhunderts mehr wegdenkbar ist. Einige Beispiele mögen dies veranschaulichen:

Zu Beginn war es vor allem Rudolf Bultmann, der *Sein und Zeit* in seine Theologie integrierte und die dort vermeinte „neutrale" Anthropologie zur unabdingbaren Voraussetzung für jede Art von expliziter Glaubensreflexion machte.[4] Trotz des scharfen Neins seitens der dialektischen Theologie räumte er der Heideggerschen Philosophie, die er für seine Zeit als die dem Evangelium entsprechendste hielt, inner-

---

[1] A. Gethmann-Siefert: *Verhältnis,* 140–159, 169–173.

[2] R. Schaeffler: *Frömmigkeit,* 43–65 (bes. 48–53), 89–103, 147–152.

[3] Bezüglich der Theologie Bultmanns etwa schrieb Heidegger, daß es sich bei ihr „*durchaus nicht* um ein Mißverständnis" seiner Philosophie handle (*Brief* vom 30. November 1954, zit. bei W. Ittel: *Einfluß,* 92).

[4] Vgl. außerdem in G. Noller (Hg.): *Heidegger:* W. Link: *„Anknüpfung", „Vorverständnis" und die Frage der „theologischen Anthropologie"* ([1]1935), 147–193; U. Luck: *Heideggers Ausarbeitung der Frage nach dem Sein und die existenzial-analytische Begrifflichkeit in der evangelischen Theologie* ([1]1956), 226–248; vgl. weiters W. Ittel: *Einfluß.*

halb der Theologie ein relatives Recht ein und eroberte ihr dadurch in der ganzen Auseinandersetzung um die Frage nach der „Entmythologisierung“ und nach dem „historischen Jesus“ eine wichtige Stelle.[5] Einige Zeit später versuchte Friedrich Gogarten Heideggers Kritik an der neuzeitlichen Subjekt-Objekt-Spaltung mit den Anliegen der Dialogphilosophie zu verbinden und kraft dieser Synthese eine Antwort auf die Herausforderungen des säkularisierten Denkens zu geben.[6] In den fünfziger Jahren griffen Ernst Fuchs und Gerhard Ebeling anders als Bultmann und Gogarten auf den ‚Heidegger nach der Kehre‘ zurück und gründeten insbesondere im Anschluß an seine Sprachphilosophie das, was man „die neue Hermeneutik“ genannt hat.[7] Die Rede vom Ereignis des Wortes, das in seinem Geschehen Sinn stiftet und damit Wirklichkeitsverständnis eröffnet, schien ihnen eine Möglichkeit zu bieten, die Wortoffenbarung in Bibel und Kirche begreifen zu können. In eine verwandte Richtung wies die Exegese des Neutestamentlers Heinrich Schlier, der ebenfalls in Heideggers Sprachphilosophie ein geeignetes Mittel fand, um dem Inhalt des Neuen Testaments entsprechen zu können.[8] Diese Sprachphilosophie, die man auch die ‚spätere Hermeneutik‘ Heideggers nennen könnte, war es sodann, die indirekt über Hans-Georg Gadamers Buch *Wahrheit und Methode* (1960) und deren Theorie von der „Horizontverschmelzung“ entscheidend dazu beitrug, die Bultmannschen Aporien bezüglich der Fragen um den „historischen Jesus“ zu lösen.[9] 1959 erschien das Buch

---

[5] Von Bultmann siehe vor allem *Die Geschichtlichkeit des Daseins und der Glaube. Antwort an Gerhard Kuhlmann* ([1]1930), in: G. Noller (Hg.): *Heidegger,* 72–94, bes. 77, 84ff.; *Mythologie,* bes. 63–68.

[6] *Kirche,* bes. 43–47, 48, 52f., 71f., 81f., 88ff., 101–103; *Neuzeit.*

[7] Vgl. J. M. Robinson: *Die Hermeneutik seit Karl Barth,* in: J. M. Robinson/J. B. Cobb Jr. (Hg.): *Hermeneutik,* 13–108, bes. 61–97; E. Fuchs: *Hermeneutik,* 62–72; ders.: *Problem,* 65–131; ders.: *Das Neue Testament und das hermeneutische Problem,* in: J. M. Robinson/J. B. Cobb Jr. (Hg.): *Hermeneutik,* 147–186; G. Ebeling: *Wort Gottes und Hermeneutik* ([1]1959), in: G. Ebeling: *Wort,* 319–348; ders.: *Theologie,* bes. 12–18. – Zur Diskussion um diese Richtung siehe die Beiträge von J. Dillenberger, R. W. Funk, A. N. Wulder und J. B. Cobb Jr. sowie die Replik von E. Fuchs in J. M. Robinson/J. B. Cobb Jr. (Hg.): *Hermeneutik,* 187–311; W. Pannenberg: *Wissenschaftstheorie,* 169–179, 183f.; ders.: *Stellungnahme zur Diskussion,* in: J. M. Robinson/J. B. Cobb Jr. (Hg.): *Geschichte,* 285–351, bes. 288–295 (292 Anm. 3!).

[8] *Kerygma und Sophia* ([1]1951), in: H. Schlier: *Zeit,* 206–232, bes. 210ff.; *Besinnung,* bes. 36, 42, 112–122, 272f., 276f., 321–323; *Auferstehung,* 16, 27, 33f., 36–38, 51, 69.

[9] Vgl. J. M. Robinson: *Kerygma,* 72–82, 87–95, 175–191, 215–249; G. Ebeling: *Theologie,* 19–81.

Denken und Sein. Der Weg Martin Heideggers und der Weg der Theologie von Heinrich Ott, das nicht nur im folgenden Jahr auf einem Theologentreffen in Bethel bei Bielefeld große Diskussionen auslöste,[10] sondern auch sonst viele Wellen schlug. Ihm gebürt das Verdienst, die *gesamte* Philosophie Heideggers als Herausforderung an die Theologie verstanden zu haben. Außerdem versuchte Ott in weiteren Veröffentlichungen methodische Konsequenzen für die Theologie als Wissenschaft aus ihr zu ziehen.[11] Die letzte größere Auseinandersetzung mit Heidegger von seiten der evangelischen Theologie hat 1977 Alfred Jäger in seiner Habilitationsschrift *Gott. Nochmals Martin Heidegger* unternommen. Er kritisierte Heidegger zwar wegen seines idealistischen Erbes und seines Defizits an echter Dialogphilosophie beziehungsweise wegen vieler sonstiger Einseitigkeiten,[12] doch gleichzeitig erblickte er in seinem Denken eine Chance, den Tod Gottes im nihilistischen Zeitalter theologisch (!) bewältigen zu können.[13] Schließlich sind noch zwei Theologen zu nennen, die mit Heidegger biblische Theologie zu betreiben unternahmen: Gerhard Noller und James M. Robinson. Noller, der sich heftig gegen die Bultmannsche Heidegger-Rezeption wehrte,[14] glaubte, daß sich vor allem das Offenbarungsgeschehen, von dem das Neue Testament besonders anläßlich der Auferweckung Jesu zeugt, gut mit Hilfe Heideggerscher Kategorien beschreiben lasse.[15] In einem noch kühneren Gedankengang meinte Robinson sogar die gesamte Offenbarungsgeschichte zur Lichtungsgeschichte von Sein selbst in Beziehung setzen zu dürfen.[16]

Auf dem Gebiet der christlichen Philosophie muß in erster Linie der deutschsprachige Zweig der neuthomistischen Schule genannt werden. Die wichtigsten Namen in diesem Zusammenhang sind Johann

---

[10] Vgl. J. M. Robinson/J. B. Cobb Jr. (Hg.): *Heidegger;* W. Anz: *Verkündigung,* 73–80.

[11] *Was ist systematische Theologie?* ([1]1961), in: J. M. Robinson/J. B. Cobb Jr. (Hg.): *Heidegger,* 95–133; *Die Bedeutung von Martin Heideggers Denken für die Methode der Theologie,* in: V. Klostermann (Hg.): *Durchblicke,* 27–38.

[12] Bes. 76–82, 369–374, 408–416, 422f., 429ff., 445ff. u.ö.

[13] Bes. 27–54, 70–75, 83f., 313–318, 390f., 438–445.

[14] *Sein,* 86–134.

[15] *Ontologische und theologische Versuche* ..., a.a.O. (Erster Teil, B, III/Anm. 76) bes. 313ff.

[16] *Heilsgeschichte,* 134–141.

Baptist Lotz,[17] Karl Rahner,[18] Gustav Siewerth[19] und Emerich Coreth.[20] Zu ihrem weiteren Umkreis gehören auch Bernhard Welte,[21] Max Müller[22] und (in Italien) Cornelio Fabro.[23] Auf die katholische Theologie hat diese Richtung sodann vor allem durch Karl Rahner und Bernhard Welte gewirkt. Charakteristikum dieser Heidegger-Rezeption war das Bemühen, die Heideggersche Seinsfrage für eine neue Interpretation und eine neue Belebung der thomistischen Philosophie fruchtbar zu machen. Dabei gab es an Heidegger zwar unterschiedlich viel Kritik und sogar Ablehnung, und außerdem gingen die einzelnen Vertreter dieser Richtung von verschiedenen philosophischen Grundpositionen aus, doch grundsätzlich trafen sie sich darin, daß sie über die Seinsfrage Heideggers in die Metaphysik des Thomas von Aquin vorstießen.[24] Man darf sogar sagen, daß die Bedeutung der Seinsspekulation innerhalb des Thomasischen Systems erst wieder unter dem Einfluß Heideggers in ihrer vollen Tragweite bewußt wurde.[25] Außerhalb der thomistischen Richtung ist zum Abschluß noch auf Joseph

---

[17] Aus *Mensch* vgl.: *Das Sein selbst und das subsistierende Sein nach Thomas von Aquin* ([1]1959), 52–66; *Ontologie und Metaphysik. Ein Beitrag zu ihrer Wesenstruktur* ([1]1943), 251–309 (251 ff., 259 ff.); *Vom Sein zum Sinn* ([1]1960), 320–344; siehe außerdem *Aletheia; Heidegger.*

[18] Von K. Rahner gibt es außer einer frühen Abhandlung *(Heidegger)*, die irrtümlicherweise unter dem Namen ‚Hugo' Rahner erschienen ist, keine direkte Arbeit über Heidegger. Dennoch besteht kein Zweifel, daß seine philosophischen Werke *(Geist; Hörer)* unter dem Einfluß Heideggers stehen. Vgl. dazu auch das Zeugnis von K. Rahner in: R. Wisser (Hg.): *Gespräch,* 48 f., und von Joh. B. Lotz in: *Im Gespräch,* in: G. Neske (Hg.): *Erinnerung,* 154–161, bes. 154, 156.

[19] *Schicksal; Heidegger.*

[20] *Metaphysik,* 39–44, 64, 77 f., 95, 99 f., 118 f., 356 f. u. ö.; *Spur; Heidegger und Kant,* a. a. O. (Erster Teil, B, II/Anm. 21).

[21] Aus *Spur* siehe: *Zum Seinsbegriff des Thomas von Aquin* ([1]1964), 185–196; *Die Gottesfrage im Denken Heideggers* ([1]1964), 262–276; aus: *Zeit: Thomas von Aquin und Heideggers Gedanke von der Seinsgeschichte* ([1]1967), 203–218; *Gott im Denken Heideggers,* 258–280.

[22] *Existenzphilosophie,* bes. 65 f. Anm., 67–69, 100, 107, 125, 139, 217 f., 222–224, 236 ff., 243 ff.; *Ende,* bes. 17, 23, 27–42.

[23] Vgl. u. a. *Ontologia; Dall'essere; L'essere; Zu einem wesentlichen Thomismus* ([1]1965), in: Kl. Bernath: *Thomas* II, 221–238, bes. 221–224, 234.

[24] Bei B. Welte bedeutet dieser Vorstoß auch ein Neuverständnis des Meister Eckart. Vgl. *Meister Eckart als Aristoteliker* ([1]1961), in: *Spur,* 197–210. In diesem Zusammenhang mit Thomas von Aquin sind É. Gilson: *L'être,* und M. Corvez: *Heidegger,* nicht zu vergessen.

[25] A. Keller: *Sein,* 10 f., 142–212; Joh. B. Lotz: *Zur Thomas-Rezeption der Maréchal-Schule* ([1]1974), in: Kl. Bernath: *Thomas* II, 433–456, bes. 436–438, 445–451.

Möller und Richard Schaeffler hinzuweisen. Möllers Buch *Existenzialphilosophie und katholische Theologie* (1952) gehört noch in jene Zeit, in der man sich von katholischer Seite her zwar redlich um die Begegnung mit dem zeitgenössischen Denken bemühte (13–144), gleichzeitig aber gewisse Themen wie Gotteserkenntnis, Geschöpflichkeit des Menschen, das Verhältnis von Leib und Seele, die Personalität des Menschen usw. (167–180) unbedingt behandelt finden wollte. Dadurch fiel natürlich das, was man bei Heidegger tatsächlich lernte, relativ gering aus (182–226). Schaefflers Veröffentlichungen [26] bemühen sich dem gegenüber um ein echtes Eindringen in die Heideggersche Gedankenwelt. Deshalb sind sie auch – bei aller kritischen Distanz – imstande, in ihr viele Parallelen zu alt- und neutestamentlichen Theologie festzustellen. [27]

Aber damit genug der Beispiele aus dieser zugleich reichhaltigen und vielschichtigen Rezeptionsgeschichte, die keineswegs Vollständigkeit beanspruchen dürfen. [28] Fragen wir uns jetzt, wie diese Geschichte zu beurteilen ist. Wie sieht sie sozusagen von außen aus? Ist sie rundweg zu begrüßen oder gibt es über all jenes hinaus, was ‚de facto' an Positivem bereits geschehen ist und was niemals geleugnet werden kann, noch etwas anderes zu sagen? Auch dazu spricht dieselbe Rezeptionsgeschichte, die wir soeben gestreift haben, eine deutliche Sprache. In ihr herrscht nämlich neben all der Offenheit, die Heidegger innerhalb der Theologie und der christlichen Philosophie entgegengebracht wurde, ebenso viel Ablehnung. Man kann sagen, daß sie von drei Seiten her erfolgt ist:

Zunächst von seiten der Theologie: Der Versuch Bultmanns und Gogartens, Heideggers Philosophie für die Theologie fruchtbar zu machen ist von Anfang an auf das klare Nein Karl Barths, [29] Hermann

---

[26] *Frömmigkeit; Wechselbeziehungen,* 229–261, 333–339.

[27] Bes. in *Frömmigkeit,* 115–118, 128f., 140–142, 151f.; *Wechselbeziehungen,* 258–261; vgl. in diesem Zusammenhang auch L. Malevez: *Croyant,* 905–911; H. Birault: *Heidegger.*

[28] Nur einige wenige Untersuchungen seien noch genannt: H. Barth: *Ontologie;* M. Buber: *Gottesfinsternis* ([1]1952), in: M. Buber: *Werke* I, 503–603, bes. 518f., 555–561, 573f.; Joh. B. Metz: *Heidegger;* H. Franz: *kerygma;* G. Müller: *Heidegger;* P. Hossfeld: *Sein;* Kl. Schwarzwälder: *Theologie,* bes. 13–44; Kl. Rosenthal: *Heidegger;* D. Sinn: *Spätphilosophie,* 156–160; H. Köchler: *Gottesproblem;* P. Hünermann: *Sohn;* Fr. Seven: *Ewigkeit;* L. Weber: *Heidegger.*

[29] *Gott und das Nichtige,* a.a.O. (Erster Teil, B, III/Anm. 94).

Diems,[30] Gerhardt Kuhlmanns,[31] Karl Heims[32] und Emil Brunners[33] gestoßen. Sogar der Nicht-Theologe Karl Löwith hat vor dieser Rezeption gewarnt.[34] Das Buch von Heinrich Ott hat eine heftige Ablehnung erfahren,[35] und bezeichnenderweise ist der Habilitationsschrift von Alfred Jäger innerhalb der evangelischen Theologie keine gebührende Resonanz mehr entgegengekommen. Nicht zu überhören ist schließlich auch der manifestartige Aufruf von Hans Jonas, der in seinem Artikel *Heidegger und die Theologie* (1964)[36] Heidegger als Unheil für die christliche Theologie ansieht und daher ausdrücklich von ihm abrät. Hinter dieser ablehnenden Haltung der evangelischen Theologie steht natürlich sehr oft das klassische Urteil Luthers über die Philosophie als Ausdruck der sündhaften Gesetzesgerechtigkeit – dies sogar bei Ernst Fuchs und Gerhard Ebeling[37] –, darüber hinaus geht es aber auch um Fragen wie folgende: Kümmert sich Heidegger überhaupt um Gott? Ist sein Denken nicht vielmehr atheistisch? Wie soll das Sein selbst oder gar das Nichts mit Gott identifiziert werden können? Wird Gott nicht gar ein Seiendes? Hat sich das Kerygma von Christus nicht auf die Künstler und deren Werke verlagert?[38] Braucht es noch eine eigene Offenbarung Gottes neben derjenigen der Kunst? Was wird aus der Freiheit des Menschen? – Die katholische Theologie hat Heidegger in jener Phase, als sie noch meinte, einen Existenzialisten vor sich zu haben, häufiger kritisiert als in der Zeit, als ihr die völlige Neuartigkeit seines Denkens bewußt wurde. Doch dort, wo sie dies getan hat – in diesem Zusammenhang ist vor allem Hans Urs von

---

[30] *Gott,* 7–12, 14f., 16–19.

[31] *Zum theologischen Problem der Existenz. Fragen an R. Bultmann* ([1]1929), in: G. Noller (Hg.): *Heidegger,* 33–58.

[32] *Ontologie und Theologie* ([1]1930), in: G. Noller (Hg.): *Heidegger,* 59–71.

[33] *Theologie und Ontologie – oder die Theologie am Scheideweg* ([1]1931), in: G. Noller (Hg.): *Heidegger,* 125–135.

[34] *Phänomenologische Ontologie und protestantische Theologie* ([1]1930), in: G. Noller (Hg.): *Heidegger,* 95–124.

[35] Vgl. u.a. K. Barth: *Philosophie;* E. Fuchs: *Denken;* E. Jüngel: *Schritt;* W. Anz: *Verkündigung,* 73–80; siehe auch die Beiträge von A. B. Comme, C. Michalson, Sch. M. Odgen und J. B. Cobb Jr., in: J. M. Robinson/J. B. Cobb Jr. (Hg.): *Heidegger,* 135–231.

[36] In: G. Noller (Hg.): *Heidegger,* 316–340.

[37] E. Fuchs: *Theologie und Metaphysik. Zur theologischen Bedeutung der Philosophie Heideggers und Griesebachs* ([1]1933), in: G. Noller (Hg.): *Heidegger,* 136–146, bes. 146; G. Ebeling: *Verantworten,* bes. 121–123.

[38] Vgl. dazu u.a. H. Franz: *Das Denken Heideggers und die Theologie,* a.a.O. (Erster Teil, B, III/Anm. 58) 277ff.

Balthasar nicht zu vergessen[39] –, stellte sie ähnliche Fragen wie die eben aufgezählten.

Neben der Ablehnung von seiten der Theologie gibt es diejenige vieler sonstiger Heidegger-Interpreten: So ist zum Beispiel sowohl auf evangelischer[40] als auch auf katholischer Seite[41] die Bultmannsche Heidegger-Deutung als irreführend beurteilt worden. Ähnliches erfolgte durch Gerhard Noller bezüglich der Interpretation Gogartens.[42] Helmut Franz hat kritische Anmerkungen zur Hermeneutik von Ernst Fuchs und zum Buch von Heinrich Ott geliefert.[43] Gegenüber J. M. Robinson hat Otto Pöggeler ein scharfes Veto eingelegt und bei dieser Gelegenheit alle Theologien zur größeren Differenzierung zwischen biblischem und griechischem Denken aufgerufen.[44] Weiters ist Annemarie Gethmann-Siefert in einer großen Auseinandersetzung mit der gesamten bisherigen theologischen Heidegger-Interpretation ins Gericht gezogen.[45] Sie sieht in ihr die Geschichte einer Kette von Mißverständnissen, die Heidegger selbst überhaupt nicht zu Wort kommen lassen. Schließlich ist auch gegenüber den katholischen Interpreten wiederholt die Frage aufgekommen, wem ihre Synthese von Thomasischem und Heideggerschem Denken mehr schade: Thomas oder Heidegger?

Die wichtigste Ablehnung der bislang vorliegenden Untersuchungen ist aber durch Heidegger selbst erfolgt. Darüber kann seine Verteidigung Bultmanns und seine angebliche Freude über das Buch von Ott nicht hinwegtäuschen.[46] Folgende Zitate sprechen hier für sich selbst: „Ob die christliche Theologie sich noch einmal entschließt, mit

---

[39] *Herrlichkeit* III/1, 769–787.

[40] G. Noller: *Sein,* 86–134; L. Steiger: *Hermeneutik,* 98–141.

[41] Vgl. dazu bes. die Analysen zu SZ, die K. Lehmann in *Seinsfrage,* Teil II–IV, geboten hat. Sie haben die eigentliche Absicht Heideggers in einer besonders eindrücklichen Weise deutlich gemacht.

[42] *Sein,* 134–155.

[43] *Das Denken Heideggers ...,* a.a.O. (Erster Teil, B, III/Anm. 58) 255–258.

[44] *Einleitung,* a.a.O. (Erster Teil, B, III/Anm. 7) 28–30.

[45] Siehe oben Zweiter Teil/Anm. 1.

[46] Auch R. Scherers Bericht über Heideggers Ablehnung einer gegenüber dem Christentum neutralen Philosophie (vgl. *Besuch,* 782) muß in Spannung zu dem gesehen werden, was Heidegger im Dezember 1953 in Hofgeismar sagte. Dort bestritt er einen wesentlichen Einfluß des christlichen Glaubens auf die abendländische Philosophie (vgl. H. Noack: *Gespräch,* 34). Zu diesem ganzen Problemkomplex siehe auch L. Malevez: *Croyant;* J. Pieper: *Verteidigungsrede,* 127ff.; P. Henrici: *Glauben.*

dem Wort des Apostels [aus 1 Kor 1,20] und ihm gemäß mit der Philosophie als einer Torheit Ernst zu machen?" (WM 379)[47] „Die christliche Erfahrung ist etwas so ganz anderes, daß sie es gar nicht nötig hat, mit der Philosophie in Konkurrenz zu treten. Wenn die Theologie dabei bleibt, daß die Philosophie eine Torheit sei, wird der Geheimnis-Charakter der Offenbarung viel besser gewahrt. Darum gehen die Wege in der letzten Entscheidung auseinander."[48] „Ist im Prinzip der Unterschlupf ins seinsgeschichtliche Denken etwas anderes als der in die aristotelisch-scholastisch-hegelsche Metaphysik? Ist dies alles nicht ein Beweis des Unglaubens an den Glauben, ein Versuch, diesem eine Stütze und eine Krücke, von welcher Art auch immer, zu verschaffen? Ist der Glaube nicht nach dessen eigenem Sinn die Tat Gottes? Wozu ‚Seinsverständnis' und ‚Seinsgeschichte'? Ontologische Differenz? Es gibt in der biblischen Botschaft keine Lehre vom Sein ... Wer aber aus dem alttestamentlichen Wort ‚Ich bin, der ich bin' eine Ontologie herauszaubert, weiß nicht, was er tut."[49] „Innerhalb des Denkens kann nichts vollzogen werden, was vorbereitend oder mitbestimmend wäre für das, was im Glauben und in der Gnade geschieht. Wenn ich vom Glauben so angesprochen wäre, würde ich die Werkstatt schließen. – Innerhalb der Gläubigkeit denkt man wohl noch; aber das Denken hat als solches keine Aufgabe mehr."[50] „Was meinen Sie, wieviel Katholiken schon bei mir waren, um zu fragen, ob nicht doch der Hl. Thomas von diesem Geschick der Seinsvergessenheit auszunehmen wäre."[51] Es steht fest, „daß alle Metaphysik sich zwar in der [ontologischen] Differenz bewegt (stets wird das betont,

---

[47] Siehe H. Noack: *Gespräch,* 32–34.
[48] Ebd. 33.
[49] *Brief* an W. Strolz im Juni 1965, zit. in: W. Strolz: *Weg,* 182. – R. Scherer berichtet von seinem Gespräch mit Heidegger: „Heidegger vertrat die Ansicht, die Philosophie vermöge nicht an Gott zu kommen; was sie Gott nenne, sei ein sublimiert weltlicher Begriff, ein Immanentes, alles andere als der christliche Gottesbegriff. Gott ist eine Gegebenheit der religiösen Erfahrung, nicht der Philosophie. Die Philosophie komme nicht über die Idee des Seins hinaus, darin zwar das Absolute mitgemeint sei, von dem die Philosophie unabhängig von der Erfahrung des Sprechens Gottes aber nicht sagen kann, daß es Gott sei. Erst auf Grund der Offenbarung vermöge der Mensch mit den Mitteln der Reflexion so etwas wie einen Gottesbeweis zu vollziehen, der jedoch theologisch bestimmt sei." (*Besuch,* 781) Diese Position vertritt Heidegger bereits in der Abhandlung *Phänomenologie und Theologie* (1927), in: WM 45–67, bes. 50–61. Vgl. dazu A. Gethmann-Siefert: *Verhältnis,* 49–58, vgl. 36f., 39ff.
[50] Siehe H. Noack: *Gespräch,* 33.
[51] Zit. bei H. Franz: *Das Denken Heideggers* ..., a.a.O. (Erster Teil, B, III/Anm. 58) 263.

besonders bei Thomas von Aquino), daß aber keine Metaphysik diese Differenz in der Dimension erkennt, wo sie sich *als* Differenz entfaltet" (Sem 48). „Da die Ontologie einerseits die ἐνέργεια auf die ontische Bestimmung der actualitas einschränkt und zum andern durch Thomas von Aquino das Summum Ens zum Ipsum Esse gemacht hat, unterdrückt sie eben dadurch jede Möglichkeit einer Frage nach dem Sein." (Ebd. 49) „Eine ‚christliche Philosophie' ist ein hölzernes Eisen und ein Mißverständnis. Zwar gibt es eine denkend fragende Durcharbeitung der christlich erfahrenen Welt, d.h. des Glaubens. Das ist dann Theologie. Nur Zeiten, die selbst nicht mehr recht an die wahrhafte Größe der Aufgabe der Theologie glauben, kommen auf die verderbliche Meinung, durch vermeintliche Auffrischung mit Hilfe der Philosophie könne eine Theologie gewinnen oder gar ersetzt und dem Zeitbedürfnis schmackhafter gemacht werden. Philosophie ist dem ursprünglichen christlichen Glauben eine Torheit." (EM 9; vgl. WM 66; GrPh 28; N I, 14f.; II, 131–133; WD 103f.)

Welches Resumée sollen wir nun aus dieser Diskussionslage ziehen? Und welche Folgerungen haben wir daraus für das weitere Vorgehen unserer Untersuchung zu akzeptieren? Ist das Ergebnis einfach negativ? Haben Heidegger einerseits und die Theologie und die christliche Philosophie andererseits bloß aneinander vorbeigeredet? Fand also überhaupt keine *gegenseitige* Bereicherung statt? Doch kann man dem nicht sofort widersprechen? Hätte die Theologie bei Heidegger in die Schule gehen können, wenn er dazu prinzipiell keine Möglichkeit geboten hätte? Und hat nicht, worauf gleich noch näher einzugehen sein wird, Heidegger selbst seine eigene „Herkunft" aus der Theologie nie verleugnet? Ja, nannte er nicht eben diese „Herkunft" auch ausdrücklich „Zukunft" (USpr 96)? Beschränken wir uns also lieber auf die Behauptung, daß es zu einer Begegnung zwischen Heidegger und dem Christentum in beschränktem Maß gekommen sei? Sagen wir somit, daß man zu sehr danach trachtete, die Heideggersche Philosophie für diesen oder jenen theologischen Zweck zu ‚verwenden', daß man ihn zu schnell verstanden zu haben glaubte, daß man sich über ihn zu unbedacht Auskunft bei Philosophen holte, die er gerade überwinden wollte, und daß man häufig allzu einseitig und eklektisch mit ihm umging? Gewiß, dies werden wir sagen müssen. Doch dies bedeutet keineswegs, daß wir deshalb die gesamte theologische Heidegger-Literatur mit einer Handbewegung ‚ad acta' legen könnten, wie dies Annemarie Gethmann-Siefert getan hat. Auch hier werden wir differenziert vorgehen müssen. Es gibt neben dem Kritikwürdigen einfach auch sehr viel Positives, das diese Literatur zu Tage gebracht hat. In einigen Punkten, auf die noch an geeigneter Stelle verwiesen werden soll, hat sie sogar unaufgebbare Einsichten gehabt, die nicht nur Heidegger keinesfalls Gewalt angetan haben, sondern auch dem Dialog zwischen nachidealistischem und christlichem Denken alles andere als Prügel in den Weg geworfen haben.

Für unsere weiteren Überlegungen werden wir jedoch aus der dargestellten Forschungsgeschichte vorläufig folgende Schlüsse ziehen: *Erstens* wird es entscheidend sein, Heideggers strenge Trennung von Theologie und Philosophie mitzuvollziehen. Sein wiederholter Hinweis auf 1 Kor 1,20 ist unbedingt ernstzunehmen. Man braucht deshalb nicht gleich jede sinnvolle Begegnung zwischen Glauben und Denken sofort a priori auszuschließen, wie Heidegger dies vielleicht vordergründig nahelegt, man braucht deshalb nicht einmal (wie es ja auch in der vorliegenden Untersuchung der Fall ist) die christliche Philosophie für ein „hölzernes Einsen“ zu halten, aber man muß sich, bevor man über all dies redet, sehr wohl dessen bewußt sein, was *christliche* Weisheit und *christliches* Denken eigentlich bedeuten. Und dazu wird es wiederum gut sein, wenn man sich – was Heidegger ebenfalls sehr richtig sieht – in erster Linie an die Heilige Schrift hält und nicht sofort zu Theologien greift, die bereits unter den Einseitigkeiten diverser Philosophien leiden.

Zweitens wird man sich das vor Augen halten müssen, was Otto Pöggeler mit so viel Nachdruck hervorhebt, daß nämlich Heidegger ‚seine Theologie‘ und seine Redeweise von „Gott“, „dem Göttlichen“, „dem Gott“, „den Göttern“ usw. nicht aus der Heiligen Schrift entnimmt, sondern aus dem Denken der Griechen und aus der Dichtung Hölderlins.[52] Was die erste Quelle anbelangt, so ist zum Beispiel daran zu erinnern, daß es im Griechischen ursprünglich keinen Vokativ für das Wort ϑεός gab, daß ϑεός von seiner Wurzel her vielmehr einen prädikativen Sinn hat und daher auf ein Geschehen und ein Ereignis hindeutet.[53] Wenn folglich das oder jenes geschieht, sei es die

[52] Siehe oben Zweiter Teil/Anm. 50.

[53] H. Kleinknecht: ϑεός, in: ThWNT III (1938) 65–79, hier 66f.; W. Fr. Otto: *Götter,* 167–226; K. Kerény: *Religion,* 105, 109, 195f., 210f., 212f.

Liebe, sei es der Krieg, sei es die Erkenntnis, sei es ein Seesturm oder sonst etwas, dann *ist* Gott. Jeder Gott ist jeweils die φύσις als Ganze in einer immer wieder verschiedenen Offenbarkeit.[54] Die φύσις aber ist das θεῖον selbst. Sie wiederum umgreift Götter und Menschen in einer Weise, daß im konkreten Handeln und Denken der Menschen beziehungsweise im realen Verlauf der Welt gar keine Trennungslinie zwischen dem gezogen werden kann, was auf die Menschen und was auf die Götter zurückgeht.[55] Deshalb ist für die griechische Anthropologie bezeichnenderweise nicht das Wollen oder gar die Freiheit des Menschen entscheidend, sondern das Wissen (εἰδέναι, ἐπιστήμη). In ihm nämlich ist der Mensch zwar er selbst, zugleich aber *ist* er das, was von ihm Besitz ergreift. Frömmigkeit – das darf nicht vergessen werden – gilt in diesem Sinne als ἐπιστήμη![56] Wer fromm ist, weiß Gott, und wer dieses Wissen in einem höchsten Maße besitzt, ist Gott![57] Man sieht sehr leicht, daß innerhalb dieser Form von Religiosität für die christlich-personale Gottesvorstellung und den biblischen Begriff von Glauben und Freiheit des Menschen kaum Platz ist. Heidegger bekennt sich aber zum Griechentum auch in diesem Punkt. Seine Erörterungen über die θεά aus dem Lehrgedicht des Parmenides (θεά dort wohl gemerkt ohne Artikel!) beweisen dies in einer eindrücklichen Form (Parm 149–169, 240). Wer etwas von der griechischen Gottesvorstellung erfahren will, braucht daher nur diese Vorlesungen zu studieren.

Nicht sehr viel anderes ist in bezug auf Hölderlin zu sagen. Auch bei ihm, dem griechischesten der deutschen Dichter, ereignen sich die Götter im Geschehen der Geschichte, von dem sie gar nicht abgehoben werden können.[58] Sie bestehen eben darin, daß sich die menschliche Geschichte göttlich ereignet und daher ihre Einbehaltenheit in einen Geheimnisbereich offenbart, der dem Menschen unverfügbar ist und nur als unauslotbare Tiefe allen Daseins angesehen werden darf.[59] Hölderlin nennt ihn „Natur". *Sie* ist für ihn das Göttliche

[54] W. Fr. Otto: *Götter,* 160–164.
[55] Ebd. 168, 172, 176, 182, 191, 198–205, 217f., 243, 246 u.ö.
[56] Ebd. 176f.; K. Kerény: *Religion,* 97–113; J. Ritter: *Theorie.*
[57] K. Kerény: *Religion,* 105, 109. – Zu all dem vgl. auch W. Bröcker: *Sophokles,* bes. 16, 28, 32f.; ders.: *Ilias,* bes. 26f., 30f., 60f.; W. Schadewald: *Anfänge,* 42f., 88–91, 197.
[58] Vgl. R. Guardini: *Hölderlin,* 191–359 (bes. 297–299), 412f., 418f., 490f.
[59] Ebd. 342.

schlechthin.[60] Er denkt von da her gesehen nicht anders, als es die Griechen getan haben. Allerdings weiß er im Gegensatz zu diesen bereits um Christus. Tatsächlich wird dieser Gott auch für ihn zu einer Gestalt, die ihn zunehmend in ihren Bann zieht. Als letzter Gott steht Christus für ihn am Anfang jener Weltnacht, die er als Ferne der Götter versteht.[61] Doch Hölderlin verleugnet deshalb keinen Augenblick lang seine griechische Denkart. Nicht einmal in seinen letzten Hymnen tritt eine spezifisch christliche ‚Theologie' in den Vordergrund. Christus bleibt eben doch nur ein Gott neben anderen Göttern. Und genauso wie diese ist er nicht so sehr der einzige Sohn des einzig wahren Gottes, sondern eine Form der Offenbarkeit der göttlichen Natur.

Nimmt man diese Überlegungen ernst, so wird man *drittens* gut daran tun, wenn man sich beim Vergleich des Heideggerschen und des christlichen Denkens nicht sofort auf Inhalte stürzt und bei diesen Gemeinsamkeiten oder Divergenzen feststellt. Unter dieser Rücksicht hat leider die oben besprochene Sekundärliteratur verheerende Irrwege betreten. Dabei gibt es bei der feststehenden Verschiedenheit der beiden Denkformen aber gar keine andere Möglichkeit als diejenige, *vor* allen inhaltsbezogenen Vergleichen nach der jeweiligen Art und Weise zu fragen, in der das spezifisch christliche Denken einerseits und das spezifisch nachidealistische Denken andererseits *denken.* In den Inhalten kann nämlich schwerlich etwas anderes als eine Divergenz konstatiert werden. Von der jeweiligen Denkform her kann sich jedoch der Blick auf die gemeinsame Sache langsam öffnen. Überlegungen also, die etwa danach fragen, ob das Sein selbst oder gar das Nichts mit dem christlichen Gott etwas zu tun haben oder nicht, ob die „Sage" der Kunstwerke eine neue Gestalt des Kerygmas ist oder nicht, ob die Lichtungsgeschichte die Heilsgeschichte ist oder nicht usw. haben vorderhand überhaupt keinen Sinn. Denn ihnen ist ihre Antwort von vornherein gewiß. Sie lautet: Nein, diese Inhalte haben zunächst gar nichts miteinander zu tun. Soll demnach trotzdem ein Dialog zwischen christlichem und nachidealistischem Denken sinnvoll möglich sein, so ist es notwendig, an der Basis anzusetzen und folgende grundlegende Vorfrage zu stellen: Geschieht im nachidealisti-

[60] Ebd. 361–491, bes. 412f., 418f.

[61] Ebd. 493–574, bes. 564–574; siehe außerdem Ed. Lachmann: *Streit;* W. Bröcker: *Friedensfeier.*

schen Denken, wenn es die Erfahrung, die es mit dem Unvordenklichen immer schon macht, eigens vollzieht, etwas Ähnliches wie im christlichen Denken, wenn dieses sich auf die je schon erfolgte Zuwendung Gottes zum Menschen einläßt? Haben mit andern Worten Denken von Sein selbst und christliches Erkennen Gottes etwas miteinander zu tun?

Wir sind damit zu unserer Anfangsfrage, die wir genauer präzisieren wollten, zurückgekehrt. Wir sehen jetzt, wie diese Frage zu verstehen ist. Wir sehen auch, woraufhin sie überhaupt abzielen kann. Fragt sie nämlich nach der jeweiligen Art und Weise, in der nachidealistisches und christliches Denken ihren ersten und letzten ‚Gegenstand' erfahren, dann wird auch die von ihr erwartete Antwort nicht so sehr auf die Feststellung einer ‚Identität' oder ‚Nichtidentität' von Inhalten hinauslaufen, sondern auf diejenige einer ‚Identität' oder ‚Nichtidentität' von Denkformen. Die Inhalte werden deshalb nicht gleichgültig sein. Es wird von ihnen keinesfalls abgesehen werden dürfen. Denn die Art und Weise eines Denkens läßt sich niemals ohne die Inhalte erkennen. Man darf daher nicht Denkinhalte und Denkform gegeneinander ausspielen. Wenn es aber nun einmal primär um die Denkform geht, dann werden die Inhalte im Ergebnis mehr indirekt als direkt berührt werden. Es wird dann eben zum Beispiel heißen: Geschieht im nachidealistischen Denken etwas Ähnliches wie im spezifisch christlichen Denken, dann müssen auch Sein selbst und Gott etwas miteinander zu tun haben. Kein Denken und schon gar keine Erfahrung des Denkens geht nämlich unabhängig von dem vor sich, was es denkt und was es erfährt.

Fragen wir zum Abschluß noch, ob die folgenden Gedankenschritte bei all der Divergenz, die wir uns vor Augen gestellt haben, einen Grund der Hoffnung und eine Aussicht auf Erfolg haben. Ohne an dieser Stelle ins Detail gehen zu müssen, dürfen wir dazu folgendes sagen:

Heidegger selbst ist dem Dialog mit der Theologie und sogar mit der christlichen Philosophie in Gestalt eines offenen Thomismus nie aus dem Weg gegangen. Auch hat er seine Herkunft aus der Theologie – man denke nur an seinen Lehrer Carl Braig oder an seine Freundschaft mit Rudolf Bultmann[62] – nie verleugnet. Wir wissen,

---

[62] R. Schaeffler: *Frömmigkeit,* 3–10; W. Ittel: *Einfluß.*

daß seine Begegnung mit Paulus, Augustinus, Kierkegaard, Luther und andern Größen der christlichen Tradition eine wichtige Station auf seinem Lebensweg war.[63] Sogar seine Verbindung von ἀλήθεια und Lichtungsgeschichte scheint nach dem Zeugnis Otto Pöggelers nicht ohne Einfluß seitens des hebräischen Wahrheitsverständnisses zustandegekommen zu sein.[64] Sicherlich nicht zu Unrecht ist schon wiederholt auf die Verwandtschaft der Heideggerschen Begriffe des „Andenkens", des „Wartens", der „Zukunft" usw. und den entsprechenden Begriffen der Bibel hingewiesen worden.[65] Zu bedenken bleibt schließlich auch, daß Herkunft für Heidegger immer Zukunft bedeutet hat.

Heidegger hat weiters noch 1948 in einem Interview seine Philosophie als ein „Warten auf Gott" bezeichnet.[66] Zwei Jahre zuvor wies er in seinem *Brief über den ‚Humanismus‘* daraufhin, daß Gottesfrage und Seinsfrage engstens zusammenhängen: „Erst aus der Wahrheit des Seins läßt sich das Wesen des Heiligen denken. Erst aus dem Wesen des Heiligen ist das Wesen von Gottheit zu denken. Erst im Lichte des Wesens von Gottheit kann gedacht und gesagt werden, was das Wort ‚Gott‘ nennen soll." (WM 351; vgl. Erf 153f.) Natürlich muß dieser Satz, wie eine Parallele im Vortrag *Wozu Dichter?* aus demselben Jahr („Unheil als Unheil spurt uns das Heile. Heiles erwinkt rufend das Heilige. Heiliges bindet das Göttliche. Göttliches nähert den Gott." [HW 319]) nahelegt, im Sinne Hölderlins verstanden werden.[67] Doch bedeutet dies auf der Stelle, daß diesem berühmten Satz ein antichristlicher Sinn unterschoben werden muß? Keinesfalls. Hölderlin selbst

---

[63] Siehe oben Erster Teil, B, II/Anm. 91. Vgl. zudem O. Pöggeler: *Zeit,* 157–167; H. Schlier: *Denken im Nachdenken,* in: G. Neske (Hg.): *Erinnerung,* 217–221, bes. 219.

[64] O. Pöggeler: *Denkweg,* 89. Pöggeler gibt als Quelle den Aufsatz *Was ist Wahrheit?* ([1]1927) von Hans v. Soden, in: Urchristentum und Geschichte 1 (1951) 1–24, an. Eine sachliche Bestätigung dieser These findet sich bei H. Schlier: *Meditationen über den Johannäischen Begriff der Wahrheit* ([1]1959), in: H. Schlier: *Besinnung,* 272–278, hier 272, und bei J. Blank: *Wahrheitsbegriff,* 166. – W. Schadewald hat der Heideggerschen Interpretation von ἀ-λήθεια gegenüber P. Friedländer (der seine Kritik in der 3. Auflage seines Platon-Werkes teilweise zurückgezogen hat) als Altphilologe zugestimmt. Vgl. *Anfänge,* 31, 195–201; zu P. Friedländer siehe *Platon* I ([2]1954), Berlin [3]1964, 233–242.

[65] Eine interessante Synthetisierung dieser Parallelen findet man bei Kl. Hemmerle: *Das Heilige und das Denken,* in: B. Casper/Kl. Hemmerle/P. Hünermann: *Besinnung,* 9–79, bes. 30–33, 40–42, 45–54, 65f., 68f. Vgl. auch G. Siewerth: *Heidegger,* 524f.; J. Brechtken: *Heidegger,* 87–138.

[66] Zit. in: Helmut Kuhn: *Begegnung mit dem Nichts,* Tü 1950, 151.

[67] Vgl. dazu H. Danner: *Heidegger,* 67–77.

ist der beste Zeuge hierfür. Denn hat er sich trotz seiner spezifisch griechischen Denkart nicht eben doch Christus genähert? Muß bei all der Vieldeutigkeit, die seine Christus-Hymnen haben mögen, diese Tatsache nicht auf die Bedingung ihrer Möglichkeit hin befragt werden? Soll nicht Heidegger selbst über den evangelischen Theologen Heinrich Buhr, der den Versuch einer christlichen Hölderlin-Theologie unternommen hat, gesagt haben, daß er der einzige Theologe sei, der ihn verstanden hat?[68] Was sagt man sodann zu Heideggers Rede vom „letzten Gott", die sich in den *Beiträgen zur Philosophie* (1936–1938) finden?[69] Gewiß, diese Redeweise findet sich nur in diesen *Beiträgen,* und Heidegger hat sie nicht wieder aufgenommen. Aber darf man deshalb nicht fragen, wie es innerhalb des griechisch-hölderlinschen Denkens Heideggers möglich wurde, so eine Vorstellung überhaupt aufzugreifen? Und haben schließlich nicht auch Theologen wie Romano Guardini und Hans Urs von Balthasar darauf hingewiesen, daß die Rede von Göttern nicht unbedingt einen Widerspruch zum Christentum signalisieren müsse, vorausgesetzt, daß Christus als ihr Erbe verstanden und ihr eigenes Sein als Hinweis auf den einen Gott begriffen werde?[70]

Doch es ist gar nicht notwendig, hier noch weitere Indizien für die Sinnhaftigkeit eines Dialogs ‚Heidegger-Christentum' zusammenzutragen. Genügt es nicht zu bedenken, daß die Wahrheit letztlich *eine* ist? Könnte es überhaupt ein menschliches Denken oder ein menschliches Sprechen geben, das den Anspruch seines Wesens erhebt, nämlich Wahrheit zu beinhalten, wenn dieses Prinzip nicht Gültigkeit hätte? Ruht darin nicht die Hoffnung jeglicher Art von ernsthaftem Gespräch unter Menschen?

---

[68] Vgl. E. Reichle: *Vorwort,* in: H. Buhr: *Hölderlin,* 7–40, hier 12. – Zum ganzen Themenkomplex siehe den Aufsatz von H. Buhr in: *Hölderlin,* 41–105, und W. Bröcker/ H. Buhr: *Theologie.*

[69] O. Pöggeler: *Denkweg,* 262–265.

[70] R. Guardini: *Hölderlin,* 351–354; H. U. v. Balthasar: *Herrlichkeit* I, 482f., 488ff.; III/1, 644–682. – Zum Sinn des antiken Polytheismus vgl. J. Ratzinger: *Der Gott des Glaubens und der Gott der Philosophen,* Mü/Zü 1960, bes. 19–23.

II. Durchführung eines Vergleichs zwischen christlichem und nachidealistischem Denken mit besonderer Berücksichtigung der Philosophie Heideggers

An den Beginn unserer Erläuterungen über das spezifisch christliche Denken von Gott stellen wir zwei Texte, die im wesentlichen bereits alles sagen, was es zu unserer Frage zu sagen gibt. Unsere weiteren Gedankenschritte werden daher eine Art Kommentar zu diesen Texten sein müssen.

„Jesus sagte zu ihm [Thomas]: Ich bin der Weg und die Wahrheit und das Leben; niemand kommt zum Vater außer durch mich. Wenn ihr mich erkannt habt, werdet ihr auch meinen Vater erkennen. Schon jetzt kennt ihr ihn und habt ihn gesehen. Philippus sagte zu ihm: Herr, zeige uns den Vater; das genügt uns. Jesus antwortete ihm: Schon so lange bin ich bei euch, und du hast mich nicht erkannt, Philippus? Wer mich gesehen hat, hat den Vater gesehen. Wie kannst du sagen: Zeig uns den Vater?" (Joh 14,6–9; vgl. 12,45; 17,8.25) [1]

„So strahlt ihnen [den Ungläubigen] der Glanz der Heilsbotschaft nicht auf, der Botschaft von der Herrlichkeit Christi, der Gottes Ebenbild ist. Wir verkünden nämlich nicht uns selbst, sondern Jesus Christus als den Herrn, uns aber als eure Knechte um Christi willen. Denn Gott, der sprach: Aus Finsternis soll Licht aufleuchten!, er ist in unseren Herzen aufgeleuchtet, damit wir erleuchtet werden zur Erkenntnis des göttlichen Glanzes auf dem Antlitz Christi." (2 Kor 4,4–6; vgl. 1 Kor 11,7; 2 Kor 3,18; Kol 1,15; Hebr 1,3) [2]

---

[1] Alle Bibelzitate folgen der deutschen *Einheitsübersetzung der Heiligen Schrift* (Endfassung St 1979). – Zur Stelle vgl. R. Schnackenburg: *Das Johannesevangelium* III, HThKNT IV/3 (1975) 72–77.

[2] Vgl. dazu W. Thüsing: *Per Christum*, 121–134; R. Bultmann: *Der zweite Brief an die Korinther,* Meyers Kritisch-exegetischer Kommentar. Sonderband, Gö 1976, 106–112.

Nach diesen beiden Aussagen besteht der fundamentale Inhalt der christlichen Lehre von der Erkenntnis Gottes darin, daß Gott dem Menschen in Jesus Christus als *er selbst*[3] nahegekommen ist, und daß daher jede Art von Gotteserkenntnis nur in Christus möglich ist. Denn in Christus, der selbst Mensch war (1 Joh 1,1–3; Joh 1,14; Phil 2,6–8), hat sich Gott den Ort seiner Anwesenheit und seiner Zuwendung an die Menschen eingeräumt.[4] In ihm hat er uns „gesegnet" und das heißt in den Bereich seiner Nähe und Heiligkeit berufen (Eph 1,3 f.).[5] In ihm ist uns „Gerechtigkeit", „Heiligung" und „Erlösung", aber auch „Weisheit" widerfahren (1 Kor 1,30; Eph 1,17; Kol 2,3).[6] Daß uns Gott aber in diesem Menschen in derart unüberbietbarer und endgültiger Weise (Hebr 1,1 f.; Röm 16,25 f.) nahegekommen ist, daß wir in ihm sogar das eigentliche Ziel aller göttlichen Handlungen erblicken müssen (Joh 1,3.10; Eph 1,4 f. 10–12; Kol 1,16–20), wissen wir aus einem Geschehen, auf das näher einzugehen noch Gelegenheit sein wird, nämlich aus der Auferweckung Jesu von den Toten. In diesem Ereignis hat sich Gott mit diesem Menschen so sehr identifiziert, daß eben dieser Mensch von da an als Gott selbst und das heißt als seine unüberbietbare Selbstaussage angesehen werden mußte.[7]

Doch kehren wir zurück zur Frage nach der christlichen Erfahrung mit Gott! Sie ist also etwas, was uns in Jesus Christus zuwächst. Sie ist, wie das Neue Testament sagt, ein Geschenk der Gnade (Eph 1,8; 1 Kor 1,5.18 ff.; 2,10 ff.; 12,7 f.; 2 Kor 4,6; 8,7 u. ö.). Sie gehört zu all den Gottesgeschenken, die Paulus den Adressaten seiner Briefe wünscht (Eph 1,17 f.; 3,16–19; Kol 1,9; Phil 1,9) und zu deren Ergreifen er sich selbst (Phil 3,8.10) und seine Mitchristen drängt (Eph 4,13.15.18–24; Kol 1,10; 2,2.8 f.; 2 Kor 6,6; 8,7). Warum gibt es Gotteserkenntnis aber nur in Jesus Christus? Weshalb genügt nicht die allgemein-menschliche Erkenntnis? Wieso diese Exklusivität gegenüber dem Denken an sich? Die Antwort auf diese Fragen gibt Paulus in Röm 1,18–32; 2,14–16 und 1 Kor 1,18 – 2,16; 3,18–20. Die

---

[3] K. Barth: KD I/1, 311–353 (bes. 312, 328 ff., 332–338), 503 f.; K. Rahner: *Bemerkungen zum dogmatischen Traktat ‚De Trinitate'* ([1]1960), in: K. Rahner: *Schriften* IV, 103–133, bes. 115 f., 123–128; ders.: *Der dreifaltige Gott als transzendenter Urgrund der Heilsgeschichte*, in: MySal II, 317–401, bes. 327–329, 336–340, 341 f., 356 ff., 371–383.

[4] H. Schlier: *Epheser*, 44–48, 88 f. u. ö.

[5] Ebd. 39 ff., 48–52, 82–84.

[6] Ebd. 59–61.

[7] K. Barth: KD I/1, 404–419 (bes. 409 ff.), 422 ff., 427.

Aussagen dieser Texte, die übrigens in enger Verbindung miteinander interpretiert werden müssen,[8] lassen sich folgendermaßen verstehen:

Ursprünglich grenzte das menschliche Denken als solches an Gott. Es hatte dazu nicht nur die Fähigkeit oder Möglichkeit, sondern es hat es tatsächlich getan (Röm 1,20f.). Gott selbst verschaffte ihm dazu den Anlaß (Röm 1,19: „Gott hat es ihnen offenbart"), indem er ihm über die Wirklichkeit als ganze eine Zugänglichkeit seiner selbst einräumte. Denn die Wirklichkeit ließ er ihn derart begreifen, daß ihm in ihr „seine [Gottes] ewige Macht und Gottheit" (Röm 1,20) und damit seine Anwesenheit aufgehen konnte (Apg 14,17; 17,23–28). Das Denken kam dieser seiner höchsten Bestimmung aber nicht nach. Es verspielte seine Möglichkeit, seiner Herkunft treu zu bleiben und dadurch sein Wesen zur Entfaltung zu bringen. Anstatt Ort der Anwesenheit Gottes innerhalb der Wirklichkeit zu werden, wurde es der Ort seiner Abwesenheit (1 Kor 1,20ff.; Röm 1,22ff.). Der Grund dafür lag darin, daß es im paulinischen Sinn des Wortes „ungerecht" wurde (Röm 1,18). Das heißt, es maßte sich etwas an, was es in gar keiner Weise vermochte. Sich nicht selbst anmaßen konnte das Denken aber zu allererst seine eigene Herkunft und die Bestimmung seines Wesens. Ebenso wenig war es dazu imstande, sich jener Instanz zu bemächtigen, der es seine Herkunft und sein Wesen verdankte, nämlich Gottes selber. Wurde es somit „ungerecht", so bedeutet dies, daß es dem vor ihm Kommenden seine Anerkenntnis versagte und seinen Dank verweigerte (Röm 1,21.28). Es ordnete sich dieses unter und schuf sich seinen eigenen Gott. Da es dessen mächtig war, vergaß es zunehmend Gott selbst und entledigte sich dadurch auch immer mehr seines Vermögens, mit dem umzugehen, was ihm ohne sein Zutun gegeben wird. Es vertauschte mit einem Wort den Dank mit dem Stolz.

Die Folgen dieser Verblendung lagen auf der Hand: Das Denken der Menschen trieb durch die Loslösung von der Quelle seines Seins und seines Lebens dem eigenen Tod zu (Röm 1,21–32; Eph 4,17–19). Es verfiel in alle Art der Perversität und wurde das Gegenteil von dem, was es eigentlich werden sollte. Statt Weisheit erlangte es

---

[8] H. Conzelmann: *Korinther,* 58ff., vgl. 54–86. – Zum folgenden siehe H. Schlier: *Kerygma und Sophia,* a.a.O. (Zweiter Teil, I/Anm. 8); ders.: *Die Erkenntnis Gottes nach den Briefen des Apostels Paulus* ([1]1964), in: H. Schlier: *Besinnung,* 319–339; O. Kuss: *Römerbrief,* 30–46; H. Fries: *Die Offenbarung,* in: MySal I, 159–238, bes. 180–188, 209–231; W. Thüsing: *Per Christum,* 13–18; H. U. v. Balthasar: *Barth,* 326–331.

Torheit (Röm 1,22). Doch selbst dies erkannte es in der Finsternis seines Stolzes nicht. Erst Gott selbst hat ihm dies klar gemacht. Er tat es, indem er das Gegenteil der Denkweisheit wählte und sich für das entschied, was in den Augen dieser Denkweisheit „Torheit" und „Ärgernis" war (1 Kor 1,22f.). Er bevorzugte das Schwache und für gering Erachtete, um die Weisheit der Menschen in ihrer Nichtigkeit zu entlarven (1 Kor 1,27–29; Mt 11,25f.; Lk 10,21). So ließ er aber nicht das Denken an sich zuschanden werden. Zur Torheit und zum Ärgernis machte er sich vielmehr nur vor jenem Denken, das sich in das Gegenteil seines Wesens verkehrt und die Chance der echten Gotteserkenntnis verspielt hatte. Jenem Denken jedoch, das erkannte und anerkannte, daß „das Törichte an Gott ... weiser als die Menschen ist, und das Schwache an Gott ... stärker als die Menschen" (1 Kor 1,25), gab er seine ursprüngliche Möglichkeit, ihm nahezukommen, zurück und rettete es (1 Kor 1,21).[9]

Doch wie geschah dies? Es geschah dadurch, daß er sich mit jenem Menschen absolut identifizierte, der in unbedingter und unüberbietbarer Form das Törichte an Gott weiser als die Weisheit der Menschen und das Schwache an Gott stärker als die Macht der Menschen erachtete, nämlich mit Jesus von Nazaret. Die Gotteserkenntnis und Gottes*an*erkenntnis dieses Menschen, die sich bis in die völlige Absurdität seines Todes am Kreuz hinein bewährte, offenbarte er endgültig und unwiderruflich als den eigentlichen Ort seiner Anwesenheit, indem er sich im Tod dieses konkreten Menschen auf dessen Seite stellte und ihn dadurch zu sich selbst und zu seinem Leben „erhöhte" (Phil 2,9). Zugleich verbürgte er damit jedem Menschen, der in derselben Weise wie dieser Jesus von Nazaret ihm die erste und letzte „Ehre" überließ (Röm 3,27; 1 Kor 1,29–31; 2 Kor 10,17), dasselbe Geschenk seiner Nähe. Aus diesem Grunde kann es nun aber innerhalb eines wahrhaft *christlichen* Denkens keine Weisheit mehr geben, die nicht Weisheit des Kreuzes ist (1 Kor 1,18; 2,2).

Mit dieser ‚Folgerung' haben wir eine Antwort auf die Frage gefunden, warum das spezifisch christliche Erkennen Gottes so unbedingt und ausschließlich „in Christus" zu erfolgen hat. Zugleich haben wir

---

[9] Vgl. bes. H. Schlier: *Kerygma und Sophia,* a.a.O. (Zweiter Teil, I/Anm. 8) 219f., 223–225, 226ff. Zur paulinischen Gerechtigkeitstheologie siehe R. Bultmann: *Theologie,* 271–315.

in groben Zügen die neutestamentliche Lehre über die Gotteserkenntnis umrissen. Doch um jetzt Ansatzpunkte für einen möglichen Vergleich mit dem nachidealistischen Denken zu finden, müssen wir das Wesen dieser ‚christusförmigen' Erkenntnis genauer betrachten. Denn bis jetzt läßt sich noch nicht ersehen, wie es überhaupt zu einem solchen Vergleich kommen könnte. Um diesen Eindruck aufzuheben, ist es notwendig, folgende vier Fragen zu stellen, die in den weiteren vier Unterabschnitten jeweils beantwortet werden sollen:

1) Inwiefern ist auch die ‚christusförmige' Gotteserkenntnis ein Geschehen, das dem Menschen zukommt?

2) Mit welchem Recht wird die Instanz, von der dieses Geschehen ausgeht, und die zugleich als dieses Geschehen innerhalb des menschlichen Seinsverständnisses *ist,* Gott genannt und mit all den Prädikaten versehen, die dem biblischen Gott zu eigen sind.

3) Worin bestehen die genaueren Modalitäten der biblischen Gotteserkenntnis? Was bedeutet Erkennen? Was heißt glaubendes Erkennen? In welcher Weise ist Gott diesem nahe?

4) Warum kommt ausgerechnet Jesus Christus innerhalb der gesamten Geschichte Gottes mit dem Menschen das Privileg zu, Ort der Erfahrung Gottes zu sein? Woher stammt die Erkenntnis dieser Tatsache? Was bedeutet dies für das glaubende Erkennen, das als ‚christusförmiges' Erkennen immer auf das geschichtliche Geschehen um Jesus Christus zurückbezogen bleibt?

1. Die biblische Gotteserkenntnis als Geschehen Gottes

Daß die Gotteserkenntnis in der Bibel nicht auf die Initiative des Menschen zurückgeht, sondern ausschließlich Werk Gottes ist, das dem Menschen die Bedingung der Möglichkeit für eine antwortende Erkenntnis einräumt, geht an und für sich schon aus dem Begriff ‚Offenbarung' hervor. Denn mit diesem Begriff beschreibt die Theologie jenes heilsgeschichtliche Geschehen, durch das Gott aufgrund seines freien Entschlusses, also nicht im Hinblick auf einen Anspruch seitens des Menschen, diesem an sich selbst Anteil gibt. Doch da in der Bibel selbst nicht einheitlich von ‚Offenbarung' die Rede ist[10] und es in der

---

10 H. Schulte: *Offenbarung.*

Theologie lange Zeit brauchte, bis es zu einer klaren Vorstellung davon kam,[11] mögen einige Anmerkungen das Recht dieses Begriffes veranschaulichen.

Die Überzeugung, daß die menschliche Erkenntnis Gottes auf einem Vorhererkanntsein durch Gott beruht (1 Kor 8,3; 13,12; Gal 4,9) beziehungsweise die menschliche Entscheidung für Gott und seinen Gesandten auf einem Schon-erwählt-sein durch Gott (Joh 15,16) und die menschliche Liebe zu Gott auf einem Immer-schon-geliebtsein durch Gott (1 Joh 4,10.19), spricht das Neue Testament auf die vielfältigste Weise aus.[12] Dieser Vielfalt kann hier freilich nicht volle Gerechtigkeit widerfahren. Denn das würde unter anderem bedeuten, daß man die gesamte Theologie der Wunderberichte und der Berufungs- und Nachfolgeerzählungen erörtern müßte. Deshalb bedarf es einer Beschränkung auf die beiden wichtigsten Aussagen. Diese finden sich wiederum in den Berichten über die Ostererscheinungen und in einzelnen Passagen der Geistestheologie.

Was zunächst die Auferstehungsberichte anbelangt, so ist es nicht notwendig, ihre fundamentale Bedeutung für die gesamte Offenbarungstheologie ausführlich darzulegen.[13] Es genügt, darauf hinzuweisen, daß nach der Überzeugung des ganzen Neuen Testaments die Auferweckung Jesu von den Toten das eigentliche Zentrum, das letzte Ziel und die entscheidende Deutung aller Selbstmitteilungen Gottes ist, und daß daher in dieser unüberbietbar endgültigen Offenbarung auch absolut klar geworden ist, wer Gott ist und worin sein Wesen besteht. Hält man sich dies vor Augen, so leuchtet es von selbst ein, daß die Frage nach der Erfahrung dieses Ereignisses durch die Apostel und Jünger für unsern Zusammenhang von allergrößter Wichtigkeit ist.

---

[11] M. Schmaus/A. Grillmeier/L. Scheffczyk: *Handbuch* I a und I b; H. Fries: *Die Offenbarung,* a.a.O. (Zweiter Teil, II/Anm. 8) 162–179.

[12] K. Barth: KD I/1, 11, 13, 35–43, 190ff., 194–239 (bes. 201f., 204–206, 233f., 235f., 239), 260f.; E. Jüngel: *Gott,* 211–219, 334–340. Jüngel redet in Anschluß an G. Ebeling häufig von einer „Erfahrung mit der Erfahrung" (40–42, 137, 225f., 246, 381, 517f.), womit er das Geschehen derselben besonders hervorhebt.

[13] W. Pannenberg hat das Faktum der Auferstehung zum Fundament jeglicher Art von Christologie gemacht. Vgl. *Christologie,* 47–112. – Zum folgenden siehe außerdem H. Schlier: *Auferstehung;* W. Marxen: *Auferstehung;* K. Rahner: *Dogmatische Fragen zur Osterfrömmigkeit* ([1]1959), in: K. Rahner: *Schriften* IV, 157–172; J. Kremer: *Zeugnis;* ders.: *Osterbotschaft;* Ph. Seidensticker: *Auferstehung;* L. Schenke: *Auferstehungsverkündigung;* Fr. Mußner: *Auferstehung;* R. Kratz: *Auferweckung;* J. Blank: *Paulus,* 133–183; W. Kasper: *Jesus,* 145–188.

Wie also haben die ersten Christen die Auferweckung Jesu erfahren? Was haben sie über diese Erfahrung gesagt?

Wendet man sich an den ältesten Text, der hierüber Auskunft gibt, nämlich an 1 Kor 15,3–8, so erhellt ein einziges Verb bereits den gesamten Sachverhalt.[14] Gemeint ist das Verb „er erschien", das seinerseits eine ungenaue Übersetzung des griechischen Wortes ὤφθη ist und das hier – genauso wie in Lk 24,34; Apg 13,31; 26,16; 1Tim 3,16 – medial als „er ließ sich sehen" wiederzugeben ist. Mit dieser Ausdrucksweise sagt die junge Kirche bereits in aller Deutlichkeit, daß der Ursprung dieses Sehens keinesfalls bei den Auferstehungszeugen lag. Vielmehr ist sie der Ansicht, daß dieses Sehen ein Geschehen war, zu dem diese Zeugen erhoben wurden. Sie selbst brachten dazu überhaupt keine Voraussetzungen mit. Ursprung dieses Ereignisses war daher Gott selbst bzw. der zu Gott erhöhte Christus (wie das ebenfalls medial zu verstehende ἐγήγερται in 1 Kor 15,4 nahelegt).[15]

Paulus, der dieses ‚Urevangelium' der Kirche zitiert, tut in seiner gesamten Theologie im Grunde nichts anderes, als diese Tatsache zu kommentieren und zu begreifen.[16] Zwar redet er nicht von Erkenntnisbedingungen, sondern von „Gerechtigkeit", „Heil" und „Gnade", die der Mensch durch Gott erhält, aber daß diese Themen mit dem eben beschriebenen „Sehen" in engster Verbindung stehen, beweisen die Texte 1 Kor 15,8–10; 9,1–3 und Gal 1,11–16, in denen er auf seine Berufung zum Apostel zu sprechen kommt. Ist in ihnen auch außer in 1 Kor 15,8 nicht das mediale ὤφθη zu finden, sondern in 1 Kor 9,1 das aktive ἑόρακα (Subjekt: Paulus) und in Gal 1,16 (vgl. 1,12; 2 Kor 12,1) das aktive ἀποκαλύψαι (Subjekt: Gott), so sind diese Ausdrücke dennoch in strenge Beziehung zueinander zu setzen.[17] Jedesmal ist es Gott selbst, der durch seine Berufung zur wahren Erkenntnis führt. In diesem Punkt stimmt auch Lukas, der wohl die Berufung des Paulus vor Damaskus dreimal erzählt (Apg 9,1–22; 22,5–16; 26,12–18),[18] sonst aber von den Selbstaussagen des Apostels nicht wenig abweicht, mit diesem völlig überein.

---

[14] J. Kremer: *Zeugnis,* 54–64, 86f.; J. Blank: *Paulus,* 156–162; Fr. Mußner: *Auferstehung,* 63–74; Ph. Seidensticker: *Auferstehung,* 31–58; H. Schlier: *Auferstehung,* 31–45.

[15] J. Kremer: *Zeugnis,* 39–44, 86.

[16] Vgl. vor allem J. Blank: *Paulus,* 184–248.

[17] Ebd. 186f., 189, 192, 194f., 202f., 212f.

[18] Vgl. G. Lohfink: *Paulus;* G. Stählin: *Apostelgeschichte,* 131–138, 284f., 309–311.

Das eben Gesagte ist nicht alles, was für unsere Themenstellung aus den Osterberichten herauszustreichen ist. Die exegetische Diskussion, die in Anschluß an Rudolf Bultmann und Willi Marxen entbrannt ist,[19] hat nämlich darauf aufmerksam gemacht, daß es nicht nur wichtig ist, das eben genannte „Sehen" als Geschehen zu begreifen, an dem Gott Anteil gewährt, sondern auch das Verstehen, das diesem Sehen über das Gesehene entspringt. Für den Philosophen mag sich dieses Problem vielleicht wie ein Scheinproblem anhören, da es ein menschliches Sehen, das nicht gleichursprünglich ein Verstehen ist (Heidegger: SZ 198), überhaupt nicht gibt. Dennoch ist es wertvoll, die Antwort, die im Neuen Testament dazu zu finden ist, eigens zu nennen. Nach dessen Ansicht ist nämlich auch die ‚Interpretation' des Faktums des Todes Jesu, des leeren Grabes, der „Widerfahrnis" des Sehens (W. Marxen)[20] usw. ein Werk Gottes beziehungsweise des erhöhten Christus selbst.[21] Dafür spricht vor allem der Umstand, daß es entweder ein Engel (Mk 16,5–7; Mt 28,5–7; Lk 24,4–7) oder der Auferstandene selbst (Mt 28,9f.16ff.; Lk 24,13–53; Joh 20,14–17.19ff.) ist, der den Zeugen das Verständnis des Erfahrenen eröffnet, sondern auch die Tatsache, daß diese mit dem leeren Grab von sich aus überhaupt nicht fertig werden (Lk 24,4; Joh 20,8f.11–13),[22] Jesu Fortgehen zum Vater nicht verkraften (Apg 1,10f.)[23] und aus der Finsternis kein Licht zu machen imstande sind (Apg 9,8f.18; 22,11.13). Nur Gott selbst vermag ihre Trauer in Freude zu verwandeln und ihnen erahnen zu lassen, was er in der Auferweckung Jesu getan hat. Daraus wiederum folgt, daß sich das Ereignis der Erhöhung des Herrn in keinen Verständnishorizont pressen läßt, den der Mensch sich selbst zugeeignet hat.[24] Es ist, wie man häufig gesagt hat, ein völlig analogieloses Geschehen. Aus diesem Grund muß es die Bedingung

---

[19] Darstellungen dieser Diskussion finden sich bei Fr. Mußner: *Auferstehung,* 74–80; J. Kremer: *Zeugnis,* 96–129; J. Blank: *Paulus,* 170–178; W. Kasper: *Jesus,* 153–162; H. Schlier: *Auferstehung,* 39ff.

[20] *Auferstehung,* 16f., 19.

[21] Fr. Mußner: *Auferstehung,* 77f.; H. Schlier: *Auferstehung,* 51, 69f. – Im Hinblick auf Heidegger siehe G. Noller: *Ontologische und theologische Versuche …,* a.a.O. (Erster Teil, B, III/Anm. 76) 313ff.

[22] J. Kremer: *Osterbotschaft,* 29f., 39, 44f., 54f., 59, 62f., 65, 75f., 92–94, 100f., 130ff.

[23] Zu dieser Stelle siehe G. Stählin: *Apostelgeschichte,* 10–21, bes. 19f.

[24] J. Blank: *Paulus,* 178–183; J. Moltmann: *Hoffnung,* 166–173, vgl. 127f., 176f., 178; W. Kasper: *Jesus,* 165ff.

der Möglichkeit seines Verständnisses selbst beibringen. Nicht zu Unrecht wurde es daher auch auf eine Ebene mit dem ‚Ereignis' der Schöpfung der Wirklichkeit überhaupt gestellt.[25]

Die Osterberichte der Evangelisten enthalten bekanntlich viele Anspielungen auf das Alte Testament. Ohne die Kenntnis derselben ist ein tieferes Verständnis ihrer Aussage gar nicht möglich.[26] Sie alle zu berücksichtigen, ist für uns aber weder notwendig noch sinnvoll. Für unsere Frage, inwiefern die Erfahrung Gottes ein Werk Gottes selbst ist, muß nur ein wichtiger Hinweis erfolgen. Dieser führt uns wiederum nicht an die Wurzeln des ὤφθη aus 1 Kor 15,3 ff. oder des ἀποκαλύψαι aus Gal 1,16 zurück, sondern an die Gesamtvorstellung von Offenbarung, die im Alten Testament herrscht. Nun ist zwar gerade diese nicht als einheitlich zu bezeichnen, doch gleichzeitig kann als gemeinsame Überzeugung aller Offenbarungsberichte folgendes festgehalten werden: Jahwe ist der Ursprung jenes Geschehens, das zu seiner Erkenntnis führt. Jahwe ist aber nicht nur das, er ist vielmehr auch diejenige Instanz, die das zur Erkenntnis führende Geschehen selbst deutet. Insofern ist er das Subjekt des *gesamten* Geschehens, das sich zwischen ihm und dem Menschen abspielt. Walther Zimmerli hat dies an den von ihm sogenannten Selbstvorstellungsformeln „Ich bin Jahwe" und den daraus entwachsenen Erkenntnisaussagen „Ihr werdet erkennen, daß ich Jahwe bin" sowie den dazu gehörigen Streckungs-, Nominal- oder Partizipalformeln gezeigt, die sich in den verschiedenen Pentateuchquellen, in 1 Kön 18 u. 20, in Ps 6; 20,1–7; 41,11 f., bei Deutero-Isaias und vor allem bei Ezechiel finden.[27] Seine Ergebnisse sind durch den Einwand von Rolf Rendtorff, daß es vor allem in den Geschichtswerken und in der Prophetenliteratur auch Offenbarungen gibt, die einfach als Geschichte ohne eigene Deutung durch Jahwe erfolgen,[28] nicht widerlegt, sondern höchstens ergänzt worden. Denn selbst dort, wo sozusagen die Geschichte selbst Offen-

[25] H. Fries: *Die Offenbarung,* a. a. O. (Zweiter Teil, II/Anm. 8) 225; J. Kremer: *Zeugnis,* 132–136.

[26] Fr. Mußner: *Auferstehung,* 41–48; J. Kremer: *Zeugnis,* 52–54; R. Kratz: *Auferwekkung.*

[27] W. Zimmerli: *Offenbarung,* 11–132, bes. 21, 46–52, 65 f., 78, 79 f., 83, 85, 104, 108–110, 118 f.

[28] *Geschichte,* bes. 632 ff.; *Die Offenbarungsvorstellungen im Alten Israel,* in: W. Pannenberg (Hg.): *Offenbarung,* 21–41. Vgl. auch G. v. Rad: *Theologie* I, 346–365; H. J. Kraus: *Theologie,* 42 f., 45; W. Zimmerli: *Grundriß,* 18 f.

barung wird, erhellt sie sich – wie Rendtorff übrigens selbst betont – aus einer Überlieferung, die nach dem Glauben Israels auf Jahwe selbst zurückgeht. Insofern läßt sich also aus dem Alten Testament dasselbe Resultat ziehen, das sich auch aus den Auferstehungsberichten ergeben hat: Die menschliche Erfahrung Gottes ist *als ganze* ein Geschehen, das von Gott ausgeht und von ihm getragen wird. [29]

Von diesem Ergebnis aus gesehen führt zum Verständnis dessen, was uns an der johannäischen und paulinischen Geistestheologie noch interessieren muß, nur ein kleiner Schritt. [30] Im wesentlichen handelt es sich dabei sogar um dieselbe Grundaussage, nur ist diese innerhalb der Pneumatologie unvergleichlich ausdrücklicher formuliert. Wichtigster Text in diesem Zusammenhang ist abermals der 1. Korintherbrief, diesmal allerdings die Verse 2,6–16. Daraus lauten die wichtigsten Passagen:

„Vielmehr verkündigen wir das Geheimnis der verborgenen Weisheit Gottes, die Gott vor allen Zeiten vorausbestimmt hat zu unserer Verherrlichung ... Nein, wir verkündigen, wie es in der Schrift heißt, was ‚kein Auge gesehen und kein Ohr gehört hat', was keinem Menschen in den Sinn gekommen ist: das Große, das Gott denen bereitet hat, die ihn lieben.

Denn uns hat es Gott enthüllt durch den Geist. Der Geist ergründet nämlich alles, auch die Tiefen Gottes. Wer von den Menschen kennt den Menschen, wenn nicht der Geist des Menschen, der in ihm ist? So erkennt auch keiner Gott – nur der Geist Gottes. Wir aber haben nicht den Geist der Welt empfangen, sondern den Geist, der aus Gott stammt, damit wir das erkennen, was uns von Gott geschenkt worden ist."

Nach dem oben bereits Gesagten erübrigt sich ein längerer Kommentar zu diesem Text. Die in ihm getroffene Aussage spricht für sich. Hinzugefügt sei nur noch folgendes: Der Geist, der uns das We-

---

[29] L. Köhler: *Theologie,* 83; H. J. Kraus: *Theologie,* 37 f.; H. Schlier: *Was heißt Auslegung der Heiligen Schrift?* ([1]1964), in: H. Schlier: *Besinnung,* 35–62, hier 38, 41–43, 57.

[30] Zum folgenden siehe R. Schulte: *Die Vorbereitung der Trinitätsoffenbarung,* in: MySal II, 49–84, bes. 69–71; Fr. J. Schierse: *Die neutestamentliche Trinitätsoffenbarung,* in: MySal II, 85–131, bes. 97–102, 113–129; Ed. Schweizer: πνεῦμα κτλ., in: ThWNT VI (1959) 394–453; K. Barth: KD I/1, 470–514; I/2, 246–282 (bes. 276 f.); R. Schnackenburg: *Das Johannesevangelium* III, a. a. O. (Zweiter Teil, II/Anm. 1) 156–173; Fr. Mußner: *Sehweise,* 56–63, 69–85; J. Mouroux: *L'expérience,* 128–165.

sen Gottes als „Vater“ und unserer selbst als „Söhne Gottes“ offenbart (Röm 8,15f.; Gal 4,6), ist niemand anders als Gott selbst (Joh 4,24). Genauso wie er aber Geist Gottes ist (Röm 8,9; Joh 14,26; 15,26), ist er der Geist des erhöhten Christus (Röm 8,9; 1 Kor 2,16; 2 Kor 3,17; Gal 4,6; Phil 1,19). Nach 2 Kor 3,17 ist sogar der erhöhte Kyrios selbst Geist. Deshalb ist auch die Erkenntnis Christi als Offenbarung Gottes nur aufgrund des Geistes möglich (1 Kor 12,3). Johannes drückt dies in seiner Theologie vom „Parakletos“ aus. Dessen Aufgabe ist es, die Jünger alles zu lehren und sie an das zu erinnern, was Jesus ihnen gesagt hat (Joh 14,26), von ihm Zeugnis abzulegen (15,26) und in die ganze Wahrheit einzuführen (16,13). Er ist daher streng an Christus gebunden (14,18), wenn auch nicht einfach mit ihm identisch (7,39; 16,7). Es wäre nun aber völlig falsch, wenn man zwischen den beiden Aussagen, daß der Geist einerseits der Geist Gottes und andererseits der Geist Christi ist, einen Widerspruch erkennen wollte. Denn Christus ist die absolute Selbstaussage Gottes selbst und damit nicht etwas Verschiedenes von ihm, sondern eben er selbst. Es ist also allemal der eine Gott, der im Geist und als Geist die Erfahrung seiner selbst, die – wie bereits kurz angedeutet – in der Form des Glaubens verstanden werden muß (2 Kor 4,13; 5,5; Gal 3,14; 5,5), ermöglicht und zum Ziele führt. Johannes nennt dies das Geborenwerden aus Gott (1,13; 3,3.6; 1 Joh 5,18.20).

Wir können damit die Erläuterungen zu unserer ersten Frage, inwiefern die ‚christusförmige‘ Gotteserkenntnis ein Geschehen sei, das dem Menschen zukommt, abschließen und im Hinblick auf die nachidealistische Theorie von der Denkerfahrung des Unvordenklichen folgende Zwischenbilanz ziehen: Es besteht in diesem Punkt, daß die Erfahrung dessen, was vor dem menschlichen Denken kommt, ein Geschehen ist, das vom Denken selbst nicht präjudizierbar ist, innerhalb der nachidealistischen Philosophie und innerhalb des Neuen Testaments Einigkeit. Sagen wir vorsichtiger: Es herrscht hier eine Analogie. Denn sofort, wenn wir dies sagen, meldet sich die entscheidende Frage, der wir uns jetzt zuwenden müssen, nämlich: Mit welchem Recht konnte die Bibel derjenigen Instanz, von der das besagte Geschehen ausgeht und die *als* und *in* diesem Geschehen ‚ist‘, einen personalen und liebenden Gott erkennen? Wieso blieb nicht auch sie bei einer stummen, unbenennbaren Macht? Bei einem Heiligen? Bei einem Göttlichen? Bei einem „Es gibt“?

2. *Die biblische Gotteserkenntnis als geschichtliches Geschehen*

Bevor wir auf die eben gestellten Fragen antworten, erinnern wir uns noch an dasjenige, was anläßlich unserer Erörterungen zur Philosophie Heideggers über eine mögliche Dimension der Gottesfrage angesichts der Seinsproblematik gesagt haben (vgl. Erster Teil, B, III, 5c). Wir kamen dort zu dem Schluß, daß das Geschehen der Un-verborgenheit selbst kein rein neutrales Ereignis darstellt, sondern ‚Qualitäten' an sich trägt. Heidegger sprach es immerhin als „Gönnen", „Gewähren", als „Geben", als „Huld", als „Schicken" usw. an. Er stand dabei in der Nachfolge Hölderlins, der in seinem Fragment *Was ist Gott?* dasselbe folgendermaßen ausdrückte:

„Was ist Gott? unbekannt, dennoch
Voll Eigenschaften ist das Angesicht
Des Himmels von ihm ..."

Wir können uns in diesem Sinne die Frage stellen, ob es innerhalb der Geschichte dessen, was Heidegger mit „Sein selbst" beziehungsweise mit 'Α-λήθεια *bezeichnet* hat, prinzipiell auszuschließen ist, daß aus dem Geschehen der Un-verborgenheit mehr erfahren werden kann als ein reines „Gewähren", als ein bloßes „Gönnen", als ein neutrales „Geben", als eine gesichtslose „Huld", als ein stummes „Schikken" usf. Wird diese Frage für berechtigt gehalten, so können auch die anschließenden Überlegungen nicht a priori als willkürlich verworfen werden. Werden sie darüber hinaus sogar als eine diskutable *Hypothese* akzeptiert, so kann dies dem versuchten Dialog zwischen nachidealistischem und christlichem Denken nur nützen.

Daß wir jedoch in die biblische Gottesfrage von einer anderen Seite her einsteigen, als es Heidegger getan hat, der sich diesbezüglich offensichtlich isoliert an der Schöpfungstheologie und an der sogenannten ‚theologia naturalis' orientiert hat, weshalb er letztlich auch im biblischen Gott ein vollkommenes und höchstes Seiendes erblickte, muß von vornherein klar sein.[31] Heidegger hat zumindest bei aller Unterscheidung, die er zwischen der abendländisch-christlichen Theologie und der Botschaft der Bibel getroffen hat, den Gott der Bi-

[31] Vgl. dazu das Zeugnis von H. Buhr: *Der weltliche Theolog*, in: G. Neske (Hg.): *Erinnerung*, 53–59, bes. 53f.; H. Danner: *Heidegger*, 159–178, bes. 171ff.

bel ausdrücklich nie davon ausgenommen, ein Seiendes ganz besonderer Art zu sein, das auf ganz besondere Weise erkannt werden kann. Zweifellos stand er in diesem Punkt unter dem Eindruck des unüberschätzbaren Einflusses, den die Schöpfungstheologie auf die abendländische Philosophie gehabt hat. Diesem Einfluß schrieb er ja auch eine entscheidende Mitwirkung am zunehmenden Vergessen des Seins selbst durch die Philosophie zu. Aber verfehlte er mit dieser Perspektive nicht von vornherein das Denken der Bibel? Gab er durch sie nicht vor allem eine Chance zu einem konstruktiveren Dialog mit dem Christentum aus der Hand, die er in seinem eigenen Denken grundgelegt hätte? Denn sagte er nicht, daß sich aus der Wahrheit des Seins, dem Wesen des Heiligen und dem Wesen der Gottheit jenes denken ließe, „was das Wort ‚Gott' nennen soll" (WM 351)? Wies er also nicht selbst eine Möglichkeit an, Gott anders denn als höchstes Seiendes zu denken? Hat die Bibel aber nicht genau dies getan? Oder hat sie dem gegenüber einen derart fremden Weg eingeschlagen, wie Heidegger dies meinte? Hat sie nicht vielmehr ebenfalls Gott aus jenem Geschehen erfahren und bedacht, das ihr Denken eröffnet und bleibend bestimmt hat? Ist ihr nicht gerade auch der Glaube an Gott als Schöpfer der Wirklichkeit aus dieser Erfahrung zugewachsen? Wie ist somit das Volk Israel dazu gekommen, in jener Instanz, die es als Volk und das heißt: in seinem Selbstverständnis und Denken begründet hat, seinen personal-liebenden Gott Jahwe zu erkennen?

Die grundsätzliche Antwort auf diese Frage muß lauten: Wenn es sich nach dem biblischen Glauben so verhält, daß Gott die Bedingung der Möglichkeit zu einer Erfahrung mit ihm in dieser Erfahrung selbst dem Menschen gibt, dann kann der Mensch Gott als Gott immer nur in dem Augenblick erfahren, in dem sich Gott selbst als Gott kundgetan *hat.*[32] Das menschliche Denken über das, was Gott ist und wer Gott ist, *folgt* demnach immer auf die von Gott selbst gesetzte Initiative *nach.* Es vermag daher von sich aus nicht auf Gott zu schließen, ihn gar zu beweisen oder zu postulieren. Wie sollte es dies auch tun, wo es doch nach der Überzeugung der Bibel sein eigenes Wesen als Denken immer erst im Ergehen einer Selbstmitteilung Gottes findet?[33]

---

[32] K. Barth: KD I/1, 202, 204–206, 233f., 260f.; I/2, 4ff., 28ff., 187f., 224f., 254ff., 264f., 416f.

[33] Vgl. bes. H. Schlier: *Glauben, Erkennen, Lieben nach dem Johannesevangelium* ([1]1962),

Es besitzt also an sich selbst keine Struktur, die es sozusagen unabhängig von der Initiative Gottes und im voraus zu ihr auf dessen Wesen rückschließen ließe. Auch das nichtmenschliche Seiende, der Kosmos etwa, bietet ihr dazu keine Möglichkeit, tritt doch auch es erst durch die Offenbarung Gottes in ihr Wesen ein. Zumindest stellt die Bibel nirgends Reflexionen über Gott, den Menschen oder die Welt an, die sich gewissermaßen neutral zur Selbstkundgabe Gottes verhalten würden.[34] Sogar in der Weisheitsliteratur des Alten Testaments verhält es sich nicht anders.[35] In der Bibel findet sich daher immer nur die Kunde davon, daß Gott gehandelt hat und daß er darin kundgetan hat, wer er ist.

Es ergibt sich nun von selbst, daß ein derartiges Denken wesenhaft geschichtlich sein muß. Es kann nur sein, wenn es immer auf jenes Geschehen bezogen bleibt, dem es seine Eröffnetheit und seine Zukunft verdankt. Oder anders formuliert: Es kann in keiner andern Weise sein als in der, die Heidegger genauso wie die Bibel mit *Andenken* beschrieben hat.[36] Gott selbst ist es, der sich dieses Andenken oder Gedächtnis in seinem Volk stiftet (Ps 111,4). Das Volk hingegen, das dieses Andenken eigens vollzieht, erinnert sich darin nicht nur an eine vergangene und zurückgelassene Tat Gottes, sondern es bedenkt dabei Gottes Anwesenheit in seinem Gestern, Heute und Morgen. Denn die Vergangenheit Gottes hat die Zukunft seines Volkes immer schon überholt und gleichursprünglich damit dessen Gegenwart ermöglicht.[37]

Andenkend entspricht also Israel der Anwesenheit Gottes innerhalb seiner Mitte. Da nun aber das menschliche Denken immer nur Antwort ist auf dasjenige, wozu es Gott eröffnet, bedeutet dies, daß Gott

---

in: H. Schlier: *Besinnung,* 279–293, hier 280f., 285f. – Im Alten Testament drückt sich dieser Sachverhalt vor allem im Gedanken der „Heiligung" und der „Erwählung" durch Gott aus. Vgl. G. v. Rad: *Theologie* I, 143–149, 191f., 242ff., 364f.; L. Köhler: *Theologie,* 34f., 43–55, 65–67; W. Zimmerli: *Grundriß,* 35–39, 40ff.; H. J. Kraus: *Theologie,* 62f., 65–70; M. Barth: *Augenzeuge,* 208–239.

[34] Unter den unzähligen Gegenüberstellungen von biblischer und philosophischer Gotteserkenntnis sei nur folgende ausgewählt: K. Rahner: *Theos im Neuen Testament* ([1]1950), in: K. Rahner: *Schriften* I, 91–167, bes. 94ff., 103–108.

[35] G. v. Rad: *Weisheit,* 75–148; ders.: *Theologie* I, 454–467, bes. 463ff.; W. Zimmerli: *Grundriß,* 141–143.

[36] O. Michel: μιμνῄσκομαι κτλ., in: ThWNT IV (1942) 678–687, bes. 681ff.

[37] Vgl. bes. J. Moltmann: *Hoffnung,* 95–101, 105f.; Fr. Mußner: *Sehweise,* 45–51, vgl. 38–42.

selbst geschichtlich ‚ist'. Man kann sogar noch weitergehen und sagen: Gott ‚ist' innerhalb alles dessen, was *der Mensch* als seiend ansprechen kann, das heißt innerhalb des *menschlichen* Seinsverständnisses, *als* die Geschichte, die er mit seinem Volk eingeht. Das besagt keineswegs, daß Gott in dieser Geschichte aufginge oder gar mit ihr identisch wäre. Er ist ja vielmehr der Herr dieser Geschichte. Aber es bedeutet, daß Gott sich den Ort seiner Anwesenheit immer schon innerhalb jener Geschichte eingeräumt hat, die im glaubenden Andenken seines Volkes Wirklichkeit findet. Allein in diesem Sinne – und nur in diesem! – kann und darf entsprechend den oben genannten Heideggerschen Formulierungen behauptet werden, daß Gott ‚ist' *als* die Geschichte, die er mit seinem Volk eingeht. Und dies wiederum heißt nichts anderes als dies, daß er ‚ist' als das glaubende Andenken seines Volkes, in dem er sich von sich selbst her immer schon den Ort seiner Ankunft freigemacht hat. [38]

Wenn man dies somit sagen darf, dann folgt daraus zuvorderst, daß nur aus der Geschichte heraus, die Gott selbst eingeleitet hat und trägt, zu erfahren ist, wer und was Gott ‚ist'. Aber man braucht hier gar nichts zu folgern. Es genügt auf das hinzuweisen, was sich im Glauben Israels tatsächlich abgespielt hat. Das war alles andere als etwa eine Reflexion oder gar eine Disputation über einen Gottesbegriff, den Israel von irgendwoher übernommen oder aus sich selbst heraus entwickelt hätte. Was sich hier abspielte, war vielmehr eine jahrhundertelange Erfahrung Israels mit seiner Geschichte, in der es erst allmählich begriff, daß es erwählt und gelenkt war, und wer derjenige war, der es erwählt und gelenkt hat. Am Anfang stand nicht einmal das, was man reichlich mißverständlich einen ‚Monotheismus'

---

[38] „Im Ereignis der Geschichte Jesu Christi sagt Gott sich endgültig aus. Das ist keine bildliche Redensart, sondern meint den Sachverhalt, daß diese Geschichte sagt, indem sie geschieht, und auch geschieht, indem sie sagt. Und wir meinen es wiederum nicht im übertragenen Sinn, sondern beschreiben den Vorgang der Geschichte, wenn wir behaupten, die Sprache dieser ‚Sage' sei die Sprache derer, die sie erfahren. Das Wort dieses Geschehens artikuliert sich in der aus-legenden Ant-wort derer, die es vernehmen. Das gilt von aller menschlichen Geschichte. Sie geschieht nie anders als so, daß sie sich im ausgesprochenen oder unausgesprochenen Verstehen ereignet. Das gilt auch von der Geschichte, in der sich Gott der Welt zuspricht." (H. Schlier: *Was heißt Auslegung …*, a. a. O. [Zweiter Teil, II/Anm. 29] 42, vgl. 38, 42 f.) „Der Satz der Offenbarung: Gott redet ist identisch mit dem Satze: der Mensch hört!" (Ed. Thurneysen, zit. bei K. Barth: KD I/1, 255)

nennt.[39] Israels Gott Jahwe – sein Name ist vermutlich nur ein Name, er bezeichnet nichts[40] – teilte sich den Bereich des Göttlichen mit den jeweiligen Göttern anderer Völker. Er hatte mehrere Namen und viele Gesichter.[41] Erst in einer sehr viel späteren Zeit wurde klar, daß Jahwe nicht nur der mächtigste, sondern auch der einzige Gott ist, und daß alle andern Götter ihm gegenüber nichts sind (Is 41,24.29; 43,8–13; 44,6–11). Nicht viel früher rang sich Israel zu der Einsicht durch, daß Jahwe als Gott aller Völker der Herr der ganzen Geschichte ist.[42] Und erst dabei wurde ihm auch bewußt, daß sein Gott der Schöpfer der gesamten Wirklichkeit ist.[43] Aber damit war die Erfahrung, die es mit seinem Gott machte, noch keineswegs zu Ende. Wieder bedurfte es einiger Jahrhunderte, bis es erkannte, daß Gott die Liebe selbst ist, daß er nicht das Gericht, sondern das Heil will.[44] Doch dieser langen Zeit bedurfte es nicht etwa deshalb, weil in Israel erst das notwendige religiöse Selbstbewußtsein herangebildet hätte werden müssen, um einen personal-liebenden Gott zum Begriff werden zu lassen, sondern deshalb, weil sich Gott eben in dieser geschichtlichen Weise offenbarte. Er ist ja der Initiator seiner Geschichte mit Israel und er allein ist auch der Grund für seine Erkenntnis innerhalb des Andenkens seines Volkes.

Wo Gott jedoch ein Andenken an sich selbst gestiftet hat, dort stifter er ebenso ein Warten auf das, was kommen wird. Denn seine Vergangenheit ist gleichursprünglich die Zukunft seiner selbst und damit diejenige seines Volkes. Andenken ist daher *an ihm selbst* Erwartung und Hoffnung.[45] Wie verhält sich diese Tatsache aber zum Sichoffenbaren Gottes als Gott? Was bedeutet sie für die Erfahrung Israels mit ihm? Sie zeigt an, so darf geantwortet werden, daß sich Vergangenheit

---

[39] H. J. Kraus: *Theologie,* 23 f.; A. Deissler. *Gottes Selbstoffenbarung im Alten Testament,* in: MySal II, 226–271, bes. 233–235, 236 ff.

[40] L. Köhler: *Theologie,* 23.

[41] Ebd. 17–42; G. v. Rad: *Theologie* I, 24 f., 193–200, 223–225; W. Zimmerli: *Grundriß,* 12–15; H. J. Kraus: *Theologie,* 17–60; A. Deissler: *Gottes Selbstoffenbarung …,* a. a. O. (Zweiter Teil, II/Anm. 39) 244–248.

[42] J. Moltmann: *Hoffnung,* 112–124; G. v. Rad: *Theologie* I, 174–178; II, 108–135 (bes. 116 ff., 121 ff.), 188–192, 206 f., 252, 258–260, 264 f., 288, 303–308, 316–338.

[43] G. v. Rad: *Theologie* I, 149–167; L. Köhler: *Theologie,* 69–71; W. Zimmerli: *Grundriß,* 24–32; H. J. Kraus: *Theologie,* 72–82; W. Kern: *Die Schöpfung als Voraus-Setzung des Bundes im Alten Testament,* in: MySal II, 441–454.

[44] R. Schnackenburg: *Herrschaft,* 56–62.

[45] Dazu vgl. bes. J. Moltmann: *Hoffnung,* 101–108.

und Zukunft Jahwes *gegenseitig* erhellen und auslegen.[46] Die Bibel spricht in diesem Zusammenhang von Verheißung und Erfüllung. In der Verheißung hat Gott zur Erfahrung gebracht, wer er sein und wie er erkennbar sein wird. In der Geschichte der Erfüllungen geschah jedoch nicht bloß eine Bestätigung dessen, was verheißen worden war. Gewiß war jede Erfüllung nur aufgrund einer Verheißung erkennbar geworden.[47] Gleichzeitig eröffnete aber jede Erfüllung eine neue Verheißung und außerdem betraf sie die vorhergehenden Verheißungen, indem sie diese in einem neuen Licht erscheinen ließ und um ganze Dimensionen vertiefte.[48] Aus diesem Grunde bedeutete jede neue Selbstmitteilung Jahwes nicht nur eine geschichtliche Verifikation dessen, was er verheißen hat, sie war nicht nur ein Beweis seiner Treue zu sich selbst, sondern gleichzeitig eine immer tiefer gehende Einführung in die Offenbarkeit seines Wesens. Unter dieser Rücksicht treffen sich an dieser Stelle die hebräische Vorstellung von ‚Wahrheit', die darunter soviel wie ‚Zuverlässigkeit', ‚Festigkeit', ‚Treue', ‚Gerechtigkeit' usw. versteht, und die griechische Vorstellung von ἀλήθεια, die ihren Akzent auf die ‚Offenbarkeit' und ‚Unverborgenheit' von ‚etwas' legt.[49] Gott ist sich selbst treu und ermöglicht aufgrund dieser Treue zu sich selbst eine Erfahrung mit ihm. Gleichzeitig ist diese Treue aber keine bloße Bedingung einer Erkenntnismöglichkeit. Sie ist vielmehr immer eine Treue zu einem ganz bestimmten Wesen Gottes. Sie offenbart daher auch etwas über dieses Wesen. Insofern darf bei aller Betonung der Tatsache, daß Gott in der Offenbarung seiner selbst die

---

[46] Ebd. 85–91.

[47] Dies hat Moltmann zu Recht gegenüber W. Pannenberg und seinem Versuch, die Heilsgeschichte mit Popperschen Kategorien systematisieren zu wollen, eingewandt (vgl. *Hoffnung,* 99–101, vgl. 67–74). Zu Pannenberg siehe aus W. Pannenberg (Hg.): *Offenbarung: Einleitung,* 7–20 (bes. 15), und *Dogmatische Thesen zur Lehre der Offenbarung,* 91–114 (bes. 95–98, 112f.). Zur weiteren Kritik an Pannenberg vgl. P. Althaus: *Offenbarung;* L. Steiger: *Offenbarungsgeschichte.*

[48] J. Moltmann: *Hoffnung,* 106f.

[49] Zum hebräischen Wahrheitsbegriff H. J. Kraus: *Theologie,* 54f., 67; H. U. v. Balthasar: *Herrlichkeit* III/2 a, 160–162; R. Bultmann: ἀλήθεια κτλ., in: ThWNT I (1933) 233–251. – Daß sich hebräischer und griechischer Wahrheitsbegriff nicht einfach ausschließen, ist die Voraussetzung dafür, daß die neutestamentlichen Autoren auch die hebräischen und griechischen Glaubens- und Erkenntnisbegriffe synthetisieren konnten. Vgl. R. Bultmann: γινώσκω κτλ., in: ThWNT I (1933) 688–719, hier 705–707; ders.: *Theologie,* 315–324; H. U. v. Balthasar: *Herrlichkeit* I, 123–133; ders.: *Fides Christi* ([1]1961), in: *Sponsa Verbi,* 45–79, hier 49–52.

Bedingung der Erfahrbarkeit derselben gibt, wie es in der moderneren Theologie zu Recht geschieht, nicht übersehen werden, daß dieselbe Bedingung auch Gott selbst enthüllt. Die Bedingung der Möglichkeit einer Erfahrung mit Gott ist eine *Erfahrung* mit einem Erfahrungs*inhalt.* Sie geht keinesfalls darin auf, eine bloße Struktur oder gar ein reines Transzendental zu sein. (Auf diesen Punkt sind wir übrigens bereits im Zusammenhang mit Heidegger zu sprechen gekommen. Vgl. Erster Teil, B, II, 2 a.)

Aber konzentrieren wir uns noch einmal darauf, daß die biblische Selbstkundgabe Gottes, deren Israel gedenkt, wesenhaft in Verheißungen besteht. Das bedeutet zunächst, daß die biblischen Offenbarungen sich nicht verwechseln lassen mit jenen Theophanien, die aus anderen Religionen bekannt sind.[50] In ihnen geht es weder um die Darstellung des Aussehens Gottes noch um die Lüftung irgendwelcher Geheimnisse noch um die Mitteilung von okkulten Lehren oder etwa um die Stimulierung ekstatisch-mystischer Erlebnisse, sondern um Ankündigungen. Aus diesem Grunde ist auch das, was Gott in seiner Offenbarung *sagt,* viel wichtiger als das, was der Offenbarungszeuge sieht.[51] Das, woraufhin die Erscheinung Gottes hinzielt, dasjenige also, was ihre Zukunft ist, überwiegt alles Momentane, das in ihr miterlebt wird. All das bedeutet dann aber weiters, daß die Offenbarungen nicht etwa deshalb geschehen, weil es Gott gefällt, sich kundzutun, sondern deshalb, weil es um den Menschen geht. Allein ihm können ja die Verheißungen gelten, denn Gott bedarf für sich keiner Verheißungen. Die Offenbarungen der Bibel, deren höchste und letzte diejenige in Jesus Christus ist, ereignen sich daher um des Heils oder Gerichtes des Menschen willen. Seine Zukunft ist es, die auf dem Spiel steht und der Entscheidung Gottes obliegt.[52]

---

[50] G. v. Rad: *Theologie* I, 252 f., 378 f.; A. Sand: *Die biblischen Aussagen über die Offenbarung,* in: M. Schmaus/A. Grillmeier/L. Scheffczyk: *Handbuch* I/a, 1–26, bes. 4 f.; H. U. v. Balthasar: *Herrlichkeit* I, 299–309; III/2 a, 31–79; H. J. Kraus: *Theologie,* 19–24; R. Rendtorff: *Die Offenbarungsvorstellungen ...,* a. a. O. (Zweiter Teil, II/Anm. 28) 21–41; A. Deissler: *Gottes Selbstoffenbarung ...,* a. a. O. (Zweiter Teil, II/Anm. 39) 226–231.

[51] L. Köhler: *Theologie,* 88 f.; A. Sand: *Die biblischen Aussagen ...,* a. a. O. (Zweiter Teil, II/Anm. 50) 4 f., 9 f.; M. Barth: *Augenzeuge,* 63–65, 68 f., 74 f., 107 f., 220 ff., 228–230 u. ö.; J. Moltmann: *Hoffnung,* 89–91; W. Marxen: *Auferstehung,* 22 f.; Ph. Seidensticker: *Auferstehung,* 37 f., 42; J. Kremer: *Zeugnis,* 56 f.; J. Blank: *Paulus,* 158–162.

[52] A. Sand: *Die biblischen Aussagen ...,* a. a. O. (Zweiter Teil, II/Anm. 50) 7–9, 19.

Doch fragen wir weiter: Was liegt darin, daß die Offenbarungen als Verheißungen dem Menschen Zukunft eröffnen? Und was hat dies für Konsequenzen im Hinblick auf unsere Frage nach der Erfahrbarkeit Gottes? Wo dem Menschen seine Zukunft eröffnet wird, da gewinnt nicht nur das, was morgen, übermorgen oder sonst in weiter Ferne einmal sein wird, ein Gesicht und eine Bedeutung, sondern schlechthin seine gesamte Existenz. Auch seine Vergangenheit erhält dabei eine neue Verstehbarkeit, und erst recht findet die Gegenwart den ihr eigentümlichen und unaustauschbaren Ernst. Denn als Freiheit lebt der Mensch auf seine Zukunft hin und aus seiner Zukunft her. Wir können daher sagen, daß dem Menschen dann, wenn ihm seine Zukunft eröffnet wird, ein Verstehenshorizont zuwächst, aufgrund dessen er seine Wirklichkeit als ganze erfahren kann. Daraus wiederum folgt, daß dasjenige, was in einer Offenbarung geschieht, die Eröffnung eines Verstehenshorizontes oder einer Welt ist. Aber lassen wir dazu zwei evangelische Theologen zu Wort kommen, die diese Folgerung viel treffender formuliert haben. Das erste (bereits klassisch gewordene) Zitat stammt von Rudolf Bultmann. Es lautet: „*Was ist also offenbart worden?* Gar nichts, sofern die Frage nach Offenbarung nach Lehren fragt, nach Lehren etwa, auf die kein Mensch hätte kommen können, nach Geheimnissen, die, wenn sie mitgeteilt sind, ein für allemal gewußt werden. Aber alles, insofern *dem Menschen die Augen geöffnet sind über sich selbst und er sich selbst wieder verstehen kann.*"[53] Mindestens ebenso ausdrücklich definiert Gerhard Ebeling: „Offenbarung heißt ja nicht, daß irgendwelche neuen Gegenstände zusätzlich in meinen Horizont treten und nun Gegenstand meiner Aktivität werden. Offenbarung heißt doch vielmehr, daß der gesamte Horizont meiner Existenz mit allem, was er umgreift, erhellt, erleuchtet wird. Offenbarung heißt nicht, daß mir etwas dargereicht wird, um dessen Erhellung und Verstehen und Beziehung zu meiner Wirklichkeit ich mich bemüht habe. Vielmehr ist Offenbarung selber Licht und darum Lichtquelle, nicht ein einzelner der Betrachtung dargebotener Gegenstand, überhaupt nicht etwas, was für sich selbst betrachtet sein will, sowenig die Lichtquelle dazu

---

[53] *Der Begriff der Offenbarung im Neuen Testament* ([1]1929), in: R. Bultmann: GuV III, 1–34, hier 29.

dient, in sie hineinzuschauen (was bekanntlich blendet, statt zu erleuchten)."[54]

Doch entsteht mit dieser Konzeption von Offenbarung nicht ein Widerspruch zu dem, was man sonst als die Offenbarung des biblischen Gottes ansieht, nämlich das geschriebene Wort Gottes in der Heiligen Schrift? Muß man es nicht vielmehr mit Karl Barth halten, der sogar die Schriftlichkeit der biblischen Verkündigung als heilsgeschichtlich notwendige Erscheinung interpretierte?[55] Darauf ist zu antworten: Zwischen diesen beiden Konzeptionen besteht überhaupt kein Widerspruch. Vielmehr handelt es sich nur um zwei Seiten ein und desselben Sachverhalts. Die Heilige Schrift *ist* daher das von Gott geoffenbarte Wort Gottes an den Menschen. Daran darf nicht gerüttelt werden. Zugleich ist aber auch nicht zu übersehen, daß die Schrift in der Weise, in der sie uns vorliegt, das Ergebnis einer jahrhundertelangen, von Gott geführten Glaubensgeschichte darstellt. Das heißt, daß erst nach langer Zeit zur Sprache kam und zu Wort wurde, was bereits bewußt war. Dieses bereits Bewußte ist jedoch nichts anderes als der Verstehenshorizont, aus dem heraus das Volk Israel sich selbst und die Wirklichkeit als ganze verstanden hat. Dieser Horizont wiederum muß irgendwo einen Niederschlag finden, in dem er sich „einrichtet", denn sonst könnte er nicht verstanden werden. Ein Horizont allein für sich, der nichts zum Verstehen gibt, ist ein Unding. Was ist nun aber das, was er in besonderer Weise zukommen läßt, und das, worin er seine Wirklichkeit gewinnt, wenn nicht die konkrete Sprache? Insofern ist man demnach gut beraten, wenn man aus dem Offenbarungsprozeß, von dem auch die modernere kirchliche Inspirationslehre spricht, nicht einzelne Elemente herausisoliert und sie allein für ‚die' Offenbarung erklärt. Nur der Blick auf das Ganze bringt das Handeln Gottes am Menschen zu einer richtigen Vorstellung.[56]

---

[54] *Elementare Besinnung auf verantwortliches Reden von Gott* (¹1959), in: G. Ebeling: *Wort* I, 349–371, hier 368 f.; vgl. dazu H. Schlier: *Was heißt Auslegung ...*, a. a. O. (Zweiter Teil, II/Anm. 29) 36–43. – Wichtige Texte zu diesem Zusammenhang finden sich nicht zuletzt bei Heidegger. Vgl. N II, 485; ID 28 ff.; USpr 258.

[55] KD I/1, 101–113, bes. 102 ff.

[56] H. Schlier: *Was heißt Auslegung ...*, a. a. O. (Zweiter Teil, II/Anm. 29); K. Rahner: *Zur Frage der Dogmenentwicklung* (¹1954), in: K. Rahner: *Schriften* I, 49–90; ders.: *Überlegungen zur Dogmenentwicklung* (¹1958), in: K. Rahner: *Schriften* IV, 11–50; ders.: *Theologie im Neuen Testament* (¹1962), in: K. Rahner: *Schriften* V, 33–53; ders.: *Schriftinspiration*, 47–57, 72 ff.; K. Rahner/K. Lehmann: *Kerygma und Dogma*, in: MySal I, 622–707; dies.:

Kehren wir jetzt aber zu unserer Frage zurück, was die Bestimmung der Offenbarung als Verheißung und als Eröffnung von Verstehenshorizonten für die Erfahrbarkeit Gottes aus der Geschichte bedeutet. Es bedeutet, so dürfen wir antworten, daß Gott in seinen Offenbarungen, in denen ohne Zweifel er *sich selbst* mitteilt, ‚indirekt' als der erkannt wird, der er ‚ist'. Das schließen wir nicht daraus, daß Gott sich in der Geschichte seiner Offenbarung nicht derart anschaubar gemacht hat, wie dies für die „visio beatifica" versprochen ist, sondern daraus, daß die Offenbarungen eben Verheißungen für den Menschen sind.[57] Auch die Verkündigung Jesu vom Reich Gottes, in der alle Verheißungen ihre Zusammenfassung und ihren unüberbietbaren Höhepunkt erreichen, bringt in erster Linie nicht eine Botschaft vom Wesen Gottes, sondern von seinem Heilswillen gegenüber den Menschen. „Er hat mich gesandt", so sagt Jesus seinen Zuhörern in der Synagoge von Nazaret, „damit ich den Armen eine gute Nachricht bringe; damit ich den Gefangenen die Entlassung verkünde und den Blinden das Augenlicht; damit ich die Zerschlagenen in Freiheit setze und ein Gnadenjahr des Herrn ausrufe." (Lk 4, 18 f.) Erst aus dieser Botschaft heraus wird klar, wer Gott ist; daß er ein Gott der Barmherzigkeit, der Liebe und der Freiheit ist.[58] Natürlich darf man auch hier nicht polarisieren. Denn vom „Reich Gottes" zu reden, hat ja gar keinen Sinn, wenn nicht eben von vornherein um einen Gott gewußt wird, der als von allen Menschen anerkannter König herrschen wird, der vollkommene Gerechtigkeit und endlosen Frieden schenkt, der alles tilgt, was aufgrund der Sünde in die Welt eingebrochen ist, wie Tod, Leid, Unglück, Haß und Ungerechtigkeit, der sogar alles Zwieträchtige in der Natur versöhnt und der die verzeihende Barmherzigkeit selbst ist (Is 11, 1–16; 32, 1–5.15–20; 42, 1–12; Jr 23, 5 f.; 33, 15 f. usw.). Trotzdem gibt es hier eine Reihenfolge, und aufgrund derselben besteht unsere Aussage, daß die Bibel ihre Botschaft ‚über' Gott selbst aus dem gewinnt, was Gott verheißen hat, zu Recht.

Geschichtlichkeit der Vermittlung, in: MySal I, 727–787. – Im Hinblick auf Heidegger siehe H. Ott: *Was ist systematische Theologie?,* a. a. O. (Zweiter Teil, I/Anm. 17) 105 ff., 118 ff.

[57] Wenn man von ‚indirekter' Offenbarung redet, braucht man noch nicht die theologisch-philosophischen Schlüsse von W. Pannenberg zu ziehen und von einer Selbstverifizierung Gottes im Eschaton zu sprechen.

[58] R. Schnackenburg: *Herrschaft,* 49–180; W. Kasper: *Jesus,* 83–116, 134–144; K. Barth: KD I/1, 323 ff., 331, 342; J. Moltmann: *Hoffnung,* 48 f., 102 f.

Wie aber konnte das von Gott selbst eröffnete und geleitete Denken über ihn selbst erfolgen? Offensichtlich nur so, daß es sich nicht auf eine einzelne Offenbarung, sondern auf die Geschichte aller Offenbarungen richtete. Denn eine Offenbarung, so hieß es bereits, stellte die Erfüllung einer früheren dar, war selbst wiederum Verheißung auf eine weitere, bildete deren Erkenntnisbedingung und stellte zudem noch alle vorhergehenden Offenbarungen in ein neues Licht. Biblische Theologie als Rede über Gott geschah demnach also immer so, daß sich das von Gott eröffnete Denken auf die Geschichte der Verheißungen einließ, das heißt auf die Geschichte der von Gott errichteten Welten, und an *dieser* Geschichte die Erfahrung mit Gott selbst machte.

Mit diesem Ergebnis können wir jetzt unsere Frage, was es heißt, daß sich Gott in der Geschichte und *als* Geschichte offenbare und wie dies konkret vor sich gehe, vorläufig für beantwortet halten und einen Brückenschlag zum nachidealistischen Denken machen. Wenn wir dies versuchen, erkennen wir, daß das biblische Offenbarungsdenken die ‚Bedingungen', die sich das nachidealistische Denken bezüglich seiner Denkerfahrung mit dem Unvordenklichen selbst setzt, keineswegs sprengt. Im Gegenteil, die Entsprechungen sind so eklatant, daß in der Tat von einer Analogie gesprochen werden darf. Nicht nur darin herrscht Übereinstimmung, daß dasjenige, was vor dem Denken kommt und dieses auf seinen Weg schickt, nur dann in einem Geschehen am Denken selbst erfahrbar ist, wenn es sich selbst zugänglich gemacht hat, sondern auch darin, daß eine derartige Sich-zugänglichmachung nur in und als Geschichte erfolgen kann, sofern das Unvordenkliche in einem Denken, das es zum Andenken geprägt hat, den Ort seiner Ankunft besitzt. Schließlich besteht sie ebenso darin, daß dasjenige, worauf sich das andenkende Denken richtet, wenn es das Unvordenkliche beziehungsweise Gott denkt, die Geschichte der Horizonte und Welten ist, die an ihm selbst eröffnet werden.

Mit Helmut Franz[59] könnte man jetzt entgegnen, daß doch das,

---

[59] *Das Denken Heideggers* ..., a. a. O. (Erster Teil, B, III/Anm. 58) 277ff. – Gegenüber dem Versuch von Franz, den Heideggerschen Begriff von „Welt" (aus dem Kunstwerkaufsatz) mit dem paulinischen und johannäischen (vgl. dazu R. Bultmann: *Theologie*, 254–260, 367–385 u. ö.) zu synthetisieren (in: *kerygma*, 80–101, 119ff.), halten wir fest, daß dies sachlich gesehen nicht zielführend ist. Dazu sind die Unterschiede, die an diesen Begriffen haften, zu eklatant. Vielversprechender scheint uns die Verbindung von Hei-

was bei Heidegger Verstehenshorizonte eröffnet, in erster Linie das Kunstwerk sei, keinesfalls aber ein konkreter Mensch, der als Verheißungsträger von Gott ausersehen wurde. Dem ist entgegenzuhalten, daß Heidegger Wege angedeutet hat, die über das hinausweisen, was er selbst ‚de facto' hinterlassen hat. So muß in unserem Zusammenhang zum Beispiel berücksichtigt werden, daß er das Kunstwerk als Ort der Ankunft der Wahrheit von Sein selbst zurückgebunden hat an die Dichtung und an die Sprache (HW 59–62), daß er weiters auch andere Weisen angesprochen hat, in denen sich die Wahrheit ins Werk setzt, wie etwa „die staatsgründende Tat", „das wesentliche Opfer", „das Fragen des Denkens" oder „die Nähe dessen, was schlechthin nicht ein Seiendes ist, sondern das Seiendste des Seienden" (ebd. 49; vgl. EM 66 f., 106, 200; Höld 144), und daß er schließlich in seiner Rede von der „Abwesenheit" Gottes als der „erst anzueignenden Anwesenheit der verborgenen Fülle des Gewesenen und so versammelt Wesenden" nicht nur an das Göttliche „im Griechentum", sondern auch an das Göttliche „im Prophetisch-Jüdischen" und „in der Predigt Jesu" gedacht hat (VA 177). Warum soll es dann aber nicht möglich sein, einen weiteren Schritt zu gehen und die eigentlichen Orte, in denen Geschichte entschieden wurde, nicht so sehr in den Kunstwerken als vielmehr in jenen Menschen zu sehen, durch die Gott der Menschheit eine Zukunft und eine Welt eröffnet hat? Heidegger hat außerdem von den Kunstwerken behauptet, daß sie nicht zuletzt dadurch die Wahrheit von Sein selbst zum Erscheinen bringen, daß sie überhaupt sind und nicht nicht sind (HW 52–54). Um wieviel mehr muß dies jedoch von Menschen gelten, die – wie etwa der Prophet Jeremias und in unüberbietbarer Weise Jesus selbst – existieren, was sie sagten, und sagten, was sie in ihrer Existenz waren!

deggerschem „Welt"- und biblischem „Verheißungs"-Begriff zu sein. – Eigens verwiesen sei noch auf die Nähe unserer Ausführungen zu denen von J. M. Robinson (in: *Heilsgeschichte*), die wir trotz des Einspruchs von O. Pöggeler (a. a. O. [Zweiter Teil, I/Anm. 44]) im Ergebnis für richtig halten. Wir geben Pöggeler jedoch darin recht, daß Robinsons Ausführungen allzu undifferenziert argumentieren.

3. *Das biblische Verständnis von* γιγνώσκειν *und* πιστεύειν

Es ist jetzt an der Zeit, die Bibel auf das hin zu befragen, was sie unter der menschlichen Erfahrung Gottes selbst verstanden hat. Bisher war nur die Rede von den Bedingungen der Möglichkeit derselben. Nach den konkreten Modalitäten dieser Erfahrung wurde hingegen noch nicht gesucht. Was γιγνώσκειν und vor allem auch πιστεύειν für die Schrift bedeuten, steht bislang ebenfalls nicht fest. Damit nun aber der Vergleich zwischen nachidealistischem und christlichem Denken weiter durchgeführt werden kann, muß diesen Fragen nachgekommen werden. Denn betreffen γιγνώσκειν und πιστεύειν ebenso das Sein des Menschen als solches? Können auch sie mit den Kategorien des „Aufenthalts“ an „Orten“ und „Gehens“ von „Wegen“ beschrieben werden? Oder handelt es sich hier um völlig Verschiedenes?

Man könnte sich die Sache leicht machen und etwa folgende zwei Schlüsse ziehen: Erstens könnte man darauf hinweisen, daß Heideggers Werk *Sein und Zeit* zu einem großen Teil unter dem Einfluß christlicher Quellen geschrieben wurde. Vor allem die Begriffe der „Zeitlichkeit“ und des „Zeitigens“ seien aus den Analysen zum 1. Thessalonicherbrief hervorgegangen. Aus dieser Tatsache könnte man nun folgern, daß das Heideggersche Seinsverständnis im christlichen Erkenntnis- und Glaubensbegriff von vornherein eine Entsprechung besitze. Man könnte zweitens aber auch zum entgegengesetzten Ergebnis kommen und Heideggers spätere Kritik am traditionellen Erkenntnisbegriff zum Anlaß nehmen, um das Gegenteil zu konstatieren. Denn liegt die von Heidegger kritisierte Vorstellung von Erkenntnis als objektives Fest-stellen, als Sich-etwas-vorlegen, als Vor-Augen-haben usw. nicht auch im Neuen Testament und in der christlichen Tradition vor?[60]

Keiner dieser beiden Schlüsse ist jedoch zulässig. Der erste nicht, weil er zu undifferenziert und zu automatisch erfolgt, der zweite hingegen nicht, weil er einfach falsch ist. Zwar läßt sich nicht bestreiten, daß die frühen Christen in ihrer Auseinandersetzung mit der Gnosis auch die griechische Erkenntnis- und Glaubensvorstellung rezipierten, doch gleichzeitig blieb für sie der alttestamentliche Horizont leitend. Außerdem zeigen unsere bisher angestellten Überlegungen

---

[60] R. Bultmann: γινώσκω κτλ., a. a. O. (Zweiter Teil, II/Anm. 49) 705f.

bereits, daß das biblische Erkennen und Glauben niemals bloß objektive Konstatierung oder eine subjektive Vergewisserung (δόξα) von etwas sein können. Denn wie sollte nach Röm 1,18ff. und 1 Kor 1,18ff. die Gotteserkenntnis verlorengehen können, wenn hier sogenannte griechische Maßstäbe vorlägen? Ein objektiv konstatiertes und vergewisserbares Wissen kann man bei Voraussetzung geistiger Gesundheit des Erkennenden nicht verlieren. Weiters ist der Heilige Geist, von dem die Bibel spricht, keineswegs nur ein Offenbarer von Erkenntnissen. Wie vor allem die lukanischen und paulinischen Schriften zeigen, ist er jene göttliche Kraft, die den ganzen Menschen (Röm 8,1–17; Gal 5,1–6,10) und die Gemeinde der Glaubenden aufbaut (1 Kor 12,4–13; Eph 4,3–16 u.ö.). Auch hier ist somit eine Orientierung am ‚ob-jektiven' Erkenntnisideal fehl am Platz. Schließlich deutet die Vorstellung von Offenbarung als Verheißung darauf hin, daß ein bloßes Vor-Augen-haben nicht im Sinne der Bibel sein kann. Denn in einer Verheißung wird strenggenommen nichts präsentiert. Zumindest liegt darauf nicht der entscheidende Akzent. Viel wichtiger ist der Verweis an die Zukunft und damit an das umfassende Entsprechen durch den Menschen.

Wenn also keiner der beiden genannten Wege begehbar zu sein scheint, dann muß abermals zur Bibel selbst gegriffen werden. Hier empfiehlt es sich wiederum, sich auf das hebräische Denken einzustimmen, sofern es nun einmal bis ins Neue Testament hinein das bestimmende Denken war, und alle Perspektiven zu vermeiden, mit denen spätere Zeiten die Bibel interpretiert haben. So ist es für unseren Zusammenhang zum Beispiel von allergrößter Wichtigkeit, davon auszugehen, daß es für die Israeliten den Menschen immer nur als Einheit gab. Die orphisch-platonischen und abendländisch-christlichen Dualismen von Leib und Seele, von Sinnlichkeit und Geist, von Materie und Form etc. waren ihnen völlig fremd. Zwar gab es auch bei ihnen virtutelle Ansätze zu anthropologischen Differenzierungen zwischen Herz und Sinn oder zwischen Geist und Gemüt, aber diese Unterscheidungen wurden ‚de facto' nie eigens vollzogen.[61] Deshalb ist

[61] L. Köhler: *Theologie,* 114–189; H. J. Kraus: *Theologie,* 178–188; R. Bultmann: *Theologie,* 193–226, 232–239, 363ff., 392–402; Fr. P. Fiorenza/Joh. B. Metz: *Der Mensch als Einheit von Leib und Seele,* in: MySal II, 584–636, bes. 589ff.; H. U. v. Balthasar: *Herrlichkeit* I, 234ff., 298f., 302–305, 352–393.

es für den biblischen Glaubens- und Erkenntnisbegriff von entscheidender Bedeutung, daß das hebräische Denken bei jeder Aussage über den Menschen diesen stets nur *als Ganzen in seinem gesamten Sein* vor sich hatte. Aus diesem Grunde galten ihm auch Erkenntnis und Glaube nicht als Sonderfakultäten eines höheren geistigen Vermögens, sondern als jeweilige Weisen des Menschen *als Ganzer zu sein.*

Diese Tatsache erhellt sich schon allein daraus, daß im hebräischen Denken ‚Erkennen' (γιγνώσκειν)[62] nicht beinhaltet, etwas zu konstatieren, etwas vor Augen zu haben, etwas objektiv zu wissen oder gar über etwas zu verfügen, sondern etwas oder jemanden in seiner Bedeutung für den Erkennenden wahrzuhaben, dieses etwas oder diesen jemand in seiner Bedeutungshaftigkeit *anzuerkennen* und sich dieser Anerkennung gemäß zu verhalten. Erst *durch* die Anerkennung und erst *in* der daraus entspringenden Verhaltensweise wird das in seiner Bedeutung Wahrgenommene (in einem positiven Sinn) angeeignet und *erfahren.* Man sieht, daß die Erkenntnis in diesem Verständnis alles andere als die Sonderleistung einer bestimmten Gemütskraft ist. Sie ist vielmehr das ganze Sein, besser: das Ganz-sein-können des Menschen. Sie ist daher weder Theorie noch Praxis. Eher ist sie beides in einem, oder richtiger noch: eher geht sie beidem immer schon vorher. Deshalb kann sie auch, obwohl die Bibel sich nicht direkt so ausdrückt, als die Freiheit selbst beschrieben werden. Denn eine anerkennend-handelnde Erkenntnis, wie sie die Bibel versteht, ist ohne Freiheit völlig unvorstellbar. Ganz-sein-Können und Freiheit gehören hier notwendig zusammen.

Daß diese Deutung richtig ist, beweist etwa der Umstand, daß im Alten Testament – aber auch im Neuen (vgl. besonders Phil 3,8.10; Eph 1,17f.; 3,16–19) – die Erkenntnis das gesamte und eigentliche Sein des Menschen vor Gott beschreibt. Sogar der Glaube, der wohl erst durch Isaias (Is 7,9; 28,16) zu einer zentralen religiösen Größe wird,[63] gilt ihm als Erkenntnis. Wer Gott erkennt, tut genau das, was

---

[62] R. Bultmann: γινώσκω κτλ., a.a.O. (Zweiter Teil, II/Anm. 49) 688–692, 696–700; G. Joh. Botterweck: *„Gott erkennen"*, 42–98; G. Joh Botterweck/J. Bergmann: *jāḏah'*, in: ThWAT III (1982) 479–512, bes. 499f., 509f.; R. Bultmann/A. Weiser: πιστεύω κτλ., in: ThWNT VI (1959) 193–230, bes. 187f., 205, 217f.; A. Jepsen: *'āman*, in: ThWAT I (1973) 313–348; W. Zimmerli: *Grundriß*, 126f.; H. J. Kraus: *Theologie*, 193–204, bes. 197f.; H. Schlier: *Epheser*, 77–82, 167–176.

[63] R. Bultmann/A. Weiser: πιστεύω κτλ., a.a.O. (Zweiter Teil, II/Anm. 62) 189–191;

das Neue Testament mit Glauben umschreibt:[64] Er fürchtet Jahwe, der anerkennt seine Weisungen, er befolgt seine Gebote, er ist voll vom Geist der μετάνοια, er vertraut auf das Wort des göttlichen Gesandten, er gibt Gott die Ehre im Kult usw. Wer hingegen Gott nicht erkennt, ist, kurz gesagt, ein Ungläubiger. Wenn dem aber nun so ist, daß die Erkenntnis genauso wie in späterer Zeit der Glaube das ganze Sein des Menschen vor Gott bezeichnet, dann verwundert es nicht, daß die Propheten gerade die Erkenntnis als das ansprechen, wofür sich der Mensch zu verantworten hat (Hos 4,1.6; 5,4; 8,2; Jer 2,8; 4,22; 9,2.5; Is 5,13 u.ö.).[65] Sie ist ja das Ganz-sein-Können und damit die Freiheit selbst. Zugleich kann es nur als konsequent angesehen werden, wenn dieselben Propheten das einstige Erlöstsein des Menschen durch Jahwe nicht zuletzt mit der Ankündigung einer neuen Erkenntnis prophezeien (Hos 2,21f.; Is 11,2.9; 33,6; 53,11; Jer 24,7; 31,34 u.ö.). Denn dann geht es um einen neuen Menschen und eine neue Freiheit für Gott.[66]

Bedarf es nach diesen Ausführungen noch einer langen Erläuterung, daß sich biblische Gotteserkenntnis und Heideggersches Seinsverständnis in dem einen Punkt entsprechen, daß nämlich der Mensch immer nur in seinem Ganz-sein-Können das vor dem Denken Kommende zu erfahren vermag? Ist es nicht beide Male so, daß der Mensch das vor ihm Kommende nicht mit Hilfe irgendeiner privilegierten Gemütskraft, sondern in seinem *Sein* versteht? Definiert sich sein Wesen nicht beide Male gerade dadurch, daß er *seiend* das Unvordenkliche erfährt? Und gehört schließlich nicht beide Male alles das dazu, was das menschliche Sein als ganz-sein-könnende Freiheit ausmacht: seine eigentliche Entschlossenheit, das Sein zum Tode usw.?

Die Feststellung dieser Analogie ist für unseren Fragenkomplex

---

A. Jepsen: *'āman,* a.a.O. (Zweiter Teil, II/Anm. 62) 328–331; G. v. Rad: *Theologie* II, 166ff.

[64] Zur bereits zitierten Literatur bezüglich des „Glaubens"-Begriffs vgl. noch R. Bultmann: *Theologie,* 271–331, 422–445, 516ff., 531ff.; J. Pfammatter: *Glaube nach der Heiligen Schrift,* in: MySal I, 796–816; O. Kuss: *Römerbrief,* 131–154; R. Schnackenburg, *Das Johannesevangelium* I ([1]1965), HThKNT IV/1 ([4]1979) 508–524; H. Volk: *Glaube;* H. Schlier: *Glauben, Erkennen, Lieben ...,* a.a.O. (Zweiter Teil, II/Anm. 33) 279–293.

[65] H. W. Wolff: *Wissen;* W. Reiss: *Gott;* G. Joh. Botterweck: *„Gott erkennen",* 42–98; ders.: *jādah',* a.a.O. (Zweiter Teil II/Anm. 62) 507f.

[66] G. Joh Botterweck: *„Gott erkennen",* 49–54; ders.: *jādah',* a.a.O. (Zweiter Teil, II/Anm. 62) 507f.

aber offensichtlich zu dürftig. Denn man erinnert sich, daß vor allem der spätere Heidegger das Seinsverständnis beziehungsweise das „wesentliche Denken" noch genauer strukturiert und geformt wissen wollte. Dank seiner Einsicht, daß das Sein selbst sich dem Denken jeweils geschichtlich zuschickt, erkannte er, daß das wesentliche Denken jeweils eine bestimmte seinsgeschichtliche Prägung erhält. Es liegt sozusagen nicht neutral und undifferenziert vor, sondern ist immer schon eröffnet und strukturiert durch jene *Orte,* an denen das Sein selbst sich den Raum seiner Ankunft eingerichtet und ein Denken in seine Verfügung genommen hat. Diese Orte aber waren für Heidegger die Kunstwerke und vorher noch die Worte der Dichtung. Gibt es nun im biblischen Denken eine analoge Überlegung? Besinnt sich auch es auf so etwas wie eine Strukturierung der Gotteserkenntnis?

Unsere Antwort lautet: Eine entsprechende Reflexion tritt in den biblischen Schriften dort auf, wo sie anfängt, Erkenntnis einerseits und Glaube und Hoffnung und Liebe andererseits zu unterscheiden. Wie bereits erwähnt, umfaßt der biblische Erkenntnisbegriff den Glauben und im weiteren die Hoffnung und die Liebe. Diese drei Seinswesen können daher niemals etwas sein, was der Erkenntnis fremd wäre. Sie sind zunächst vielmehr Bestimmungen dieser selbst. Dennoch kam die Unterscheidung, die man richtiger vielleicht eine Explizierung nennen müßte, nicht von ungefähr. Denn ‚erkennen' im hebräischen Sinn von ‚anerkennen' und ‚anerkennungsmäßig handeln' kann der Mensch vieles, und dies auf vielerlei Weise. Er kann sogar Gott auf vielerlei Weisen anerkennen, wie 1 Kor 1,18 ff. und Röm 1,19 ff. nahelegen. Aber Gott selbst hat sich nur eine Form der Anerkennung ausbedungen und die ist diejenige des Seins in Glaube, Hoffnung und Liebe (1 Kor 13,13; Röm 5,1–5; Gal 5,5 f.; 1 Thess 1,3; 5,8; Kol 1,4 f.). Seinem Wesen gemäß, das die Zuverlässigkeit und Treue selbst ist, das sich weiters voll von Zukunft und Verheißung dem Menschen zuwendet und das schließlich nichts als Barmherzigkeit und Zuneigung enthält, gibt es nämlich keine andere Entsprechungsweise als die, sich auf ihn zu verlassen und auf ihn zu setzen, auf ihn zu warten und ihm entgegenzugehen und mit ihm sich selbst zu verschenken. Gotteserkenntnis ohne Glaube (1 Kor 1,18 ff.; Röm 1,19 ff.; Eph 4,13) und ohne Liebe (1 Kor 8,1 ff.; 13,2; Kol 2,2; 1 Joh 4,7 ff.) ist daher ein Widerspruch in sich selbst. Wessen Erkenntnis nicht dem Glauben, der Hoffnung und der Liebe entwächst, erkennt überhaupt nicht Gott. Denn Erkenntnis ist nicht etwas neben Glaube, Hoffnung und Liebe. Sie folgt ihnen auch nicht nach oder geht ihnen gar vorher, sondern sie *ist* als diese drei. Wird somit nach dem Wesen der biblischen Gotteserkenntnis gefragt, so genügt es nicht, wenn man auf das Ganz-sein-Können und die Erfahrung aus Freiheit verweist, man muß vielmehr noch hinzufügen, daß die Anerkennung und das anerkennungsgemäße Sein nur in jener Form erfolgen können, die Gott ihnen angewiesen hat.

Fügt man nun noch hinzu, daß Glaube, Hoffnung und Liebe ebenfalls dem Wort, nämlich dem Wort Gottes in seiner Offenbarung, entstammen, so liegt die Analogie zu Heideggers Verständnis von den Denkweisungen, die an den Orten der Ankunft des Seins selbst ergehen, auf der Hand. Daß dabei die Bibel das Wort weiter versteht, als Heidegger dies getan hat, wenn sie vor allem auch die Existenz eines Propheten, eines Zeugen und besonders des Gottessohnes selbst als Wort verkündet, bedeutet bestimmt keinen Widerspruch. Die Struktur bleibt dieselbe: Der Ort der Anwesenheit des vor dem Denken Kommenden eröffnet nicht nur Denken, sondern er formt und prägt es auch.

Aber das ist erneut noch nicht alles, was sich sagen läßt. Denn erinnern wir uns, daß Heidegger angesichts seiner „Topologie des Seins“ als wesentlichste Bestimmung des Denkens diejenige des „Aufenthalts“ nannte. Nur ein Denken, das an den besagten „Orten“ „verweilt“, in ihnen „wohnt“ und die eben dort gebahnten „Wege“ begeht, ist nach seiner Ansicht dazu berufen, das vom Sein selbst Vernommene zu „hören“, zu „retten“ (σῴζειν) und zu „bewahren“. Denn als wohnendes Denken „schont“ es, wie Heidegger sich ausdrückt, dasjenige, wobei es sich aufhält, das heißt: es gibt jenes frei in sein Eigenes, das nur von ihm selbst her erscheinen kann. Es läßt demnach das Sein selbst am Seienden sprechen. Und dieses Lassen wiederum geschieht nicht dadurch, daß es eine Theorie über das Sein selbst entwickelt, ein Seins-System errichtet oder gar verbindliche Aussagen vorschreibt, sondern dadurch, daß es dem Sein selbst „eine Stätte verstattet“ und in diesem Sinn Ort seiner Ankunft und Anwesenheit wird. Als solches erschließt es den jeweiligen Lichtungsbereich, aus dem heraus Theorien, Systeme und Sätze allererst bildbar werden. Seine eigentliche Haltung ist diejenige des „Verzichts“ und des „Wartens“. Was es fragen darf, ist ihm schon Antwort genug. Es ist nichts mehr als eine Hohlform, in die das Sein selbst sich hineinereignen kann, so daß jeweils wieder neu von einem Denken aus Geschichte geschehen und Welt-Horizonte aufspringen können. Seine einzige Entsprechung zum Sein selbst ist daher der „Dank“.

Es würde zu weit führen, zu all diesen Heideggerschen Aussagen Parallelen in der Schrift zu suchen. Aber so viel ist doch offensichtlich: Heideggers Verständnis bezüglich einer Erfahrung von Sein selbst ist genausowenig (im *herkömmlichen* Sinn) griechisch wie das biblische Verständnis von Gotteserkenntnis. In keinem der beiden Fälle geht es um objektiv konstatierbares Wissen oder um systematisch verfügbare Erkenntnisse, sondern um Dispositionsformen, die das Sein des Menschen als solches betreffen. Sowohl bei Heidegger als auch in der Bibel ist das, was vernommen und ‚angeeignet‘ wird, nicht primär ein einzelner Satz oder eine bestimmte Theorie, sondern ein *Licht,* das im Denken aufgehen muß, um allererst so etwas wie Sätze, Theorien, Systeme, verbindliche Aussagen und dergleichen entstehen zu lassen. Wie aber geht dem Denken ein solches Licht mehr und mehr auf? Nicht anders als so, daß das Denken den Horizont *ausschreitet,* der sich durch das Licht abgezeichnet hat, und dies bedeutet eben, daß es sich an den Orten aufhält, die durch das Licht bewohnbar geworden sind, und die Wege begeht, die durch das Licht eröffnet worden sind. Oder anders gesagt: Das Denken wird in sich selbst Licht, wenn es die Worte bewohnt, in denen das Unvordenkliche sein „Haus“ hat, und sich die Entsprechungsform, die das Wort von sich aus festlegt, zur Prägung seines Wesens werden läßt.

Ist das alles dem Geist der Bibel etwa fremd? Spricht nicht die Tatsache allein, daß es zum Beispiel im Neuen Testament viele Theologien gibt, die alle dasselbe heilsgeschichtliche Ereignis in Jesus Christus zur Sprache bringen wollen, schon dafür, daß das Erste, was hier vernommen wurde, eben ein Licht ist, das mit Hilfe *eines* Aussagensystems oder *einer* Theologie überhaupt nicht ausgeschöpft werden kann, sondern so lange immer wieder neue Aussagen und Theologien herausfordert, als das Licht vorausleuchtet und der Horizont, den es abzeichnet, noch nicht ausgeschritten ist? Muß es angesichts dieses Lichtes, das in eine ganze Zukunft strahlt, nicht ebenso viele Aussagen und Theologien geben, wie es Wege gibt, die auf diese Zukunft zuschreiten? Geht dieses Licht aber nicht von jenem göttlichen Wort aus, das „unter uns gewohnt hat“ (Joh 1,14)[67] und das in allem, was es tat und sagte, ganz Wort war? Wird der menschliche Glaube nicht zuletzt auch als „Bleiben“ (μένειν) in diesem Wort beschrieben (Joh 6,56; 15,4–7; 1 Joh 2,6.27f.; 3,6.24; 1 Tim 2,15; 2 Tim 3,14)? Finden wir also nicht auch hier die Kategorie des „Aufenthalts“? Und welche Bedeutung hat erst das Bild des „Weges“ und des „Gehens“ und „Kommens“ auf diesen Wegen![68] Nennt sich nicht Jesus selbst den ὁδός (Joh 14,6), auf dem allein ein Zugang zu Gott möglich ist (Joh 14,1–10)? Wird somit der Aufenthalt im Wort nicht ebenfalls mit dem Begehen von Wegen beschrieben? Besteht kurz gesagt nicht unsere ganze Weisheit darin, Christus in uns wachsen zu lassen (Gal 2,19f.), ihm „eine Stätte [zu] verstatten“ und alle unsere konkreten Weisen, in denen wir sind, von ihm durchdrungen sein zu lassen? Ist es nicht das, was Paulus letztlich sagen wollte, wenn er sich dazu bekannte, „nichts zu wissen außer Jesus Christus, und zwar als den Gekreuzigten“ (1 Kor 2,2)?

Bei alldem darf nun aber die Erfahrung, die mit *Gott* gemacht wird, nicht vergessen werden. Vielmehr kann jetzt in Anschluß an Heidegger gesagt werden: Genauso wie *im* Bewohnen der Orte, *im* Begehen der Wege, *im* Verweilen bei den Weisungen des Wortes und *im* Dank gegenüber der Schickung, mit einem Wort: *im* Ausschreiten des Welthorizontes, den das Sein selbst erschlossen hat, eine Erfahrung des Seins selbst zuwächst, so gilt bezüglich der christlichen Gotteserkenntnis: *im* Bewohnen des göttlichen Wortes, *im* Bleiben „in Christus“, *im* Begehen seines Weges „durch“ und „mit ihm“, kurz: *in* Glaube, Hoffnung und Liebe wird die Erkenntnis zuteil, wer Gott ist und worin das Geheimnis seiner Liebe besteht (Eph 3,16–19).[69] *Indem* die an Christus Glaubenden der Zukunft Jesu entgegengehen, *indem* sie Christus „ankleiden“ (Gal 3,27; Röm 13,14) und *indem* sie dadurch christusförmig werden, gelangen sie zunehmend in die Nähe Gottes und erhalten eine Erfahrung von seinem Wesen. Sie finden

---

[67] Vgl. zu Joh 1,14: R. Schnackenburg: *Das Johannesevangelium* I, a.a.O. (Zweiter Teil, II/Anm. 64) 244f. – Zum Thema ‚*eine* Theologie innerhalb der Theologien‘ im Hinblick auf Heidegger vgl. H. Ott: *Was ist systematische Theologie?*, a.a.O. (Zweiter Teil, I/Anm. 11) 105–112.

[68] W. Michaelis: ὁδός κτλ., in: ThWNT V (1954) 42–118, bes. 49–56, 65–95.

[69] H. Schlier: *Die Erkenntnis Gottes …*, a.a.O. (Zweiter Teil, II/Anm. 8) 336–338; ders.: *Epheser*, 167ff.

mit andern Worten nicht bloß eine Bestätigung dafür, daß derjenige, der sie zu Glaube, Hoffnung und Liebe geheißen hat, das Recht dazu hatte und wirklich Gott selbst ist, sondern sie „wachsen" (Kol 1,10) darüber hinaus in eine Ahnung des Wesens Gottes hinein. Überspitzt gesagt: Ihre Erfahrung hat nicht nur einen verifizierenden, sondern ebensosehr einen ‚inhaltlichen' Charakter. In ihr geht ‚etwas' ‚über' Gott auf.

Aber wohl gemerkt, dies geschieht *in* der glaubenden, hoffenden und liebenden Erfahrung. Es geschieht nicht aufgrund von Schlußfolgerungen oder aufgrund irgendwelcher Transzendenzvollzüge. Genauso wie die ontologische Differenz zwischen Sein selbst und Seiendem verfehlt würde, wenn das Sein selbst ‚vor', ‚neben', ‚hinter', ‚über' oder in sonst einer Unterschiedenheit, wie sie unter Seienden herrscht, gesucht würde, wenn folglich nicht begriffen würde, daß das Sein selbst *als* der Ort ‚ist', an dem es angekommen ist, so hieße es auch am Gott der Bibel vorbeidenken, wenn man ihm seine immer schon erfolgte Anwesenheit bei den konkreten geschichtlichen Menschen absprechen würde, in der er sich hören, sehen und berühren läßt (1 Joh 1,1–3).[70] Bezüglich Jesu Christi heißt es daher nicht, daß ihn die Jünger kraft aller möglichen Überlegungen als den Sohn Gottes verkündet hätten, sondern daß sie *im* Sehen, *im* Hören und *im* Berühren Jesu Gott selbst gesehen, gehört und berührt haben (Joh 1,14; 2,11; 14,9; 2 Kor 4,4.6).[71] Freilich bedeutet dies nicht, daß sie das Opfer rein sinnlicher Empfindungen oder Wahrnehmungen geworden sind. Ein menschliches Sehen, Hören und Berühren ist vielmehr immer schon ein Verstehen. Doch dieses Verstehen – und das ist das Entscheidende – entzündet sich an diesem konkreten Menschen Jesus von Nazaret. Und dies gilt auch heute noch.[72] Sofern nämlich die Menschlichkeit Jesu, seine Erfahrbarkeit durch menschliches Sehen, Hören und Berühren also, eine *bleibende* Bedeutung für die an ihn Glaubenden hat, da er als ganzer Mensch erhöht wurde,[73] erfahren

---

[70] Vgl. dazu R. Schnackenburg: *Die Johannesbriefe* (¹1953), HThKNT XIII/3 (⁵1975) 49–72.

[71] M. Barth: *Augenzeuge;* Kl. Lammers: *Hören;* H. Schlier: *Glauben, Erkennen, Lieben* ..., a.a.O. (Zweiter Teil, II/Anm. 33).

[72] Fr. Mußner: *Sehweise,* 18–44, 45ff.; zu diesem ganzen Themenkomplex siehe vor allem P. Rousselot: *Augen,* 26–31, 33–66.

[73] K. Rahner: *Die ewige Bedeutung der Menschheit Jesu für unser Gottesverhältnis* (¹1953),

auch sie Gott, indem sie dem Herrn immer näher kommen, immer mehr in ihn „hineinwachsen" (Eph 4,15f.; vgl. 2,21; Kol 2,19) und ihn so immer tiefer verstehen.

4. *Christus als Ort der Erfahrung Gottes*

Mit dem zuletzt Gesagten befinden wir uns bereits mitten in jenem Thema, das uns jetzt noch beschäftigen muß. Wir sind damit gleichzeitig wieder an den Ausgangspunkt unserer Betrachtungen über die Lehre der biblischen Gotteserkenntnis zurückgekehrt, nämlich zu Christus selbst. Er ist, wie wir nun genauer wissen, der *Ort* der Erfahrung Gottes. Und dies wiederum besagt, daß der Mensch mit Gott die Erfahrung macht, sofern er christusförmig wird, sofern er sich „in Christus" (ἐν Χριστῷ) aufhält, sofern er „durch Christus" (διὰ Χριστοῦ) in die Nähe Gottes gelangt und sofern er „auf Christus hin" (εἰς Χριστόν) seiner Zukunft entgegengeht.[74] Christus ist das „Bild Gottes" (εἰκών, 2 Kor 4,4; Kol 1,15), in dem Gott selbst geschaut wird, vorausgesetzt, daß er wirklich geschaut und das heißt verstehend durchlebt wird. In diesem Sinne verstanden wird er aber nur, wenn sich der Mensch der Seinsweise Christi (μορφή, Phil 2,6f.; σχῆμα, Phil 2,7; ὁμοίωμα, Phil 2,7; Röm 6,5; 8,3) gemäß gleichgestalten (συμμορφοῦσθαι, Röm 8,29), nachverwandeln (μεταμορφοῦσθαι, Röm 12,2; 2 Kor 3,18) und durchformen läßt (Gal 4,19; 1 Kor 15,49; Röm 12,2; Phil 3,21).[75] *Indem* er dies geschehen läßt, kommt er zu dem eigentlichen Wissen um Gott, das die Bibel verheißen hat.

Aus diesem Gedankengang wird ersichtlich, daß Christus nicht nur das Objekt der spezifisch christlichen Erfahrung mit Gott ist. Als Bild Gottes, in dem Gott selbst absolut anwesend ist, kann er vielmehr überhaupt nicht rein neutral und ‚objektiv' erkannt werden. Ohne das Sich-einlassen auf ihn selbst, sein Wort und sein Dasein, kann er prinzipiell nicht verstanden werden. Das bedeutet aber, daß er in einem

---

in: K. Rahner: *Schriften* III, 47–60, bes. 56ff.; H. U. v. Balthasar: *Fides Christi*, a.a.O. (Zweiter Teil, II/Anm. 49) 74f.

[74] Zu diesen Formeln vgl. W. Thüsing: *Per Christum*, 62–66, 233–237; O. Kuss: *Formel;* J. Gnilka: *Der Philipperbrief* (¹1968), HThKNT X/3 (²1976) 76–93; ders.: *Der Epheserbrief* (¹1971), HThKNT X/2 (²1977) 66–68.

[75] H. U. v. Balthasar: *Nachfolge und Amt*, in: H. U. v. Balthasar: *Sponsa Verbi*, 80–147, bes. 108ff.

gewissen Sinn sogar das Subjekt unserer Gotteserfahrung ist.[76] Wenn seine eigene Seinsweise nämlich, die ebenfalls eine Erfahrung mit Gott war,[77] vorausgesetzt, daß er als wirklicher Mensch nicht geleugnet wird, Grundstruktur unseres eigenen Seins und unserer seienden Erfahrung ist, dann ist dieser Schluß, daß letztlich Christus selbst in uns Gott erfährt, keinesfalls willkürlich. Nach allem, was bisher aus der nachidealistischen Theorie über die Denkerfahrung mit dem Unvordenklichen gesagt wurde, braucht es nicht einmal zu verwundern. Denn hieß es nicht, daß sich das menschliche Denken im Geschehen der Erfahrung mit dem Unvordenklichen *selbst* allererst zukommt, daß es also erst *im* Ergehen dieser Erfahrung in der richtigen Weise Subjekt derselben wird? Ist nun aber Christus das Geschehen dieser Erfahrung ‚par excellence', wie kann es dann nicht konsequent sein, in ihm auch das Subjekt jeder weiteren Erfahrung zu sehen, die ihn als den Ort der Anwesenheit Gottes anerkennt? Man stößt sich an dieser Konklusion, weil man sie mit dem modernen Bewußtseins- und Freiheitsverständnis nicht in Einklang bringen kann. Aber was ist, wenn die nachidealistische Einsicht in die ontologische (also nicht bloß psychologische, soziologische oder entwicklungsgeschichtliche) Grenze des Freiheitsbewußtseins stimmt, und das menschliche Bewußtsein überhaupt etwas ist, was sich zukommt?[78] Wissen wir dann eben nicht erst aus der Offenbarung, worin das Wesen eines Bewußtseins besteht, das auf Gott geöffnet ist? Ist nicht aus ein- und derselben Offenbarung erst klar, wer Gott und wer der Mensch ist?

Daß Christus als Ort der Erfahrung Gottes das Subjekt jeder wahren menschlichen Gotteserfahrung sein soll, kann aber noch zwei weitere Bedenken auslösen: *Einmal* könnte man bezweifeln, daß Christus wirklich ein Ort und ein Weg für den *Menschen* sei. Denn war er als „Sohn Gottes" nicht Gott selbst (Joh 1,1 c; 20,28)?[79] Ist sein Sein vor Gott nicht stets das eines Erkennens, niemals aber das eines Glaubens (Joh 1,18; 6,46; 7,29; 8,55; 10,15), folglich ein völlig anderes Erken-

---

[76] Zum folgenden siehe vor allem H. U. v. Balthasar: *Herrlichkeit* I, 147, 173 f., 216–220, 222 f., 244 f., 248 f., 254, 300 f., 398, 467; J. Mouroux: *L'expérience,* 127, 225–240, 370–376; K. Barth: KD I/1, 194–261.

[77] H. U. v. Balthasar: *Herrlichkeit* I, 290–299, 310–319.

[78] K. Barth: KD I/1, 207–213.

[79] Vgl. dazu K. Rahner: *Theos im Neuen Testament,* a. a. O. (Zweiter Teil, II/Anm. 34) 115–119, 143–167 (bes. 153 ff.).

nen als dasjenige des Menschen, das wesentlich *als* Glaube, Hoffnung und Liebe *ist*? Steht Christus nicht so vor Gott, wie es der Mensch erst im Eschaton tun wird, nämlich schauend und nicht glaubend (2 Kor 5,7; 1 Kor 13,8–10)? Wie also vermag er jetzt schon Ort für eine menschliche Erfahrung zu sein? Auf der *andern* Seite könnte einem das bisher Gesagte als zu wenig erscheinen. Denn nach dem Zeugnis der Schrift ist Christus nicht nur in dem Sinne Struktur unserer Gotteserfahrung, daß er sie sozusagen strukturiert und normiert, sondern vor allem auch so, daß er sie ermöglicht, das heißt ihre *Quelle* ist.[80] Die vielen Stellen, in denen διά mit Genitiv vorkommt, sind ein eindrückliches Zeugnis dafür.[81] Läßt sich dieser wesentliche Aspekt nun ebenfalls noch in das bisher Erörterte unterbringen?

Was das erste Bedenken anbelangt, so ist es wichtig, sich erneut vor Augen zu halten, daß wir erst aus der Offenbarung endgültig wissen, wer Gott und wer der Mensch ist. Das Schicksal der christologischen Aussage über die Zwei-Naturen-Lehre des Konzils von Chalkedon muß einen geradezu davor warnen, mit vorgefaßten Begriffen über Gott und Mensch biblische Zusammenhänge aufklären zu wollen.[82] So verhält es sich zum Beispiel auch bei der Gegenüberstellung von Glaube und Schau (visio, γνῶσις), die überall sonst, aber nicht in der Bibel so zu finden ist, wie sie im Abendland Schule gemacht hat. Unter dem Einfluß der neuplatonischen Philosophie ist man sehr schnell dazu bereit gewesen, den Glauben als etwas gegenüber der Schau Minderwertiges anzusehen, das es letztlich zu überwinden gilt. Denn Glaube, so meinte man, ist anders als die Schau ein bezweifelbares und unsicheres Erkennen. Daher kann er gemäß dieser Ansicht im Bereich des Göttlichen keine Geltung mehr besitzen. Er gehört einzig und allein dem menschlichen Sein an und hebt sich von der Schau, die des Göttlichen würdig ist, drastisch ab. Es ist nicht zu verwundern, daß in dieser Perspektive Christus weder einen Glauben noch ein menschliches Bewußtsein mehr haben kann. Ist er nämlich wirklich Gottes Sohn und damit Gott selbst, dann sind Glaube und menschliches Be-

[80] J. Mouroux: *L'expérience,* 235–237; H. U. v. Balthasar: *Herrlichkeit* I, 216, 292–295; ders.: *Fides Christi,* a. a. O. (Zweiter Teil, II/Anm. 49) 55f., 60–64; ders.: *Nachfolge und Amt,* a. a. O. (Zweiter Teil, II/Anm. 75) 99f., 103, 106–108.
[81] Siehe oben Zweiter Teil, II/Anm. 74.
[82] Dies ist besonders deutlich gesehen von W. Pannenberg, in: *Christologie,* 291–334.

wußtsein seiner unwürdig.[83] Aber heißt es in der Schrift nicht eindeutig, daß Christus der „Urheber und Vollender" (Hebr 12,2) des Glaubens ist? Spricht sie nicht immer wieder von einem „Glauben Jesu Christi" (Phil 3,9; Gal 2,16.20; 3,22; Röm 3,22.26; Eph 3,12)?[84] Zählt nicht der Glaube neben Hoffnung und Liebe zu demjenigen am Menschen, was im Eschaton *bleibt* (1 Kor 13,13)? Und wurde schließlich Christus nicht als *Mensch* auferweckt, also nicht bloß als Seele oder als göttlicher Geist? Geht er nicht als erhöhter *Mensch* seiner und damit auch unserer *menschlichen* Zukunft entgegen (1 Kor 15,23.35–50)?[85] Bedenkt man dies alles, so sieht man, daß überhaupt kein Anlaß besteht, Christus nicht als den Ort der menschlichen Gotteserfahrung schlechthin anzuerkennen. Er ist vielmehr die Urform jener Erfahrung, die als Glaube, Hoffnung und Liebe ist. Nur eine unbiblische Alternative zwischen vorgefaßten Begriffen über Gott und Mensch kann diesbezüglich Verwirrung stiften.

Um dem zweiten Bedenken begegnen zu können, müßten wir uns noch weiter in das Gebiet der Theologie vorwagen, als wir es ohnehin bereits tun. Aber darauf kommt es letztlich gar nicht an. Es gilt ja lediglich zu zeigen, daß die theologische Aussage von Christus als der Quelle der menschlichen Gotteserfahrung den Kriterien einer nachidealistischen Erfahrungstheorie im oben erarbeiteten Sinne nicht widerspricht, sondern durchaus als deren Fortsetzung auf einer höheren Ebene verstanden werden kann. Dazu bedarf es jedoch keiner langen Ausführungen. Denn man braucht sich nur daran zu erinnern, daß die Erfahrung mit Gott ein Werk Gottes ist, das am Denken und mit dem Denken geschieht. Sofern nun in Christus die absolute Selbstaussage Gottes gesehen und er damit als Gott selbst erkannt wird, ist es auch notwendig er selbst, der die Erfahrung ermöglicht, die letztlich nur in der von ihm gelebten Form erfolgen kann. Von da her gesehen kann er sowohl als ‚Struktur' als auch als Quelle unserer Erfahrung mit Gott begriffen werden.

---

[83] H. U. v. Balthasar: *Fides Christi*, a. a. O. (Zweiter Teil, II/Anm. 49) 65–73. – Mit der Frage nach dem Glauben Jesu wird auch diejenige nach seinem Selbstbewußtsein berührt. Vgl. K. Rahner: *Dogmatische Erwägungen über Wissen und Selbstbewußtsein Christi* ([1]1962), in: K. Rahner: *Schriften* V, 222–245; H. Riedlinger: *Geschichtlichkeit;* J. Guillet: *Jesus?;* W. Pannenberg: *Christologie*, 336–346.

[84] H. U. v. Balthasar: *Fides Christi*, a. a. O. (Zweiter Teil, II/Anm. 49) 53–64, bes. 56 ff.; J. Guillet: *Jesus?*, 11–22.

[85] J. Moltmann: *Hoffnung*, 77, 184 f., 207 ff.

Aber mit dieser Folgerung befinden wir uns schon mitten in der Dogmatik. Konsequenterweise könnte jetzt eine Erörterung der christlichen Trinitätslehre erfolgen, die in erster und letzter Linie ja nichts anderes auslegen will als dies, daß es nämlich der eine Gott und nur dieser eine Gott ist, der in der Offenbarung handelt und sie an ihr Ziel bringt.[86] Ebenso wäre eine exegetisch-dogmatische Begründung dafür am Platz, daß es ausgerechnet dieser eine Mensch Jesus von Nazaret ist, in dem Gott seine Nähe verbürgt und das Sein jedes Menschen vorausbestimmt hat. Aber das würde der Absicht der vorliegenden Untersuchung, nämlich nachidealistisches und christliches Denken zu vergleichen, nicht mehr allzu viel Neues bringen. Außerdem würde damit endgültig der Rahmen eines philosophischen Kompetenzbereiches gesprengt werden. Solange es lediglich um einen grundsätzlichen *Vergleich* zwischen zwei Denkformen geht, braucht dieser noch nicht verlassen zu werden, selbst wenn die eine dieser beiden Denkformen bereits einer Ebene angehört, die der Philosophie von sich aus prinzipiell nicht mehr zugänglich ist. In dem Moment jedoch, in dem diese Ebene eigens ausgeschritten und aus sich selbst heraus betrachtet wird, ist die Philosophie endgültig zurückgelassen. Von da an haben Kunst, Dichtung und Religion das Sagen. Philosophie als Fragen schlechthin kann hingegen höchstens dazu beitragen, das in Kunst, Dichtung und Religion, aber auch im staatspolitischen Handeln sich ereignende Geschehen vorzubereiten und die Voraussetzungen zu klären, die in einem solchen Geschehen mitgegeben sind. Nur das Fragen, so betont Heidegger immer wieder, ist „die Frömmigkeit des Denkens". Fragen allerdings ist für ihn mehr als ein bloßes Aussein auf Antwort. Es ist die prinzipielle Disponiertheit des Denkens, dem Sein selbst „eine Stätte [zu] verstatten" und es dort „in die Acht zu nehmen", wo es sich den Ort seiner Ankunft eingeräumt hat.

Bei aller Respektierung dieser Grenzziehungen, muß nun aber doch noch auf unsere oben gestellte vierte Frage geantwortet werden, warum sich das christliche Denken so unbedingt und so ausschließlich auf Jesus Christus bezieht. Wie kommt es zur Erkenntnis dieser Notwendigkeit? Weshalb denkt es gerade der Geschichte Jesu hoffend-andenkend nach? Warum gedenkt es nicht eines Propheten, eines

[86] K. Barth: KD I/1, 367–373, vgl. 121 f., 311 ff.; W. Kasper: *Gott,* 294 f., 350–354, 360, 365–369.

Heiligen, eines Künstlers oder sonst eines besonderen Menschen? Kann man auch in diesem Punkt aus dem nachidealistischen Denken heraus Linien ziehen, die im christlichen zusammenlaufen?

Daß sich das Christentum ausgerechnet auf Jesus von Nazaret und nur auf ihn bezieht, von ihm her damit auch das Wesen seines Denkens gewinnt, ergibt sich offensichtlich daraus, daß es in ihm die absolute und endgültige Ankunft jener Instanz erblickt, die sich in einer langen Offenbarungsgeschichte als Gott selbst zur Erfahrung gebracht hat. Es sieht in der Geschichte Jesu Christi demnach ein Ereignis, das alle Zukunft und das heißt alles, was sich dem Menschen je als Welt erschließen wird, immer schon überholt hat. Doch wie kommt es zu dieser Ansicht? Woher nimmt es die Kriterien für eine derartige Überzeugung?[87] Die Antwort muß lauten: Aus nichts anderem als aus eben diesen Offenbarungsgeschehen in Christus selbst. Fundamentaler Anstoß dazu war die Auferweckung Jesu durch Gott. Denn in ihr identifizierte sich Gott mit dem eschatologischen Anspruch, den Jesus in Wort und Tat erhoben hatte. Er bestätigte, daß sein Reich mit dem Auftreten Jesu wirklich radikal verbunden ist, und daß deshalb in ihm das Ende der Zeit und die damit verbundene *endgültige* Selbstmitteilung Gottes begonnen hat.[88] Doch wer hat den Jüngern, die dies „bezeugen" (μαρτυρεῖν, Apg 23,11; 1 Kor 15,15; μαρτύς, Lk 24,46–48; Apg 1,8.22; 2,32; 3,15; 10,41; 13,31; 22,15.20; 26,16; Joh 15,27; 1 Petr 5,1), die Erkenntnis dazu vermittelt? Das war, wie wir bereits dargelegt haben, niemand anders als Gott selbst. *Er* ist der eigentliche Zeuge für die Wahrhaftigkeit Jesu (Joh 5,32.36f.; 8,18; 10,25; Mk 1,9–11 par). Sein Zeugnis ist ja letztlich auch das Zeugnis des „Geistes" (Joh 15,26; Apg 15,8; Hebr 10,15; 1 Joh 5,6) und der „Schriften" (Apg 10,43; Joh 5,39; Röm 3,21; Hebr 7,8.17; 10,15ff. u.ö.). Selbst das Zeugnis der Kirche ist nur denkbar aufgrund seines Wirkens (1 Joh 4,14f.; 5,6–11). (Ihr Zeugnis hat im Zeugnis Johannes des Täufers ihr Vorbild: Joh 1,7f.15.32–34; 3,26; 5,33.) Insofern kann man sagen, daß die Offenbarung nicht nur die Bedingungen für ihre Erfahrbarkeit selbst mitbringt, sondern auch die Legitimität ihres Anspruchs aus sich selbst heraus begründet. Und deshalb ist es letzt-

[87] Zum folgenden siehe H. U. v. Balthasar: *Herrlichkeit* I, 582–652.

[88] W. Kasper: *Jesus,* 181–188; ders.: *Gott,* 199–245; J. Moltmann: *Hoffnung,* 182–204 (bes. 199ff.); W. Pannenberg: *Christologie,* 113–189, 291ff.

lich nicht verwunderlich, wenn die johannäische Theologie Jesus sogar sich selbst bezeugen läßt (Joh 5,31f.; 8,13f.18). Er bekundet demnach nicht nur den Anspruch, das absolute Zentrum der gesamten Geschichte zu sein, sondern er bewahrheitet diesen Anspruch auch.

Gibt es zu diesen Gedankengängen eine Entsprechung im nachidealistischen Denken? Wie die oben angestellten Überlegungen nahelegen, ist zumindest in den Konsequenzen dieses Denkens eine Analogie nicht von der Hand zu weisen. Denn wenn davon die Rede ist, daß das Denken sich selbst zuwächst und angesichts des Absoluten ein von diesem eröffentes Geschehen darstellt, dann ist es von sich aus nicht in der Lage, diesem Vorschriften bezüglich seines ‚Inhalts' zu machen oder gar Bedingungen für die Legitimität seines Anspruchs und Kriterien für seine Verifizierbarkeit entgegenzusetzen. Wie sollte es dies auch, kommt es sich doch bis in die Wurzel seines Seins hinein zu! Das Unvordenkliche behält es sich demnach vor, die Weise seiner Kundgabe zu wählen und die Kriterien für deren Erkennbarkeit sowie die Kriterien für die Erfahrung der Legitimität ihres Anspruchs zu setzen. Allerdings erhält das Denken aufgrund der Konstanz, in der sich das Unvordenkliche im Laufe seiner Geschichte durchhält, Kriterien an die Hand, um ein Denkgeschehen, als welches das Unvordenkliche ‚ist', zu verifizieren. Zugleich gerät es in die Lage, aus diesen Kriterien Bedingungen abzuleiten, die es erlauben, den jeweiligen Anspruch eines derartigen Geschehens auf seine Legitimität hin zu befragen. Es besitzt demnach die prinzipielle Möglichkeit zu einer *Theorie* über die Erfahrung, die es an ihm selbst gemacht hat. Dadurch setzt es *im* radikalen Verzicht auf das Setzen von Kriterien und Bedingungen seinerseits jedem Denken des Unvordenklichen eben diese Bedingung, keine Kriterien und keine Bedingungen zu beanspruchen. Gleichzeitig verlangt es von jedem Denkgeschehen, das den Anspruch erhebt, Ort einer Erschließung von Welt zu sein, das Vermögen zu besitzen, Denken bis in die Bedingungen seiner Möglichkeit und seiner Fähigkeit hinein zu eröffnen. Insofern kann diesem Denken, welches dies fordert, Freiheit nicht abgesprochen werden. Doch diese Freiheit bleibt stets rückbezogen auf jene Geschichte, der sie ihr Sein verdankt.

Ergebnis des Zweiten Teils

Heidegger hat anläßlich einer Theologentagung zu erwägen gegeben, ob sich zwischen dem Denken von Sein selbst einerseits und dem Glauben an das Wort Gottes andererseits ein Analogieverhältnis aufspanne.[1] Wir können diese Frage in Anschluß an die vorangehenden Überlegungen jetzt bejahend beantworten – *vorausgesetzt,* daß wir festhalten, was Analogie besagt, nämlich „noch so große Ähnlichkeit in je immer größerer Unähnlichkeit" (4. Laterankonzil). Denn bei aller Entsprechung, die wir zwischen nachidealistischem und christlichem Denken in so entscheidenden Punkten nachweisen konnte, darf der Blick für die Differenz niemals verloren gehen. Dazu veranlaßt neben allem, was bereits hervorgehoben wurde, vor allem die Tatsache, daß es so und so vieles gibt, was sich nicht harmonisieren läßt. Man denke etwa an Heideggers Theorie der Seinsgeschichte, die Christus und mit ihm die gesamte Heilsgeschichte überhaupt nicht berücksichtigt, sondern alle entscheidende Geschichte in der Philosophie und in der Dichtung zu finden meint.[2] Man denke weiteres an seinen Wahrheitsbegriff, der Un-verborgenheit und Verborgenheit zumal beinhaltet, beziehungsweise an seine Unterscheidung von „Welt" und „Erde".[3] Es ist bis jetzt nicht zu erkennen, wie es dazu

---

[1] J. M. Robinson/J. B. Cobb Jr. (Hg.): *Heidegger,* 53, 223; H. Jonas: *Heidegger und die Theologie,* in: G. Noller (Hg.): *Heidegger,* 330.

[2] Das hat J. M. Robinson in seinem Aufsatz *(Heilsgeschichte)* einfach zu wenig berücksichtigt.

[3] Obwohl der Versuch von H. Franz (in: *kerygma,* 37–48, 49 ff.), Heideggers Aufsatz über den Ursprung der Kunst mit der Theologie zu versöhnen, als gelungen angesehen werden darf? Macht er dazu nicht die fragwürdige Voraussetzung eines „Urkerygmas", das der Spruch des Seins ist und Kunst und Theologie verbindet (25 ff., 35, 46, 103)? Sind denn die Jünger „Herold[e] des Seins" (35)? Können Verkündigung und Predigt im Heideggerschen Sinn als Dichtung angesprochen werden? Wird hier nicht bei aller Ähnlichkeit, die herrschen mag, die „je größere Unähnlichkeit" übersehen?

eine Entsprechung in der Bibel geben sollte. Man denke sodann an seine Rede vom „Geviert“.[4] Wie könnte sie in einem spezifisch christlichen Denken Platz finden? Und man denke schließlich an Heideggers Weigerung, der christlichen Offenbarung auch nur irgendein Mitspracherecht auf dem Gebiet des Denkens zuzugestehen. Wie soll sich dazu die Theologie verhalten?

Trotz all dieser Differenzen, die niemals verschwiegen werden dürfen, läßt sich aber dennoch eine grundsätzliche Verwandtschaft an entscheidenden Stellen nicht leugnen. Deshalb darf als Ergebnis der vorliegenden Untersuchung jetzt folgendes festgestellt werden:

Das nachidealistische Denken, das im späten Schelling begonnen und seine bisher radikalste Konsequenz in der Philosophie Heideggers erlebt hat, *kommt* dem christlichen Denken *entgegen.* Bei aller Unterschiedenheit verschafft es einigen wesentlichen Ansichten, die das Christentum vom Menschen und seiner Erfahrung mit Gott hat, eine philosophische Gültigkeit. Zwar setzt es sich mit der Heiligen Schrift immer weniger bewußt auseinander, doch die Meinung Schellings, daß sich das nachidealistische Denken in seiner Absetzung vom Idealismus nicht zuletzt dem Christentum weit mehr annähere, als dies zum Beispiel Hegel möglich war, läßt sich nicht mehr von der Hand weisen.

Ist somit ein echter Dialog zwischen nachidealistischem und christlichem Denken möglich, da bei aller Differenz der Standpunkte das Gemeinsame unverkennbar mit vorhanden ist, dann ist auch so etwas wie eine christliche Philosophie in Anschluß an diesen Dialog möglich. Denn christliche Philosophie ist im Grunde nichts anderes als *ein Denken aus dem Dialog,* den eine jeweilige Philosophie mit der Theologie führt. Wo dieser Dialog sinnlos ist, dort entsteht auch keine christliche Philosophie. Wo er hingegen Früchte trägt, wie im Fall des nachidealistischen und des christlichen Denkens, dort ist sie *als Weiterdenken aus den Ergebnissen dieses Dialogs heraus* möglich.

Existiert eine wirkliche Gesprächsbasis zwischen zwei Gesprächspartnern, so muß ein Dialog, sofern er ernst geführt wird, beide Seiten

[4] Wie L. Weber sich (in: *Heidegger*) die Rolle des „Gevierts“ innerhalb der heutigen Theologie vorstellt, wird für mich aus seinen Ausführungen überhaupt nicht klar (vgl. 13, 23f., 43–46). Zum Thema „Geviert“ als solchem vgl. D. Sinn: *Spätphilosophie,* 125–182.

bereichern. Die Gesprächsbasis ist das Gemeinsame, das sie verbindet. Im Fall des nachidealistischen und des christlichen Denkens ist dieses Gemeinsame der Versuch, dem Unvordenklichen, das am Denken geschieht, indem es Denken eröffnet, zu entsprechen. Aufgrund der Analogien, die wir in den Strukturen der jeweiligen Erfahrungen mit diesem Unvordenklichen festgestellt haben, können wir das sagen. Eine Erfahrung, sofern sie eine solche ist, weist aber immer auf das hin, woran und woher sie zuwächst. Deshalb müssen auch das Sein selbst und der biblische Gott, da sie beide ‚dasjenige' ‚sind', was das Denken sich zukommen läßt, etwas miteinander zu tun haben. Keine Frage also, daß es sich lohnt, die Gemeinsamkeit dieses Gemeinsamen immer besser zu erkennen.

Was nun die Bereicherung anbelangt, die ein spezifisch christliches Denken durch die nachidealistische Philosophie erfährt, sofern es mit Hilfe dieser Philosophie das ihm anvertraute Geheimnis zu formulieren und zu begreifen lernt, so ist sie bereits veranschaulicht worden. Sie liegt vor allem dort, wo es um die Erfahrung Gottes aus der Heilsgeschichte geht. Was in dieser Hinsicht für die Bibel von entscheidender Bedeutung ist, gilt auch für das nachidealistische Denken, nämlich: die Souveränität Gottes in diesem Erfahrungsgeschehen, die Geschichte als Grund dieser Erfahrung, das Sich-zu-erkennen-geben Gottes aus der Geschichte der von ihm eröffneten Verheißungen, sein Sich-zuwenden in ganz konkreten geschichtlichen „Orten" und das Verständnis von Erfahrung als Sein des Menschen. Es ist durchaus vorstellbar, daß es der Theologie gelingen könnte, ausgehend von der nachidealistischen Denkform einige Aporien zu überwinden, die ihr nicht zuletzt unter dem Einfluß der sogenannten „transzendentalen Christologie" zugekommen sind. Man denke zum Beispiel an die Gefahr der Vernachlässigung der *gesamten* Heilsgeschichte für die Erfahrung Gottes. Man denke weiters an die Gefahr der Reduzierung des Inhalts der Heilsbotschaft auf allgemein-menschliche Forderungen, die sich aus den transzendentalen Bewußtseinsstrukturen ersehen lassen. Man denke schließlich auch an die Gefahr, das Christliche in seiner Einmaligkeit zu relativieren.[5] Alle diese Gefahren sind innerhalb

[5] H. U. v. Balthasar: *Cordula,* 63–112, 124–126; ders. bereits in: *Barth,* 303 f., 308–313; K. Rahner/W. Thüsing: *Christologie,* 79–303; H. de Lubac: *Geheimnis,* 131–154, bes. 149 f.; R. Schaeffler: *Wechselbeziehungen,* 212 f., 224–228, 327–332; ders.: *Erfahrung,*

der transzendentalen Christologie zumindest vorhanden. Natürlich wurden sie nie Wirklichkeit. Aber es ist die Frage, ob ihre Vermeidung durch das transzendentale System allein gewährleistet ist. Deshalb ist es zumindest der Erwägung wert, ob in diesen Punkten nicht das nachidealistische Denken weiterführen könnte.

Inwiefern kann schließlich aber die nachidealistische Philosophie von seiten des christlichen Denkens her bereichert werden? Wir sagten, daß dies vor allem im Bezug auf die Freiheit möglich und notwendig sei. Denn sie droht in den nachidealistischen Denkvorstellungen (besonders Heideggers) wahrhaft unterzugehen. Das nachidealistische Denken hat daher so lange keine unbedingte Berechtigung, als es uns nicht sagt, was bei all dem Denkgeschehen, von dem es spricht, aus dem Menschen in seiner konkreten Freiheit wird. Solange sie darauf keine Antwort weiß, kann sie auch niemals wirklich christliches Denken werden. Denn die Freiheit gehört gerade zu dem, was die christliche Botschaft in die abendländische Geistesgeschichte eingebracht hat. Wo von Christentum die Rede ist und die Freiheit des Menschen zu kurz kommt, herrscht von vornherein ein grundsätzliches Mißverständnis. Nun sei gar nicht bestritten, daß sich in den obigen Ausführungen über das Wesen des christlichen Denkens dieselbe Gefahr abzeichnete, die für die nachidealistische Philosophie konstatiert wurde. Man kann gar nicht umhin, die Erwählungs- und Verwerfungstheologie der Bibel vor Augen zu haben (vgl. Is 6,9f.; Mk 4,12 par; Apg 28,26f.; Joh 6,36–47.64–71; 8,43–47; 12,40; Röm 9–11; 2 Kor 3,14; 4,4 u.ö.).[6] Trotzdem ist die Freiheit keinen Augenblick lang in Zweifel gezogen worden. Denn man darf folgendes nicht vergessen:

Die biblische Offenbarung als Verheißung hat von Anfang an die Freiheit des Menschen zum Ziel. Sie versteht sich als Befreiung aus der Knechtschaft, vom Gesetz und von der Sünde.[7] Was sie bewirken will, ist somit die Befähigung des Menschen zur Freiheit (Röm 6,18.22; 8,2.21; Gal 4,21ff.30f.; 5,1.13; 1 Kor 9,1; 10,29; 2 Kor

---

66–72, 81–88; H. Küng: *Christ sein,* 81–108. – Zur „transzendentalen Christologie" im allgemeinen siehe B. Welte: *Homoousios hemin;* F. Malmberg: *Gottmensch;* Joh. Flury: *Redlichkeit,* 219–277; R. Schaeffler: *Wechselbeziehungen,* 200–228, 327–332.

[6] R. Schnackenburg: Das *Johannesevangelium* II, HThKNT IV/2 (1971) 328–346.

[7] R. Bultmann: *Theologie,* 322–353, 372f.

3, 17; Joh 8, 32–36 usw.).[8] Weiteres besitzt die biblische Offenbarung im Letzten einen eindeutigen Charakter. Sie ist εὐαγγέλιον (Mk 1, 1; Röm 1, 1 ff.; 1 Kor 15, 1–2; 1 Thess 1, 5 usw.), „*gute* Nachricht, erfreuliche, aufrichtende, tröstende, hilfreiche Botschaft" (K. Barth), in der es nichts dergleichen wie „Irrnis" oder „Grimm" mehr gibt. Wohl bleibt in ihr das Geheimnis (μυστήριον) bewahrt,[9] und wohl ist Gott auch als Abwesender anwesend, aber beides ist nur mehr Teil einer unmißverständlichen Zusage, die Gott dem Menschen als Befreiung gegeben hat. Sodann erwählte Gott den Menschen in Christus (Röm 8, 28–30; Eph 1, 3–14; Kol 1, 15–20).[10] Dies wiederum heißt nicht nur, daß er ihm jene unüberbietbare Freiheit vorherbestimmt, die in Jesus Christus zur radikalen Entscheidung für Gott geführt hat, sondern daß er ihm auch die ständige Möglichkeit zur Umkehr aus dem Zustand der Unfreiheit in den der Freiheit verspricht. Denn Christus hat alle Folgen unserer Sünde, das heißt unserer selbstverschuldeten Zerstörung von Freiheit, auf sich genommen und überwunden (2 Kor 5, 21; Gal 3, 13; 1 Petr 2, 24; vgl. Is 53, 2–6.12). Zudem hat sich Gott in Christus endgültig als Liebe geoffenbart (1 Joh 4, 8–10; Joh 3, 16; Röm 5, 8). Wo aber sollte Liebe sein, wenn nicht von vornherein die Freiheit des Liebenden und des Geliebten das Zentrum von allem wäre? Schließlich fällt die Geschichte, als welche Gott ‚ist', niemals mit der allgemeinen Denk- und Weltgeschichte einfach zusammen. Die Heilsgeschichte hebt sich vielmehr von der Weltgeschichte unmißverständlich ab.[11] Das, wovon die Bibel erzählt, ist daher nicht irgendein Fall von allgemein-menschlicher Geschichte, sondern die Geschichte der Taten Gottes. Sofern nun aber dieser Gott die Freiheit des Menschen will und sie diesem auch in eschatologisch-endgültiger Weise verschafft hat, besitzt die Freiheit in der Heilsgeschichte ein Kriterium für das, was von Gott kommt und der Freiheit dient. Die

---

[8] J. Moltmann: *Hoffnung,* 185–204, 280–312; W. Kasper: *Jesus,* 83–103, 140 ff., 254–269.

[9] K. Rahner: *Über den Begriff des Geheimnisses in der katholischen Theologie* ([1]1959), in: K. Rahner: *Schriften* IV, 51–99; ders.: *Fragen zur Unbegreiflichkeit Gottes nach Thomas von Aquin* ([1]1974), in: K. Rahner: *Schriften* XII, 306–319; W. Kasper: *Gott,* 159–167, 327–330; E. Jüngel: *Gott,* 340–347; K. Barth: KD I/1, 168–194.

[10] M. Löhrer: *Gottes Gnadenhandeln als Erwählung des Menschen,* in: MySal IV/2, 773–830.

[11] H. J. Kraus: *Theologie,* 73; J. Moltmann: *Hoffnung,* 176 f.

Freiheit, die aus dem Offenbarungsgeschehen stammt, hat folglich auch die Möglichkeit, die Geschehnisse der Denk- und Weltgeschichte kritisch zu betrachten.

Es besteht gar kein Zweifel, daß diese Aspekte in der transzendentalen Christologie unvergleichlich deutlicher und besser zur Sprache kommen als in der nachidealistischen Philosophie. Trotzdem sollte überlegt werden, ob das Freiheitsdenken der Bibel nicht auch anders als in dieser Theologie zu seinem Recht kommt. Vielleicht bietet gerade die nachidealistische Philosophie eine Chance an, in dieser ganzen Frage biblischer vorzugehen, als dies in der transzendentalen Christologie der Fall ist. Vielleicht wird es durch diese Philosophie sogar noch möglich, die Tatsache zu bedenken, daß die Vorstellung der personalen Freiheit nicht einer transzendentalen Reflexion, sondern einer geschichtlich ergangenen Offenbarung entwachsen ist.[12] Aber dies setzte freilich voraus, daß das nachidealistische Denken zuvor ein eindeutigeres Verhältnis zur Freiheit des Menschen findet. Das unbedingte Bekenntnis des Christentums zu ihr könnte ihm dazu ein Anstoß sein – und dies umso mehr, als seine Verwandtschaft zum christlichen Denken nicht zu leugnen ist.

---

[12] W. Pannenberg: *Die Frage nach Gott* ([1]1965), in: W. Pannenberg: *Grundfragen*, 361–386, bes. 371 f., 381 f., 383–385.

Abkürzungsverzeichnis

1. Abkürzungen der wichtigsten Verlagsorte

B	Berlin
Bas	Basel
Bo	Bonn
Da	Darmstadt
Dü	Düsseldorf
Ei	Einsiedeln
F	Frankfurt a. M.
Fr	Freiburg i. Br.
Fri	Fribourg (Schweiz)
Gö	Göttingen
Gü	Gütersloh
H	Hamburg
Hei	Heidelberg
I	Innsbruck
Kö	Köln
L	Leipzig
Lv	Leuven, Louvain
Mei	Meisenheim a. Gl.
Mü	München
Mz	Mainz
NY	New York
P	Paris
Pf	Pfullingen
R	Rom
Sa	Salzburg
St.	Stuttgart
Tü	Tübingen
W	Wien
Z	Zürich
Zo	Zollikon

2. *Abkürzungen der verwendeten Primärliteratur sowie der wichtigsten Zeitschriften und Sammelwerke*

AdL	M. Heidegger: Metaphysische Anfangsgründe der Logik im Ausgang von Leibniz, GA 26 (1978)
And	M. Heidegger: Hölderlins Hymne „Andenken", GA 52 (1982)
Arist	M. Heidegger: Metaphysik Θ 1–3. Von Wesen und Wirklichkeit der Kraft, GA 33 (1981)
BThom	Bulletin Thomiste (Étiolles 1924 ff.)
EM	M. Heidegger: Einführung in die Metaphysik, GA 40 (1983)
Erf	M. Heidegger: Aus der Erfahrung des Denkens, GA 13 (1983)
Erl	M. Heidegger: Erläuterungen zu Hölderlins Dichtung, GA 4 (1981)
EvTh	Evangelische Theologie (Mü 1934 ff.)
FD	M. Heidegger: Die Frage nach dem Ding
FS	M. Heidegger: Frühe Schriften, GA 1 (1978)
G	M. Heidegger: Gelassenheit
GA	Gesamtausgabe
Gb	M. Heidegger: Grundbegriffe, GA 51 (1981)
GbM	M. Heidegger: Die Grundbegriffe der Metaphysik, GA 29/30 (1983)
GrPh	M. Heidegger: Die Grundprobleme der Phänomenologie, GA 24 (1975)
GuV	R. Bultmann: Glauben und Verstehen
GW	G. W. F. Hegel: Gesammelte Werke: GW IX = Phänomenologie des Geistes (1980) GW XI = Wissenschaft der Logik 1812/1813 I (1978)
Hegel	M. Heidegger: Hegels Phänomenologie des Geistes, GA 32 (1980)
HegelSt	Hegel-Studien (Bo 1961 ff.)
Herak S	M. Heidegger/E. Fink: Heraklit-Seminar
Herak V	M. Heidegger: Heraklit, GA 55 (1979)
Höld	M. Heidegger: Hölderlins Hymnen „Germanien" und „Der Rhein", GA 39 (1980)
HThKNT	Herders Theologischer Kommentar zum Neuen Testament (Fr/Bas/W 1953 ff.)
Hua	Ed. Husserl: Gesammelte Werke, „Husserliana": Hua I = Cartesianische Meditationen und Pariser Vorträge (^{1}1950, ^{2}1963) Hua II = Die Idee der Phänomenologie (1958) Hua III = Ideen zu einer reinen Phänomenologie und phänomenologischen Philosophie I (1976)

	Hua VI = Die Krisis der europäischen Wissenschaften und die transzendentale Phänomenologie (1954)
	Hua X = Zur Phänomenologie des inneren Zeitbewußtseins (1893–1917) (1966)
HW	M. Heidegger: Holzwege, GA 5 (1977)
ID	M. Heidegger: Identität und Differenz
K	S. Kierkegaard: Nachschrift der Schelling-Vorlesung von 1841
Kant	M. Heidegger: Phänomenologische Interpretation von Kants Kritik der reinen Vernunft, GA 25 (1977)
KantSt	Kantstudien (B 1897 ff.)
KD	K. Barth: Kirchliche Dogmatik
KM	M. Heidegger: Kant und das Problem der Metaphysik
KuD	Kerygma und Dogma (Gö 1955 ff.)
L	M. Heidegger: Logik. Die Frage nach der Wahrheit, GA 21 (1976)
LU	Ed. Husserl: Logische Untersuchungen
MThZ	Münchener Theologische Zeitschrift (Mü 1950 ff.)
MySal	J. Feiner/M. Löhrer (Hg.): Mysterium Salutis
N I, II	M. Heidegger: Nietzsche I–II
P	H. E. G. Paulus: Die endlich offenbar gewordene positive Philosophie der Offenbarung ...
Parm	M. Heidegger: Parmenides, GA 54 (1982)
Ph	Ed. Husserl: Philosophie als strenge Wissenschaft
Phil	M. Heidegger: Was ist das – die Philosophie?
PhJ	Philosophisches Jahrbuch der Görresgesellschaft (Fulda 1888–1952, Fr/Mü 1953 ff.)
PhR	Philosophische Rundschau (Tü 1953 ff.)
Prol	M. Heidegger: Prolegomena zur Geschichte des Zeitbegriffs, GA 20 (1979)
RMM	Revue de métaphysique et de morale (P 1893 ff.)
RNSP	Revue néoscolastique de philosophie (Lv 1894–1945)
RThom	Revue thomiste, Nouvelle Série (Bruges 1918 ff.)
RThPh	Revue de théologie et de philosophie (Lausanne 1913–1950)
S	Fr. W. J. Schelling: Werke, Erg. Bd. 6
Schell	M. Heidegger: Schellings Abhandlung über das Wesen der menschlichen Freiheit (1809)
Schol	Scholastik (Fr 1926–1965)
Sem	M. Heidegger: Vier Seminare
StPh	Studia philosophica (Bas 1941 ff.)
StZ	Stimmen der Zeit (Fr 1915 ff.)
SvG	M. Heidegger: Der Satz vom Grund
SZ	M. Heidegger: Sein und Zeit, GA 2 (1977)
TB	Taschenbuch-Ausgabe

ThLZ	Theologische Literaturzeitung (L 1876 ff.)
ThPh	Theologie und Philosophie (Fr/Bas/W 1966 ff.)
ThWAT	Theologisches Wörterbuch zum Alten Testament, hg. von G. J. Botterweck/H. Ringgren (St/B/Kö/Mz 1970 ff.)
ThWNT	Theologisches Wörterbuch zum Neuen Testament, hg. von G. Kittel (St/B/Kö/Mz 1933–1979)
TThQ	Tübinger Theologische Quartalschrift (Tü 1818 ff.)
USpr	M. Heidegger: Unterwegs zur Sprache
VA	M. Heidegger: Vorträge und Aufsätze
Vorwort	M. Heidegger: Vorwort, in: W. J. Richardson: Heidegger, Den Haag 1963, VIII–XXIII
WA	G. W. F. Hegel: Werke in 20 Bänden, Suhrkamp-Theorie-Werkausgabe: WA I = Frühe Schriften (1971) WA XII = Vorlesungen über die Philosophie der Geschichte (1970) WA XVIII–XX = Vorlesungen über die Geschichte der Philosophie (1971)
WD	M. Heidegger: Was heißt Denken?
WdF	M. Heidegger: Über das Wesen der menschlichen Freiheit, GA 31 (1982)
WM	M. Heidegger: Wegmarken, GA 9 (1976)
WuW	Wort und Wahrheit (W 1946–1973)
ZAW	Zeitschrift für die alttestamentliche Wissenschaft und die Kunde des nachbiblischen Judentums (B 1881 ff.)
ZKTh	Zeitschrift für katholische Theologie (W/I 1876 ff.)
ZPhF	Zeitschrift für philosophische Forschung (Mei 1946 ff.)
ZSD	M. Heidegger: Zur Sache des Denkens
ZThK	Zeitschrift für Theologie und Kirche N. F. (Tü 1920 ff.)

Literaturverzeichnis

A.A.V.V.: *Acta* secundi congressus thomistici internationalis, R 1937.

–: Il senso della filosofia cristiana, oggi – *Atti* del XXXII Convegno del Centro di studi filosofici tra professori universitari – Gallarate 1977, Brescia 1978.

Adorno, Theodor W.: Zur *Metakritik* der Erkenntnistheorie (^{1}1956), Suhrkamp-TB, F 1972.

–: *Jargon* der Eigentlichkeit, F 1964.

–: Negative *Dialektik* (^{1}1966), Suhrkamp-TB, F 1975.

Allemann, Beda: Hölderlin und *Heidegger* (^{1}1954), Zü/Fr ^{2}1956.

Althaus, Paul: *Offenbarung* als Geschichte und Glaube, in: ThLZ 87 (1962) 321–330.

Anz, Wilhelm: *Verkündigung* und theologische Reflexion, in: ZThK Bh. 2 (1961) 47–80.

–: Idealismus und *Nachidealismus,* in: F. Flückiger/W. Anz: Theologie und Philosophie im 19. Jahrhundert, Gö 1975, 99–212.

Apel, Karl-Otto: *Transformation* der Philosophie I–II (^{1}1973), Suhrkamp-TB, F 1976.

Arbousse-Bastide, Paul: *Les voies* de la raison et la voie de l'amour, in: Pensée chrétienne 4 (P 1949) 69–115.

Aubert, Roger: Der *Rückstand* der kirchlichen Wissenschaft und die Kontroverse um die „deutschen Theologen", in: H. Jedin (Hg.): Handbuch der Kirchengeschichte VI/1, Fr/Bas/W 1971, 672–695.

v. Balthasar, Hans Urs: *Apokalypse* der deutschen Seele, I: Der Deutsche Idealismus, Sa/L 1937; III: Im Zeichen Nietzsches, Sa/L 1939.

–: Karl *Barth* (^{1}1951), Kö ^{2}1962.

–: *Herrlichkeit,* I: Schau der Gestalt, Ei 1961; III/1: Im Raum der Metaphysik, Ei 1965; III/2 a: Alter Bund, Ei 1967.

–: Sponsa Verbi, Ei 1961.

–: *Cordula* oder der Ernstfall (^{1}1966), Ei ^{3}1967.

Bardy, Gustav: „*Philosophie*" et „philosophe" dans le vocabulaire chrétien des premiers siècles, in: Revue d'ascétique et de mystique 25 (1949) 97–108.

Bars, Henry: Gilson et Maritain, in: RThom 79 (1979) 237–271.

Barth, Heinrich: *Ontologie* und Idealismus, in: Zwischen den Zeiten 7 (1929) 511–540.

–: Die negative und die positive *Philosophie,* in: StP 14 (1954) 225–238.

Barth, Karl: Der *Römerbrief* (^{2}1922), Zo/Zü ^{11}1976.

–: *Fides* quaerens intellectum (^{1}1931), Zü ^{3}1966.

–: Kirchliche Dogmatik I/1 ([1]1932), Zo/Zü [6]1952; I/2 ([1]1938), Zo/Zü [4]1948.
–: *Nein!* Antwort an Emil Brunner, Mü 1934.
–: Die protestantische *Theologie* im 19. Jahrhundert ([1]1947), Zü [3]1960.
–: *Philosophie* und Theologie ([1]1960), in: K. H. Haag (Hg.): Die Lehre vom Sein in der modernen Philosophie, F 1963, 202–216.
Barth, Markus: Der *Augenzeuge*, Zo/Zü 1946.
Bast, Rainer A./Delfosse, Heinrich P.: *Handbuch* zum Textstudium von Martin Heideggers „Sein und Zeit" I, St/Bad Cannstatt 1979.
Baudoux, Bernard: *Quaestio* de philosophia christiana, in: Antonianum 11 (1936) 487–552.
Baumgartner, Hans Michael (Hg.): Schelling, Fr/Mü 1975.
Baumgartner, Hans Michael u. a.: *Philosophie* – Gesellschaft – Planung, Mü 1974.
Becker, Werner: Über Schellings *Konstruktion* des Christentums, in: D. Henrich/H. Wagner (Hg.): Subjektivität und Metaphysik, F 1966, 1–20.
Beinert, Wolfgang: Das Problem der *Verifikation* theologischer Sätze, in: Catholica 32 (1978) 177–187.
Bernath, Klaus (Hg.): *Thomas* von Aquin II, Da 1981.
Berten, Ignace: *Geschichte*, Offenbarung, Glaube ([1]1969), dt. von S. Martin, Mü 1970.
de Bertier de Sauvigny, G.: Das katholische *Denken* von 1800–1846, in: L. J. Rogier/R. Aubert (Hg.): Geschichte der Kirche IV, Ei/Zü/Kö 1966, 293–315.
Birault, Henri: La foi et la pensée d'après *Heidegger*, in: Recherches et débats du Centre catholique des intellectuels français, Nouvelle Série 10 (P 1955) 108–132.
v. Bladel, Louis: Die Funktion der *Abfallslehre* in der Gesamtbewegung der Schellingschen Philosophie, in: StP 14 (1954) 49–82.
Blank, Josef: Der johannäische *Wahrheitsbegriff*, in: Biblische Zeitschrift N.F. 7 (1963) 163–173.
–: *Paulus* und Jesus, Mü 1968.
Blondel, Maurice: Die *Aktion* ([1]1893), dt. von R. Scherer, Fr/Mü 1965.
–: Y a-t-il une *philosophie chrétienne?*, in: RMM 38 (1931) 599–606.
–: Le problème de la *philosophie catholique*, P 1932.
–: *Office* du philosophe, in: RThom 41 (1936) 587–592.
–: La philosophie et l'*esprit chrétien*, I ([1]1944) P [4]1950; II P 1946.
–: Philosophische *Ansprüche* des Christentums ([1]1950), dt. von R. Scherer, W 1954.
–: Les premières *écrits*, P 1956.
–: Zur *Methode* der Religionsphilosophie, hg. von H. Verweyen, Ei 1974.
Bock, Irmgard: Heideggers *Sprachdenken*, Mei 1966.
Bogliolo, Luigi: Il *problema* della filosofia cristiana, Brescia 1959.
Boisset, Jean (Hg.): Le *problème* de la Pensée Chrétienne, in: Les problèmes de la pensée chrétienne 4 (P 1945) 5–185.
Botterweck, Gerhard Johannes: „*Gott erkennen*" im Sprachgebrauch des Alten Testaments, Bo 1951.

Bouillard, Henry: *Blondel* und das Christentum ([1]1961), dt. von M. Seckler, Mz 1963.
–: *Logik* des Glaubens ([1]1964), Fr/Bas/W 1966.
Brechtken, Josef: Geschichtliche Transzendenz bei *Heidegger,* Mei 1972.
Bréhier, Emil: Y a-t-il une *philosophie chrétienne?,* in: RMM 38 (1931) 133–162.
–: *Histoire* de la philosophie I/2 ([1]1928/1929) P [2]1947.
Brelage, Manfred: *Studien* zur Transzendentalphilosophie, B 1965.
Bretschneider, Willy: *Sein* und Wahrheit, Mei 1965.
Bröcker, Walter: Hölderlins *Friedensfeier* entstehungsgeschichtlich erklärt, F 1960.
–: Der Gott des *Sophokles,* F 1971.
–: Theologie der *Ilias,* F 1975.
Bröcker, Walter/Buhr, Heinrich: Zur *Theologie* des Geistes, Pf 1960.
Broekman, Jan M.: *Phänomenologie* und Egologie – Faktisches und transzendentales Ego bei Edmund Husserl, Den Haag 1963.
Brunner, Emil: *Natur* und Gnade ([1]1934), Zü [4]o.J.
–: *Offenbarung* und Vernunft, Zü 1941.
Buber, Martin: Werke I, Mü 1962.
Buhr, Heinrich: *Hölderlin* und Jesus von Nazareth ([1]1955), hg. von E. Reichle, Pf 1977.
Bultmann, Rudolf: Glauben und Verstehen, I ([1]1933) Tü [4]1961; II ([1]1952) Tü [2]1961; III ([1]1960) Tü [2]1962; IV Tü 1965.
–: *Theologie* des Neuen Testaments ([1]1958), Tü [6]1968.
–: Jesus Christus und die *Mythologie* ([1]1958), dt. von U. G. Richter, H 1964.
Casper, Bernhard/Hemmerle, Klaus/Hünermann, Peter: *Besinnung* auf das Heilige, Fr/Bas/W 1966.
Cassirer, Ernst: Das Erkenntnisproblem III, B 1920.
Clemens, Franz Jakob: De scholasticorum *sententia* philosophiam esse theologiae ancillam commentatio, Münster 1856.
– (anonym): Unser *Standpunkt* in der Philosophie, in: Der Katholik 39 (1859) 9–23, 129–154.
Conzelmann, Hans: Der erste Brief an die *Korinther,* Meyers kritisch-exegetischer Kommentar über das Neue Testament Abt. 5, Gö 1969.
Coreth, Emerich: *Dialektik* und Analogie des Seins, in: Schol 26 (1951) 57 bis 86.
–: Das fundamentalontologische *Problem* bei Heidegger und Hegel, in: Schol 29 (1954) 1–23.
–: Zum *Verhältnis* Heideggers zu Hegel, in: Analecta Gregoriana 67 (R 1954) 81–90.
–: Auf der *Spur* der verlorenen Götter? Martin Heidegger und die Gottesfrage, in: WuW 9 (1954) 107–116.
–: Die *Ernte* des Schellingjahres. Ein Literaturbericht, in: ZKTh 78 (1956) 334–351.
–: Schellings Weg zu den *Weltaltern.* Ein problemgeschichtlicher Durchblick, in: Bijdragen 20 (1959) 398–410.

–: Sinn und Struktur der *Spätphilosophie* Schellings, in: Bijdragen 21 (1960) 180–190.
–: Metaphysik, I 1961.
–: *Identität* und Differenz, in: J. B. Metz u. a. (Hg.): Gott in Welt I, Fr/Bas/W 1964, 158–187.
–: Grundfragen der *Hermeneutik*, Fr/Bas/W 1969.
–: Die *Geschichte* als Vermittlung bei Hegel, in: PhJ 78 (1971) 98–110.
–: Was ist der *Mensch?* ([1]1973), I/W/Mü [3]1980.
–: Existiert *Gott?* Gedanken zum Buch von Hans Küng, in: ZKTh 101 (1979) 6–27.
Corvez, Maurice: La place de Dieu dans l'ontologie de Martin *Heidegger*, in: RThom 53 (1953) 287–320; 54 (1954) 79–102, 559–583; 55 (1955) 377–390.
Czuma, Hans: Der philosophische Standpunkt in *Schellings* Philosophie der Mythologie und Offenbarung, I 1969.
Danner, Helmut: Das Göttliche und der Gott bei *Heidegger*, Mei 1971.
Delp, Alfred: Tragische *Existenz*, Fr 1935.
Dempf, Alois: Christliche *Philosophie*, Bo 1938.
–: *Kierkegaard* hört Schelling, in: PhJ 65 (1957) 147–161.
Diem, Hermann: *Gott* und die Metaphysik, Zo/Zü 1956.
Diemer, Alwin: Edmund *Husserl*. Versuch einer systematischen Darstellung seiner Phänomenologie, Mei 1956.
Düsing, Klaus: *Spekulation* und Reflexion. Zur Zusammenarbeit Schellings und Hegels in Jena, in: HegelSt 5 (1969) 95–128.
–: Spekulative *Logik* und positive Philosophie, in: HegelSt Bh. 17 (1977) 117–128.
Duméry, Henry: *Raison* et Religion dans la Philosophie de l'action, P 1963.
Durner, Manfred: Zum *Problem* des „Christlichen" in Schellings „Weltalter"- und Spätphilosophie, in: PhJ 89 (1982) 25–38.
Ebeling, Gerhard: *Wort* und Glaube I, Tü 1960.
–: *Verantworten* des Glaubens in Begegnung mit dem Denken M. Heideggers. Thesen zum Verhältnis von Philosophie und Theologie, in: ZThK Bh. 2 (1961) 119–124.
–: *Theologie* und Verkündigung ([1]1962), Tü [2]1963.
Ehrle, Franz: Grundsätzliches zur Charakteristik der neueren und neuesten *Scholastik*, Fr 1918.
Erdmann, Johannes Eduard: Der Deutsche *Idealismus* ([1]1834 ff.), Rowohlts Geschichte der Philosophie VI, H 1971.
Eschweiler, Karl: Die zwei *Wege* der neueren Theologie, Augsburg 1926.
Fabro, Cornelio: *Ontologia* esistenzialistica e metafisica tradizionale, in: Rivista di Filosofia Néo-scolastica 45 (1953) 581–618.
–: *Dall' essere* all' esistente, Brescia 1957, 337–424.
–: *L'essere* Tomistico e la ripresa della metafisica, in: Angelicum 44 (1967) 281–314.
Fackenheim, Emil L.: *Schellings* Begriff der positiven Philosophie, in: ZPhF 8 (1954) 321–335.

Feick, Hildegard: *Index* zu Heideggers „Sein und Zeit" ([1]1961), Tü [3]1980.
Feiner, Johannes/Löhrer, Magnus: Mysterium Salutis, I: Die Grundlagen der Heilsgeschichte, Ei/Zü/Kö 1965; II: Die Heilsgeschichte vor Christus, Ei/Zü/Kö 1967; IV/2: Das Heilsgeschehen in der Gemeinde, Ei/Zü/Kö 1973.
Fichte, Johann Gottlieb: Sämtliche *Werke* V, hg. von I. H. Fichte, B 1845.
Fink, Eugen: *Studien* zur Phänomenologie 1930–1939, Den Haag 1966.
–: *Nähe* und Distanz, Fr/Mü 1976.
Flury, Johannes: Um die *Redlichkeit* des Glaubens, Fri 1979.
Foucher, Louis: La philosophie catholique en France au XIXe siècle, P 1955.
Frank, Manfred: Der unendliche *Mangel* an Sein, F 1975.
–: *Einleitung,* in: Fr. W. J. Schelling: Philosophie der Offenbarung 1841/1842, hg. von M. Frank, F 1977, 9–84.
Frankfurter Allgemeine Zeitung (Hg.): Martin *Heidegger.* Fragen an sein Werk, St 1977.
Franz, Helmut: *kerygma* und kunst, Saarbrücken 1959.
Franzen, Winfried: Von der *Existenzialontologie* zur Seinsgeschichte, Mei 1975.
Frohschammer, Jakob: Ueber die *Freiheit* der Wissenschaft, Mü 1861.
Fuchs, Ernst: Hermeneutik ([1]1954), Bad Cannstatt [3]1963.
–: Zum hermeneutischen *Problem* in der Theologie, Tü 1959.
–: *Denken* und Sein?, in: PhR 8 (1960) 106–108.
Fuchs, Josef: Gibt es eine christliche *Moral?,* in: StZ 185 (1970) 99–112.
–: Esiste *una morale* non-cristiana?, in: Rassegna di teologia 6 (1973) 361–373.
Fürstenau, Peter: *Heidegger.* Das Gefüge seines Denkens, F 1958.
Fuhrmans, Horst: *Schellings* letzte Philosophie, B 1940.
–: Die *Philosophie* der Weltalter, in: StP 14 (1954) 162–178.
–: Schellings Philosophie der *Weltalter,* Dü 1954.
–: *Dokumente* zur Schellingforschung, in: KantSt 47 (1955/1956) 182–191, 273–287, 378–396; 51 (1959/1960) 14–26.
–: Der *Ausgangspunkt* der Schellingschen Spätphilosophie, in: KantSt 48 (1956/1957) 302–323.
–: *Rezension* zu W. Schulz: Die Vollendung des deutschen Idealismus in der Spätphilosophie Schellings, in: KantSt 48 (1956/1957) 94–101.
–: Der *Gottesbegriff* der Schellingschen positiven Philosophie, in: M. Koktanek (Hg.): Schelling-Studien, W/Mü 1965, 9–47.
Gadamer, Hans-Georg: *Wahrheit* und Methode ([1]1960), Tü [3]1972.
–: Kleine *Schriften* II, Tü 1967.
–: Hegels *Dialektik,* Tü 1971.
–: Heideggers *Wege,* Tü 1983.
Geiselmann, Josef Rupert: Die katholische *Tübinger Schule,* Fr/Bas/W 1964.
Gestrich, Christof: Neuzeitliches Denken und die *Spaltung* der dialektischen Theologie, Tü 1977.
Gethmann, Carl Friedrich: *Verstehen* und Auslegung. Das Methodenproblem in der Philosophie Martin Heideggers, Bo 1974.
Gethmann-Siefert, Annemarie: Das *Verhältnis* von Philosophie und Theologie im Denken Martin Heideggers, Fr/Mü 1974.

Giacon, Carlo (Hg.): *Filosofia* e Cristianesimo. Atti del II Congresso italiano di studi filosofici cristiani, Aloisianum-Gallarate 4.–6. Sept. 1946, Milano 1947.

Gilkey, Laudgon: *Tendenzen* in der protestantischen Apologetik, in: Concilium 5 (1969) 472–486.

Gilson, Étienne: *L'esprit* de la philosophie médiévale ([1]1932), P 1948, 413–440.

–: Der *Geist* der mittelalterlichen Philosophie ([1]1932), dt. von R. Schmücker, W 1950.

–: *Christianisme* et Philosophie, P 1949.

–: *La possibilité* de la philosophie chrétienne, in: Revue des sciences religieuses 32 (1958) 168–196.

–: *Le philosophe* et la théologie, P 1960.

–: *Introduction* à la Philosophie Chrétienne, P 1960.

–: *L'être* et Dieu, in: RThom 62 (1962) 181–202, 398–416.

Gilson, Étienne/Böhner, Philotheus: Christliche *Philosophie* von ihren Anfängen bis Nikolaus von Cues ([1]1937), Paderborn [3]1954.

Gogarten, Friedrich: Entmythologisierung und *Kirche,* St 1953.

–: Verhängnis und Hoffnung der *Neuzeit* ([1]1953), List-TB, Mü/H 1966.

Grosche, Robert: Nachwort, in: A. D. Sertillanges: Der Hl. Thomas von Aquin, Hellerau 1928, 843–865.

Guardini, Romano: Hölderlin ([1]1939), Mü [3]1980.

Guillet, Jacques: Was glaubte *Jesus?* ([1]1980), dt. von Th. Kripp, Sa 1982.

Guzzoni, Ute (Hg.): *Nachdenken* über Heidegger, Hildesheim 1980.

Habermas, Jürgen: *Technik* und Wissenschaft als Ideologie, F 1968.

–: Philosophisch-politische *Profile,* F 1971.

Habermas, Jürgen/Luhmann, Niklas: *Theorie* der Gesellschaft oder Sozialtechnologie, F 1971.

Haeffner, Gerd: *Heideggers* Begriff der Metaphysik, Mü 1974.

Hartmann, Nicolai: Die Philosophie des deutschen *Idealismus* ([1]1923, 1929), B [2]1960.

Hegel, Georg Wilhelm Friedrich: Gesammelte Werke, hg. im Auftrag der deutschen Forschungsgemeinschaft, H 1968 ff. (soweit erschienen bis Ende 1983 – genaueres siehe Abkürzungsverzeichnis).

–: Werke in 21 Bänden, Suhrkamp-Theorie-Werkausgabe, hg. von E. Moldenhauer und K. M. Michel, F 1969–1971, 1978 (genaueres siehe Abkürzungsverzeichnis).

Heidegger, Martin: Gesamtausgabe. Ausgabe letzter Hand, F 1975 ff. (soweit erschienen bis Ende 1983 – genaueres siehe Abkürzungsverzeichnis).

–: Kant und das Problem der Metaphysik ([1]1929), F [4]1973.

–: Die *Selbstbehauptung* der deutschen Universität ([1]1933), F 1983.

–: Vorträge und Aufsätze ([1]1954), Pf [4]1978.

–: Was heißt Denken? ([1]1954), Tü [3]1969.

–: Was ist das – die Philosophie? ([1]1956), Pf [7]1981.

–: Der Satz vom Grund ([1]1957), Pf [5]1978.

–: Identität und Differenz ([1]1957), Pf [6]1978.

–: *Grundsätze* des Denkens, in: Jahrbuch für Psychologie und Psychotherapie 6 (1958) 33–41.
–: Unterwegs zur Sprache (¹1959), Pf ⁵1975.
–: Gelassenheit (¹1959), Pf ⁶1979.
–: *Antrittswort* als ordentliches Mitglied der Heidelberger Akademie der Wissenschaften, in: Leo Gabriel: Wege zum Sein, in: Wissenschaft und Weltbild 12 (W 1959) 610f.
–: Nietzsche I–II (¹1961), Pf ²1961.
–: Die Frage nach dem Ding (¹1962), Tü ²1975.
–: Zur Sache des Denkens, Tü 1969.
–: Schellings Abhandlung über das Wesen der menschlichen Freiheit (1809), Tü 1971.
–: Nur noch ein Gott kann uns retten, in: Der Spiegel 30 (1976) Nr. 23, 193–219.
–: Vier Seminare, F 1977.
Heidegger, Martin/Fink, Eugen: Heraklit. Seminar Wintersemester 1966/1967, F 1970.
Heimsoeth, Heinz: Metaphysik der *Neuzeit* (¹1929), Mü/B ³1967.
Held, Klaus: Lebendige *Gegenwart.* Die Frage nach der Seinsweise des transzendentalen Ich bei Edmund Husserl, entwickelt am Leitfaden der Zeitproblematik, Den Haag 1966.
Hemmerle, Klaus: *Gott* und das Denken nach Schellings Spätphilosophie, Fr/Bas/W 1968.
–: Das *Verhältnis* von Philosophie und Theologie aus theologischer Perspektive, in: Herderkorrespondenz 31 (1977) 31–36.
Henrich, Dieter: Über die *Einheit* der Subjektivität, in: PhR 3 (1955) 28–69.
–: Der ontologische *Gottesbeweis,* Tü 1960.
–: Fichtes ursprüngliche *Einsicht* (¹1966), F 1967.
–: *Hegel* im Kontext (¹1967), F ²1971.
Henrici, Peter: Hegel und *Blondel,* Mü/Pullach 1958.
–: Hegel und die *Theologie.* Ein kritischer Bericht, in: Gregorianum 48 (1967) 706–746.
–: Deutsche *Quellen* der Philosophie Blondels?, in: ThPh 43 (1968) 542–561.
–: Zwischen Transzendentalphilosophie und christlicher *Praxis,* in: PhJ 75 (1968) 332–346.
–: *Hegel* e la problematica teologica, in: Enciclopedia '72 (R 1971) 273–284.
–: *Aufbrüche* christlichen Denkens, Ei 1978.
–: Philosophieren aus dem *Glauben,* in: ZKTh 101 (1979) 361–373.
Henry, André: La *querelle* de la philosophie chrétienne, in: Recherches et débats du Centre catholique des intellectuels français, Nouvelle Série 10 (P 1955) 35–68.
v. Herrmann, Friedrich Wilhelm: Die *Selbstinterpretation* Martin Heideggers, Mei 1964.
–: *Husserl* und die Meditationen des Descartes, F 1971.
–: *Subjekt* und Dasein. Interpretationen zu „Sein und Zeit", F 1974.
–: Heideggers Philosophie der *Kunst,* F 1980.

–: Der Begriff der *Phänomenologie* bei Heidegger und Husserl, F 1981.
v. Hertling, Georg: *Reden,* Ansprachen und Vorträge des Grafen Georg von Hertling, hg. von A. Dyroff, Kö 1929.
Hirsch, Emmanuel: Kierkegaardstudien I–II, Gü 1930–1933.
Hochkeppel, Willy: *Mythos* Philosophie, H 1976.
Hoffmann, Ernst: Zur *Begriffsbestimmung* der christlichen Philosophie ([1]1946), in: E. Hoffmann: Platonismus und christliche Philosophie, Zü/St 1960, 144–169.
Holz, Harald: *Spekulation* und Faktizität, Bo 1970.
–: Die *Ablösung* der Transzendenz, ein Ende oder Anfang?, in: HegelSt Bh. 17 (1977) 193–209.
Hossfeld, Paul: Das *Sein* in Heideggers späteren Schriften und Gott, in: Theologie und Glaube 54 (1964) 332–344.
Huch, Kurt Jürgen: Philosophiegeschichtliche *Voraussetzungen* der Heideggerschen Ontologie, F 1967.
Hühnerfeld, Paul: In Sachen *Heidegger.* Versuch über ein deutsches Genie, H 1959.
Hünermann, Peter: Gottes *Sohn* in der Zeit. Entwurf eines Begriffs, in: L. Scheffczyk (Hg.): Grundfragen der Christologie heute, Fr/Bas/W 1975, 114–140.
Husserl, Edmund: Gesammelte Werke. „Husserliana", hg. von H. L. v. Breda, Den Haag 1950 ff. (genaueres siehe Abkürzungsverzeichnis).
–: Logische Untersuchungen, I–II/1 ([1]1900/1901), Tü [6]1980; II/2 ([1]1901), Tü [5]1980.
–: Philosophie als strenge Wissenschaft ([1]1911), hg. von W. Sziliasi, F 1981.
Degl'Innocenti, Umberto: *Osservazioni* sulla filosofia cristiana, in: Angelicum 18 (1941) 357–378.
Ittel, Wolfgang: Der *Einfluß* der Philosophie Martin Heideggers auf die Theologie Rudolf Bultmanns, in: KuD 2 (1956) 90–108.
Jäger, Alfred: *Gott.* Nochmals Martin Heidegger, Tü 1978.
Jansen, Bernhard: Christliche *Philosophie,* in: StZ 78 (1934) 229–238.
Jaspers, Karl: *Schellings* Größe und sein Verhängnis, in: StP 14 (1954) 12–38.
–: Notizen zu Martin *Heidegger,* hg. von H. Saner, Mü/Zü 1978.
Joest, Wilfried: Fundamentaltheologie, St/B 1974.
Jolivet, Régis: *Essai* sur les rapports entre la pensée greque et la pensée chrétienne ([1]1931), P [2]1955.
–: La *philosophie* chrétienne et la pensée contemporaine, P 1932.
Jüngel, Eberhard: Der *Schritt* zurück, in: ZThK 58 (1961) 104–122.
–: *Gott* als Geheimnis der Welt ([1]1976), Tü [2]1977.
Kabitz, Willy: *Studien* zur Entwicklung der Fichteschen Wissenschaftslehre aus der Kantischen Philosophie, B 1902.
Kant, Immanuel: *Werke* in 10 Bänden. Studienausgabe ([1]1960–1964) VII, hg. von W. Weischedel, Da 1975.
Kasper, Walter: *Das Absolute* in der Geschichte, Mz 1965.
–: *Jesus* der Christus ([1]1974), Mz [4]1975.
–: Der *Gott* Jesu Christi, Mz 1982.

Keller, Albert: *Sein* oder Existenz?, Mü 1968.
Kerény, Karl: Antike *Religion,* Mü/W 1971.
Kern, Walter: Das *Verhältnis* von Erkenntnis und Liebe als philosophisches Grundproblem bei Hegel und Thomas von Aquin, in: Schol 34 (1959) 394–427.
–: Dialektik und *Trinität* in der Religionsphilosophie Hegels, in: ZKTh 102 (1980) 129–155.
–: „*Schöpfung*" bei Hegel, in: TThQ 162 (1982) 131–146.
Kierkegaard, Sören: Gesammelte *Werke,* hg. von E. Hirsch, M. Junghans und H. Gerdes, Abt. II/III: Entweder/Oder II ([1]1842), Dü/Kö 1957; Abt. X: Philosophische Brocken ([1]1844), Dü/Kö 1952; Abt. XVI/2: Abschließende unwissenschaftliche Nachschrift ([1]1846), Dü/Kö 1958; Abt. XXIV/V: Die Krankheit zum Tode ([1]1849), Dü/Kö 1957.
–: Nachschrift der Schelling-Vorlesung von 1841, in: A. M. Koktanek: Schellings Seinslehre und Kierkegaard, Mü 1962, 98–179.
Klostermann, Vittorio (Hg.): Durchblicke, F 1970.
Köchler, H.: Das *Gottesproblem* im Denken Heideggers, in: ZThK 95 (1973) 61–90.
Köhler, Ludwig: *Theologie* des Alten Testaments ([1]1935), Tü [4]1966.
Köhler, Oskar: Das *Lehramt* und die Theologie, in: H. Jedin (Hg.): Handbuch der Kirchengeschichte VI/2, Fr/Bas/W 1973, 316–328.
Körner, Franz: Das *Sein* und der Mensch, Fr/Mü 1959.
Koktanek, Anton Miro: Schellings *Seinslehre* und Kierkegaard, Mü 1962.
Korsch, Dieter: Der *Grund* der Freiheit, Mü 1980.
Kratz, Reinhard: *Auferweckung* als Befreiung, St 1973.
Kraus, Hans Joachim: *Theologie* der Psalmen, Biblischer Kommentar. Altes Testament XV/3, Neukirchen/Vluyn 1979.
Kremer, Jacob: Das älteste *Zeugnis* von der Auferstehung Christi ([1]1966), St [2]1967.
–: Die *Osterbotschaft* der vier Evangelien, St 1968.
Kroner, Richard: *Von Kant* bis Hegel I, Tü 1921.
Kühn, Reinhold: Hinweise auf die ontologische Differenz bei Martin *Heidegger,* Tü 1974.
Küng, Hans: *Menschwerdung* Gottes, Fr/Bas/W 1970.
–: Christ sein, Mü/Zü 1974.
–: Existiert *Gott?* Antwort auf die Gottesfrage der Neuzeit, Mü/Zü 1978.
v. Kuhn, Johannes: Das *Verhältnis* der Philosophie zur Theologie nach modern-scholastischer Lehre, in: TThQ 44 (1862) 541–602; 45 (1863) 3–83.
Kuss, Otto: Die *Formel* „durch Christus" in den paulinischen Hauptbriefen, in: Trierer Theologische Zeitschrift 65 (1956) 193–201.
–: Der *Römerbrief,* 1. Lieferung ([1]1957), Regensburg [2]1963.
Lachmann, Eduard (Hg.): Der *Streit* um den Frieden, Nürnberg 1957.
Lammers, Klaus: *Hören,* Sehen und Glauben im Neuen Testament, St 1966.
Landgrebe, Ludwig: Der *Weg* der Phänomenologie, Gü 1963.
Leclercq, J.: *Pierre* le Vénerable, Saint-Wandrille 1946, 255–279.

–: *Pour l'histoire* de l'expression „Philosophie Chrétienne", in: Mélanges de science religieuse 9 (1952) 221–226.
–: *Maria* christianorum philosophia, in: Mélanges de science religieuse 13 (1956) 103–106.
Leese, Kurt: Philosophie und Theologie im *Spätidealismus,* B 1929.
Lehmann, Karl: Vom Ursprung und Sinn der *Seinsfrage* im Denken Martin Heideggers I–III, R 1961/1962 (ungedruckte Dissertation).
–: *Metaphysik,* Transzendentalphilosophie und Phänomenologie in den ersten Schriften Martin Heideggers (1912–1916), in: PhJ 71 (1963/1964) 331–357.
Lennerz, Heinrich: Natürliche *Gotteserkenntnis.* Stellungnahme der Kirche in den letzten 100 Jahren, Fr 1926.
Loer, Barbara: Das *Absolute* und die Wirklichkeit in Schellings Philosophie, B/NY 1974.
Löwith, Karl: Von *Hegel* zu Nietzsche ([1]1941), St [4]1958.
–: *Heidegger.* Denker in dürftiger Zeit ([1]1953), Gö [3]1965.
Løgstrup, Knud Ejler: Kierkegaards und Heideggers *Existenzialanalyse* und ihr Verhältnis zur Verkündigung, B 1951.
Lohfink, Gerhard: *Paulus* vor Damaskus, St 1965.
Lotz, Johann Baptist: *Aletheia* und Orthotes, in: PhJ 68 (1960) 258–268.
–: Der *Mensch* im Sein, Fr/Bas/W 1967.
–: Martin *Heidegger* und Thomas von Aquin, Pf 1975.
–: Transzendentale *Erfahrung,* Fr/Bas/W 1978.
De Lubac, Henri: Sur la *philosophie* chrétienne, in: Nouvelle Revue théologique 63 (1936) 225–253.
–: Die Freiheit der *Gnade* ([1]1946 ff.) I–II, dt. von H. U. v. Balthasar, Ei 1971.
–: *Geheimnis* aus dem wir leben ([1]1967), dt. von K. Bergner, Ei 1967.
Lübbe, Hermann (Hg.): Wozu *Philosophie?,* B/NY 1978.
Lukács, Georg: Die *Zerstörung* der Vernunft ([1]1953), in: G. Lukács: Werke IX, B/Spandau 1962.
Majoli, Bruno: La *critica* ad Hegel in Schelling e Kierkegaard, in: Rivista di filosofia neo-scolastica 46 (1954) 222–263.
Malevez, L.: Le *croyant* et le philosophe, in: Nouvelle Revue théologique 82 (1960) 897–917.
Malmberg, Felix: Über den *Gottmenschen,* dt. von E. Huger, Fr/Bas/W 1960.
Mandonnet, Pierre: *L'augustinisme* bonaventurien, in: BThom 3 (1926) 48–54.
Manser, G. M.: Gibt es eine christliche *Philosophie?,* in: Divus Thomas 50 (Fri 1936) 19–51, 123–141.
Marcel, Gabriel: Les conditions dialectiques de la philosophie de l'*intuition,* in: RMM 20 (1912) 638–652.
–: *Schelling,* fut-il un précurseur de la philosophie de l'existence?, in: RMM 62 (1957) 72–87.
Maréchal, Joseph: *Le point* du départ de la métaphysique, Cahier 5: Le Thomisme devant la Philosophie critique ([1]1926), P [2]1949.
–: *Mélanges* Joseph Maréchal I, Bruxelles/P 1950.
Maritain, Jacques: Antimodern ([1]1922), dt. von F. Damaris, Augsburg 1930.

–: Die *Stufen* des Wissens ([1]1932), dt. von K. Holzamer, Mz o. J.
–: Von der christlichen *Philosophie* ([1]1933), dt. von B. Schwarz, Sa/L 1935.
Marx, Werner: *Heidegger* und die Tradition, St 1961.
–: *Aufgabe* und Methode der Philosophie in Schellings System des transzendentalen Idealismus und in Hegels Phänomenologie des Geistes, in: HegelSt Bh. 17 (1977) 77–101.
Marxen, Willi: Die *Auferstehung* Jesu als historisches und als theologisches Problem ([1]1964), Gü [5]1967.
Masnovo, Amato: Il *Neo-Tomismo* in Italia, Milano 1923.
Mattes, Karl Joseph: Die *Kontroverse* zwischen Johannes von Kuhn und Constantin von Schäzler über das Verhältnis von Natur und Gnade, Fri 1968.
Mattes, Wenzeslaus: Die alte und die neue *Scholastik*, in: TThQ 28 (1846) 355–404, 578–620.
Maurer, Reinhard Klemens: Von *Heidegger* zur praktischen Philosophie, in: M. Riedl (Hg.): Rehabilitierung der praktischen Philosophie I, Fr 1972, 415–454.
Maydieu, Jean-Joseph: *Reflexions* sur la philosophie chrétienne, in: Bulletin de litterature ecclésiastique 36 (1935) 193–222.
Medicus, Fritz: Große *Denker* II ([1]1911), L [2]1923.
Mehl, Roger: La *condition* du philosophe chrétien, Neuchâtel 1947.
–: Die *Philosophie* vor der Theologie, in: ThLZ 75 (1950) 585–590.
Mesnard, Pierre: Un texte importante d'*Erasme* touchant sa „Philosophie chrétienne", in: RThom 47 (1947) 524–533.
Metz, Johann Baptist: *Heidegger* und das Problem der Metaphysik, in: Schol 28 (1953) 1–22.
–: Theologische und metaphysische *Ordnung*, in: ZKTh 83 (1961) 1–14.
–: Christliche *Anthropozentrik*, Mü 1962.
–: Zur *Theologie* der Welt ([1]1968), Topos-TB, Mz 1973.
van der Meulen, Jan: *Heidegger* und Hegel oder Widerstreit und Widerspruch, Mei 1953.
Meyer, Hans: Christliche *Philosophie?*, in: MThZ 2 (1951) 390–430.
Möller, Joseph: Existenzialphilosophie und katholische *Theologie*, Baden-Baden 1952.
Mörchen, Hermann: *Macht* und Herrschaft im Denken von Heidegger und Adorno, St 1980.
–: *Adorno* und Heidegger, St 1981.
Moltmann, Jürgen: Theologie der *Hoffnung* ([1]1964), Mü [9]1973.
–: *Gotteserfahrung* und Wahrheitsfrage ([1]1966), in: J. Moltmann: Perspektiven der Theologie, Mü/Mz 1968, 13–35.
Mouroux, Jean: *L'expérience* chrétienne, P 1952.
Muck, Otto: Christliche *Philosophie*, W 1964.
Müller, Gotthold: Martin *Heideggers* Philosophie als Frage an die Theologie, in: Theologische Zeitschrift 15 (1959) 357–375.
Müller, L.: Schellings Einfluß auf *Rußland*, in: Archiv für Philosophie 3 (1949) 53–81.

Müller, Max: *Existenzphilosophie* im geistigen Leben der Gegenwart ([1]1949), Hei [3]1964.
–: *Ende* der Metaphysik?, in: PhJ 72 (1964/1965) 1–48.
Mußner, Franz: Die johannäische *Sehweise*, Fr/Bas/W 1965.
–: Die *Auferstehung* Jesu, Mü 1969.
Nédoncelle, Maurice: Existe-t-il une *Philosophie* Chrétienne?, P 1956.
Del-Negro, Walter: Von *Brentano* über Husserl zu Heidegger, in: ZPhF 7 (1953) 571–585.
Neidl, Walter M.: Das Gott-in-Kosmos-Sein des Pseudo-Dionysius Areopagita und das Sein-in-Welt Martin Heideggers, in: ZKTh 100 (1978) 211–246.
–: Christliche *Philosophie* – Eine Absurdität?, Sa 1981.
–: Christliche Philosophie. Hat sie heute noch eine *Chance?*, in: Jahrbuch der Universität Salzburg 1979–1981, Sa 1982, 9–24.
Neske, Günther (Hg.): *Erinnerung* an Martin Heidegger, Pf 1977.
Noack, Hermann: *Gespräch* mit Martin Heidegger, in: Anstöße 1 (1954) 30–37.
Noack, Hermann (Hg.): Husserl, Da 1973.
Noel, Léon: *La notion* de philosophie chrétienne, in: RNSP 37 (1934) 337–344.
Noller, Gerhard: *Sein* und Existenz, Mü 1962.
Noller, Gerhard (Hg.): *Heidegger* und die Theologie, Mü 1967.
Ohashi, Ryosuke: *Ekstase* und Gelassenheit. Zu Schelling und Heidegger, Mü 1975.
Ott, Heinrich: *Denken* und Sein. Der Weg Martin Heideggers und der Weg der Theologie, Zo 1959.
Otto, Walter Friedrich: Die *Götter* Griechenlands ([1]1929), F [5]1961.
Pannenberg, Wolfhart: Was ist der *Mensch?*, Gö 1962.
–: Grundzüge der *Christologie* ([1]1964), Gü [4]1972.
–: *Grundfragen* systematischer Theologie ([1]1967), Gö [3]1979.
–: *Gottesgedanke* und menschliche Freiheit, Gö 1972.
–: *Wissenschaftstheorie* und Theologie, F 1973.
Pannenberg, Wolfhart (Hg.): *Offenbarung* als Geschichte, in: KuD Bh. 1 (1961).
Paulus, H. E. G. (Hg.): Die endlich offenbar gewordene positive Philosophie der Offenbarung oder Entstehungsgeschichte, wörtlicher Text, Beurtheilung und Berichtigung oder v. Schellingschen Entdeckungen über Philosophie überhaupt, Mythologie und Offenbarung des dogmatischen Christenthums im Berliner Wintercursus von 1841–1842 (Da [1]1843), in: M. Frank: *Einleitung*, 87–326.
Petri, Heinrich: Die *Entdeckung* der Fundamentaltheologie in der evangelischen Theologie, in: Catholica 33 (1979) 241–261.
Peuckert, Helmut: *Wissenschaftstheorie* – Handlungstheorie – Fundamentale Theologie, Dü 1976.
Pieper, Josef: Christliche *Philosophie?*, in: Hochland 40 (1948) 501–512.
–: *Verteidigungsrede* der Philosophie, Mü 1966.

Pöggeler, Otto: *Sein* als Ereignis, in: ZPhF 13 (1959) 597–632.
–: Der *Denkweg* Martin Heideggers, Pf 1963.
–: Dialektik und *Topik* ([1]1970), in: M. Riedel (Hg.): Rehabilitierung der praktischen Philosophie II, Fr 1974, 291–331.
–: Philosophie und *Politik* bei Heidegger ([1]1972), Fr/Mü [2]1974.
–: Die ethisch-politische *Dimension* der hermeneutischen Philosophie, in: G. G. Grau: Probleme der Ethik, Fr/Mü 1972, 45–81.
–: Heideggers *Neubestimmung* des Phänomenbegriffs, in: Phänomenologische Forschungen 9 (Fr/Mü 1980) 124–162.
–: *Zeit* und Sein bei Heidegger, in: Phänomenologische Forschungen 14 (Fr/Mü 1983) 152–191.
Pöggeler, Otto (Hg.): *Heidegger.* Perspektiven zur Deutung seines Werkes, Kö/B 1969.
Pottmeyer, Hermann J.: Der *Glaube* vor dem Anspruch der Wissenschaft, Fr/Bas/W 1968.
Prauß, Gerold: *Erkennen* und Handeln in Heideggers „Sein und Zeit", Fr/Mü 1977.
Przywara, Erich: Drei *Richtungen* in der Phänomenologie, in: StZ 115 (1928) 252–264.
–: *Wende* zum Menschen, in: StZ 119 (1930) 1–10.
–: Analogia entis, hg. von H. U. v. Balthasar, Ei 1962.
–: Religionsphilosophische *Schriften,* hg. von H. U. v. Balthasar, Ei 1962.
Pugliese, Orlando: *Vermittlung* und Kehre. Grundzüge des Geschichtsdenkens bei Martin Heidegger, Mü/Fr 1965.
v. Rad, Gerhard: *Theologie* des Alten Testaments, I ([1]1957), Mü [8]1982; II ([1]1960), Mü [7]1980.
–: *Weisheit* in Israel ([1]1970), Neukirchen/Vluyn [2]1982.
Rahner, Karl: *Geist* in Welt ([1]1939), hg. von Joh. B. Metz, Mü [3]1964.
–: Introduction au concept de Philosophie Existentiale chez *Heidegger,* in: Recherches de science religieuse 30 (1940) 152–171.
–: *Hörer* des Wortes ([1]1941), hg. von Joh. B. Metz, Herder-TB, Fr/Bas/W 1971.
–: *Schriften* zur Theologie, I Ei/Zü/Kö 1954; III Ei/Zü/Kö 1956; IV ([1]1960), Ei/Zü/Kö [2]1960; V Ei/Zü/Kö 1962; VI Ei/Zü/Kö 1965; VIII Ei/Zü/Kö 1967; IX Ei/Zü/Kö 1970; X Ei/Zü/Kö 1972; XII Ei/Zü/Kö 1975.
–: Über die *Schriftinspiration* ([1]1956), Fr/Bas/W [3]1962.
–: *Ich glaube* an Jesus Christus, Ei/Zü/Kö 1968.
–: *Grundkurs* des Glaubens, Fr/Bas/W 1976.
Rahner, Karl/Thüsing, Wilhelm: *Christologie* – systematisch und exegetisch, Fr/Bas/W 1972.
Ratzinger, Josef/Schürmann, Heinz/v. Balthasar, Hans Urs: *Prinzipien* christlicher Moral, Ei [2]1975.
Reiss, Wilhelm: „*Gott* nicht Kennen" im Alten Testament, in: ZAW 58 (1940/1941) 70–98.
Renard, A.: La *querelle* sur la possibilité de la Philosophie chrétienne, P 1941.

Rendtorff, Rolf: *Geschichte* und Wort im Alten Testament, in: EvTh 22 (1962) 621–649.
Reymond, Arnold: *Philosophie* spiritualiste I–II, Lausanne 1942.
Reymond, Marcel: L'influence de *Schelling* en France et en Suisse Romande, in: StP 14 (1954) 91–111.
Richardson, William J.: *Heidegger.* Through phenomenology to thought, Den Haag 1963.
–: Heideggers *Weg* durch die Phänomenologie zum Seinsdenken, in: PhJ 72 (1964/1965) 385–396.
Riedlinger, Helmut: *Geschichtlichkeit* und Vollendung des Wissens Christi, Fr/Bas/W 1966.
Ritter, Joachim: Die Lehre vom Ursprung und Sinn der *Theorie* bei Aristoteles ([1]1953), in: J. Ritter: Metaphysik und Politik, F 1969, 9–33.
–: *Hegel* und die französische Revolution ([1]1957), Suhrkamp-TB, F 1965.
Robinson, James M.: *Kerygma* und historischer Jesus ([1]1960), Zü [2]1967.
–: *Heilsgeschichte* und Lichtungsgeschichte, in: EvTh 22 (1962) 113–141.
Robinson, James M./Cobb jr., John B.: Der spätere *Heidegger* und die Theologie ([1]1962), Zü/St [2]1964.
–: Die neue *Hermeneutik,* Zü/St 1965.
–: Theologie als *Geschichte,* Zü/St 1967.
Rochais, H.: Ipsa Philosophia *Christus,* in: Mediaevel Studies 13 (1951) 244–247.
Rochedieu, Edmond: *Théologiens* et philosophes devant le problème de la révélation, in: RThPh 125 (1942) 241–267.
Rombach, Heinrich: Die *Gegenwart* der Philosophie, Fr/Mü 1962.
Rosenthal, Klaus: Martin *Heideggers* Auffassung von Gott, in: KuD 13 (1967) 212–229.
Rosmini-Serbati, Antonio: Teosofia I–II ([1]1858 ff.), hg. von A. Raschini, Milano 1967.
Rossi, Giovanni Felice: Il *movimento* neotomista piacentino iniziato al Collegio Alberoni da Francesco Grassi nel 1751 e la formazione di Vincenzo Buzzetti, Città del Vaticano 1974.
–: Le origini del *neotomismo* nell' ambiente di studio del Collegio Alberoni, Piacenza 1975.
Rousselot, Pierre: Die *Augen* des Glaubens ([1]1910), dt. von A. Mantel und H. U. v. Balthasar, Ei 1963.
Schadewald, Wolfgang: Die *Anfänge* der Philosophie bei den Griechen, F 1978.
Schaeffler, Richard: *Frömmigkeit* des Denkens? Martin Heidegger und die katholische Theologie, Da 1978.
–: Was dürfen wir hoffen?, Da 1979.
–: Die *Wechselbeziehungen* zwischen Philosophie und katholischer Theologie, Da 1980.
–: Fähigkeit zur *Erfahrung.* Zur transzendentalen Hermeneutik des Sprechens von Gott, Fr/Bas/W 1982.
v. Schäzler, Constantin: Eine freie katholische *Universität* und die Freiheit der

Wissenschaft, in: Historisch-politische Blätter 51 (1863) 897–938; 52 (1864) 30–51.
Scheffczyk, Leo: Der *Weg* der deutschen katholischen Theologie im 19. Jahrhundert, in: L. Scheffczyk (Hg.): Theologie in Aufbruch und Widerstreit, Bremen 1965, XI–IL.
–: Die dogmatische Konstitution „Über den katholischen Glauben" des *Vaticanum I* und ihre Bedeutung für die Entwicklung der Theologie, in: MThZ 22 (1971) 76–94.
Schelling, Friedrich Wilhelm Joseph: Werke Erg. Bd. VI ([1]1858), hg. von K. F. A. Schelling, neu hg. von M. Schröter, Mü 1954.
Schenke, Ludger: *Auferstehungsverkündigung* und leeres Grab, St 1968.
Scherer, Robert: *Besuch* bei Heidegger, in: WuW 2 (1947) 780–782.
Schiwy, Günther, *Teilhard* de Chardin. Sein Leben und seine Zeit I, Mü 1981.
Schlier, Heinrich: Die *Zeit* der Kirche ([1]1955), Fr/Bas/W [3]1962.
–: Der Brief an die *Epheser* ([1]1957), Dü [7]1971.
–: *Besinnung* auf das Neue Testament ([1]1964), Fr/Bas/W [2]1967.
–: Über die *Auferstehung* Jesu Christi, Ei [2]1968.
Schmaus, Michael/ Grillmeier, Alois/Scheffczyk, Leo (Hg.): *Handbuch* der Dogmengeschichte I/a–I/b: Die Offenbarung, Fr/Bas/W 1971, 1977.
Schmid, Alois: Wissenschaftliche *Richtungen* auf dem Gebiete des Katholicismus in neuester und gegenwärtiger Zeit, Mü 1862.
Schmidinger, Heinrich M.: Das *Problem* des Interesses und die Philosophie Sören Kierkegaards, Fr/Mü 1983.
Schnackenburg, Rudolf: Gottes *Herrschaft* und Reich ([1]1959), Fr/Bas/W [3]1963.
Schnädelbach, Herbert: *Philosophie* in Deutschland 1831–1933, F 1983.
Schneeberger, Guido: *Nachlese* zu Heidegger, Bern 1962.
Schneider, Reinhold: Die *Heimkehr* des deutschen Geistes, Baden-Baden 1946.
Scholz, Heinrich: Wie ist eine evangelische *Theologie* als Wissenschaft möglich? ([1]1931), in: G. Sauter (Hg.): Theologie als Wissenschaft, Tü 1971, 231–264.
Schrey, Heinz-Horst: Die *Bedeutung* der Philosophie Martin Heideggers für die Theologie, in: C. Astrada (Hg.): Heideggers Einfluß auf die Wissenschaften, Bern 1949, 9–21.
Schüller, Bruno: Zur *Diskussion* über das Proprium einer christlichen Ethik, in: ThPh 51 (1976) 321–343.
Schulte, Hannelies: Der Begriff der *Offenbarung* im Neuen Testament, Mü 1949.
Schulz, Walter: Das *Verhältnis* des späten Schelling zu Hegel, in: ZPhF 8 (1954) 336–352.
–: Die Vollendung des deutschen *Idealismus* in der Spätphilosophie Schellings, in: StP 14 (1954) 239–255.
–: Die *Vollendung* des deutschen Idealismus in der Spätphilosophie Schellings ([1]1955), Pf [2]1975.
–: Der *Gott* der neuzeitlichen Metaphysik, Pf 1957.

–: J. G. *Fichte.* Vernunft und Freiheit, Pf 1962.
–: Das *Problem* der absoluten Reflexion ([1]1962), in: W. Schulz: Vernunft und Freiheit, St 1981, 6–38.
–: *Freiheit* und Geschichte in Schellings Philosophie, in: F. W. J. Schelling: Über das Wesen der menschlichen Freiheit, Suhrkamp-TB, F 1975, 7 bis 26.
Schwan, Alexander: Politische *Philosophie* im Denken Heideggers, Kö/Opladen 1965.
Schwarz, Richard: Das *Problem* der christlichen Philosophie, in: PhJ 60 (1950) 218–248.
Schwarzwäller, Klaus: *Theologie* oder Phänomenologie, Mü 1966.
Seckler, Max: Evangelische *Fundamentaltheologie.* Erwägungen zu einem Novum aus katholischer Sicht, in: TThQ 155 (1975) 281–299.
Seidensticker, Philipp: Die *Auferstehung* Jesu in der Botschaft der Evangelisten, St 1967.
Sertillanges, Antonin-Dalmace: Le *Christianisme* et les Philosophies, I ([1]1939), [2]P o. J.; II P 1941.
Seven, Friedrich: Die *Ewigkeit* Gottes und die Zeitlichkeit des Menschen, Gö 1979.
Sheehan, Thomas: *Heidegger* e il suo discorso sulla Fenomenologia della religione ([1]1979), in: Filosofia 31 (Torino 1980) 431–446.
Siewerth, Gustav: Das *Schicksal* der Metaphysik von Thomas zu Heidegger, Ei 1959.
–: Martin *Heidegger* und die Frage nach Gott, in: Hochland 53 (1960/1961) 516–526.
Sinn, Dieter: Heideggers *Spätphilosophie,* in: PhR 15 (1967) 81–182.
Société Française de Philosophie (Hg.): *La notion* de philosophie chrétienne, in: Bulletin de la Société française de philosophie 31 (1931).
Société Romande de Philosophie: *Rapport* de la Sociéte Romande de Philosophie. Séance 31 mai 1942, in: RThPh 125 (1942) 268–288.
Société Thomiste (Hg.): *Journées* d'Études de la Société Thomiste I: La Phénoménologie (1932), Le Saulchoir/Juvisy o. J.; II: La philosophie chrétienne (1933), Le Saulchoir/Juvisy o. J.
Souilhé, Joseph: La *Philosophie* chrétienne de Descartes à nos jours I–II, P 1934.
Souriau, Michel: Qu'est ce qu'une *philosophie* chrétienne?, in: RMM 39 (1932) 353–385.
Spael, Wilhelm: Das katholische *Deutschland* im 20. Jahrhundert, Würzburg 1964.
Spera, Salvatore: Il pensiero del giovane *Kierkegaard,* Padova 1977, 49–94.
Splett, Jörg: Die *Trinitätslehre* G. W. F. Hegels ([1]1965), Fr/Mü [3]1984.
–: Die *Rede* vom Heiligen ([1]1971), Fr/Mü [2]1985.
Sprokel, Nikolaus: Das *Nichts* und die Negativität nach Martin Heidegger, Rom 1972 (Exzerpt aus einer ungedruckten Dissertation).
Stählin, Gustav: Die *Apostelgeschichte* ([1]1962), Das Neue Testament deutsch 5, Gö [5]1975.

Staudenmaier, Franz Anton: Ueber die Philosophie der Offenbarung von *Schelling*, in: Freiburger Zeitschrift für Theologie 8 (1842) 247–416.
van Steenberghen, Fernand: *La IIe Journée* d'études de la Société thomiste et la notion de la „philosophie chrétienne", in: RNSP 35 (1933) 539–554.
Steiger, Lothar: Die *Hermeneutik* als dogmatisches Problem, Gü 1961.
–: *Offenbarungsgeschichte* und theologische Vernunft, in: ZThK 59 (1962) 88–113.
Stoeckle, Bernhard: Autonome *Moral*, in: StZ 191 (1973) 723–736.
Strolz, Walter: Der denkerische *Weg* Martin Heideggers, in: StZ 184 (1969) 172–185.
Struve, Wolfgang: *Kierkegaard* und Schelling, in: Orbis litterarum 10 (1955) 252–258.
Sziliasi, Wilhelm: *Einführung* in die Phänomenologie Edmund Husserls, Tü 1959.
Theunissen, Michael: Die *Dialektik* der Offenbarung. Zur Auseinandersetzung Schellings und Kierkegaards mit der Religionsphilosophie Hegels, in: PhJ 72 (1964/1965) 134–160.
–: *Gesellschaft* und Geschichte. Zur Kritik der kritischen Theorie, B 1969.
–: Hegels *Lehre* vom absoluten Geist als theologisch-politischer Traktat, B 1970.
–: ὁ αἰτῶν λαμβάνει. Der *Gebetsglaube* Jesu und die Zeitlichkeit des Christseins, in: B. Casper (Hg.): Jesus – Ort der Erfahrung Gottes, Fr/Bas/W 1976, 13–68.
–: Das *Denken* im Widerstreit von Glaube und Vernunft, in: Herderkorrespondenz 30 (1976) 449–456.
–: Die *Aufhebung* des Idealismus in der Spätphilosophie Schellings, in: PhJ 83 (1976) 1–29.
–: Die *Idealismuskritik* in Schellings Theorie der negativen Philosophie, in: HegelSt Bh. 17 (1977) 173–191.
–: *Sein* und Schein. Die kritische Funktion der Hegelschen Logik, F 1980.
Thüsing, Wilhelm: *Per Christum* in Deum, Münster 1965.
Thulstrup, Niels: Kierkegaards *Verhältnis* zu Hegel und zum spekulativen Idealismus 1835–1846 ([1]1967), St 1972, 218–228.
Tillich, Paul: Gesammelte *Werke*, hg. von R. Albrecht, I: Frühe Hauptwerke ([1]1959), [2]St o.J.; V: Die Frage nach dem Unbedingten, St 1964; XI: Sinn und Sein ([1]1969), St [2]1976.
–: *Schelling* und die Anfänge des existenzialistischen Protestes, in: ZPhF 9 (1955) 197–208.
Tilliette, Xavier: Une nouvelle *interprétation* de Schelling, in: Archives de Philosophie 21 (1958) 423–456, 564–599.
–: Schelling Critique de *Hegel*, in: HegelSt Bh. 4 (1969) 193–203.
–: *Schelling*. Une philosophie en devenire, II: La dernière philosophie 1821–1854, P 1970.
Tilliette, Xavier (Hg.): Schelling im Spiegel seiner *Zeitgenossen*, Torino 1974.
Tresmontant, Claude: Les *origines* de la philosophie chrétienne, P 1962.
Tugendhat, Ernst: Der *Wahrheitsbegriff* bei Husserl und Heidegger, B 1967.

Valori, Paolo: Maurice *Blondel* e il problema d'una filosofia cristiana, R 1950.
Volk, Hermann: *Glaube* als Gläubigkeit, Mz 1963.
Volkmann-Schluck, Karl-Heinz: *Metaphysik* und Geschichte, B 1963.
de Vries, Joseph: Christliche *Philosophie*, in: Schol 12 (1937) 1–16.
de Waelhens, Alphonse: *L'idee* phénoménologique de l'intentionalité, in: Phänomenologica 2 (1959) 115–129.
Weber, Ludwig: *Heidegger* und die Theologie, Mei 1980.
Weischedel, Wilhelm: Der *Gott* der Philosophen I–II ([1]1971), dtv-TB, Mü 1979.
Welte, Bernhard: Homoousios hemin, in: A. Grillmeier u. a. (Hg.): Das Konzil von Chalkedon III, Würzburg 1954, 51–80.
–: Auf der *Spur* des Ewigen, Fr/Bas/W 1965.
–: Was hat die *Philosophie* in der Theologie zu tun?, in: TThQ 154 (1974) 303–310.
–: *Zeit* und Geheimnis, Fr/Bas/W 1975.
Werner, Charles: La *philosophie* moderne, P 1954.
Weymann-Weye, Walter: *Revolution* im christlichen Denken, Olten/Fri 1967.
Wild, Christoph: *Reflexion* und Erfahrung. Eine Interpretation der Früh- und Spätphilosophie Schellings, Fr/Mü 1968.
–: Zur *Aporetik* idealistischer Systemkritik, in: HegelSt Bh. 17 (1977) 215–217.
Wiplinger, Fridolin: *Wahrheit* und Geschichtlichkeit, Fr/Mü 1961.
Wisser, Richard (Hg.): Martin Heidegger im *Gespräch*, Fr/Mü 1961.
Wolff, Hans Walter: „*Wissen* um Gott" bei Hosea als Urform von Theologie, in: EvTh 12 (1952/1953) 533–554.
de Wulf, Maurice: *Introduction* à la philosophie néo-scolastique, Lv/P 1904.
Zahrnt, Heinz: Die *Sache* mit Gott ([1]1966), dtv-TB, Mü 1972.
Zeltner, Hermann: Schelling-*Forschung* seit 1954, Da 1975.
Zimmerli, Walther: Gottes *Offenbarung*, Mü 1963.
–: *Grundriß* der alttestamentlichen Theologie ([1]1972), St/B/Kö/Mz [4]1982.

Personenregister

Sachregister

Verzeichnis der wichtigsten griechischen Begriffe

»Symposion«

1: *Theunissen, Michael: Der Begriff Ernst bei Sören Kierkegaard*

2: *Tugendhat, Ernst: Ti katà tinós*

3: *Gründer, Karlfried: Figur und Geschichte*

4: *Marquard, Odo: Skeptische Methode im Blick auf Kant*

5: *Körner, Franz: Das Sein und der Mensch*

6: *Otto, Maria: Reue und Freiheit*

7: *Hohl, Hubert: Lebenswelt und Geschichte*

8: *Castellote Cubells, Salvador: Die Anthropologie des Suarez*

9: *Heftrich, Eckhard: Die Philosophie und Rilke*

10: *Hünermann, Peter: Trinitarische Anthropologie bei Franz Anton Staudenmaier*

12: *Demske, James M.: Sein, Mensch und Tod*

13: *Hemmerle, Klaus: Franz von Baaders philosophischer Gedanke der Schöpfung*

14: *Guzzoni, Ute: Werden zu sich*

15: *Halder, Alois: Kunst und Kult*

16: *Sciacca, Michele Federico: Akt und Sein*

17: *Schneider, Peter K.: Die wissenschaftsbegründende Funktion der Transzendentalphilosophie*

18: Pugliese, Orlando: Vermittlung und Kehre

19: *Tsouyopoulos, Nelly: Strafe im frühgriechischen Denken*

20: *Splett, Jörg: Die Trinitätslehre G. W. F. Hegels*

21: *Walter, Jürgen: Sprache und Spiel in Christian Morgensterns Galgenliedern*

22: *Haskamp, Reinhold J.: Spekulativer und phänomenologischer Personalismus*

23: *Rivera, Jorge: Konnaturales Erkennen und vorstellendes Denken*

24: *von Savigny, Eike: Die Überprüfbarkeit der Strafrechtssätze*

25: *Wild, Christoph: Reflexion und Erfahrung*

26: *Meinhardt, Helmut: Teilhabe bei Platon*

27: *Scannone, Juan Carlos: Sein und Inkarnation*

28: *Wiegels, Margot: Die Logik der Spontaneität*

29: *de Guereñu, Ernesto: Das Gottesbild des jungen Hegel*

30: *Dümpelmann, Leo: Kreation als ontisch-ontologisches Verhältnis*

31: *Jacobi, Klaus: Die Methode der Cusanischen Philosophie*

32: *Inciarte, Fernando: Forma formarum*

33: *Siep, Ludwig: Hegels Fichtekritik und die Wissenschaftslehre von 1804*

34: *Rebstock, Hans-Otto: Hegels Auffassung des Mythos in seinen Frühschriften*

35: *Eichhorn, Peter: Idee und Erfahrung im Spätwerk Goethes*

36: *Schweizer, Herbert: Zur Logik der Praxis*

37: *Pöltner, Günther: Zu einer Phänomenologie des Fragens*

38: *Bracken, Joseph A.: Freiheit und Kausalität bei Schelling*

39: *Kauz, Frank: Substanz und Welt bei Spinoza und Leibniz*

40: *Reiter, Josef: System und Praxis*

41: *Weisshaupt, Kurt: Die Zeitlichkeit der Wahrheit*

42: *Scheier, Claus-Artur: Die Selbstentfaltung der methodischen Reflexion als Prinzip der Neueren Philosophie*

43: *Homann, Karl: F. H. Jacobis Philosophie der Freiheit*

44: *Schachten, Winfried: Intellectus Verbi. Die Erkenntnis im Mitvollzug des Wortes nach Bonaventura*

45: *Ganter, Martin: Mittel und Ziel in der praktischen Philosophie des Aristoteles*

46: *Hager, Achim: Subjektivität und Sein*

47: *Gethmann-Siefert, Annemarie: Das Ver-*

hältnis von Philosophie und Theologie im Denken Martin Heideggers

48: *Maraldo, John C.: Der hermeneutische Zirkel*

49: *Schmidt-Biggemann, Wilhelm: Maschine und Teufel*

50: *Verweyen, Hansjürgen: Recht und Sittlichkeit in J. G. Fichtes Gesellschaftslehre*

51: *Jergius, Holger: Philosophische Sprache und analytische Sprachkritik*

52: *Weidemann, Hermann: Metaphysik und Sprache.* Eine sprachphilosophische Untersuchung zu Thomas von Aquin und Aristoteles

53: *Uehlein, Friedrich A.: Kosmos und Subjektivität.* Lord Shaftesburys Philosophical Regimen

54: *Samson, Lothar: Naturteleologie und Freiheit bei Arnold Gehlen*

55: *Balmer, Hans-Peter: Freiheit statt Teleologie.* Ein Grundgedanke von Nietzsche

56: *Görtz, Heinz-Jürgen: Franz von Baaders „Anthropologischer Standpunkt"*

57: *Wimmer, Franz Martin: Verstehen, Beschreiben, Erklären.* Zur Problematik geschichtlicher Ereignisse

58: *Piepmeier, Rainer: Aporien des Lebensbegriffs seit Oetinger*

59: *Wenzler, Ludwig: Die Freiheit und das Böse nach Vladimir Solov'ev*

60: *Ebeling, Hans: Selbsterhaltung und Selbstbewußtsein.* Zur Analytik von Freiheit und Tod

61: *Fromm, Susanne: Wittgensteins Erkenntnisspiele contra Kants Erkenntnislehre*

62: *Ulke, Karl-Dieter: Agnostisches Denken im Viktorianischen England*

63: *Wilson, Thomas J.: Sein als Text.* Vom Textmodell als Martin Heideggers Denkmodell. Eine funktionalistische Interpretation

64: *Magin, Michael N.: Ethos und Logos in der Medizin*

65: *Fetz, Reto L.: Whitehead: Prozeßdenken und Substanzmetaphysik*

66: *Hahn, Rainald: Die Theorie der Erfahrung bei Popper und Kant.* Zur Kritik des Kritischen Rationalismus am transzendentalen Apriori

67: *Schmidinger, Heinrich M.: Das Problem des Interesses und die Philosophie Sören Kierkegaards*

68: *Falk, Hans-Peter: Das Wissen in Hegels „Wissenschaft der Logik"*

69: *Schumacher, Ferdinand: Der Begriff der Zeit bei Franz von Baader*

70: *Köhler, Jochen: Die Grenze von Sinn.* Zur strukturalen Neubestimmung des Verhältnisses Mensch – Natur

71: *Teichner, Wilhelm: Mensch und Gott in der Entfremdung oder die Krise der Subjektivität*

72: *Ohashi, Ryosuke: Zeitlichkeitsanalyse der Hegelschen Logik.* Zur Idee einer Phänomenologie des Ortes

73: *Becker, Wolfgang: Selbstbewußtsein und Erfahrung.* Zu Kants transzendentaler Deduktion und ihrer argumentativen Rekonstruktion

74: *Schmidinger, Heinrich M.: Nachidealistische Philosophie und christliches Denken.* Zur Frage nach der Denkbarkeit des Unvordenklichen

75: *Liske, Michael-Thomas: Aristoteles und der aristotelische Essentialismus.* Individuum, Art, Gattung

76: *Nenon, Thomas: Objektivität und endliche Erkenntnis.* Kants transzendental-philosophische Korrespondenztheorie

Verlag Karl Alber Freiburg/München